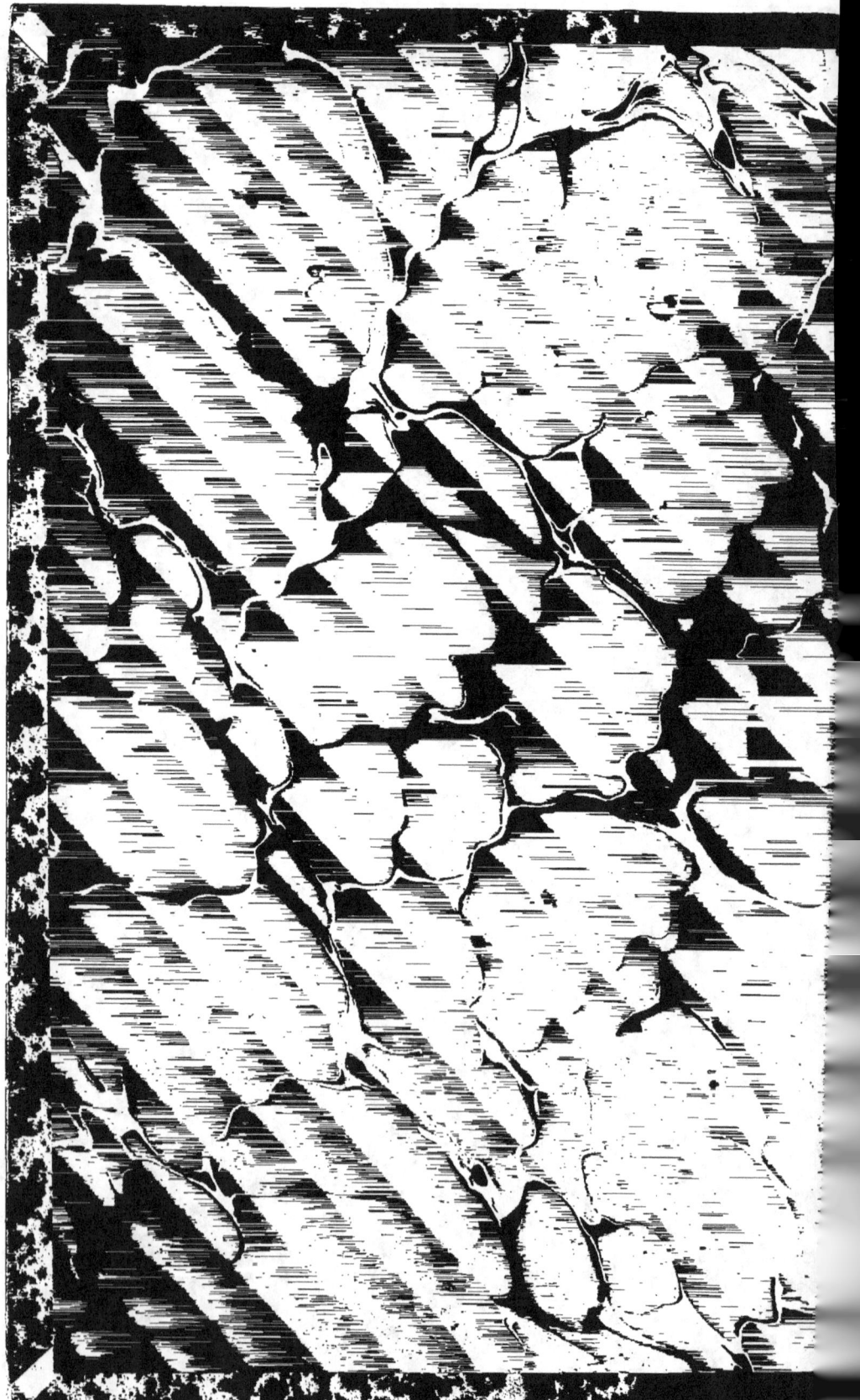

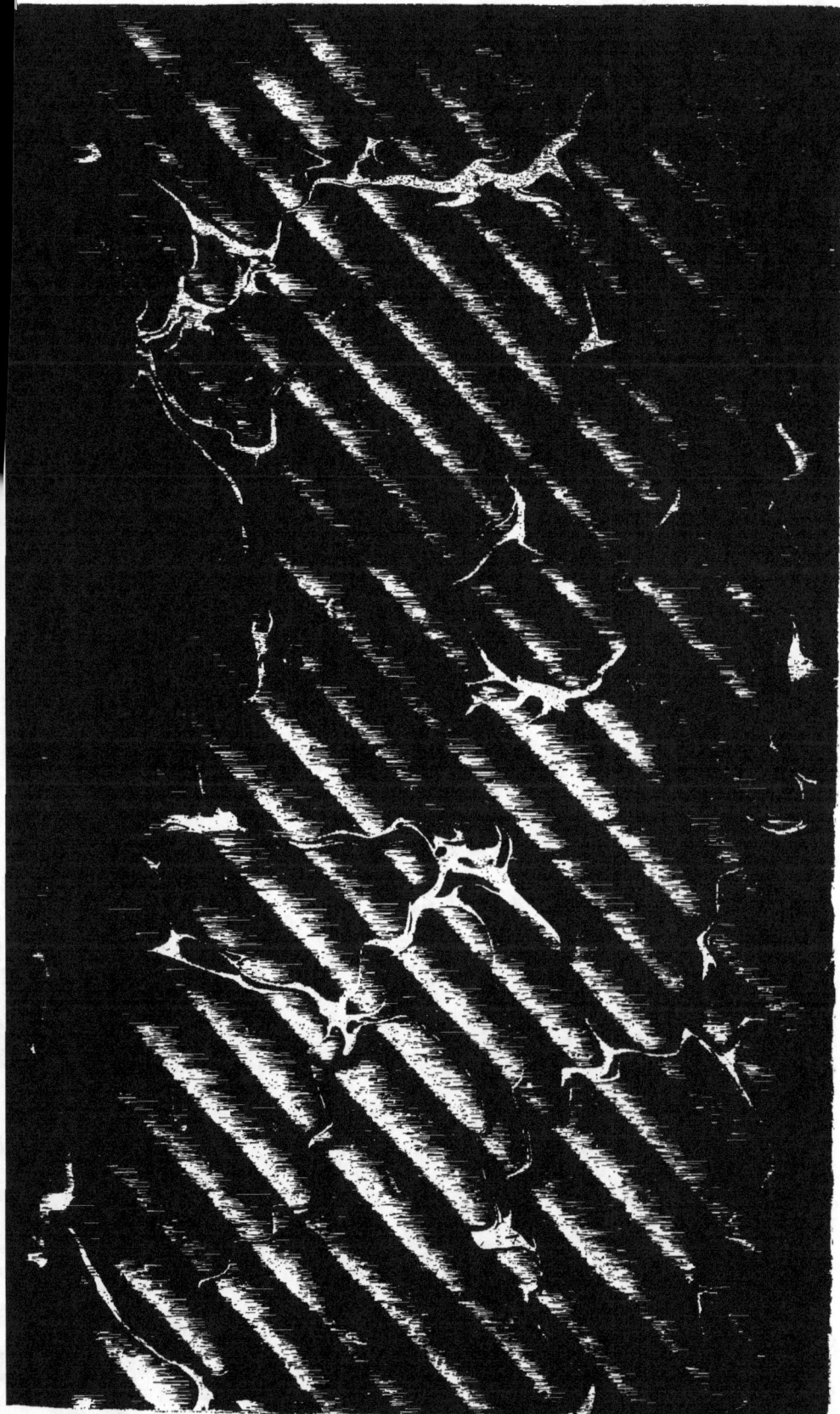

PUBLIÉ SOUS LA DIRECTION
DE LA
SECTION HISTORIQUE DE L'ÉTAT-MAJOR DE L'ARMÉE

CAMPAGNE DE 1793

EN ALSACE

ET DANS LE PALATINAT

PAR

J. COLIN

Capitaine d'artillerie breveté

A LA SECTION HISTORIQUE DE L'ÉTAT-MAJOR DE L'ARMÉE

TOME PREMIER

PARIS

LIBRAIRIE MILITAIRE R. CHAPELOT et Cⁱᵉ

IMPRIMEURS-ÉDITEURS

30, Rue et Passage Dauphine, 30

1902

Tous droits réservés.

CAMPAGNE DE 1793

EN ALSACE

ET DANS LE PALATINAT

PARIS. — IMPRIMERIE R. CHAPELOT ET Ce, 2, RUE CHRISTINE

PUBLIÉ SOUS LA DIRECTION
DE LA
SECTION HISTORIQUE DE L'ÉTAT-MAJOR DE L'ARMÉE

CAMPAGNE DE 1793

EN ALSACE

ET DANS LE PALATINAT

PAR

J. COLIN

Capitaine d'artillerie breveté
A LA SECTION HISTORIQUE DE L'ÉTAT-MAJOR DE L'ARMÉE

TOME PREMIER

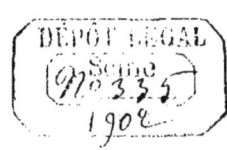

PARIS

LIBRAIRIE MILITAIRE R. CHAPELOT ET Cⁱᵉ

IMPRIMEURS-ÉDITEURS

30, Rue et Passage Dauphine, 30

1902

Tous droits réservés.

CAMPAGNE DE 1793

EN ALSACE

ET DANS LE PALATINAT

INTRODUCTION.

La campagne de 1793 sur la Sarre et la Lauter mérite à différents égards de fixer l'attention. Elle s'est déroulée dans la région même où nous devions subir nos premiers désastres de 1870, et la comparaison des deux époques fournit plus d'un enseignement intéressant. C'est là aussi que Hoche a donné sa mesure comme général en chef, et qu'on peut juger s'il fut réellement l'émule de Bonaparte. Enfin, l'année 1793 est la période révolutionnaire par excellence ; nos armées n'ont plus des chefs et des états-majors légués par l'ancien régime ; les Lafayette, les Rochambeau, les Biron, les Custine ont fait place à des hommes d'origine plus modeste et d'un caractère plus franchement républicain ; et pourtant les éléments nouveaux n'ont pas encore trouvé l'équilibre, qui s'établira seulement en 1794. C'est le Comité de Salut public, le comité de Carnot et de Robespierre, qui dirige les opérations. S'il y eut jamais une guerre révolutionnaire, avec une tactique et une stratégie spéciales, c'est là qu'on doit les trouver.

Nous bornerons cette étude aux opérations engagées pour la possession des lignes de Wissembourg et le déblocus de Landau. Laissant de côté les derniers revers de Custine et l'expédition ébauchée par Beauharnais et Houchard pour sauver Mayence, nous prendrons les armées du Rhin et de la Moselle au moment où elles s'établissent sur la Lauter et sur la Sarre, et se réorganisent. Il se produit alors un temps d'arrêt qui marque nettement le début d'une nouvelle série d'opérations, formant un tout distinct et bien déterminé.

Nous ne saurions avoir la prétention de refaire l'histoire des guerres de la Révolution, qui a été présentée récemment d'une manière si exacte et si complète (1); nous désirons seulement isoler et mettre en lumière la partie stratégique et tactique.

I. — APERÇU GÉOGRAPHIQUE.

La région comprise entre le Rhin et les Vosges, qui fournit une matière si importante aux études d'histoire militaire, a une configuration géographique très simple et très nettement accusée, qui ramène souvent les armées dans des situations analogues. Il en résulte que, dans l'ensemble comme dans le détail, les manœuvres exécutées à différentes époques sur le terrain de la basse Alsace et du Palatinat présentent beaucoup de points communs. Elles se prêtent à des rapprochements d'au-

---

(1) A. Chuquet, *Les Guerres de la Révolution*, tome VIII, Wissembourg; tome IX, Hoche. Cet ouvrage, devenu classique, a renouvelé entièrement et présenté sous son vrai jour l'histoire militaire de la Révolution. Pénétrant jusqu'aux moindres détails de toute nature, il a fait revivre tout ce monde des armées républicaines : soldats, généraux, représentants; il a fixé l'opinion sur la valeur des troupes, l'esprit des armées; il a rendu justice aux représentants et mis en relief la grande figure de Saint-Just. On ne comprendra bien l'exposé, forcément aride, auquel nous nous bornons dans cette étude strictement militaire, qu'après s'être pénétré des idées émises par M. Chuquet. Voir notamment, dans le tome VIII, le chapitre intitulé : *les Représentants*.

tant plus nombreux que la situation des deux adversaires y est à peu près identique, et qu'on peut embrasser les opérations des uns et des autres dans une même étude comparative.

Il y a environ 140 kilomètres de Sierck à Strasbourg ou à Lauterbourg, entre Rhin et Moselle ; c'est un espace qu'on peut franchir en 6 ou 7 marches, et c'est, si l'on veut, l'espace qu'occuperait en bataille une armée de 1,200,000 à 1,500,000 hommes.

La plaine du Rhin n'a, en général, au pied des Vosges et de la Haardt, que 20 à 25 kilomètres de largeur ; mais, entre Wœrth et Wasselonne, une grande échancrure dans le plateau lorrain porte cette largeur à 40 kilomètres autour de Haguenau et de Bouxwiller, au pied de Lichtemberg, de la Petite-Pierre et de Phalsbourg. En tout cas, il ne faut qu'une grande marche pour aller du fleuve à la montagne.

La zone montagneuse et boisée qui domine immédiatement la vallée, et la sépare de la partie praticable et cultivée du plateau, a une largeur complémentaire de celle de la plaine du Rhin, de manière que l'espace total compris entre le fleuve et la lisière occidentale des forêts conserve assez régulièrement une largeur de 45 kilomètres. Il y a 20 ou 25 kilomètres de montagnes boisées à franchir pour descendre du plateau sur Spire ou sur Strasbourg ; il n'y en a plus guère que 8 ou 10 entre Bitche et Niederbronn, et 4 à peine entre Phalsbourg et Saverne. Aussi avait-on barré autrefois par des forteresses, Bitche, Lichtemberg, la Petite-Pierre, Phalsbourg, les chemins qui traversaient la crête dans cette partie où le double obstacle de la montagne et de la forêt faisait défaut.

Au sortir des gorges, les ruisseaux courent droit au Rhin, puis, entraînés par le mouvement du fleuve et de ses alluvions, se détournent vers le nord ; de Strasbourg à Mayence, la plaine est ainsi striée d'une foule de fossés parallèles : une carte au 1/500,000 en porte vingt-sept entre la Zorn et la Speyer, sur une étendue de 75 kilomètres, soit un pour 3 kilomètres, sans compter les menus affluents qui ne figurent que sur les cartes topographiques.

Les plaines d'Alsace et du Palatinat ne sont pas toujours fertiles : de grandes forêts y couvrent parfois un sol caillouteux ou marécageux ; elles s'étendent çà et là entre deux rivières, ayant leur lisière du sud-ouest perpendiculaire au cours du Rhin, tandis que leur pointe fuit vers le nord-est, avec les ruisseaux qui la bordent. Forêts de Haguenau, du Bienwald, de Herxheim, de la Queich, du Nonnenwald, etc., toutes sont ainsi conformées. Entre le Rhin et la forêt, à peine y a-t-il place pour une route ; entre la forêt et la montagne, il y a place pour un champ de bataille. Passages obligés dans la paix comme dans la guerre, ces défilés sont souvent occupés par des villes qui jadis étaient des places fortes : Wissembourg et Lauterbourg, Landau et Germersheim, Neustadt et Spire.

Quelques critiques que l'on doive adresser aux officiers du génie ou de l'état-major qui avaient cru pouvoir désigner d'avance les positions de Wissembourg, de Frœschwiller, comme champs de bataille probables, il n'en reste pas moins évident, au premier coup d'œil jeté sur une carte d'Alsace, que Wissembourg et Frœschwiller occupent des situations très particulières, où les armées doivent fatalement passer et se rencontrer.

Si, de la plaine, on remonte aux plateaux de la Lorraine et du Palatinat, on y aperçoit un vaste hémicycle dessiné par les forêts de la Haardt et du Hochwald (1) ;

---

(1) Voir la carte d'Allemagne à 1/500,000 (édition B) de Vogel, éditée chez J. Perthes.

la Sarre en forme le diamètre, orienté du sud-est au nord-ouest, et Sarrebrück en occupe le centre, de sorte que, là encore, le débouché des armées sur la Sarre est restreint à l'espace compris entre Sarreguemines et Sarrelouis, et que des rencontres doivent se produire aux abords de Sarrebrück.

Plusieurs transversales descendent de la vallée de la Sarre dans celle du Rhin : à chacune d'elles correspond sur la Sarre une des villes qui jalonnent irrégulièrement le cours de cette rivière. La trouée de Saverne fait communiquer Sarrebourg avec la vallée de la Zorn et Strasbourg ; Fenestrange est à l'extrémité du chemin qui descend sur la Zintzel ; à Saarwerden et à Bouquenom (Sarre-Union) correspond la route de la Petite-Pierre à Bouxwiller, doublée d'un chemin qui suit toute la vallée de la Moder.

C'est de Sarreguemines que partent les transversales les plus importantes : d'abord *celle qui, par Bitche, descend sur Niederbronn et Haguenau*, puis les deux branches qui s'en détachent, l'une, au sud, vers Ingwiller et Bouxwiller ; l'autre, au nord, *par Sturzelbronn et Lembach sur Wissembourg, avec bifurcations sur Reichshoffen et Wœrth*. Ce sont là les chemins qui ont été employés le plus fréquemment par les armées dans les campagnes du XVIII° siècle.

Enfin, la grande route de Sarrebrück à Deux-Ponts et à Pirmasens se prolonge, d'une part, sur Wissembourg, de l'autre, sur Landau ; elle suit, dans le premier cas, la vallée de la Lauter, à travers les gorges de Dahn et de Bundenthal ; dans le second cas, la vallée de la Queich, à travers les gorges d'Annweiler. La bifurcation se fait près du village d'Ober-Weidenthal.

Outre ces routes principales, les chemins de traverse sont nombreux : il y en a deux qui débouchent entre Ingwiller et Niederbronn ; un qui descend de Sturzelbronn ou d'Ober-Steinbach sur Reichshoffen, Frœschwiller ou Langenzoulzbach, et trois autres au nord de Wissembourg. On trouverait, entre Saverne et Wissembourg, une douzaine d'itinéraires indépendants pour traverser les Vosges.

Les mouvements seraient moins faciles dans le sens même de la crête, parallèlement au cours du Rhin. On ne trouve guère que deux chemins faisant communiquer les gorges d'Annweiler avec celles de la Lauter, puis continuant, par Lembach ou Obersteinbach, jusqu'à Wœrth et Reichshoffen.

Cette région, souvent parcourue par les armées durant les guerres de Louis XIV et de Louis XV, fut l'objet de nombreuses reconnaissances et d'études très approfondies. Pendant la période si importante pour les travaux stratégiques et tactiques, qui a précédé la Révolution française, le maréchal du Muy fit rédiger une longue suite de mémoires sur les différentes parties de l'Alsace et des Vosges. L'un de ces mémoires, visant directement le cas qui devait se présenter en 1793, paraît intéressant à citer ici :

DIFFICULTÉ DE SECOURIR LANDAU ASSIÉGÉ.

On a toujours cru voir de l'impossibilité à faire lever les sièges de cette place pendant la guerre de 1700, lorsqu'ils étaient faits par des forces supérieures :

1° Parce qu'en coupant avec des abatis dans la forêt de Lauterburg, dite Bienwald, les routes qui viennent tomber à Langenkandel et à Scheidt, et en soutenant ces abatis par une réserve de troupes, l'armée d'observation, qui appuie sa gauche à ces abatis, peut porter sa droite deux lieues au-dessus et masquer tout l'espace par lequel on peut marcher de Weissembourg à elle ;

2° Cette disposition emportant l'ennemi sur le centre des montagnes, et mettant derrière lui la gorge d'Annweiler qu'il occupera et accommodera, ôte toute espérance de marcher à lui par le revers de ces montagnes, sur lesquelles il arrivera plus tôt que l'armée qui voudrait chercher à le tourner par la Lauter et par Bitche. Cette armée aurait de plus la difficulté des défilés continuels qui rendent ses mouvements longs et pénibles.

Landau, tel qu'on vient de le décrire et tel qu'on peut le perfectionner, n'arrêtera pas une armée supérieure, lorsque celle qui défendra les lignes de la Queiche ou en total, ou en partie, ne pourra, ou par sa faiblesse, ou par le défaut de subsistances, ou par les circonstances, y asseoir son point d'appui. On l'a éprouvé en 1744, lorsque l'armée autrichienne commandée par M. le prince Charles de Lorraine s'avança, sous le masque d'un corps qu'il laissa vis-à-vis cette place, jusques aux environs de Strasbourg, et ne se retira qu'au moment où l'armée que le roi commandait en Flandre arriva au secours de celle de M. le maréchal de Coigny qui s'était retiré derrière Strasbourg.

Cette considération, l'indécision dans laquelle on a été longtemps sur l'exécution des lignes de la Queiche, et la liberté que les ennemis ont de les laisser, en se portant sur Weissembourg par le chemin des Deux-Ponts ou par celui de Bitche, ont toujours fixé la principale défensive sur la Loutre dont le cours de Weissembourg à Lauterbourg barre naturellement l'entrée de la basse Alsace.

Une idée mal dirigée avait voulu jeter les eaux de cette rivière dans la Queiche, afin d'en augmenter le volume, de bonifier les lignes et d'approvisionner facilement Landau en bois de charpente et de chauffage; mais on l'a rejetée avec raison, parce qu'on se serait privé de la seconde ligne que cette rivière forme, parce qu'on aurait enlevé aux villes de Weissembourg et de Lauterbourg le bois de chauffage que ses eaux lui apportent de la vallée où elle coule, et parce que les habitants de cette vallée auraient souffert un dommage considérable de la cessation ou de la diminution de ce commerce qui forme presque tout leur revenu.

LIGNES DE LA LOUTRE.

La Loutre prend sa source dans les Vosges, à une lieue et demie au-dessus de Weidenthal; elle descend par une vallée à Weissembourg, d'où elle coule dans de grandes prairies entre des hauteurs jusques au village d'Altstadt. Son cours, depuis le château de Saint-Remy, qui est au-dessous d'Altstadt, jusques aux approches de Lauterbourg où elle se jette dans le Rhin, est toujours dans un ravin bordé à sa rive gauche par la forêt de Lauterbourg, autrement dite de Bienwald, et par des bois à sa rive droite.

C'est sur la crête de sa rive droite qu'on a formé des lignes entre Weissembourg et Lauterbourg; elles appuient leur gauche à la montagne du Pigeonnier qui est à une lieue au-dessus de Weissembourg, sur le grand chemin de Bitche, et leur droite à Lauterbourg.

Ces lignes, dans leur état actuel, ont 12,000 toises de longueur, ce qui fait 5 lieues de 2,400 toises. Leur développement est encore plus long, car il est de 14,000 toises.

On en trouvera un détail très étendu et très exact page 255 (1), et on verra dans la partie de ce mémoire qui concerne les Vosges, les moyens qui avaient été pris pendant la guerre de 1700 pour les continuer par des abatis dans les montagnes jusqu'à Bitche et à Thann (2), qui est vers les sources de la Loutre.

Leurs deux points principaux sont défectueux : Weissembourg l'est par sa situation entre les montagnes et à l'embouchure de la gorge d'où la Loutre sort; il l'est aussi par la faiblesse de son mur d'enceinte qui n'a point de flancs, et qui n'était point terrassé, lorsque l'armée de M. le Maréchal y attaqua en 1744 un corps de troupes de celles du prince Charles de Lorraine, qui après avoir pris Lauterbourg, retournait dans ces lignes pour lui fermer l'entrée de l'Alsace. On a, depuis cet événement, terrassé cette enceinte et on a construit des bâtardeaux dans les fossés qui en sont la seule défense, afin d'en faire remonter les eaux au-dessus de la ville.

On a laissé Lauterbourg tel que le prince Charles l'avait pris; il serait cependant aussi facile qu'important d'en faire une bonne place, et la dépense ne serait point effrayante.

L'intervalle entre ces deux *lignes* et jusques au Rhin, est inondé au moyen des digues par lesquelles on a coupé la rivière; ces digues ont des écluses qui sont trop étroites et que le temps dégrade parce qu'on les a faites en charpente; elles sont protégées par des redoutes, dont 17, placées à leur tête, sont *offusquées* par le Bois de la rive gauche.

La ligne, outre ces redoutes, a pour appui entre Weissembourg et Lauterbourg :

1° Le village d'Altstadt qui est à un quart de lieue de Weissembourg, qu'on a bien retranché, et dont le cimetière défend très avantageusement le pont qui est sur la Loutre;

2° Le château de Saint-Remy, qui est à un quart de lieue au-dessous d'Altstadt, qui a un bon fossé et qui est retranché; son moulin l'est aussi;

3° Le moulin retranché de Bienwald qui est entre le moulin de Saint Remy et le village de Scheibenhart;

4° Ce village de Scheibenhart et son moulin, qui sont à une demi-lieue de Lauterbourg, et auxquels on a fait des retranchements avec des retenues pour en inonder les prairies.

---

(1) Ce renvoi se rapporte au mémoire manuscrit dont ce passage est détaché.
(2) Dahn.

Le ravin de la Loutre qui est assez profond depuis Scheibenhart jusques à Lauterbourg, fortifie mieux cette dernière partie des lignes.

Le masque que la forêt de Bienwald présente à tout leur front, depuis cette ville jusqu'au château de Saint-Remy, rendra toujours inquiétante la défense de cette étendue ; on cherchera à l'éloigner par des abatis sur toute la lisière de ces bois et par la sortie de l'inondation ; mais la crainte que ces moyens soient insuffisants a fait penser au projet de tirer, de Weissembourg à Lauterbourg, un canal qu'on fortifierait par une nouvelle ligne et qui aurait en avant de lui l'escarpement du ravin où la Loutre coule maintenant.

Ce canal devait suivre à peu près la direction de la chaussée qui est faite entre ces deux places, excepté vis-à-vis du château de Saint-Remy où on l'aurait un peu plus rapproché de l'ancienne ligne. Il aurait passé à peu près à 450 toises des premières maisons de Langen-Schleithal, et à 350 toises de Salmbach et de Lauterbach, laissant le bois de Langen-Schleithal toujours derrière eux ; on en aurait coupé le peu qui serait resté en avant, ainsi que ce qui aurait été nécessaire pour manœuvrer derrière la ligne de ce canal ; mais dans tous les projets, il faudrait travailler à Lauterbourg, sans quoi pas de droite.

Weissembourg ne rassurera jamais la gauche ; l'ennemi peut même, en suivant les Vosges, laisser ces lignes et remonter vers Phalsbourg et Saverne, tant que Bitche ne sera pas une place considérable, pour inquiéter ses derrières ; il masquera avec peu de troupes ce château, celui de Lichtenberg et la Petite-Pierre.

M. le maréchal de Coigny aurait été obligé de prendre le détour de ces montagnes en 1744, si l'armée de M. le prince Charles, qui s'était emparée de Lauterbourg après avoir surpris le passage du Rhin à Schrœk, avait pu être portée assez à temps derrière les lignes pour les lui disputer ; mais la promptitude avec laquelle il rassembla devant Weissembourg et le village d'Altstadt ses troupes qui étaient étendues le long de ce fleuve jusques à Oppenheim, prévint ce moment critique et ne lui donna à forcer, dans ces deux points, qu'un corps des ennemis, qui, n'étant point soutenu, ne put lui résister longtemps ; il marcha le lendemain sur la Moder.

LIGNES DE LA MODER.

La passion des lignes en avait fait imaginer une troisième derrière cette rivière, qui prend sa source au bas du village de Hinsbourg, sur la gauche de la Petite-Pierre, et se jette dans le Rhin à Drusenheim.

Cette ligne appuyait sa droite à ce fleuve et à ce village, d'où elle remontait à Haguenau jusqu'à la montagne qui est au-dessus d'Ingweiller.

Son étendue faisait son plus grand défaut : elle était de neuf lieues, dont cinq lieues d'Ingweiller à Haguenau et quatre lieues d'Haguenau à Drusenheim.

La partie gauche, depuis Ingwiller jusqu'à Haguenau, était coupée par des bois; elle occupait les rideaux au-dessus du village d'Obermodern, de Pfaffenhofen, de Niedermodern et de l'abbaye de Neubourg.

Elle pouvait être non seulement tournée par le chemin qui va de la Petite-Pierre à Saverne, mais être attaquée de front, la nature du terrain n'opposant d'autre obstacle que la Moder, qui est moins bonne dans cette partie qu'elle ne l'est au-dessous.

La partie droite, entre Haguenau et Drusenheim, était meilleure ; elle tenait le haut d'un ravin assez escarpé, depuis Haguenau jusques à Bischweiler, où elle s'appuyait à un château carré flanqué de quatre tours entourées d'un bon fossé, qu'on peut occuper, ainsi que le cimetière du temple de ce bourg. Les bois et des prairies marécageuses bordaient le reste de cette rivière depuis Bischwiller jusqu'à Drusenheim qui, étant retranché, forme un assez bon poste.

Haguenau tenait mal le centre; cette ville, abandonnée depuis la paix de 1713, n'a pour enceinte qu'un ancien mur qu'on a couvert par quelques ouvrages non revêtus; on lui a ôté la défense qu'elle tirait de ses fossés en laissant périr les digues et les écluses qui y soutenaient les eaux de la Moder; mais quand même ce centre aurait toute la force possible, il ne remédierait jamais à la faiblesse de la gauche; aussi n'a-t-on pu faire usage de cette position en 1744. L'armée de M. le maréchal de Coigny prévint l'arrivée de celle de M. le prince Charles de Lorraine pour se retirer derrière la Zorn, où il ne put se fixer.

INUTILITÉ DE LA RIVE DROITE DE LA ZORN.

La Zorn prend sa source dans les Vosges, au-dessus de Saverne ; elle coule entre des hauteurs qui s'éloignent de sa rive droite et s'effacent au-dessous de Hochfelden, mais qui se soutiennent à sa rive gauche jusques à Brumpt (Brumath) et au village de Weyersheim, d'où elles retournent sur Bischwiller. Elle coule depuis Weyersheim dans de grandes prairies qui, à sa rive droite, sont traversées par un canal qu'elle fournit jusques à Offendorf, sur le Rhin; c'est sur la rive gauche de cette rivière, entre Dettwiller, Hochfeld et Brumpt, que M. le vicomte de Turenne se porta, en 1674, pour couvrir Saverne, Haguenau et Philipsbourg, après que l'armée des alliés, à qui la ville de Strasbourg avait donné passage, et qu'il avait battue à Entzheim, eût reçu un renfort de troupes de Brandebourg ; il y acheva la campagne, feignit ensuite de prendre des quartiers derrière la Moder, et lorsqu'il vit les ennemis prendre les leurs dans la haute Alsace, d'où ils comptaient les étendre en Franche-Comté et en Lorraine, il marcha en Lorraine, y rassembla les troupes qu'on avait envoyées à son secours, prit Remiremont, rentra par Belfort dans la haute Alsace, tomba sur leurs quartiers, les battit auprès de Turckheim et leur fit repasser le Rhin.

M. le maréchal de Coigny, se trouvant dans une position opposée, en 1744, par l'arrivée des ennemis du côté de la basse Alsace, ne pouvait faire le même usage de la Zorn; il se retira derrière la rivière et le canal de la Bruche.

Telles étaient les idées en cours au XVIIIe siècle, idées familières à Carnot et à ses collaborateurs, qui avaient aussi étudié avec soin les campagnes d'autrefois, non pour y trouver des modèles, mais pour y apercevoir les obstacles et les passages naturels dont l'histoire faisait ressortir l'importance. L'Alsace surtout avait été le théâtre de campagnes nombreuses, d'où l'on pouvait tirer plus d'un enseignement.

II. — DIX-HUITIÈME SIÈCLE.

Sans remonter jusqu'aux campagnes de Turenne, qui n'ont rien de commun avec la défense de la basse Alsace contre un envahisseur venant du Palatinat, nous pourrions nous arrêter aux opérations de Tallard, Marsin et Villars, pour lesquels il s'agit d'arrêter l'ennemi sur la Queich ou la Lauter, et de défendre les fameuses lignes de Wissembourg; mais la guerre qu'ils faisaient différe trop de celle d'aujourd'hui pour se prêter à la comparaison. Peu nombreuses et toujours concentrées, leurs armées ne peuvent combattre que sur un espace extrêmement restreint. Remarquons cependant qu'en 1706, au moment où Villars vient prendre le commandement de l'armée d'Alsace, alors repoussée jusque sur la Zorn, le maréchal de Marsin commande en Lorraine, et surveille la frontière depuis Luxembourg jusqu'aux Vosges. Après s'être concertés pour une opération commune en Alsace, les deux maréchaux se rendirent à leurs armées :

Marsin disposa ses troupes comme si elles eussent dû attaquer Trarbach, sur la Moselle, puis à la fin d'avril, passant par les gorges de Saverne, il vint retrouver Villars près de Strasbourg. L'ennemi, forcé successivement à Bischwiller, Drusenheim et Lauterbourg, fut rejeté dans le Palatinat, et Marsin fut alors rappelé sur la Meuse pour renforcer l'armée de Flandres. Tel est le premier exemple que nous offre l'histoire d'une coopération entre les armées de Lorraine et d'Alsace.

En 1743, le maréchal de Noailles, battu à Dettingen, se retire sur la rive gauche du Rhin, près de Landau. En même temps, le maréchal de Broglie évacue la Bavière et ramène son armée dans la haute Alsace, où son commandement lui est enlevé. Le maréchal de Noailles comptait réunir en une seule armée toutes les forces qui se trouvaient entre le Rhin et les Vosges : il aurait laissé au comte de Saxe le commandement en sous-ordre d'un corps d'armée dans la haute Alsace, tandis que lui-même, avec la plus grande partie des troupes, serait resté entre la Queich et la Lauter. Le prince Charles de Lorraine était encore sur la rive droite du Rhin, et l'on ne savait s'il se porterait vers Brisach ou du côté du Palatinat; cependant sa supériorité n'était pas assez marquée ni même assurée pour que le maréchal de Noailles lui supposât le projet de passer le Rhin en amont de Strasbourg devant l'armée royale. C'était donc autour de Landau que le général français attendait une attaque. Aussi fut-il doublement mécontent de ce que le roi, au lieu de faire passer l'armée de Broglie sous son commandement, la confiât au maréchal de Coigny. Non seulement il devint impossible de renforcer l'armée du bas Rhin, mais on se trouva dès lors accablé des demandes et des récriminations du vieux maréchal de Coigny, qui craignait pour la haute Alsace et voulait que Noailles se mît à portée de le soutenir. Ce fut en vain que ce dernier essaya de montrer à la cour que le danger redouté par Coigny était purement imaginaire (1), que l'ennemi se portait déjà vers le nord et y était trop avancé pour revenir à Brisach ; le roi lui ordonna de se mettre en état de porter assistance à son collègue. De toute manière, d'ailleurs, puisque le souverain s'obstinait à maintenir une partie de ses troupes au sud de Strasbourg, il fallait s'en rapprocher sous peine d'être faible partout. Noailles abandonna donc les lignes de la Queich, laissa 20 bataillons et 40 escadrons, sous le commandement du comte de Saxe, à Wissembourg et Lauterbourg, et, avec le gros de ses forces, vint former à Haguenau une sorte de réserve générale qui pouvait se porter en une marche à Strasbourg ou sur la Lauter. En même temps, pour avoir à sa portée d'autres renforts et couvrir sa gauche, il appela sur la Sarre le petit corps d'armée avec lequel le duc d'Harcourt surveillait la frontière des Évêchés, et lui fit prendre position à Bouquenom, à deux marches d'Haguenau. Bientôt l'ennemi, s'éloignant du Palatinat, prit ses quartiers d'hiver, et l'armée de Noailles fut dirigée sur la Flandre. Le maréchal n'eut donc pas l'occasion de passer à l'exécution des manœuvres qu'il avait prévues, mais son dispositif d'attente, le mouvement et la position du duc d'Harcourt étaient à noter au passage.

---

(1) Le maréchal de Noailles écrit à ce sujet :

« Le prince Charles, après avoir passé le Rhin, ne peut s'avancer sans former des établissements pour assurer au moins la communication du Rhin ; la disposition des places les rend très difficiles et, par cette raison, il n'y a jamais eu, depuis que le Roi possède Strasbourg, qu'une seule tentative en haute Alsace, qui n'a pas même réussi, tandis qu'il est infiniment plus aisé de former des établissements et des quartiers d'hiver dans la basse Alsace, qui a été constamment le théâtre de la guerre et d'où les ennemis peuvent pénétrer sur la Sarre et en Lorraine avec beaucoup moins de risque et de danger ; et, dans le fond, il importe peu qu'ils entrent dans cette province par le nord ou par le sud. »

III. — 1792.

Des trois armées qui, au printemps de 1792, devaient défendre la France entre le Rhône et la mer du Nord, il y en avait une qui, avec 30,000 hommes, était chargée de garder un front de 500 kilomètres, depuis Metz jusqu'à Genève. C'était l'armée du Rhin, commandée par Biron, sous l'autorité supérieure de Luckner.

Elle avait 4,000 hommes près d'Huningue et dans les gorges du Jura, 5,000 près de Neuf-Brisach, et 15,000 répartis en deux camps, l'un à Plobsheim, sous les murs de Strasbourg, l'autre à Neunkirchen, à une demi-lieue de Sarreguemines. Kellermann, qui commandait ce dernier détachement, avait à surveiller toute la frontière lorraine entre les Vosges et les Ardennes. Les préparatifs des Autrichiens dans le duché de Luxembourg le déterminèrent d'abord à se porter entre Sarrebrück et Sarrelouis; mais bientôt, 30,000 Allemands s'étant rassemblés près de Mannheim, le danger semble plus pressant du côté du Rhin; Kellermann accourt donc en deux marches à Bouquenom, répétant après un demi-siècle le mouvement du duc d'Harcourt; puis, en quatre journées, il descend à Wissembourg par Bitche et Lembach. Il reste là onze jours, mais le 27 juillet, il reçoit l'ordre de se rapprocher de Landau, où il forme l'avant-garde de Biron, accouru à Wissembourg avec les troupes du camp de Plobsheim. Biron ayant porté celles-ci à 12,000 hommes au moyen de renforts prélevés sur les camps du haut Rhin, ces grands mouvements ont donc pour résultat de concentrer au point critique 20,000 hommes sur les 25,000 dont on disposait pour surveiller cette immense étendue de frontières.

Une reconnaissance offensive sur Spire dégénère en une panique par laquelle la confiance de tous est ébranlée. Luckner ordonne de ramener l'armée dans les lignes de Wissembourg en laissant 6,000 hommes de garnison à Landau ; bientôt il renvoie Biron à Strasbourg avec quelques bataillons pour interdire à l'ennemi le passage du Rhin, et il ne reste que 15,000 hommes sur la Lauter en face de 30,000 Autrichiens.

Au mois de septembre, les deux adversaires s'éloignent du Rhin ; les Impériaux pour se joindre aux Prussiens sur la Moselle, les Français pour leur tenir tête. On envoie 8,000 hommes de Wissembourg à Metz, où Kellermann va prendre le commandement de l'armée du Centre. Le 19 septembre, les troupes demeurées sur la Lauter prennent le nom d'armée des Vosges, et le commandement en est donné à Custine ; l'armée du Rhin est réduite aux quelques bataillons que Biron a ramenés à Strasbourg.

Les événements qui suivent sont très connus. On sait comment Custine, avec l'armée des Vosges et une partie de celle du Rhin, 14,000 hommes en tout, envahit le Palatinat, entre sans peine à Spire, à Worms, à Mayence et à Francfort. De son côté, l'armée de Kellermann, réunie derrière l'Argonne aux troupes de Dumouriez, attend vainement à Valmy l'attaque des Prussiens, les suit dans leur retraite jusqu'à la frontière ; puis, réduite à 15,000 hommes par le départ d'une division qui rejoint Dumouriez en Belgique, et par la désertion d'un grand nombre de volontaires, elle s'arrête à hauteur de Sarrelouis.

Kellermann, dont l'arrêt sur la Sarre est qualifié de coupable inaction, est remplacé par Beurnonville, et ce dernier, subordonné à Custine, se fait battre avec 18,000 hommes par les 8,000 Autrichiens d'Hohenlohe-Kirchberg, à Trèves. L'armée du Centre, devenue armée de la Moselle, vient prendre définitivement sur la Sarre des positions qui changeront peu jusqu'à l'arrivée de Hoche, malgré l'expédition tentée de concert avec l'armée des Ardennes et qui aboutit à la stérile victoire d'Arlon.

Les Prussiens ont repassé le Rhin à Coblenz, et, après quelques jours employés à se reconstituer, ils se portent contre Custine, qui ne les attend pas. Laissant une garnison enfermée dans Mayence, et n'ayant livré que quelques combats insignifiants, il revient tout d'une traite jusqu'en Alsace. Le 1er avril 1793, il est à Landau, et prend le commandement supérieur des deux armées du Rhin et de la Moselle. Il ordonne à cette dernière de détacher un corps de 6,000 hommes en avant de Bitche, sous le nom de Corps des Vosges, pour couvrir la gauche de l'armée du Rhin et assurer sa liaison avec celle de la Moselle ; le corps de bataille de cette dernière était à Sarrebrück, avec des avant-gardes à Blieskastel et Sarrelouis.

Le 12 mai, Custine est appelé au commandement de l'armée du Nord ; mais avant son départ, il essaye de surprendre à Rülzheim un détachement autrichien. Le combat prenait bonne tournure, quand deux bataillons de volontaires sont saisis de frayeur, et une panique subite entraîne une partie de l'armée jusqu'à Wissembourg. Heureusement quelques bataillons gardent leurs positions et cachent ce désordre à l'ennemi, qui ne prend pas l'offensive.

L'armée du Rhin, commandée par Beauharnais, et l'armée de la Moselle, commandée par Houchard, reçoivent pendant deux mois une si grande quantité de recrues et de bataillons nouveaux, que leur effectif dépasse 200,000 hommes, dont moitié présents sous les armes dans les troupes actives de première ligne (1). Avec une pareille masse, et quoiqu'elle n'ait guère

---

(1) Exactement :

	Effectif.	Présents.	Présents à l'armée active.
Armée de la Moselle.......	85,750	76,112	50,543 ⎫ 104,030
Armée du Rhin (1er août)..	?	112,603	53,487 ⎭

de cohésion ni d'esprit militaire, Beauharnais veut essayer de débloquer Mayence, et il se porte en avant. Le 19 juillet, il chasse les Autrichiens de quelques villages entre Landau et Germersheim, pendant que son aile gauche occupe les gorges d'Annweiler. Wurmser se préparait à battre en retraite, quand la nouvelle de la capitulation de Mayence vint jeter le découragement dans le camp français.

Affaiblies par l'envoi de 30,000 hommes à l'armée du Nord, par une désertion continuelle, et par le peu de confiance qu'inspirent leurs chefs, les armées du Rhin et de la Moselle n'ont plus guère la force de tenir tête à l'ennemi. Schauenbourg sur la Sarre, Beauharnais et Landremont sur la Lauter, s'occupent avant tout de rétablir l'ordre et d'instruire leurs bataillons; mais il est impossible de former en si peu de temps un bon cadre d'officiers, et l'on verra souvent les opérations les plus simples échouer par l'impéritie de généraux ou d'officiers supérieurs incapables de prendre aucune disposition pour le combat.

IV. — INSTRUCTION ET TACTIQUE.

Quelle pouvait être la valeur des armées républicaines au mois d'août 1793?

Les armées du Rhin et de la Moselle avaient dû envoyer environ 26,000 hommes à l'armée du Nord, entre le 15 juillet et le 15 août. Sur ce nombre, l'armée de la Moselle en avait fourni 19,000, et celle du Rhin 7,000 (1), et pourtant le nombre des présents sous les armes finit par augmenter, grâce à l'incorporation des

---

(1) Tout décompte fait des troupes passées de l'une de ces armées à l'autre.

L'état des troupes fournies par l'armée de la Moselle à celle du Nord,

recrues dans les quatre derniers mois. Le décret du 24 février 1793, qui ordonnait une levée de 300,000 hommes, en avait attribué 33,461 à l'armée de la Moselle,

tel qu'il est établi à la date du 26 août, est le suivant :

	2ᵉ compagnie de grenadiers du 49ᵉ.	50	
	— — 81ᵉ.	50	
	— — 1ᵉʳ.	50	
	— — 24ᵉ.	50	
	— — 5ᵉ.	50	
	— — 90ᵉ.	50	
	— — 22ᵉ.	50	
	— — 74ᵉ.	50	
	3ᵉ et 5ᵉ bataillons de grenadiers...	1,121	
Partis	1ᵉʳ et 2ᵉ bataillons de gendarmes..	740	10,674
le 29 juillet.	1ᵉʳ du 89ᵉ.	1,016	
	1ᵉʳ du 102ᵉ.	961	
	1ᵉʳ du 90ᵉ.	798	
	1ᵉʳ de la Haute-Marne.	1,008	
	8ᵉ de la Meurthe.	1,009	
	1ᵉʳ du 62ᵉ.	1,008	
	1ᵉʳ de la Vienne.	1,099	
	2ᵉ de la Manche.	895	
	8ᵉ de cavalerie.	288	
	17ᵉ de cavalerie.	331	
	3ᵉ de la Haute-Marne.	1,004	
	3ᵉ de l'Eure.	970	
	6ᵉ de l'Oise.	963	
Partis	1ᵉʳ du 49ᵉ.	983	
du	1ᵉʳ du 22ᵉ.	859	9,886
15 au 18 août.	1ᵉʳ de Popincourt.	1,263	
	4ᵉ de Seine-et-Oise.	862	
	13ᵉ des fédérés.	878	
	Fédérés des 83 départements	1,273	
	1ᵉʳ du 74ᵉ.	831	

Total.................... 20,560
Reçu en dédommagement de l'armée du Rhin, du 17 au 20 août.. 1,703

Différence................. 18,857

et 45,885 à celle du Rhin; mais en comparant les situations des deux armées en avril et en août, et tenant compte des troupes envoyées dans le Nord, on ne trouve qu'un accroissement de 24,000 hommes environ à l'armée de la Moselle, et 30,000 à celle du Rhin. Dans ce nombre, il faut compter sept *bataillons nouveaux* reçus par l'armée du Rhin, ce qui réduit à 26,000 le nombre des recrues incorporés dans cette armée. Ce chiffre est vérifié par un état, en date du 12 juillet, « *des recrues de nouvelle levée envoyés des départements à Strasbourg, où ils ont été répartis dans les garnisons, camps et cantonnements de l'armée du Rhin pour compléter les bataillons, depuis le 5 avril jusqu'au 12 juillet inclus de 1793* ». Cet état accuse un nombre de 26,398 recrues, dont exactement la moitié sont arrivées avec leurs armes. La plupart de ces recrues ont été laissées dans les garnisons ou camps de seconde ligne, et l'on a tiré des places le plus d'hommes instruits qu'il a été possible pour renforcer l'armée active. Les bataillons, qui avaient une force moyenne de 690 hommes au mois d'avril à l'armée de la Moselle, sont portés en moyenne à 935 le 15 août. A l'armée du Rhin, la force moyenne du bataillon est portée seulement de 612 à 720.

En résumé, l'armée de la Moselle, qui compte 66,610 hommes à l'effectif le 15 août, dont 36,832 seulement présents à l'armée active, ne doit guère avoir dans celle-ci que des hommes instruits. Il en est de même pour l'armée du Rhin, qui compte seulement 55,236 hommes présents à l'armée active sur un effectif de 118,182.

Les représentants Jean Bon Saint-André et Prieur de la Marne, dans leur lettre du 12 août, rendent compte au Comité de Salut public des mesures prises pour réorganiser l'armée de la Moselle, et des ressources qu'ils ont trouvées : « 10,000 hommes restant au camp de Sarrebrück, les 12,000 qui devaient partir pour le Nord, d'après la conférence de Bitche, porteront ce noyau à

« 22,000 hommes ; nous avons requis Beauharnais d'y faire passer 7,000 hommes, ce qui forme déjà un total de 29,000 hommes. Nous travaillons à augmenter cette force de tout ce qu'il nous sera possible de retirer des garnisons, en les faisant remplacer par des troupes de réquisition ».

D'ailleurs, à la date du 15 août, si les deux armées du Rhin et de la Moselle se composent de troupes sans grande cohésion et peu aguerries (elles n'ont encore livré aucune bataille (1) et n'ont exécuté que des opérations peu importantes), il ne doit s'y trouver qu'un petit nombre d'hommes insuffisamment instruits. La plupart des recrues ont rejoint depuis plus de deux mois, et *possèdent parfaitement* l'école du soldat et l'école de peloton. Elles sont encadrées dans une forte majorité d'anciens soldats. A Strasbourg, le général Sparre considère dès le 12 juillet que chaque bataillon a au moins 600 hommes à la première classe ; et ceux-là n'ont qu'une manœuvre de deux heures par jour, tandis que les recrues sont exercées pendant quatre heures.

Les représentants rendent justice à la discipline et à la bonne tenue des troupes dressées par Schauenburg à l'armée de la Moselle (2).

On se tromperait donc en considérant nos armées du Rhin et de la Moselle, au mois d'août 1793, comme peu instruites et obligées de combattre en désordre faute d'une préparation suffisante. Le règlement de manœuvres qu'elles appliquaient était d'ailleurs le plus complet et le meilleur qu'il y eût en Europe, le seul digne de ce nom qui eût encore existé en France, de sorte qu'à vrai dire, nos armées de 1793 sont les premières armées

---

(1) A l'exception de celle d'Arlon, où figurait une partie de l'armée de la Moselle.
(2) Lettres des 4 et 12 août 1793.

manœuvrières que nous ayons eues en temps de guerre. Nos bataillons de volontaires étaient bien supérieurs aux troupes de Louis XV par la nature et la diversité des formations et évolutions auxquelles on les avait rompus, et par le degré auquel leur instruction avait été poussée. Nous possédons à cet égard le document le plus probant : le recueil des ordres et instructions de Schauenburg pour l'armée de la Moselle, ainsi que des observations formulées par lui après chaque manœuvre (1). Il ne s'agit là que des évolutions de régiment et de brigade, et la manière dont elles sont ordonnées, les critiques que mérite l'exécution, prouvent une connaissance très complète de l'école de bataillon. Rien de plus naturel, d'ailleurs, si l'on songe que la plupart des volontaires étaient incorporés depuis plus de sept mois, et que, n'ayant pris part à aucune opération de guerre importante, ils avaient été excercés à peu près tous les jours.

A l'armée de la Moselle, on ne forme généralement le bataillon de manœuvre qu'à 288 hommes (8 compagnies à 12 files de 3 hommes), tandis qu'à l'armée du Rhin le bataillon est maintenu à 600 hommes. Selon le système admis par le décret du 21 février, les bataillons sont amalgamés en demi-brigades de trois bataillons (sans cependant que les demi-brigades aient pu être encore numérotées). On fait manœuvrer deux ou quatre demi-brigades ensemble. La formation la plus ordinaire est en ligne déployée ; les bataillons se forment aussi en masse par divisions lors des rassemblements. Les évolutions les plus fréquentes sont : le changement de front de la ligne déployée, la rupture en colonne à distance entière, en colonne serrée, en colonne d'attaque ; le

---

(1) Ce document, trop volumineux pour être inséré ici, sera publié séparément, avec les *Mémoires de Girardon*, qui seront mentionnés plus loin, et d'autres pièces concernant l'organisation de l'armée du Rhin.

déploiement des colonnes et des masses ; le changement de direction de la masse ; le passage des lignes. Toutes ces manœuvres sont exécutées d'après le règlement de 1791, et les observations portent sur de simples détails d'alignement ou de direction.

Quelques séances comportent des feux, surtout des feux de deux rangs. Remarquons à ce propos que les fusils restent toujours chargés dans les camps, et ne sont déchargés que pour être nettoyés, ou lors des exercices.

Vers la fin de juillet, l'instruction paraît assez avancée au général pour ordonner des manœuvres de guerre en terrain varié, avec les canons des bataillons. Les formations adoptées sont encore la ligne de masses pour le rassemblement, et la ligne déployée pour le combat. Dans la pratique, ces formations sont modifiées par l'emploi des tirailleurs. Nous avons des renseignements très précis et assez détaillés sur les procédés de combat des armées du Rhin et de la Moselle, grâce aux rapports fournis après chaque engagement, mais surtout grâce aux mémoires si intéressants du chef de bataillon Girardon.

Il en ressort que les colonnes d'attaque, fréquemment usitées pendant la guerre de Sept ans, ont à peu près disparu à l'armée du Rhin, sans doute à cause de l'influence de Guibert, mais surtout en raison du peu d'énergie apportée à rechercher une solution rapide. On use presque exclusivement du combat par le feu, soit en ligne déployée, soit en tirailleurs, et, dans les rares circonstances où l'on se porte en avant la baïonnette croisée, c'est en ligne déployée, après que l'ennemi s'est déjà mis en retraite. Si l'on excepte la surprise des lignes de Wissembourg par les Autrichiens, on ne voit presque jamais les deux partis s'aborder résolument.

Les rapports officiels parlent peu de l'emploi des tirailleurs, sauf dans les deux ou trois cas où l'on a prescrit à un bataillon de se disperser tout entier pour garder une forêt très étendue (celle du Bienwald, celle de

Haguenau); les mémoires de Girardon viennent combler cette lacune. Ils montrent qu'on n'engage jamais une action sans détacher de chaque bataillon un nombre de tirailleurs fixé d'avance par le général. Ce nombre est quelquefois de 30, plus souvent de 50 hommes par bataillon, faisant un service d'éclaireurs; il s'élève parfois à 100, et, dans ce cas, les tirailleurs de toute la brigade ou la division sont réunis en une sorte de compagnie franche pour opérer en dehors du front sur un point déterminé, soit en défendant un bois qui couvre une es ailes de la ligne, soit en s'avançant pour déborder l'ennemi et l'inquiéter par une fusillade incessante sur ses flancs (1).

Il ne faut pas oublier que Girardon n'a pu rendre compte que des usages adoptés pour l'infanterie de ligne; et l'on peut être certain que l'infanterie légère, surtout les compagnies franches (chasseurs du Louvre, de l'Observatoire, etc.) ne combattaient qu'en tirailleurs.

Le nombre des tirailleurs semble donc avoir un peu augmenté depuis la guerre de Sept ans, sans atteindre toutefois la proportion adoptée par les Autrichiens, qui possédaient de nombreuses troupes légères (2). Quant aux Prussiens, ils avaient 10 carabiniers par compagnie, qui combattaient toujours hors des rangs, ce qui donne une proportion équivalente à la nôtre. Les historiens allemands (3) remarquent, d'ailleurs, comme nous l'avons

---

(1) Il ne s'agit ici que des errements admis dans les armées de la Moselle et du Rhin; la tactique pouvait n'être pas la même dans toutes nos armées.

(2) L'adjudant commandant Brossier remarquait encore en 1800 « cette foule de tirailleurs qui accompagnent ordinairement les attaques des Autrichiens. » (De Cugnac. *Campagne de l'armée de réserve*, tome II, page 431).

(3) État-major prussien. *Monographie* n° 16, pages 279 et 280.

fait d'après le témoignage de Girardon, que ces tirailleurs ne constituaient pas avec les unités en ordre serré une formation mixte, mais qu'on les employait à part dans certaines parties du terrain plus coupées ou plus couvertes. Les Prussiens possédaient aussi des fusiliers et des chasseurs ; ces derniers étaient constitués en compagnies, mais participaient rarement aux combats, étant réservés pour le service d'avant-postes et les coups de main, reconnaissances, etc.

L'infanterie ne combat plus guère que par son feu. Le plus souvent, sans doute, il ne s'agit que d'un feu à volonté ; mais on emploie très fréquemment aussi, devant l'ennemi comme à l'exercice, le feu de deux rangs. Remarquons à ce propos que, si l'on se forme toujours sur trois rangs pour l'exercice, au combat on se préoccupe surtout de conserver au bataillon son front normal, de sorte que, la plupart des files étant creuses, le troisième rang se trouve presque toujours supprimé par la force des choses.

Le feu d'infanterie produit des effets décisifs sur l'infanterie ; mais le chargement du fusil est encore très lent, et, dans ces terrains accidentés et couverts, propres aux surprises, il arrive souvent que des escadrons surgissent à côté des bataillons, et les attaquent avec succès sans qu'ils aient le temps de recharger leurs armes. Dans toutes les petites actions d'avant-postes, à Limbach, à Jockgrim, etc., la cavalerie a l'avantage ; mais l'arme qui décide le plus souvent du succès est l'artillerie légère : récemment créée, elle est l'instrument favori des généraux, qui veulent s'en servir à tout propos, partout et sans relâche ; aussi est-elle vite exténuée, et l'on ne parvient pas à recruter ses attelages (1). A Kaiserslautern, Hoche l'emploie tour à tour à toutes

---

(1) Lettre du général d'artillerie Ravel. Voir plus loin page 51.

ses attaques, et après trois journées de tir continuel, les munitions de 8 font défaut. Ces compagnies à cheval attellent, avec le canon de 8, des obusiers de 6 pouces, ou de 5 p. 6 l., pièces infiniment plus puissantes que les petits canons de 4 chargés de renforcer le feu des bataillons. L'artillerie de position comprend des pièces de 12, de 8 et de 4, et des obusiers ; il existe à peu près 4 bouches à feu par 1000 hommes à l'armée de la Moselle (1), mais 2 à 3 seulement à l'armée du Rhin, en y comprenant les canons de bataillon ; toute cette artillerie semble avoir été assez mal commandée et employée.

Si, de la tactique de détail, nous passons à la grande tactique, nous ne pouvons que confirmer le jugement de l'historien allemand (2) : « L'armée ne marchait plus, comme au temps de Frédéric, en une masse unique, mais en plusieurs fractions réparties sur le territoire de manière à occuper tous les passages. On ne la rassemblait pas non plus en un tout unique pour une bataille décisive ; mais elle combattait en fractions séparées, qui devaient se soutenir réciproquement par une marche simultanée. Une pareille tactique exige plus d'initiative de la part des sous-ordres, et cette qualité n'avait pas été assez développée chez eux ». Il s'agit là de l'armée prussienne qui, dès la mort du grand Frédéric, s'était empressée d'entrer dans la voie indiquée par les de Broglie, les Rochambeau, etc., mais n'avait pas eu le temps de se plier aux exigences de ce nouveau système de guerre. On peut s'exprimer de même sur le compte des armées françaises, qui opéraient suivant les mêmes prin-

---

(1) Situation du 16 octobre : 150 bouches à feu pour un effectif de 42,000 hommes, dont 34,000 présents.
Situation du 20 octobre : 161 bouches à feu pour un effectif de 40,000 hommes, dont 32,000 présents.
(2) *Monographie* n° 16, p. 279.

cipes, mais sous des chefs plus inexpérimentés et moins habiles encore que Brunswick et ses lieutenants. Le défaut le plus frappant de ces armées du Rhin et de la Moselle, au point de vue tactique, c'est l'absence de toute mobilité et de toute opération combinée. On voit encore, dans l'armée de Brunswick, des mouvements rapides de quelques brigades pour concentrer des forces supérieures sur un point essentiel ; mais il ne se produit jamais rien de pareil dans l'armée de Wurmser ni dans les armées françaises. Chaque division ou détachement combat dans le secteur qui lui a été attribué ; en cas d'échec, on envoie quelques renforts, arrachés à regret des divisions ou brigades voisines ; mais l'idée ne vient pas de rassembler promptement par une marche de nuit des forces considérables sur un point pour y rompre les lignes ennemies et décider ainsi du succès.

Les officiers généraux et supérieurs sont rarement à hauteur de leurs fonctions. Les officiers de volontaires n'ont pu acquérir encore, par l'expérience seule, les connaissances tactiques nécessaires à la conduite d'un ou plusieurs bataillons, et l'événement les prend souvent au dépourvu ; un grand nombre d'entre eux ont, d'ailleurs, été mal choisis (1) ; quelques-uns seulement, très bien doués, et préparés par une bonne instruction générale, ont été pris dans les états-majors, où ils ont obtenu le grade d'adjudant général, et, après dix-huit mois de service, ils savent « faire les dispositions d'une attaque ». Tels sont Soult et Gouvion-Saint-Cyr. Les vieux officiers qu'a fournis l'ancienne armée se sont montrés de bons instructeurs, propres à former les troupes, mais parfois

---

(1) Tel est le citoyen Repiquet, chef du bataillon des fédérés des 83 départements, signalé par le commissaire du pouvoir exécutif comme nul, méprisable, ne sachant ni lire ni écrire, et cependant chargé du commandement de Bitche.

incapables de manœuvrer devant l'ennemi. La plupart des officiers nobles ont émigré ou ont été renvoyés, et c'est parmi eux que se trouvaient les rares sujets préparés au commandement par leur travail personnel. A l'armée du Rhin, Desaix est à peu près seul à représenter cette élite. Les autres sont de vieux serviteurs qui ont conquis leurs grades un à un, sont passés maîtres dans les exercices du temps de paix, mais ne savent pas commander devant l'ennemi. Dans les premiers combats livrés au mois d'août par l'armée de la Moselle, on voit un lieutenant-colonel, Félix, qui, se trouvant tout à coup dans une situation tactique un peu embarrassante, perd la tête et s'enfuit. Celui-là n'est pas un officier d'occasion ; c'est un vieux soldat de l'armée royale, qui a servi d'abord comme simple fusilier et a passé par tous les grades, mais qui est sans instruction tactique. Moreaux (1) n'ira pas jusqu'à fuir, mais, incapable de déployer une division de 12,000 hommes, et de faire taire quelques tirailleurs prussiens qui fusillent sa colonne dans son flanc gauche, il voit en un instant ses bataillons confondus, mis en déroute ; il n'essaye même pas de rétablir le combat, et poursuit de sa rancune le seul général qui ait pu faire son devoir jusqu'au bout. Seul, Desaix (2), officier de carrière, se montre habile dans la conduite d'une division. Quant aux grandes opérations, c'est Carnot qui, de Paris, indiquera la direction qu'il faudrait leur donner, mais il ne sera ni compris ni obéi par Hoche et Pichegru. La victoire de Wœrth et de Wissembourg ne sera pas due à la stratégie de l'un ou l'autre de ces deux généraux ; mais à celle de

---

(1) René Moreaux, ancien soldat d'infanterie, officier de volontaires en 1791, général le 15 mars 1793, battu à Pirmasens le 14 septembre 1793.

(2) Desaix, né en 1768, sous-lieutenant en 1784, aide de camp de Mathieu Dumas et du maréchal de Broglie, puis adjudant-général en 1793.

la section de la guerre du Comité de Salut public, qui non seulement possède toute l'énergie qu'exigent les circonstances, mais se compose d'officiers plus instruits et plus capables de faire manœuvrer une armée que tous les généraux de cette époque.

La loi sur l'avancement (23 février 1793) est particulièrement néfaste, et diminue encore la solidité des cadres. Sous prétexte de justice, elle accorde le tiers des places à l'ancienneté de service, et non de grade. Le plus ancien soldat devient donc successivement, même s'il est illettré, caporal, sergent, sous-lieutenant, etc. En peu de temps, les vides formés par le renvoi des officiers nobles sont ainsi comblés, et l'on conçoit la valeur qu'ont les cadres à la suite de ce changement.

« Ce nouveau mode d'avancement, qui a pour base la justice rigoureuse, écrit le commissaire du pouvoir exécutif Gateau, élève aux premières places des corps une foule d'anciens serviteurs qui n'y sont pas propres, par le défaut de lumières ; il peut avoir des dangers, et est par cela même susceptible de modifications. Les adjudants-majors des régiments et bataillons se plaignent et arguent d'injustice à leur égard le règlement du Conseil sur cette loi : leur réclamation est reconnue pour être fondée. »

Lacoste écrit à Barère le 19 août : « Vous m'avez témoigné combien vous étiez pénétré de la nécessité d'abandonner l'absurde système de moralité que nous avions adopté. »

Le commandant de Metz, Krieg, écrit à Bouchotte le 9 août :

« ..... C'est aujourd'hui avec le titre de républicain comme jadis avec celui de chrétien : combien de scélérats se sont cachés et se cachent encore derrière ces masques! Tant que l'intrigue et les belles phrases l'emporteront sur la modeste vertu, sur le mérite retiré au silence, les places importantes seront occupées par l'ineptie, par l'arrogance, par tous les vautours qui déchirent le sein de la République, qui sucent la substance de l'arbre de la liberté, qui le dessèchent avant que la sève ait pu produire ni fleurs, ni fruits. Tant que je verrai à la tête des troupes des hommes qui, tout le long de leur vie, ne se sont appliqués qu'à quelque art mécanique, au commerce ou à la chicane, et que l'intrigue, comme dans un ballon, a élancé du fond de leurs boutiques ou de leurs ateliers jusqu'à la tête des armées, des corps administratifs et judiciaires, alors je plaindrai le sort des administrations et des armées de la République.

Votre mode d'avancement, citoyen Ministre, ne peut rester tel qu'il est, si la République doit exister. Le cœur me saigne quand je vois des anciens *soulons*, l'incapacité, enfin tous les défauts, passer comme des éclairs du fond des cabarets, du fond de la fange de tous les vices sociales (*sic*), à la tête des corps, depuis la compagnie jusqu'aux armées de la République. Quelle confiance voulez-vous que le soldat ait dans des chefs de cette espèce, auxquels, depuis trente et quarante ans, on n'a pas osé confier seulement la bourse de l'ordinaire d'une chambrée ni quatre hommes de garde, puisqu'ils ont passé tout le temps de leur service soit au cabaret, soit à l'hôpital ou à la prison. Le soldat français, par son caractère, par le feu sacré de l'honneur et de la bravoure qui l'anime, est incomparable avec les soldats des puissances étrangères ; donnez-lui des guides dignes de sa confiance et de son estime, et vous le verrez vaincre partout. De ce choix des guides dépend, surtout dans ce moment-ci, le salut public. Gardez-vous donc, citoyen Ministre, contre l'intrigue du masque patriotique. Préservez-en le Conseil exécutif, c'est la voix d'un ancien ami, d'un ancien camarade digne de votre estime, digne de votre confiance, qui ose vous avertir du précipice qu'il voit ouvert sous vos pas. Les défaites journalières de nos armées, de nos places, vous avertissent plus encore que moi de la vérité du tableau que je vous fais d'une des sources de nos adversités publiques..... »

Réponse de Bouchotte (écrite en marge de la lettre précédente) :

« Il ne raisonne pas juste : Franklin et Washington étaient des hommes de métier.

Quand tous ceux qui ont le talent se montrent contre le système populaire, il est forcé de prendre d'autres hommes pour le faire aller, qui paraissent d'abord n'avoir pas de grands moyens, qui cependant finissent par les développer et qui, enfin, ont le premier de tous, la volonté d'aller.

Qu'il songe qu'il faut devenir un homme nouveau et que l'expérience qui a précédé la Révolution ne sert pas en beaucoup de circonstances depuis qu'elle est commencée.

Dites-lui que je connais ses bons sentiments et la fermeté de ses principes. Que, dans ce moment, il faut principalement tirer parti du moral des hommes en inspirant de la confiance, que l'on ne peut en inspirer qu'en se montrant à hauteur de la Révolution ; que, dans cette marche à suivre, c'est bien plus le cœur que l'esprit qu'il faut écouter, qu'enfin il faut décidément appeler les sans-culottes à toutes les places, sans aucune exception, si l'on veut que la révolution des sans-culottes réussisse. »

On renonça bientôt au système de l'ancienneté de service pour revenir à celui du choix ; mais les représentants ne surent pas d'abord s'éclairer assez sur la valeur des candidats : « Des rapports, des plaintes, des dénonciations dictées par la vengeance, par la jalousie et par l'ambition leur furent adressés ; l'intrigue, toujours prompte à se mettre en avant, les circonvenait à leur arrivée ; alors c'était des arrêtés pour des destitutions iniques, pour des nominations absurdes ». Enfin, avec Saint-Just et Le Bas, « le soupçon eut toujours quelques fondements, et le militaire franc, loyal, qui faisait son devoir, n'eut rien à craindre. Ils savaient distinguer les talents et le mérite, et ne se laissaient pas entourer par un ramas de plats intrigants et de vils ambitieux ».

Ainsi, pendant les mois d'août, septembre et octobre, les cadres se remplirent de sujets incapables qui ne disparurent ensuite que lentement, et avec lesquels on ne pouvait se promettre aucun succès sérieux.

V. — DISCIPLINE. ESPRIT DE L'ARMÉE.

L'insuffisance des officiers se révèle dans tous les combats par les échecs qui en sont la suite naturelle ; elle est aussi pour beaucoup dans les hésitations et l'inertie des généraux, qui ne savent comment s'y prendre pour mettre en mouvement des armées de 50,000 hommes. C'est une tâche où il faut plus que de la bonne volonté. Les défaites et l'inertie exaspèrent et découragent le soldat, et il est disposé à les attribuer à la trahison, d'autant plus facilement que la trahison existe réellement, et qu'on n'a pas affaire aux seuls Autrichiens et Prussiens.

Nous avions en face de nous l'armée de Condé, recrutée en partie dans la jeunesse alsacienne (1), et qui avait conservé des intelligences dans la population (2). Un groupe d'émigrés, réfugiés à Bâle, ne cessent pas d'envoyer des émissaires dans le Haut-Rhin. Le district de Barr se soulève; les avant-postes de Strasbourg signalent des conversations suspectes entre des militaires français et des gens qui paraissent venir de l'armée ennemie (3). La fuite de ces individus quand on cherche à s'en approcher, des lambeaux d'uniforme laissés entre les mains de ceux qui les poursuivent, donnent à ces rapports une vraisemblance inquiétante.

« Il faut se transporter au temps, dit le chef de bataillon Legrand (4) : Mayence était au pouvoir des Prussiens, Landau bloqué, les Autri-

---

(1) Reinach, de Roppe; Bruges, de Colmar; Roljacob, d'Haguenau; les frères Bernard, hussards; Liénard de Monterey, Ichtratzheim, Rathsamhauser, les fils de la contrée Kricheli, Berger, Kœnig, de Colmar, Labatti, Pfister, les trois fils de Spitz, Antoine, fils de l'avocat, les deux fils de Muller de Markolsheim, Bruner de Schelestadt, etc. Leurs drapeaux et boutons portent pour devise : *Niemals beflecht und ohne flecken*.

(2) Rapport du 7 août, donnant les noms des agents royalistes dans les diverses localités du haut Rhin et du bas Rhin :

Neuback frères, dont l'un est commis des vivres, à Wissembourg; Osterntag, Querin et Bœsner; l'abbé d'Eymar, Mme Daigne, les Hirn; Maréchal, chirurgien; Scherer, à Strasbourg.

Le Cardinal, Hozer-Reiss, Landerer, Strumpf, notaire à Obernay; leur correspondance est portée par un sieur Libelin, commis aux douanes.

Köbel et Rumpler, à Schelestadt; Falker et Wolbrucht, à Châtenois; Biechi, à Colmar; Roljacob, à Haguenau, etc.

(3) On verra le même fait se reproduire plus tard au début de la campagne de 1794 à l'armée du Nord : peu avant l'attaque enveloppante dirigée sur Landrecies par l'armée combinée, on découvre dans cette place une conspiration destinée à la livrer aux Autrichiens.

(4) Legrand, chef de bataillon du génie, chargé en 1795 de recueillir sur place et aux armées tous les documents nécessaires à l'histoire des

chiens étaient maîtres des départements du Nord, les Anglais étaient à Toulon, Lyon était insurgé, la Vendée en feu, les ennemis de la Révolution levaient hautement la tête. Le découragement était général dans les armées, et il était suscité non seulement par une foule d'officiers faibles par caractère et d'opinion équivoque, mais même par des chefs dévoués à la cause de la coalition. Il fallait nécessairement donner une grande commotion à tous les esprits, soutenir l'énergie des vrais défenseurs de la patrie, relever le courage des faibles, faire trembler les traîtres, les punir et les obliger d'aller rejoindre leurs amis au delà des frontières. »

De là le sentiment de suspicion qui s'attache à tous les officiers nobles. Bien rares sont ceux qui, comme Desaix, avaient acquis une réputation inébranlable dans la troupe même. Les représentants luttaient en vain pour conserver Schauenbourg, Landremont, Hédouville, et pour limiter la proscription aux généraux qui ne mériteraient pas la confiance du soldat (1); ils avaient le tort d'agir d'autre part de manière à surexciter les passions. Bouchotte lui-même, dans sa circulaire du 2 août « à ses concitoyens aux armées », les engageait à « se défier des faux patriotes qui voulaient les subjuguer par une discipline d'automates » et « leur soustraire les journaux propres à les instruire sur les mouvements révolutionnaires ».

« La discipline et la subordination, écrit l'historien contemporain, s'étaient soutenues à l'armée active, quoique en déclinant, jusque sous le commandement de Beauharnais. Mais après la prise de Mayence par les Prussiens, elle fut anéantie. L'armée semblait avoir perdu tout son courage militaire; il paraissait n'y avoir plus que des héros de club. »

Si l'on n'avait agi qu'avec discernement, et frappé les

---

campagnes sur le Rhin, a laissé des manuscrits intéressants, qui seront souvent cités à défaut de documents originaux.

(1) Lacoste et Guyardin au Comité de Salut public, le 11 août.
Borie au Comité, le 26 septembre.
La Société populaire de Strasbourg, au Comité, m. d.

suspects après une enquête sérieuse et impartiale, l'arrêté pris contre les officiers nobles, appliqué avec justice, n'aurait pas causé un grand préjudice moral à l'armée; mais les dénonciations, encouragées, se succèdent de jour en jour (1), sont accueillies à peu près sans examen, et cela même contre des officiers de volontaires, comme ceux du 1ᵉʳ bataillon de la Vienne, comme le commandant de Longwy, Tagnot, etc. Les soldats du 103ᵉ accusent en bloc tous leurs officiers; bientôt la délation atteint, non plus des officiers isolés, mais des corps de troupe tout entiers. D'après les renseignements venus de Suisse, le soupçon plane sur le 33ᵉ régiment d'infanterie,

---

(1) Il existait, à la vérité, dans le Code de justice militaire, un article 17 du titre IV, frappant les dénonciations non fondées :

« Tout dénonciateur d'un délit prévu par le Code pénal, qui sera convaincu d'avoir fait poursuivre sans preuve suffisante un prévenu, sera lui-même, pour ce fait, poursuivi par l'accusateur militaire et puni de la même peine qu'aurait supportée le dénoncé s'il avait été convaincu du délit porté dans la dénonciation faite contre lui. »

En revanche, l'article 4 du titre III portait : « La voie de dénonciation contre les généraux est ouverte à tous les officiers et soldats volontaires et autres citoyens attachés aux armées ».

« Le représentant du peuple X***, écrit Legrand, disait au citoyen Clément, alors juge de police militaire, et depuis accusateur militaire, qui voulait faire arrêter un chirurgien nommé Z***, sempiternel et faux dénonciateur : Vous porterez la terreur dans l'armée; personne n'osera plus dénoncer les coupables. — Ce ne sont pas, lui dit le citoyen Clément, les dénonciateurs que je poursuis, mais les faussaires avérés, convaincus par différents faits et par les jurys d'accusation. Voilà la loi (il la tenait à la main) ; je dois la faire exécuter. — Cette loi nous a été arrachée par une faction qui dominait alors la Convention; c'est l'ouvrage de scélérats; je vous défends d'en faire usage. — Citoyen représentant, donnez-le-moi par écrit. »

En tout cas, la loi eût-elle été appliquée rigoureusement, que les représentants ne révélaient pas les noms des dénonciateurs qui s'adressaient à eux ; que les accusations d'incivisme échappaient à tout châtiment; enfin que les dénonciations anonymes ou collectives, ou celles qui étaient portées par des personnes ou sociétés étrangères à l'armée, ne pouvaient être punies, et les représentants les encourageaient.

sur les 2ᵉ et 4ᵉ chasseurs, puis sur des bataillons de volontaires, 3ᵉ et 4ᵉ de la Côte-d'Or, 3ᵉ de la Gironde, 10ᵉ et 11ᵉ du Jura, 4ᵉ, 7ᵉ et 10ᵉ du Doubs, 4ᵉ du Var. Après la funeste journée de Ketterich, le 96ᵉ est poursuivi par la haine des volontaires, parce qu'il s'appelait autrefois Nassau, et cela malgré la fermeté avec laquelle il a soutenu la retraite. Sous les murs de Bitche, on en vient aux coups.

Le 7 août, la division du Haut-Rhin s'est révoltée tout entière contre ses généraux, dont le mérite était incontestable. Le dernier commandant de Huningue, Sédillot, ci-devant noble, l'avait prévu et avait écrit au Ministre :

« Désignez mon successeur; un chef imperturbable est nécessaire. Comme entaché de noblesse, j'ai donné ma démission aux représentants à Strasbourg. Il faut enlever aux troupes le prétexte d'insurrection; les explosions sont pernicieuses à la discipline, mortelles à la subordination et funestes à la République. »

Le 18 août, Beauharnais écrit à son tour à la Convention :

« Déjà, citoyens Représentants, je vous ai priés plusieurs fois, au nom de la patrie, d'accepter ma démission d'un commandement où je ne croyais plus pouvoir servir utilement depuis que l'opinion générale et le vœu des sociétés populaires se sont réunis pour demander l'exclusion de tous les ci-devant nobles des premières fonctions militaires; en attendant le résultat de votre détermination, j'ai tâché, par mes soins, d'entretenir à l'armée du Rhin cette confiance dans les chefs sans laquelle une armée ne saurait longtemps subsister; mais je ne dois pas vous le dissimuler, citoyens Représentants, mes efforts deviennent de jour en jour plus insuffisants : déjà de grands mouvements ont eu lieu dans la division du Haut-Rhin par la raison seule que les premiers chefs avaient appartenu à une classe privilégiée; les soupçons et les défiances ébranlent déjà quelques corps de l'armée active du Rhin, et ce germe malheureux de désorganisation ne peut que se développer de plus en plus, tant que la Convention nationale ne statuera pas d'une manière positive sur la destinée des ci-devant nobles qui remplissent aujourd'hui des fonctions publiques. »

« Une bande de mauvais sujets et d'intrigants, écrit Legrand, au lieu d'être à leur poste devant l'ennemi, venaient remplir le club de Wissembourg, y tyranniser les citoyens, y dénoncer leurs chefs dans l'espoir de les remplacer; la discipline fut anéantie, la subordination nulle; les bons soldats, loin d'être ranimés, étaient abattus plus que jamais; les meilleurs républicains désespéraient du salut de l'armée avec de telles mesures, qu'à travers tous les soupçons de trahison qui pesaient sur toutes les têtes, il était impossible de distinguer les traîtres véritables et les agents de l'ennemi, qui en avait infailliblement, surtout parmi ces aboyeurs, héros de tribune, sauve-qui-peut devant l'ennemi, et qui, depuis, ont presque tous déserté l'armée.....

A la suite de la retraite des lignes, l'armée parvenue devant Strasbourg ne présentait que l'image du désordre et de la désorganisation la plus complète. Strasbourg n'était point approvisionné; on ne pouvait douter que l'ennemi n'y eût des intelligences nombreuses, mais qu'il était impossible de connaître. C'est dans cette circonstance plus que critique que le Comité de Salut public envoya Saint-Just et Le Bas à l'armée. Voici leur adresse aux soldats le jour de leur arrivée :

« Nous arrivons et nous jurons, au nom de l'armée, que l'ennemi sera vaincu..... »

Certes, il ne fallait pas être des hommes ordinaires pour, en voyant l'état pitoyable où était l'armée, jurer en son nom de vaincre l'ennemi; mais quand on songe que ces mêmes hommes ont tenu parole, et que c'est à eux principalement qu'on le doit, on ne reste pas sans étonnement.

Voici la proclamation qui accompagnait la lettre précédente à l'armée :

« Les Espagnols sont en fuite. Les 24 et 25 du mois dernier, l'armée du Nord a délivré Maubeuge et mis en déroute les Autrichiens. L'armée du Nord doit cet avantage à sa discipline..... Aimez la discipline qui fait vaincre. Exercez-vous au maniement des armes, demeurez dans vos camps et préparez-vous à vaincre à votre tour. Nul désormais ne pourra sortir du camp sans la permission du général, dont le général répondra..... »

Plus d'invitation, comme auparavant, sur les lignes de la Loutre et à Wissembourg, du temps de Ruamps, de venir pérorer et prendre des leçons d'insubordination dans les clubs..... Plus de plates flagorneries débitées aux soldats, plus de grands mots de liberté et d'égalité mis en avant; la discipline, et puis encore la discipline. »

Cette discipline, qui sera restaurée au mois de novembre par Saint-Just à l'armée du Rhin, Legrand en fait ressortir l'absence plus vivement encore dans un autre passage :

« Pourquoi ne pas dire franchement que ce qui se passait à cette époque aux frontières n'était nullement ce qui intéressait le plus ?

Certainement la levée du siège de Mayence eût fait moins de sensation à la Commune de Paris, qui asservissait la Convention elle-même, que l'arrestation ou le supplice d'un pauvre fédéraliste. Des commissaires près les armées, et il y en avait de la part de la Convention et de la part du Ministre de la guerre, agissaient les uns dans un sens, les autres dans un autre, suivant leur caractère, leurs passions ou la politique du moment. Il n'y avait pas, près du gouvernement, si l'on peut appeler gouvernement une autorité sans pouvoir, un point central pour la conduite et la direction des armées. Aucune vue, aucune conception, des plans incohérents et décousus, quand ils n'étaient pas absurdes, se succédaient dans les armées les uns aux autres.

L'armée du Rhin, autant que toute autre armée, était animée par un esprit républicain fort exalté, mais alors on voulait la rendre maratiste. Or, comme ce n'était pas l'opinion du grand nombre, on vit s'élever parmi les militaires qui la composaient les mêmes factions qui déchiraient l'intérieur de la République. Il n'y avait pas une petite garnison, un petit cantonnement où il n'y eût un club où les militaires opprimaient les citoyens et les en chassaient, comme fédéralistes ou comme modérés; ils s'y disputaient même entre eux avec un acharnement frénétique. Les dénonciations se multipliaient, on les adressait à la Convention, à la Commune de Paris, aux Ministres, et à toutes les Sociétés mères et filles. C'était à qui ferait destituer ses chefs pour se mettre à leur place.

Cependant, un jour d'affaire, vainqueurs de leurs débats, ils marchaient réunis. Des traits d'héroïsme ont éclaté dans ce temps d'anarchie. Mais, comme on l'a vu dans les deux actions précédentes, le défaut d'instruction, d'ensemble, et de discipline, empêchait toute mesure suivie, tout succès constant. Il était évident que, tant que les choses resteraient dans une telle anarchie, rien d'important, rien de glorieux ne serait exécuté par l'armée du Rhin, malgré le courage des défenseurs qui la composaient. »

Si indisciplinés qu'ils fussent dans la vie ordinaire des camps et des garnisons, les volontaires semblent s'être acquittés régulièrement de toutes les obligations du service. Les instructions de Schauenbourg dénotent une grande rigueur dans la tenue des bivouacs; on exige l'alignement des huttes de terre ou de feuillage qui remplaçaient les tentes (1); le général reproche parfois le

---

(1) « L'armée, à cette époque (1792), avait encore un certain nombre de tentes; une partie des campements pouvait se faire avec une certaine

défaut de propreté; il donne les ordres les plus stricts pour le service de garde. Bouchotte, toujours prompt aux reproches, lui écrit le 1ᵉʳ septembre qu'on lui a fait un rapport défavorable sur la manière dont le service des avant-postes est surveillé :

« Je voudrais, répond Schauenbourg, que l'inculpateur qui vous a mandé que le service de l'avant-garde se faisait avec négligence se nomme; je lui prouverai qu'il vous en a imposé sur l'article de la négligence attribuée aux postes avancés au point d'aller se coucher dans des lits; l'avant-garde bivouaque depuis passé un mois, ainsi qu'une partie de l'armée, et ce n'est que par l'activité avec laquelle elle sert qu'elle a pu maintenir intact près de vingt lieues de front. Oui, citoyen Ministre, nous avons dans le nombre de nos officiers quelques paresseux et insouciants; je vous jure que, quand il en tombe sous mes yeux, ils sont punis avec fermeté et justice, et ce n'est que d'eux, ainsi que des généraux, que j'exige le maintien de l'ordre et du service; croyez à ma véracité : je vous assure que le zèle et la quantité des bons nous sauvent du mal que quelquefois j'éprouve de la négligence et encore plus souvent de l'ignorance des mauvais, et vous aurez pu être informé, citoyen Ministre, que je ne regrette ni soins, ni peines, et que mon bonheur consiste toujours à être avec le soldat et à l'instruire moi-même. »

---

régularité. Peu de temps après, on n'a plus vu de tentes dans nos armées.

Les cantonnements dans les villages, les baraques en terre et en feuillage, et surtout les bivouacs y ont suppléé. Le défaut absolu des moyens de transport a nécessité une mesure à laquelle l'art militaire a gagné pour la facilité et la célérité des mouvements, et qui eût paru impraticable à tous autres qu'à des républicains. Nos ennemis ont même par la suite été obligés de nous imiter. Il est fâcheux que cette privation si avantageuse aux mouvements des armées ne le soit pas également à la conservation de l'espèce humaine. » (Legrand.)

Schauenbourg faisait exécuter chaque jour, selon l'usage suivi dans les guerres du XVIIIᵉ siècle, le plan du camp occupé par l'armée. Ces plans, qui nous ont été conservés pour la période de juin et juillet 1793, présentent une analogie aussi complète que possible avec ceux que nous ont laissés les armées de Louis XV. La manière dont les camps sont tracés, aussi bien que les procédés graphiques de reproduction, sont restés les mêmes.

Les représentants rendent hommage, d'ailleurs, à la bonne tenue et à l'instruction de l'armée de la Moselle.

Le désir de combattre, et surtout de combattre avec succès, paraît animer le plus grand nombre des soldats : « L'armée, écrivent les représentants, est furieuse d'avoir été forcée de rétrograder des portes de Mayence et d'être depuis deux ans sous la tente sans avoir vu le feu, tandis qu'elle brûle d'ardeur de se battre, et si on la retient plus longtemps dans cet état de langueur, ou elle se débandera pour courir à l'ennemi, ou elle se désorganisera entièrement. » Cette armée, en tout cas, était résistante, car elle subit sans trop de pertes les marches si pénibles que Hoche lui fit faire en pure perte dans l'expédition de Kaiserslautern. Quant à sa valeur, il est difficile de l'apprécier, puisqu'on ne peut faire abstraction de l'incapacité de ses cadres; mais il faut bien constater que, par suite des fautes commises, elle se trouva souvent engagée dans des situations où la panique et la déroute étaient presque inévitables avec de jeunes troupes, tandis que parfois, sous des chefs plus habiles, Desaix, Gouvion Saint-Cyr, elle remporta quelques avantages partiels. Déroutes et succès sont imputables aux cadres, et non à la troupe, à laquelle on ne peut faire un crime de s'être débandée devant Pirmasens, non plus qu'un grand mérite d'avoir repris Nothweiler sur une poignée d'Autrichiens. Quoi qu'il en soit, l'armée de la Moselle, cadres et soldats, fait souvent médiocre figure en face des troupes dressées par le grand Frédéric.

Tous les volontaires ne sont pas animés d'une ardeur égale. Beaucoup songent et répètent que le premier droit à invoquer est celui de rentrer dans ses foyers, et d'ailleurs, aux termes même de leur engagement, ils peuvent s'y croire autorisés. La désertion est effrayante, comme l'écrit le 16 août l'adjudant général Fontenay au Comité de Salut public; un grand nombre de volontaires avaient d'ailleurs demandé leur congé, « disant que la campagne allait finir, et prétextant la négligence qu'on mettait à donner des secours à leurs parents (1) ».

Le général Clarke, chef d'état-major de l'armée du Rhin, écrit au Ministre de la guerre :

« Je dois vous observer, citoyen Ministre, que malgré les ordres réitérés donnés au commandant Scherb, et le zèle qu'il a mis à leur exécution, il s'échappe tous les jours des soldats ou volontaires dans l'intention de se rendre chez eux ; il a été envoyé à ce sujet des ordres à tous les commandants de place et des réquisitions à tous les corps administratifs (2) ; mais il est à craindre que, vu l'extrême désir qu'ont manifesté les volontaires de passer quelques jours dans leurs foyers, ils ne trouvent moyen de se soustraire à la vigilance recommandée aux chefs de leurs corps. »

La désertion n'était pas la seule faute dont il fallût poursuivre la répression. Aussi des tribunaux militaires avaient-ils été institués d'après la loi du 12 mai 1793 ; mais le petit nombre de ces tribunaux (il y en avait deux pour le territoire compris depuis Besançon jusqu'à Landau) et l'absence de toute pénalité relative aux faits intermédiaires entre les fautes de pure discipline et les crimes portés devant les tribunaux, rendirent bientôt cette justice illusoire. Il fallut l'intervention des tribunaux révolutionnaires, créés par Saint-Just et Lebas,

---

(1) La Société républicaine de Neuf-Brisach au Comité de Salut public, 5 août 1793.

(2) 18 août :

Mainoni, chef du 6ᵉ bataillon du Bas-Rhin, au Directeur du département du Bas-Rhin.

Citoyen président,

En vertu des ordres qui nous ont été donnés, nous vous invitons à nous faire parvenir tous les volontaires et sous-officiers de votre district attachés au 6ᵉ bataillon du Bas-Rhin, d'employer la gendarmerie nationale s'ils s'y refusent, et dans le plus court délai, notamment ceux d'Haguenau et particulièrement les lâches qui avaient resté en arrière à l'affaire de Germersheim.

MAINONI.

pour assurer la répression des délits et des fautes graves contre la discipline.

VI. — MATÉRIEL.

La présence de 30,000 recrues dans chacune des deux armées serait un inconvénient secondaire s'ils pouvaient au moins prendre place dans le rang ; mais, chose beaucoup plus grave, il y en a une partie qui n'ont pas d'armes. Cette pénurie est signalée dès l'arrivée des recrues, au mois d'avril :

« Nous avons la douleur, écrivaient le 18 avril les représentants Louis, Pflieger, Ruamps et Haussmann, de voir successivement arriver sans armes la plus grande partie des citoyens, dont le zèle devient infructueux pour la défense de la patrie. En vain avons-nous exhorté les habitants des villes et des campagnes à se dessaisir des fusils qui pouvaient encore être à leur disposition ; en vain avons-nous fait les recherches les plus exactes dans les différents arsenaux de la République ; en vain s'occupe-t-on autant qu'il est possible de la réparation es armes qui peuvent être mises en état de service ; toutes ces ressources sont tellement insuffisantes que nous nous verrons forcés de suppléer par des piques au défaut de fusils pour armer le plus grand nombre des volontaires de nouvelle levée, si le Conseil exécutif provisoire ne s'est pas mis en mesure pour faire passer sur-le-champ à l'armée du Rhin un nombre de 15,000 à 20,000 fusils au moins pour leur être distribués. »

Cette première réclamation étant restée sans effet (1),

---

(1) Il a cependant été fourni quelques fusils à l'armée du Rhin dans les mois de juin et juillet. Le 31 mai, la division du Haut-Rhin n'a que 15,000 fusils pour 18,000 soldats d'infanterie présents, et un effectif de 23,000. Le 30 juin, elle a 17,400 fusils pour 17,900 hommes présents ; et le 15 juillet, elle a 18,500 fusils pour 18,750 présents.

On peut s'étonner du peu d'armes fournies par les manufactures pendant la période d'un an qui a précédé le mois d'août 1793. On en trouvera peut-être la cause dans un décret malencontreux qui, prescrivant le renvoi immédiat en manufacture de toutes les armes à réparer, a interrompu la fabrication pendant quelque temps, pour faire exécuter un travail que l'on aurait pu faire dans des ateliers improvisés ou dans les corps.

les généraux et les représentants la renouvellent sans cesse. Le 3 juin, le chef d'état-major de l'armée du Rhin, Baraguay-d'Hilliers, fait observer aux représentants qu'il ne suffit pas de réclamer des armes pour les hommes qui n'en ont pas reçu, mais qu'il faut aussi constituer des réserves indispensables dans les places :

« Il est essentiel que vous augmentiez l'assortiment des différentes espèces d'armes qui doivent s'y trouver, afin de compléter l'armement de cette foule de citoyens qui, amenés par le sort ou l'amour de la patrie pour compléter les bataillons de l'armée, n'ont apporté avec eux que leur courage et point d'armes pour le prouver ; le déficit est au moins de 6,000 pour l'armée active ; ce nombre serait infiniment plus fort, si l'on y faisait entrer celui des fusils de mauvaise construction, ou d'un plus petit calibre, ou usés par la manie de la propreté qui faisait jadis l'objet de toutes les méditations des jeunes colonels, et qui crèveront à la première action ; il faudrait outre cela dans chaque place des armes de rechange en état de servir, en nombre égal au tiers de la totalité de la garnison, selon le calcul le plus modéré, ainsi :

9,000 hommes à Landau en exigeraient.....	3,000
6,000 hommes au fort Vauban en exigeraient.	2,000
11,000 hommes à Strasbourg en exigeraient..	4,000
4,000 hommes à Brissack en exigeraient.....	1,200
4,000 hommes à Huningue en exigeraient....	1,200
8,000 hommes à Besançon en exigeraient....	2,300
TOTAL............	13,700
Plus.............	6,000
TOTAL............	19,700

Ainsi, récapitulation faite, il faudrait 19,700 fusils répartis dans les différents arsenaux ; or il n'en existe, tant réparés qu'en réparation, seulement à :

Strasbourg............................	3,110
Landau...............................	4,000
Fort Vauban..........................	870
Weissembourg.........................	80
TOTAL............	8,060

Ainsi le déficit net est de 11,640 fusils ; une partie de la cavalerie privée de ses mousquetons, qu'on lui a ôtés, n'a pas de pistolets, et il n'en existe pas 200 paires dans les magasins. Les recrues qu'on lui a données sont nombreuses et l'on est obligé, dans les cantonnements, de fournir de l'infanterie pour la garder parce qu'elle n'aurait pas de quoi signaler l'approche de l'ennemi.

Une grande partie de nos canonniers volontaires, infiniment multipliés, n'ont également ni pistolets ni sabres ; une partie de nos grenadiers n'ont pas de sabres, et l'on peut sans exagération calculer que l'armée aurait besoin de 2,400 paires de pistolets, de 2,000 sabres d'infanterie et de 1,000 sabres de cavalerie.

On dit qu'à Charleville il existe des magasins immenses de fusils et de pistolets qui y ont été portés de toutes parts, ainsi que des pièces propres à réparer.

On a proposé à l'arsenal de Strasbourg divers marchés pour des sabres d'infanterie, qu'il faudrait accueillir, parce qu'ils ne sont pas onéreux à la République. La manufacture de Klingenthal en a un magasin considérable en ce moment, duquel on pourrait extraire les quantités nécessaires à nos besoins ; enfin il existe à l'arsenal de Strasbourg des lames de sabre, tant pour l'infanterie que pour la cavalerie, qu'il faudrait autoriser le Directeur à faire monter, et qui depuis longtemps, faute de moyens, restent inutiles. Tels sont les aperçus que je puis vous donner.

Le dénuement qu'éprouvent les arsenaux du territoire de l'armée du Rhin proportionnellement à la brave et nombreuse armée qui l'occupe, la nécessité de la mettre à même de repousser toujours avec énergie les ennemis qui lui sont opposés, l'urgence qu'il y a de faire cesser les cris séditieux des hommes de nouvelle levée, dont les bras sont inactifs et dont l'oisiveté serait funeste à l'armée et à la Patrie, puisque avant de combattre ils seraient saturés de dégoûts ; enfin, la nécessité de tranquilliser les esprits inquiets qui accusent sans preuves et sont dans des temps d'orage presque toujours accueillis avec prévention.

Tout vous fait une loi impérieuse, citoyens Représentants, de prendre tous les moyens qui sont en votre puissance (et ils sont extrêmes puisque vos pouvoirs n'ont de limites que l'intérêt public) pour pourvoir aux différents objets dont je viens de vous entretenir.

J'acquitte un de mes devoirs en vous parlant des besoins de l'armée et en vous priant d'exercer pour les satisfaire toute l'autorité dont l'honorable confiance de vos collègues vous a investis.

L. B. d'Hilliers. »

Jean Bon Saint-André et Prieur de la Marne écrivent le 4 août au Comité de Salut public qu' « il y a dans les armées du Rhin et de la Moselle 12,000 hommes organisés, mais sans armes ». Restant sans réponse, ils s'adressent au Ministre de la guerre, le 11 août : « Les hommes ne nous manquent pas, ce sont les fusils ; faites-en parvenir sur-le-champ..... surtout envoyez des armes, et très promptement ». Le lendemain, ils reviennent à la charge auprès du Comité :

« La pénurie d'armes et de chevaux est une des grandes difficultés que nous ayons à surmonter..... Pour les armes, vous nous avez promis d'en envoyer pour l'armement de 12,000 hommes des armées du Rhin et de la Moselle qui n'en ont point. Ne perdez pas cet objet de vue. Faites passer successivement ce que vous aurez, ne fût-ce que 500, ce sera toujours 500 défenseurs de plus que vous donnerez à la Patrie, et en mettant de la suite dans vos expéditions, il en résulterait qu'on tirerait le plus promptement parti des hommes qui demeurent dans l'inaction et s'en indignent. »

Les autres représentants en mission adressaient au Comité des plaintes analogues :

« De tous côtés l'on demande des armes, écrivaient le 6 août Lacoste et Guyardin ; quelques communes en fourniront, mais il serait impossible qu'elles se procurassent toutes celles nécessaires pour armer les citoyens que nous mettons en réquisition. Pressez le Ministre d'en envoyer ; il n'y en a pas même à Metz, et des volontaires sont dans l'inaction au milieu de cette forteresse faute de fusils ; il y a un escadron de hussards qui ne peut rejoindre l'armée parce qu'il n'a ni sabres ni pistolets ; vous savez de quelle utilité cette troupe serait dans notre armée, qui n'a pas assez de cavalerie. Il existe des pistolets et des sabres dans les magasins de la République. Consultez les états que le Comité de l'examen des marchés a sous les yeux, et faites envoyer des armes à Metz et à l'armée de la Moselle, où des compagnies entières manquent de fusils. »

Le 15 août, Richaud, Ehrmann et Soubrany évaluent également à 6,000 hommes le nombre des soldats sans fusils dans chaque armée : « Nous avons souvent écrit au Comité à ce sujet, mais toujours inutilement. Ne perdez pas un instant de vue cette demande ».

Lacoste et Barère écrivent de Colmar le 19 août :

« Dans plusieurs villes où nous avons passé, nous avons trouvé une infinité de soldats en dépôt, tant cavaliers que fantassins, les uns sans chevaux, les autres sans armes ; leur réunion pourrait s'élever de 2,000 à 3,000. Donnez-nous des ordres prompts pour les faire partir de suite pour les armées, et des armes pour leur donner. »

Il ne faut pas s'exagérer, toutefois, la portée de cette pénurie de fusils ; la partie mobile de l'armée ne dut pas s'en ressentir. Le défaut de chevaux pour la cavalerie était un mal autrement sensible ; car, si les dépôts d'infanterie constituaient les garnisons strictement nécessaires pour les places, les dépôts de cavalerie regorgeaient d'hommes à pied, sans aucune utilité. A la date du 15 août, le 17e dragons a 379 hommes au dépôt ; le 7e hussards en a 502 ; le 12e de cavalerie, 241 ; le 4e de cavalerie, 174 ; le 1er dragons, 125 ; le 11e de cavalerie, 99 ; le 8e hussards, 212 ; le 3e hussards, 510, etc., c'est-à-dire que les dépôts finissent par être aussi nombreux que les corps actifs (1).

Dans leur lettre du 12 août, que nous avons déjà citée, Jean Bon Saint-André et Prieur de la Marne écrivent au Comité :

« La pénurie d'armes et de chevaux est une des grandes difficultés que nous ayons à surmonter. Nous ne pouvons même la vaincre sans votre concours. On se plaint depuis longtemps de la modicité de notre cavalerie, et ce que nous vous dirions là-dessus, après avoir vu par nous-mêmes, n'ajouterait rien à ce que vous savez déjà ; mais nous devons vous inviter, de la manière la plus pressante, à donner tous

---

(1) 25 septembre 1793 :

État des chevaux demandés par les troupes à cheval.

1er carabiniers	112
2e —	128
9e cavalerie	200
10e —	312
11e —	284
12e —	258
14e —	400
8e dragons	236
14e —	277
9e chasseurs	511
Légion de la Moselle	160

vos soins à l'augmentation de la cavalerie; quelques sacrifices qu'il faille faire pour cela, il faut les faire. La gendarmerie employée au service des armées est plus mauvaise encore qu'on ne peut le penser. Elle a les meilleurs chevaux et on s'afflige de les voir en de pareilles mains. Mettre à pied cette troupe serait peut-être une bonne opération, et l'on formerait un corps de cavalerie qui servirait en effet la République. Les carabiniers, le plus beau corps que nous ayons, le plus courageux qui, à la bataille d'Arlon, a servi avec une intrépidité qui a décidé le succès de cette journée, trop peu connue d'après les rapports qu'on nous a faits, mériterait un témoignage d'estime et d'encouragement. Nous ne serions pas éloignés de penser qu'il serait très bon d'obtenir un décret de la Convention Nationale qui permît à ce corps d'être porté à un nombre double de celui où il est actuellement, et de lui approprier les chevaux de la gendarmerie, sauf à en payer le prix à ceux des gendarmes à qui ils appartiennent. Mais, quoi qu'il en soit, il est nécessaire d'avoir de la cavalerie, et d'en avoir à tout prix. »

« Dans plusieurs villes où nous avons passé, écrit Lacoste le 19 août, nous avons trouvé une infinité de soldats en dépôt, tant cavaliers que fantassins, les uns sans chevaux, les autres sans armes; leur réunion pourrait s'élever de 2,000 à 3,000. Donnez-nous des ordres prompts pour les faire partir de suite pour les armées, et des armes pour leur donner. Quant aux chevaux, il y a des dépôts de chevaux de luxe dans nombre de départements, notamment dans celui du Cantal, où ils ne font que coûter beaucoup à la République, et être une propriété exclusive des administrateurs; donnez aussi des ordres pour qu'ils soient conduits sans délai aux armées qui en manquent, telles que celles du Rhin et de la Moselle. »

Ehrmann, Richaud et Soubrany écriront encore le 3 septembre au Comité de Salut public : « Vous nous recommandez, dans votre dernière lettre, de n'épargner aucun sacrifice, et de procurer des chevaux à la République à quelque prix que ce soit. Nous sommes parfaitement de votre avis, et nous avons pris en conséquence l'arrêté dont nous joignons ici copie. Nous avons pensé avec raison que, quoique vous ne vous expliquiez pas sur le numéraire, l'autorisation de porter le maximum du prix jusqu'à 500 livres, ne pourrait certainement pas être applicable aux assignats ».

Il paraît donc que la cavalerie de l'armée ne fut pas recrutée jusqu'à la fin de l'année 1793. Il en était de même pour les équipages d'artillerie (1).

---

(1) A l'armée de la Moselle, la situation du 8 septembre indique 3,191 chevaux existants sur 3,764 qui sont nécessaires ; le 20 octobre,

A l'armée du Rhin, les équipages sont fournis par deux entreprises différentes : l'une, celle de Winter et Boursault, volait littéralement l'État ; on voit, par exemple, le 5 juin 1793, qu'elle fait conduire à Strasbourg 200 chevaux, qu'on reconnaît hors d'état de servir. L'entrepreneur Lanchère remplit au contraire très consciencieusement les clauses de son marché, mais il est sur le point de ne plus remplacer les chevaux manquants, n'ayant pas été remboursé de ses avances.

Le commissaire du pouvoir exécutif, Gateau, adresse le 29 juin, à Bouchotte, un long rapport dans lequel il s'exprime très nettement sur le compte de ces entrepreneurs :

« Lanchère ne peut fournir les 2,000 chevaux qui viennent de lui être demandés, à moins, dit-il, que le gouvernement ne veuille lui faire avoir 2,000,000 en numéraire pour aller les chercher en Suisse, où il est uniquement possible de se les procurer ; il demande que le Ministre lui ordonne de se rendre à Paris pour conférer des arrangements à prendre si l'on adopte sa proposition, que la loi n'accueille pas favorablement.

Winter et Boursault sont deux fripons auxquels il faut se dépêcher de retirer la confiance, ainsi que les fonds qui ont été mis si indiscrètement entre leurs mains..... »

« Le service des chevaux d'artillerie par Lanchère se fait bien ; cet adroit spéculateur est d'une vigilance peu commune, et il a su faire passer dans l'âme de ses préposés son zèle et son activité.

Il manque de fonds ; il accuse Lherminat, de la trésorerie, de haine contre lui, et de chercher, par les moyens les plus coupables, à le réduire à l'impuissance de remplir ses engagements et le perdre, dût la chose publique succomber avec lui. Lanchère a été invité tout récemment à se procurer 2,000 chevaux d'artillerie de plus, mais il prétend qu'il est physiquement impossible de les trouver en France, parce que les chevaux de luxe et ceux excédant les besoins rigoureux des campagnes ont été enlevés et attachés aux différentes armées : il propose que le gouvernement prenne sur lui de faire un sacrifice de 2,000,000

---

le nombre des chevaux nécessaires a augmenté sans que le nombre des existants ait changé : ils sont respectivement de 4,098 et 3,181. Il manque donc le quart des chevaux nécessaires à l'artillerie. Du 20 octobre au 9 novembre, on en reçoit 300.

en numéraire, et il promet d'obtenir en Suisse, sous un court délai, non seulement la quantité demandée, mais bien au delà si l'on veut.

La proposition de Lanchère ne soutient pas le regard de la loi, je le sais, mais s'il n'existe que ce seul moyen d'avoir des chevaux, je ne pense pas qu'on doive la rejeter sans examen. Il pourrait peut-être se présenter encore quelques Winter, des Boursault de cette force à qui rien n'est impossible, pourvu qu'on leur donne des fonds d'avance, et qui ne craindraient pas de s'engager de pourvoir à tout; mais ces intrigants, qui se multiplient et se reproduisent sous toutes les formes parce qu'ils rencontrent des complices dans les gens même chargés de la confiance publique, comment tiendront-ils leurs engagements ? Comme Winter èt Boursault. On n'a jamais été plus impudent que cette nuée de coquins qui se cramponnent au trésor national pour en dévorer la substance la plus pure.

Winter, Boursault, etc., ont envoyé à l'armée des chevaux étiques, décrépits, ou si faibles et si bas, qu'ils ne peuvent être employés utilement à rien; j'en ai vu avant-hier partir pour l'armée du Nord avec des caissons qui ne sont pas plus propres à la chose, et je crains bien qu'ils ne puissent pas même arriver à leur destination. C'est ainsi qu'on se joue sans pudeur des intérêts les plus sacrés ! Et il se trouve des hommes asses lâches, assez infâmes pour trahir à ce point leurs devoirs, et seconder des manœuvres qui traînent la République dans l'abîme !

Toutes ces entreprises de chevaux d'artillerie, celles de Winter et Boursault du moins, viennent, dit-on, d'être transformées en régie (1), sans doute pour la plus grande commodité de ces spéculateurs éhontés ou de quelques autres intrigants de cette trempe, car une pareille transition opérée sous les auspices de tels individus, ne peut être entre leurs mains qu'un nouveau moyen de dilapidation.

On assure que le chef de cette division (la 3ᵉ division du ministère) veut supprimer toutes les entreprises pour faire des régies : ses plans peuvent être fort bons, mais qu'il y prenne garde ; le pas est glissant, le moment est difficile, et il pourrait ne changer que de fripons, qui n'auraient d'ailleurs ni les talents, ni l'expérience, ni le même intérêt à la chose que les Mallet, les Lanchère, les Choiseaux, etc. »

Il est intéressant de citer en entier la réclamation adressée par Lanchère au Ministre, ainsi que les attesta-

---

(1) Gateau se trompe : les équipages d'artillerie ne furent pas mis en régie, et Boursault, député à la Convention, céda son entreprise le 3 octobre au citoyen Caruette.

tions fournies en sa faveur par le commandant de l'artillerie :

Strasbourg, 23 juillet 1793, l'an II de la République française.

Au citoyen Ministre de la guerre, par le citoyen Lanchère, entrepreneur des chevaux de l'artillerie.

Citoyen,

Si le comité de la guerre ou celui des finances ne statue pas sur mes réclamations, d'après la réponse que j'ai donnée au rapport du citoyen Sponville, on croirait lui entendre dire : Je veux faire la guerre, mais j'ôterai tous moyens de se soutenir à ceux qui sont chargés des services les plus essentiels à ses succès. La cassation de mon marché, dont les clauses ne sont pas remplacées par une compensation juste de la perte qu'elle me fait éprouver, ne me met-elle pas dans ce cas?

J'avais 45 s. de solde par cheval, en numéraire, et le payement en assignats n'était reçu qu'avec l'escompte de la perte que le papier faisa' contre l'écu. Cet escompte suivait le cours de la place sur Paris. Le décret du 8 avril dernier annulant le payement du numéraire et en accordant moitié en sus, me prive de l'indemnité progressive stipulée par mon marché et qui devait toujours, moyennant le cours du jour pour l'escompte, laisser ma solde dans son intégrité. Ajoutez à cette perte la progression effrayante du prix des chevaux, harnais, appointements, etc., et vous conviendrez, citoyen Ministre, qu'au lieu de 45 s. de solde, il m'en reste à peine 20, par la raison que l'assignat de 5 l. ne me donne pas aujourd'hui, pour les différents objets de mon service, ce que je me procurais avec 34 s. lors de la passation de mon marché.

Quand un entrepreneur sert comme moi, quand son complet de chevaux excède constamment celui où se portent les ordres de levées, quand, enfin, il donne ses soins et ses veilles au bien du service, il ne devrait non seulement pas être dans le cas de faire la guerre à ses dépens, mais encore devrait-il être à l'abri de toutes les chicanes que lui font éprouver les commissaires de la trésorerie, chicanes dont on trouverait à peine un exemple dans tous les dossiers des procureurs du ci-devant Châtelet. Si le citoyen Lhermina, auteur des mille et mille entraves dont je me plains si justement, paraît douter de l'existence de mes chevaux et de la légitimité des revues qui la constatent, je le somme et interpelle de s'unir à moi pour demander, aux frais de qui il appartiendra, un envoi de commissaires pour en faire la vérification ; mais il sait trop bien que je suis en règle ; son but ne peut donc être que de faire manquer mon service ; mais, en satisfaisant une passion particulière, il devrait au moins être retenu par la crainte de compromettre la chose publique.

Il n'est pas resté un cheval à Metz pour le service de la place; à Strasbourg, on a été obligé d'employer des chevaux de charrois pour le service de l'artillerie; il ne nous reste ni chevaux ni harnais en réserve pour remplacer ceux dont les événements de la guerre pourraient nous priver; et c'est dans ces moments que l'on diffère de statuer sur mon dû. Cette façon de me traiter ne m'encourage pas et m'ôte même la possibilité de rendre les services de prévoyance auxquels je suis accoutumé.

Vous m'avez ordonné une levée de 500 chevaux pour l'armée des Alpes; je me suis mis en mesure pour remplir vos intentions, et 100 chevaux de cette levée sont déjà partis pour l'armée du Rhin; mais vous ne pourrez pas trouver mauvais, citoyen Ministre, que j'arrête mes achats jusqu'à ce que vous ayez prononcé, tant sur ma solde que sur le prix des chevaux morts, tués ou pris par l'ennemi. Ces réclamations sont consignées dans une réponse au rapport du citoyen Sponville; il ne s'agit donc que de prononcer sur les raisons que j'expose.

Je vous observerai, citoyen Ministre, que mon marché étant synallagmatique, on ne peut pas plus en altérer les clauses que je ne puis me soustraire à les remplir, et je me plaindrai aussi, citoyen Ministre, avec assez de raison, de vous avoir écrit sans cesse, de vous avoir adressé plusieurs mémoires, qui tous ont été sans succès et même sans réponse; il serait temps, je pense, que vous vous occupiez de mes réclamations, surtout dans un moment où notre armée avance et remporte des succès.

Le 20 juin dernier, vous m'avez ordonné, citoyen Ministre, une levée de 500 chevaux que le général de l'armée des Alpes demandait depuis trois mois, et vous me dites qu'il est instant qu'elle se fasse dans le plus court délai. Vous m'avez, en même temps, donné une ordonnance de 500,000 l. pour me mettre à même de remplir vos intentions; nous sommes au 23 juillet et j'apprends avec peine que le payement de cette ordonnance est déjà arrêté. Quel cas pourra donc faire un entrepreneur de vos ordonnances, si un commissaire de la trésorerie peut impunément en arrêter l'effet et méconnaître votre responsabilité?

Vous m'avez aussi donné une ordonnance d'un million sur ma solde, sur lequel il doit m'être retenu une somme de 300,000 l. que les représentants du peuple en commission à l'armée du Rhin m'ont fait payer, d'après la connaissance qu'ils avaient prise de mes besoins. Je ne serais pas étonné que l'ami officieux ne laisse, sur ce point, un libre cours à ses déclamations.

Les armées des Alpes et de la Moselle sont dans le même état de dénuement; il ne faut pas être faible, citoyen Ministre, quand il s'agit du salut de la chose publique; ne vous laissez pas gagner par des gens qui, sous le voile d'amis de la patrie, en sont les plus cruels ennemis.

La patrie est, dit-on, en danger ; mais le serait-elle si les ennemis du bien public n'étaient pas parvenus à entraver les efforts de ceux qui sont à même de fournir aux généraux d'armée les objets de première nécessité qu'ils réclament à grands cris et qu'ils ne peuvent obtenir ?

L'entrepreneur des chevaux de l'artillerie,
Lanchère.

DIVISION
du
Citoyen Lanchère.

Exercice 1793.

ÉQUIPAGES D'ARTILLERIE.

État de l'effectif des chevaux de l'équipage du citoyen Lanchère suivant les revues.

NOMS DES ARMÉES.	DATES des REVUES.	QUANTITÉ de CHEVAUX.	OBSERVATIONS.
Armée du Nord............	9 avril...	2,520	
Armée de la Moselle.......	30 avril...	729	Suivant des certificats des commissaires des guerres et des commandants de bataillons.
Place de Sedan............	1er avril...	82	
Longwy, Thionville et Verdun.	1er avril...	392	
Place de Metz.............	1er avril...	362	
Armée du Rhin............	1er juin...	3,367	
Mayence..................	»	1,077	Restés à Mayence, pris ou tués dans la retraite.
Armée des Alpes...........	1er avril...	1,490	
Armée d'Italie.............	1er juillet...	222	
Versailles.................	1er juin....	65	
Total suivant les revues arrivées jusqu'à ce jour.......		10,306	
A quoi ajouter :			
Partis de Versailles le 20 mai, sur une route, pour l'armée du Nord.............		12	
Partis de Versailles le 31 mai pour Metz....		60	
Total...........		10,378	On observe que dans ce nombre ne sont pas compris les chevaux qui sont en rassemblement à Vesoul et autres endroits circonvoisins, montant à 116 chevaux, et des bons, dont les achats sont arrêtés faute de fonds.
Les ordres de levées jusqu'à ce jour, et compris l'avant-dernière qui n'est et ne peut être encore effectuée, sont de............ 10,350			
Excédant encore le complet... 28			
Fournis par les représentants....... 107		207	
Plus, achetés par ordre des représentants, dont ils ont donné les fonds comptant pour aller en Suisse.... 100			
Total général...........		10,585	

Pour copie conforme à l'original, à Strasbourg, le 23 juillet 1793, l'an II de la République française.

Lanchère.

MÉMOIRE.

23 juillet 1793.

ARMÉE DU RHIN. — ÉQUIPAGES D'ARTILLERIE.

Il est prouvé par les revues que le citoyen Lanchère entretient à l'armée du Rhin le nombre de chevaux d'artillerie ordonné successivement par les différents ministres, et cependant l'armée manque de chevaux.

Lorsqu'on en cherche la raison, on la trouve :

1° Dans la grande quantité d'attelages que les fatigues de la guerre, les mauvais fourrages et les manœuvres forcées de l'artillerie volante surtout font périr et tiennent aux infirmeries ;

2° Dans le défaut actuel de chevaux haut le pied et le dépôt que doit avoir l'entrepreneur et que lui ont enlevés les remplacements considérables qu'il a effectués jusqu'à présent ;

3° Et enfin dans la non-proportion des nouvelles levées d'attelages relativement à l'augmentation des troupes.

De tout quoi il résulte que l'armée n'a pas, à beaucoup près, la quantité de chevaux nécessaire au service de son artillerie ;

Que la nécessité de fournir à l'urgence des besoins oblige de retirer les chevaux des infirmeries pour les atteler avant leur parfaite guérison, et ainsi les expose non seulement à périr sans rendre de services, mais même compromet les succès d'une armée ;

Que l'entrepreneur est privé des attelages indispensables au transport de ses voitures de campagne, ce qui lui devient de plus en plus préjudiciable ;

Qu'enfin les conducteurs d'artillerie et de charrois se trouvent dénués de chevaux, ce qui nuit beaucoup au service.

D'après cet exposé, on ne peut se dispenser, en rendant toutefois à l'entrepreneur les éloges que mérite son bon service, d'ordonner une levée d'attelages proportionnée aux besoins de l'armée et à la nécessité d'avoir toujours des chevaux haut le pied pour opérer les remplacements.

Vu l'exposé ci-dessus, il faut, de toute nécessité, dans le moment actuel, 400 chevaux, et successivement jusqu'à la concurrence de 1500, pour le complet des attelages dont l'artillerie de l'armée du Rhin aura besoin quand ses caissons et voitures à munitions seront en état de sortir de l'arsenal de Strasbourg ou des autres arsenaux de la République.

Le général de brigade, commandant l'artillerie,
RAVEL.

Vu et approuvé par moi, général en chef de l'armée du Rhin. Landau, le 23 juillet 1793, l'an II de la République.

Alexandre BEAUHARNAIS.

ARTILLERIE.

ARMÉE DU RHIN.

A Minfeld, le 5 juillet 1793, l'an II de la République, une et indivisible.

Le général de brigade Ravel, commandant en chef l'artillerie, au général de brigade Muller, adjoint au Ministre de la guerre.

Citoyen Général,

Relativement à votre lettre du 28 juin dernier, je vous adresse une seconde copie de l'état que je vous avais présenté par ma lettre du 20 du même mois. Cet état m'avait été demandé dans le principe par le général d'Hilliers, chef de l'État-Major général de cette armée, pour répondre au citoyen Bouchotte, Ministre de la guerre, qui croyait que nous avions dans notre équipage 600 à 700 chevaux de plus qu'il ne nous fallait, et le général Beauharnais désirait avoir une solution sur ce sujet.

L'armée du Rhin s'augmentant tous les jours par le recrutement, les pièces de bataillon venaient successivement de Strasbourg ; il fallait y joindre des pièces de position. Le général Custine les fit venir au fur et à mesure.

L'entrepreneur Lanchère fournissait des chevaux sur son ordre. Nous recrutions des soldats dans la ligne, et des canonniers que nous prenions parmi les bataillons qui en avaient le moins besoin, pour le service desdites pièces de position.

Enfin je me déterminai à donner au général Beauharnais, qui a remplacé le général Custine au commandement de cette armée, un tableau d'équipage d'artillerie pour une armée que je supposais de 60 bataillons effectifs, et elle passe ce nombre aujourd'hui. Le fonds de l'équipage était resté à Mayence ; la retraite du Palatinat ayant réuni à Landau tous les détachements d'artillerie dispersés à Bingen, Oppenheim, Worms, Frankenthal et Spire, et étant venus à Wissembourg, ce fut alors que nous vîmes notre situation, et que nous avions un équipage fort incomplet. Je demandai de suite plusieurs objets qui nous manquaient au directeur d'artillerie de Strasbourg, qui me les fournit.

J'ai adressé régulièrement tous les mois l'état de notre situation au Ministre ou à son adjoint pour la partie de l'artillerie. Vous avez vu, dans le dernier, que l'infanterie est pourvue de ses pièces de canon ; mais il nous manque encore beaucoup de caissons en ce genre.

Je me résume, Général : nous avons actuellement dans notre armée 86 bouches à feu, que je crois à peu près suffisant, en y comprenant celles des compagnies d'artillerie à cheval; celles qui sont actuellement à cette armée en ont 12 ; une troisième, de nouvelle création, qui doit venir bientôt de Strasbourg, en amènera encore 6 ; ce qui fait les 86 bouches à feu. Mais il nous manque encore beaucoup d'objets, comme caissons d'obusiers, caissons de pièces de 8 et de 4 ; des affûts de rechange, chariots de division, prolonges et forges ; caissons de cartouches d'infanterie, ce que l'arsenal de Strasbourg ne peut nous fournir à l'instant ; mais il m'en promet quelques-uns tous les jours, au fur et à mesure qu'ils seront prêts, mais il lui faut des chevaux de trait.

Je vous avais demandé précédemment 700 à 800 chevaux, soit pour cette armée, soit pour la subdivision du Haut-Rhin, où il faut 200 chevaux au moins, que réclame le général Falk pour son artillerie de campagne, commandée par le citoyen Fuchsamberg : je ne puis m'occuper de ces deux parties à la fois ; il serait nécessaire d'y envoyer un officier supérieur et un adjoint pour le commandement de cet équipage.

J'ai reçu, Général, le nouveau modèle que vous m'avez adressé avec votre lettre du 28 juin. Je n'ai jamais manqué de vous envoyer un état de situation tous les mois. Je suivrai le dernier modèle exactement, et si l'armée ne fait point de mouvement, je pourrai vous en envoyer un incessamment.

P.-S. — Le tableau ci-joint n'a été que pour vous donner, Général, une idée de ce qu'il faudrait absolument avec une armée de 60,000 hommes. Nous avons été obligés de nous soumettre aux circonstances, n'ayant pas les moyens de secours qu'il nous fallait tout prêts ; et nous avons été du jour au jour. Nous avons actuellement un besoin pressant de 8 caissons d'obusiers et 40 chevaux pour leur marche. Je vous prie de donner des ordres pour que nous les ayons le plus tôt possible.

RAVEL.

Une lettre du général Ravel, datée du 13 septembre, signale encore le déficit en chevaux des équipages d'artillerie :

« Je n'ai reçu aucun secours de Metz, de Paris, ni d'ailleurs, même en chevaux, malgré les demandes que j'ai fait faire par le ci-devant général en chef Beauharnais. Je suis obligé de tirer tout de l'arsenal de Strasbourg.

L'entrepreneur Lanchère vient de remplacer 118 chevaux tués, pris ou morts depuis le 1er août. L'affaire d'hier vient de nous en faire perdre quelques-uns..... Je suis obligé de conserver 350 chevaux du pays en réquisition permanente pour mettre le parc d'artillerie toujours à même de suivre l'armée. J'ai demandé au citoyen Lanchère de se pourvoir de 450 chevaux pour remplacer ceux du pays dont le service n'est pas bien assuré. Les conducteurs désertent facilement avec leurs chevaux, ce qui est d'un grand embarras et d'une grande inquiétude. Cet entrepreneur m'a répondu qu'il ne pouvait pas les fournir, ayant eu des contre-ordres. »

Si l'artillerie manquait de chevaux, il semble qu'au début de la campagne, tout au moins, elle disposât des approvisionnements nécessaires. Quelques caissons ou effets de rechange, que le général Ravel réclamait au mois de juillet, ne semblent pas un objet de grande importance; à cela près, l'équipage de campagne est complet, l'armement des places également, ainsi que leur approvisionnement en munitions à 700 ou 800 coups par pièce; mais, dès les premiers combats, on craint de ne pouvoir se ravitailler en munitions, et le déficit en matériel devient plus sensible.

Le directeur d'artillerie de Metz rend compte le 14 août aux représentants des efforts qu'il a faits pour obtenir des munitions; les approvisionnements pour les pièces de 12 étant suffisants, il a ordonné à la maison Wendel de se consacrer uniquement à la fabrication des boulets de 4, dont il faut 200,000, des boulets de 8 et des obus de 6 pouces; mais les livraisons ne sont pas encore effectuées. Pendant les combats livrés sur les lignes de Wissembourg et en Alsace, c'est la place de Strasbourg qui assure le ravitaillement à l'armée du Rhin.

VII. — SERVICES ADMINISTRATIFS.

Jusqu'à la fin de juillet 1793, les charrois et les subsistances étaient à l'entreprise. Les charrois étaient assurés par la compagnie Masson et d'Espagnac, sur laquelle une enquête fut ouverte à la suite de nombreuses plaintes. Le représentant Dornier en présenta les conclusions à la Convention le 23 juillet, et elles étaient absolument défavorables aux entrepreneurs.

Non seulement ceux-ci avaient conclu des marchés très onéreux pour l'État, mais ils s'acquittaient mal de leur tâche dans la plupart des armées. Il faut toutefois faire exception pour l'armée du Rhin, où le citoyen Gateau constate la bonne volonté de Mallet, associé de Masson, et spécialement chargé de cette partie.

Au contraire, à l'armée de la Moselle, il semble qu'on fût assez mécontent des services de la compagnie Masson et d'Espagnac : « Un décret du 25 juillet, écrivent les représentants, a supprimé la compagnie Masson et lui a rendu justice ; le même décret ordonne qu'une régie intéressée la remplacera et entrera en exercice le 1er août ; nous sommes au 4, et aucun régisseur ne paraît ; les directeurs et autres employés de cette administration sont venus nous trouver pour savoir ce qu'ils avaient à faire ; nous leur avons ordonné de continuer leurs services. Ils obéissent volontiers, mais ils nous objectent que, ne recevant pas de fonds de la compagnie pour payer les charretiers, et ne voulant pas être comptables, ils demandent que nous nommions un commissaire qui soit chargé de la comptabilité. Pressez donc, citoyens nos collègues, la nomination des régisseurs » (1).

La régie intéressée, enfin organisée, ne change guère

---

(1) Les charrois de l'armée de la Moselle comprennent, le 24 août : 231 hommes présents, dont 35 officiers et 36 ouvriers ; 502 détachés dans les corps de troupes (dont 59 officiers et 7 ouvriers), et 30 à l'hôpital ;

1536 chevaux, dont 1188 dans les corps et 10 indisponibles ;

446 chariots en service, dont 363 dans les corps ; plus 14 chariots disponibles à quatre roues et 17 à deux roues ;

12 forges, dont 8 dans les corps,

Et 3 fourragères employées à des transports de houille et de planches.

Au mois de septembre, le nombre des hommes est porté à 1013, celui des chevaux à 2,166. Le 20 octobre, on retombe à 823 hommes et 1629 chevaux, pour se relever, le 9 novembre, à 865 hommes et 1711 chevaux.

dans le service que le mode de comptabilité. A la fin de septembre, Villemanzy se plaint encore de la mauvaise exécution du service des charrois à l'armée du Rhin :

ÉQUIPAGES de L'ARMÉE.	Au quartier général de Weissembourg, le 20 septembre 1793, l'an 2ᵉ de la République française une et indivisible.

Le citoyen Villemanzi, commissaire ordonnateur en chef de l'armée du Rhin, au citoyen Bouchotte, ministre de la guerre.

Je vous adresse ci-joint l'état général de situation des équipages de l'armée du Rhin, ainsi que ceux particuliers d'après lesquels j'ai fait rédiger le premier. Il y manque seulement celui des charrois militaires qui ne m'a pas encore été remis ; dès qu'il me sera parvenu, je vous le ferai passer sans délai.

L'équipage des vivres serait suffisant, si tous les caissons étaient en bon état, et le nombre des chevaux complet, mais ce service a si prodigieusement langui pendant cette campagne, faute d'un chef actif et intelligent, qu'il a dû s'en ressentir. Depuis le retour du citoyen Latour, il commence à reprendre une nouvelle face et je ne doute pas qu'il ne parvienne à remettre aussitôt que possible l'équipage qu'il commande dans un bon état ; j'ai d'ailleurs assigné pour l'atelier principal de réparation un local excellent, Mutzig ; sa situation centrale entre les deux armées du Rhin, les ressources qu'elle offre en eaux, bois, bâtiments, écuries et hangars, tous ces avantages contribueront encore pour beaucoup au parfait rétablissement de l'équipage des vivres, qui d'ailleurs est supérieurement conduit et administré par le citoyen Latour.

Il s'en faut de beaucoup que l'équipage de l'artillerie soit au complet en chevaux et en caissons ; l'administration des charrois s'est vue obligée d'y suppléer, ainsi que le directoire du district, au moyen des chevaux du pays. L'une y entretient constamment de 50 à 60 voitures et 108 chevaux de pelotons et l'autre 450 chevaux appartenant aux laboureurs, et ce indépendamment des voitures qu'exigent les différents versements des munitions de guerre.

Les représentants du peuple auxquels le général de l'artillerie a rendu compte de ce manque de moyens viennent d'autoriser le citoyen Lanchère à faire un achat de 1500 chevaux, tant pour les motifs que je viens de vous exposer sommairement, que pour remplacer les pertes que nous éprouvons journellement.

Je suis également informé qu'outre les 1500 chevaux, les représentants du peuple ont autorisé le même entrepreneur de fournir 200 autres chevaux pour l'équipage de l'artillerie du haut Rhin.

Quant à l'ambulance, il s'en faut de beaucoup que les cinq guinguettes qui y existent puissent suffire au transport des malades que l'on évacue journellement, et on ne peut y suppléer au moyen des voitures du pays, encore moins dans ce moment-ci, où la mauvaise saison commence déjà à se manifester, que pendant l'été. Quelque précaution que l'on puisse prendre pour les rendre commodes, on ne réussit jamais que très imparfaitement, attendu qu'il faudrait, pour ainsi dire, avoir autant de modèles en cerceaux et couvertures qu'il y a de voitures, les dimensions de ces dernières qui sont fournies alternativement étant presque toutes différentes et les voituriers n'ayant d'ailleurs ni la bonne volonté ni les soins nécessaires pour la conduite des malades.

On ne parviendra donc jamais à faire transporter les malades ou blessés d'une manière convenable, et que l'humanité seule exigerait si beaucoup d'autres sentiments ne l'ordonnaient pas, qu'en ayant dans chaque hôpital, suivant sa force, une ou plusieurs voitures affectées uniquement aux évacuations.

Je puis affirmer qu'il en résulterait encore une économie immense.

Je ne puis au surplus vous rappeler sur cet article important, citoyen Ministre, que ce que je vous ai exposé plusieurs fois; je n'ai pas encore reçu aucune réponse. Veuillez, je vous prie, m'en faire une et m'autoriser à prendre toutes les mesures convenables pour la construction de ces voitures, et assez à temps pour que je puisse procurer à nos frères d'armes blessés tout l'avantage qu'ils devront en ressentir, surtout pendant la mauvaise saison, car nous perdrons beaucoup de blessés et de malades, si ces mesures ne sont pas promptement adoptées.

Je n'ai rien à ajouter à l'observation que j'ai mise au bas du tableau général, concernant l'équipage des charrois, qui est dans ce moment-ci dans un abandon excessivement nuisible au bien du service et aux intérêts de la République.

Enfin, rien n'est plus urgent que la présente organisation des équipages; en général tous peuvent être régis par une même administration, mais leurs services ne peuvent être confondus. Un caisson ne peut porter que du pain et des farines, il y aurait de grands dangers à épuiser les chevaux d'artillerie à un autre service que celui du parc, les mêmes inconvénients existeraient pour ceux de l'ambulance.

Les charrois seuls me paraîtraient devoir être susceptibles d'être employés indistinctement à toute espèce de transports. Je les considère comme des auxiliaires propres à compléter les services des autres équipages, là où ils sont incomplets, et sous ce rapport ils ont été très utiles.

J'ai déjà démontré toutes ces vérités, je regarderais comme superflu de les répéter davantage.

Je n'ai en vue que la sûreté du service et la prospérité des armées de la République, et par conséquent d'assigner à chaque administration le service qui doit la concerner. Je me conformerai d'ailleurs avec la plus grande exactitude à tout ce que vous croirez devoir m'ordonner.

Le commissaire ordonnateur en chef de l'armée du Rhin,

Signé : Villemanzy.

L'ensemble des services administratifs fonctionne mal, si l'on en croit le citoyen Gateau, qui fait remonter la responsabilité aux bureaux du ministère (2ᵉ division, dont le chef est le citoyen Ronsin) :

« Il serait trop long de traiter ici de tous les objets dont est chargée cette division ; d'ailleurs, je ne les connais pas tous assez parfaitement pour en parler d'une manière sûre et lumineuse ; je ne hasarderais rien cependant quand je dirais que toutes les parties confiées à la surveillance de cet adjoint sont plus ou moins en souffrance, et qu'il n'en est pas une qui ne mérite la plus sérieuse attention.

Les masses : on n'y voit plus que de l'obscurité ; l'observation sur la 1ʳᵉ division est commune à cet article.

Les fournitures, les habillements, les effets de campement, les remontes, les casernements, les chauffages, les hôpitaux, les marchés qui y sont relatifs, tout cela présente à mes regards un labyrinthe effroyable d'où je ne pourrais jamais sortir si j'avais la hardiesse de m'y engager. Je vois partout des régies, des entreprises, des commissions que la cupidité dirige, dans le cœur desquelles l'intérêt de la patrie est subordonné à l'intérêt personnel, qui n'ont de patriotisme qu'autant qu'il en faut pour gagner patriotiquement de l'argent, et qui transmettent à leurs préposés leurs goûts, leurs penchants, leurs habitudes, leurs sensations, leur tiédeur, leur incivisme ou tout au moins leur rolandisme. Cette division est, de toutes, celle qui a le plus besoin de têtes fortes, habiles, saines, à l'épreuve de l'or, et qui aient le tact sûr pour deviner les fripons, le courage de les poursuivre sans ménagements, et le bon esprit de les démasquer, de les chasser et même de les livrer à la rigueur des lois. Que de vigilance, de zèle et de lumières sont nécessaires pour gérer l'ensemble et les détails de cette partie de votre administration, dans laquelle viennent se fuser tous les trésors de la République !

Les subsistances ont besoin d'une réforme dans les hommes, mais elle doit être prudemment opérée, si l'on veut éviter de grands malheurs. Le défaut de fonds et le décret qui ordonne la taxation des denrées exposent ce service à manquer tout à coup, et je crois que les administrateurs, les directeurs et inspecteurs généraux, mécontents de ce qu'enfin on a remarqué sur leur front le cachet de Coblentz, ne seraient pas fâchés d'avoir à justifier ostensiblement d'une impuissance qui mettrait en danger le salut public : ne comptez point sur leurs efforts pour conjurer l'orage ; ils n'en feront qu'autant qu'ils le jugeront convenable pour tenir leur responsabilité à couvert, et puis qu'est-ce que la responsabilité ? une marotte, une belle chimère qui sert de manteau aux pillards, aux contre-révolutionnaires, et avec laquelle on abuse et l'on se joue insolemment des vols, des gobe-mouches, des bonnes gens. »

« Le service de la trésorerie se fait avec nonchalance et un esprit de chicane qui mécontente et peut nuire essentiellement aux opérations ; ses préposés se conduisent en ridicules formalistes, et n'ont, la plupart, ni patriotisme ni ardeur pour leurs devoirs. Les plaintes contre cette administration sont générales et s'élèvent depuis longtemps de tous les points de la République ; le vice est dans les choses, ou les personnes ; dans le premier cas, il faut se hâter de former une meilleure organisation ; dans le second, on ne doit pas être moins empressé d'exclure les sujets dont l'inexpérience ou la méchanceté seraient reconnues. On paraît fortement détester les citoyens Lherminat et Piscatori ; ce dernier a une réputation d'aristocratie, qui perce jusque dans sa correspondance, où il n'emploie d'autre expression que celle de monsieur, avec 1793, sans jamais faire usage de l'an 2ᵉ de la République, etc. Ne serait-il pas étranger ? »

Il y a longtemps que les effets de campement et d'équipement font défaut, que l'armée campe sous des huttes de feuillage ou de terre ; on a grand'peine à se procurer des souliers.

Pour les effets de harnachement, on envoie des officiers et des selliers pris dans les régiments, aux centres où se réunissent les hommes de nouvelle levée. Là, après entente avec les administrateurs départementaux, il sera passé des marchés ou organisé des ateliers.

« Les généraux, dit l'instruction ministérielle, sont autorisés à envoyer dans les ateliers les ouvriers qui seront attachés aux différents corps, et même ceux qui servent en qualité de soldats ou de volontaires..... Le Ministre enverra dans chaque lieu de rassemblement les étoffes et objets nécessaires à l'habillement et au grand équipement des hommes qui doivent s'y réunir. Les habits seront confectionnés sur les lieux mêmes, sous la surveillance de l'administration du département ou de telle autorité qu'elle commettra, et sous la direction des officiers et sous-officiers. »

De pareilles mesures ne pouvaient avoir leur effet qu'à une époque assez reculée, en admettant que le ministère envoyât les matières premières. Aussi n'en sentira-t-on pas les résultats en 1793.

Deux notes, rédigées sous le Directoire pour le chef de bataillon Legrand, nous renseignent sur l'organisation générale des services des fourrages et des vivres :

« Une discussion approfondie, déclare l'auteur de ces notes, avait démontré, en 1778, par les résultats d'une longue expérience, que de tous les systèmes, le plus impolitique et le plus ruineux était de laisser aux troupes le soin de se fournir elles-mêmes ; mais comme, en France, l'exemple du passé est une leçon bientôt oubliée, la direction de la guerre chargea de nouveau, en 1788, les régiments de la nourriture des hommes et des chevaux. Ce nouveau mode ne tarda pas à s'écrouler sous le poids des dépenses et des abus qu'il devait produire ; il devenait d'ailleurs insuffisant, dans l'état de dispersion où les premiers mouvements révolutionnaires tenaient l'armée, comme il l'aurait été plus tard pour la guerre.

On essaya de le remplacer par des adjudications partielles ; ce n'était remédier à aucun des vices, à aucun des inconvénients inhérents aux régies des régiments, et il fallut y renoncer. Enfin, on se détermina, en 1790, à réunir les vivres aux fourrages et à les confier à une seule régie sous la dénomination d'administration générale..... Cette administration avait en même temps les équipages des vivres et la fourniture de la viande ; on s'était d'abord proposé de créer une régie intéressée ; mais on finit par en faire une régie absolue. Les administrateurs, à Paris, recevaient les fonds directement de la trésorerie, et les reversaient ensuite dans les caisses de leurs préposés..... Cette administration générale avait à sa tête deux hommes habiles : ils assurèrent, malgré tous les obstacles et en fort peu de temps, les subsistances nécessaires à la première campagne ;..... mais, au lieu de lui donner l'appui et la solidité que méritaient ses premiers succès, on la détruisit au moment le plus important, celui de réapprovisionner les magasins militaires pour la seconde campagne.

Pache, ou plutôt Hassenfratz, son premier commis, la laissa manquer de fonds pendant deux mois, arrêta toutes les opérations et, en décembre 1792, la remplaça : 1° par un directoire des achats ; 2° par une régie particulière chargée de recevoir et de distribuer. Les vices de cette conception, inadmissible en temps de guerre, auraient pu être mitigés si son développement eût été confié à des hommes habiles ; mais les achats, d'un intérêt majeur pour le trésor public, et si importants pour la sûreté des approvisionnements, furent confiés à un banquier, à un demi-philosophe et à un juif, avec un droit de 3 p. 100 de commission sur toutes les sommes dépensées ; le dernier prit en partage l'armée du Rhin.

..... L'armée du Rhin, retirée alors sur la rive gauche et dans Mayence, n'offrait plus, pour la faire vivre, de ces difficultés qui se multiplient dans les marches : elle était dans un pays vierge et abondant en ressources, et cependant, sous le directoire des achats, auquel on prodiguait tous les moyens d'argent, ses subsistances éprouvèrent, par l'effet de l'imprévoyance et de la cupidité, tous les embarras et presque tous les maux de la disette.

..... Ce système ruineux ne dura qu'environ quatre mois.....

Enfin, Pache quitta le ministère et avec lui disparurent toutes ses ineptes innovations. Beurnonville rappela l'ancienne administration générale à la fin de mars 1793, et avec elle revint un meilleur ordre de choses. Il n'y eut de changements dans sa première organisation que pour la remise des fonds, qui se fit sur tous les points, sans intermédiaire, par les payeurs de la trésorerie aux caissiers de l'administration. Aux spéculations étroites de la cupidité et de l'ignorance succédèrent l'expérience et l'émulation ; le service reprit son ancienne régularité ; les magasins étaient mal pourvus et cependant l'armée, en revenant inopinément sous les murs de Landau, ne manqua de rien ; jamais ses distributions en fourrages ne furent retardées ni mieux faites : des convois nombreux partaient à la fois de Strasbourg, d'Haguenau, de Phalsbourg et du Haut-Rhin, se succédaient avec la plus grande précision et entretenaient un approvisionnement continuel de quatre jours d'avance.

Les dispositions étaient prises avec une telle régularité que, lorsque l'armée fut forcée dans les lignes de Wissembourg et sous Landau, on ne laissa ni ne perdit rien. Jusqu'à cette époque, on avait pourvu à tous les besoins par des achats libres ; mais la chute progressive et effrayante des assignats, alors la seule ressource du gouvernement, et l'embarras du trésor public forcèrent, pour pallier le mal, de recourir à la mesure d'un maximum, et bientôt les réquisitions furent l'unique moyen d'approvisionner les armées. Elles furent adoptées pour celle du Rhin dès le mois d'août par les représentants du peuple Louis, du Bas-Rhin, Pflieger, etc. »

Ainsi les réquisitions sont le seul moyen usité dès le mois d'août 1793 pour ravitailler les armées ; toutefois, il ne faut pas jouer sur les mots et entendre par là qu'on se mit à vivre sur le pays, solution admissible pour une armée en mouvement, et non pour des troupes stationnées toujours dans les mêmes positions. Il fallut bien *requérir* en territoire national les denrées qu'on ne trouvait plus à acheter en raison de la loi du maximum et du cours forcé des assignats; mais les produits des réquisitions étaient versés d'abord dans les magasins, et non aux corps de troupes.

« Les réquisitions réussirent tant qu'on trouva des denrées sur le pays qu'on occupait; mais, quoiqu'on les payât aux prix fixés, quoique tous les transports fussent acquittés exactement, on ne tarda pas à éprouver la disette qu'elles devaient nécessairement produire. Quatre départements avaient suffi, avec la liberté des achats, pour fournir la nourriture à 25,000 chevaux de cavalerie et de trait; avec les réquisitions, dix départements n'offraient plus de ressources assez abondantes; il fallut tirer de 100 lieues des foins et des pailles qui coûtaient, malgré le maximum, le double du prix auquel l'Etat aurait pu en faire arriver sur les lieux mêmes de la consommation en traitant de gré à gré. »

Une note sur le service des vivres-viande à l'armée du Rhin débute ainsi :

« Dès l'ouverture de la campagne de 1792, le service des vivres-viande fut fait par entreprise; la quantité et la bonne qualité du gros bétail dont abondaient alors les départements de l'intérieur, les fonds que le gouvernement versait au prorata des besoins et la confiance dont jouissaient les munitionnaires les mirent à même de débuter par un service très actif et très exact; ils le maintinrent en cet état jusqu'au 1er avril 1793, époque à laquelle la consommation prenant un accroissement considérable, en raison du nombre et de la force des armées, le gouvernement jugea convenable et avantageux de mettre cette branche de subsistance en régie; il choisit la plupart des munitionnaires pour en diriger les opérations. Son but principal, en adoptant cette mesure, fut de ménager les ressources de l'intérieur; l'uniformité dans la comptabilité ne fut que le motif secondaire de sa détermination; aussi les nouveaux régisseurs, pour répondre à la confiance dont ils venaient d'être investis, marquèrent-ils les premiers pas de leur carrière par des mesures protectrices de la conservation du bétail et économiques des ressources de l'intérieur.

L'entretien de préposés aux achats dans les pays neutres, une prime accordée pour chaque tête de bétail arrivant de l'étranger, des lois, arrêtés et règlements rendus sur leur initiative, portant des peines pécuniaires ou afflictives contre ceux qui abattraient des génisses ou vaches propres à la génération, enfin une surveillance des plus actives sur l'exécution desdites lois et règlements furent les dispositions les plus marquantes qu'ils firent pour remplir les vues sages et prévoyantes du gouvernement..... L'ensemble d'un service très étendu leur offrit encore un moyen dont ils obtinrent les résultats les plus satisfaisants; il consistait à ménager avec discernement les points où le bétail avait besoin de se reproduire et de porter successivement les achats sur ceux qui en étaient pourvus.

Ces bases posées, les régisseurs s'occupèrent des mesures à prendre pour approvisionner l'armée d'une manière sûre, quelques mouvements qu'elle pût faire; ils établirent à cet effet un *parc général* à l'armée, d'où l'on faisait passer les bestiaux nécessaires aux divisions au fur et à mesure de leurs besoins. Ce parc général contenait un approvisionnement de quatre jours, et ce qu'on en enlevait était journellement remplacé par un nombre de bestiaux égal à celui qu'on en avait retiré la veille; des colonnes toujours en mouvement sur les routes qui conduisaient des pays d'achat à l'armée; des *gîtes* disposés de quatre lieues en quatre lieues pour y recevoir les bestiaux, qui y trouvaient une nourriture propre à leur faire soutenir sans dépérissement sensible les fatigues d'une longue marche; une correspondance active entre les chefs de service et les acheteurs sont les moyens qui furent employés avec un succès soutenu pour l'entretien dudit parc.....

L'impossibilité de monter des services dans toutes les forteresses, villes, bourgs ou villages où les garnisons et rassemblements de troupes n'étaient pas assez considérables pour balancer les dépenses que nécessitaient de pareils établissements, cette impossibilité, dis-je, détermina les premiers munitionnaires à pourvoir par la voie des traités, tant à la subsistance des troupes qu'à celle des hôpitaux et ambulances militaires qui s'y trouvaient établis; en conséquence, ils autorisèrent les préposés en chef à passer des marchés de gré à gré en leur recommandant de ne confier le service qu'à des hommes sûrs et de leur donner la préférence sur ceux qui, sous ce titre, souscriraient à des prix plus avantageux. »

Ces deux notes semblent avoir été rédigées par des personnes intéressées à faire valoir les services de cette première administration.

Sans être très affirmatif, le commissaire Gateau ne

s'exprime pas favorablement sur le service des vivres et fourrages :

« Les chefs ont le cœur tourné vers Coblentz plutôt que vers le faubourg Saint-Antoine; s'ils étaient remplacés par des patriotes expérimentés dans ce service, qui exige des connaissances toutes particulières, les subalternes seraient forcés de marcher droit, et les choses iraient bien ; peut-être même avec le temps pourrait-on parvenir à introduire parmi ces agents l'exercice de la probité, dont ils n'ont pas reçu d'exemples fréquents de la part de leurs supérieurs.

Le directeur Gallimard et l'inspecteur général Barthélemy sont de rusés munitionnaires ; ils entendent leur métier, mais leur cœur n'y est pas ; le premier surtout est un vieux renard qui en connaît toutes les ressources et ne les a pas négligées pour sa fortune ; il est aristocrate de profession, aussi ne prétend-il pas au certificat de civisme.

Barthélemy a eu l'adresse de l'obtenir à Belfort, quoiqu'il ne soit pas plus sûr. Reubel, régisseur des fourrages, est fort instruit et serait un homme précieux à conserver, s'il pouvait espérer le certificat de civisme et se familiariser avec les principes du gouvernement républicain.

Cette administration a un besoin pressant de fonds ; elle est neutralisée dans les achats en froment et avoines par la loi qui ordonne la taxation du prix de ces denrées et elle assure être dans l'impuissance de s'en procurer les quantités nécessaires à la subsistance de l'armée si l'on ne vient promptement à son secours par des exceptions, des modifications de cette loi, ou toute autre mesure ; rien ne commande plus impérieusement l'attention des législateurs et celle du Ministre, que cet objet d'un intérêt majeur. Il est indispensable d'approfondir la conduite des vivriers et fourrageurs lors de la retraite, déroute ou fuite de Custine du Palatinat, en suivant, ou une meilleure, la marche que j'ai indiquée par ma lettre de Strasbourg du 4, 5 ou 6 du courant.

Le Ministre doit également ordonner la vérification des marchés faits par l'ordonnateur Schüle et son confrère Rivage, commissaire des guerres, pour les approvisionnements extraordinaires de Strasbourg ; il s'agit de deux ou trois millions de volés, assure-t-on ; la chose vaut donc bien la peine qu'on s'en occupe. Je remettrai au citoyen Gauthier une note indicative des moyens à prendre pour arriver à un résultat tel qu'on peut l'espérer.

Les représentants du peuple Louis et Ruamps ont ordonné au régisseur des fourrages de payer les rations aux officiers en totalité sur le simple aperçu des conseils d'administration sans états de revue, sans règlement de décomptes.

Il est essentiel de prendre cet objet en considération et de jeter un coup d'œil sur la loi qui prescrit le rachat des rations de fourrages et le mode d'y procéder. Il vaudrait mieux, si on le juge convenable, augmenter le traitement des officiers, déjà bien payés cependant, que de laisser ainsi une porte ouverte à toute espèce de gaspillages. »

La différence des appréciations formulées par Legrand et par le commissaire Gateau tient sans doute à ce que ce dernier écrivait au mois de juin 1793, époque où le ravitaillement des armées inspirait les plus sérieuses inquiétudes, tandis que la note fournie à Legrand a été rédigée sous l'impression des événements qui ont suivi.

C'est le 30 juin que le munitionnaire de Metz, Gigot, se déclare obligé d'entamer les approvisionnements de siège des places pour nourrir l'armée de la Moselle. Il faudrait garder 55,376 quintaux de farine en magasin, et un mois plus tard, malgré de nouveaux arrivages, il n'en restera plus que 28,848 quintaux. Les fourrages seuls présentent encore un excédent, puisqu'on a 410,000 quintaux de foin, 319,000 quintaux de paille et 249,000 sacs d'avoine, alors que les places n'exigent que 173,000 quintaux de foin, 53,000 de paille, et 34,000 sacs d'avoine pour les besoins d'un siège.

Non seulement on commence à entamer l'approvisionnement de farine des places, mais encore on ne sait trop comment on le reconstituera : on vit au jour le jour. Le régisseur Gigot, un vieux munitionnaire de la guerre de Sept ans, réclamait déjà des fonds le 25 mai : il avait reçu 1,100,000 livres des représentants, mais cette somme ne pouvait pas le mener loin, car il dépensait parfois jusqu'à 100,000 francs par jour, en raison des frais de transport. Le 18 juin, il annonce que le service est près de manquer, faute d'argent. Un nouveau million lui est versé par les représentants.

Mais où trouverait-on les blés nécessaires ? Ainsi que l'écrivent, le 26 juin, les représentants Maignet et Le Vasseur de la Meurthe : « la plus grande partie des grains qui ont alimenté jusque-là l'armée de la Moselle a été tirée de Château-Thierry, Montmirail, La Ferté-sous-Jouarre, Meaux et Fontainebleau; c'était à Troyes, Châlons, Vitry et Nogent, que ces grains étaient d'abord versés, et de là voiturés à Metz »; mais les ressources de la Brie diminuent, et l'armée de Mayence, qui va traverser cette province pour se rendre en Vendée, achèvera de l'épuiser; cette même armée, vivant ensuite sur les ressources de la Beauce, obligera Paris à tirer sa subsistance de toutes les provinces environnantes, y compris la Champagne. L'armée de la Moselle ne peut plus guère compter que sur les ressources des trois départements qui lui sont affectés : les Vosges, la Meurthe et la Moselle; mais les Vosges ne produisent guère de blé, la Moselle a été ravagée par les Prussiens. Il ne reste à exploiter que le département de la Meurthe, et il n'en faut rien laisser échapper.

La législation vient de rendre précisément les achats plus difficiles. La loi du 4 mai sur le maximum empêche qu'on ne trouve des vendeurs de bonne volonté. On a beau relever le maximum pour le blé de 14 l. 10 s. à 16 l. 17 s. 6 d., les offres ne sont guère plus abondantes. C'est le principe même du maximum qu'il faudrait atteindre. Aux plaintes du citoyen Gigot, l'administration centrale répond que « la loi du 4 mai a rendu nuls tous les achats ordonnés dans la République; les magasins qui auraient pu fournir se sont épuisés. Il ne reste plus de ressources que dans la voie des réquisitions ». Une lettre du 7 juillet ajoute que les employés feront bien d'acheter dans les greniers; mais six employés sont mis en campagne sans résultat (1).

---

(1) « Les fonds n'ont point été faits, malgré toutes les demandes et sollicitations de l'administration, avec l'exactitude et l'abondance que le service exigeait; la loi du 4 mai a entravé tous les achats et a fait disparaître tous les grains dans le département de la Moselle et autres environnants, comme il est arrivé dans tout le reste de la République;

Le 17 juillet, Gigot trouve moyen de se procurer 50,000 sacs de blé achetés à l'étranger par l'intermédiaire de deux juifs, mais payables en numéraire. Le 14, les représentants lui ont versé encore 300,000 francs pour payer le marchand Zacharias.

Malgré cette aubaine, les magasins ne se remplissent pas. Houchard et les représentants s'en prennent au régisseur, qui est arrêté le 22. Bien que l'infortuné Gigot ne puisse être rendu responsable du déficit, son arrestation semble pourtant activer les réquisitions, ou plutôt les perquisitions chez les habitants, qui ne livrent leurs grains qu'à leur corps défendant. En même temps, les convois annoncés depuis longtemps de la Brie et de la Champagne, finissent par arriver. La crise est donc passée, mais pour arriver à remplir les magasins tout en ravitaillant les armées, il faut que les représentants prennent d'autres mesures. La réquisition est limitée par la loi du 6 juillet à 60,000 quintaux de farine pour l'armée de la Moselle, et 80,000 pour celle du Rhin, si tant est qu'on les obtienne par la force (1). Le 5 août, les représentants se décident à suspendre par un arrêté la loi du maximum dans toute l'étendue de leur ressort.

---

les représentants du peuple, l'administration et le régisseur Gigot ont fait tout ce qui était en leur pouvoir pour vaincre les difficultés qui naissaient du défaut de fonds et d'achats. » (Rapport adressé au Ministre, le 4 août, par les administrateurs des subsistances.)

(1) Le Décret du 17 août 1793, porte une peine de dix ans de fers contre les propriétaires qui cherchent à se dérober aux réquisitions :

« Art. 1er. — Il sera fait dans chaque commune de la République un recensement général des grains provenant de la dernière récolte.

Art. 2. — Tout citoyen qui sera convaincu d'avoir fait une fausse déclaration sera puni de dix ans de fers, et ses grains seront confisqués, savoir : un quart au dénonciateur, et le surplus au profit de la République.

Art. 3. — Les réquisitions, soit générales, soit particlles, des représentants près les armées, auront néanmoins lieu, et les peines portées en l'art. 2 seront applicables à ceux qui refuseraient d'y obtempérer. »

A l'instant les blés affluent et les magasins se remplissent.

Le 26 août, Jean-Bon Saint-André et Prieur de la Marne écrivent : « Les subsistances nous inquiètent ; cependant les arrêtés que nous avons pris s'exécutent et produisent de bons effets. Nous espérons qu'enfin les places seront approvisionnées, mais non sans beaucoup de peine, vu la grandeur du besoin ». Quelques jours après, on annonce que Thionville est pourvu ; Longwy ne tardera pas à l'être ; Huningue, Strasbourg et Sarrelibre (1) sont encore mal approvisionnées. Il manque à Strasbourg plus de 50,000 sacs de farine. D'Hédouville se plaint encore de la lenteur avec laquelle se fait l'approvisionnement des places ; mais le 3 septembre, les représentants annoncent que toutes les places de Lorraine sont pourvues.

« Nous ne pouvons pas, ajoutent-ils, vous donner des détails aussi satisfaisants sur les subsistances de l'armée. Quelque instantes et réitérées que soient nos demandes auprès des départements, quoique nous nous soyons transportés à Metz et à Nancy, les blés de réquisition n'arrivent que lentement ; la grande sécheresse que nous avons éprouvée ajoute encore aux différents obstacles par les difficultés des moutures ; nous vivons au jour la journée ; à peine une distribution de pain est-elle assurée qu'il faut s'occuper des moyens de fournir à la suivante. Nous n'avons pu encore établir des magasins qui nous mettent à l'abri de ces inquiétudes journalières. *Nous croyons cependant avoir passé les moments les plus difficiles ;* l'approvisionnement des places de première ligne a dû, dans les premiers temps, absorber les grains excédant la subsistance de l'armée. Mais aujourd'hui qu'elles sont abondamment pourvues, que les blés de réquisition arriveront en plus grande quantité, nous avons tout lieu d'espérer que nous pourrons établir des dépôts qui serviront à alimenter l'armée. »

Un mois plus tard, en effet, on arrive à posséder une réserve supérieure aux approvisionnements de siège des places. La quantité de farine déposée dans les magasins

---

(1) C'est-à-dire Sarrelouis.

s'est élevée, entre le 1ᵉʳ août et le 15 octobre, de 28,000 quintaux à 56,500, et l'on a ravitaillé l'armée régulièrement. En outre, on a fabriqué 350,739 rations de biscuit (1).

Si la subsistance des hommes est désormais assurée, celle des chevaux l'est de moins en moins. Il reste encore 165,000 quintaux de paille, mais seulement 61,000 quintaux de foin et 4,970 sacs d'avoine, alors qu'il faudrait 173,000 quintaux de foin et 34,000 sacs d'avoine pour les approvisionnements de siège. Aussi, après les combats sur la Blies, le général Launay ne pourra-t-il prendre l'offensive, à cause de l'épuisement des chevaux.

Le service des vivres-viande a passé par les mêmes phases que celui des subsistances, et aux mêmes dates. À l'époque où le régisseur Gigot a recours à des juifs pour introduire des farines étrangères, le commissaire ordonnateur de l'armée du Rhin, Villemanzy, réclame le droit de faire importer des bestiaux de l'étranger, et signale tous les inconvénients produits par le cours forcé des assignats et par la loi sur le maximum.

ARMÉE DU RHIN.
—
ANNÉE 1793 : 3 AOÛT.

VIVRES DE LA VIANDE.

Le passage subit du payement en assignats à celui qui avait lieu en numéraire pour l'approvisionnement des bœufs, la résiliation et suspen_

---

(1) Un arrêté pris le 18 septembre par les représentants près l'armée de la Moselle, Ehrmann, Richaud et Soubrany, requiert 320,000 sacs de grains, 1,300,000 quintaux de foin, et 599,760 sacs d'avoine, ainsi répartis :

	Sacs de grains.	Quint. de foin.	Sacs d'avoine.
Vosges..........	»	200,000	119,952
Meurthe........	75,000	200,000	119,952
Moselle..........	60,000	300,000	119,952
Meuse...........	45,000	400,000	100,000
Haute-Marne.....	20,000	200,000	139,904
Marne...........	40,000	»	»
Aube............	60,000	»	»
Côte-d'Or........	20,000	»	»

sion des marchés locaux et de toute espèce de fournitures venant de l'étranger, qui en sont une suite ; enfin, notre retraite du pays étranger sur le territoire français, ont fait craindre que ce service n'éprouvât des difficultés insurmontables pour le rassemblement des bœufs nécessaires à la subsistance de l'armée, qui est augmentée par la non-distribution aux troupes des têtes et fraisures, qui, dans les dernières guerres, faisaient partie des pesées. On peut calculer que cette facilité augmente les distributions environ de un huitième ; ce qui les augmente encore prodigieusement, c'est que, depuis un mois, le défaut de pouvoir trouver de la viande nécessite les officiers de prendre à la boucherie de l'armée les rations qui leur sont attribuées, et qu'en outre on vient d'en accorder à beaucoup d'individus qui, jusqu'à ce jour, n'en avaient pas joui, non plus que les troupes de garnison auxquelles on a été forcé d'en distribuer pour les motifs déjà expliqués ci-dessus.

Il faut donc calculer que, d'ici à peu de temps, cette fourniture se montera journellement à 150,000 rations ; elle s'élève pour le moment à 108,000.

D'après le compte qui vient de m'être rendu par l'administrateur de cette subsistance, il m'assure qu'il commence déjà à surmonter une partie des obstacles qu'il avait d'abord éprouvés, que ces différents fournisseurs employés dans les départements de la Haute-Saône et de Saône-et-Loire ont fortement approvisionné depuis les lieux d'achats jusqu'à Strasbourg les différents entrepôts destinés à la subsistance de l'armée. Cet administrateur m'ajoute que ses moyens actuels assurent la subsistance jusqu'au 10 du mois prochain, et qu'il va user de toute espèce de moyens pour soutenir ses achats avec la même activité.

Il paraît, d'après ce qu'il me mande, qu'il n'a pas lieu d'être autant satisfait de ses achats en Suisse, et qu'il n'est pas sûr des ressources que l'on pourra en tirer ; que cependant les difficultés qu'il a éprouvées jusqu'à ce jour ne le rebuteront pas ; qu'il va même tenter de tirer du bœuf de la Franconie, et qu'il ose se flatter d'obtenir du succès s'il n'est pas inquiété par le magistrat de Bâle. Il a chargé quelqu'un d'intelligent de cette mission, dont il rendra compte dès que les informations qu'il en attend lui seront parvenues ; au surplus, il continuera, en faisant usage de marchés locaux, à diminuer autant qu'il lui sera possible les consommations de parc et en se conformant d'ailleurs aux instructions qui lui ont été données, de ne passer aucun marché en ce genre qu'en présence du corps administratif ; je lui ai expressément recommandé de multiplier ses marchés locaux, de manière à ce que le parc ne se trouve chargé que de la fourniture des bœufs nécessaires à la subsistance de l'armée active. Il n'est pas d'autre moyen pour ne pas épuiser les ressources intérieures, éviter toute espèce de fourniture forcée et maintenir l'armée dans un degré d'approvisionnmeent suffisant.

Le Commissaire général,
VILLEMANZY.

Si la subsistance était assurée en ce qui concerne le pain et la viande, la dépréciation des assignats n'avait pas tardé à se produire, et à rendre impossibles aux troupes les mille achats nécessaires à leur alimentation et à leur entretien. Lacoste en avise Barère le 19 août, et réclame énergiquement le cours forcé des assignats, et la proscription du numéraire. Lui-même en a pris l'initiative dans les départements du Rhin.

« Mais une nouvelle scélératesse de nos ennemis, une nouvelle trame, pour arrêter la circulation des assignats et faire porter les denrées à un prix fou et exorbitant, fait ici dans ce moment les plus grands progrès et fait craindre beaucoup, si la Convention nationale ne se hâte, sans perdre un instant, de prendre un prompt remède.

Outre que le plus souvent on refuse les assignats, leur discrédit est si extrême qu'un sol en espèces est préféré à 10 en papier et ainsi en proportion; une bouteille de vin très petite se vend en assignats 4 francs; du pain, 1 kil., 5 francs; la viande, 1 kil., 10 francs; une paire de souliers, 40 francs, et ainsi du reste; tandis que les denrées seraient délivrées pour le quart de cette somme en espèces; avec de l'argent on achèterait dans huit jours 30,000 sacs de grains, et avec des assignats on se trouve dans la disette au milieu de l'abondance. Le soldat ne peut plus vivre, sa paye est insuffisante; ceux qui voyagent et qui n'ont que 3 sols par lieue sont réduits à mendier leur pain. D'un côté, il est à craindre le désespoir des troupes; de l'autre, cette hausse si excessive épuise subitement les ressources et les richesses de la République, car, au lieu de 100 à 150 millions par mois pour fournir aux besoins de l'armée, il en faudra 500,000.

Sans considérer quels étaient nos pouvoirs, et ne voyant que le salut de la patrie, qui est la suprême loi (notre tête dût-elle être le prix de notre zèle), nous avons approuvé et rendu provisoirement exécutoires des arrêtés vigoureux pris par les autorités constituées du Bas et du Haut-Rhin, pour assurer la circulation des assignats; nous allons aussi les rendre communs aux autres départements où nous allons aussi nous rendre, mais cette mesure n'est pas suffisante, puisqu'elle n'embrasse qu'une partie, c'est-à-dire qu'elle soutiendra le cours du papier-monnaie, mais ne remédiera point à la cherté horrible des denrées, et c'est ce dont vous devez vous occuper, toute affaire cessante. Ne perdez point un instant, citoyen Collègue, je vous y invite au nom de la patrie, le plus léger retard pourrait occasionner sa ruine; déjouons encore cette nouvelle conspiration et soyez assuré que nous viendrons à bout de nos ennemis. Ils sont au désespoir, ils font un dernier effort, faisons-le de notre côté, et la victoire est à nous.

Parmi les moyens que vous devez prendre et sur lesquels l'opinion publique a prononcé sur ces frontières, *c'est la prohibition générale du numéraire;* dans un même gouvernement, deux monnaies différentes ne peuvent y circuler sans rivalité et que l'une dévore l'autre.

Je vous le répète, si la Convention ne porte point à l'instant cette loi, la chose publique est dans un danger imminent.

2⁰ Mesure : la prohibition du change que font les banquiers pour l'étranger;

3⁰ La réduction du taux des assignats;

4⁰ La suppression des fournisseurs pour les comestibles des armées et qu'il y soit pourvu par des réquisitions dans tous les départements.

De deux choses l'une, ou la Convention se déterminera à taxer le prix de toutes les denrées, ou elle laissera une liberté plénière dans tous les prix de l'industrie et du commerce : la première mesure n'en nécessite point de secondaire; mais si on laisse la liberté au commerce, il est indispensable que le maximum du prix de toutes les denrées et autres fournitures qui seront faites à l'armée, soit par réquisition ou autrement, soit déterminé, et que l'excédent ne soit point supporté par le Trésor national, mais qu'il soit imposé sur la masse des citoyens, moyen qui les forcera à remettre les denrées à un prix raisonnable. »

Le cours forcé des assignats ne donnera tous les mauvais résultats, qui en sont la suite naturelle, que dans l'année suivante. Jusque-là, les troupes n'auront guère à en souffrir; mais, bien que d'une manière générale la subsistance et l'équipement soient assurés, les services sont exécutés avec tant de négligence ou de maladresse que les plaintes sont fréquentes. Les représentants s'étonnent que le Ministre ne puisse pas obtenir la bonne exécution du service avec les innombrables fonctionnaires dont il dispose, et qu'il lui faille recourir pour chaque fait particulier à un agent spécial. C'est qu'en effet l'administration centrale paraît désorganisée, inerte : il est certain qu'elle ne répond à aucune des demandes qui lui sont adressées ; c'est tantôt un simple général ou fonctionnaire militaire, une société populaire ou une municipalité, mais tantôt encore les représentants eux-mêmes qui se plaignent de son silence prolongé. Enfin, chose plus curieuse, c'est le commissaire du pouvoir exécutif qui proteste contre le mutisme obstiné de son administration :

« Nous avons la douleur de nous voir abandonnés à nos propres forces ; leur insuffisance ne nous a pas permis d'opérer tout le bien dont notre bonne volonté nous rendait capables ; nous avons demandé, sollicité, invoqué sans cesse et toujours inutilement des lumières, des secours ; vos bureaux ont été muets, tous vos adjoints et vos chefs ont gardé à notre égard un silence coupable ; je vous le répète avec la même franchise que je vous l'ai déjà dit : trop souvent j'ai eu le cœur déchiré de l'inaction à laquelle on semblait vouloir nous condamner, ou de l'insouciance reprochable dont on payait nos efforts. Je ne présume pas que les coopérateurs d'un Ministre patriote doivent redouter la vérité, et les vôtres n'ignoraient pas cependant que nous étions là pour la leur faire connaître ; ils pouvaient pressentir que nous n'étions pas hommes à composer avec elle dans aucunes circonstances et pour aucunes considérations. Pourquoi donc, pendant près de deux mois et demi, n'avons-nous reçu aucune lettre d'aucune des six divisions, quoique nous ayons tout employé pour obtenir un ordre de travail qui aurait été du plus grand intérêt pour toutes les parties respectives de l'administration immense qui vous est confiée ? Si on avait adopté nos vues à cet égard, je ne crains pas de le dire, les personnes et les choses se seraient améliorées à l'armée du Rhin, l'harmonie dans toutes les branches administratives aurait pu s'établir sans beaucoup de difficultés ; il eût été possible de mettre de l'unité, de la liaison dans les opérations correspondantes, de la célérité dans les mouvements, de la justesse, de la précision, de la clarté dans les déterminations ; de porter le flambeau d'une vérification active et sévère dans le dédale inextricable des comptabilités générales et particulières, de soumettre à une censure impartiale, mais rigoureuse, ces entreprises financières dont la rapacité consomme tant de millions, de lever enfin un coin du voile placé sur le gouffre où vont s'engloutir, avec ses trésors, la prospérité et la gloire de la patrie, sans utilité pour elle, et surtout sans fruit pour ceux qui la servent le mieux, pour les soldats : on eût pu parvenir, par une circulation bien entendue de renseignements, de moyens, par un marche non interrompue et lumineuse, par une surveillance toujours agissante de Paris à l'armée, et de l'armée à Paris, à contenir dans le devoir, à resserrer dans les bornes au moins de la pudeur, tous ces agents militaires et civils qui ne font la guerre que pour eux, qui pillent et gaspillent effrontément et qui sont autant de chenilles dévorantes attachées à l'arbre de la liberté.

Ces plaintes, ces criailleries perpétuelles bien ou mal fondées sur les besoins généraux ou individuels des armées et des corps, cesseraient, si des hommes à qui une bonne conduite et un dévouement sans réserve auraient acquis l'estime et la confiance, s'empressaient d'examiner les réclamations, d'en constater la solidité, d'y faire droit, s'il y avait lieu, ou d'en démontrer paisiblement et sans aigreur l'inconvenance, comme de justifier avec les dehors du sentiment et par de bonnes raisons les délais et les retards souvent inévitables dans l'action d'une grande machine.....

Citoyen Ministre, vous avez eu, sans doute, assez d'occasions de vous convaincre que l'organisation administrative de la Guerre est détestable, et telle que tout votre temps est consommé par des détails qui empêchent que vous ne vous livriez à l'examen des grandes ressources, à la recherche des grands abus qui engendrent tous les autres, aux moyens efficaces de les détruire, et enfin à ces méditations profondes sur l'ensemble, et aux savantes combinaisons qui mènent à des résultats salutaires et vont hardiment et droit au mieux pour l'extinction de tout ce qui se trouve de vicieux, d'irrégulier et de médiocre.

Pour que la République puisse respirer il faut qu'elle soulève le fardeau de la guerre; il est d'un poids énorme, et elle en sera infailliblement écrasée, si l'administration ne se perfectionne pas, si l'ordre ne s'y rétablit sans délai, et si ceux que la confiance publique ou la vôtre ont placés aux premiers postes ne sacrifient toute leur existence s'il le faut pour imprimer à tous les ressorts la rapidité et la régularité de mouvement convenables; s'ils ne se hâtent de substituer à un travail décousu, partiel, minutieux, faible, pusillanime et meurtrier, cette vigueur, cette force, cette harmonie, cette clairvoyance qui embrasse tout et s'ils ne créent un centre d'unité, où viennent aboutir et se classer d'elles-mêmes, suivant leur nature, toutes les opérations, de telle sorte qu'un coup d'œil suffit à l'homme exercé pour remarquer les défectuosités et les faire disparaître à la minute.

Il est urgent d'établir une responsabilité hiérarchique qui menace depuis votre tête jusques et y compris au moins celles des sous-chefs de vos bureaux, sans quoi la vôtre seule demeurera exposée sans que les choses aillent mieux. »

VIII. — Force et emplacements des armées françaises.

Au mois de juillet 1793, la France est surtout menacée sur la frontière du Nord. Avec un sens stratégique et une résolution admirables, le Comité de Salut public décide, le 23 juillet et le 8 août, que l'on prélèvera, sans délai, sur les armées du Rhin et de la Moselle, tous les renforts nécessaires pour accabler l'ennemi sur la frontière la plus voisine de Paris, celle du Hainaut. Une trentaine de mille hommes est envoyée ainsi de la Moselle sur la Sambre (1). Le contingent fourni par l'armée de la Moselle est pris surtout dans la division Delaage, postée entre Sarrelouis et Sierck, pour tenir tête aux Autrichiens de Trèves et de Luxembourg.

Ainsi réduite à 1900 hommes (légion de la Moselle, compagnies franches de Millon, Saint-Maurice et Billard, 1re compagnie du Louvre) (2), cette division est rapprochée de l'armée et n'a plus qu'à couvrir Sarrelouis. Elle occupe en avant de cette ville Sarrewellingen, Schwarzenholz, Hirzweiler, et sa réserve est campée derrière la Sarre, à Beaumarais.

L'armée de la Moselle proprement dite, qui comprenait d'abord une division d'avant-garde, une de droite et une de gauche, a été refondue. La division de gauche a été versée dans l'avant-garde, qui devient ainsi égale en nombre au corps de bataille, dont 3 bataillons ont été renforcer le corps des Vosges.

Le corps de bataille, détachant 2 escadrons de carabiniers à Sarreguemines, conserve 10,000 hommes à Sarrebrück (1er et 2e carabiniers, 10e et 11e de cavalerie, 1er ba-

---

(1) Les guerres d'autrefois donnaient de nombreux exemples de ces grands mouvements d'une frontière à l'autre.

(2) A la fin du mois d'août, on y joignit 232 hommes du 59e et 101 cavaliers du 8e hussards.

taillon du 5ᵉ, 1ᵉʳ de Saône-et-Loire, 1ᵉʳ de la République, 2ᵉ du 58ᵉ, 1ᵉʳ de Rhône-et-Loire, 6ᵉ des Vosges, 7ᵉ de la Meurthe, 2ᵉ de Seine-et-Marne, 1ᵉʳ du 103ᵉ, 1ᵉʳ du 55ᵉ, 200 pionniers, 1200 artilleurs et 200 gendarmes). L'avant-garde a son gros : 3,200 hommes (13ᵉ d'infanterie légère, 2ᵉ de la Haute-Marne, 4ᵉ de la Manche, chasseurs de Reims, compagnie franche de Metz, 2ᵉ des Sans-Culottes, une centaine d'artilleurs) à Saint-Ingbert. Elle détache 900 hommes à Neunkirchen (1ᵉʳ bataillon du 44ᵉ, 4ᵉ compagnie du Louvre), 2,300 à Limbach (1ᵉʳ bataillon du 24ᵉ, 6ᵉ de la Haute-Saône, 1ᵉʳ dragons, 1ᵉʳ chasseurs, artillerie à cheval ; 2,700 hommes à Bliescastel (3ᵉ hussards, 2ᵉ bataillon de la Moselle, 4ᵉ de la Seine-Inférieure, 4ᵉ de la Meurthe). Un bataillon de 700 hommes (2ᵉ du 71ᵉ) est placé à Rohrbach pour relier les avant-postes au gros.

La division des Vosges, établie par Custine au camp d'Hornbach, jouissait d'une sorte d'autonomie. Il y avait un peu plus de 7,000 hommes au camp, entre Neu-Hornbach et Schweigen (1ᵉʳ bataillon du 1ᵉʳ, 1ᵉʳ de la Meuse, 3ᵉ de la Manche, 1ᵉʳ du Lot, 4ᵉ de la Moselle, 2ᵉ du 17ᵉ, 1ʳᵉ compagnie de l'Observatoire, 4ᵉ de cavalerie, 500 canonniers, 200 pionniers, 250 gendarmes et 1400 hommes de l'armée du Rhin non encore répartis entre les bataillons). Les avant-postes occupaient Moesbach (9ᵉ chasseurs); Mittelbach (14ᵉ dragons, 2ᵉ bataillon du 30ᵉ); Alt-Hornbach (4ᵉ de la Haute-Saône); Monbijou (compagnie franche de Guillaume); Dietrichingen (3ᵉ de la République); Riedelberg (3ᵉ compagnie du Louvre); il y avait un poste à Deux-Ponts; enfin, une brigade de 3,500 hommes campait à mi-chemin de Hornbach et des postes les plus rapprochés de l'armée du Rhin sur la Lauter, à la ferme de Ketterich, avec deux postes à Felsenbrunn et à la Glashütte. Ces 3,500 hommes étaient ainsi répartis : le 2ᵉ bataillon du 102ᵉ, à la redoute devant Ketterich ; une compagnie de chasseurs du 96ᵉ, à la

Glashütte (Ludwigsthal); au camp entre Ramsbrunn et Ketterich, le 1ᵉʳ bataillon du 96ᵉ, le 1ᵉʳ de l'Indre, le 9ᵉ de la Meurthe et les chasseurs bons tireurs. Cette brigade devait assurer la liaison de l'armée de la Moselle avec celle du Rhin.

Cette dernière, qui était censée tenir les lignes de Wissembourg avec ses 45,000 hommes, avait été disposée de manière à combattre sur un terrain tout différent. Ce qui faisait le principal avantage des lignes de Wissembourg, c'est que l'ennemi ne pouvait les aborder en masse que de part et d'autre de la forêt de Bienwald, difficilement praticable, et d'où l'on ne débouche que par les mauvais chemins du Moulin de Bienwald, de Nieder-Lauterbach et de Scheibenhart. Avec un détachement et des batteries bien placées pour commander ces trois défilés, qu'on devait d'ailleurs rendre impraticables, toute l'armée aurait pu être répartie entre la position de Lauterbourg, large d'une demi-lieue au plus, et celle de Wissembourg, qui n'avait pas 4 kilomètres, de Saint-Rémy aux montagnes. Avec l'avantage que devaient procurer les enceintes des deux places, si délabrées qu'elles fussent, et les travaux de fortification semi-permanente accumulés sur les rives de la Lauter, on se trouvait dans des conditions très favorables pour arrêter l'invasion.

Par malheur, l'armée du Rhin, aussi peu instruite et aussi mal commandée que celle de la Moselle, se trouva entraînée comme elle à mettre la moitié de ses forces à l'avant-garde, faute de savoir soutenir celle-ci le cas échéant, et de comprendre qu'elle n'avait pas à se maintenir à tout prix. Par malheur aussi, ces renforcements furent exécutés au jour le jour, de manière que, vers le 15 août, on trouve toutes les divisions de l'armée éparpillées et entremêlées.

La plus grande partie de l'avant-garde et du corps de bataille garnit les trois faces de l'immense triangle formé par la forêt de Bienwald, en sorte qu'au lieu d'attendre le combat dans les deux défilés de Wissembourg et Lauterbourg, on l'accepte sur une étendue de 25 à 30 kilomètres, où l'on tient tous les villages, mais où l'on n'a ni un centre de résistance bien déterminé, ni une forte réserve capable de renforcer ou de manœuvrer suivant les cas.

Les gorges de la montagne sont tenues par 8 bataillons à Schwanheim, Dahn, Busenberg, Nothweiler et Lembach. De ces 8 bataillons, 2 appartiennent à la division d'avant-garde, les 6 autres forment une des brigades du corps de bataille. L'autre brigade de la même division est à l'est de Wissembourg.

Les avant-postes de cette petite « division des gorges » étaient établis sur la ligne Dahn, Schwanheim, Birkenhördt, et se reliaient, en ce dernier point, à ceux de l'avant-garde. Un détachement était établi en grand'-garde sur les rochers à l'est de Bundenthal ; deux bataillons campaient à mi-chemin de Bundenthal à Nothweiler, dans un camp fortifié et appuyé par une batterie. Quatre bataillons campaient à Lembach. La ligne des avant-postes fournis par l'avant-garde descendait de Birkenhördt sur Bergzabern, suivait la crête de la rive droite de l'Erlenbach jusqu'à hauteur de Dierbach, tournait à angle droit sur Scheid, entrait dans le Bienwald et allait s'appuyer au ruisseau de Holbach.

A la pointe du Bienwald, Jockgrim était occupé par 2,000 hommes, appartenant les uns à l'avant-garde, les autres au corps de bataille. En arrière de Jockgrim, le long du Rhin, et en se rapprochant de Lauterbourg, on trouvait 1500 hommes à Wœrth et 1000 à Hagenbach. Dans la forêt, Langenberg était occupé par 2,000 hommes. La lisière nord-ouest était couverte à Minfeld et à Frekenfeld par 2,600 hommes, à Scheid et Niederotterbach par 2,000, à Steinfeld et Kapsweyer par 2,000. Sur la route de Bergzabern à Wissembourg, on trouvait successivement 800 hommes à Ober-Otterbach et 2,400 à Schweigen.

Sur la Lauter même, on trouvait 9,000 hommes à Wissembourg, au Geisberg et à Altstadt, 650 à Saint-Rémy, 1500 au Moulin de Bienwald, 1500 à Scheibenhart, 5,000 à Lauterbourg.

En arrière de la Lauter, un bataillon occupait Seltz pour surveiller le cours du Rhin, et la réserve de cavalerie était dispersée dans les villages de Neeweiler, Nieder-Lauterbach, Salmbach, Schleithal, Ober-Seebach, Hunspach et Riedsels. Cette réserve était de 2,300 chevaux, en y comprenant l'artillerie à cheval. Le reste de la cavalerie était réparti entre les détachements qui occupaient Hagenbach, Frekenfeld, Schaid, Nieder et Ober-Otterbach, Steinfeld et Kapsweyer.

En résumé, les avant-postes des deux armées françaises s'étendaient depuis Sarrelouis jusqu'à Jockgrim en un cordon à peu près continu ; les armées elles-mêmes formaient trois groupes de 10,000 hommes chacun à Saint-Ingbert, Sarrebrück et Hornbach, et une masse confuse de 45,000 hommes autour de la forêt de Bienwald.

Depuis le départ des 30,000 hommes envoyés à l'armée du Nord, les garnisons des places étaient réduites à peu près au strict nécessaire, si l'on excepte 1500 cavaliers ou gendarmes qu'on aurait mieux employés en rase campagne (1).

Landau contenait une garnison de 7,841 hommes d'infanterie, 211 canonniers, 351 cavaliers et 51 gendarmes.

Les autres places de première ligne étaient gardées également par des troupes actives ; il y avait :

---

(1) On sait que les gendarmes assuraient, outre le service de la prévôté, celui des escortes et des estafettes.

A Longwy.......
- 4,075 hommes d'infanterie.
- 138 canonniers.
- 173 gendarmes.

A Thionville.....
- 5,487 hommes d'infanterie.
- 169 canonniers.
- 414 cavaliers et gendarmes.

A Sarrelouis (Sarrelibre)........
- 2,915 hommes d'infanterie.
- 134 canonniers.
- 113 gendarmes.
- 182 hommes de divers dépôts.

A Bitche........
- 674 hommes d'infanterie.
- 26 gendarmes.
- 490 hommes de divers dépôts.

A Fort-Louis (Fort-Vauban).......
- 2,691 hommes d'infanterie.
- 65 canonniers.
- 59 pontonniers.
- 70 cavaliers.
- 92 hommes des dépôts.

A Strasbourg.....
- 4,000 hommes d'infanterie.
- 130 canonniers.
- 200 mineurs et ouvriers.
- 200 gendarmes.
- 1,250 hommes des dépôts.

A Neuf-Brisach...
- 2,420 hommes d'infanterie.
- 135 canonniers.
- 187 cavaliers et gendarmes.
- 1,218 hommes de dépôts.

A Huningue.....
- 1,923 hommes d'infanterie.
- 135 mineurs et ouvriers.
- 46 pontonniers.

Les places de deuxième ligne ou de moindre importance étaient gardées seulement par des dépôts, des compagnies de vétérans (1), et quelques canonniers et gendarmes. Ainsi les garnisons suivantes comprenaient :

---

(1) Compagnies d'invalides de l'ancien régime, dont on avait réduit le nombre de moitié, et qu'on avait désignées du nom de compagnies de vétérans nationaux.

Metz............ { 2,060 hommes des dépôts.
34 vétérans.
1,205 canonniers.
141 ouvriers et mineurs.

Toul............ 389 hommes des dépôts.
Marsal.......... 31 vétérans.

Phalsbourg...... { 703 hommes des dépôts.
22 canonniers.
16 gendarmes.

Lichtemberg..... { 107 hommes des dépôts.
196 vétérans.
4 canonniers.
9 gendarmes.

La Petite-Pierre.. { 222 hommes des dépôts.
49 vétérans.
3 canonniers.
9 gendarmes.

Schlestadt....... { 1,348 hommes des dépôts.
72 canonniers.

Belfort.......... { 1,137 hommes des dépôts.
28 canonniers.

Il paraissait donc difficile de réduire encore les garnisons des places pour renforcer les armées actives; mais il y avait dans la Franche-Comté et l'Alsace, outre les dépôts laissés en dehors des places, plus de 27,000 hommes de troupes de campagne. Il y en avait 7,000 à Besançon, Luxeuil, Porrentruy, Délémont; 11,400 entre Huningue et Colmar, et 6,750 le long du Rhin, entre Strasbourg et Seltz. Ces troupes étaient éparpillées comme l'armée elle-même, et l'on ne trouvait de rassemblement sérieux qu'au camp d'Hésingue, qui contenait 4,500 hommes. Le reste était dispersé par bataillons de la manière suivante :

A Besançon.................... 2,584 hommes.
A Luxeuil..................... 882 —
A Porrentruy.................. 857 —
A Délémont.................... 998 —
A Herlingier.................. 834 —

A Lauffen....................	822	hommes.
A Reinach....................	891	—
A Saint-Louis................	1,320	—
A Oberwiller.................	2,381	—
A Hésingue..................	4,581	—
A Blotzheim.................	93	—
A Hombourg.................	818	—
A Banzenheim...............	785	—
A Otmarsheim...............	991	—
A Petit-Landau..............	60	—
A Biesheim..................	687	—
A Colmar....................	798	—
Au Jardin-d'Angleterre........	179	—
A Neuhof....................	126	—
A Chastay...................	920	—
A Gambsheim	1,772	—
A l'île du Rhin...............	1,030	—
A Markolsheim...............	916	—
A Haguenau..................	435	—
A Drusenheim................	544	—
A l'île d'Allonde.............	769	—

De ces 27,000 hommes disponibles, on aurait pu laisser une faible division dans le haut Rhin pour surveiller le cours du fleuve, et porter le reste sur Wissembourg. Il est vrai qu'on essaya d'utiliser ces troupes en leur faisant passer le Rhin, mais ces tentatives ne réussirent pas, et d'ailleurs, étant mal conçues, elle ne pouvaient exercer aucune influence sur les opérations.

Nous n'entrerons pas dès à présent dans le détail des mesures prises pour la préparation matérielle de ces passages; nous nous bornerons à examiner la manière dont on les avait compris, les résultats qu'ils pouvaient donner dans de pareilles conditions, et ceux qu'on aurait pu en obtenir avec une autre répartition des forces.

Leur objet devait être de faire diversion, c'est-à-dire de retenir sur la rive droite du Rhin, dans le Brisgau, les troupes autrichiennes qui pouvaient d'un moment à l'autre aller renforcer Wurmser. Sans insister sur la faiblesse de ce raisonnement si commun, en vertu duquel on se divise le premier dans l'espoir que l'ennemi commettra la même faute, nous supposerons qu'un motif ou une autorité supérieure quelconque imposaient cette diversion; pour qu'elle produisît le résultat voulu, il fallait l'opérer avec une masse capable de fixer l'attention des Autrichiens. Réunis, les 27,000 hommes du haut et du moyen Rhin pouvaient inquiéter l'ennemi; si d'autre part les mesures avaient été bien prises pour l'exécution matérielle du passage, ces 27,000 hommes, jetés en masse sur un point de la rive droite du Rhin, pouvaient déterminer Wurmser à y renvoyer une partie de son armée. Alors, lui dérobant deux marches, on pouvait ramener tout ce corps expéditionnaire de Fort-Louis à Wissembourg, et remporter un succès décisif pour l'ensemble de la campagne. Au contraire, on laissa les troupes disséminées comme nous venons de l'indiquer, et incapables de causer à l'ennemi la moindre inquiétude. Enfin on attendit jusqu'au milieu du mois de septembre pour agir, et les préparatifs furent dérisoires. A Fort-Louis et à Strasbourg, on n'employa que la garnison; entre Huningue et Brisach, on réunit une faible division, mais sans le matériel nécessaire. Une poignée d'hommes parvint en bateau jusqu'à la rive opposée, d'où elle fut rejetée dans le fleuve par les Autrichiens. En résumé, la multiplicité et la faiblesse de ces tentatives devaient en montrer le caractère purement démonstratif, et loin d'inquiéter l'ennemi, le rassurer définitivement pour cette partie de son territoire (1).

---

(1) Le Ministre de la guerre écrit au général Landremont, commandant l'armée du Rhin :

« La division chargée de la défense des frontières du haut Rhin fait une partie de l'armée qui vous est confiée; c'est à vous à la diriger et à pourvoir à ses besoins par le moyen des différents parcs et services attachés à votre état-major. C'est avec vous que le général de cette division doit correspondre sur tous les objets, et de vous qu'il doit

Tableau général des forces de l'armée de la Moselle à l'époque du 16 août 1793.

Général de division commandant l'armée :
Le citoyen Schauenburg, commandant provisoire.

Chef de l'état-major général :
Le citoyen Dehédouville, général de brigade.

Généraux de division.	*Généraux de brigade.*
Les citoyens :	Les citoyens :
Delaage.	Freytag.
Linch.	Villione.
Aboville.	La Grange.
Pully.	Prilly.
Laubadère (blessé, à Thionville).	Tolozan (blessé, à Sarrelibre).
Moreaux.	Beaujeu.
Le Quoy.	Vauzlemont.
Krieg, commandant à Metz.	Bajet.
Fontenay (n'a pas rejoint).	Desperrière.
	Guénaud.
	Delaunay.
	Vincent.
	Ancel (n'a pas joint).
	Verges (n'a pas joint).

---

recevoir ses ordres et instructions. Faites-vous instruire de ses besoins et assurez-les par tous vos moyens. Formez les remplacements des demandes motivées, auxquelles je pourvoirai autant qu'il me sera possible.

Si les mouvements de l'ennemi dans cette partie exigeaient de nouvelles forces, et que vous n'eussiez pas assez de troupes à y envoyer, vous avez la ressource de placer sur les derrières et dans les garnisons, des hommes qui seraient fournis par des réquisitions, ce qui vous permettrait de tenir la campagne avec une plus grande quantité de troupes actives. Avec une barrière telle que le Rhin et une grande surveillance, tant sur le service militaire que sur l'objet des subsistances et des munitions, qui méritent tous vos soins, vous êtes à même de répondre à la République que son territoire sera respecté. »

On était donc loin de supposer que les 27,000 hommes laissés dans la haute Alsace y fussent mal employés, puisqu'on songeait au contraire à les renforcer.

Adjudants généraux.

Les citoyens :

PONTAVICE, chef de brigade (malade à Commercy).
VALORI, chef de brigade.
AUBERT, chef de brigade (n'a pas joint).
COULANGE, chef de bataillon.
PÉCHERY, chef de bataillon.
RENAULD, chef de bataillon.
TILONIER, chef de bataillon.
SORBIER, chef de bataillon.
CHAPSAL, chef de bataillon.
GUADET, chef de bataillon.
BECKER, chef de bataillon.
SAINT-ANGE, chef de bataillon.
FÉLIX, chef de bataillon (n'a pas joint).
NOBLET, chef de bataillon (n'a pas joint).
GODET, chef de bataillon (n'a pas joint).

Adjoints aux adjudants généraux.

Les citoyens :

MICHAUT, sous-lieutenant au 4e régiment de cavalerie.
LAURES, capitaine au 6e régiment de chasseurs.
BERTRAND, capitaine au 99e régiment d'infanterie.
GRIGNY, sous-lieutenant au 1er régiment de cavalerie.
RICHEMONT, capitaine au 90e régiment d'infanterie.
BATTINCOURT, sous-lieutenant au 24e régiment d'infanterie.
HUSSON, sous-lieutenant au 5e régiment d'infanterie.
FABRE, sous-lieutenant au 54e régiment d'infanterie.
DÉPINOIS, sous-lieutenant au 30e régiment d'infanterie.
SIMON, citoyen.
JACOPIN, lieutenant au 6e bataillon de la Meurthe.
PULTIER, lieutenant au 10e régiment de cavalerie.
DUMOULIN, sous-lieutenant au 17e régiment d'infanterie.
BENOIST, sous-lieutenant au 103e régiment d'infanterie.
DAULTANNE, capitaine au 81e régiment d'infanterie.
LE CAT, sous-lieutenant au 103e régiment d'infanterie.
SCHOBERT, adjudant-major au 96e régiment d'infanterie.
SORBIER.

DÉSIGNATION DES CORPS.	OFFICIERS		EFFEC-TIF.	ABSENTS.					PRÉ-SENTS sous les ARMES.
	PRÉ-SENTS.	AB-SENTS.		À L'HÔ-PITAL.	DÉTA-CHÉS.	EN CONGÉ.	AU DÉPÔT.	AU TRI-BUNAL.	

Avant-garde.

1er rég. de dragons............	19	9	486	48	»	»	122	2	314
3e rég. de hussards..........	38	14	328	22	20	»	»	»	186
1er rég. de chasseurs à cheval.	32	3	439	37	»	»	187	»	215
13e bat. d'infant. légère.....	23	5	968	122	»	»	21	6	819
Bataill. de chasseurs de Reims.	23	7	762	113	»	»	165	»	484
Compagnie franche de Metz...	1	3	120	35	»	»	»	1	84
4e comp. franche du Louvre...	5	»	192	31	1	»	»	»	160
2e id. des Sans-Culottes.....	2	1	218	30	»	»	10	»	178
2e bat. du 71e rég. d'infant.	24	6	966	175	»	»	63	2	726
1er bat. du 44e rég. d'infant.	27	5	912	107	3	»	50	5	747
2e bat. de la Haute-Marne...	29	2	814	68	4	2	»	»	740
2e bat. de la Moselle........	30	2	1,060	47	»	»	61	»	952
4e bat. de la Seine-Inférieure.	28	5	799	87	»	5	»	»	707
4e bat. de la Meurthe........	25	6	881	54	»	»	»	2	825
1er bat. du 24e rég. d'infant.	24	6	830	44	»	»	29	3	754
6e bat. de la Haute-Saône...	28	3	982	90	90	»	»	»	802
4e bat. de la Manche........	35	2	931	65	»	»	67	1	797

Corps détaché de l'avant-garde.

Légion de la Moselle, cavalerie.	14	3	400	17	1	»	»	3	379
Id. , infanterie.	32	1	993	121	»	»	1	24	850
Comp. franche de Millon......	2	1	157	14	»	»	»	3	140
Comp. franche de St-Maurice.	4	3	176	35	»	»	»	4	137
1re comp. franche du Louvre.	5	»	127	13	»	»	»	»	114
Id. de Billard.	3	2	189	15	»	2	»	3	169
Détachem. du 89e rég. d'infant.	7	2	468	51	»	»	183	2	232
Id. du 8e rég. de hussards.	6	»	101	»	»	»	»	»	101

Corps de bataille.

1er rég. de carabiniers........	26	9	610	29	»	7	134	»	440
2e id.	31	4	594	22	4	»	»	1	567
1er bat. du 5e rég. d'infant....	23	8	775	100	19	»	6	5	645
1er bat. de Saône-et-Loire....	24	5	942	81	»	»	125	»	736
1er bat. de la République.....	31	1	876	100	»	1	»	»	775
2e bat. du 58e rég. d'infant...	26	»	819	94	6	»	22	6	691
1er bat. de Rhône-et-Loire...	27	3	980	121	»	»	6	»	851
6e bat. des Vosges...........	24	8	930	53	138	»	30	»	709
7e bat. de la Meurthe.........	27	5	968	118	»	»	31	»	819
2e bat. de Seine-et-Marne....	32	2	868	110	»	»	35	»	713
1er bat. du 103e rég. d'infant.	31	8	868	143	»	»	35	10	680
2e bat. du 55e rég. d'infant.	25	5	926	198	26	»	29	5	758
10e rég. de cavalerie........	14	5	327	6	4	»	»	»	317
11e id.	23	6	511	21	»	»	103	7	380
2e divis. de gendarm. nationale organisée à Fontainebleau.	36	»	860	6	»	»	»	»	854
2e divis. de gendarm. nationale organisée à Lunéville......	37	1	574	4	»	3	»	»	567
Gendarmerie de la force publ.	2	1	32	4	»	»	»	»	28
Détachements des 1er, 3e, 5e, 6e et 7e rég. d'artillerie et 7e et 9e compagnies d'ouvriers....	80	»	1,186	72	26	8	»	4	1,076
4 comp. d'artillerie à cheval.	14	»	266	18	4	»	1	»	243
1er bat. de l'Yonne (attaché à l'artillerie)................	32	»	982	57	28	2	»	»	895
2 compagnies de pionniers.....	6	»	396	»	»	»	»	»	396

CAMPAGNE DE 1793 EN ALSACE.

DÉSIGNATION DES CORPS.	OFFICIERS PRÉSENTS.	OFFICIERS ABSENTS.	EFFECTIF.	ABSENTS À L'HÔPITAL.	ABSENTS DÉTACHÉS.	ABSENTS EN CONGÉ.	ABSENTS AU DÉPÔT.	ABSENTS AU TRIBUNAL.	PRÉSENTS SOUS LES ARMES.
Corps des Vosges.									
9e rég. de chass. à cheval...	39	»	500	33	»	»	»	4	463
14e rég. de dragons.........	22	1	346	13	»	»	»	3	330
Comp. franche de Guillaume.	3	1	368	34	»	2	»	7	325
3e id. du Louvre...........	4	1	137	17	5	»	»	»	115
1re id. de l'Observatoire.....	4	1	170	22	1	»	»	5	142
1re id. des Bons-Tireurs......	2	2	197	20	»	»	»	3	174
2 comp. de chasseurs du 96e rég. d'infanterie...............	6	»	124	»	»	»	»	»	124
2e bat. du 30e rég. d'infant...	27	6	926	96	»	»	34	7	789
4e bat. de la Haute-Saône....	24	5	868	57	»	»	35	2	774
3e bat. de la République.....	32	5	935	48	»	»	28	9	850
1er bat. du 1er rég. d'infant...	31	2	906	42	»	»	32	2	830
1er bat. de la Meuse.........	29	3	930	49	»	»	48	3	830
3e bat. de la Manche........	32	4	994	118	»	»	47	»	829
1er bat. du 96e rég. d'infant...	25	11	954	56	65	»	80	2	751
1er bat. de l'Indre...........	30	2	1,047	73	»	»	49	»	925
9e bat. de la Meurthe........	23	10	1,037	82	»	»	118	1	836
2e bat. du 102e..............	19	8	947	150	»	»	93	4	700
1er bat. du Lot..............	28	8	862	115	»	»	20	»	725
4e bat. de la Moselle.........	27	4	858	53	»	»	74	»	731
2e bat. du 17e...............	23	7	682	113	4	»	27	1	537
4e rég. de cavalerie..........	26	»	288	»	»	»	»	»	288
TOTAL pour l'armée active.	1,182	243	43,665	3,899	549	33	2,201	151	36,832

DÉPARTEMENTS DE LA MOSELLE ET DE LA MEURTHE.

Situation des troupes dans les garnisons.

Metz.

1er bat. de l'Yonne.......	2	»	81	4	»	»	»	»	77
1er bat. de Popincourt....	2	»	84	»	»	»	»	»	84
1er bat. du Lot..........	4	»	31	»	»	»	»	»	31
1er bat. des sections armées.	2	»	13	»	»	»	»	»	13
2e bat. de la Moselle.....	1	»	66	2	»	»	»	»	64
4e bat. de la Seine-Infér.	1	»	58	»	»	»	»	»	58
6e rég. d'infanterie.......	2	»	93	5	»	»	»	»	88
89e id.	10	»	415	58	»	2	»	»	355
102e id.	4	»	429	47	»	»	»	»	182
Vétérans nationaux.........	2	»	46	»	4	8	»	»	34
1er bat. des canonrs de Paris.	15	»	896	48	»	»	»	3	845
6e comp. des canonniers volontaires de Metz............	18	»	292	5	»	»	»	1	286
du 2e rég. d'artillerie.	10	»	158	7	18	»	»	»	133
du 5e id.	1	»	17	2	»	»	»	»	15
du 6e id.	1	»	38	3	»	»	»	»	29
du 7e id.	3	»	70	2	1	»	»	1	66
3e comp. de mineurs.........	15	»	52	3	»	»	»	»	49
3e comp. d'ouvriers..........	2	»	37	»	»	»	»	»	37
5e id.	1	3	74	1	40	»	»	»	30
20e comp. d'artillerie légère...	2	2	71	»	46	»	»	»	25

DÉSIGNATION DES CORPS.	OFFICIERS		EFFEC-TIF.	ABSENTS.					PRÉSENTS sous les ARMES.
	PRÉSENTS.	ABSENTS.		A L'HÔPITAL.	DÉTACHÉS.	EN CONGÉ.	AU DÉPÔT.	AU TRIBUNAL.	
Metz (suite).									
Dépôts du 3e rég. de hussards...	3	1	75	1	»	»	»	»	74
Dépôts du 7e rég. de hussards...	6	»	510	42	»	»	»	7	461
Dépôts du 8e rég. de hussards...	5	»	258	38	»	1	»	1	218
7e compagnie d'ouvriers......	7	»	212	45	»	»	»	»	167
Dépôt du 2e rég. d'artillerie...	1	3	74	»	»	52	»	»	49
Total pour Metz........	117	9	3,938	343	161	11	»	13	3,440
Thionville.									
2e bat. du 2e rég. d'infant....	26	»	907	96	1	12	»	10	788
3e bat. de la Moselle.........	34	»	1,020	24	»	5	»	»	991
3e bat. de la Meuse..........	34	»	1,034	101	»	16	»	4	913
3e bat. du Lot...............	30	»	1,122	54	»	12	»	»	1,056
6e bat. de la Meurthe........	33	2	1,016	115	17	47	»	2	845
1er bat. du 81e rég. d'infant...	31	2	1,031	154	1	2	»	»	874
Détachements des 3e, 6e et 7e rég. d'artillerie et mineurs..	7	4	182	8	»	2	»	3	169
Gendarmerie nationale.......	19	2	340	5	16	11	»	1	364
1 comp. du 3e rég. de hussards.	4	»	50	»	»	»	»	»	50
Total pour Thionville....	218	10	6,682	557	35	100	»	20	6,070
Longwy.									
2e bat. du 8e rég. d'infant...	29	2	913	55	»	»	»	9	849
1er bat. des Ardennes.........	33	1	980	82	31	»	»	5	862
2e bat. du Loiret............	33	»	968	51	30	»	»	5	882
5e bat. de la Meuse..........	31	1	896	66	52	4	»	4	770
7e bat. de Rhône-et-Loire...	33	1	803	46	58	1	»	1	697
Comp. du 6e rég. d'artillerie..	3	»	74	»	9	»	»	»	65
Comp. de gendarmerie nationale d'Eure-et-Loir...	4	»	63	»	»	»	»	»	63
Comp. du Calvados..........	4	»	56	»	»	»	»	»	56
Comp. de l'Aube............	4	»	60	2	1	»	»	1	56
Comp. de canonniers sédentaires...............	3	»	75	1	»	»	»	1	73
Dépôt du 1er bat. du 49e rég. d'infanterie.............	3	»	46	21	»	»	»	10	15
Total pour Longwy......	180	5	4,934	324	181	6	»	37	4,386
Sarrelibre.									
Vétérans nationaux..........	6	»	207	6	»	3	»	1	197
2e bat. du 54e rég. d'infant...	25	4	1,030	110	122	5	»	1	790
1er bat. des sections armées...	29	4	967	82	238	2	»	1	644
5e bat. de l'Orne............	27	4	805	112	104	»	»	»	675
Compagnie de canonniers de cette demi-brigade.........	3	»	76	10	»	»	»	»	66
2e bat. du 103e rég. d'infant.	26	1	940	111	186	»	»	11	641
Comp. d'artillerie du 6e rég...	2	2	73	3	»	1	»	1	68
Gendarmerie nationale.......	8	»	227	6	106	»	»	2	111

CAMPAGNE DE 1793 EN ALSACE.

DÉSIGNATION DES CORPS.	OFFICIERS PRÉSENTS.	OFFICIERS ABSENTS.	EFFECTIF.	ABSENTS A L'HÔPITAL.	ABSENTS DÉTACHÉS.	ABSENTS EN CONGÉ.	ABSENTS AU DÉPÔT.	ABSENTS AU TRIBUNAL.	PRÉSENTS SOUS les ARMES.
Sarrelibre (suite).									
Dépôts du 1er bat. de la Vienne..	2	»	54	3	»	»	»	1	50
du 13e bat. des Fédérés..	1	»	26	2	»	»	»	»	24
du 4e bat. de la Manche.	1	»	71	»	»	»	»	3	68
du 17e rég. d'infant......	1	»	40	»	»	»	»	»	40
Total pour Sarrelibre....	131	15	4,606	475	736	11	»	20	3,344
Bitche.									
2e bat. du Cher.............	29	6	886	40	172	»	»	»	674
Dépôts du 1er rég. d'infant!......	1	»	36	6	»	»	»	»	30
du 1er bat. de la Meuse...	1	»	49	12	»	»	»	»	37
du 3e bat. de la République	»	»	20	»	»	»	»	»	20
du 30e rég. d'infant......	»	»	29	»	»	»	»	»	29
du 9e id.	»	»	54	»	»	»	»	»	54
des Fédérés des 83 départements.............	1	»	72	»	»	»	»	»	72
du 1er bat. du Bas-Rhin..	1	»	82	»	»	»	»	»	82
du 6e rég. d'artillerie.....	3	»	66	»	»	»	»	»	66
du 1er bat. de la Haute-Saône.............	1	»	100	»	»	»	»	»	100
Gendarmerie nationale de Loir-et-Cher................	1	»	26	»	»	»	»	»	26
Total pour Bitche.......	38	6	1,420	58	172	»	»	»	1,190
Toul.									
Dépôts du 55e rég. d'infanterie..	1	1	65	7	»	»	»	»	58
du 96e id.	2	»	68	3	»	»	»	»	65
du 1er bat. de l'Indre.....	1	»	54	10	»	»	»	»	45
du 7e bat. de la Meurthe.	1	»	33	»	»	»	»	»	33
des chasseurs de Reims...	3	»	196	4	»	»	»	»	192
Total pour Toul........	8	1	413	24	»	»	»	»	389
Phalsbourg.									
Dépôts du 5e bat. du Bas-Rhin.	5	1	361	8	»	14	»	»	339
du 6e bat. des Vosges...	»	»	31	4	»	»	»	»	27
du 2e bat. du Cher......	6	»	198	16	»	»	»	»	182
du 4e rég. de cavalerie..	5	»	175	15	»	2	»	3	155
du 2e rég. d'artillerie....	»	»	22	»	»	»	»	»	22
Gendarmerie nationale........	»	»	16	»	»	»	»	»	16
Total pour Phalsbourg...	11	1	803	43	»	16	»	3	741
Marsal.									
Vétérans nationaux..........	4	»	49	»	»	18	»	»	31
Total général des garnisons.	707	50	22,845	1,794	1,305	162	»	93	19,593

Cette situation donne, en outre, les renseignements suivants :

Du 1ᵉʳ au 15 août, l'armée a reçu 69 recrues, et 1,296 hommes sont rentrés dans le rang.

26 sous-officiers ou soldats ont été faits officiers (1 dans l'artillerie, 11 au 9ᵉ chasseurs, 6 au 14ᵉ dragons, et 8 au 4ᵉ de cavalerie).

46 hommes sont morts, dont 30 de la compagnie franche de Saint-Maurice et 16 appartenant à neuf corps différents.

135 hommes ont déserté, dont 30 du 96ᵉ régiment d'infanterie, 15 de la légion de la Moselle, 13 du 13ᵉ bataillon d'infanterie légère, 9 du 55ᵉ, 9 du 11ᵉ de cavalerie, 8 du 1ᵉʳ régiment d'infanterie, 6 du 1ᵉʳ bataillon de la République, 6 de la 4ᵉ compagnie franche du Louvre, 5 de la compagnie franche de Billard, 5 de l'artillerie, et 29 de 16 corps différents.

18 hommes ont reçu leur congé, 3 ont été chassés de l'armée, 300 ont disparu.

L'ennemi a fait 159 prisonniers, dont 103 de la compagnie franche de Metz, 29 du 6ᵉ bataillon de la Haute-Saône, 13 de la 4ᵉ compagnie franche du Louvre, et quelques cavaliers pris isolément.

La situation des chevaux est la suivante :

	Chevaux présents.		Chevaux en bon état.		
1ᵉʳ dragons	386	dont	302	»	
3ᵉ hussards	326	—	228	et	120 détachés.
1ᵉʳ chasseurs	436	—	249	et	187 détachés.
Légion de la Moselle	391	—	282	»	
8ᵉ hussards	101	—	101	»	
1ᵉʳ carabiniers	533	—	444	»	
2ᵉ carabiniers	545	—	543		2 détachés.
10ᵉ cavalerie	323	—	317	»	
11ᵉ cavalerie	488	—	392	»	
Gendarmerie nationale de Fontainebleau	840	—	730	»	
Gendarmerie nationale de Lunéville	560	—	560	»	
Gendarmerie de la force publique	32	—	32	»	
Artillerie à cheval	253	—	253	»	
9ᵉ chasseurs	463	—	453	»	
14ᵉ dragons	335	—	328	»	
4ᵉ cavalerie	297	—	288	»	
Total	6,399		5,582	309	

A Metz, les trois dépôts de cavalerie comptent ensemble 382 chevaux, dont 255 hors de service, et 127 seulement en état de servir.

A Thionville, 440 chevaux, tous bons pour le service.

A Longwy, 118 dont 22 hors de service.

A Sarrelibre, 113 dont 10 hors de service.

A Bitche, 26, tous bons.

A Phalsbourg, 161, tous bons.

Tableau général des forces de l'armée du Rhin aux ordres du général Landremont, à l'époque du 15 août 1793, l'an 2e de la République.

Général en chef :

Le citoyen Landremont.

Chef de l'état-major général :

Le citoyen Clarke, général de brigade.
Chennevière, sous-chef.

Généraux de division :

Les citoyens Munnier, Gillot, Méquillier, Laubadère, Ferino.

Généraux de brigade, les citoyens :

Lafarelle.	Colle.	Dauriol.	Labruyère.
Ravel.	Meynier.	Dubois.	Ferey.
Beaurevoir.	Delmas.	Montigny.	Desaix.
Michaud.	Loubat.	Isambert.	

Adjudants généraux, les citoyens :

Viennot.	Rocquesante.	Miribel.	Wolff.
Duvignau.	Bailly.	Mattet.	Leverrier.
Vaufreland.	Demont.	Tholmé.	Fontenay.
Bourcier.	Hatry.	Legrand.	Montrichard.

Adjoints aux adjudants généraux, les citoyens :

Lamorlière.	Morizot.	Mouzot.	Reubell.
Saint-Cyr.	Ollendorff.	Kister.	Gruau.
Jameton.	Harbé.	Grandjean.	Béthune.
Camus.	Borel.	Vilquier.	Charlieu.
Garabuau.	d'Hastrelle.	Aubugeois.	Pellegarda.

DÉSIGNATION DES CORPS.	OFFI-CIERS.	HOMMES.		CHE-VAUX.	EMPLACEMENTS.
		EFFEC-TIF.	PRÉ-SENTS.		

Avant-garde aux ordres du général de division LANDREMONT.

BAILLY, adjudant général.

Le général Férino.

Chasseurs du Rhin	20	827	489	»	Minfeld.
6ᵉ bat. d'infanterie légère.......	23	811	611	»	Ober-Otterbach.
11ᵉ —	24	894	767	»	Jockgrim.
12ᵉ —	25	695	630	»	Steinfeld.
1ᵉʳ bat. de la Corrèze............	22	955	666	»	Scheid.
1ᵉʳ bat. de la Haute-Saône......	27	919	862	»	Busemberg.
1ᵉʳ bat. des Pyrénées...........	30	664	515	»	Jockgrim.
1ᵉʳ bat. du Jura................	20	859	724	»	Nieder-Otterbach.
2ᵉ comp. de grenadiers.........	9	125	113	»	Lauterbourg.
7ᵉ bat. d'infanterie légère.......	16	964	591	»	Schwanheim.
1ʳᵉ comp. franche de la Dordogne.	1	219	196	»	Langenberg.
2ᵉ bat. de Lot-et-Garonne......	32	912	794	»	Frekenfeld.
2ᵉ bat. de grenadiers...........	92	1234	981	»	Minfeld et Frekenfeld.

DUVIGNAU, adjudant général.

Le général Loubat.

2ᵉ rég. de chasseurs............	32	672	480	611	Nieder-Lauterbach (1)
8ᵉ rég. de chasseurs............	35	867	424	430	Nieder-Otterbach.
17ᵉ rég. de dragons.............	26	380	363	358	Steinfeld.
10ᵉ rég. de chasseurs...........	32	409	370	385	Frekenfeld.
7ᵉ rég. de hussards.............	12	430	458	245	Ober-Otterbach.
4ᵉ rég. de dragons.............	21	297	287	337	Hagenbach.
7ᵉ rég. de chasseurs...........	1	104	102	109	(Dispersés.)
11ᵉ rég. de dragons............	26	376	370	349	Scheid.

Division commandée par le général GILLOT.

DESAIX, adjudant général.

Le général Michaud.

8ᵉ rég. de dragons..............	27	484	355	364	Kapsweyer.
Artillerie volante..............	3	104	94	70	Steinfeld.
2ᵉ bat. du 40ᵉ régiment.........	25	814	749	»	Wœrth.
3ᵉ bat. de la Haute-Saône.......	29	930	871	»	Seltz.
1ᵉʳ du 37ᵉ régiment.............	21	613	466	»	Langenberg.
5ᵉ bat. de l'Ain................	37	883	756	»	Camp de Lauterbour
7ᵉ bat. de la Haute-Saône.......	27	887	806	»	Hagenbach.
2ᵉ bat. de la Charente-Inférieure..	22	847	702	»	Wœrth.

(1) Il y a sans doute erreur, et le 2ᵉ chasseurs doit être à Nieder-Otterbach.

CAMPAGNE DE 1793 EN ALSACE.

DÉSIGNATION DES CORPS.	OFFI-CIERS.	HOMMES.		CHE-VAUX.	EMPLACEMENTS.
		EFFEC-TIF.	PRÉ-SENTS.		
Le général ISAMBERT.					
1er bat. du 7e régiment............	24	770	687	»	Au camp.
7e bat. de Rhône-et-Loire........	30	891	789	»	Langenberg.
9e bat. des Vosges................	33	944	928	»	Au camp.
2e bat. du 75e régiment...........	23	873	693	»	Langenberg.
4e bat. du Bas-Rhin..............	20	948	690	»	Jockgrim.
4e bat. de l'Eure.................	30	775	680	»	Lauterbourg.
Division commandée par le général ...					
HARDY, adjudant général.					
Le colonel DAUDIRANT.					
1er bat. du 3e rég. d'infanterie..	21	859	737	»	Scheibenhart.
1er bat. du Doubs................	26	907	780	»	Id.
1er bat. de l'Ain.................	29	944	840	»	Moulin de Bienwald.
2e du 3e régiment................	24	823	704	»	Id.
3e bat. de l'Ain.................	27	921	748	»	Lauterbourg.
10e bat. des Vosges..............	31	939	828	»	Id.
Le général DAURIOL.					
1er bat. du 27e rég. d'infanterie...	29	809	652	»	Fort Saint-Remy.
3e bat. du Doubs................	29	932	767	»	Camp du Geisberg.
4e bat. de Saône-et-Loire........	31	948	778	»	Id.
1er bat. du 48e régiment..........	24	822	565	»	Camp de Capsweyer.
2e bat. du Haut-Rhin.............	28	778	747	»	Altstadt.
Division commandée par le général ...					
DEMONT, adjudant général.					
Le général ARLANDES.					
1er du 13e rég. d'infanterie......	25	926	677	»	Camp de Dahn.
1er bat. des Vosges...............	22	972	817	»	Camp de Lembach.
4e bat. du Jura..................	28	908	836	»	Nothweiler.
2e bat. du 13e régiment...........	14	873	647	»	Camp de Lembach.
1er bat. du Haut-Rhin............	28	904	993	»	Id.
6e bat. du Haut-Rhin.............	24	906	735	»	Id.
Le général MÉQUILLIER.					
1er bat. du 93e rég. d'infanterie...	27	881	751	»	Camp de Capsweyer.
2e bat. de gren. de Rhône-et-Loire.	30	746	650	»	Id.
1er bat. de Lot-et-Garonne.......	30	848	712	»	Id.
2e bat. du 93e régiment...........	29	879	748	»	Camp de Schweigen.
5e bat. de Seine-et-Oise..........	32	898	782	»	Id.
2e bat. de Rhône-et-Loire	23	913	849	»	Id.

DÉSIGNATION DES CORPS.	OFFI-CIERS.	HOMMES.		CHE-VAUX.	EMPLACEMENTS.
		EFFEC-TIF.	PRÉ-SENTS.		

Division commandée par le général ...

WOLFF, adjudant général.

Le général XAINTRAILLES.

1ᵉʳ bat. du 46ᵉ rég. d'infanterie..	28	840	702	»	Camp de Wissembourg.
3ᵉ bat. du Bas-Rhin............	27	870	663	»	Id.
11ᵉ bat. du Doubs..............	29	800	695	»	Id.
2ᵉ bat. du 46ᵉ régiment........	30	840	661	»	Id.
2ᵉ bat. du Puy-de-Dôme........	27	884	730	»	Id.
2ᵉ bat. d'Eure-et-Loir..........	29	844	735	»	Id.

Artillerie commandée par le général RAVEL.

Parc d'artillerie................	33	952	904	»	Camp du Geisberg.
1ᵉʳ bat. du Bas-Rhin............	12	408	352	»	Id.
Artillerie volante...............	2	54	43	44	Camp de Lauterbourg.
Détachement d'artillerie........	28	180	165	»	Lauterbourg.
1ᵉʳ bat. du 105ᵉ régiment.......	9	978	869	»	Wissembourg.
Guides.........................	2	22	22	24	Id.

Division commandée par le général DIETTMANN.

ROQUESANTE et VAUFRELAND, adjudants généraux.

Aile droite de la cavalerie : Le général LA FARELLE.

2ᵉ rég. de cavalerie............	29	689	402	409	Schleithal.
12ᵉ —	29	691	388	443	Id.
Gendarmerie nationale..........	10	203	189	340	Neuwiller.
14ᵉ rég. de cavalerie...........	7	66	66	64	Salmbach.
29ᵉ division de gendarmerie.....	3	30	30	23	Id.
Artillerie volante...............	1	29	29	35	Schleithal.

Aile gauche de la cavalerie : Le général BEAUREVOIR.

9ᵉ rég. de cavalerie............	22	440	382	444	Hunsbach.
1ʳᵉ et 3ᵉ divisions de gendarmerie.	52	764	669	765	Wissembourg.
19ᵉ rég. de cavalerie...........	28	304	297	343	Obersecbach.
Artillerie volante...............	2	41	28	38	Riedselz.
TOTAL des troupes disponibles.	1886	55,236	45,646	6,156	

TROUPES DANS LES GARNISONS.

EMPLACEMENTS.	DÉSIGNATION DES CORPS.	OFFI-CIERS.	HOMMES. EFFEC-TIF.	HOMMES. PRÉ-SENTS.	CHE-VAUX.
Besançon	1er bat. du 8e rég. d'infanterie	28	885	750	»
	Dépôt du 8e rég. d'infanterie	8	421	344	»
	7e bat. du Bas-Rhin	32	951	868	»
	6e bat. de la Drôme	32	944	944	»
	Dépôt du 2e rég. d'artillerie	8	44	44	»
	Artillerie à cheval	2	22	22	»
	12e comp. de vétérans	3	51	40	»
	Total pour Besançon	113	3,318	3,012	»
Luxeuil	7e bat. de la Drôme	32	882	882	»
Blamont	23e compagnie de vétérans	4	49	44	»
	72e comp. de vétérans	4	43	43	»
	Total pour Blamont	8	92	87	»
Belfort	Dépôt du 2e bat. du Bas-Rhin	8	347	325	»
	Dépôt du 33e rég. d'infanterie	7	773	738	»
	Dépôt de volontaires	1	45	38	»
	Détachement du 2e rég. d'artillerie	1	28	28	»
	Total pour Belfort	17	1,193	1,129	»

Arrondissement du Mont-Terrible.

EMPLACEMENTS.	DÉSIGNATION DES CORPS.	OFFI-CIERS.	EFFEC-TIF.	PRÉ-SENTS.	CHE-VAUX.
Blamont	Dépôt du bataillon de la Drôme	3	91	91	»
	Vétérans nationaux	4	43	43	»
	Total pour Blamont	7	134	134	»
Porrentruy	5e bat. du Doubs	33	890	857	»
Camp d'Héringier	6e bat. du Doubs	32	866	834	»
Camp de Délémont	5e bat. de la Drôme	34	971	937	»
Leuffen	6e bat. de Seine-et-Oise	36	858	822	»
Délémont-Blamont	Détachement du 2e d'artillerie	3	64	64	»
Huningue	4e bat. du Doubs	35	976	850	»
	5e bat. du Haut-Rhin	30	1,083	1,067	»
	Détachement du 2e d'artillerie	»	»	»	»
	Mineurs et ouvriers	7	142	135	»
	Pontonniers	1	46	46	»
	Total pour Huningue	73	2,447	2,098	»
Reinach	2e bat. du Doubs	34	914	891	»
Saint-Louis	4e rég. de chasseurs à cheval	28	342	336	403

96   CAMPAGNE DE 1793 EN ALSACE.

EMPLACEMENTS.	DÉSIGNATION DES CORPS.	OFFICIERS.	HOMMES. EFFECTIF.	HOMMES. PRÉSENTS.	CHEVAUX.
	Arrondissement d'Huningue.				
Camp d'Oberviller...	2ᵉ bat. de la Côte-d'Or............	35	736	686	»
	2ᵉ bat. du 33ᵉ rég. d'infanterie. ...	30	811	742	»
	10ᵉ bat. du Jura.................	33	959	899	»
	Détachement du 2ᵉ d'artillerie.....	3	62	54	»
	Total pour Oberviller.....	101	2,568	2,381	»
Camp d'Hésingue...	1ᵉʳ bat. du 33ᵉ rég. d'infanterie...	31	800	736	»
	3ᵉ bat. de la Gironde.............	32	1,106	1,022	»
	4ᵉ bat. de la Côte-d'Or...........	34	1,203	1,131	»
	2ᵉ bat. du Bas-Rhin.............	33	800	757	»
	4ᵉ bat. du Var..................	39	854	775	»
	Détachement d'artillerie..........	4	140	140	»
	Total pour Hésingue......	173	4,903	4,561	»
Camp de Saint-Louis.	7ᵉ bat. du Doubs................	33	920	872	»
Saint-Louis........	Gendarmerie nationale............	4	116	112	120
Plotzheim..........	Artillerie volante................	1	25	25	25
	2ᵉ rég. d'artillerie................	4	75	68	71
	Arrondissement d'Ottmarsheim.				
Camp d'Hombourg..	Bataillon du Puy-de-Dôme........	29	864	848	»
Bankenheim........	8ᵉ bat. du Doubs................	33	800	675	»
Camp de Marsheim.	10ᵉ bat. du Doubs...............	33	813	767	»
Ottmarsheim.......	Détachement du 2ᵉ d'artillerie.....	2	47	46	»
Petit-Landau.......	Francs-tireurs...................	1	60	60	»
Ottmarsheim.......	4ᵉ rég. de chasseurs à cheval......	14	189	178	»
	Arrondissement de Neuf-Brisach.				
Colmar............	9ᵉ bat. du Jura..................	17	278	257	»
	2ᵉ rég. de cavalerie..............	2	239	249	139
	14ᵉ rég. de cavalerie.............	3	129	111	44
	Dépôt du 4ᵉ chasseurs............	7	265	204	125
	5ᵉ bat. de Rhône-et-Loire........	?	885	885	»
	Total pour Colmar.......	?	1,795	1,676	308
Neuf-Brisach......	7ᵉ bat. de Seine-et-Oise..........	33	742	742	»
	3ᵉ bat. du Cher.................	33	841	780	»
	14ᵉ bat. du Jura.................	33	962	898	»
	Dépôt du 2ᵉ bat. du Jura.........	22	374	329	»
	Dépôt du 3ᵉ bat. du Jura.........	7	416	389	»
	Détachement du 2ᵉ d'artillerie.....	7	146	135	»
	Gendarmerie nationale............	4	106	105	111
	8ᵉ rég. de dragons...............	4	109	82	25
	Total pour Neuf-Brisach...	143	3,696	3,460	136

CAMPAGNE DE 1793 EN ALSACE.

EMPLACEMENTS.	DÉSIGNATION DES CORPS.	OFFI-CIERS.	HOMMES. EFFEC-TIF.	HOMMES. PRÉ-SENTS.	CHE-VAUX.
	Arrondissement de Neuf-Brisach (*suite*).				
Bresheim........	9ᵉ bat. de la Haute-Saône........	34	750	687	»
Batzenheim......	Chasseurs bons tireurs..........	4	117	140	»
Schlestadt.......	Dépôt du 46ᵉ rég. d'infanterie.....	»	128	128	»
	Dépôt du 6ᵉ bat. d'infant. légère...	»	42	42	»
	Dépôts du 4ᵉ bat. du Haut-Rhin....	»	297	297	»
	7ᵉ comp. du 10ᵉ bat. de la Hᵗᵉ-Saône.	»	68	68	»
	Détachement du 2ᵉ rég. d'artillerie.	»	72	72	»
	Dépôt du 8ᵉ rég. de chasseurs.....	»	317	317	»
	Dépôt du 10ᵉ rég. de chasseurs....	»	303	303	»
	Total pour Schelestadt....	»	1,227	1,227	»
Rosheim.........	Dépôt du 5ᵉ bat. de Seine-et-Oise..	»	24	24	»
	Dépôt du 93ᵉ rég. d'infanterie.....	»	92	92	»
	Dépôt du 22ᵉ rég. de cavalerie.....	»	260	260	»
	Total pour Rosheim......	»	376	376	»
Strasbourg.......	2ᵉ bat. du 30ᵉ rég. d'infanterie....	»	819	819	»
	1ᵉʳ bat. de la Dordogne..........	»	829	829	»
	2ᵉ bat. de la Dordogne..........	»	1,043	1,042	»
	Dépôt du 21ᵉ rég. d'infanterie.....	»	14	14	»
	Dépôt du 48ᵉ id.	»	47	47	»
	Dépôt du 62ᵉ id.	»	64	64	»
	Dépôt du 67ᵉ id.	»	49	49	»
	Dépôt des chasseurs du Rhin......	»	234	234	»
	Dépôt du 5ᵉ bat. de l'Ain........	»	14	14	»
	Dépôt du 1ᵉʳ bat. de la Corrèze...	»	104	104	»
	Dépôt du 1ᵉʳ bat. de Lot-et-Garonne.	»	42	40	»
	Dépôt du 4ᵉ bat. de l'Eure.......	»	48	48	»
	Dépôt du 9ᵉ bat. des Vosges......	»	15	15	»
	Dépôt du 1ᵉʳ bat. du Doubs......	»	42	42	»
	Dépôt du 1ᵉʳ bat. de l'Ain........	»	44	44	»
	Dépôt du 3ᵉ bat. de l'Ain........	»	95	95	»
	Dépôt du 3ᵉ bat. du Doubs......	»	62	62	»
	Dépôt du 4ᵉ bat. de Saône-et-Loire.	»	55	55	»
	Dépôt du 3ᵉ bat. du Haut-Rhin....	»	38	38	»
	Dépôt du 2ᵉ bat. de l'Aube......	»	39	39	»
	Dépôt du 10ᵉ bat. des Vosges.....	»	33	33	»
	Détachement du 2ᵉ rég. d'artillerie.	»	112	112	»
	Dépôt du 5ᵉ rég. d'artillerie.......	»	31	31	»
	1ʳᵉ et 4ᵉ comp. d'ouvriers.......	»	104	104	»
	1ʳᵉ et 6ᵉ comp. de mineurs	»	86	86	»
	1ʳᵉ division de gendarmerie......	»	199	199	»
	Dépôt de la 3ᵉ div. de gendarmerie.	»	32	32	»
	Dépôt du 2ᵉ rég. de chass. à cheval.	»	212	212	»
	Dépôt du 7ᵉ rég. de chass. à cheval.	»	415	415	»
	Dépôt du 9ᵉ rég. de cavalerie.....	»	208	208	»
	Total pour Strasbourg....	»	5,100	5,096	»

7

EMPLACEMENTS.	DÉSIGNATION DES CORPS.	OFFI-CIERS.	HOMMES.		CHE-VAUX.
			EFFEC-TIF.	PRÉ-SENTS.	
Arrondissement de Neuf-Brisach (suite).					
Citadelle.........	2ᵉ bat. du 27ᵉ rég. d'infanterie....	»	824	824	»
	2ᵉ bat. de Mayence.............	»	487	487	»
	Dépôt général.................	»	468	468	»
	Dépôt du 3ᵉ rég. d'infanterie.....	»	81	81	»
	Dépôt du 13ᵉ id.	»	30	30	»
	Dépôt du 32ᵉ id.	»	170	170	»
	Détachement du 2ᵉ rég. d'artillerie.	»	19	19	»
	Total pour la citadelle....	?	2,076	2,076	»
	Total pour la place......	»	5,100	5,096	»
	Total pour la place et la citadelle.	»	7,176	7,172	»
Cantonnements sur le Rhin.					
Jardin d'Angleterre.	4ᵉ comp. franche du Mail........	»	179	179	»
Neuhof............	1ʳᵉ comp. franche de la Dordogne..	»	126	126	»
Offendorff.........	Dépôt du 3ᵉ bat. des Vosges......	»	215	215	»
Camp de Chastay...	12ᵉ bat. de la Creuse............	»	920	920	»
Wantzenau........	7ᵉ bat. d'infanterie légère.......	»	34	34	»
Gambsheim........	8ᵉ bat. de la Drôme.............	»	842	842	»
	8ᵉ bat. du Jura.................	»	930	930	»
Rheinau..........	12ᵉ bat. du Jura................	»	?	?	»
Camp de l'île du Rhin.	2ᵉ bat. de l'Aube...............	»	1,030	1,030	»
Markolsheim......	9ᵉ bat. du Doubs...............	»	916	916	»
Pont du Rhin......	Bateliers......................	»	21	21	»
Brumpt...........	Dépôt du 6ᵉ bat. du Jura........	»	32	32	»
	Dépôt du 2ᵉ bat. du Haut-Rhin...	»	33	33	»
	Dépôt du 3ᵉ bat. d'Indre-et-Loire..	»	105	105	»
	Dépôt du 11ᵉ bat. des Vosges.....	»	37	37	»
	Dépôt du 36ᵉ rég. d'infanterie....	»	29	29	»
	Total pour Brumpt......	»	236	236	»
Haguenau.........	1ᵉʳ bat. du 37ᵉ rég. d'infanterie....	22	570	435	»
	Dépôt du 12ᵉ rég. d'infant. légère..	2	180	76	»
	Dépôt du 11ᵉ bat. du Doubs......	1	65	48	»
	Dépôt du 16ᵉ rég. d'infanterie.....	?	?	?	»
	Gendarmerie nationale..........	3	215	33	»
	Dépôt du 17ᵉ rég. de dragons.....	3	309	185	»
	Dépôt du 7ᵉ rég. de hussards.....	11	256	138	»
	Total pour Haguenau.....	42	1,595	915	»
Bischwiller.......	Dépôt du 11ᵉ bat. d'infant. légère..	4	180	96	»
	Dépôt du 75ᵉ rég. d'infanterie.....	2	36	36	»
	3ᵉ bat. d'Indre-et-Loire..........	?	?	?	»
	Total pour Bischwiller....	6	216	132	»

CAMPAGNE DE 1793 EN ALSACE.

EMPLACEMENTS.	DÉSIGNATION DES CORPS.	OFFI-CIERS.	HOMMES. EFFECTIF.	HOMMES. PRÉSENTS.	CHEVAUX.
	Cantonnements sur le Rhin (*suite*).				
Drusenheim........	3ᵉ bat. du Gard...............	31	756	544	»
	Gendarmerie nationale...........	1	16	16	»
	Total pour Drusenheim...	32	772	560	»
Camp de l'île d'Ah-londe...........	3ᵉ bat. du Puy-de-Dôme.........	36	857	769	»
Fort-Vauban.......	1ᵉʳ bat. du 40ᵉ rég. d'infanterie...	31	739	739	»
	2ᵉ bat. du 105ᵉ rég. d'infanterie....	25	691	691	»
	3ᵉ bat. de Saône-et-Loire........	31	799	799	»
	12ᵉ bat. des Vosges.............	34	482	482	»
	Dépôt du 1ᵉʳ bat. du Bas-Rhin.....	2	66	66	»
	Détachement du 2ᵉ d'artillerie.....	2	65	65	»
	Compagnie de pontonniers........	1	59	59	»
	Dépôt du 19ᵉ de cavalerie.........	1	26	26	»
	Détachement du 17ᵉ dragons......	1	70	70	»
	Total pour Fort-Vauban...	131	2,997	2,997	»
Reichshoffen	Dépôt du 12ᵉ rég. de cavalerie.....	1	241	»	»
Niederbronn......	Dépôt du 2ᵉ bat. d'Eure-et-Loir....	1	36	32	»
	Dépôt du 5ᵉ bat. de l'Eure........	1	20	15	»
	Détachement de gendarmerie......	1	10	10	»
	3ᵉ bat. de la Dordogne...........	30	720	720	»
	Dépôt du 37ᵉ régiment...........	2	60	60	»
	Détachement du 12ᵉ bat. d'infanterie légère...................	2	60	60	»
	Détachement des chasseurs du Rhin	1	30	30	»
	Détachement du 7ᵉ hussards.......	»	15	15	»
	Total pour Niederbronn...	38	951	951	»
Lichtemberg......	Vétérans nationaux..............	2	226	196	»
	Dépôt du 2ᵉ bat. du Puy-de-Dôme..	1	48	42	»
	Dépôt du 2ᵉ bat. de la Charente-Inférieure...................	1	83	65	»
	Détachement du 5ᵉ rég. d'artillerie.	»	4	4	»
	Gendarmerie nationale...........	»	9	9	»
	Total pour Lichtemberg...	4	370	316	»
La Petite-Pierre	63ᵉ compagnie de vétérans.......	1	49	49	»
	Dépôt du 67ᵉ rég. d'infanterie.....	8	205	128	»
	Dépôt du 3ᵉ bat. du Bas-Rhin......	1	106	94	»
	Détachement du 5ᵉ rég. d'artillerie	»	3	3	»
	Détachement de gendarmerie......	2	5	5	»
	Total pour la Petite-Pierre.	12	368	279	»

EMPLACEMENTS.	DÉSIGNATION DES CORPS.	OFFI-CIERS.	HOMMES. EFFECTIF.	HOMMES. PRÉSENTS.	CHEVAUX.
	Cantonnements sur le Rhin (*suite*).				
Ingwiller	Dépôt du 7e bat. du Jura	1	47	47	»
	Dépôt du 8e bat. de Seine-et-Oise	8	93	93	»
	Dépôt du 2e bat. des Vosges	1	95	86	»
	Gendarmerie nationale	»	9	5	»
	Total pour Ingwiller	10	244	231	»
Pfaffenhoffen	Dépôt du 2e bat. du Haut-Rhin	2	44	31	»
	Dépôt du 4e bat. de la Gironde	1	98	84	»
	Gendarmerie nationale	»	5	5	»
	Total pour Pfaffenhoffen	3	147	120	»
Landau	1er bat. du 21e rég.	30	960	879	»
	2e bat. du 21e rég.	28	882	867	»
	1er bat. du 55e rég.	31	931	784	»
	2e bat. de l'Allier	32	794	779	»
	3e bat. de la Corrèze	34	896	896	»
	2e bat. des Côtes-du-Nord	32	880	759	»
	8e bat. de la Haute-Saône	30	817	802	»
	5e bat. de Seine-et-Marne	35	846	843	»
	Grenadiers du 13e bat. des Vosges	3	82	28	»
	1er bat. de piquet	12	682	682	»
	2e bat. de piquet	10	744	744	»
	Artillerie	6	213	211	»
	3e division de gendarmerie	4	52	51	»
	22e rég. de cavalerie	36	644	268	»
	16e rég. de cavalerie	7	148	83	»
	Total pour Landau	330	9,671	8,673	»

RÉCAPITULATION.

	Effectif.	Présents.
Armée active	55,236	45,646
Troupes de garnison et cantonnées	62,946	59,032
Total général	118,182	104,678

IX. — PRISE DE CONTACT AVEC L'ENNEMI.

Ce qui déterminait à occuper en force la haute Alsace, c'est que l'ennemi avait dans le Brisgau une vingtaine de mille hommes, et que les rapports des espions grossissaient encore ce nombre. On ne supputait pas avec autant de calme que l'avait fait en 1743 le maréchal de Noailles les résultats que pouvait obtenir ce corps autrichien, et on le voyait déjà franchissant le Rhin en amont ou en aval de Strasbourg, pendant que Wurmser attaquait de front les lignes de Wissembourg. Les renseignements les plus récents évaluaient à plus de 30,000 hommes les forces ennemies sur la rive droite du Rhin.

Nous ne possédons encore aucune situation exacte de l'armée autrichienne au mois d'août 1793; mais la relation de l'*OEstreichische Militärische Zeitschrift* donne pour le mois de juin la composition suivante :

Sur la rive droite du Rhin, 20,000 hommes :

Lichtenberg avait 5 bataillons et 4 escadrons, soit 6,000 hommes et 22 canons, vers Lœrrach et Rheinfelden, en face de Bâle et Huningue.

Auersperg avait 4 bataillons 1/3 et 4 escadrons, soit 5,000 hommes et 13 canons, aux environs de Fribourg, en face de Brisach.

Furstenberg, 10 bataillons et 16 escadrons, soit 6,300 hommes et 24 canons à Ettlingen, Kehl, Stollhofen et Rastadt, en face de Strasbourg.

Wolkenstein, 2 bataillons et 8 escadrons, soit 3,000 hommes et 19 canons, entre Carlsruhe et Spire.

Sur la rive gauche du Rhin, Wurmser avait alors 25 bataillons et 42 escadrons, soit 28,500 hommes avec 110 bouches à feu. Les bataillons autrichiens compris dans son corps d'armée étaient les suivants : 2 de Gyulai, 2 de Wallis, 2 de Preiss, 2 de Lascy, 2 de l'Empereur, 2 d'Esclavons, 2 de Croates, 1 de Lattermann, 2 de Huff, 1 de Terzy.

Wurmser avait en outre le corps de Condé, et quelques bataillons allemands (troupes des Cercles).

D'après Ecquevilly (*Campagnes du corps de Condé*), l'armée autrichienne sur les deux rives du Rhin comprend, au mois d'août 1793 :

2 bataillons	de Gyulai.	2 bataillons		Bavarois.
2	— O. Wallis.	2	—	de Hesse-Cassel.
2	— Preiss.	2	—	de Hesse-Darmstadt.
2	— Lascy.	1	—	grenadiers des Cercles.
2	— l'Empereur.			
2	— d'Esclavons.	Les corps francs de Wurmser et Miholowitz.		
2	— de Valaques.			
1	— Lattermann.	Le corps de Condé.		
2	— Huff.	6 escadrons		de carabiniers.
1	— Terzy.	6	—	cuirassiers de Mack.
2	— Pellegrini.	6	—	cuirassiers Hohenzollern.
3	— Archiduc-Ferdinand.			
2	— W. Schrœder.	6	—	dragons de l'Empereur.
1	— Manfredini.			
1	— grenadiers Hœdel.	6	—	dragons Waldeck.
1	— — Schœk.	10	—	hussards de Toscane.
1	— — Preiss.	6	—	— d'Erdœdy.
1	— Rohan.	6	—	— Szecklers.
1	— Thurn.	6	—	— Wurmser.
1	— Saint-Julien.	2	—	— Hessois.
1	— Furstemberg.	2	—	chevau-légers palatins.
1	— grenadiers de Gœttingen.			
1	— grenadiers de Bingen.	2	—	cuirassiers des Cercles.

Soit en tout 44 bataillons et 64 escadrons, plus le corps de Condé, ce qui équivaut à peu près aux 46 bataillons et 74 escadrons cités plus haut.

Un rapport fourni au mois d'août par notre service de renseignements donne la composition suivante pour l'armée autrichienne :

Rive gauche du Rhin.		*Rive droite du Rhin.*		
2 bataillons de Gyulai.		3 bataillons de l'Archiduc-Ferdinand.		
2	— O. Wallis.			
2	— Preiss.	2	—	W. Schrœder.
2	— Lascy.	1	—	Hœdel.
2	— l'Empereur.	1	—	Schœk.
2	— Esclavons.	2	—	Neugebauer.
1	— Valaques.	1	—	Terzy.
1	— Szecklers.	1	—	Archiduc-Charles.
1	— Lattermann.	1	—	du Banat.

Rive gauche du Rhin.	Rive droite du Rhin.
2 bataillons Huff.	1 bataillon de Varasdin.
1 — Terzy.	1 — de Tuckret.
2 — Pellegrini.	2 — Bade.
1 — Manfredini.	2 — Waldeck.
2 — Furstemberg.	1 corps franc de Gyulai.
1 — Thurn.	1 — Straabs.
1 — Strasoldo.	6 escadrons de cuirassiers Hohenzollern.
1 — Hessois.	
2 — Hohenzollern.	6 — hussards d'Erdœdy.
1 corps franc de Wurmser.	8 — — Szeckler.
1 — Miholowitz.	2 — dragons de Wurtemberg.
Le corps de Condé.	
6 escadrons de carabiniers de l'Empereur.	
6 — cuirassiers de Mack.	
6 — dragons de l'Empereur.	
6 — dragons Waldeck.	
10 — hussards de Toscane.	
2 — hussards d'Erdœdy.	
4 — hussards de Wurmser.	
2 — dragons de Wurtemberg.	

Cette liste comprend 17 bataillons et 4 escadrons non mentionnés par Ecquevilly. Si l'on admet que les noms de ces unités n'ont pas été inventés par nos agents, on est conduit à donner à l'armée autrichienne (rive droite et rive gauche du Rhin) une force totale de 60 bataillons et 68 escadrons, non compris le corps de Condé, soit environ 56,000 hommes, dont 20,000 sur la rive droite du Rhin.

D'après A. Lufft (1), les Autrichiens auraient eu seulement 30 bataillons et 48 escadrons sur la rive gauche,

---

(1) Der Feldzug am Mittelrhein.

16 bataillons et 18 escadrons sur la rive droite, renforcés de 7,000 hommes de troupes des cercles, ce qui donnerait à peu près 16 bataillons de moins ; mais cet auteur semble avoir pris pour base de son évaluation les forces engagées le 20 août, qui ne composaient pas toute l'armée de Wurmser, et par contre, il attribue à celle-ci une force d'environ 40,000 hommes, chiffre beaucoup trop élevé pour 30 bataillons et 48 escadrons.

En résumé, nous admettrons que Wurmser disposait de 36,000 à 38,000 hommes en face de notre armée du Rhin, et qu'il restait à peu près 20,000 hommes sur la rive droite du fleuve, forces un peu inférieures à celles que nous leur opposions. Dès les premiers jours du mois d'août, Wurmser avait pris le contact avec nos avant-postes. Vers le 10, sa gauche était à Germersheim, sa droite à Edighofen (Edenkoben). Ses avant-postes occupaient la ligne Hœrt, Reilsheim, Offenbach, Walsheim, et Ramberg. Le 13, il dépasse Landau, que les Prussiens vont investir.

Les Prussiens avaient quitté les environs de Mayence quelque temps après la capitulation. Le roi de Prusse se dirigeait sur Landau avec 11,000 hommes. Jusqu'au 12, son quartier général fut à Dürckheim ; le 14, il vint à Edighofen. Il avait détaché dans la montagne la brigade Thadden, qui devait couvrir le flanc droit de Wurmser et le relier avec l'armée de Brunswick. Celle-ci était en marche vers la Sarre ; elle était divisée en trois corps. Jusqu'au 9 août, le corps de Kalckreuth, fort de 8,000 hommes, était à Kreuznach ; celui de Hohenlohe (14,000 hommes) à Lauterecken ; celui de Brunswick (13,000 hommes) à Kaiserslautern. Un corps d'armée était détaché aux Pays-Bas sous les ordres de Knobelsdorf.

Kalckreuth se met en marche le 9 pour se porter à hauteur de Hohenlohe, puis de Brunswick. Il arrive ce jour-là à Kirn ; le 10, il est à Oberstein ; le 12, il arrivera à Wolfersweiler. Hohenlohe s'ébranle le 10 pour venir à

Kusel; le 12 il est à Schœnenberg. Brunswick vient le 11 à Queitersbach.

Chose sigulière : d'après les écrivains allemands, il ne devait pas y avoir de troupes prussiennes à proximité de la Blies le 7 ; et cependant nos avant-postes de Limbach se prétendent attaqués, et fuient en désordre ; ce qui est plus sérieux, et prouve que cette attaque n'est pas absolument imaginaire, c'est qu'un officier est gravement blessé par un éclat d'obus.

Nous ne connaissons pas la force effective de l'armée prussienne, mais du moins sa composition a-t-elle été donnée exactement dans la 16ᵉ monographie du grand état-major prussien. D'après le même ouvrage, il faut compter le bataillon pour 500 hommes environ, l'escadron pour 120, et la batterie pour 150.

Les bataillons prussiens étaient déjà divisés en 4 compagnies ; l'artillerie était formée en batteries, dont chacune attelait 6 canons et 2 obusiers. Les canons étaient de 12, de 6 lourd ou de 6 léger. Il y avait en outre 2 batteries de mortiers, et chaque bataillon avait 2 pièces de 6 ou de .

COMPOSITION DE L'ARMÉE PRUSSIENNE.

1° **Corps d'armée du roi de Prusse.** 16 bataillons, 1 compagnie, 20 escadrons, 36 pièces.

Division v. Borch.

Brigade v. Ruchel.	Brigade v. Thadden.
Régiment d'infanterie de Wegnern, 3 bataillons.	Régiment de Kleist. 3 bataillons.
Bataillon de grenadiers du régiment de Manstein, 1 bataillon.	Batterie de 12 Heidenreich.
Batterie 6 Plümcke.	

Division du prince royal de Prusse.

Brigade v. Manstein.	Brigade v. Götz.
1ᵉʳ bataillon et grenadiers de Wolframsdorf. 2 bataillons.	1ᵉʳ bataillon et grenadiers de Thadden. 2 bataillons.

Brigade v. Manstein (*suite*).

2ᵉ bataillon de Thadden. 1 bataillon.
Batterie de 6 Sager.

Brigade v. Götz (*suite*).

1ᵉʳ et 2ᵉ bataillons de Manstein. 2 bataillons.
1ᵉʳ bataillon de la garde. 1 bataillon.
Batterie de mortiers de 10 pouces Tiemann.

Division de cavalerie du prince Louis de Wurtemberg.

Brigade prince Louis de Prusse.

Dragons d'Anspach et Bayreuth. 10 escadrons.
Demi-batterie à cheval Hahn.

Brigade duc de Weimar.

Cuirassiers du duc de Weimar. 5 escadrons.

Troupes non endivisionnées.

Compagnie de chasseurs de la Garde.
Bataillon de fusiliers de Renouard.............. 1 bataillon.
Hussards de Goltz .... 5 escadrons.

2° **Corps d'armée du duc de Brunswick**. 19 bataillons, 25 escadrons, 60 pièces.

Division de Courbière.

Brigade v. Kleist.

Régiment de Ferdinand. 3 bataillons.
2ᵉ bataillon du régiment de Borch. 1 bataillon.
Batterie de 6 Menz.

Brigade prince de Bade.

1ᵉʳ bataillon de Borch. 1 bataillon.
2ᵉ de Wolframsdorf. 1 bataillon.
1ᵉʳ de Schladen. 1 bataillon.
Batterie légère de 6 Decker.
Batterie de 6 Scholten (moins ses deux obusiers).

Division de Kalckstein.

Brigade v. Herzberg.

Régiment de Brunswick. 3 bataillons.
Batterie de 6 Wundersitz.

Brigade v. Romberg.

Régiment d'Heinrich. 3 bataillons.
Batterie de 6 Potoski.

Brigade de réserve v. Roeder.

Bataillon de grenadiers de Rohdich............. 1 bataillon.
2ᵉ et 3ᵉ bataillons de la garde................. 2   —

Batterie de 6 Wille (moins ses deux obusiers).
Obusiers des batteries Scholten et Wille (lieutenant Alkier).

Division de cavalerie v. SCHOENFELD.

Brigade v. KATT.	Brigade v. BORSTELL.
Dragons de Lottum. 5 escadrons.	Dragons de Tschirschki. 5 escadrons.
Demi-batterie à cheval Hahn.	Cuirassiers de Borstell. 5 escadrons.
	Batterie à cheval Meyer.

Brigade de cavalerie v. WOLFRADT.

Hussards de Wolfradt.......................... 10 escadrons.

Brigade v. VOSS.

Bataillon de fusiliers Martini .... 1 bataillon.
Bataillon de fusiliers Müffling.................. 1 —
4 compagnies de chasseurs..................... 1 —

3° **Corps d'armée de Hohenlohe.** 13 bataillons, 3 compagnies, 30 escadrons, 40 pièces.

Régiment de Romberg, 3 bataillons avec la batterie de 6 de Hahn.
Régiment de Herzberg, 3 bataillons avec la batterie de 6 de Fiedig.

Brigade SCHLADEN.

Bataillon de grenadiers du régiment de Schladen.. 1 bataillon.
Régiment de Hohenlohe .... 3 —
Batterie de 6 Verneck.
3 compagnies de chasseurs.
Bataillon de fusiliers Ernest..................... 1 —
Bataillon de fusiliers Thadden .... 1 —
Bataillon de fusiliers Legat..................... 1 —

Division de cavalerie v. EBEN.

Brigade v. KOEHLER.	Brigade SCHMETTAU.
Hussards d'Eben. 10 escadrons.	Dragons de Schmettau. 5 escadrons.
Hussards de Koehler. 10 escadrons.	Dragons de Katte. 5 escadrons.
Batterie à cheval Lange.	Batterie à cheval Schœnemark.

4° **Corps d'armée de Kalckreuth.** 12 bataillons, 1 compagnie, 14 escadrons, 24 pièces.

Avant-garde du colonel Szekuly.

2 escadrons de hussards saxons.
500 dragons et hussards.
Compagnie de chasseurs de Trèves.
Bataillon de fusiliers de Wedel.

Brigade Wegnern.	Brigade Vietinghoff.
Régiment de Crousaz. 3 bataillons.	Régiment de Vietinghoff. 3 bataillons.
Batterie de mortiers Stockhausen.	Batterie de 12 Kirchfeld.

Division saxonne (v. Lindt).

Brigade v. Gersdorff.	Brigade V. Bornsdorff.
Carabiniers. 5 escadrons.	Gotha. 1 bataillon.
Dragons de Courlande. 5 escadrons.	Antoine. 1 bataillon.
	Clément. 1 bataillon.
	Prince électoral. 1 bataillon.
	Christiani. 1 bataillon.

Batterie de 8 Rouvroy.

Les deux adversaires occupaient l'un et l'autre une étendue de terrain exagérée, et chacun d'eux pouvait être rompu par la concentration inopinée de 30,000 ennemis sur un point de la ligne. Une pareille manœuvre était d'autant plus à craindre que l'on resserrerait davantage le contact.

Réunis le 8 août à Bitche avec les généraux, les représentants en mission auprès des deux armées essayèrent de les galvaniser, mais ne purent y réussir. Les troupes de l'armée de la Moselle venaient encore, le 7, de prouver leur peu de solidité ; d'ailleurs, Beauharnais et Schauenbourg ne trouvaient pas en eux-mêmes la confiance et l'entrain nécessaires, et si les représentants avaient le désir d'entreprendre quelque opération offensive, ils n'en apercevaient et n'en indiquaient pas le moyen. Les affaires de Pirmasens, de Ketterich et de Kaiserslautern allaient prouver qu'il fallait plus que de la bonne volonté. En tout cas, la lettre écrite, le 9 août, par les représentants met bien en relief du même coup leur énergie et la timidité des généraux :

Bitche, le 9 août, l'an 2e de la République française une et indivisible.

Les représentants du peuple auprès des armées, aux membres du Comité du Salut public.

Conformément à ce que nous vous avions écrit, citoyens nos Collègues, nous nous sommes rendus hier à Bitche, pour nous *concilier* avec les généraux sur la répartition à faire des troupes de la République, d'une manière utile à la défense commune. Les armées réunies de la Moselle et du Rhin, fortes, l'une de 50,000 hommes, et l'autre de 40,000, sous la tente, nous paraissaient en mesure d'offrir à la fois un secours nécessaire à l'armée du Nord et d'agir offensivement. La discussion s'est ouverte sur ce double point; elle a été longue et souvent embarrassée par des incidents de plus d'un genre. La crainte de livrer ces frontières à l'ennemi, en les dégarnissant, les rapports vrais ou exagérés sur les forces qu'il a dans cette partie, l'approche de l'ennemi sur Landau et les communications de cette place en partie interceptées, la facilité qu'il aurait à s'emparer de nos villes fortes, en général mal approvisionnées, voilà les principales objections qui nous ont été faites. Nous pensions, nous, qu'une armée de républicains pouvait et devait marcher en avant, que des soldats qui brûlent d'impatience de combattre et se plaignent de l'inaction à laquelle ils sont condamnés, n'avaient besoin que d'être conduits sur le champ de bataille pour en revenir vainqueurs. La situation critique de la République, la nécessité de porter notre armée dans le pays ennemi pour la faire vivre à ses dépens, l'utilité d'une grande diversion nous paraissaient des motifs déterminants. Il nous semblait qu'en chassant les Prussiens et les Autrichiens des gorges qu'ils occupent, on pouvait espérer de se mesurer avantageusement dans les plaines du Palatinat, et faire de ce pays le grenier de la France. Les généraux n'ont pas pensé comme nous.

Cependant, il est sensible que le système d'inaction qu'ils paraissent avoir adopté perdra infailliblement la chose publique; il ne convient ni au caractère de la nation, ni à ses besoins, ni à sa situation; à la vérité, nous devons vous dire que ce n'est pas seulement par des considérations générales que les chefs de nos armées ont combattu nos vues; des sentiments particuliers se mêlent aux raisons qu'ils donnent de leur résistance et la produisent peut-être. La proposition d'exclure les nobles du commandement, faite par des sociétés populaires et portée même à la Convention nationale, leur a donné des craintes qu'ils font sonner bien haut; ils se disent dépouillés par là de toute confiance, et exposés à voir retomber sur eux le mauvais succès de leurs opérations, et à être soupçonnés, quand même ils seraient vainqueurs. Cette idée a surtout fait impression sur Beauharnais, qui vous a écrit pour demander sa démission, et qui nous a vivement pressés de la lui accorder provisoirement. Nous n'avons pas cru prendre sur nous une pareille décision; mais nous laissons à votre prudence de juger de ce qui convient dans les circonstances actuelles.

Nous nous bornerons seulement à vous dire que notre conviction intime est qu'il faut agir, et que si, au lieu de tous ces renforts que nous envoyons péniblement et à grands frais, nous placions deux ou trois hommes à la tête de nos armées, nous serions infailliblement vainqueurs. Mais ces deux ou trois hommes, où sont-ils? Où les trouverons-nous? Beauharnais a de l'esprit, peut-être du patriotisme, mais son amour-propre est blessé, et le républicain ne voit jamais son amour-propre : il ne voit que la chose publique. Schauenbourg, qui commande provisoirement l'armée de la Moselle, est un homme simple et qui nous a paru honnête ; on le dit brave et manœuvrier ; mais son patriotisme ne nous a pas paru assez prononcé, et nous ne le croyons pas capable de commander en chef. Ferrières va arriver à l'armée de la Moselle, et cette armée n'en ira pas mieux. Ferrières, ci-devant noble aussi, ne jouit d'aucune confiance sous les rapports de l'habileté et de la bravoure. Or, qu'est-ce qu'un général ignorant et poltron? C'est ainsi que tous les patriotes s'accordent à nous le représenter. L'armée le verra de mauvais œil, et l'on ajoute que la réputation qu'on lui a faite aux Jacobins est le fruit de quelques intrigues. C'est à vous, citoyens Collègues, à décider d'après cela ce qui convient au Salut public. Nous vous devons des renseignements, et nous vous les donnons avec la franchise que vous avez le droit d'attendre de nous.

Le grand objet de notre voyage étant de faire passer très promptement au Nord une force imposante prise dans les armées du Rhin et de la Moselle, nous avons consulté les généraux sur la force à extraire.

Après bien des combats, nous n'avons pu en obtenir qu'environ 12,000 hommes. La copie du procès-verbal que nous avons dressé de notre opération vous en fera connaître les détails. Vous y verrez aussi les moyens adoptés pour faire rendre cette force à sa destination. Nous aurions sans doute désiré davantage, mais il ne fallait pas laisser à des généraux, dans le cas qu'ils vinssent à éprouver des échecs, la ressource funeste de les rejeter d'abord sur les représentants du peuple auprès des armées, et par suite sur la Convention nationale, et de se décharger ainsi de leur propre responsabilité. Ils ne demandaient pas autre chose, car, plus d'une fois, ils nous ont répété qu'ils donneraient tout ce que nous voudrions sur une réquisition signée de nous.

12,000 hommes vous paraîtront sans doute insuffisants; nous aurions voulu et nous avions proposé qu'une armée de 30,000 hommes prise de la Moselle s'avançât militairement sur le Nord. Cette marche eût donné à penser à l'ennemi, et, arrivant tout organisée, elle aurait pu agir sur-le-champ. On nous a menacés de la prise de nos places fortes, de l'invasion de notre territoire dans les départements de la Moselle et du Rhin, et enfin, bien convaincus que les généraux ne nous accorderaient rien de plus, nous avons cédé; mais nous avons pensé que Prieur et Jean-Bon Saint-André, au lieu d'aller à Wissembourg comme c'était leur projet, devaient partir dès ce soir pour l'armée du Nord. Après avoir vu en passant l'armée de la Moselle, ils prendront connaissance par eux-mêmes de l'état des choses et, si les secours déjà accordés ne suffisaient pas, ils reviendraient au Rhin et à la Moselle en concerter de nouveaux. Mais ils vous demandent des instructions par un courrier extraordinaire qu'ils vous invitent à leur expédier au quartier général de l'armée du Nord. L'objet est tellement urgent que vous ne balancerez pas à l'envoyer. En général, il y a trop peu de communications entre vous et vos commissaires.

On serait embarrassé à deviner quelle est la cause du dénûment de nos places frontières; Strasbourg manque non seulement de vivres, mais de poudre. L'ennemi se renforce au fort de Kehl; il élève des redoutes, et Strasbourg, quoique redoutable par ses fortifications, serait réduit à la honte de se rendre, faute de pain et de munitions! Tandis qu'on laisse ainsi sans défense une ville importante, on travaille à réparer Verdun. 1800 francs par jour sont dépensés pour les travaux; on l'approvisionne complètement et au delà, et Verdun est une mauvaise place qu'il faudrait raser, et qui, dans aucun cas, ne pourrait tenir contre une attaque, à moins d'avoir à portée un camp pour la défendre. Nous avons pris toutes les mesures que nous avons cru pouvoir prendre pour les approvisionnements; vous les connaissez déjà, et chacun de nous vous instruira des parties respectives de sa mission et des effectifs qu'elles auront produits. Mais envoyez sur-le-champ de la poudre à Strasbourg, purifiez l'administration des subsistances et faites scrupuleusement examiner la conduite des administrateurs et punir sévèrement les agents qui sont coupables. Rappelez-vous que quand l'armée des Alpes vous témoigna des inquiétudes sur les subsistances, vous fîtes venir les administrateurs au Comité et qu'ils vous dirent très affirmativement que vous deviez être sans inquiétude pour le Nord, la Moselle et le Rhin. Eh bien! tout manquait, et sans les soins de vos commissaires, vos armées elles-mêmes étaient au point de n'avoir pas de pain. Est-ce ainsi qu'on sert la République, et peut-on se permettre de la tromper aussi indignement ?

Nous pensons, citoyens Collègues, qu'il serait nécessaire que vous vous hâtassiez de réformer la méthode qu'on a suivie jusqu'à présent dans la nomination aux emplois militaires. L'intrigue s'agite autour de vous et vous êtes fréquemment trompés ; nulle place ne devrait être donnée sans avoir pris l'avis des représentants envoyés près de nos armées. D'un autre côté, nous nous occupons, dans nos missions respectives, à rechercher le mérite, ordinairement obscur, parce qu'il est modeste, et nous vous présenterons le tableau de nos observations sur les hommes que la République pourrait employer avec succès.

Salut et fraternité.

Hippolyte Richaud, Jean-Bon Saint-André,
Prieur de la Marne, J.-B. Milhaud,
Guyardin, Soubrany, J.-B. Lacoste,
Ehrmann.

Brunswick ne tenta pas non plus d'opération décisive. Ses divers corps d'armée s'avancèrent isolément et refoulèrent nos avant-postes. Le 13 août, l'apparition simultanée de Kalckreuth entre Wiebelskirchen et Neunkirchen, et de Hohenlohe vers Limbach, détermine le détachement français de Limbach à se retirer sur Saint-Ingbert. Le général Ormeschwiller, commandant l'avant-garde, rend compte de cet engagement dans les termes suivants :

Au quartier général à Saint-Imbert, le 13 août 1793, l'an 2^e
de la République française une et indivisible.

Le général Ormeschwiller au général de division Schauenbourg.

J'ai l'honneur de vous rendre compte, Général, que ce matin, sur les 7 heures, mon avant-garde, placée à Limbach, a été attaquée sur cinq points différents ; depuis environ une demi-heure, j'entendais tirer le canon à ma gauche, ce qui ne me permit pas de douter que le poste de Neunkirchen ne fût attaqué ; j'entendis également tirer sur ma droite, je jugeai que cette attaque était dirigée sur le pont de pierres et le pont couvert ; dès lors, je pensai que les ennemis, venant sur moi avec des forces supérieures, avaient décidément le projet de me faire évacuer le poste de Limbach, ou de me bloquer sur les mamelons en avant de Altstatt dans le cas où je m'obstinerais à les garder : plein de confiance dans les troupes que j'avais à mes ordres, je résolus cependant de tenir jusqu'à la dernière extrémité.

Il m'était absolument impossible de voir les mouvements que faisaient les ennemis par leur gauche, j'étais seulement certain qu'ils s'y portaient, ce qui était pour moi un point de tranquillité ; c'est que je savais que tous les gués de la Blies étaient rompus, que le pont de pierres et le pont couvert étaient défendus par deux bonnes compagnies de grenadiers et que le général de brigade Baget les avait fait soutenir par un escadron de chasseurs.

Les mamelons en avant de Altstatt étaient occupés, celui de droite par un bataillon du 24e régiment d'infanterie, celui de gauche par le 6e bataillon de la Haute-Saône, celui du centre par des détachements tirés de ces deux bataillons. 4 pièces d'artillerie à cheval étaient placées sur le mamelon de droite sur lequel devaient naturellement se porter les forces de l'ennemi débouchant de Hombourg ; 4 pièces de bataillons étaient placées sur les deux autres ; malgré le peu de forces que j'avais avec moi, une attaque de front me paraissait impossible et, sans les succès de l'ennemi sur Neunkirchen, je crois pouvoir assurer qu'ils n'auraient pas gagné sur moi une toise de terrain.

Dès que je vis qu'une colonne des ennemis qui avait dépassé le village de Klein-Ottweiller, se dirigeait sur celui de Mittelbetschbach, vraisemblablement pour y tenter le passage du gué, je donnai ordre à 2 pièces d'artillerie à cheval de se porter sur une hauteur à ma gauche d'où elles pouvaient facilement arrêter les ennemis et balayer ce qui s'approcherait de la Blies.

L'effet répondit à ce que j'en attendais, les ennemis s'arrêtèrent et montrèrent une grande incertitude ; cependant le feu était cessé du côté de Weisweiller et Neunkirchen et je n'étais pas sans inquiétude sur ces deux postes ; je ne tardai pas, en effet, à voir déboucher la colonne qui, après avoir forcé Neunkirchen et Weisweiller, avait obligé les troupes qui s'y trouvaient à faire retraite. Une troupe nombreuse de hussards chargèrent les 2 pièces d'artillerie, mais un piquet de 50 dragons destinés à les soutenir résista à ce choc avec la plus grande valeur et leur donna le temps de se mettre en sûreté.

Un escadron ennemi chargea mes tirailleurs qui se replièrent sous le feu des mamelons, mais un coup de canon les dispersa et fit tomber plusieurs cavaliers. Les forces que j'avais en avant de moi paraissaient destinées à me tenir en échec, tandis que les ennemis qui avaient débordé mes deux ailes cherchaient à me tourner ; en conséquence, mes postes avancés étant rentrés, j'ordonnai à mon artillerie des mamelons de faire successivement retraite, l'infanterie suivit l'artillerie et tout se passa dans le meilleur ordre ; la colonne de droite se retira par le pont d'Altstatt, la colonne de gauche par un passage que j'avais fait pratiquer

8

sur la Blies ; je ne quittai le village de Limbach qu'après m'être bien assuré qu'il était entièrement évacué par les Français ; les ennemis ne tardèrent pas à placer leur artillerie sur les mamelons ; nous eûmes environ 50 toises à parcourir sous un feu terrible qui ne fit d'autre mal que de tuer un canonnier, mais une pièce d'artillerie de la Haute-Saône fut démontée, deux de ses chevaux tués et, malgré mes efforts et mes regrets, elle devint la proie de l'ennemi.

Les dragons et les chasseurs placés au débouché de la chaussée de l'étang empêchèrent les ennemis de charger en flanc mon infanterie qui se mit en bataille sur la lisière du bois, protégée par l'artillerie placée sur la redoute de gauche.

Deux escadrons de hussards d'Eben se formèrent sur la hauteur et se disposèrent à charger notre cavalerie placée au débouché du chemin de l'étang ; deux ou trois coups de canon tirés de la redoute les arrêtèrent dans leur marche, et ils se répandirent dans la plaine, et il s'ensuivit une mêlée où les ennemis ont perdu beaucoup d'hommes et de chevaux ; nous n'avons eu dans cette charge que quelques blessés ; le général de brigade Baget a montré à la tête de la cavalerie l'intelligence et la bravoure qui, à la bataille d'Arlon, l'a fait distinguer à la tête des carabiniers.

Je vous envoie les prisonniers que nous avons faits aux ennemis. Un officier de hussards d'Eben a été l'objet d'une belle action, que j'ai le plus grand plaisir à vous rapporter. Le citoyen Renault, fourrier du 1er régiment de chasseurs à cheval, trouvant ce jeune homme sur le champ de bataille baigné dans son sang, le prit dans ses bras, malgré une chaleur excessive, le plaça devant lui sur son cheval et le conduisit ainsi jusqu'au village de Saint-Imbert où des secours fraternels lui ont été rendus.

J'ordonnai de continuer la retraite ; elle se fit sans que jamais l'ennemi ait pu m'entamer, jusque sur les hauteurs de Saint-Imbert que j'occupe actuellement ; nous avons été constamment harcelés par les troupes légères, mais l'infanterie placée sur mes flancs les a toujours éloignées.

Les dispositions que les ennemis avaient faites pour couper l'avant-garde du corps d'armée de Sarrebrück ont été rendues nulles par les bonnes dispositions du bataillon du 71e régiment d'infanterie que j'avais laissé à Rohrbach pour ma communication ; les ennemis tentèrent alors de déboucher sur Saint-Imbert, mais ils trouvèrent en bataille le 44e régiment qui, après s'être retiré de Neunkirchen dans le meilleur ordre, mit le comble à sa bonne conduite en faisant, avec succès, tête à un ennemi supérieur ; ce régiment m'a fait le plus grand éloge de la manière dont son chef de bataillon, le citoyen Lombard, s'est montré pendant cette journée.

Le capitaine Fritel, commandant la 4ᵉ compagnie du Louvre, a parfaitement secondé avec sa troupe le 44ᵉ régiment.

Je continuerai à occuper la position de Saint-Imbert jusqu'à ce que vous m'ayez donné une autre destination.

Le général de brigade commandant l'avant-garde,
ORMSCHWEILER.

Un rapport adressé au Ministre le 22 août par Schauenbourg donne quelques détails complémentaires sur cette affaire (1) :

« J'ai l'honneur de vous rendre compte qu'à l'affaire du 13, le chef de brigade Félix, occupant avec un bataillon et une compagnie franche le poste de Neunkirchen, le quitta au moment où ces troupes furent attaquées, s'en vint jusqu'au quartier général, distant de ce poste de cinq lieues, tout essoufflé, me dire que son bataillon était haché ou pris prisonnier, ainsi que le drapeau et les canons, et qu'une très petite partie s'était sauvée dans les bois ; ce rapport n'ayant pas seulement l'air de la vraisemblance, je priai ce chef de se reposer et de se remettre un peu ; voyant qu'il persistait toujours dans le même rapport, je le conduisis chez le général Dehédouville, chef de l'état-major, où il confirma derechef ce qu'il m'avait dit : craignant que ces rapports, vrais ou faux, pourraient semer l'alarme au quartier général, j'ordonnai l'arrestation de ce chef et en rendis compte aux représentants, qui, quelques heures après, se rendirent à l'avant-garde, où ils apprirent avec le plus grand étonnement, que tous les individus de ce bataillon, excepté le chef de brigade, s'étaient conduits comme des héros, qu'il n'y manquait que deux hommes, et que, sans la belle retraite qu'il fit, toute l'avant-garde se trouvait compromise, comme vous l'aurez vu sans doute. »

Transféré à Paris, Félix ne fut pas condamné.

---

(1) « Je manquerais au plus essentiel de mes devoirs, dit tout d'abord Schauenbourg, si je ne vous annonçais, citoyen Ministre, un trait vraiment héroïque et digne d'être consigné dans les Annales de la République ; le citoyen Julien Henry, natif de Nogent-le-Rotrou, s'étant fait inscrire au mois de mars dernier pour aller à la défense de la Patrie, fut envoyé au 6ᵉ bataillon de la Haute-Saône ; sa femme, Rose Bouillon, applaudissant au patriotisme de son mari, et voulant de même contribuer à l'affermissement de la République, laissa deux

Le 15 août, Richaud, Ehrmann et Soubrany écrivent au Comité :

....

« Nous devons vous prévenir que la retraite de l'avant-garde ne peut être regardée comme un revers. Le général Schauenbourg la trouvait trop éloignée à Limbach, où l'avait placée le général Houchard, la croyant plus à portée de se lier avec le poste de Bliescastel ; Schauenbourg nous avait prévenus qu'il voulait la faire retirer à Saint-Imbert, et n'avait différé de quelques jours que pour laisser le temps d'enlever les grains qui pouvaient se trouver entre Limbach et Saint-Imbert. Elle est actuellement à trois lieues de nous, bien soutenue par des corps intermédiaires. »

Il eût été facile de jeter 30 à 40,000 hommes, soit sur la droite de Wurmser, près de Bergzabern, soit sur la gauche de Brunswick à Pirmasens, moyennant quelques mouvements préparatoires peu apparents. Mais Beauharnais et Schauenbourg, et les représentants eux-mêmes, malgré leur ardeur, n'eurent pas l'idée d'un pareil mouvement. Ce furent, au contraire, les Prussiens qui rompirent le centre de notre dispositif, mais avec des forces trop peu nombreuses pour que leur succès eût des suites décisives.

---

enfants, dont l'un âgé de sept mois, aux soins de sa mère, changea ses habits de femme en habits d'homme, et vint rejoindre son mari audit bataillon, où elle fut inscrite comme volontaire ; cette femme servit depuis cette époque avec distinction, combattit dans les rangs à côté de son mari dans toutes les affaires où le bataillon se trouva, notamment à Limbach, en date du 13, où son mari tomba à côté d'elle, percé de trois coups de feu ; ce moment si malheureux pour elle ne l'empêcha pas de tirer encore plusieurs coups de fusil et de rester à son poste jusqu'au moment où le bataillon se retira. Cette femme, depuis ce jour, n'a pas cessé de faire son service, et n'a demandé son congé que pour aller rendre à ses enfants les soins qu'elle leur doit comme mère, après avoir rempli avec autant de courage que de générosité ceux qu'elle devait à son mari. Elle se recommande, comme veuve chargée de deux enfants, aux soins et à la générosité de la nation ; assurément elle a droit à sa reconnaissance. »

X. — PREMIÈRE OFFENSIVE DE BRUNSWICK.

Le projet qui avait d'abord été conçu par les Alliés, et que Brunswick se préparait encore à exécuter au commencement du mois d'août, consistait à faire agir les Prussiens en liaison avec l'armée autrichienne des Pays-Bas, plutôt qu'avec celle du Rhin. Ils devaient s'emparer de Sarrelouis, pendant que Cobourg prendrait Maubeuge et Philippeville; puis, suivant à peu près le même plan que l'année précédente, ils marcheraient sur Paris par les routes les plus directes, laissant Wurmser se tirer d'affaire sur le théâtre d'opérations secondaire de l'Alsace. La marche des Prussiens sur Sarrelouis, qui semblerait étrange si l'on ne songeait qu'aux forces engagées entre le Rhin et la Moselle, est, au contraire, éminemment logique, dès qu'on embrasse l'ensemble de la guerre ; c'est bien en se rapprochant de la principale armée autrichienne, et en se portant vers le centre même de la France qu'on pouvait obtenir des résultats décisifs ; seulement, après avoir adopté la meilleur direction, il fallait encore y réunir la presque totalité des forces, et c'est ce que les Alliés ne songeaient nullement à faire, l'Autriche maintenant ses deux armées dans les régions où elle se promettait des conquêtes, en Flandre et en Alsace. Carnot et le Comité de Salut public avaient un sentiment beaucoup plus net des moyens qui devaient procurer la victoire, lorsqu'ils prélevaient 30,000 hommes sur les armées du Rhin et de la Moselle pour donner à celle du Nord une force irrésistible. Arrivé le 16 à Pirmasens, Brunswick attaque dès le 17 le poste de Ketterich, dont l'occupation par les Prussiens devait séparer les deux armées françaises. Par sa position géographique, par son élévation au-dessus des crêtes et des plateaux environnants, ce poste de Ketterich avait une grande importance aux yeux de certains tacticiens de l'époque, et l'on critiquait fort l'armée de la Moselle de ne pas y avoir établi tout un corps d'armée. En tout cas, abstraction faite des propriétés que le terrain pouvait lui donner, le poste du Ketterich était seul pour occuper le vide de 30 kilomètres qui séparait le camp de Hornbach de Dahn et Busenberg. Lui enlevé, l'ennemi pouvait se jeter en force dans cet intervalle et accabler l'armée du Rhin de concert avec Wurmser. Brunswick attribuait-il une grande importance au poste de Ketterich à ce dernier point de vue, et faut-il estimer, avec l'historien allemand Wagner, que « c'était une résolution géniale pour l'époque, que de se placer au milieu des quartiers ennemis et de rompre leur dispositif en son centre? » Sans parler du tort que fait Wagner à l'intelligence de « cette époque », il semble que les forces mises en jeu par Brunswick ne répondaient guère à une conception aussi grandiose, et que l'abandon où il laissa ensuite la position de Ketterich ne prouve pas un vif désir de se placer au milieu du dispositif français pour le rompre. Il est sans doute plus exact de dire tout simplement, comme on l'a fait dans la 16ᵉ monographie de l'état-major prussien, que le corps d'armée campé à Pirmasens ne pouvait laisser subsister si près de lui un poste fortifié.

Ketterich était occupé, comme nous l'avons dit plus haut, par une brigade de la division des Vosges : le gros du 1ᵉʳ bataillon du 96ᵉ (ci-devant Nassau), le 1ᵉʳ de l'Indre, le 9ᵉ de la Meurthe, le 4ᵉ de cavalerie et les chasseurs bons tireurs, au camp entre Ramsbrunn et la ferme de Ketterich ; le 2ᵉ bataillon du 102ᵉ à la redoute en avant de Ketterich avec 2 compagnies du 96ᵉ ; 1 compagnie de chasseurs du 96ᵉ (capitaine Harrich) à la Glashütte (Ludwigsthal), et 3 compagnies (grenadiers et chasseurs) du 96ᵉ, avec 1 pièce de canon, au Felsenbrunnerhof. Les retranchements occupés par le 102ᵉ s'appuyaient à gauche sur ce dernier poste, dont le canon les flanquait, et à droite sur l'obstacle formé par le Brunnenthal jusqu'à la Glashütte. Ce ravin de Brunnenthal, avec son fond marécageux, rempli en partie par un étang, ses pentes escarpées, formait un obstacle infranchissable, au moins pendant la nuit.

Le chef de brigade Reubell, qui commandait la brigade, résidait au camp.

Brunswick, parfaitement renseigné sur la situation du poste de Ketterich ainsi que sur les forces qui l'occupaient, résolut de l'enlever par surprise en y employant tout son corps d'armée, de manière à rendre l'opération aussi rapide, aussi complète et aussi peu coûteuse que possible. Le gros de ses troupes devait se mettre en marche à 11 heures du soir, et se porter directement sur Ketterich. Le corps d'armée de Hohenlohe tiendrait en éveil le corps français des Vosges, et l'empêcherait de venir renforcer la garnison de Ketterich.

Brunswick envoie sur sa droite un détachement composé des cuirassiers de Borstell, 8 escadrons de hussards de Wolfradt, 6 compagnies de fusiliers (des bataillons Martini et Müffling) et la demi-batterie à cheval du lieutenant Hahn. Ce détachement devait se trouver à 4 heures du matin près de Winzeln, se porter de là sur l'Eichelsbacher Mühle (1), puis sur Ketterich par Vinningen ; il avait pour mission de relier le corps d'armée de Brunswick à celui d'Hohenlohe, d'inspirer des inquiétudes au détachement français de Ketterich pour sa gauche, et de lui couper la retraite sur Hornbach.

Un autre détachement, fort de 3 compagnies de chasseurs, des 3 bataillons du régiment de Ferdinand et du 2ᵉ de Borch, sans leurs canons, et de 2 escadrons, le tout sous les ordres du général Kleist, doit partir une heure avant le corps principal pour aller prendre à revers le poste de Ketterich en faisant un long détour

---

(1) Mal dénommé sur la carte : Elsbacher Mühle.

dans la montagne par Lemberg et la Glashütte et un peu à l'ouest de Stephanshof (1). Le bruit de la fusillade engagée par cette brigade décidera de l'attaque de la colonne principale.

En tête de cette dernière devaient marcher 20 hussards, 20 dragons et 100 fantassins, tous choisis et commandés par des officiers que l'ordre désignait nominativement, puis une troupe de travailleurs et deux voitures de l'équipage de pont. Une batterie à cheval et 4 obusiers suivaient immédiatement le premier bataillon du gros.

Des guides, forestiers ou autres, conduisaient chaque colonne. Parmi les travailleurs qui marchaient à l'avant-garde de la colonne principale, un détachement spécial était désigné pour combler les coupures pratiquées dans le chemin par les Français, ou y jeter les éléments de pont qui accompagnaient cette avant-garde. On devait hâter le mouvement dès qu'on entendrait la fusillade de la brigade Kleist, et passer aussitôt à l'attaque.

D'après la relation allemande, la colonne de gauche se serait égarée dans les chemins forestiers et serait arrivée très en retard; la colonne de droite n'aurait point agi. Le rapport du commandant français de Ketterich, le chef de brigade Reubell, donne à penser, au contraire, que les dispositions prescrites par Brunswick ont été exécutées à la lettre. D'après ce rapport, le poste de 86 hommes de la Glashütte fut attaqué le premier, et sa fusillade aurait dû donner l'éveil au bataillon du 102e qui gardait Ketterich. Ce poste se défendit avec bravoure, et ne se retira qu'après avoir entendu tirer les premiers coups de canon de Brunswick. Il donna plus d'une demi-heure au commandant du 102e pour se préparer au combat.

La principale colonne prussienne exécuta donc, avec

---

(1) Hameau situé à 1200 mètres sud-ouest de la Glashütte.

ou sans intention, l'ordre de ne s'engager qu'après la brigade Kleist. D'autre part, la colonne de droite fut aperçue vers 6 heures du matin par les Français ; elle leur parut composée de « beaucoup de cavalerie avec de « l'infanterie qui suivait », et « elle déboucha à un côté de la montagne en sortant d'un bois » pour leur couper la retraite.

Les trois colonnes prussiennes sont donc bien venues au contact, et ont toutes trois essayé d'accomplir leur mission, mais celles des ailes ont été contenues par les Français. La colonne du centre, au contraire, divisée en deux groupes, vint donner à la fois sur le Felsenbrunnerhof et les retranchements de Ketterich. Le poste du Felsenbrunnerhof fut attaqué et forcé par une partie du corps de Brunswick, qui disposait d'une artillerie assez nombreuse.

Le reste du corps d'armée vint donner sur les retranchements. On ne crut pas d'abord à une attaque sérieuse, et on négligea de donner l'alarme au camp. Le rapport du chef de brigade Reubell au général Pully donne tous les détails nécessaires sur la suite de l'affaire :

Au camp d'Hornbach, le 22 août 1793, l'an 2e de la République.

Mon Général,

J'ai eu l'honneur de vous donner un état détaillé de toutes les pertes qui ont été faites avant votre départ de Bitche pour retourner à Hombourg ; il me sera très difficile de vous donner dans ce moment un état tel que vous me le demandez, vu que les trois autres bataillons sont à Bitche et que je ne puis donner que ceux du mien.

Il n'est que trop vrai que nous ne pouvons attribuer la seule cause du malheur qui nous est arrivé dans l'affaire de Köderich qu'au commandant du 102e régiment ; voilà l'origine de nos malheurs, il en est la première cause, laquelle en a entraîné plusieurs autres. Il a d'abord quitté son poste sans tirer un seul coup de fusil, sans avoir reçu ordre de moi ni de personne ; à peine a-t-il fait tirer quatre coups de canon, et, comme l'attaque s'est faite de grand matin, à peu près entre 2 et 3 heures, en même temps que les avant-postes ont été attaqués, le camp a été induit en erreur, ne voyant arriver aucun des quatre gendarmes que j'avais envoyés au commandant du 102ᵉ pour me prévenir, ainsi que le camp, de ce qui se passait. On s'était persuadé que c'était quelques patrouilles qui se tiraient des coups de fusils; le camp a resté dans la plus grande sécurité jusqu'à ce que les ennemis, après avoir établi leurs batteries sur les propres retranchements que le 102ᵉ avait abandonnés, lesquels dominaient notre camp, ont commencé à tirer à obus qui venaient tomber au milieu de nous; il n'en fallait pas davantage pour y mettre le désordre et la confusion; aussi était-il tel que les officiers ont eu toutes les peines du monde pour contenir les soldats et les rallier; ce désordre était général.

Le gendarme que j'avais envoyé au capitaine Harrich, commandant les chasseurs à Glashütte, a été renversé de dessus son cheval au moment où il venait m'avertir de ce qui se passait dans les avant-postes.

J'ai encore envoyé l'avant-veille au commandant du 102ᵉ la 2ᵉ compagnie des grenadiers et une compagnie de fusiliers de mon bataillon, pour le renforcer et le soutenir en cas d'attaque. Deux compagnies de grenadiers et une de chasseurs du 96ᵉ, qui étaient à Felsbrunn, poste avancé qui couvrait sa gauche, vinrent se replier sur lui après avoir été forcées dans leurs retranchements par une nombreuse artillerie légère ainsi que de la cavalerie et de l'infanterie; j'envoyai ce soir même une pièce de canon de mon bataillon à la redoute de Felsbrunn pour flanquer la batterie de Kœderich et donner, par ce moyen, plus de consistance au bataillon du 102ᵉ, lequel, retranché jusqu'aux dents, de droite et de gauche, avec des abatis considérables, ne pouvait pas être tourné, vu que sa droite était également protégée par un poste de 86 hommes cantonnés à la Glashütte, qui ont été attaqués les premiers et qui ont défendu ce poste avec bravoure; ils étaient commandés par le capitaine Harrich et ne se sont retirés qu'après avoir entendu tirer les premiers coups de canon sur Kœderich; par conséquent, le commandant du 102ᵉ avait eu plus d'une demi-heure pour se préparer au combat et défendre le front de son retranchement.

Je n'ai eu rien de si empressé, lorsqu'un gendarme me fut envoyé à 5 heures du matin pour m'annoncer que le camp était attaqué, que de me précipiter sur mon cheval pour voir ce qui s'y passait; je vis qu'il n'y avait pas un moment à perdre pour battre en retraite et je l'ordonnai sur-le-champ. La canonnade devenant toujours plus vive et ma droite étant abandonnée du 102ᵉ, je vis que ma retraite allait devenir très difficile, n'ayant qu'un seul chemin à parcourir pour nos trois bataillons, les équipages et les caissons; le chemin était obstrué par les bagages, les caissons et les canons. L'ennemi avançant sur nous sur trois colonnes, entre autres celle de droite composée d'une cavalerie considérable et d'infanterie qui suivait, l'ayant vu déboucher à un côté de la montagne en sortant d'un bois, je fis placer deux pièces de bataillon et fis tirer une dizaine de coups; cette colonne de cavalerie fut obligée de se retirer et l'infanterie ne put pas avancer davantage ; je donnai ainsi le temps à nos équipages de filer; ils allaient lentement, par la raison que le 102ᵉ, passant le village où était le quartier général, coupa la colonne d'équipages, seconde cause de notre malheur.

Les voituriers, se sentant serrés de près par les hussards ennemis, coupèrent les traits, se sauvèrent, abandonnèrent les caissons et les chariots, de manière que le seul chemin où nous pouvions passer fut obstrué. Notre perte devint considérable, joint à cela que deux caissons se rompirent et devinrent un nouvel obstacle au passage. Nous n'aurions pas perdu la seule pièce qui nous a été enlevée impunément par trois hussards, à la barbe de je ne sais combien de grenadiers, s'ils n'eussent été occupés à décombrer le chemin. Voici, mon Général, comment cette pièce s'est perdue :

Pendant que les grenadiers tâchaient d'enlever les caissons et autres équipages qui fermaient la route, un hussard s'approcha seul de la pièce, lança un coup de sabre au charretier, qui l'évita en se jetant à terre; le hussard coupa de suite les traits de l'un des chevaux; avertis par les cris du charretier, nos grenadiers se retournent, voient le hussard, tirent dessus et le manquent. Les chevaux attelés à la pièce, épouvantés par le feu, se retournent et suivent le hussard qui, emmenant la pièce, fut rejoindre ses camarades, peu éloignés de lui. Cette perte est cause de celle de cinq autres caissons qui suivaient; les conducteurs ont coupé les traits, je fis filer précipitamment la colonne où se trouvaient en tête les bataillons de l'Indre, de Nassau et de la Meurthe.

Dès que nous eûmes dépassé le ruisseau, je les fis poster sur la crête de la montagne qui faisait face à celle que nous avions passée pour protéger la retraite de toute l'armée. Les colonnes des ennemis qui nous joignaient de droite et de gauche et en face et qui nous avaient presque atteints furent obligés de quitter prise, à raison des feux de file considérables que je fis commander et qui les arrêta (*sic*). Ils ne voulurent pas s'engager plus loin, de manière que, dès ce moment, notre retraite se fit paisiblement et avec ordre. Toutes les voitures, canons et caissons qui n'avaient pas été culbutés ou qui avaient leurs chevaux, filèrent de même jusqu'aux retranchements de Bitche. On me fit avertir qu'une colonne d'ennemis nous tournait sur la droite par le chemin qui aboutit sur l'étang à Haspelscheid, pour nous couper la retraite sur Bitche. J'ordonnai aussitôt au commandant du bataillon de Nassau de s'y porter avec son bataillon pour défendre ce passage avec deux pièces de canon du 102ᵉ que le citoyen Bertrand, aide de camp du général Moreaux, amena sur la demande du commandant de mon bataillon. La perte est considérable, les équipages des officiers, sous-officiers et de beaucoup de soldats ont été perdus, et comme ce n'est ni par ma faute, ni celle des officiers, et que le 102ᵉ en est la seule cause, la Convention nationale et le Ministre de la guerre sont trop justes pour ne pas les dédommager.

Voilà à peu près, citoyen Général, le récit fidèle et exact du malheur que nous avons éprouvé. Ce malheur en a entraîné un bien plus grand ; la mauvaise humeur des soldats a cru en trouver la cause dans la prétendue aristocratie que des scélérats osent imputer au régiment de Nassau, entre autres un nommé Fénard, de Bitche, et autres bourgeois de cette ville, qui ont refusé de donner de la viande aux deux compagnies de chasseurs de Nassau, en leur disant qu'ils n'étaient pas faits pour en manger et qu'ils ne méritaient que la corde pour les pendre, puisqu'ils n'étaient que des aristocrates et des lâches, reproches qui ont tellement outré les individus du bataillon de Nassau qui, dans toutes les occasions, a donné des preuves de bravoure et de discipline, et malheureusement a occasionné la désertion de 41 de leurs chasseurs et de 38 fusiliers qui sont passés à l'ennemi.

Il y a longtemps, citoyen Général, que ce bataillon est vexé par de tels reproches et propos qui tendent à le rendre suspect et ne peut faire qu'un grand mal pour le bien du service et de la République. Il est à croire que ce sont les ennemis de cette République qui cherchent à désorganiser un bataillon qui a toujours bien servi et auquel on n'a aucun reproche à faire. Nous sommes si sensibles à une conduite aussi infâme que tous les individus qui composent le bataillon du 96ᵉ demandent à être jugés par deux commissaires de la Convention près l'armée de la Moselle afin que, s'il se trouve des coupables parmi eux, ils soient punis d'après la rigueur des lois, mais que, s'il ne s'y en trouve point, les délateurs qui les auraient accusés soient aussi punis d'après la rigueur de ces mêmes lois, ce que nous vous avons demandé, citoyen Général, par une députation de tout grade du bataillon le 19 de ce mois, en arrivant au camp d'Hornbach, et que nous n'avons pu obtenir encore jusqu'à ce jour.

Le chef de brigade,
Signé : REUBELL.

Il est difficile de savoir quel était le commandant du 102ᵉ à l'affaire de Ketterich. Le chef de brigade Villot la Tour, suspendu au mois de juillet (1), n'était plus pré-

---

(1) Villot ou Willot de la Tour, chef de brigade du 102ᵉ, avait été promu général le 15 mai 1793, mais cette nomination ne lui fut jamais

sent au corps. Les deux chefs de bataillon, dont la dénonciation intéressée avait donné lieu à cette vacance et qui, par la suite, se sont encore assez mal comportés devant l'ennemi, n'ont pas été inquiétés après le 17 août 1793. Comme l'accusation portée contre le chef de brigade Félix, celle-ci aura été abandonnée.

Le jour même où Brunswick enlevait le poste de Ketterich, les autres divisions de son armée exécutaient des démonstrations vigoureuses sur le camp d'Hornbach, sur le poste de Bliescastel et sur Saint-Imbert.

Un rapport du général Ormeschwiller fait connaître en détail le combat soutenu à Saint-Imbert contre le corps de Kalckreuth :

<blockquote>
Au quartier général de Saint-Imbert, le 17 août 1793, l'an 2^e
de la République.
</blockquote>

Le général de brigade Ormeschwiller au général de division Schauenbourg.

J'ai l'honneur de vous rendre compte, Général, que j'ai été attaqué ce matin, vers 5 heures ; l'ennemi s'est présenté par la route de Rohrbach, par celle qui tourne l'étang, en laissant Rohrbach à droite, et enfin par celle de Neunkirchen ; ils ont attaqué vivement nos postes avancés et nos gardes et y ont employé du canon et des obusiers ; la compagnie des sans-culottes s'est repliée sur moi avec précipitation ; le 44ᵉ régiment, placé en avant de moi, près de Rohrbach, a été forcé dans sa position, mais bientôt sentant l'importance du poste, il s'y est reporté, soutenu d'une partie du 24ᵉ régiment d'infanterie, et, malgré une batterie ennemie, cette position a été reprise d'une manière courageuse.

La supériorité de notre artillerie a constamment empêché les ennemis de déboucher ; le général de brigade Baget a pris une position fort avantageuse en arrière de la mienne, avec environ 800 chevaux et trois bataillons d'infanterie, pour protéger ma retraite au cas que je

---

notifiée. Suspendu au mois de juillet de la même année, puis réintégré après le 9 Thermidor, il obtint enfin sa retraite comme colonel en 1806, étant général depuis treize ans, sans que personne s'en fût aperçu. Cette aventure laisse à juger quel ordre régnait alors dans les bureaux du ministère.

fusse forcé de l'effectuer, mais cette disposition a été inutile ; l'ennemi, étonné de notre bonne contenance et de la vigueur avec laquelle a été reprise la lisière du bois en avant de Rohrbach, s'est retiré avec une perte qui a dû lui faire regretter de s'être présenté ; nous avons perdu très peu d'hommes et de chevaux.

J'occupe la même position qu'avant l'attaque, et j'ai ordonné à toutes les troupes de reprendre leurs anciens postes ; j'ai seulement fait renforcer les postes qui gardent les chemins venant de Bliescastel. Le général Baget s'est réuni à mon avant-garde avec les troupes à ses ordres, qui ont également repris leurs anciens postes.

ORMESCHWILLER.

En ce qui concerne les combats livrés près d'Hornbach et de Bliescastel, nous ne possédons que les relations très sommaires envoyées par Schauenbourg au Ministre et au Comité de Salut public :

« L'avant-garde du corps des Vosges se battit depuis 4 h. 1/2 jusqu'à 10 heures, sans perdre un pouce de terrain, quoi qu'elle fût attaquée par des forces bien supérieures et que les ennemis débouchèrent sur quatre colonnes.....

Le général Pully m'ayant prévenu le 16 qu'il arrivait des forces devant lui, je n'ai pas hésité à lui diriger une demi-brigade d'infanterie qui lui est parvenue le 17 à 5 heures du matin, au moment où il a été attaqué... Le succès est particulièrement dû aux bonnes dispositions et à la bravoure du chef de brigade Guillaume ; le général Pully se loue aussi beaucoup des dispositions du chef de brigade Radot ; nos soldats se sont battus en francs républicains. »

« Le poste de Bliescastel fut de même attaqué à la pointe du jour ; je l'avais aussi renforcé d'un bataillon et de 100 chevaux ; le général Desperrières, qui commandait ce poste, jugea à propos de se replier par la crainte qu'il eut d'être tourné sur sa gauche et d'être pris à revers ; cette retraite se fit jusqu'à Wittenheim. En ayant été informé, et connaissant l'importance de ce poste, tant pour la gauche de Pully que pour la droite de l'avant-garde du corps d'armée, qui se trouvaient par cet abandon absolument découverts, j'ordonnai sur-le-champ au général Ormeschwiller, commandant mon avant-garde, d'envoyer deux bataillons avec un escadron de carabiniers sur sa droite, avec l'ordre au général Desperrières de communiquer avec eux et de réattaquer à la pointe du jour le poste de Bliescastel, ce qui fut exécuté ; mais le poste avait été évacué deux heures avant. Le rapport de nos émissaires annonce que l'ennemi y était en force avec 6 pièces de canon. »

Les représentants furent frappés de la timidité du général Desperrières, auprès duquel ils s'étaient transportés le 18 août :

« Le 17, écrivent-ils au Comité de Salut public, jour auquel le poste de Kederich fut forcé, celui de Bliescastel, placé entre Hornbach et Sarrebrück, fut replié et se retira près de Sarreguemines, où sa retraite répandit de l'alarme. Le général Schauenbourg donna des ordres pour que ce poste, absolument nécessaire pour entretenir la communication entre lui et le corps des Vosges, fût attaqué le lendemain matin, et repris à quelque prix que ce fût ; nous nous y rendîmes pendant la nuit, mais l'ennemi l'avait évacué, nos troupes y étaient revenues. Le 18, tandis que nous étions à Bliescastel, l'ennemi fit une attaque sur les 2 heures de l'après-midi ; il replia les premiers postes, tira quelques coups de canon auxquels on répondit, et se retira sur une hauteur où il passa le reste de la soirée. Le général Desperrières était convaincu qu'il serait attaqué vigoureusement le lendemain à la pointe du jour, et nous remarquions avec peine son inquiétude, et que la crainte d'être tourné semblait l'occuper plus que l'idée de faire une vigoureuse résistance. En vain cherchions-nous à le rassurer, il prétendait que sa position n'était pas tenable. Nous nous rendîmes à 2 heures du matin au camp avec lui ; nous passâmes le reste de la nuit au bivouac avec nos frères d'armes, qui étaient bien disposés à ne pas abandonner le poste aussi facilement que le craignait Desperrières. Les ennemis ne parurent pas, et nous repartîmes à 10 heures pour Sarrebrück. »

Le 19 août, l'armée de la Moselle occupe, d'après Schauenbourg, les positions suivantes :

« L'avant-garde du corps d'armée occupe Saint-Imbert, a sa droite appuyée à Bliescastel, et la gauche à la Sarre, à hauteur du bac de Verden, qui est intercepté : un corps détaché de l'avant-garde, fort d'environ 1400 hommes, garde la Sarre depuis Fremestroff jusqu'au bac de Verden, un régiment de cavalerie et 300 hommes d'infanterie gardent la rive gauche de la Sarre depuis Verden jusqu'à Sarrebrück ; deux escadrons de carabiniers ont la surveillance depuis Sarrebrück jusqu'à Sarreguemines.

Le corps d'armée est campé sur les hauteurs en arrière de Sarrebrück ; il n'y reste en ce moment que cinq bataillons, dont trois bivouaquent alternativement..... Le poste de Bliescastel est occupé par cinq bataillons, un escadron et deux pièces de position. »

Les troupes du poste de Ketterich sont venues s'établir entre Haspelscheid et Bitche; le bataillon du 96ᵉ a été rappelé au camp d'Hornbach.

Quant aux Prussiens, ils revinrent à leurs positions du 16, ne laissant que 80 hussards à Ketterich. Seulement, « pour être plus à portée de ce dernier poste, au cas où les Français y reviendraient », la brigade Kleist vint camper à 1,200 mètres au sud du camp de Pirmasens.

Schauenbourg, mal servi par ses émissaires, n'a que des renseignements très inexacts sur l'ennemi, dont on lui fait des rapports exagérés :

« Renseignements sur l'ennemi, le 18 août :

A Trèves, il y a beaucoup de troupes, mais on ne connaît cependant point de camp dans cette partie, quoiqu'il y ait peu de monde entre la Sarre et la Moselle.

Les ennemis se sont renforcés sur la droite de la Sarre.

Entre Luxembourg et la Moselle, il n'y a que des cantonnements ; on assure que plusieurs corps ont filé de cette partie pour les Pays-Bas. »

Schauenbourg écrit au Comité, le 19 août :

Sur la droite du corps de Pully, en avant de Pirmasens, est un camp qui, d'après les rapports des émissaires, est commandé par Brunswick ; ses intentions sont de pénétrer par la vallée de Dahn, afin de prendre l'Alsace à revers. En avant du corps de Pully est un camp qui appuie sa droite à Bottenbach et sa gauche à Vinningen ; entre le Carlsberg et le Creutzberg, en arrière de Deux-Ponts, est un autre camp, mais beaucoup plus petit. Tous mes émissaires se rapportent à dire que ces deux camps sont composés d'environ 20,000 hommes ; le roi de Prusse a été vu le 18, à 5 heures du soir, à Hombourg : son avant-garde commandée par Szekuly est à Neunkirchen, en avant de Saint-Imbert ; les bois et les forêts sont leurs repaires ; ils se prolongent en force jusqu'à Leebach, trois lieues en avant de Sarrelibre.

Les troupes autrichiennes occupent la rive droite de la Sarre depuis Merzig jusqu'au Consaarbrück, dans les environs duquel ils ont de forts cantonnements et un camp assez considérable, de même qu'entre Birkenfeld et Saint-Vendel. Leur dessein paraît se diriger sur Sarrelibre.

Les environs d'Arlon sont aussi occupés par ces troupes, mais la force en varie journellement ; elles font courir le bruit de vouloir attaquer Longwy.

XI. — BRUNSWICK OCCUPE KETTERICH.

Dès le 20, sur l'ordre de Schauenbourg, le chef de brigade Lagoublaye, commandant le 4ᵉ régiment de cavalerie, tente de reprendre Ketterich. Schauenbourg imagine sans doute qu'il s'agira purement et simplement de réoccuper le poste évacué trois jours plus tôt, ainsi qu'on l'a fait plusieurs fois à Bliescastel et à Limbach. Lagoublaye ne dispose que de quatre bataillons, une compagnie franche, un régiment de cavalerie, trois pièces de 8 et un obusier. Le rapport qu'il adresse à Schauenbourg rend compte de tous les détails de cette funeste journée.

« Le pont et les chemins, que nous avons trouvés dans le meilleur état, m'ont fait penser tout de suite que l'ennemi n'était point mécontent de notre visite ; j'ai envoyé en avant, à Ketterich, les chasseurs bons tireurs, quelques cavaliers et mes quatre compagnies de grenadiers ; ils y ont trouvé trois escadrons de hussards et quatre cents tirailleurs, avec lesquels ils se sont fusillés assez longtemps ; m'y étant rendu avec ma colonne, quelques coups de mes pièces de 8 ont chassé ces escadrons et leur ont tué deux chevaux ; alors, maître de Ketterich, j'ai placé mes postes et suis ensuite entré dans une maison du village pour vous faire mon rapport. Comme je finissais de l'écrire, l'aide de camp du général Moreaux est venu m'avertir que nous allions être attaqués promptement par plusieurs colonnes qui étaient déjà assez près ; cela ne m'a pas surpris, d'après les avis que j'avais reçus de Pirmasens sur le nombre des ennemis qui étaient campés derrière la ville ou bivouaqués dans les bois environnants. Nous avons fait nos dispositions pour le combat ; le capitaine Cantarac a fait mettre dans une seule batterie nos trois pièces de 8 et notre obusier ; mais cela ne devait pas résister longtemps à vingt pièces d'artillerie légère ; aussi notre obusier, avec une pièce de 8, ont été bientôt démontés, et nous avons été obligés de les laisser là, ainsi que deux pièces de campagne du bataillon de la Manche, que les chevaux ne pouvaient plus traîner dans les mauvais chemins que nous avions dans notre retraite.

Nous avions vu sortir du camp et de la ville de Pirmasens ces colonnes qui étaient au nombre de cinq, et des plus considérables.

.... Il ne nous était pas possible de tenir longtemps, et si nous avions tardé quelques instants, nous étions totalement enveloppés ; je n'ai cependant pas voulu donner moi-même l'avis de cette retraite, toute pressante qu'elle était ; les chefs de corps m'ont représenté eux-mêmes l'urgence de cette mesure ; alors je l'ai ordonnée : elle a commencé dans l'ordre le plus parfait, mais la poursuite vive des ennemis avec leur artillerie légère et l'embarras de ces mauvais chemins, causée par les pièces d'artillerie et les caissons, ont jeté quelque désordre, mais une fois rentré dans le bois, l'ordre s'est rétabli et nous avons perdu beaucoup moins que je ne le croyais devant des forces aussi disproportionnées.

Je vous enverrai les détails exacts sur nos pertes ; je ne crois pas que, tant tués que blessés ou prisonniers, elles aillent au delà de 100, et c'est peu, ayant été harcelé vivement par l'ennemi jusqu'à moitié chemin de Bitche ; nous leur avons tué beaucoup de hussards ; nos cavaliers ont pris même plusieurs beaux chevaux, entre autres une belle jument grise appartenant à un maréchal des logis qui a été tué par un de nos cavaliers ; un dragon du même régiment Letho (1) est venu se rendre comme déserteur au milieu de six de nos cavaliers, qui étaient chargés par un escadron ; dans un moment pareil, son vœu n'est pas suspect.

Le pauvre Crublier-Larivière a été presque écrasé par la roue d'une pièce de 8 qui lui a passé dessus. Il y a plusieurs traits de valeur à citer dans cette journée, quoique malheureuse : un volontaire a été blessé à mort par un hussard ; en tombant il a tiré sur celui qui l'avait blessé et l'a tué roide ; un volontaire de ses camarades passant près de lui, il lui a dit : « je ne te demande plus qu'un service, c'est de vouloir bien charger mon fusil », mais aussitôt après il a expiré. Un chasseur bon tireur, entouré et sabré par quatre hussards, a voulu se venger avant de mourir ; il a tiré à bout portant un de ces quatre hussards et l'a couché sur le carreau.

Je ne puis trop vanter la bonne volonté et le courage des troupes que j'ai eues à mes ordres.

Le citoyen Bertrand, aide de camp du général Moreaux ; Fabre, adjoint à l'état-major, et les chefs de bataillons, ont tous donné des preuves de leur activité et de leur valeur ; quoique chef du 4ᵉ régiment de cavalerie, je ne dois point omettre d'en parler ; ce serait une injustice. Plusieurs d'eux se sont signalés par leur valeur, et tous se sont multipliés devant cette nombreuse cavalerie prussienne.

J'aurais voulu, citoyen Général, exécuter complètement vos ordres et pouvoir me maintenir dans Ketterich, mais c'est à faire à un plus habile que moi. Salut fraternel.

Le chef de brigade,
LAGOUBLAYE.

---

(1) Lottum.

P.-S. — Le général Moreaux était venu pour dîner avec nous à Ketterich ; mais il nous a rencontrés nous retirant. »

« Le général Pully, écrit Schauenbourg le lendemain, s'est décidé à rapprocher ces quatre bataillons de sa droite, afin que s'ils venaient à être attaqués, ils puissent se renforcer mutuellement; ils occupent aujourd'hui la position d'Halspelscheid et Sewes (1), qui les lie encore plus étroitement avec la gauche de l'armée du Rhin, et les mettra à l'abri d'essuyer de pareils échecs. »

Des bruits calomnieux coururent au sujet du général Pully et de son rôle dans l'affaire de Ketterich. Il fallut que le représentant Richaud prît la défense de ce général en écrivant à Barrère :

Au quartier général de l'armée de la Moselle, à Sarrebrück le 2 septembre 1793, l'an 2ᵉ de la République française.

Mais qu'est-ce que c'est donc, mon cher Collègue, que tous ces galimatias que nous voyons aujourd'hui dans plusieurs papiers publics tels que *Perlet*, le *Courrier de l'Égalité*, et autres ? A-t-on réellement eu l'impudence d'abreuver le public, dans le sein même de la Convention nationale, du récit mensonger que nous voyons dans ces papiers, où il est dit que le camp d'Hornbach a été livré aux ennemis par la trahison du général Pully et du colonel du régiment de Deux-Ponts, et ce sans coup férir? Où il est dit que la prise de Bitche par l'ennemi a été la suite de ce malheureux événement, et que le général Pully s'est évadé ou a émigré ?

Je pense bien que, si toutes ces extravagantes faussetés ont été débitées, elles ont dû, au moins, être bientôt démenties par le Comité de Salut public, à qui nous ne laissons ignorer aucun des événements importants qui se passent dans cette armée. Mais cela n'en fait pas moins beaucoup de mal en dégoûtant et décourageant des hommes qui se voient ainsi exposés, souvent sans motif et sans fondement, à voir leur réputation compromise et déchirée dans l'esprit de ceux qui entendent ces faux rapports, et partout où les papiers circulent.

Le poste d'Hornbach a été attaqué, mais il a vigoureusement résisté partout ; seulement un avant-poste qui était à Ketterich, à 3 lieues de là, a été repoussé. Le général Pully l'a fait reprendre par environ 4,000 hommes, qui ont été attaqués le même jour par Brunswick, à la

---

(1) Ne se trouve sur aucune carte.

tête de 20,000 ou 22,000 hommes et obligés de se replier, comme de raison, devant une force aussi supérieure; ils ont perdu à la vérité dans cette retraite une pièce de canon de 8, qui a été démontée par les batteries ennemies, un mauvais obus, et deux pièces de 4 qui protégeaient la retraite et qu'on n'a pas pu dégager de la nombreuse cavalerie ennemie qui suivait de très près, et à laquelle nous n'en avions pas à opposer.

Nous avons perdu dans cette affaire 100 et quelques hommes; il en a en effet déserté une cinquantaine du régiment ci-devant Nassau (car il n'existe pas ici de régiment de Deux-Ponts), mais non des compagnies entières et le commandant en tête. Les causes de cette désertion paraissent être quelque mécontentement pour des refus de viande qui leur avaient été faits à Bitche. Nous allons vérifier plus particulièrement ces faits et prendre toutes les mesures qui nous paraîtront nécessaires à cet égard.

Bitche est bien tranquille, bien retranché et bien approvisionné; le camp d'Hornbach qui le couvre à 3 lieues en avant, est également bien retranché, et a été renforcé de plusieurs bataillons. Pully, qui y commande, paraît bien disposé à seconder et diriger le courage des républicains qui le défendent.

Quelques dénonciations qui avaient été faites contre lui nous ont été apportées; nous les avons vérifiées, et les plus importantes se sont trouvées fausses et sans fondement.

Voilà notre inquiétante position, entre des généraux qui montrent de bonnes intentions et du zèle pour la chose publique, mais dans l'âme desquels il est difficile de lire, et des dénonciations pour la plupart vagues, erronées ou dirigées par l'intrigue, qui veut tout désorganiser pour se procurer de l'avancement, ou plus perfide encore, pour faire beau jeu à nos ennemis. Nous ne pouvons nous tenir que sur une juste et active surveillance pour éviter ces deux écueils.

Les généraux tremblent des dénonciations et sont effrayés de leur responsabilité. C'est ce qui les rend beaucoup moins entreprenants et les tient dans une extrême réserve.

Les positions qu'occupe notre armée sur cette frontière sont superbes, retranchées pour ainsi dire par la nature; les postes de Sarrebrück, Saint-Imbert, Bliescastel et Hornbach le sont encore supérieurement par les ouvrages qu'on y a faits en occupant les loisirs des braves défenseurs de la patrie; cette chaîne de postes, à 3 ou 4 lieues au delà de nos frontières, les couvrent bien et défendent parfaitement le revers des Vosges, mais il nous serait difficile de pousser nos ennemis en avant, parce qu'il y a un espace assez grand de pays que nous avons dévalisé de subsistances et de bestiaux, et n'en avons laissé que pour le plus strict nécessaire des habitants, en sorte qu'il serait impossible à une armée d'y subsister, à moins qu'elle n'emporte tout avec elle.

Depuis quelques jours, il nous arrive beaucoup de déserteurs à Hornbach et Bliescastel, surtout des hussards de Wolfradt. Comme il y a longtemps que ce corps est dans ces parages, il sait apparemment que notre pain est meilleur que celui que les despostes leur font manger, qui est abominable ; ils disent que si l'infanterie ennemie n'était pas entourée et gardée comme elle l'est par leurs avant-postes de cavalerie, nous en aurions beaucoup qui déserteraient aussi.

Salut et fraternité.

H. RICHAUD,
Représentant du peuple souverain, envoyé près l'armée de la Moselle.

CORPS DES VOSGES. Au quartier général d'Hornbach, le 4 septembre 1793, l'an 2e de la République une et indivisible.

LIBERTÉ. — ÉGALITÉ.

Charles Pully au citoyen Président de la Convention nationale.

Le corps des Vosges, que je commande, citoyen Président, a été calomnié outrageusement dans plusieurs papiers publics.

Ce corps, placé au camp d'Hornbach, a en face de lui, depuis Hombourg, Deux-Ponts, Pirmasens et Kederich, plus de 50,000 Prussiens ; il a été attaqué à diverses reprises et sur plusieurs points. Non seulement il a empêché l'ennemi de pénétrer sur nos frontières, il a rompu ses desseins, mais il a été assez heureux pour avoir des avantages marqués et prononcés sur lui. Les citoyens représentants du peuple à l'armée de la Moselle peuvent certifier la conduite du corps des Vosges.

Tous les individus qui le composent sont animés du même esprit ; ils ont tous juré de mourir pour le maintien de la République, et tous tiendront ce serment si cher à leurs cœurs. Ils gémissent tous des calomnies que des malveillants vomissent journellement contre eux, mais rien ne les empêchera de se sacrifier pour leur patrie ; ils renouvellent aujourd'hui, par mon organe, le serment sacré de maintenir la République une et indivisible.

Le général de division commandant le corps des Vosges,
CHARLES PULLY.

Cette fois, Brunswick fit occuper solidement le poste auquel il n'avait peut-être pas accordé d'abord assez d'importance. Il y établit la brigade Kleist, renforcée de deux compagnies de chasseurs, du régiment de dragons de Lottum, de deux escadrons de hussards et de la batterie à cheval de Meyer, ce qui portait sa force à quatre bataillons et demi, sept escadrons et seize bouches à feu.

Pour couvrir la communication de Ketterich avec Pirmasens, Brunswick établit au Sud d'Obersimten (1), sur la Gersfeld Höhe, trois bataillons et vingt-deux bouches à feu, sous le commandement du général v. Courbière. En seconde ligne, les positions à droite et à gauche de Niedersimten (2) (cote 406 et Erlenbrunn) étaient occupées, l'une par six bataillons, dix escadrons, seize bouches à feu, l'autre par trois bataillons avec six bouches à feu.

Une chaîne d'avant-postes d'un développement de 42 kilomètres entourait le corps d'armée depuis Deux-Ponts jusqu'à Hinter-Weidenthal; au delà de ce dernier point, deux compagnies de chasseurs et des patrouilles de cavalerie assuraient la liaison avec le corps d'armée du Roi, par le chemin de Leimen et Erlenkopf. Leur zone de surveillance avait 30 kilomètres de développement entre Hinter-Weidenthal et le Schänzelberg.

On trouvera dans le 16e fascicule des monographies de l'état-major prussien le détail de ces avant-postes, qui prenaient la ligne Ninschweiler, Bottenbach, Kröppen, Erlenbrunn, Glashütte, Storwoog et Salzwoog. Ils présentent cet intérêt exceptionnel d'être le premier exemple que nous offre l'histoire militaire, d'une ligne d'avant-postes organisée à distance des corps à couvrir, et sur une grande étendue, sans absorber une quantité de troupes trop considérable. C'est avec deux bataillons et demi et huit escadrons que cette ligne de 75 kilomètres était occupée, des piquets d'infanterie de 40 à 60 hommes tenant les passages importants sur les cours

---

(1) Ou Berg-Simten.
(2) Ou Thal-Simten.

d'eau et au croisement des grandes routes, tandis que des escadrons de cavalerie étaient chargés d'éclairer chacun une zone de quelques kilomètres et détachaient en avant quelques petits postes. La guerre de 1778 avait servi d'école pour ce nouveau service de sûreté qui avait été réglementé par l'Instruction de 1792 sur le service en campagne; mais, des anciens errements, il était resté l'habitude d'envoyer matin et soir des patrouilles suivant des itinéraires invariables, alors que les marches d'approche des armées s'exécutaient le plus souvent pendant la nuit (1).

Le 23 au matin, les Prussiens font encore une démonstration sur Hornbach; d'après le général Pully, « cette attaque n'est que simulée, pour faire filer leurs troupes sur Pirmasens; tous les rapports lui annoncent que l'ennemi doit tourner sa droite ce soir et qu'il doit être attaqué demain à la pointe du jour par des forces considérables ». Schauenbourg les renforce encore de deux bataillons; mais l'attaque attendue pour le 24 ne se produit pas.

« Le 27, l'avant-garde du corps des Vosges a canonné à 2 heures du matin le camp ennemi en avant d'elle; cette affaire s'est terminée à notre avantage, n'ayant eu qu'un cheval de tué et, d'après les rapports des déserteurs, l'ennemi a perdu environ 100 hommes, 40 chevaux et 3 pièces de canon démontées. Cette affaire s'est passée sur les hauteurs de Deux-Ponts; cette ville a souffert des boulets et des obus qui la traversaient de part et d'autre.

Les détachements qui couvrent la gauche du corps de bataille ont fait un fourrage le 28, qui a coûté aux ennemis 2 morts, quelques blessés et 5 prisonniers, et à nous la peine de revenir. Nos avant-postes ont également quelques petits succès journaliers. »

---

(1) Toutes ces observations sont empruntées au fascicule 16 de l'état-major prussien, mais elles ont paru trop intéressantes pour n'être pas répétées ici. L'auteur de ce fascicule signale encore, dans le règlement prussien de 1792, la prescription de mettre les hommes au courant des intentions du général lorsqu'on les employait au service de campagne. Notre règlement ne prescrivait cette précaution que pour les combats.

Les craintes de Pully ne se réalisèrent pas. Brunswick avait l'ordre de ne pas franchir la frontière et le temps s'écoula en pourparlers entre Wurmser et lui.

De notre côté, aucune résolution ne fut prise, malgré la correspondance entretenue par Schauenbourg et Landremont en vue d'une opération simultanée.

Il n'y a donc aucun incident à signaler sur la Sarre jusqu'au 12 septembre.

XII. — COMBAT DE JOCKGRIM ET BERGZABERN.

L'armée du Rhin avait à défendre un terrain hérissé de retranchements. Elle avait relevé quelques parties des lignes de la Lauter, fait quelques écluses à Lauterbourg, mais l'énormité des dépenses nécessaires pour mettre les lignes en état de défense effraya tout le monde : on se borna à fortifier Scheibenhart et à réparer quelques points remarquables, comme le fort Saint-Remy. En revanche, on remua beaucoup de terre, suivant l'habitude du temps, sur les diverses positions occupées par l'armée. Legrand dit à ce sujet :

La quantité d'ouvrages de campagne commencés pendant le séjour de l'armée sur la Lauter a été prodigieuse, sans presque qu'aucun ait été achevé. Chaque général ou simple commandant de poste, qui se succédaient avec une rapidité prodigieuse, faisait ou commençait quelques batteries ou quelques redoutes qui n'avaient aucun rapport ni aucun ensemble avec tout ce qui s'était fait précédemment, ni avec ce qui se faisait à côté de lui dans le même temps.

Rarement un chemin praticable conduisait aux batteries, ce qui était un moyen infaillible de les laisser tomber au moindre revers entre les mains de l'ennemi, non qu'on eût ce projet, mais ou les uns ne pensaient pas si loin, ou les autres, et ces autres étaient des hommes puissants, regardaient comme un crime un chemin pratiqué à l'avance pour une retraite. Le mot de retraite était proscrit; on n'en voulait pas, et au lieu de retraite on avait des déroutes où l'on perdait toute son artillerie.

Comme, dans le temps, aucun plan n'a été levé de ces ouvrages et qu'il en reste peu de traces, il sera impossible de les connaître jamais tous avec quelque exactitude. Les seuls dont j'ai pu retrouver les vestiges sont marqués sur le plan ci-joint (1); il sera facile à ceux qui écriront d'après ces matériaux d'en ajouter tant qu'ils voudront d'après les positions générales indiquées par moi et par d'autres.

L'historien allemand A. Lufft (2), par une étude minutieuse sur le terrain, corrobore et complète les indications fournies par Legrand. Au total, nous trouvons :

1° Une redoute carrée et une batterie à un kilomètre environ au nord-ouest de Rilzheim; une batterie de chaque côté de ce village en deçà du Klingbach;

2° Dans le Bienwald, près de la lisière, au nord-ouest du moulin, deux petites redoutes faisant face à l'Est et au Nord-Est et commandant le chemin de Scheid. Des abatis avaient été faits devant ces ouvrages, puis en descendant à la lisière méridionale de la forêt, pour border la Lauter depuis le moulin de Bienwald jusqu'à Lauterbourg; mais ces abatis, mal exécutés, ne servaient guère qu'à favoriser l'assaillant en lui procurant un couvert;

3° En avant de Bergzabern, quelques retranchements sur la croupe au sud-est de Plesweiler; à 800 mètres à l'ouest de ce village, une tranchée au nord et une redoute au sud du ruisseau. Une batterie dominait la ville même de Bergzabern, sur la crête militaire de la hauteur qui porte le Frauenbergerhof; une autre batterie à 500 mètres de Bergzabern, sur les pentes du Wonne-Berg, et deux tranchées dans les petits ravins qui entament le Wonne-Berg, et débouchent sur l'Erlenbach. Il y avait encore une batterie au sud du Dorrenbach, près de la route de Wissembourg à Bergzabern, et face au Nord-Est;

---

(1) Ce plan n'a pas été retrouvé, mais il nous reste quelques croquis partiels qui ont servi à l'établir et peuvent en tenir lieu. Voir la carte ci-jointe : *Opérations sur la Lauter.*

(2) *Der Feldzug am Mittelrhein von mitte August bis Ende Dezember 1793.*

4° A mi-chemin de Scheid à Steinfeld, une longue tranchée barrant presque tout l'espace entre l'Otterbach et le ruisseau de Steinfeld. Au débouché sud de Klein-Steinfeld, la batterie appelée Grande-Redoute ou Bastille.

> Ce ne fut que dans les derniers temps, écrit Legrand, que l'ingénieur de l'armée Clémencet parvint à faire sentir à ceux qui l'avaient tracée qu'il fallait au moins y ajouter quelques flancs pour en défendre les approches ; sans cela, parvenu au pied de cette grande masse, il en eût été effectivement comme à la Bastille vis-à-vis ceux qui étaient au pied ; le canon y eût été inutile pour la défense. On avait, de plus, fait à gauche de cette redoute une grande tranchée en ligne droite, sans saillant ni rentrant, sans intervalle, qui allait jusqu'au ruisseau de Nieder-Otterbach ; l'ennemi pouvait en profiter comme d'un chemin couvert, enfilé de nulle part, pour venir jusqu'à la redoute. Le général Ferino m'a raconté que, surpris de voir cet ouvrage pernicieux qui empêchait d'ailleurs tout mouvement en avant, et de passer un peloton de cavalerie, il s'était sur-le-champ transporté chez le chef du génie Clémencet pour savoir qui avait ordonné cet ouvrage; celui-ci lui ayant dit que c'était le général ***, et contre son vœu, Ferino le fit combler sur-le-champ. Le site de ce fortin était d'ailleurs bien choisi et la découverte au loin fort étendue.

Un redan couvrait le débouché Est de Gross-Steinfeld; une batterie était placée au Sud et le long du chemin de Klein-Steinfeld à Kapsweyer, à 600 mètres environ de la Grande-Redoute. Un redan avait été construit au nord-ouest de Nieder-Otterbach, sur la hauteur, et face au Nord-Est ;

5° Une série de retranchements garnissaient le bord du plateau assez large qui s'étend depuis Steinfeld jusqu'à Ober-Otterbach, Rechtenbach et Schweighoffen, et que couronne la ferme d'Haftel : c'était deux redans entre Capsweyer et Haftel, un au nord de la ferme, près du chemin d'Ober-Otterbach ; un à mi-chemin d'Haftel à Rechtenbach, et deux batteries sur la croupe boisée au sud-ouest d'Ober-Otterbach ; une petite redoute, formant peut-être réduit, entre Schweighofen et Haftel ;

6° Il y avait deux redans sur la hauteur au nord d'Altstadt, le long de la route de Wissembourg à Schweighofen, deux autres entre Schweigen et Schweighofen.

D'après A. Lufft, la vallée de la Lauter était commandée, entre la ferme de Langenberg et Saint-Germain, par une redoute carrée.

Dans la montagne, le camp de Nothweiler ou de Bondenthal était situé le long du chemin qui relie ces deux villages, entre le Mauerle et le Beissen-Berg. Il y avait sur la Dennen-Haide une batterie entourée d'une ligne continue a mi-côte ; une ligne semblable contournait le Mauerle. « Les autres postes pris dans ces gorges, dit Legrand, varièrent continuellement de force et de position suivant les circonstances. »

« Nous avions construit de petits ponts volants sur la Lauter qui se plaçaient et déplaçaient à volonté ; on en faisait assez souvent usage les soirs pour faire passer des patrouilles qui allaient bivouaquer sur les hauteurs opposées de la rive droite ; nous avions un poste d'une vingtaine d'hommes placé sur la montagne de Bondenthal à l'est des rochers de même nom ».

Le 19, les Prussiens assurant l'investissement de Landau, et Brunswick ayant occupé Ketterich, Wurmser décide d'attaquer les lignes de Wissembourg. Il destine à cette opération 30 bataillons et 48 escadrons, soit environ 28,000 hommes, auxquels il faut joindre 5,000 à 6,000 hommes du camp de Condé.

Dans la nuit du 19 au 20 août, Wurmser forme son armée en cinq colonnes pour attaquer nos positions avancées ; la première colonne se portera vers notre division des gorges, et l'occupera dans la montagne ; les deuxième et troisième colonnes agiront sur le front compris entre Bergzabern et Minfeld, c'est-à-dire qu'elles ne pourront exécuter qu'une démonstration ; enfin les quatrième et cinquième colonnes réuniront leurs efforts contre le village de Jockgrim, occupé par 2,000 Français, et assez en l'air, en avant de notre ligne générale d'avant-postes.

La première colonne, composée de 8 bataillons et 2 escadrons sous les ordres du général Hotze, devait d'abord se porter sur Bergzabern, et ne détacher dans la montagne que de fortes patrouilles vers Annweiler et Münschweiler; mais au moment du départ, Wurmser lui ordonne de marcher par Annweiler sur Erlenbach, et d'attaquer nos avant-postes sur ce point. Après une marche assez longue et pénible dans la montagne, Hotze déloge sans difficulté un petit poste français, et bivouaque à Bärbelstein, où nul ne songe à venir l'attaquer. Il y restera le 21 et le 22, et se rabattra le 23 sur Bergzabern.

La deuxième colonne, forte de 6 bataillons et 14 escadrons, sous le commandement de Waldeck, doit se porter d'Insheim sur Barbelroth par Billigheim, et s'arrêter sur les hauteurs d'Oberhausen. La troisième colonne, forte de 2 bataillons 1/2 et 12 escadrons, sous les ordres de Meszaros, doit passer par Herxheim, Hayna et Erlenbach pour attaquer Langenkandel. Comme on peut le penser d'après la répartition de nos troupes (1), ces deux colonnes ne rencontrent que des petits postes et s'arrêtent en face de nos grand'gardes, devant lesquelles s'engage une canonnade peu énergique.

Wurmser dirige lui-même la quatrième colonne (Kavanagh) et la cinquième (Condé). La quatrième colonne,

---

(1) Voir la situation du 15 août. Il faut y faire les modifications suivantes pour avoir la répartition des troupes le 20 août :

Le 3º bataillon de l'Ain et le 10º des Vosges sont venus à Saint-Remy et Altstadt ;

Le 3º et le 4º de Saône-et-Loire, à Roth ;

Les deux bataillons du 27º, à Lembach ;

Les deux bataillons du 46º, au Geisberg.

forte de 6 bataillons et 10 escadrons, avec une batterie de gros calibre et une de petit calibre, part de Rheinzabern ; la cinquième, composée par les émigrés, part de Leimersheim, où un pont a été jeté sur le Rhin. C'est une dizaine de mille hommes qui vont accabler les 2,000 Français campés devant Jockgrim.

A un kilomètre en avant de Jockgrim coule le ruisseau appelé l'Otterbach, que la route de Rheinzabern à Lauterbourg franchit sur un pont de pierre. Un bois, qui prolonge la forêt de Bienwald jusqu'aux marécages du Rhin, borde ce ruisseau de part et d'autre du pont. Les Français en avaient fait un abatis au delà de l'Otterbach, et c'est derrière ce bois, sur une hauteur peu prononcée que couronne le village de Jockgrim, qu'ils avaient établi leur camp. Une redoute couvrait le débouché du pont.

Wurmser avait ordonné à la quatrième colonne d'aborder ces défenses avec circonspection, de faire tourner les défenseurs du pont par un bataillon qui suivrait le chemin forestier à 900 mètres à l'ouest de la route, et de préparer l'attaque par une forte canonnade, pendant que la cavalerie se porterait par le plateau au sud-ouest de Jockgrim, pour y couper la retraite aux Français. La colonne se déploya au sortir de Rheinzabern, et fut accueillie par un feu violent que son artillerie parvint à éteindre assez rapidement. Les Croates et les chasseurs hessois entrèrent dans le bois de part et d'autre du pont, et nous fûmes rejetés sur Jockgrim en abandonnant quatre canons et un obusier. A ce moment, les 2,000 hommes du camp de Jockgrim se trouvèrent engagés à la fois, et leurs chasseurs essayèrent de déborder la gauche de l'ennemi ; mais sa supériorité numérique était irrésistible ; et d'ailleurs, tandis que la quatrième colonne nous attaquait de front, la cinquième approchait de Jockgrim et menaçait de nous tourner. Le petit détachement français se jeta dans le

Bienwald, et se déroba ainsi à la poursuite de l'ennemi, qui continua sa marche sur Wœrth, où nous avions 1400 hommes.

Les émigrés avaient marché par Leimersheim sur Neupfortz, où ils attendirent que la quatrième colonne fût engagée. Condé avait détaché 30 hussards sur sa droite pour le tenir au courant des mouvements de Wurmser. Au premier coup de canon de celui-ci, les émigrés s'avancèrent sur la digue à l'est de Jockgrim. Après la prise de ce village, à laquelle ils n'avaient contribué que par leur apparition sur la droite des Français, ils se portèrent de leur côté à l'attaque de Wœrth. Cette fois c'était la quatrième colonne autrichienne qui devait tourner le village pendant que Condé s'engagerait. Il fallut jeter plusieurs ponts pour passer les ruisseaux dans le fond boisé et marécageux d'une ancienne boucle du Rhin. Le dernier, tout à fait à proximité du village, fut assez difficile à établir. Les Français avaient en effet placé une pièce de canon dans une presqu'île du Rhin en aval de ce pont, et on ne put la faire taire qu'en menaçant de lui couper la retraite. Elle fut alors emmenée à la prolonge, sans cesser de tirer, mais prise par un peloton de hussards autrichiens. Les 1400 Français qui occupaient Wœrth ne tinrent pas longtemps devant les 10,000 ennemis qui les attaquaient; ils se retirèrent, partie dans la forêt, partie sur les hauteurs d'Hagenbach.

Le corps franc de Mirabeau bivouaqua près de Hagenbach, le reste des émigrés à Pfortz, les chasseurs hessois dans la prairie au sud de Wœrth, et un corps de Hongrois dans les pâturages au nord de ce village. Le reste des deux colonnes ennemies bivouaqua dans le Bienwald, entre Wœrth et Langenberg.

Ces divers engagements avaient été peu acharnés et peu meurtriers. Nous y perdîmes cinq bouches à feu, des caissons, 22 prisonniers, et sans doute une centaine d'hommes hors de combat (1). L'ennemi perdit environ 150 hommes.

De notre côté, rien n'avait été fait pour soutenir les postes engagés ni pour les recueillir, et aucune instruction ne leur avait été donnée sur la manière de faire leur retraite. Ils ne pouvaient que subir sur place le choc de l'ennemi et se faire battre les uns après les autres en essayant de résister. L'habitude de fortifier tous les postes et de mettre de l'artillerie dans les retranchements devait les encourager dans cette conduite.

Les représentants du peuple, en ce moment critique, avaient cru devoir prendre en main la direction des affaires par cet arrêté quelque peu ambigu :

*Arrêté des représentants du peuple à l'armée du Rhin,
le 20 août 1793.*

Les représentants du peuple près l'armée du Rhin, députés par la Convention nationale par les décrets des 15 et 19 juillet dernier, considérant qu'ils sont réduits à quatre près ladite armée, et que leurs délibérations sur les faits militaires, à moins que la Convention n'ait

---

(1) Les pertes accusées par les différents bataillons français pour a journée du 20 août sont les suivantes :

		Morts.	Blessés.	Prisonniers.
1° à Jockgrim.	4ᵉ bataillon du Bas-Rhin...	»	2	17
	1ᵉʳ des Pyrénées-Orientales..	16	2	3
	11ᵉ d'infanterie légère.......	6	»	»
2° à Wœrth.	2ᵉ de la Charente-Intérieure.	9	4	1
	2ᵉ du 40ᵉ...............	»	»	»
3° à Langenberg.	1ʳᵉ compagnie franche de la Dordogne............	6	1	»
Envoyés en renfort.	7ᵉ de la Haute-Saône, venu d'Hagenbach..........	»	14	»
	5ᵉ de l'Ain, venu de Lauterbourg...............	23	8	1
	Total.........	60	31	22

auxquels il faut ajouter 1 mort et 1 blessé dans l'état-major.

conservé d'autres représentants près la dite armée du Rhin, postérieurement aux décrets des 15 et 19 juillet dernier, doivent être reconnus, arrêtent que les généraux de l'armée du Rhin et les commandants de places fortes ne reconnaîtront pour faits militaires que les dites délibérations des représentants du peuple élus par les dits décrets ou aux députés postérieurement conservés près la dite armée.

Le présent arrêté sera envoyé au général en chef et aux commandants de places fortes de cette armée, afin de prévenir toute contrariété dans les ordres.

Strasbourg, le 20 août 1793, II° année de la République.

RUAMPS, BORIE, J.-B. MILHAUD.

Dès le même jour, ils interviennent dans les détails du service et conseillent le général :

Wissembourg, le 20 août, l'an 2e de la République ou la mort.

Le général Landremont ou le général Klaretz (Clarke) ne devraient-ils pas faire partir de Wissembourg les canons de position qui lui sont inutiles et les diriger sur Strasbourg ou un autre endroit de sûreté ? Le général peut disposer de tous les hommes, gardes nationaux de Wissembourg en état de porter les armes, et les faire partir, s'il le juge à propos, dans les gorges de Bitche, pour seconder les efforts d'Arlande.

Les représentants du peuple près l'armée du Rhin,

J.-B. MILHAUD, RUAMPS.

Landremont ordonna le soir même de reprendre les positions perdues, mais il ne fit rien pour obtenir un succès certain. La répartition de l'armée ne fut pas modifiée, et c'est avec les seules forces de l'aile droite, un peu désorganisées par le combat de la veille, que le général divisionnaire Gillot dut reprendre l'offensive.

Il est évident qu'il ne put disposer des 2,000 hommes qui occupaient le poste de Langenberg ; il lui restait en tout 7,500 hommes, dont il faut défalquer ce qui fut laissé à Lauterbourg (1), les pertes subies la veille par

---

(1) Le 5e bataillon de l'Ain semble être resté à Lauterbourg avec quelques compagnies détachées.

les détachements de Wœrth et Hagenbach, et la partie de ces détachements qui n'avait pas rejoint le soir (1).

Il serait surprenant qu'il y eût beaucoup plus de 5,000 hommes dans la colonne que conduisit Gillot, le 20 au soir, sur Hagenbach, Wœrth et Pfortz. Il envoya un fort détachement à Büchelberg et un autre près de ce village, sur le chemin de Scheid. C'est donc avec 3,000 hommes tout au plus qu'il est arrivé à Hagenbach (2). Là, il divisa ses forces : une colonne marcha sur Pfortz, tandis qu'il continuait avec le reste sur la route de Wœrth. Son arrivée surprit les ennemis : Condé et Wurmser s'échappèrent à moitié nus, en entendant la fusillade à l'entrée des villages où ils s'étaient logés ; mais trois compagnies du régiment de Gyulai donnèrent, paraît-il, à l'ennemi le temps de se reformer, et dès lors l'issue du combat n'était plus douteuse. Chacune de nos colonnes eut à lutter contre des forces triples. Dès qu'elles eurent cédé un peu de terrain, les émigrés mirent leurs

---

(1) Le 1er des Pyrénées-Orientales tout entier n'a pas pris part au combat du 21.

(2) Pertes du 21 août à Hagenbach, Langenberg et Büchelberg :

		Morts.	Blessés.	Prisonniers.
2e bataillon de la Charente-Inférieure..		3	3	»
4e — du Bas-Rhin...............		3	»	»
2e — du 40e.................		10	14	7
1er — du 37e.................		3	9	»
1er — du 75e.................		13	14	34
2e — du 75e.................		1	5	»
7e — de la Haute-Saône.......		7	3	»
11e — d'infanterie légère.......		2	27	»
3e — de Rhône et Loire.......		3	2	»
1er — du Doubs..............		6	17	»
1er — du 3e.................		4	10	»
4e — de l'Eure..............		»	3	»
9e — des Vosges.............		»	3	»
Total		55	110	41

pièces en batterie sur la route. Leur tir à mitraille mit nos troupes en désordre en leur infligeant d'assez grosses pertes. La colonne de Gillot, engagée du côté de Wœrth, fut coupée de Hagenbach, et dut se rejeter dans la forêt. Cette fois, Wurmser poursuivit jusqu'à Buchelberg. Nous avions perdu encore près de 200 hommes et plusieurs canons. L'ennemi eut 150 hommes tués ou blessés.

En même temps que nous reprenions l'offensive du côté de Jockgrim, un combat acharné s'engageait à Bergzabern. D'après une relation anonyme, écrite peu de temps après la campagne (1), les Autrichiens auraient eu l'initiative; au contraire, d'après le chef de bataillon Legrand et d'après Lufft, c'est l'armée française qui aurait repris l'offensive. Cette seconde version est plus vraisemblable, Landremont ayant dû reporter sa gauche en avant en même temps qu'il prescrivait à Gillot de reprendre les positions perdues.

Le combat traîna le 21 et le 22 dans Bergzabern et sur les hauteurs d'Otterbach, avec des alternatives de succès et de revers; en dernier lieu, nous fûmes repoussés jusqu'à hauteur de Scheid et de Dörrenbach. L'apparition de Meszaros sur notre flanc droit avec une batterie à cheval et quelques escadrons nous aurait déterminés à la retraite. La plus grande incertitude règne en ce qui concerne ces deux journées; il semble que nous ayons pris l'offensive le 21, et les Autrichiens le 22; le général Hotze, demeuré dans la montagne, n'intervint pas, mais reçut l'ordre de venir rejoindre Waldeck par Bergzabern.

D'après le chef de bataillon Legrand, nous reprîmes le combat dans la nuit du 22 au 23, et l'ennemi fut rejeté dans Bergzabern. Trois pièces d'artillerie volante

---

(1) *Archives de la Guerre.* Mémoires historiques.

envoyées de ce côté, avec le capitaine Latournerie, furent très maltraitées par une artillerie supérieure, et l'une d'elles resta aux mains de l'ennemi. Landremont fit avancer la cavalerie, qui ne put agir, et resta sur place jusqu'à la nuit suivante. Nous étions maîtres de Bergzabern, quand la division Hotze, débouchant des gorges, nous en chassa. Le combat continua autour de cette petite ville. Nous laissions à l'ennemi 22 prisonniers ; le chiffre de nos pertes, dans les combats autour de Bergzabern, est inconnu.

Passant sous silence les combats du 21 et du 22 autour de Bergzabern, la relation autrichienne mentionne bien la perte de 1 canon et 22 prisonniers par les Français dans la journée du 23 ; le même jour, les Autrichiens ont eu 83 tués et 122 blessés.

La lettre suivante des représentants Milhaud et Ruamps, datée du 23, prouve que le combat ne cessa pas pendant les quatre jours du 20 au 23, et confirme les précédents récits :

Citoyens nos collègues, voilà trois jours que l'armée républicaine du Rhin est aux prises avec l'armée combinée des despotes, et voilà trois jours que son courage opiniâtre résiste au nombre d'esclaves qui sont en sa présence. Le combat a recommencé ce matin à 4 heures ; il a été soutenu de part et d'autre avec beaucoup d'animosité jusqu'à la nuit. Cependant les Autrichiens ont perdu deux lieues de terrain ; notre artillerie s'est montrée digne de toute sa réputation et a fait taire souvent celle de l'ennemi, quoiqu'elle soit plus nombreuse et plus forte en calibre. Nous avons été témoins de cette action importante qui pouvait décider du sort du Bas-Rhin. Le général Landremont, qui commandait en chef l'armée en l'absence du général Beauharnais, à peine encore rétabli, a montré le plus grand sang-froid et la plus grande activité. Nous nous sommes portés presque à nuit close avec le général Meynier tout auprès de Bergzabern, où nos tirailleurs faisaient à quatre pas de nous un feu très vif de mousqueterie sur une maison de cette petite ville d'où l'on tirait sur eux. Nous avons été à portée de voir le nombre des morts. Nous sommes assurés de n'avoir perdu que 30 hommes tout au plus, tandis que les rangs de l'ennemi avaient été souvent enfoncés par la violence de notre artillerie ; les vignes et les sentiers étaient

> couverts de cadavres; nous ne savons pas encore quel est le succès de l'attaque qui a eu lieu en même temps du côté de Lauterbourg. C'est la partie la plus exposée à l'invasion de l'ennemi; nous allons partir dans deux heures pour savoir par nous-mêmes ce qui s'y passe, car nous sommes assurés qu'une attaque générale de la part de l'ennemi se renouvellera encore demain matin.
>
> Le tocsin de la liberté sonne en ce moment autour de nous; déjà 8,000 habitants et toute la garde nationale de Wissembourg sont partis aujourd'hui avec leurs armes et leurs vivres pour aller au secours du général Arlande, qui défend les gorges de Lembach; nous espérons que, dans trois ou quatre jours, 100,000 républicains viendront renforcer l'armée, qui n'attend plus qu'eux pour exterminer les rois et leurs vils satellites.

Les échecs, assez insignifiants en eux-mêmes, essuyés par nos troupes du 20 au 23 août, ébranlèrent tous les esprits. Les représentants, sans songer au déficit que présentait déjà l'armement des troupes, faisaient sonner le tocsin dans toute l'Alsace et y répandaient l'épouvante en appelant sur la frontière une foule de citoyens sans armes; Beauharnais prescrivait de retirer toutes les pièces de position des batteries fixes, sauf celles de Schweigen et de Weiler, et de faire évacuer Wissembourg par l'artillerie, le trésor et les bagages. Il est possible que les canons placés dans les ouvrages avancés et sur les remparts de Wissembourg fussent inutiles, et compromis mal à propos; mais c'était avant l'attaque qu'il aurait fallu s'en apercevoir. Au moment où le combat semblait tourner contre nous, la démoralisation produite par la retraite de tout ce matériel était bien plus à craindre que la perte de quelques bouches à feu. Aussi faut-il être reconnaissant à Ruamps et Milhaud de ce que, par une résolution énergique, ils arrêtèrent l'exécution des ordres de Beauharnais et décidèrent qu'on n'évacuerait aucun ouvrage sans y être forcé. Leur fermeté sauva la frontière du Bas-Rhin pour une durée de six semaines.

Il convient de remarquer que les mêmes représentants

avaient émis l'opinion que la plus grande partie de l'artillerie de position pouvait être retirée ; mais on était alors au 20 août, et une pareille mesure, avant tout engagement, n'aurait pas présenté de graves inconvénients.

Beauharnais, jugé trop mou pour commander l'armée, fut destitué.

Au quartier général à Wissembourg, le 25 août 1793, l'an 2e de la République une et indivisible, et l'an 1er de la Constitution populaire.

Les représentants du peuple près l'armée du Rhin aux membres du Comité de Salut public de la Convention nationale.

Nous avons enfin accepté la démission du général Beauharnais, et il en était temps, pour conserver les lignes de Wissembourg. Voici copie de notre arrêté.

Au moment où le combat était engagé sur tous les points, il appela le général Landremont, qui était occupé au feu, afin, disait-il, de délibérer avec lui. Il donna ordre de retirer les pièces de position qui étaient sur les redoutes avancées, il fit sortir le trésor et la poste de Wissembourg ; il prépara ainsi une retraite précipitée et ne contribua pas peu, par ses doléances, à jeter le découragement dans l'armée ; mais la bravoure du soldat, soutenue par le courage et la présence d'esprit du général Landremont, que nous avons nommé général en chef, a garanti nos lignes de l'invasion dont elles étaient menacées.

Le tocsin a sonné dans le district de Wissembourg et sonne maintenant dans tous les départements frontières, et aussitôt nos postes, renforcés, ont repoussé l'ennemi, qui a perdu beaucoup de monde. On a reconnu, entre autres, un évêque, par sa soutane violette pliée dans une ceinture avec 60 louis, et un prêtre, par sa calotte où étaient cachés 14 sous.

Parmi les communes qui se sont le plus promptement prononcées, on a remarqué Bitchwiller et Ingwiller, dont les habitants, en masse, se sont portés sous le commandement des généraux. Quelques-unes, du district de Barr, ont tenu une conduite toute opposée et se sont retranchées dans les bois. Nous avons arrêté que la loi relative aux rebelles de la Vendée leur serait appliquée.

BORIE, J.-B. MILHAUD, RUAMPS.

AU NOM DU SALUT DU PEUPLE.

Les représentants du peuple près l'armée du Rhin :

Considérant que le général en chef de l'armée, Beauharnais, réitère à chaque instant l'offre de sa démission, de vive voix et par écrit ;

Considérant que, d'après ses aveux multipliés, il n'a ni la force, ni l'énergie morale nécessaires à un général en chef d'une armée républicaine ;

Considérant que son état de faiblesse et de langueur, qui l'a éloigné de l'armée pendant trois jours de combat, ne peuvent que jeter la méfiance et le découragement dans l'état-major et dans l'armée :

Arrêtent que sa démission est enfin acceptée et qu'il sera tenu de s'éloigner, dans l'espace de six heures, à vingt lieues des frontières, dans un séjour dont il nous donnera connaissance, ainsi qu'à la Convention nationale ;

Arrêtent en outre que le général Landremont remplira provisoirement les fonctions de général en chef de l'armée du Rhin, et que le présent arrêté sera envoyé par un courrier extraordinaire au Comité de Salut public et au ministre de la guerre.

Fait à Wissembourg, le 23 août 1793, l'an IIe de la République une et indivisible, et l'an 1er de la Constitution populaire.

J.-B. MILHAUD, RUAMPS, BORIE.

Les représentants offrirent d'abord le commandement en chef au général Gilot, commandant l'aile droite de l'armée, puis, sur son refus, au général Landremont. Le citoyen Dergaix, secrétaire de Beauharnais, avait écrit la veille à Robespierre que Landremont n'accepterait pas, et qu'il y avait de graves inconvénients à ce que l'armée restât longtemps sans chef. Il signalait le mauvais effet produit sur les troupes par ces changements incessants. Landremont fut nommé à titre provisoire, et Ferino le remplaça comme commandant de l'avant-garde.

« Le général Gilot, dit Legrand, avait montré à Landau et faisait connaître chaque jour à la droite de l'armée du Rhin, les sentiments d'un homme de bien, les vertus d'un républicain et le courage d'un soldat français ; mais il n'avait pas des talents assez éminents pour être général en chef, surtout dans la crise et la désorganisation où était l'armée. »

Le nouveau général en chef n'avait guère plus d'envergure :

« Nul ne payait mieux de sa personne, dans une affaire, que le général Landremont; mais il ne se connaissait pas assez en hommes ni en opérations militaires d'un grand genre pour porter avec succès un fardeau aussi immense que celui qui lui était imposé. Il faut plus que du courage et plus que des talents militaires pour être général en chef dans un temps de révolution et en certaines circonstances, telles que celles où se trouvait l'armée.

Les différents ordres qu'il signa pour le passage et les simulacres de passage du Rhin sur cinq points, sans préparatifs préalables et sans moyens existants, ses dispositions subséquentes, les choix des généraux qui se firent sous son commandement, prouvent ce que j'avance. A la vérité, dominé par les représentants du peuple près l'armée, il ne fut presque jamais le maître ni des ordres qu'il signa, ni des choix qui se firent. »

Le premier acte de Landremont, après le départ de Beauharnais, fut d'ordonner au général Gilot de préparer la retraite de l'artillerie de Lauterbourg, dans le cas où il se verrait forcé de l'évacuer. Il lui réclama le lendemain la compagnie d'artillerie volante qui lui avait été fournie le 21 pour l'attaque de Jockgrim.

Les représentants avaient appuyé le 22 une demande du 1er bataillon du 105e, qui, tenant garnison à Wissembourg, préférait combattre en première ligne. Ce bataillon fut envoyé le 24 à Steinfeld.

Afin d'employer toutes les ressources disponibles en hommes instruits, on prescrivit la formation d'un bataillon, dit de l'Égalité, avec les compagnies de dépôt rassemblées à Gerstheim (Rhône-et-Loire, Mayenne, Manche, Puy-de-Dôme).

Le directeur d'artillerie fit partir le 22, à 11 heures du soir, le premier convoi de munitions pour reconstituer les approvisionnements de l'armée.

Le 24 août, Ruamps et Milhaud rendent l'arrêté suivant :

Wissembourg, le 24 août, minuit, l'an 2ᵉ de la République.

« ..... Wissembourg ne peut résister à l'ennemi qui s'avancerait. Il est instant de faire rejoindre toutes les troupes qui sont à Haguenau, et de mettre à l'ordre du jour, au nom des représentants du peuple, que tous les étrangers qui n'ont point d'emploi dans les armées s'éloigneront des armées et des frontières à 20 lieues, et que tous les officiers qui ne seront pas à leurs postes dans les vingt-quatre heures seront mis hors de la loi et punis comme déserteurs. Il serait peut-être utile de donner ordre à toutes les troupes qui sont à Haguenau de rejoindre l'armée demain sans faute, et de faire partir une ordonnance sur-le-champ, pourvu que cette mesure ne souffre aucun retardement. Donnez en même temps des ordres au général Colle pour qu'il fasse rendre de suite les citoyens des campagnes à leur destination, que vous leur indiquerez. »

Pendant qu'on se battait encore à Bergzabern le 23, notre droite, se voyant séparée de la gauche depuis que l'ennemi occupait Scheidt, se retira sur Lauterbourg. Notre gauche resta en avant de Steinfeld. L'ennemi prit position « la droite sur les hauteurs en arrière du bois entre Barbelroth et Nieder-Otterbach, appuyant à la route, et la gauche à Scheidt. »

Si l'on se reporte à la situation de l'armée du Rhin, on trouve qu'il y avait à peu près 20,000 hommes en arrière du front Freckenfeld, Wissembourg, le Pigeonnier, c'est-à-dire sur une étendue de près de 20 kilomètres; combien y en eut-il d'engagés réellement dans la journée du 23 août? On n'avait pas laissé moins de quatre bataillons entre Wissembourg et Altstadt, et deux sur la Lauter en amont de Wissembourg; il fallait des garnisons dans les ouvrages de Steinfeld, de Kapsweyer, de Schweigen. Ce fut sans doute une douzaine de mille hommes tout au plus qu'on engagea entre Dierbach et Bergzabern contre 14 bataillons et une vingtaine d'escadrons autrichiens, c'est-à-dire contre des forces à peu près égales, mais mieux commandées (1).

---

(1) En comparant les situations du 15 août et du 1ᵉʳ septembre, on

Le 24, les deux armées restèrent à peu près immobiles dans leurs positions. Les bagages retirés de Wissembourg y furent ramenés. Le 25, Wurmser exécuta une sorte de reconnaissance offensive, et se heurta contre nos postes de Haftel, Gross-Steinfeld et Ober-Otterbach, sans pouvoir les entamer. Il y perdit 64 morts, 134 blessés et 14 disparus, et s'assura qu'il n'était pas temps encore de donner l'assaut à nos lignes. Il semble que le même jour, nous soyons rentrés à Bergzabern, et que la division Hotze ait repris cette ville le soir. Quelques historiens allemands ont reporté ce combat au 26 août. Nous manquons de documents authentiques pour en fixer la date exacte, mais il est avéré qu'on s'est battu le 25 et le 26.

Le 27, la cavalerie autrichienne s'avança dans la plaine, mais ce mouvement ne donna lieu qu'à des escarmouches sans conséquence. Le combat fut acharné, au contraire, autour de Bergzabern; sept bataillons français (les deux bataillons du 46°, le 3° du Bas-Rhin, le 2° du Puy-de-Dôme, le 1ᵉʳ du 93°, le 2° de Lot-et-Garonne, et les grenadiers de Rhône-et-Loire) repoussèrent les divisions Hotze et Waldeck, qui perdirent près de 400 hommes. Cet échec des Impériaux fut attribué aux mauvaises dispositions du général Hotze (1).

---

constate que les troupes campées à Schweigen, Kapsweyer et Bienwald-Mühle n'ont subi aucune perte, non plus que les deux bataillons chargés de la garde du parc et des bagages. Les postes de Minfeld, Frekenfeld et Scheidt ont très peu souffert. Restent dix à douze bataillons qui ont pu être engagés. La division des gorges n'a subi aucune perte.

(1) D'après une lettre de Bourcier, l'ennemi a été vivement repoussé au delà de Barbelroth. Le 27 août, dit Legrand, « le général Meynier fut attaqué à Bergzabern; il en fut délogé à 9 h. 1/2 du matin; le général Ferino fut attaqué en même temps dans sa position de Steinfeld par une colonne ennemie partie de Minfeld. A 2 heures après-midi, Meynier fit avertir Ferino qu'il allait rentrer dans Bergzabern. Ferino

Le 28 au soir, l'armée autrichienne campa entre Nieder-Horbach et Büchelberg, et le 29 elle renversa son ordre de bataille, sans qu'on puisse expliquer ce changement par d'autre motif que le désir de tenir la division Hotze à proximité du quartier général. Les émigrés, qui avaient combattu sur la rive même du Rhin, vinrent du côté de Bergzabern, entre Barbelroth et Nieder-Horbach. Hotze fut envoyé au Büchelberg.

En résumé, Wurmser avait repoussé notre droite sous les murs de Lauterbourg, mais il n'avait pu avancer d'un pas en huit jours de combats du côté des Vosges. Les affaires de Bergzabern se terminaient à notre avantage, puisque le 1er septembre cette ville était encore occupée par le 1er bataillon du 93e; à la démoralisation du 22 et du 23 août avaient pu succéder une confiance et une ardeur très réelles. L'armée, diminuée de 3,000 hommes en tout, était prête à combattre offensivement, mais il lui fallait des chefs capables de diriger ses mouvements, et l'on n'en trouvait pas.

Le 28, les représentants Borie, Milhaud et Ruamps écrivent à la Convention :

La journée du 26 septembre ne présente rien de bien remarquable, quoiqu'il y ait eu plusieurs attaques réciproques, si ce n'est que nous avons fait plusieurs prisonniers et tué quelques hommes à l'ennemi, sans en perdre un seul.

Mais la journée d'hier est remarquable par l'attaque générale de nos ennemis et la retraite qu'il (*sic*) a été forcé de faire sur plusieurs points.

---

se porta sur sa droite, attaqua et prit trois redoutes le long du chemin de Scheidt à Büchelberg, l'une à la droite de Scheidt, l'autre à l'angle formé par ledit chemin et le ruisseau de Weibelsbach, la troisième à l'embranchement formé par le chemin venant de Büchelberg et celui qui vient de Lauterbourg. Le but du général Ferino n'étant que de faire une diversion pour faciliter à Meynier l'attaque de Bergzabern, il se retira. Bergzabern fut repris, et évacué après, comme à l'ordinaire. » Malgré cette dernière affirmation, il faut croire, d'après la situation du 1er septembre, que le 1er bataillon du 93e resta cantonné à Bergzabern.

Le feu a commencé par notre gauche : quatre bataillons de la brigade du 46ᵉ régiment ont soutenu avec distinction, sur les hauteurs de Bergzabern, depuis 5 heures du matin jusqu'à 3 heures du soir, lorsque le 1ᵉʳ bataillon de Lot-et-Garonne est arrivé et a accéléré la retraite de l'ennemi. Le premier de ces bataillons a été conduit d'une manière distinguée par le chef Sisié ; la demi-brigade du 93ᵉ régiment, commandée par Grammond, a montré beaucoup de valeur.

Le feu n'a pas été moins soutenu sur la droite. Les émigrés, habillés en gardes nationales et avec des cocardes tricolores répondant à l'appel « France ! », ont d'abord surpris un bataillon dans la forêt de Bienwald, mais le 1ᵉʳ bataillon de la Corrèze, qui, la veille, y avait repoussé l'ennemi, lui a encore montré ce que peuvent des hommes libres ; il n'a pas cédé un pouce de terrain, malgré un feu violent et des forces supérieures. Il a eu à peu près 40 blessés ; l'un de ces défenseurs a perdu un bras et un autre la cuisse ; nous y sommes arrivés un instant après qu'on avait fait à ce dernier l'amputation, et il criait encore : « Vive la République ! » L'ennemi a été forcé de se replier avec beaucoup de pertes.

Notre artillerie a manœuvré avec la plus grande intelligence ; l'ennemi s'attachait principalement à une de nos batteries de 12, qui en a imposé à quatre batteries de l'ennemi, dont plusieurs pièces étaient de 25. Un de nos conducteurs d'artillerie a eu les deux bras emportés, et 5 chevaux ont été tués. L'ennemi a laissé sur la place beaucoup d'hommes et de chevaux. Deux de ses caissons ont été brûlés. Un de nos boulets a emporté trois de leurs canonniers, et, après un combat des plus opiniâtres, l'ennemi a battu en retraite.

Au moment où nous écrivons notre lettre, on vient de faire au général en chef un rapport ainsi conçu : « L'ennemi a perdu hier plus de 3,000 hommes. On ne pouvait pas assez trouver de chariots pour ramener les blessés, dont beaucoup étaient emportés dans du linge. » Il résulte du même rapport que nous devons être attaqués cette nuit ; mais l'armée est bien disposée, et les lignes de la Loutre sont hérissées de piques, de faulx et de fourches ; déjà nous avons passé en revue plus de 20,000 citoyens des campagnes qui sont accourus à notre voix.

Le département des Vosges nous a écrit que 8,000 à 10,000 montagnards venaient se joindre aux défenseurs de cette frontière, avec des vivres pour huit à dix jours. Les premières communes qui sont arrivées reçoivent journellement des subsistances qui leur sont apportées par leurs épouses et leurs enfants ; tous ceux de Wissembourg qui sont en état de porter les armes marchent partout où le général en chef les appelle.

La commune de Bergzabern, qui a été saccagée par l'ennemi, s'est réfugiée à Wissembourg. Nous avons mis 3,000 hommes à la disposition du district pour venir au secours des femmes et des enfants, et les hommes en état de porter les armes se sont réunis à nos tirailleurs. Le maire de cette commune se porte partout où le danger est le plus imminent. Il a tué hier 18 hommes de la légion de Rohan. Un de nos chasseurs a tué un officier émigré, sur lequel on a trouvé plusieurs brevets signés au nom du Roi et du prétendu régent de France. Il avait dans son portefeuille un ruban tricolore pour mettre à la boutonnière. Nous joignons ici les brevets et la liste de quelques émigrés.

Cette journée sera remarquable par la ferme contenance de notre armée qui, après six jours de combat, a repoussé des forces supérieures.

Salut — Fraternité.
BORIE, J.-B. MILHAUD, RUAMPS.

P.-S. — Pour le Comité de Salut public. Envoyez de la poudre; il en faut le plus tôt possible (1).

D'après les états fournis par la direction d'artillerie de Strasbourg, il fut envoyé près de 10,000 charges pour recompléter les approvisionnements en munitions d'artillerie, et environ 600,000 cartouches d'infanterie. Il avait été tiré de 80 à 100 coups par pièce et 25 cartouches par homme pendant l'ensemble des journées du 15 au 30.

ARTILLERIE.

Remises et consommations faites dans les magasins de l'arsenal de la ville de Strasbourg le 13 août 1793, l'an II de la République ; savoir :

Remises.

Fusils vieux d'infanterie......	Par le 37ᵉ régiment d'infanterie. 63 Par le 11ᵉ bataillon du Doubs... 55 Par le 2ᵉ de la Charente-Inférᵣₑ. 15	133
Plomb en balles neuves de 18, à la livre reçu de la fonderie..		3,946 l.
Cartouches d'infanterie, reçues des constructions.......		106,830

---

(1) Le jour même où cette lettre partait pour Paris, le Comité de Salut public décrétait de prélever 50 milliers de poudre sur chacun des magasins de Schelestadt, Belfort et Huningue pour approvisionner Strasbourg.

Boulets de 4 venant de Metz.......................	2,806
Balles de fer battu pour cartouches à canon, venant de Metz..	10,900

Consommations.

Sabres de chasseurs à cheval, à la 7ᵉ compagnie d'artillerie à cheval, détachée à l'avant-garde de l'armée du Rhin..	15
Mousquetons au 2ᵉ régiment de chasseurs à cheval.......	40
Paire de pistolets au 2ᵉ régiment de chasseurs à cheval...	22
Plomb à refondre, à la fonderie......................	6,595 l.
Dégorgeoirs, au bureau du service militaire............	50

Je, soussigné, garde d'artillerie de la ville de Strasbourg, certifie le présent état véritable.

A Strasbourg, le 13 août 1793, second de la République.

JACQUINOT.

14 août.   *Remises.*

Plomb en vieilles balles, par le 8ᵉ bataillon de la Drôme.	139
Boulets de 4 provenant de Metz.....................	2,933
Balles de fer battu pour cartouches à canon, id........	36,512
Cartouches d'infanterie, des constructions.............	101,985

Consommations.

Plomb en balles de 18 pour la construction des cartouches.		3,946 l.
Fusils d'infanterie { au 37ᵉ régiment d'infanterie...	313	
au 2ᵉ bataillon de la Charente-Inférieure................	28	401
au 11ᵉ bataillon du Doubs.....	60	
Sabres d'infanterie { au 37ᵉ régiment d'infanterie...	75	
au 2ᵉ bataillon de la Charente-Inférieure................	2	77
Fusil de chasse au citoyen Kieffer, de Lobstein.........		1
Cartouches d'infanterie au 8ᵉ bataillon de la Drôme......		2,502

21 août.   *Remises.*

De l'état-major de la citadelle..... } Fusils vieux d'infanterie...........	16

De la fonderie....	Plomb en balles neuves de 18 à la livre..................	4,107
Des constructions.	Cartouches d'infanterie...........	60,130

Consommations.

Au corps des chasseurs de l'armée du Rhin : poudre....		200 l.
Envoyé à l'armée du Bas-Rhin...	Cartouches à canons { à boulets de 4........	2,191
	à grosses balles de 4....	179
	à petites balles de 4....	287
	Cartouches d'infanterie...........	186,740
Au 4ᵉ bataillon des Vosges........	Poudre.....................	50 l.
Envoyé au pont du Rhin.........	Canons de 16 montés sur leurs affûts et avant-trains, garnis de leurs armements..................	5
	Boulets de 16................	500

22 août.

Remises.

Par le citoyen Adorne : sabres de dragons.............		67
Par le 75ᵉ régiment d'infanterie : fusils vieux d'infanterie.		79
Provenant du camp de Wissembourg	Boulets { de 8........	2
	{ de 4........	12
	Cartouches à canons { à grosses balles { de 8........	42
	{ de 4........	8
	{ à petites balles { de 8........	20
	{ de 4........	4
De l'hôpital militaire.........	Fusils vieux d'infanterie...........	26
Par le citoyen Sadoul, les armes ci-contre provenant de Mayence	Fusils vieux d'infanterie...........	49
	Baïonnettes d'infanterie...........	81
	Sabres vieux d'infanterie...........	9
	Sabres de cavalerie à réparer.......	29
	Sabres de cavalerie hors de service...	3
	Sabre de dragon à réparer.........	1
	Paires de pistolets à réparer........	20
	Lames de sabres de cavalerie de service..................	8
	Lame de sabres hors de service......	1
	Épée hors de service.............	1
	Piques......................	21
	Plastrons....................	78

De la fonderie....	Plomb en balles neuves de 18 à la livre.	3,957 l.
Des constructions.	Cartouches d'infanterie............	87,300

Consommations.

Pour les constructions des cartouches d'infanterie : plomb en balles de 18................................		4,107 l.
Au 3ᵉ bataillon des Vosges........	Cartouches d'infanterie............	1,200
	Pierres à feu.....................	200
Au 2ᵉ bataillon de la Creuse......	Cartouches d'infanterie............	10,000
Au citoyen Jung, de Rohswiller..	Fusils de chasse.................	2
Envoyé au fort Vauban.......	Cartouches à boulets de 8.........	260
	Cartouches à balles pour canons de place de 24......	56
	de 16......	52
	de 12......	3
	de 4.......	130
	Fusées à bombes de 12 et 10 pouces.	750
	Fusées à grenades... à main......	2,000
	de rempart...	1,500
	Fusées de signaux................	43
	Pierres à feu pour fusils..........	36,700
	Pierres à feu pour pistolets........	7,500
	Pelles carrées....................	300
	Pelles rondes....................	300
	Rames de papier pour cartouches à fusils........................	80
	Chandelles......................	65 l.

23 août.

Remises.

Par le citoyen Knobloch.........	Plomb en lingots.................	1,984 l.
Par le 48ᵉ régiment d'infanterie....	Fusils vieux d'infanterie..........	48

Consommations.

Au 1ᵉʳ bataillon de la Dordogne...	Fusils d'infanterie................	111
Envoyé au fort Vauban........	Fusées à bombes de 8 pouces.......	1,450

Envoyé à l'armée du Bas-Rhin...	Cartouches à boulets { de 8.......	188
	{ de 4.......	900
	Cartouches à grosses balles de 8....	20
	Cartouches d'infanterie............	345,400
	Pierres à feu pour fusils..........	11,600
	Obus de 6 pouces.................	600
Pour les constructions de cartouches d'infanterie : plomb en balles..		3,957 l.
Envoyé à Barr....	Canons de 4 de bataille avec leurs munitions....................	2
A la garde nationale de Strasbourg..	Cartouches d'infanterie....	16,000
Au 8ᵉ bataillon de la Drôme......	Cartouches d'infanterie...........	10,000
A la commune d'Erstein......	Poudre.........................	25
	Cartouches à mitrailles de 4.......	16

Observation. — L'approvisionnement des différents convois qui ont eu lieu aujourd'hui n'ont pas permis à l'artificier de faire la vérification des cartouches construites ; elles sont comprises dans l'état du 24.

24 août.

Remises.

Provenant de Besançon........	Poudre de guerre..........	28,200 l.
Par le 8ᵉ bataillon de la Drôme...	Plomb en balles..............	135 l.
Par le citoyen Vogt.	Sabres d'infanterie................	76
Par le 30ᵉ régiment d'infanterie....	Plomb en balles..............	135 l.
Par le citoyen Martz.........	Plomb en saumons................	25,000 l.
Par le citoyen Dartein...........	Plomb en balles neuves............	3,632 l.
Par le citoyen Perrier...........	Sabres d'artillerie à cheval........	76
	Sabres de chasseurs à cheval........	360
Des constructions.	Cartouches d'infanterie............	80,000
Provenant de Wissembourg......	Canons avec leurs affûts et porte-corps { de 12......	2
	{ de 8........	3
	{ de 4........	2
	Fusils vieux d'infanterie...........	699

CAMPAGNE DE 1793 EN ALSACE.

Consommations.

Envoyé à la Petite-Pierre........	Canons montés sur leurs affûts......	de 8 léger...	2
		de 12 de bataille......	2
	Cartouches à boulets	de 8........	146
		de 12......	114
	Cartouches à mitraille.....		186
	Caissons de 12...................		2
Envoyé au poste de Drusenheim....	Canons de 12 ordinaire montés sur leurs affûts....................		2
	Cartouches à boulets de 12........		186
Au 32ᵉ régiment d'infanterie....	Fusils d'infanterie...............		70
Au 7ᵉ rég. de chasseurs à cheval.	Cartouches d'infanterie...........		422
Pour les constructions de cartouches d'infanterie	Plomb en balles.................		3,632
A un détachement du 32ᵉ rég. d'inf. marchant contre les rebelles.....	Canons de 4 de bataille approvisionnés de leurs munitions......		2
	Cartouches d'infanterie...........		3,000
	Pierres à fusil...................		100
A la garde nationale de Strasbourg..	Cartouches d'infanterie....		6,000

25 août.

Remises.

Des constructions.	Cartouches d'infanterie............	30,000
Provenant de Lauterbourg.......	Fusils vieux d'infanterie..........	113
	Sabres vieux de cavalerie..........	9

Consommations.

Envoyé à l'armée du Bas-Rhin...	Obusier de 6 pouces..............		1
	Cartouches	à boulets de 8........	434
		à mitraille de 8.	210
	Cartouches d'infanterie...........		128,650
A la garde nationale d'Hangenbieten : cartouches d'infanterie...			1,600
A la garde nationale de Wolfisheim : cartouches d'infanterie...			1,400

11

Au 12e bataillon national du Jura : cartouches d'infanterie. 10,000

Au 8e bataillon du Jura.........
- Cartouches d'infanterie............ 7,500
- Pierres à fusil.................... 1,000

A la garde nationale de Strasbourg marchant contre les rebelles.
- Canon de 8 de bataille approvisionné de ses munitions................ 1
- Cartouches d'infanterie............ 1,500

26 août.

Remises.

Des constructions. Cartouches d'infanterie............ 70,780

Consommations.

A la municipalité de Kolbsheim..
- Poudre........................ 25 l.
- Plomb en balles................ 40 l.

A celle de Dachstein..........
- Poudre........................ 12 l.
- Plomb en balles................ 24 l.

27 août.

Remises.

De la fonderie....
- Canons de bataille
  - de 8................ 9
  - de 4................ 18
- Plomb en balles de 18............ 4,418

Provenant de Besançon.................... 21,800 l.
Par le 2e bataillon du Puy-de-Dôme : fusils vieux d'infanterie.. 18
Par le citoyen Gall : vieux plomb en feuilles............ 3,419 l.
Par le citoyen Knobloch : plomb neuf en lingots........ 1,339 l.
Des constructions : cartouches d'infanterie............. 90,500
Par le 8e bataillon de la Drôme : plomb en vieilles balles. 139 l.

Consommations.

Au 2e régiment de chasseurs à cheval : cartouches d'infanterie.. 1,000
Au 7e régiment de chasseurs à cheval : cartouches d'infanterie.. 700
Au 2e bataillon du Puy-de-Dôme : fusils d'infanterie..... 20

Envoyé à Henem.
- Escoupes...................... 202
- Pics royaux.................... 200

A la fonderie : plomb neuf en lingots................. 1,339
Au 8e bataillon de la Drôme : cartouches d'infanterie..... 5,000

Envoyé à Brumath. { Cartouches d'infanterie............	.....
{ Pierres à fusil................	.....
A un détachement de la garde citoyenne strasbourgeoise.	.....
Envoyé à Wasselonne : cartouches d'infanterie.........	6,000

28 août.

Remises.

De la fonderie.... { Plomb en balles neuves de 18 à la livre.	2,753 l.
{ Obusiers de 6 pouces......	4
Par le citoyen Aubert,........... } Plomb en feuilles................	1,912 l.
Des constructions. Cartouches d'infanterie...........	100,300

Consommations.

Envoyé à l'armée du Bas-Rhin....	Cartouches à boulets.. { de 12......	334
	{ de 8......	646
	{ de 4......	2,000
	Cartouches à mitraille { de 12......	132
	{ de 8.......	481
	{ de 4.......	442
	{ d'obusiers..	48
	Obus de 6 pouces................	500
	Cartouches d'infanterie...........	173,220
	Caissons de 12...................	2
	Sachets remplis de poudre........ { de 12......	140
	{ de 8.......	300
	{ de 4.......	442
	{ d'obusiers..	500
	Étoupilles.......................	5,350
	Lances à feu....................	690

Dépôt des chasseurs du Rhin : poudre tamisée.........	400
Au citoyen Keller, de Brinsheim : sabres vieux d'infanterie..	3
Aux citoyens Michel, Mehl et Breuter, d'Ersford : paires de pistolets...............................	7

Au 3ᵉ bataillon du Puy-de-Dôme...	Cartouches à boulets.. { de 8......	30
	{ de 4.......	150
	Cartouches à mitraille { de 8	20
	{ de 4......	50
	Cartouches d'infanterie...........	20,000
	Étoupilles	350
	Lances à feu	80
	Bricoles........................	12

Au 3ᵉ bataillon du Puy-de-Dôme .. *(Suite.)*	Étuis à lances....................	4
	Porte-lances.....................	4
	Sacs à charges....................	4
	Sacs à étoupilles.................	4
	Clous pour enclouer les pièces	8
	Écouvillons de 4..................	2
	Tirebourres de 4..................	1
	Dégorgeoirs......................	5
Au 3ᵉ bataillon du Gard.........	Cartouches à mitraille. { de 12......	125
	{ de 4......	175
	Cartouches d'infanterie	9,960
	Étoupilles........................	400
	Lances à feu	40
	Bricoles	8
	Sacs à charges....................	4
	Étuis à lances....................	2
	Sacs à étoupilles.................	2
	Prolonges........................	2

29 août.

Remises.

Par le 3ᵉ bataillon des Vosges.....	Plomb en balles	40 l.
Par la gendarmerie du Bas-Rhin...	Mousquetons......................	13
	Carabines........................	11
Des Constructions.	Cartouches d'infanterie	90,000

Consommations.

Envoyé à l'armée du Bas-Rhin ...	Canons de 16 montés sur leurs affûts et avant-trains, garnis de tous leurs armements.....................	4
	Canons de 12 de bataille, idem.....	2
	Boulets de 16.....................	1,200
	Cartouches à boulet de 12..........	18
	Cartouches d'infanterie	108,670
	Sachets de 16 remplis de poudre....	1,200
	Étoupilles........................	1,500
Au citoyen Jannel.	Pelles carrées....................	2
	Pelles rondes....................	8
	Pics hoyaux......................	4
	Brouettes........................	4
	Madriers pour rouler les brouettes...	6

Au 3ᵉ bataillon des Vosges.......	Cartouches d'infanterie............	720
Au citoyen Miller, d'Ahlenweiler..	Fusil de chasse...................	1

30 août.

Remises.

Par le 4ᵉ bataillon du Jura.......	Fusils vieux d'infanterie..........	30
Par le citoyen Merlin............	Piques.....................	158
Par le citoyen Fortin, charretier des vivres.....	Fusil vieux d'infanterie..........	1
Des Constructions.	Cartouches d'infanterie............	134,000

Consommations.

Envoyé à l'armée du Bas-Rhin...	Cartouches à boulets..	de 12......	60
		de 8......	820
	Cartouches à mitraille.	de 12......	8
		de 8......	100
	Étoupilles.....................		7,290
	Lances à feu..................		1,371
	Mèche......................		206 l.
	Cartouches d'infanterie............		185,890
Dépôt des chasseurs du Rhin..	Plomb à balles à refondre..........		200 l.
	Plomb en saumons................		400 l.
Dépôt du 2ᵉ bataillon des grenadiers de Rhône-et-Loire.......	Cartouches d'infanterie............		600 l.
	Pierres à fusil..................		60

Remises et consommations des munitions de guerre qui ont été faites dans les magasins de l'arsenal de la ville de Strasbourg, le 31 août 1793, l'an II de la République; savoir :

Remises.

Pour le citoyen Knobloch......	Plomb en saumon................	11,960 l.
Des Constructions.	Cartouches d'infanterie............	90,000

Consommations.

Envoyé à l'armée du Bas-Rhin...	Poix noire........................	1,422 l.
	Souffre.........................	2,053 l.
	Tourteaux goudronné.............	2,000
	Pierres à fusils..................	100,000
	Coubleaux......................	2
	Traversières....................	4
	Boulets de 16...................	44
	Sachets de 16 remplis de poudre....	44
	Mèche.........................	400 l.
	Chèvre avec son écharpe et son câble.	1
	Clous pour enclouer les pièces......	12
A la fonderie.....	Cordeau de 200 toises............	1
	Plomb en saumon................	11,960 l.
	Plomb en balles à refondre........	7,736 l.

Je soussigné, garde d'artillerie de la ville de Strasbourg, certifie le présent état véritable.

A Strasbourg, le 31 août 1793, l'an II de la République,

JACQUINOT.

ARMÉE DU RHIN.

Situation du 1ᵉʳ septembre 1793.

DESTINATION.	NOMS DES CORPS ET NUMÉROS DES BATAILLONS et escadrons.	LEUR EMPLACEMENT.	NOMBRE D'OFFICIERS.	HOMMES. EFFECTIFS.	HOMMES. PRÉSENTS SOUS les armes.	CHEVAUX DE TROUPE.
	Avant-garde aux ordres du général de division Férino.					
BAILLY, adjudant général. MEYNIER.	Chasseurs du Rhin	Bivouaqués	18	436	421	»
	6ᵉ bat. inf. légère	Id.	23	703	479	»
	11ᵉ bat. inf. légère	Campés	16	700	444	»
	12ᵉ bat. inf. légère	Bivouaqués	25	699	555	»
	2ᵉ bat. de grenadiers	Id.	47	1,245	939	»
	1ᵉʳ bat. de la Haute-Saône	Bobenthal	31	929	883	»
	1ᵉʳ bat. de la Haute-Saône	Campés	»	»	»	»
	1ᵉʳ bat. des Pyrénées	Id.	28	904	652	»
	1ᵉʳ bat. du Jura	Bivouaqués	20	799	626	»
	7ᵉ bat. d'inf. légère	Bobenthal	16	964	992	»
	1ʳᵉ comp. franche de la Dordogne	Schaibenhard	2	191	177	»
	2ᵉ bat. du Lot-et-Garonne	Bivouaqués	29	905	748	»
	1ᵉʳ bat. du 103ᵉ régiment	Id.	31	998	846	»
DUVIGNAU, adjudant général. LOUBAT.	2ᵉ rég. de chasseurs	Niderlauterbach	34	603	430	596
	8ᵉ rég. de chasseurs	Bivouaqués	33	677	333	364
	17ᵉ rég. de dragons	Id.	29	377	354	353
	10ᵉ rég. de chasseurs	Id.	32	431	363	379
	7ᵉ rég. de hussards	Id.	17	320	213	243
	4ᵉ rég. de dragons	Schaibenhard	24	308	293	327
	7ᵉ rég. de chasseurs	Dispersés	1	104	104	105
	11ᵉ rég. de dragons	Bivouaqués	26	364	340	346
	8ᵉ rég. de dragons	Id.	26	488	343	376
	Artillerie volante	Id.	4	101	90	95
	Division commandée par le général *.** LEGRAND, adjudant général.					
Le général MICHAUT.	2ᵉ bat. du 40ᵉ régiment	La digue près du Rhin	24	799	683	»
	3ᵉ bat. de la Haute-Saône	Seltz	27	830	776	»
	1ᵉʳ bat. du 37ᵉ régiment	Lauterbourg	24	598	407	»
	3ᵉ bat. de l'Ain	Près la Chapelle	36	794	686	»
	7ᵉ bat. de la Haute-Saône	Lauterbourg	26	777	592	»
	2ᵉ bat. de la Charente-Inf.	Campé	20	776	519	»
Le général DUBOIS.	1ᵉʳ bat. du 75ᵉ régiment	Schaibenhard	22	774	594	»
	3ᵉ bat. de Rhône-et-Loire	Près de Moderen	29	798	658	»
	9ᵉ bat. des Vosges	Schaibenhard	34	809	764	»
	2ᵉ bat. du 75ᵉ régiment	Id.	23	878	655	»
	4ᵉ bat. du Bas-Rhin	Id.	18	926	548	»
	4ᵉ bat. de l'Eure	Campé	31	769	628	»

DESTI-NATION.	NOMS DES CORPS ET NUMÉROS DES BATAILLONS et escadrons.	LEUR EMPLACEMENT.	NOMBRE D'OFFICIERS.	HOMMES EFFECTIFS.	HOMMES PRÉSENTS SOUS les armes.	CHEVAUX DE TROUPE.
	**Division commandée par le général Munnier.** HATRY, adjudant général.					
Le général MONTIGNY.	1er bat. du 3e régiment	Schaibenhard	20	860	692	»
	1er bat. du Doubs	Id.	24	791	596	»
	1er bat. de l'Ain	Moulin de Bienwald	22	894	765	»
	2e bat. du 3e régiment	Id.	24	820	679	»
	3e bat. de l'Ain	Fort Saint-Rémy	28	824	635	»
	10e bat. des Vosges	Camp de Schweigen	31	831	669	»
Le général ISAMBERT.	1er bat. du 27e régiment	Camp de Lembach	19	813	482	»
	3e bat. du Doubs	Camp de Roth	27	919	728	»
	4e bat. de Saône-et-Loire	Bobenthal	28	849	680	»
	1er bat. du 48e régiment	Bivouaqué	18	815	534	»
	3e bat. du Haut-Rhin	Camp de Lembach	28	774	680	»
	**Division commandée par le général Méquillier** DEMONT, adjudant général.					
Le général AURIOLLE.	1er bat. du 93e régiment	Près Berg-Zabern	27	861	725	»
	2e gren. Rhône-et-Loire	Camp de Capsweyer	30	744	659	»
	1er bat. Lot-et-Garonne	Camp de Hoff	30	854	710	»
	2e bat. du 93e régiment	Gorges de Rechtembach	29	865	713	»
	2e bat. de Seine-et-Oise	Hauteurs de Schweigen	32	893	802	»
	2e bat. Rhône-et-Loire	Hauteurs d'Oberotterbach	23	912	788	»
Le général LA BRUYÈRE.	1er bat. du 46e régiment	Camp de Capsweyer	28	830	588	»
	3e bat. du Bas-Rhin	Id.	27	783	529	»
	11e bat. du Doubs	Sur les hauteurs de Schweigen	29	723	631	»
	2e bat. du 46e régiment	Camp de Capsweyer	30	859	686	»
	2e bat. du Puy-de-Dôme	Id.	27	835	625	»
	2e bat. d'Eure-et-Loire	Camp de Geisberg	29	819	676	»
	**Division commandée par le général ***.** MIRIBEL, adjudant général.					
Le général FERRÉ.	1er bat. du 33e régiment	Nothweiler	23	922	611	»
	1er bat. des Vosges	Ziegelscheuer	22	974	811	»
	4e bat. du Jura	Nothweiler	26	913	769	»
	2e bat. du 13e régiment	Ziegelscheuer	14	859	640	»
	1er bat. du Haut-Rhin	Au pont Ziegelscheuer	24	893	408	»
	3e bat. d'Indre-et-Loire	Stürzelbronn	28	907	735	»

DESTINATION.	NOMS DES CORPS ET NUMÉROS DES BATAILLONS et escadrons.	LEUR EMPLACEMENT.	NOMBRE D'OFFICIERS.	HOMMES EFFECTIFS.	HOMMES PRÉSENTS SOUS les armes.	CHEVAUX DE TROUPE.
	Artillerie du parc.					
Le général RAVELLE.	Le parc d'artillerie......	Camp de Weissembourg..........	39	944	890	»
	1er bat. du Bas-Rhin....	Camp de Weissembourg..........	14	407	349	»
	Artillerie volante.........	Seltz...............	3	86	44	86
	Détachement d'artillerie..	Seltz-Lauterbourg...	7	282	279	»
Division commandée par le général Diettmann.						
	ROQUESANTE, adjudant général.					
Aile droite de la cavalerie. Le général LAFARETTE.	2e rég. de cavalerie.....	Schweighoffen......	25	681	399	409
	12e rég. de cavalerie....	Id................	29	681	381	443
	Gendarmerie nationale...	Neuwiller..........	14	328	270	309
	14e rég. de cavalerie....	Schweighoffen......	3	60	60	63
	29e div. de gendarmerie.	Id................	5	49	19	24
	Artillerie volante........	Id................	1	55	31	36
A la gauche de la cavalerie. Le général BEAUREVOIR.	9e rég. de cavalerie.....	Altenstatt..........	20	447	288	374
	1re et 3e div. de gendarm.	Weissembourg - Altenstatt..........	53	760	665	764
	49e rég. de cavalerie....	Altenstatt..........	24	303	296	448
	Artillerie volante........	Riedsels...........	2	46	38	38
	Guides..............	Weissembourg......	2	22	22	22
	1er bat. de la Corrèze....	Id................	29	968	624	»
	TOTAL...............		1,886	17,225	27,677	6,167

XIII. — LA LEVÉE EN MASSE EN ALSACE.

Si l'émotion des représentants ne se traduisit pas comme celle de Beauharnais par des ordres de retraite, elle n'en fut pas moins vive, et leur inquiétude se communiqua aussitôt à toute l'Alsace. Le tocsin sonna dans les communes des deux départements du Rhin pour appeler tous les citoyens aux armes, simple figure de rhétorique puisque les fusils et les sabres manquaient encore dans l'armée régulière.

Déjà des appels partiels avaient été faits : un décret du 25 juillet avait mis en réquisition les gardes nationales à cheval dans toute l'étendue de la République, et Beauharnais avait appliqué ce décret dans le Bas-Rhin. Quelques milices s'étaient formées et jointes aux armées, comme la garde nationale de Pfaffenhofen, qui était venue défendre les gorges de Bernthal dès le 19 août, et à laquelle le général avait prescrit de fournir des vivres. Dans les pays envahis, il arrivait parfois que la population fournissait des renforts à nos volontaires, comme on le vit à Bergzabern.

« Bergzabern appartenait au prince de Deux-Ponts. Lui et ses gens y avaient exercé jusqu'au moment de la Révolution beaucoup de vexations. Les habitants de ce gros bourg, entouré de villages français, voyant leurs voisins libres, voulurent l'être également. Des correspondances s'établirent entre les habitants de Bergzabern et ceux de Lauterbourg et de Wissembourg ; enfin ils se déclarèrent libres et républicains et présentèrent à la Convention nationale le vœu de leur réunion à la France. Le maire de cette commune, le citoyen Mayer, avait été un des habitants de Bergzabern les plus prononcés en faveur de la République française, et un de ceux qui avaient le plus contribué à en propager les principes parmi ses concitoyens. Mayer avait servi cinq ans en France dans les gardes suisses. Grand, bien fait, d'une force prodigieuse, d'un courage à toute épreuve, bon chasseur, connaissant le moindre buisson à cinq ou six lieues à la ronde, tantôt il combattait en tirailleur à la tête de la garde nationale, tantôt à la tête des guides de l'armée, il indiquait les points par où l'on pouvait tourner l'ennemi. D'autres fois, quand l'ennemi était dans Bergzabern, logé dans sa propre maison, il s'adressait à un certain nombre de braves camarades : J'ai du bon vin dans mes caves, et ces bougres-là le boivent. Mon bien (il en a beaucoup), mon vin n'est pas à moi ; il est à la République ; allons le boire à sa santé. On partait pour Bergzabern ; on en délogeait l'ennemi, on allait droit à la maison de Mayer, où il prodiguait son vin à ses frères d'armes comme ils prodiguaient leur sang à la patrie. Il est de fait que quand Mayer demandait des gens de bonne volonté, il s'en trouvait un plus grand nombre que s'ils eussent été demandés par le général en chef. Ces parties de plaisir, qui se renouvelèrent souvent pendant plus d'un mois, finirent par vider un certain nombre de foudres qui remplissaient les caves de Mayer. »

(*Note de Legrand.*)

En ordonnant le 22 août la levée en masse dans le Haut et dans le Bas-Rhin, les représentants appliquaient le principe énoncé dans le décret du 16 août, et dont le décret plus connu du 23 devait seulement fixer le mode d'exécution.

Décret portant que le peuple français va se lever tout entier pour la défense de sa liberté.

16 août 1793.

« La Convention nationale, après avoir entendu son Comité de salut public, décrète ce qui suit :

« Art. 1er. — Le peuple français déclare, par l'organe de ses représentants, qu'il va se lever tout entier pour la défense de sa liberté, de sa constitution, et pour délivrer enfin son territoire de ses ennemis.

« Art. 2. — Le Comité de salut public présentera demain le mode d'organisation de ce grand mouvement national.

« Art. 3. — Il sera nommé par la Convention nationale dix-huit représentants du peuple, répartis dans les divers départements. Ils sont chargés de diriger les opérations des envoyés des assemblées primaires, relatives aux mesures de salut public et aux réquisitions d'hommes, d'armes, de subsistances, de fourrages et de chevaux.

« Art. 4. — Ils sont autorisés à délivrer des commissions aux envoyés des assemblées primaires, sans lesquels ceux-ci ne pourront exercer les réquisitions déjà indiquées.

« Art. 5. — Les représentants du peuple se concerteront avec le Comité de salut public et le Conseil exécutif, pour le rassemblement et la direction des forces et des moyens qui auront été mis en exécution.

« Art. 6. — Les représentants du peuple sont chargés également de renouveler en tout ou en partie les membres des autorités constituées et les divers fonctionnaires publics, et de les remplacer provisoirement par des citoyens d'un patriotisme reconnu.

« Art. 7. — Ils ne pourront, dans aucun cas et sous aucun prétexte, choisir ni conserver aucun des administrateurs ou fonctionnaires publics qui auraient coopéré ou adhéré à des arrêtés liberticides, tendant au fédéralisme et subversifs de l'unité et de l'indivisibilité de la République, ou qui auraient donné des marques particulières d'incivisme, quand même les administrateurs ou fonctionnaires publics auraient donné leur rétractation. »

Ruamps et Milhaud étaient seuls à l'armée du Bas-Rhin le 22 août. Ils ordonnent la levée générale et en avisent leur collègue Borie, demeuré à Strasbourg :

> Wissembourg, le 22 août, l'an 2ᵉ de la République.
>
> Le tocsin sonne dans tout le district de Wissembourg ; les citoyens s'arment de piques, de faux manchées, de sabres, de fusils, enfin de toutes espèces d'armes, pour aller foudre en masse sur l'ennemi, qui vient de nous attaquer sur différents points. Nous vous invitons de faire prendre les mêmes mesures dans tout le département du Bas-Rhin et dans celui du Haut-Rhin.
>
> RUAMPS, J.-B. MILHAUD.

> Huningue, le 24 août 1793, l'an 2ᵉ de la République française, une et indivisible.
>
> *Les représentants du peuple français près les armées du Rhin et de la Moselle aux administrateurs du département de.....*
>
> Citoyens,
>
> Nous venons d'apprendre par un courrier extraordinaire que l'ennemi, faisant un dernier effort, pénètre sur notre territoire dans le district de Wissembourg ; que nos collègues qui s'y trouvent dans ce moment de crise viennent de faire sonner le tocsin ; que tous les citoyens du département du Bas-Rhin courent aux armes, se réunissent en masse aux armées de la République pour terminer enfin une guerre cruelle, qui ne nous est devenue funeste qu'à force de trahisons et pour avoir négligé de faire usage de nos moyens et de nos forces.
>
> Il n'est plus un instant à perdre, le combat à mort est livré et nous devons vaincre ou périr. Voilà le serment qu'ont tant de fois répété les Français, *ils ne seront point parjures*. Administrateurs républicains, à l'instant quittez le théâtre ordinaire de vos fonctions en plus grand nombre possible, portez-vous en poste dans tous les districts, que les membres qui les composent vous secondent, adjoignez-vous les magistrats du peuple, les plus ardents patriotes des sociétés populaires, répandez-vous à la fois dans toutes les communes, éveillez le peuple de son sommeil léthargique. A défaut de fusils, qu'il s'arme d'instruments offensifs, qu'il emporte des vivres pour dix à quinze jours, qu'il traîne des canons et toute espèce de munitions qu'il pourra se procurer. Que les cloches, les tambours retentissent de toutes parts, qu'un tocsin général fasse pâlir d'effroi les tyrans et qu'il annonce à leurs satellites leur dernière heure. Que tout citoyen, non de telle ou telle classe, mais qui aime sa patrie, en état de porter les armes, vole au combat ;

que la terre de la liberté soit couverte de colonnes républicaines et que, par vous dirigées, elles marchent à grands pas vers Haguenau, qui est le point désigné de la réunion de toutes nos forces. C'est là où se concertent les grands coups qu'il faut frapper pour exterminer les ennemis, porter le fer et la flamme sur la terre de la tyrannie, nous emparer des dépouilles de ces vils esclaves et ramener parmi nous l'abondance.

Au premier appel, les patriotes strasbourgeois accourent. L'adjudant général Mallet écrit au général Gillot, le 23 août :

Je suis chargé de vous prévenir, mon général, qu'une légion venant de Strasbourg, et qui était au fort Vauban ce matin, a reçu l'ordre d'aller à Lauterbourg, où elle doit être à vos ordres. Elle est composée de cavalerie et d'infanterie.

Je suis chargé de vous prévenir aussi qu'il se forme un rassemblement à Neuwiller, en arrière de Lauterbourg. Ce rassemblement sera formé des habitants des communes du canton de Lauterbourg ; c'est le citoyen Ossel, adjudant général, qui en est chargé. Vous pourrez disposer de tout ce monde de la manière qui vous paraîtra le plus utile, particulièrement à faire faire des abatis et ouvrages en terre par ceux qui seront mal armés, si vous les croyez nécessaires, surtout d'augmenter en longueur et hauteur tous ces abatis.

Le général vous recommande d'employer tous les citoyens en réquisition particulièrement derrière les lignes, dans les points que vous voudrez défendre.

L'adjudant général,
MALLET.

P. S. (de la main de Landremont). — Je vous prie, mon cher général, de me donner de demi-heure en demi-heure des nouvelles. Comme vous pourriez être attaqué, attendu qu'ils vous ont laissé tranquille aujourd'hui, je suis inquiet pour demain. Je fonde tout sur votre courage et votre patriotisme, et suis persuadé que vous défendrez votre poste en vrai républicain. Je suis malheureusement nommé général en chef. Le général Beauharnais, étant malade, a donné sa démission. Il avait seul les connaissances pour commander une armée.

LANDREMONT.

31 août.

Un zèle bien louable dans les citoyens de la commune de Soultz les a portés à se réunir pour la défense de la patrie. Ils ont oublié leurs intérêts les plus chers pour venir combattre les ennemis de la République. Plusieurs d'entre eux, dont les familles ne subsistaient que par leur travail, se sont adressés au général en chef de l'armée du Rhin pour solliciter des secours en faveur de leurs familles. Le général en chef ne peut remettre en de meilleures mains les intérêts de ces familles qu'en les abandonnant à vos soins paternels; il me charge de vous prier, citoyens, de veiller à ce qu'elles ne souffrent pas de l'absence de leurs chefs et de vous engager à prendre tous les moyens qui sont en votre pouvoir pour procurer des secours aux femmes et enfants de ceux qui sont sans moyens de subsistance, et particulièrement à la famille d'Isaac Stamm.

Dournidni

Les représentants et les généraux rivalisent d'activité pour la réunion des réquisitionnaires. Ceux du canton de Soultz sont rassemblés dès le 22 par le lieutenant Sain, et prêts à marcher. Le général Colle, commandant à Haguenau, requiert les cantons de Fort-Vauban, Bischwiller et Brumpt, qui sont réunis par le citoyen Bertrand, adjoint de la légion. Le chef d'escadron Dubois se fait remarquer par un zèle bruyant qui lui vaut le grade de général.

Wissembourg, le 25 août, l'an 2e de la République.

Les représentants du peuple près l'armée transmettent à la Convention la lettre originale du citoyen Dubois, chef d'escadron du 17e régiment de dragons, qu'ils ont nommé hier général de brigade au moment qu'il nous amenait 1000 hommes d'infanterie et un escadron de cavalerie nationale des campagnes; vous verrez les nouveaux renforts qu'il nous annonce.

Milhaud et Borie.

Haguenau, le 25 août 1793, l'an 2e de la République française, et l'an 1er de la Constitution populaire.

Le citoyen Alexis Dubois, général de brigade, aux représentants du peuple, à Wissembourg.

Citoyens représentants,

C'est avec la plus douce satisfaction que je vais vous rendre compte de ma journée d'hier et d'aujourd'hui. J'ai fait partir hier sur le soir, de Bischwiller et de ses environs, 700 hommes à pied et 140 à cheval, avec des vivres et des fourrages qui les suivent. Je me suis transporté de là à Sufflenheim, village de mauvaise volonté dont je vous ai déjà parlé. J'ai menacé et ensuite je leur ai tenu le langage du vrai républicain. J'ai parvenu à leur faire connaître leurs erreurs et je leur ai inspiré l'amour d'aller combattre pour la liberté. Ils vont partir dans une heure 300 hommes, une partie avec des fusils et l'autre avec des armes meurtrières. Je vais maintenant me porter dans deux autres villages où j'espère avoir le même succès. Le rassemblement que j'ai fait faire pour mon compte peut se porter maintenant à 2,000 hommes, dont 300 sont bien montés. Je vais m'occuper aussi de leur faire porter des pelles, des haches et des serpes pour travailler aux retranchements, ainsi qu'à faire des abatis, si l'on en a besoin; je leur fais aussi disposer des marmites pour faire la soupe.

Cette nuit, à 1 heure, l'ennemi a passé le Rhin au-dessus du fort Vauban et a surpris un de nos avant-postes. Il y eut une canonnade d'une heure. Celui qui me fait le rapport m'assure que nos gens leur ont cerné 150 hommes. Ils auraient peut-être été plus loin s'ils n'eussent pas été épouvantés du tocsin que j'ai fait sonner dans les villages. J'étais couché dans un de ces canaux, où j'ai trouvé deux tambours, je les ai pris avec moi et les ai menés dans une prairie à un quart de lieue de l'ennemi, et là je leur ai fait battre la générale tant qu'ils ont eu des bras. Je vois avec douleur que nos avant-postes ne se surveillent pas; il faut espérer que cette attaque leur servira de leçon.

Je vais courir aussi après un cheval, vous connaissez à ce sujet mon pressant besoin; je compte être rendu demain au soir à Lauterbourg, où j'espère y trouver vos ordres, ainsi que ceux du général en chef de l'armée, pour m'assigner un poste quelconque. Partout où l'on m'emploiera, on trouvera le vrai courage d'un républicain.

Salut et fraternité.

Le républicain Alexis Dubois.

Les citoyens requis dans le Bas-Rhin arrivent à l'armée; on commence à les organiser. Ils restent groupés par commune, canton et district, mais sont répartis entre les divisions de l'armée, et les généraux divisionnaires désignent des bataillons actifs chargés d'assurer leur subsistance. Cette mesure sera confirmée par un ordre du 29 août :

'Les troupes de nouvelle levée seront, quant aux subsistances, amalgamées avec des bataillons de ligne ou de volontaires dont les conseils d'administration et quartiers-maîtres donneront les bons de subsistances. Les troupes de nouvelle levée sont invitées à ne prendre des magasins que ce qui leur sera indispensable, d'autant plus qu'avant de partir elles ont reçu ordre de se pourvoir en vivres pour quinze jours.

4 septembre.

Au citoyen Wolff.

Les troupes agricoles auxquelles vous êtes attaché, citoyen, sont toutes celles placées tant dans les lignes qu'en avant, et c'est à elles que vous devez porter tous les soins relatifs aux fonctions d'adjudant-général de division.

Les bataillons qui sont chargés de fournir les subsistances à ces troupes sont tenus en même temps de les faire transporter par les voitures dont ils se servent pour eux-mêmes; vous voudrez bien faire part de ces dispositions aux commandants de ces bataillons, afin qu'ils prennent leurs arrangements en conséquence.

BOURCIER.

Entre temps, la Convention a décrété la levée en masse pour toute la France. Le célèbre décret du 23 août, qui met en réquisition permanente tous les citoyens en état de porter les armes, et trace leur tâche aux femmes même et aux vieillards, prescrit malheureusement que les citoyens de la nouvelle levée ne seront point incorporés dans les troupes existantes :

Art. 8. — La levée sera générale. Les citoyens non mariés ou veufs sans enfants, de 18 à 25 ans, marcheront les premiers; ils se réuniront sans délai aux chefs-lieux de leurs districts, où ils s'exerceront tous les jours au maniement des armes en attendant l'heure du départ.....

Art. 11. — Le bataillon qui sera organisé dans chaque district sera réuni sous une bannière portant cette inscription : Le peuple français debout contre les tyrans.

Par modification à ce décret, les bataillons de réquisition des départements voisins, Meurthe, Vosges, Haute-Saône, Doubs, etc., vinrent affluer à l'armée du Rhin, le département de la Moselle restant seul affecté à l'armée de la Moselle.

Le 27 août, l'adjudant général Bourcier annonce au

général Colle, à Haguenau, l'arrivée de 20,000 à 30,000 hommes des départements voisins et 10,000 du département des Vosges. Il ne doute pas que ce renfort imposant ne permette de disperser les rebelles et de reprendre la ligne de la Queich. Ainsi, les militaires même croyaient alors à l'efficacité de cette levée en masse. On les envoyait à l'avant-garde.

Le bataillon de garde nationale de Wissembourg, et des « citoyens armés de piques » des cantons environnants, avaient d'abord été réunis au Pigeonnier, sous le commandement de l'adjudant général Miribel. Le 28, ce dernier est prévenu qu'on les a fait partir dans la nuit pour se rendre à l'avant-garde. Une lettre de Landremont à Bouchotte indique la manière dont on les emploie. Avant de les avoir armés et dégrossis, on les met aux avant-postes avec les troupes de ligne et les volontaires.

> Quant aux moyens que vous me proposez, j'en ai trouvé un meilleur, d'amalgamer mes braves gens de la campagne avec mes bataillons. Ils s'aguerrissent avec eux; il y en a 25 qui ont été ce matin à la découverte avec les tirailleurs, à Lauterbourg; ils sont de Bischwiller. Je ne les éloigne pas trop de leurs villages; ils reçoivent les vivres avec les bataillons et ils se battent avec eux. Lorsque les autres viendront, je verrai ce que j'en ferai. J'attends 8,000 à 9,000 hommes des Vosges, et je ne mettrai sûrement pas mes braves montagnards sur les derrières. J'attaquerai avec eux, je ferai aux Autrichiens la guerre de paysans.

30 août.

L'adjudant général Bourcier à Villemanzy.

> En conséquence de votre demande du 29 de ce mois, je vous préviens, citoyen, que l'intention du général en chef est que les citoyens rassemblés pour la défense de la patrie, qui seront blessés, soient reçus à l'hôpital comme les autres militaires. Son intention est également que ceux des dits citoyens qui tomberont malades soient renvoyés chez eux, pourvu cependant qu'ils puissent s'y rendre sans danger, ou supporter les fatigues du transport. Dans le cas contraire, ils seront reçus à l'hôpital comme les autres citoyens blessés.
>
> BOURCIER.

On mêle donc les agricoles aux troupes de première ligne. Le 4 septembre, le général Ferey, qui commande à Lembach, ayant peu d'agricoles à sa disposition, est autorisé par le général en chef à requérir au besoin ceux qui se trouvent dans son commandement.

Il vient d'arriver 341 hommes de la levée des Vosges à Haguenau. On attend 3,000 à 4,000 hommes de la garde citoyenne de la Meurthe ; 300 à 400 hommes du district de Colmar, qui sont arrivés le 2 septembre à Altstadt, sont dirigés sur Bechtembach. La plupart des citoyens qui rejoignent ensuite sont groupés en deux masses, les uns à Schleithal, les autres à Lauterbourg.

Les représentants expriment leur satisfaction à la Convention, et annoncent une levée formidable de 140,000 hommes.

ARMÉE DU RHIN.

Les représentants du peuple près l'armée du Rhin à la Convention nationale.

Nancy, 31 août 1793, an 1er.

L'ennemi faisant un dernier effort pour pénétrer dans le département du Bas-Rhin et ravager la riche et superbe plaine de l'Alsace, nous avons dû aussi faire un dernier effort pour repousser l'ennemi. Le danger imminent qui nous pressait nous a forcés de devancer le décret de la Convention nationale pour la levée du peuple. Le tocsin s'est déjà fait entendre dans les huit départements qui forment les divisions du Rhin et de la Moselle. On ne peut se faire une idée de l'effet qu'il a produit. Plus de 140,000 citoyens armés, disposés en bataillons formant plusieurs compagnies de cavalerie, des grenadiers et chasseurs, des canonniers avec des canons, des munitions et des vivres pour quinze jours, sont en marche ainsi que plusieurs administrateurs, magistrats du peuple et autres fonctionnaires publics, pour se rendre à Wissembourg, lieu de réunion de toutes les forces. Les frontières du Rhin sont couvertes de colonnes patriotiques; rien n'égale leur ardeur et leur intrépidité. Le peuple est las de souffrir; aujourd'hui qu'il a une constitution, qu'il est souverain et éclairé sur les conspirations dont il a été trop longtemps la victime, il a résolu d'y mettre un terme, de purger la République des traîtres et des rebelles qu'elle recèle dans son sein, d'exterminer à la fois les tyrans, d'abandonner cet étrange système de modérantisme qui épuise ses ressources, et de se précipiter comme un torrent sur la terre de la tyrannie pour s'emparer des dépouilles de tous ses esclaves. Une partie des garnisons des villes de seconde ligne et nombre de dépôts qui végétaient dans l'intérieur, tandis que ces bras peuvent être employés si utilement sur les frontières, et qui formeront un renfort de 10,000 à 12,000 bons guerriers, volent aussi à Wissembourg, d'après nos réquisitions.

Nos collègues près l'armée du Rhin ont dû vous apprendre que l'ennemi n'avait cessé d'attaquer les lignes de Wissembourg depuis le 18 jusqu'au 23, qu'il avait été repoussé vigoureusement le 22, et le 27 battu complètement. L'on a évalué sa perte dans cette dernière journée à près de 2,000 morts, 3,000 blessés.

Les citoyens du district de Wissembourg, qui s'étaient levés en masse, ont partagé la gloire de nos braves frères d'armes. Comme eux, ils ont volé au combat, ils se sont battus comme des lions et ils ont fait une boucherie des Autrichiens. Un maire en a tué 17 et un autre citoyen 9. Ce sont des vérités que je puis attester, pusique j'étais au champ de bataille.

LACOSTE.

Instruction arrêtée par le Conseil exécutif provisoire sur l'exécution de la loi du 23 août, qui détermine le mode de réquisition des citoyens français contre les ennemis de la République. Du 1ᵉʳ septembre 1793.

TITRE PREMIER.

DE LA FORMATION ET DE L'ORGANISATION DES BATAILLONS.

Art. 1. — A mesure que les citoyens français, mis en état de réquisition et qui doivent marcher les premiers, se réuniront dans le chef-lieu du district, il sera procédé sur-le-champ à leur organisation en bataillon.

Art. 2. — Pour y parvenir, ils se formeront en compagnies de fusiliers composées, conformément à la loi du 21 février, ainsi qu'il suit, savoir :

1 capitaine, 1 lieutenant, 1 sous-lieutenant, 1 sergent-major, 3 sergents, 1 caporal-fourrier, 6 caporaux, 6 appointés, 67 fusiliers, 2 tambours. Total : 3 officiers et 86 fusiliers.

Art. 3. — Le nombre des fusiliers pourra cependant être porté jusqu'à 100 hommes par compagnie.

Art. 4. — La réunion des compagnies ainsi organisées, quel qu'en soit le nombre, en raison de la population du district, formera le bataillon du district et en prendra le nom.

Art. 5. — Si le nombre de ces compagnies est au-dessus de 9, l'excédent pourra être reversé dans les autres bataillons qui n'auraient pas atteint ce nombre; mais cette opération ne s'effectuera qu'au lieu de rassemblement général, et seulement d'après un arrêté des représentants du peuple.

Art. 6. — Chaque bataillon aura un état-major tel qu'il existe dans les bataillons de gardes nationales de première formation, à l'exception qu'il n'y aura qu'un chef de bataillon pour chacun.

Art. 7. — Les nominations d'officiers et de sous-officiers seront faites au scrutin, conformément aux lois antérieures.

Art. 8. — Les appointements, solde et masse, seront les mêmes que pour les autres troupes d'infanterie de la République.

Art. 9. — Il ne sera point formé de compagnies de grenadiers.

TITRE II.

DES ARRONDISSEMENTS DE DÉPARTEMENTS AFFECTÉS A CHACUNE DES ONZE ARMÉES.

Art. 1. — Les représentants du peuple ayant, par le décret du 23 août, le droit de déterminer l'emploi des bataillons levés, en raison des événements, leurs arrêtés à cet égard seront exécutés.

Art. 2. — La répartition suivante sera provisoirement suivie, sauf les changements prévus par l'article ci-dessus.

RÉPARTITION DES BATAILLONS A ORGANISER DANS LES DISTRICTS.

. . . .

Armée de la Moselle. — Moselle, 9 bataillons; Meurthe, 9; Vosges, 9; Haute-Marne, 6; Côte-d'Or, 7; Nièvre, 9. Total : 49 bataillons.

Armée du Rhin. — Bas-Rhin, 4 bataillons; Haut-Rhin, 3; Doubs, 6; Haute-Saône, 6; Jura, 6; Ain, 7; Saône-et-Loire, 7; Allier, 7; Indre, 6; Rhône-et-Loire, 6. Total : 60 bataillons (1).

. . . .

Art. 3. — Les représentants du peuple détermineront, de concert avec les généraux, le point de rassemblement pour chacune de ces armées; ils en informeront le Conseil exécutif provisoire; le ministre de la guerre donnera des ordres pour faire réunir à l'avance des subsistances aux points de rassemblement désignés, et il requerra pour cet objet les administrations de département.

---

(1) Cette répartition fut modifiée comme il a été dit plus haut.

Art. 4. — Lorsque ce point sera déterminé, chacun des bataillons destinés à s'y rendre se mettra en marche sur des routes qui lui seront expédiées par les directoires des départements.

Art. 5. — Les administrateurs, en conséquence, sont autorisés à prendre toutes les mesures nécessaires pour assurer la fourniture des étapes en route, tant dans les lieux dépendant de leur administration que dans les départements situés sur la route que la troupe doit tenir.

Art. 6. — L'époque du départ d'un ou plusieurs bataillons sera déterminée par les représentants du peuple; mais elle pourra l'être également par le Conseil exécutif provisoire, qui pourra donner des ordres pour leur marche.

Art. 7. — Jusqu'au moment du départ les bataillons s'exerceront, et l'administration de département choisira parmi les anciens militaires un certain nombre d'instructeurs, qui recevront un traitement convenable, ainsi qu'elle l'aura déterminé.

Le chef de bataillon Legrand s'exprime de la manière la plus défavorable sur cette levée en masse. Elle était, dit-il, « à l'ordre du jour depuis quelque temps à la Convention nationale, dans les sociétés populaires et dans tous les journaux..... Pour bien faire connaître les causes de cette mesure extraordinaire et de bien d'autres relatives à la guerre, il ne faudrait pas n'avoir été qu'aux armées. Quelqu'un, par exemple, qui avancerait que la levée en masse fût décrétée à la Convention, d'après l'instigation de D..., dans la vue de culbuter le Comité de salut public, en ayant l'air de lui donner des moyens immenses, qui, dans la réalité, étaient nuls, que ce ne fut qu'avec la plus grande peine que ce Comité parvint à faire passer la loi qui régularisait cette conscription universelle, en la réduisant, pour le moment, à la réquisition des Français de 18 à 25 ans, etc., etc., dirait une chose vraie, mais se jetterait dans un dédale de causes qui ne sont peut-être pas connues de dix personnes, et qui, probablement, ne le seront jamais du public.

D'après un ordre des représentants du peuple en mission à l'armée, le tocsin fut sonné pendant deux fois vingt-quatre heures dans toutes les communes des départements frontières ; les corps administratifs avaient ordre de faire marcher tous les citoyens valides, les enfants et les vieillards seuls exceptés. Tous avaient ordre de se pourvoir pour quinze jours de vivres, et de se rendre sur-le-champ aux lieux qui leur étaient indiqués.

Cette mesure s'exécuta avec beaucoup de rigueur et souvent avec un grand zèle dans la plupart des communes ; les exceptions furent d'autant plus rares pour les provinces même qui n'étaient pas dans le cas de marcher, que la majorité disait hautement qu'elle ne partirait pas, si tous, sans exception, ne partaient avec eux. Ainsi, l'artisan, qui n'avait que le travail journalier de ses bras pour nourrir sa femme et ses enfants, fut obligé de les quitter, comme le riche; à peine les juges et les administrateurs eux-mêmes purent-ils rester dans leur poste.

Il était impossible à beaucoup d'entre eux de se pourvoir de subsistances pour quinze jours; les plus aisés y suppléèrent avec la meilleure volonté. Mais chacun ne pouvait porter sur soi des vivres pour quinze jours. Il fallut donc prendre des chevaux et des voitures pour transporter des farines. Or, les fourrages étaient déjà très rares à l'armée; il fallut bien donner des rations de fourrage à cette quantité prodigieuse de chevaux qui étaient à la suite des agricoles. Des pluies fréquentes gâtèrent ces farines. Il fallut donner aux agricoles des rations de pain, quand les magasins de la République en avaient à peine une quantité suffisante pour l'armée.

Beaucoup de ces agricoles ne savaient pas se servir d'un fusil. Peu en étaient armés.

On les cantonna dans des villages, au bord du fleuve, où il y avait déjà des bataillons de cantonnés, de campés, de baraqués, de bivouaqués. On s'aperçut que cet engorgement ne pouvait exister longtemps, et était préjudiciable aux uns et aux autres.

Alors, on leur assigna des postes au bord de la forêt de la Hart, dont les arbres étaient leur seul abri contre les pluies, qui furent très abondantes. Il fallait bien des feux pour résister à une pareille position; les marques du dégât que ces malheureux furent obligés de faire dans cette forêt attestent encore aujourd'hui et attesteront encore longtemps leur présence (1) et, par malheur, leur inutilité..... Pendant les pre-

---

(1) Les agricoles dévastèrent quelques villages aux environs de Wissembourg, notamment celui de Weiler :

3 octobre.

Au Commandant des agricoles à Weiler.

Tous les jours, citoyen Commandant, les plaintes se multiplient sur les excès et les violations de propriétés que commettent les troupes qui se trouvent sous vos ordres, et la commune de Weiler a été forcée d'en adresser ses réclamations au district, qui les a portées au général en chef. Il est étrange que des citoyens qui n'ont dû accourir sur les frontières que pour le maintien de leurs propriétés et pour préserver leurs frères et leurs familles du pillage et de la violence des ennemis, se permettent eux-mêmes tous les excès qu'ils sont chargés de réprimer. Fermer les yeux sur ce brigandage serait, en quelque sorte, s'en rendre complice, et le général en chef est disposé à employer les mesures les

miers jours, la disposition des esprits était généralement bonne ; mais, abandonnés à eux-mêmes et sans occupation, ils eurent tout le temps de faire des réflexions qui vinrent attiédir ce premier mouvement d'enthousiasme. Les uns pensèrent à leurs semailles, qu'ils avaient abandonnées, les autres à leurs femmes et à leurs enfants que leur absence privait du nécessaire ; beaucoup désertèrent, et l'on congédia le reste, faute de vivres à leur donner ».

Cette relation, exacte d'une manière générale, est cependant un peu exagérée dans la dernière partie.

On persiste, pendant tout le mois de septembre, à employer les agricoles en première ligne. Le 4 septembre, le général Colle est prié d'envoyer des troupes agricoles au général Ferey, qui en a très peu dans les gorges de Lembach. Des troupes de nouvelle levée, sans armes, paraissent encore dans les actions du 8 au 14 septembre sur la Lauter, où elles donnent parfois à l'ennemi l'illusion de réserves considérables prêtes à s'engager. Un bataillon agricole figure honorablement dans les combats de Nothweiler. En demandant des renseignements au général Ferey sur l'affaire du 12, l'adjudant général Bourcier demande à être informé de la position des 1er et 2e bataillons d'agricoles du Haut-Rhin. On emploie des agricoles aux travaux de fortification de Steinfeld, du 2 au 10 octobre. A cette époque, le nombre total des agricoles qui n'ont pas déserté peut être de 2,000 à 3,000.

---

plus sévères pour en arrêter le cours ; en conséquence, vous voudrez bien, citoyen, ordonner toutes les patrouilles et prendre toutes les mesures de surveillance et de police que votre zèle vous suggérera, et de faire arrêter ceux qui seront surpris donnant l'exemple et encourageant ces sortes de délits.

(Ci-joint copie de la lettre du directoire de district.)

P.-S. — Vous voudrez bien, citoyen, me rendre compte des mesures que vous aurez adoptées. La gendarmerie a reçu ordre, de son côté, de faire les patrouilles les plus multipliées pour arrêter tout individu qui sera surpris attentant aux propriétés, et de le livrer à toute la sévérité des lois. CLARKE.

XIV. — DÉSERTION DES AGRICOLES.

Nous avons fait toutes les restrictions possibles ; mais, en somme, à peine les agricoles sont-ils arrivés, que le plus grand nombre est déjà reparti. Sans armes, ne trouvant ni moyens de subsistance ni campement, un violent orage achève de les décourager. Ils ont d'ailleurs une organisation hybride, plus civile que militaire, dont ils sentent eux-mêmes les défauts, et il leur apparaît clairement qu'ils ne peuvent rendre aucun service dans de pareilles conditions.

Schleithal, le 9 septembre 1793, l'an 2º de la République.

L'adjudant général Wolf au Général en chef de l'armée du Rhin.

Je m'empresse de vous faire part des réclamations multipliées qui me sont faites journellement par les volontaires venant du département des Vosges, cantonnés dans ce village. Ils demandent d'être incorporés ou formés en bataillon ; plusieurs d'entre eux sont désertés, d'autres ont été s'enrôler dans le 7º régiment de hussards, enfin tous les jours il en part. Il est indéfiniment urgent d'aller au-devant de cette désertion en donnant à ces volontaires une existence militaire.

J'ai déjà, pour établir le bon ordre parmi eux, pris sur moi de les former en compagnies. Je leur ai fait nommer des chefs provisoirement ; j'ai obligé ces mêmes chefs à me procurer chaque jour la force de ces compagnies, pour n'être pas trompé quant à sa subsistance. Aujourd'hui, ces chefs ne veulent plus remplir ces fonctions, parce qu'ils ne sont que provisoires et qu'ils ne reçoivent pas la paye du grade auquel ils ont été nommés. Veuillez, citoyen Général, prendre en considération les réclamations de ces volontaires et prononcer sur leur sort le plus tôt possible. Il est à craindre que ces jeunes gens, par le dégoût qui commence à s'emparer d'eux, ne désertent tous ; c'est ce qui arrivera si l'on tarde plus longtemps à les organiser en bataillons ou à les incorporer.

WOLFF.

P.-S. — Je vous envoie aussi, citoyen Général, un rapport de la cavalerie agricole qui vient de m'être remis ; vous pouvez juger par là combien il est urgent de trouver des moyens pour prévenir ces désertions, et qu'il faut, de toute nécessité, faire rejoindre ceux qui ont quitté.

WOLFF.

Lauterbourg, le 10 septembre 1793, l'an 2ᵉ de la République.

Le général Gillot au Général en chef.

Je viens de recevoir, par le général Michaud, l'état des troupes agricoles ; il me mande qu'il y en a cent vis-à-vis le 9ᵉ bataillon du Doubs et le 4ᵉ du Bas-Rhin qui se trouvent placés entre Scheibenhard et le Moulin de Bienwald ; il n'y en a point depuis Lauterbourg jusqu'à Scheibenhard.

Le tocsin sonne à force. J'espère, mon Général, que cette générale les rassemblera. Nous en avons grand besoin pour nous porter en avant, sitôt qu'ils le seront.

J'aurai l'honneur de vous en rendre compte. Veuillez, je vous prie, en faire part aux citoyens représentants du peuple.

Celui qui m'a fait le rapport des agricoles ci-dessus m'a dit que ce sont des enfants.

Je suis très fraternellement, etc.,

GILLOT.

Offenstein, général de brigade, commandant les troupes agricoles du Haut et Bas-Rhin au Général en chef de l'armée du Rhin.

10 septembre 1793.

D'après le rapport que vient de me faire le citoyen Faitz, commandant des troupes agricoles, que la désertion en est si considérable, que si vous ne cherchez pas des moyens à l'empêcher, que cette armée se réduira sous peu à un bien petit nombre, j'estime qu'il serait urgent de donner ordre aux départements du Haut et Bas-Rhin, d'ordonner aux municipalités de faire rejoindre tous ceux qui sont partis lâchement sans permission, comme aussi d'envoyer à l'armée ceux qui sont dans le cas de la réquisition et qui n'y ont pas encore été, sous peine de répondre, en leur propre et privé nom, de tout événement,

Le général de brigade, commandant les troupes agricoles du Haut et Bas-Rhin.

OFFENSTEIN.

N'ayant ni armes ni tentes, mal nourris et mal organisés, se sentant inutiles et exposés à toutes les intempéries, les « citoyens agricoles » désertent en foule. Le général Dubois, qui avait d'abord appelé l'attention de son mieux sur la tâche d'organisateur de ces milices nationales, qu'il remplissait à l'aile droite de l'armée, renonce bientôt à tout succès, et signale cette désertion en masse qui paralyse ses efforts. Soucieux également de couvrir sa responsabilité, Landremont présente à la Convention la copie de toutes les lettres qui lui sont adressées à ce sujet.

Extraits de différentes lettres relatives à la désertion des citoyens faisant partie de la masse des communes qui se sont levées pour repousser l'armée autrichienne, en unissant ses efforts à ceux de l'armée du Rhin.

1er septembre 1793.

Les peines et les difficultés de toute espèce que j'ai éprouvées jusqu'à présent sont difficiles à exprimer; les premières ne me coûtent rien, mais il ne m'est guère possible de vaincre les dernières. Il règne généralement beaucoup de mauvaise volonté; à moins de moyens de violence, on ne peut espérer de réunir tous les hommes en état de marcher; je ne puis saisir ces moyens; il faudrait pour cela une commission particulière.

L'adjudant général,
Ossel.

Lauterbourg, le 2 septembre 1793.

J'ai l'honneur de vous rendre compte, citoyen Général, que six agricoles ont déserté ce matin et ont été à l'ennemi à Bichelberg. Je vous en envoie deux, qui ont été arrêtés par mes avant-postes; l'un dit qu'il avait mal au ventre, et il s'était caché dans le bois, et le second a dit qu'il allait à Scheibenhard pour faire des clous, et a été arrêté de l'autre côté de la Lauter.

Je vous prie, citoyen Général, d'en faire rendre compte aux représentants du peuple.

Le général de division,
Gillot.

La municipalité d'Haguenau au citoyen Landremont, général en chef de l'armée du Rhin.

2 septembre 1793.

Citoyen Général, la municipalité apprend avec une surprise douloureuse que ses concitoyens campés à Wissembourg se sont, en majeure partie, retirés du camp. Elle apprend en outre qu'elle a été inculpée de la manière la plus grave, tant auprès de vous, citoyen Général, qu'auprès des citoyens représentants du peuple, d'avoir laissé manquer de subsistances les frères d'armes et concitoyens occupés à Wissembourg. La municipalité, aussi convaincue de votre justice que de son innocence, espérait se mettre sous vos yeux à la tête de ses concitoyens, qu'elle croyait de ramener au camp encore aujourd'hui, mais n'ayant pu y parvenir dans le courant de cette journée, malgré ses publications les plus pressantes, elle est forcée de différer sa justification jusqu'à demain. Elle prouvera surtout que le défaut d'alimentation de nos frères n'était nullement de sa faute, attendu qu'elle avait des ordres positifs du citoyen commandant Mœvus de ne point envoyer des vivres, ordre qu'elle aura l'honneur de vous présenter demain.

Le maire et les officiers municipaux de Haguenau :

WERMANN, maire, pour la municipalité ;
DUPRÉ, secrétaire greffier.

Lauterbourg, le 4 septembre 1793.

J'ai l'honneur de vous rendre compte que le citoyen Bertrand, commandant des troupes agricoles du canton de Bischwiller, vient de me prévenir que quatre communes du canton du fort Vauban se sont retirées dans leurs foyers. Ces communes sont *Roppenheim, Kauffenheim, Fortsfelden et Leutenheim.* Beaucoup de soldats du bataillon de Bischwiller et de celui de Weyersheim sont également partis, sans que ni le commandant ni moi en ayons été prévenus. Cette désertion occasionne une perte de plus de 200 hommes, sans y comprendre ceux de ces deux derniers bataillons.

Je rends compte également de cette désertion aux représentants du peuple.

Le général de division,
GILLOT.

Les administrateurs du district d'Haguenau au citoyen Landremnot, général en chef.

Haguenau, le 7 septembre 1793, l'an 2ᵉ de la République une et indivisible.

Ne soyez donc pas étonné de voir la majeure partie des citoyens de notre district quitter l'armée pour venir vaquer à la culture de leurs terres ou simplement pour se rechanger, car vous ne pouvez plus ignorer qu'ils ont été emmenés sans avoir été avertis.

Ne soyez pas étonné non plus de ce que les administrateurs de ce district en ont réservé une centaine pour contenir les rebelles cachés dans les montagnes et ceux restés dans leurs domiciles. Vous ne voudriez peut-être pas abandonner à la merci de ces scélérats les familles et les propriétés des républicains qui combattent sous votre commandement.

Quand la sûreté de nos foyers sera assurée, nous accourrons vous seconder dans les efforts que vous faites pour chasser l'ennemi de la terre de la liberté.

Signé : Les administrateurs du district d'Haguenau, chargés de la commission de maintenir la sûreté intérieure.

RAFFIN, président, et HESS

Schleithal, le 10 septembre 1793.

Hier, un détachement de 1200 hommes agricoles est parti pour Weiler. J'ignore s'il occupe encore cette position. Mon adjoint a visité aujourd'hui tous leurs postes le long de la ligne, il a trouvé quantité d'armes et point de soldats; deux et trois hommes représentaient les communes et étaient restés pour la garde des baraques et des armes. Trente-quatre paroisses sont presque entièrement désertées; il n'est resté tout au plus que 150 hommes.

L'adjudant général,
WOLFF.

Lauterbourg, le 10 septembre 1793.

Comme je ne me porte pas bien, j'ai chargé le général Michaud de faire l'état des troupes agricoles qui se trouvent du côté de Scheibenhard. Je vous ai mandé, il y a trois jours, qu'il n'en existait plus un seul de Lauterbourg à Scheibenhard. Peut-être n'y en a-t-il pas davantage à la gauche.

Le général de division,
GILLOT.

Schleithal, le 11 septembre 1793.

Les désertions, déjà trop multipliées sur la route, continuent. Le découragement peut s'emparer des plus déterminés. Tous vous supplient, mon général, de prévenir un désordre peut-être à naître et un gaspillage fort soupçonné, car on est sans ressources dans un pays sans légumes et d'un patriotisme bien équivoque.

L'aumônier des agriculteurs des Vosges,
GUSMAN.

Bobenthal, le 11 septembre 1793.

Les 2,000 agricoles qu'on m'avait envoyés, et dont j'en avais 600 avec moi, se sont également retirés sous Weiler, de façon que je me trouve avec les mêmes forces que j'avais, ayant cependant reçu bien du renfort.

Le commandant du 7ᵉ bataillon d'infanterie légère,

TRENTINIAN.

Steinseltz, le 13 septembre 1793.

Le bataillon de garde nationale auxiliaire de Toul, composé d'abord de 525 hommes, était principalement composé d'hommes mariés de la 3ᵉ et 4ᵉ classe, qui, consultant d'abord leur zèle plutôt que leurs forces, ont suivi l'impulsion des commissaires envoyés par le département de la Meurthe, qui les ont appelés à 40 lieues de leurs foyers pour y repousser les hordes de nos ennemis. Ils ont vu dans leur route jusqu'à Sarrebourg que la 1ʳᵉ classe était requise : leur zèle s'est refroidi, et à Blamont j'ai vu avec regret la moitié du bataillon se retirer en s'appuyant d'un arrêté du département de la Meurthe qui me permettait de renvoyer les hommes de la 3ᵉ et 4ᵉ classe et ceux de la 2ᵉ ayant trois enfants. Je résistais alors fortement au plus grand nombre, qui voulait la dissolution du bataillon et reconduire le drapeau à Toul, sous prétexte qu'on les avait trompés, puisque dans les autres districts la 1ʳᵉ classe seule avait ordre de marcher à l'ennemi. Je suis arrivé avec grand'peine à Steinseltz avec 264 hommes, que j'ai conduits hier, selon vos ordres, à Climbach. Nous en sommes revenus ce matin, après avoir essuyé au bivouac l'orage de la nuit dernière. Deux heures après, nous recevons l'ordre de partir de Steinseltz pour reprendre la même position. 150 hommes seulement se sont rassemblés; le reste n'a pas paru, mes efforts ont été vains pour les réunir.

Je me croirais coupable de ne pas vous donner avis de ces événements. Vous comptez sur un bataillon complet et exercé et sur de l'artillerie; la vérité est que les 150 hommes qui me restent sont peu ou point exercés.

Le commandant du bataillon des gardes nationales auxiliaires de Toul,

J. CARIZ.

Lauterbourg, le 14 septembre 1793.

Des 6,000 agricoles que vous m'annoncez, il en est arrivé 300, bien fatigués, et je les ai fait loger dans la ville; quand le reste sera arrivé, nous verrons à les placer.

Le général de brigade commandant la division de Lauterbourg,
Alexis DUBOIS.

Limbach, le 15 septembre 1793.

On vient de m'annoncer 15 agricoles du Haut-Rhin qui désertaient, comme il est constaté par procès-verbal que la municipalité de Malstat m'a envoyé avec eux. Comme je ne connais point la loi qui les concerne, je les ai fait mettre en lieu de sûreté; je vous prie de me donner vos ordres en conséquence.

Le général de brigade,
FERREY.

Lauterbourg, 22 septembre 1793.

Je m'empresse de vous mander qu'une infinité de citoyens agricoles s'en retournent chez eux sans ordre. Sur un bataillon du district de Strasbourg, il ne reste que trois hommes; si l'on ne prend pas quelques moyens, nous finirons par voir évader toutes les classes.

Le général commandant la division de Lauterbourg,
Alexis DUBOIS.

Le général Landremont au Comité de Salut public.

Wissembourg, 22 septembre.

Les départements de la Meurthe et des Vosges se sont levés et ont consterné les généraux du despote autrichien, qui étaient dans l'attente d'un grand événement; ils ont fait évacuer tous les gros équipages et construit plusieurs ponts sur le Rhin pour assurer leur retraite, parce qu'ils ne se croyaient pas capables de résister aux efforts d'un peuple libre, levé tout entier pour les poursuivre la pique dans les reins.

Mais, lorsqu'ils ont été avertis par les espions et les traîtres que la résolution de les combattre intrépidement n'était pas commune à tous les citoyens levés en masse, qu'un grand nombre (du district d'Haguenau, principalement) fuyaient chez eux le lendemain de leur arrivée à l'armée, que ceux qui étaient restés n'avaient pas généralement une contenance ferme et ne montraient pas une vive ardeur de tomber sur eux, lorsqu'ils ont vu arriver des pelotons d'infâmes habitants du pays, qui, mêlés avec les bataillons dans la forêt de Bienwald, ont déserté avec leurs armes et ont montré des dispositions toutes contraires à celles qu'on leur supposait, alors les généraux autrichiens se sont rassurés et se sont préparés à une vigoureuse résistance.

LANDREMONT.

Aux départements du Haut et Bas-Rhin, de la Meurthe et des Vosges.

1er octobre.

Je suis forcé, citoyens Administrateurs, d'appeler votre vigilance et celles des autorités constituées qui vous sont subordonnées sur la désertion de la plus grande partie des volontaires que votre département a fournis à cette armée.

Les représentants du peuple et le général en chef attendent de votre zèle que vous emploierez les moyens les plus prompts pour faire rentrer sous les drapeaux tous ceux qui, appelés par la loi à la défense de la patrie, ont lâchement abandonné leur poste. Souffrir leur retour et leur laisser un asile serait se rendre complice de leur désertion, et tout me fait croire que vous vous sauverez de ce reproche en prenant les mesures les plus sévères contre ces déserteurs, et en enjoignant aux districts et aux municipalités de votre ressort de faire remettre dans les mains de la force publique tous ceux qui, sans exception ou congé en forme, se sont éloignés de leur poste.

CLARKE.

Au Général en chef de l'armée de la Moselle.

1er octobre.

Je vous informe, citoyen Général, que le général en chef de l'armée du Rhin vient de me charger d'écrire au directoire du département de la Meurthe la lettre dont je joins ici copie; vous voudrez bien, d'après les dispositions qu'elle contient, envoyer à Phalsbourg un officier chargé de désigner aux bataillons de citoyens de la seconde classe de ce département, les points qu'ils doivent occuper. Le général en chef pense qu'en renforçant avec ces troupes l'armée que vous commandez, c'est le meilleur usage qu'on puisse en faire d'après les circonstances.

CLARKE.

Aux districts des départements du Haut et Bas-Rhin, de la Meurthe et des Vosges.

3 octobre.

Beaucoup de citoyens de 1re réquisition (1) retournent dans leurs foyers malgré le danger de la patrie et les ordres de leurs chefs. Je vous prie,

---

(1) De 18 à 25 ans; la 2e classe de 25 à 30; la 3e de 30 à 35, etc. (Discours de Barère, 20 août 1793).

citoyens, de leur rappeler qu'ils sont Français et républicains, et que le serment qu'ils ont prêté de vivre libres ou de mourir doit être rempli. Votre zèle et votre amour pour la liberté me font espérer qu'avant peu, ils viendront rejoindre leurs frères d'armes au poste d'honneur et partager avec eux leurs dangers et leurs triomphes.

CLARKE.

Aux commissaires des assemblées primaires des districts des départements du Haut et Bas-Rhin, de la Meurthe et des Vosges.

4 octobre.

Au moment où les dangers de la patrie réclament les services de tous les Français, des citoyens de 1re réquisition quittent leur poste pour s'en retourner dans leurs foyers, malgré les ordres exprès des chefs et des représentants du peuple. Au nom de la patrie, je vous invite, citoyens, à employer toute l'autorité que la Convention nationale vous a confiée, pour rendre à l'armée ces hommes dont elle a le plus pressant besoin, dans le moment surtout où les ennemis obtiennent des succès alarmants; j'ai de votre patriotisme une trop haute idée pour m'appesantir sur les raisons qui sollicitent ces mesures. Je me repose sur votre zèle pour son exécution.

CLARKE.

Le général Sautter au général Clarke.

12 octobre 1793.

J'avais quatre bataillons agricoles, deux du Bas-Rhin et deux de la Meurthe; ils désertent en si grand nombre que, l'un dans l'autre, il ne reste pas 100 hommes par bataillon. Je ne peux donc absolument pas compter sur ces agricoles, qui n'ont d'ailleurs aucune instruction et point d'armes. Il vaudrait infiniment mieux les incorporer dans d'anciens bataillons; ils seraient plus vite instruits et ne pourraient pas déserter avec la même facilité; cela ferait d'ailleurs une grande économie à l'État.

SAUTTER.

Ce qui complique encore la situation, c'est que la justice militaire et la justice civile sont également désarmées vis-à-vis de cette désertion de combattants civils. On les arrête, et l'on ne sait qu'en faire. On se borna d'abord, pour tout châtiment, à les faire rentrer dans leur camp, puis les représentants se décidèrent à les mettre en prison préventive.

Au citoyen Clément, juge de paix militaire.

2 septembre.

Je vous renvoie, citoyen, plusieurs individus des communes mises en réquisition, lesquels, au lieu de se réunir avec leurs concitoyens, se sont dérobés à l'exécution de la loi. Un détachement de la force armée les a arrêtés et conduits ici. Vous verrez le parti que vous croirez devoir prendre à leur égard, soit de les faire punir ou de les réunir à leurs communes.

BOURCIER.

Au général Colle.

11 septembre.

Le général Clarke me charge, mon cher Général, de répondre à votre lettre du 9 de ce mois concernant l'ordre donné par les représentants du peuple Milhaud et Lacoste, d'arrêter tous les gardes agricoles qui reviennent de l'armée et de les y faire reconduire, et l'invitation que vous ont fait faire les mêmes représentants du peuple de tenter quelque entreprise sur le Rhin, vers le fort Vauban, pour harceler et donner de l'inquiétude aux ennemis des environs.

Le général en chef vous recommande l'exécution la plus scrupuleuse de l'ordre relatif à l'arrestation des agricoles qui reviennent de l'armée. L'exemple qu'ils donnent par là à leurs concitoyens devient d'autant plus dangereux si l'on négligeait les moyens et les mesures de les faire cesser, que dans le moment d'agir, qui est très prochain, la grande mesure que la Nation a adoptée serait inexécutable dans cette partie intéressante de la République, et que, loin de chasser l'ennemi de notre territoire, l'armée du Rhin aurait les plus grands efforts à faire pour l'empêcher d'y pénétrer.

Quant à la tentative d'une entreprise sur le Rhin, le général en chef vous écrira pour vous faire connaître ses intentions; en attendant, il vous autorise à faire tout ce que votre prudence et vos connaissances militaires vous suggéreront de relatif à ce but pour faire une diversion qui paraît très avantageuse et très conséquente pour les succès de l'armée active.

BOURCIER.

Les administrateurs du Directoire du district de Strasbourg au citoyen Clarke, général de brigade, chef provisoire de l'état-major de l'armée du Rhin.

Strasbourg, le 7 octobre 1793 (16 vendémiaire), l'an 2e de la République française.

Nous n'avons pas appris sans douleur, citoyen Général, la conduite criminelle de la jeunesse de la première classe qui a déserté le poste d'honneur ; mais vous vous convaincrez par les arrêtés que nous avons pris le 24 et le 26 septembre dernier que nous avons employé tous les moyens pour faire retourner ces fuyards à leur devoir pour effacer par une meilleure conduite la tache dont ils se sont souillés. Nullement tranquilles encore sur l'exécution des ordres que nous avons donnés, notre procureur syndic a fait une tournée dans le district pour accélérer les mesures que nous avons prises pour assurer une partie si essentielle du service de l'armée. Le parti que ce dernier a pris de charger les commissaires permanents du district du rassemblement de tous les fuyards, comme vous serez à portée de vous convaincre par le procès-verbal par lui dressé à ce sujet, vous convaincra, citoyen Général, que nous n'avons négligé aucun moyen pour accélérer le retour des déserteurs.

Nous en attendons le plus heureux effet et nous comptons que sous votre conduite et avec l'exemple des zélés républicains qui composent votre armée, ils coopéreront avec l'enthousiasme qu'inspire la liberté au triomphe de la plus belle cause qui fut jamais, et qu'ils opposeront par leur courage une barrière insurmontable aux projets liberticides des tyrans coalisés contre nous.

Nous vous faisons part encore que nous avons fait passer votre incluse au comité permanent des sections.

Au général Colle.

11 octobre.

Je suis chargé de vous prévenir, citoyen Général, de faire rejoindre au quartier général les sept individus arrêtés et détenus à Haguenau comme fuyards d'un bataillon d'agricoles de Mirecourt. Si ces citoyens font partie du contingent de 1200 hommes du département des Vosges, ils seront incorporés dans les anciens corps conformément à la loi, et recevront dans tous les cas leur destination ultérieure au quartier général.

BOURCIER.

XV. — CANTONS RÉFRACTAIRES.

Non seulement les citoyens qui ont obéi d'abord au décret désertent en grand nombre, mais beaucoup d'autres, et des cantons entiers, ont été réfractaires à la réquisition.

Dès le 22 août, jour de l'appel aux armes, le district de Barr est en pleine insurrection ; les paysans se sauvent dans les forêts, et il faut employer contre eux une partie de la légion strasbourgeoise. Le général Sparre, qui commande la division du moyen Rhin, ordonne au citoyen Beaupuis, chef du 1er bataillon de la Dordogne, de prendre 500 hommes d'infanterie et 50 cavaliers de cette légion, avec deux pièces de 4, pour agir contre les rebelles rassemblés autour de Barr. Il se reliera à un détachement parti de Schelestadt, où l'on envoie encore 1800 hommes de Colmar pour la même opération. Le lendemain, c'est Wasselonne qui s'insurge à son tour, et Sparre y envoie 200 hommes avec une pièce de 4.

L'insurrection s'étend dans le Bas-Rhin ; le général Colle, commandant à Haguenau, demande à Sparre 4 pièces de canon, 30,000 cartouches et même des renforts pour marcher contre les communes insurgées.

Les cantons de Saverne et de Marmoutier montrent peu d'enthousiasme. Les administrateurs du département font envoyer à Saverne 30 hommes et 6 cavaliers pour prévenir les mouvements séditieux.

Enfin, le mal semble prendre des proportions assez sérieuses pour que les représentants décrètent que les rebelles seront traités comme ceux de la Vendée.

Arrêté des représentants du peuple près de l'armée du Rhin.

Lauterbourg, le 24 août 1793, l'an 1er de la constitution populaire.

Les représentants du peuple près de l'armée du Rhin, instruits de la rébellion armée qui a nécessité l'envoi de la force publique dans le district de Barr, requièrent les autorités civiles et militaires de traiter les rebelles de Barr comme les contre-révolutionnaires de la Vendée ; et voulant entièrement étouffer le germe d'un incendie qui pourrait s'accroître et devenir funeste à la patrie, requièrent, conformément à la loi lancée contre les brigands de la Vendée, que les maisons des rebelles soient rasées, et que les forêts où ils se tenaient retranchés soient incendiées, et qu'ils soient tous passés au fil de l'épée : et si quelques coupables de cette haute trahison nationale avaient déjà été traduits dans les prisons, les représentants du peuple ordonnent que ces contre-révolutionnaires mis hors la loi, soient punis de mort dans les vingt-quatre heures, et rendent responsable tout fonctionnaire public, civil et militaire, et tout citoyen qui ne prêterait pas main forte à l'exécution du présent arrêté.

Le conseil général du département du Bas-Rhin et les généraux rendront compte tous les jours de tout ce qui peut se passer à l'égard de cette rébellion.

Le conseil général est autorisé et requis de faire imprimer dans les deux langues le présent arrêté, de l'envoyer sur-le-champ aux généraux et à toutes les communes du Bas-Rhin, pour qu'il soit affiché, lu et publié à son de trompe dans toutes les places publiques.

A Lauterbourg, le 24 août, l'an Ier de la constitution populaire.

RUAMPS, J.-B. MILHAUD.

Quant aux administrateurs du Bas-Rhin, sous prétexte de porter remède à l'insurrection, ils décident de surseoir provisoirement à la levée. Un mois plus tard, elle reprendra sans plus de succès.

Délibération du Directoire du département du Bas-Rhin du dimanche 25 du mois d'août 1793 an I de la République française.

SÉANCE PUBLIQUE.

Les administrateurs, considérant que le feu de la guerre civile et de la rébellion éclate à la fois dans plusieurs parties du département, que son explosion a été secondée par la réquisition de la levée en masse, laquelle n'imprimant son impulsion qu'aux seuls patriotes, a encouragé les aristocrates et donné des moyens à leurs complots contre-révolutionnaires, considérant que les localités du département sont disposées de manière que les communes aristocrates sont partout entremêlées de communes patriotes, dont la présence a seule pu contenir leurs projets criminels, en établissant un utile équilibre de force et d'opposition ; considérant que la levée des seuls patriotes détruit cet équilibre nécessaire, donne alors aux rebelles les facilités de se réunir en masse, d'exercer leurs ravages contre les propriétés et les familles de ceux qui ont volé à la défense de la patrie, et de former enfin un noyau de contre-révolution, qui pourrait entraîner les pertes les plus incalculables pour la sûreté du département ;

Ouï le procureur général syndic ;

Les administrateurs du Directoire du département du Bas-Rhin arrêtent en séance publique, qu'il sera provisoirement sursis dans les districts de Strasbourg, Barr et Haguenau, à l'exécution des réquisitions des 17 et 22 de ce mois, et qu'en conséquence les citoyens qui se sont levés, et qui ne sont pas encore placés dans les lignes de la Moder, resteront dans leurs foyers pour se réunir à la force armée pour exterminer les rebelles.

Le présent sursis ne pourra néanmoins pas être appliqué à la levée des 1200 hommes d'infanterie et 550 hommes de cavalerie, ordonnée le 14 du courant. Aussitôt que les troubles qui menacent le département auront été étouffés par la masse imposante des bons citoyens ou que les départements voisins auront envoyé des secours, les directoires de district ou le général feront successivement des réquisitions pour la levée partielle et en masse de tous les cantons indiqués dans celle du 22 dont les citoyens seront tenus de marcher, sur-le-champ et indistinctement, sur les points qui seront indiqués.

Il sera pris tous moyens et forces nécessaires pour contraindre même les aristocrates et les mauvais citoyens à se porter au secours de la patrie.

Le présent arrêté sera sur-le-champ adressé aux directoires de district et communiqué aux représentants députés à l'armée du Rhin et aux généraux Sparre et Colle, et imprimé pour être lu, publié et exécuté.

BARBIER.

Le général Sparre, commandant la division du moyen Rhin, au département du Bas-Rhin.

26 août 1793, an 1er.

J'ai reçu hier soir votre arrêté du même jour, qui surseoit à l'exécution des mesures prises par ses représentants du peuple et le général en chef pour faire lever la 1re classe des citoyens de votre département et la faire marcher sur Haguenau. Vous me permettrez de vous observer, citoyens administrateurs, que cette levée avait paru nécessaire aux représentants du peuple pour repousser tout à coup les satellites des despotes du sol de la liberté et que son inexécution compromettra infailliblement le salut public. Déjà les troubles excités par des aristocrates rebelles à la loi sont apaisés dans plusieurs cantons ; les hommes de la 1re classe qu'ils devaient fournir sont déjà même à Schleithal, et il y a lieu d'espérer que bientôt la tranquillité sera entièrement rétablie et que la loi s'exécutera ; ainsi donc, citoyens, il me semble qu'il serait nécessaire au salut de la patrie et, en particulier, des départements du Rhin, de rapporter les dispositions de votre arrêté du 25 ou du moins envoyer un courrier extraordinaire aux représentants du peuple pour connaître leur décision.

Déjà plusieurs des citoyens requis sont arrivés hier à Strasbourg et s'attendaient à partir aujourd'hui pour la destination qui leur avait été désignée, lorsqu'ils ont eu connaissance de votre arrêté; mais, citoyens administrateurs, vous n'avez sans doute pas entendu les comprendre dans les mesures que vous avez adoptées hier, car il est de la dernière nécessité que ces hommes partent tout de suite pour se rendre sur les différents points fixés par les généraux.

Les Commissaires permanents du canton de Saverne au général Colle.

Saverne, le 4 octobre 1793 (12 vendémiaire), l an 2e de la République une et indivisible et 1er de la Constitution populaire.

Citoyen Général,

Au reçu de vos ordres du 1er du courant à 4 heures moins un quart après-midi, nous les avons intimés de suite à la municipalité de cette ville qui, sur-le-champ, en a fait faire les publications et sonner le tocsin jusqu'au lendemain. Les publications et sonneries ont été continuées les autres jours. Enfin, nous sommes parvenus à faire partir aujourd'hui pour la Petite-Pierre deux seuls hommes, que nous avons fait conduire hors la ville au son du tambour par le procureur de la commune, un officier municipal en écharpe et le juge de paix de la ville. Vous trouverez ci-joint l'état des résistants; d'après ce détail vous jugerez, citoyen Général, du degré de patriotisme et de civisme des Savernois. Pesez leur conduite dans votre sagesse et enseignez-nous la voie à tenir à leur égard; surtout dans le moment que nous sommes ici sans force armée, sans perdre de vue la quantité de certificats de chirurgiens à vérifier.

Quant au canton, nous avons pris les mêmes soins, en prévenant dans la même soirée toutes les municipalités qui le composent. Il paraît que la contrée est modelée sur Saverne, la moindre partie s'étant vouée à la défense de la patrie. Nous ramasserons l'état des récalcitrants, pour, au reçu, pouvoir faire exécuter les ordres que vous voudrez bien nous faire passer.

Les Commissaires permanents du canton de Saverne.

XVI. — RÉORGANISATION DES AGRICOLES.

Malgré ces renseignements défavorables, il ne faut pas croire que la levée en masse soit restée absolument illusoire. Le nombre des agricoles qui avaient rejoint l'armée était trop considérable pour qu'il n'en demeurât pas une quantité appréciable malgré toutes les désertions. De plus, tous n'étaient pas sans armes. Sur 341 citoyens des Vosges qui arrivent le 2 septembre à Haguenau, 80 seulement sont entièrement dépourvus d'armes. Il est vrai que les autres n'ont qu'un petit nombre de fusils de chasse, des faux, etc : « Le général en chef prie de faire fournir à ces 80 hommes, s'il est possible, des armes telles qu'on peut les délivrer. »

Le même jour arrivent 300 à 400 agricoles de Colmar, qu'on dirige d'abord sur Altstadt, puis sur Rechtenbach.

Le 5, 1398 citoyens du Haut-Rhin se rendent à Weiler, et un détachement du Bas-Rhin est envoyé au fort Vauban.

Le 6, arrivent 172 hommes des Vosges, ayant avec eux 9 voitures chargées de farine ; 579 hommes de la Meurthe et 205 du Haut-Rhin.

Le 7, on dirige sur Wissembourg, puis sur Schleithal, 2,338 agricoles des Vosges ; il en vient encore 81 du Haut-Rhin, qui rejoigent à Weiler.

Le 9, arrivent 2,191 hommes : 1 bataillon du district de Nancy, dénommé 12° de la Meurthe, et composé de : 2 chefs de bataillon, 1 adjudant-major, 10 capitaines, 18 lieutenants, 36 sergents et 651 fusiliers, avec 2 pièces de canon traînées par 8 chevaux. Un bataillon du district de Bruyères, comprenant : 1 commissaire, 2 chefs de bataillon, 1 adjudant, 12 capitaines, 24 lieutenants, 985 hommes, 6 boulangers, 16 charretiers, 16 voitures. Un bataillon de la commune de Toul, composé de : 2 chefs de batataillon, 1 adjudant-major, 1 quartier-maitre, 1 adjudant, 1 tambour-major, 1 armurier, 7 capitaines, 7 lieutenants, 7 sous-lieutenants et 279 fusiliers, avec 2 officiers municipaux ; ce bataillon a du pain pour deux jours, de la farine pour huit, et quatre pièces de canon sans chevaux. Un détachement d'Épinal (13 hommes), un de Bar (77 hommes), un de Plobshein (21 hommes).

Le 10, il vient 2,422 hommes : 1 bataillon du district de Rambervilliers, organisé, d'environ 700 hommes ;

2 bataillons de Mouzon-Meuse, comptant ensemble 62 officiers et 1032 hommes,

La 8ᵉ compagnie du district de Barr, forte de 8 officiers et 106 hommes ; une autre du même district (3 officiers et 86 hommes) ;

La 7ᵉ compagnie de la 1ʳᵉ classe de ce district : 4 officiers et 90 hommes ;

La 6ᵉ compagnie de la 1ʳᵉ classe de ce district : 4 officiers, 86 hommes ;

La 9ᵉ compagnie de la 1ʳᵉ classe de ce district : 4 officiers et 93 hommes ;

La 10ᵉ compagnie de la 1ʳᵉ classe de ce district : 4 officiers et 85 hommes ;

et trois détachements, l'un de 13 hommes (1ʳᵉ classe de Fusselnheim) ; un autre de 15 hommes (1ʳᵉ classe de Busheim) et 27 hommes destinés à la compagnie commandée par un certain Müller.

Le 14, il arrive 1868 hommes (387 du district de Sarrebourg ; 110 de Saverne ; 19 cavaliers de Vendenheim ; 554 de Strasbourg, Haguenau et Fort-Vauban ; enfin 798, formant le 13ᵉ bataillon de la Meurthe).

Le 15 et le 16, il arrive 3,945 hommes : un bataillon du district de Dieuze, composé de 561 hommes, officiers compris. Un bataillon du district de Mirecourt, composé de 867 hommes, officiers non compris, avec 15 voitures de vivres. Un bataillon du district de Toul, fort de 483 hommes, officiers non compris ; 600 hommes du district de Bar ; 352 hommes du district d'Arnay, avec 3 caissons et 12 chevaux ; 1082 hommes du Bas-Rhin.

Le 17, il arrive 4,696 hommes : 455 du district de la Marche, 814 du district de Château-Salins ; 869 du district de Remiremont ; 1000 formant un bataillon de la Meurthe, etc.

Le 18, arrive le 2ᵉ bataillon de Remiremont (642 hommes et 27 officiers) et quelques détachements, au total 966 hommes.

A la fin du mois de septembre, les contingents du Doubs, de la Haute-Saône, etc., commencent à affluer en Alsace.

Il a pu rester environ le dizième de ces agricoles sous les drapeaux.

Le 12 octobre, le général Sautter, en signalant leur désertion, compte encore une moyenne de 100 hommes par bataillon, mais les bataillons formés les premiers ont entièrement disparu. Il n'a pas été levé moins de 40,000 agricoles pendant les mois d'août et septembre, et sur ce nombre, 4,000 ou 5,000 ont dû rester à la frontière. Peut-être avaient-ils des armes.

Le 25 brumaire, on trouve encore 5,000 agricoles présents, mais ils appartiennent à peu près uniquement aux bataillons arrivés depuis la fin de septembre. Les autres ont disparu ou leurs débris ont été fondus dans des bataillons de volontaires.

Quoi qu'il en soit, on s'occupe journellement de l'administration des troupes agricoles, ce qui prouve qu'elles existent et méritent qu'on les organise.

8 septembre.

Toutes les troupes de nouvelle levée seront organisées d'ici au 9 de ce mois; à cet effet, les citoyens Lamortière, adjoint aux adjudants-généraux, et le commissaire des guerres Daure se transporteront sans délai auprès des nouveaux corps actuellement existants à l'armée; ils les organiseront en bataillons, prendront un état sommaire de leur force, et nominatif du conseil d'administration, ainsi que de l'officier chargé de viser les bons de subsistances, appointements et solde.

9 septembre.

Les troupes agricoles feront renouveler, autant que possible, par leurs communes respectives, l'envoi des vivres nécessaires à leur subsistance, à mesure des consommations. Les routes pour les convois seront expédiées au bureau central des commissaires. Les troupes agricoles sont invitées à faire verser dans les magasins de l'armée les denrées, graines, farines, ainsi que les bœufs ou vaches qu'elles recevront de leurs communes; dès lors les subsistances leur seront délivrées ainsi qu'aux autres troupes, des magasins, contre autre espèce de denrées, telles que salaisons, vin, beurre, sel, etc., resteront à la disposition immédiate des troupes agricoles qui ne peuvent être dans le cas de prendre de la viande ou du pain dans les magasins de l'armée qu'autant qu'elles n'en auraient point à leur suite.

Le général en chef ne peut trop leur recommander de ménager leurs subsistances, soit qu'elles les tirent directement de leurs communes, soit qu'elles les prennent dans les magasins.

Ne pouvant donner d'ustensiles aux troupes agricoles, tels que marmites, gamelles, grands et petits bidons, elles sont invitées à s'en procurer de leurs communes ou en louer, ou enfin en acheter en tout, si définitivement elles ne peuvent en avoir des citoyens chez lesquels elles seront cantonnées. Les représentants du peuple décideront si leurs communes ou le Trésor national devra supporter les dépenses qui en résulteront, et l'avis en sera donné aux légions par la voie de l'ordre. A défaut du logement chez les citoyens, les troupes agricoles se baraqueront dans les lieux et sur les terrains qui seront indiqués par l'état-major de l'armée.

Au général Reubell.

15 septembre.

Le général en chef me charge, citoyen Général, de vous rappeler l'indispensable obligation de faire parvenir exactement chaque jour à l'état-major l'état de situation de chaque troupe d'agricoles à vos ordres, contenant le nombre, le lieu d'où ils sont venus, l'emplacement qu'ils occupent, l'état de leur armement, de leurs besoins, de leurs mouvements, etc.; ce n'est pas sans surprise que le général a été instruit que jusqu'à ce jour, il n'avait pas encore été possible à l'état-major d'obtenir ces renseignements, dont l'urgence et la nécessité sont trop sensibles pour que votre zèle vous permette de les perdre de vue.

BOURCIER.

Le même jour, il est fait une distribution générale d'eau-de-vie, à laquelle participent les agricoles. Le commissaire ordonnateur en chef leur délivre des piques, des tambours, etc.; mais la fusion n'est pas faite entre les troupes existantes et les nouvelles levées, car un ordre du 17 septembre rappelle aux agricoles qu'ils ne peuvent être admis dans aucun corps d'infanterie ou de cavalerie.

Depuis le 10 septembre à peu près, on a mis plus d'ordre dans la levée et l'organisation des agricoles. Ils sont répartis en plusieurs classes, et l'on reconstitue d'abord les bataillons de la 1re classe. C'est seulement le 1er octobre que l'on achève en Alsace la levée de la 2e classe, et, au lieu de la diriger sur l'armée, on la réunit à Phalsbourg. La désertion continue ; les réfractaires se réfugient dans la forêt de Haguenau. Après le désastre du 13 octobre, l'adjudant général Marchais demande à Clarke de faire sonner le tocsin une seconde fois pour faire marcher la réserve de la 1re classe et toute la 2e classe. (Nul décret n'a fixé ces dénominations.)

Vers cette époque, l'organisation des agricoles entre dans une nouvelle phase. Les bataillons sont reformés, des conseils d'administration leur sont constitués et au lieu de les porter en première ligne, on les fait filer sur les places de Lorraine et de Franche-Comté où ils seront instruits et organisés. On n'accepte plus que des unités régulièrement organisées, équipées et armées.

Vu l'arrêté du département de la Meurthe, du 3 courant, les représentants du peuple l'ont approuvé et ont arrêté en outre que les compagnies de la 1re classe qui seront prises du bataillon de Toul, actuellement à Climbach, seront réunies aux six nouvelles compagnies de la 1re classe, autorisent les citoyens de la 4e, 2e et 3e classes du bataillon de gardes nationales auxiliaires de Toul, à retourner dans leurs foyers pour y être organisés dans leurs classes respectives, et marcher d'après les diverses réquisitions qui seront données, le tout conformément à la loi du 23 août dernier, ordonnent que le district de Wissembourg fournira aux citoyens ci-dessus désignés qui se rendent à Toul, une route par Bitche avec l'étape, à la charge que les citoyens qui se retirent ne se rendront à Toul que par pelotons et sans déployer le drapeau.

Invitent le général en chef à nommer un officier supérieur pour organiser et amalgamer ces compagnies avec le bataillon de 1re classe du district de Toul, actuellement à Roth, dont l'état-major sera réélu afin de faire participer à cette action les citoyens de Toul qui y seront réunis.

A Wissembourg, le 16 septembre 1793, l'an II de la République française.

BORIE, RUAMPS, MALLARMÉ.

Arrêté des représentants du peuple, députés à l'armée du Rhin, relatif à l'organisation de la 1re classe.

Les représentants du peuple près l'armée du Rhin, après avoir entendu les réclamations des citoyens et des autorités constituées de divers départements, dans lesquels le peuple s'est levé tout entier à la voix des représentants du peuple,

Considérant que l'approvisionnement de l'armée et des places devient de jour en jour plus difficile pour la disette des ouvriers occasionnée par la levée en masse;

Considérant qu'il est impossible et que ce serait nuire à l'agriculture de retenir plus longtemps les citoyens de la 2e et 3e classe, dont la présence dans les campagnes devient indispensable, tant pour recueillir les vins, que pour ensemencer les terres;

Considérant que le général en chef de l'armée du Rhin n'ayant pu employer utilement dans l'espace de quinze jours les bras de ces généreux citoyens, qui, après avoir nourri à la sueur de leur front les défenseurs de la République, auraient momentanément volé à leur secours, pour leur aider à exterminer de vive force les ennemis qui nous menacent;

Considérant enfin que les habitants des campagnes sont forcés par les motifs ci-dessus, à retourner dans leur famille et que leur exemple sert de prétexte aux jeunes gens de la 1re classe pour abandonner leur poste au moment où la République a droit d'exiger les plus grands secours.

Le général en chef entendu, les représentants du peuple, conformément à son avis,

Arrêtent: 1° Que les citoyens de la 2e et 3e classe pourront se retirer chez eux, où ils resteront en réquisition permanente, jusqu'à ce que la Convention en ait autrement ordonné ou que les représentants aient requis la 2e et 3e classe, s'il est nécessaire;

2° Que les jeunes gens de la 1re classe seront sur-le-champ organisés en bataillons, conformément à la loi du 23 août dernier, et qu'ils se rendront dans les lieux de l'armée du Rhin qui leur seront indiqués par le général en chef, pour servir sous ses ordres, sous les peines portées par les lois;

3° Que ceux des citoyens de la 1re classe, qui d'après la susdite loi sont maintenant à l'armée, ne pourront, sous aucun prétexte, s'en absenter, et que ceux qui sont partis ou ceux qui ne seraient pas venus, sont requis de rejoindre sur-le-champ, sous peine d'être regardés et punis comme déserteurs, conformément à la loi.

Wissembourg, le 23 septembre 1793, l'an II de la République, une et indivisible.

RUAMPS, BORIE, représentants;
LANDREMONT, général en chef.

Annotation en marge : Les représentants du peuple ont requis la masse du peuple, d'après la demande du général en chef. Ils n'ont congédié la 2e et 3e classe que sur l'avis du général, et ils n'ont pu faire employer ces forces parce que la direction des forces ne leur appartient pas (1).

Au Directoire du département de la Meurthe.

1er octobre.

D'après la connaissance, citoyens, que vient d'avoir le général en chef de l'armée du Rhin, de l'avis que vous donnez aux représentants du peuple près cette armée, par votre lettre du 21 septembre dernier, que l'organisation des hommes de la 2e classe des huit districts de votre département est effectuée et que vous avez suspendu leur départ jusqu'au premier avis que vous en recevrez des représentants du peuple et des généraux, le général en chef me charge de vous informer que les circonstances rendent trop urgent le prompt départ de ces bataillons pour l'armée de la Moselle; en conséquence, il croit de son devoir de vous inviter, citoyens, à ne pas perdre un instant à les faire partir pour se rendre à Phalsbourg; j'écris en même temps au général en chef de l'armée de la Moselle pour le prévenir de ces dispositions afin qu'il fasse trouver à Phalsbourg un officier qui désignera à chacun de ces bataillons les points qu'ils doivent occuper. Le général en chef de l'armée du Rhin vous observe, en outre, qu'il est indispensable que vous mettiez à la tête des bataillons des hommes intelligents pris, autant qu'il sera possible, parmi les anciens militaires que vous pourrez connaître et dont les talents et le patriotisme vous soient également

---

(1) On avait dû renvoyer dès le 28 août les hommes nécessaires aux travaux des champs, etc. :

Arrêté des représentants du peuple députés à l'armée du Rhin, du 28 août 1793, l'an 1 de la Constitution populaire.

Le général en chef de l'armée du Rhin est autorisé à renvoyer dans leur commune les boulangers, meuniers et leurs premiers garçons, qui ont marché à la frontière pour la défense de la République. Il en usera de même pour les hommes qui seraient indispensablement nécessaires au battage des grains et à leur transport; le général en chef ordonnera que l'on choisisse les hommes les moins propres à porter les armes.

Les représentants du peuple près l'armée du Rhin,
RUAMPS, BORIF, MILHAUD.

connus. Enfin, il importe à la chose publique de ne rien négliger pour que l'armée de la Moselle soit efficacement augmentée par ce renfort, et que vous mettiez en usage tous les moyens de le rendre essentiellement et promptement utile.

CLARKE.

A l'adjudant général Wolff.

21 octobre.

Si la revue du bataillon du district de Barr a déjà eu lieu et si ce bataillon est entièrement organisé, je vous prie, citoyen camarade, de m'adresser un extrait du procès-verbal de la nomination des citoyens Michel Offenstein et Kœmer : le premier à l'emploi de lieutenant et le second à celui de sous-lieutenant.

BOURCIER.

Au Commissaire ordonnateur en chef.

Je vous préviens, citoyen Commissaire ordonnateur en chef, qu'en conséquence des ordres du général en chef de l'armée, le 1er bataillon des citoyens de la 1re classe du district d'Haguenau a ordre de partir demain, à 6 heures du matin, des hauteurs de Hœnheim, pour se rendre le même jour à Dorlisheim, où il restera jusqu'à nouvel ordre, à l'effet d'y recevoir une organisation définitive, et y assembler les hommes qui se sont absentés.

Cette organisation devant être constatée d'une manière légale, je vous prie d'ordonner à un commissaire des guerres de s'y rendre en même temps pour, conjointement avec le citoyen Cuinas, commissaire supérieur du département, travailler à la prompte organisation des citoyens de la 1re classe du district d'Haguenau.

BOURCIER.

Au citoyen Cuinas, commissaire supérieur du département du Bas-Rhin.

Je vous préviens, Citoyen, qu'en conséquence des ordres du général en chef, le 1er bataillon du district d'Haguenau, réduit à peu près à 150 hommes, a ordre de se rendre demain dans la matinée à Dorlisheim, pour y recevoir une organisation définitive.

Je vous préviens également que j'ai prié le commissaire ordonnateur en chef, d'ordonner à un commissaire des guerres de se rendre en même temps à Dorlisheim pour y procéder conjointement avec vous à cette organisation.

BOURCIER.

24 octobre.

Les bataillons de Saint-Dié et d'Épinal ont ordre de se rendre à Dôle, où ils tiendront garnison; ils logeront le 24 à Erstheim, le 25 à Schelestadt, le 26 à Colmar, le 27 à Cernay, le 28 à Belfort.

Ceux de Blamont et de Vosges-et-Meuse sont dirigés sur Gray.

Le 1er bataillon du district de Wissembourg, qui comprend :

Chef de bataillon............................	1
Adjudant-major.............................	1
Quartier-maître.............................	1
Adjudant sous-officier......................	1
Maître tailleur..............................	1
Capitaines...................................	5
Chirurgien major...........................	1
Lieutenant..................................	1
Sergents-majors.............................	4
Sergents.....................................	3
Caporaux fourriers..........................	4
Caporaux....................................	7
Appointés...................................	2
Fusiliers.....................................	9
Total...............	41

tiendra garnison à la citadelle de Strasbourg.

24 octobre.

En conséquence des ordres du général en chef, le citoyen Wolff, adjudant général, attaché actuellement aux troupes agricoles, quittera sur-le-champ cette destination pour se rendre à la division aux ordres du général Mecquillet à Mundolsheim, où il remplira ses fonctions pour les troupes qui composent cette division.

BOURCIER.

Au département du Bas-Rhin.

24 octobre.

Je vous remercie au nom de la patrie, Citoyens administrateurs, de votre sollicitude sur l'état de cette armée et de votre empressement à lui offrir en hommes et en artillerie les secours que les premiers succès de l'ennemi peuvent lui rendre nécessaires; vous avez senti que tous ceux qui s'intéressent véritablement au salut de la République devaient unir leurs efforts pour repousser les hordes ennemies loin de nos frontières, et sans doute les renforts que vous offrez à cette armée pourront lui assurer puissamment des succès ; mais pour qu'ils soient nettement utiles, Citoyens administrateurs, il faut que ces corps soient armés, équipés et disciplinés. Ainsi, si vous avez des bataillons habillés, des compagnies d'artillerie exercées, et de la cavalerie montée et équipée, qu'ils partent et viennent se réunir à cette armée pour combattre et vaincre avec nous.

Carlenc.

Au département du Haut-Rhin.
25 octobre.

Le général en chef me charge de vous mander, Citoyens, qu'il a vu avec plaisir les mesures que vous avez prises pour accélérer le rassemblement des citoyens de première réquisition du district de Colmar qui se sont permis de quitter leur bataillon et de se retirer dans leurs familles. J'approuve que cette réunion se fasse à Brisach, et fais en conséquence expédier des ordres à l'officier général commandant de ladite place et au commissaire des guerres pour qu'il soit pourvu à leur établissement et instruction.

Le général en chef est persuadé que vous veillerez à ce que les défenseurs de la patrie n'éprouvent aucun retard dans leur habillement et leur équipement, et que par vos soins ils seront bientôt en état de combattre avec avantage les ennemis de notre liberté.

Bourcier.

Enfin, le 3 brumaire (24 octobre) une lettre de Saint-Just et Lebas au Comité de Salut public demande que les agricoles soient versés dans les bataillons existants :

> Nous sommes convaincus que les jeunes gens de la première réquisition ne peuvent être employés utilement qu'au moyen de l'incorporation dans les corps actuels, fallût-il porter ces corps à un nombre d'hommes plus considérable. Il faut aussi dépayser les jeunes gens de la première réquisition, et surtout ceux des départements du Haut-Rhin et du Bas-Rhin, qu'il faut bien se garder d'employer en localité à l'armée du Rhin. Le ministre de la guerre ne saurait trop hâter ce travail.....

Cette demande n'est pas prise aussitôt en considération. Malgré la mauvaise volonté dont témoignent encore les citoyens, comme dans ce district de Saverne où la levée en masse n'a fourni que deux hommes, on persiste à former les agricoles en bataillons séparés. Le 25 brumaire (15 novembre) il existe encore 23 de ces bataillons à l'armée du Rhin et dans les places du Jura. Ces bataillons sont tous de formation récente et leur effectif élevé prouve que la désertion est arrêtée. Il faut donc admettre que la levée en masse aura fourni sur la frontière de l'Est, après trois mois écoulés, un renfort de 15,000 à 20,000 hommes non immédiatement utilisables. Pour peu décisif qu'il soit, ce résultat n'est pourtant pas à dédaigner.

XVII. — LA CAVALERIE AGRICOLE.

La cavalerie de la garde nationale, levée d'abord en vertu d'un décret du 25 juillet, et pour être versée dans les régiments de ligne, fut parfois requise d'urgence pour être employée au service d'ordonnance et de reconnaissance. Elle ne montra pas plus de bonne volonté que les bataillons agricoles, bien qu'elle n'eût pas l'excuse de se sentir inutile, étant pourvue de chevaux et de sabres.

J'ai requis, écrit le général Colle le 1er octobre, toute la cavalerie agricole de 500 hommes armés de la deuxième classe des légions de Bischwiller, Brumpt, et Fort-Vauban, pour se rendre ici le plus promptement possible.

Et le général en chef approuve cette mesure; mais bientôt Colle se plaint de la mauvaise volonté de ces cavaliers :

Je suis désolé, écrit-il à Clarke, de trouver tant de mauvaise volonté dans la cavalerie agricole que j'ai requise dans les cantons de Bischwiller et de Brumpt, qui ne se remue pas, tellement que je ne suis pas assuré de pouvoir en envoyer assez à Niederbronn et dans les gorges pour le service des ordonnances et des patrouilles. Je viens de mettre le citoyen Bertrand aux trousses de ces gens-là. Il se donne bien des peines pour le service. Il réussira peut-être à les faire marcher.

ÉTAT de la situation des bataillons de troupes agricoles qui font partie de l'armé du Rhin à l'époque du 25 brumaire l'an 2e de la République française une et indivisible.

DÉNOMINATION DES BATAILLONS.	LIEUX DE LEUR EMPLACEMENT.	FORCE EFFECTIVE.		FORCE ACTIVE.	
Du district d'Arbois............	Besançon.........	830		735	
— de Châtillon.........	Campé.........	828		820	
— d'Is-sur-Tille.....	Salins...........	783		740	
— d'Arnay..........	Arbois..........	891		878	
— de Poligny.........	Luxeuil.........	948	7,400	527	6,773
— de Dijon..........	Vesoul..........	833		826	
— de Jussey.........	Morteau.........	600		597	
Garde nationale...............	Belfort...........	809		800	
Du district de Belfort..........	Porrentruy.......	908		850	
— de Lons-le-Saunier....	Huningue........	847		762	
— de Luxeuil.........	Sarre-Libre......	752	3,127	722	2,941
— de Gray..........	Hombourg.......	644		583	
— de Beaune.........	Neuf-Brisach.....	914		874	
Employés à l'armée active.....	......	10,527		9,714	
Du district de Chaumont........	Camp de Zutzendorff.	781		687	
— de Bourmont......	Bouxwiller......	336		299	
— de Dieuze........	Camp de Zutzendorff.	576		534	
Garde nationale de Metz.........	—	1,344		1,219	
— de Nancy........	—	646		583	
— de Pont-à-Mousson.	—	446	5,401	444	4,566
— de Toul.........	Saverne.........	223		200	
Agricoles de Sarrebourg........	Bouxwiller.......	53		50	
— de Château-Salins......	Zutzendorff.......	382		359	
1 bataillon de Strasbourg de 1re réquisition................	Fort-Vauban......	617		497	
TOTAL GÉNÉRAL.........	......	15,628		14,280	

Suivant l'exemple donné par Colle, mais profitant de l'expérience acquise, Clarke écrit le 8 octobre au capitaine de gendarmerie Lambert d'organiser le plus promptement possible la cavalerie agricole rassemblée à Strasbourg et la diriger sur Wissembourg pour être incorporée dans les régiments. Bientôt tous les départements affectés à l'armée du Rhin lui envoient leur contingent de cavalerie, mais au cœur de l'hiver, les résultats ne sont pas encore bien satisfaisants. Les citoyens se dérobent au service en se faisant remplacer par des étrangers, vagabonds ou déserteurs.

Au citoyen Lambert, capitaine de gendarmerie.

8 octobre.

Le général en chef me charge, Citoyen, de répondre à votre lettre du 2 de ce mois que votre premier soin doit être d'organiser le plus promptement la cavalerie nationale rassemblée à Strasbourg et de l'envoyer ici, sans avoir égard au dénuement de pistolets, cette partie de l'armement d'un cavalier étant regardée comme la moins essentielle. Les difficultés de contenir dans une grande ville tous ces individus qui ne tiennent à aucun corps est encore une considération qui, comme vous l'avez jugé, doit hâter leur évacuation sur Wissembourg, où doit avoir lieu l'incorporation de ces hommes dans les régiments de cette armée.

Il ne me reste, Citoyen, qu'à vous engager à continuer le même zèle, la même surveillance dans tout ce qui forme l'objet de votre intéressante mission, particulièrement dans le choix des individus et l'examen de la qualité des équipements fournis par les administrations.

CLARKE.

Au département du Haut-Rhin.

3 frimaire.

J'ai partagé, Citoyens, votre sollicitude sur les inconvénients attachés au rassemblement dans vos murs du contingent de la cavalerie de votre département, si on ne s'empressait de lui donner des chefs ; aussi je m'en suis occupé sur-le-champ ; j'ai nommé le citoyen Veiller, capitaine de dragons, pour en prendre le commandement, et je lui ai donné ordre de se rendre le plus promptement possible à sa destination. Indépendamment de cette mesure, le général Schérer, commandant la division du Haut-Rhin, est chargé d'envoyer à Colmar des officiers et sous-officiers intelligents pour l'instruction et police de cette cavalerie ; ainsi sous peu de jours vos vœux seront remplis sur cet objet, et la République verra avec intérêt le nombre de ses défenseurs s'augmenter par les braves sans-culottes de ce département.

BOURCIER.

Au général Schérer.

4 frimaire.

Je viens d'écrire, Général, au département du Haut-Rhin pour l'inviter à être moins insouciant et moins confiant dans le choix des hommes dont il forme son contingent de cavalerie. Je pense qu'il aura égard aux observations que je lui fais à ce sujet. Je te prie toutefois de mettre tous tes soins à ne pas emplacer sur l'extrême frontière les déserteurs prussiens que l'on a admis à ce contingent.

PICHEGRU.

Au département de la Côte-d'Or.

4 frimaire.

Les troupes à cheval étant destinées, Citoyens administrateurs, au service de correspondance et à la garde des avant-postes, on doit être très circonspect dans le choix des citoyens qui sont admis à former le contingent des 30,000 hommes décrété par la Convention. J'apprends cependant que dans le contingent de la Côte-d'Or il se trouve des étrangers, tels que des déserteurs prussiens; sans doute on doit avoir de la confiance dans des hommes qui ont brisé des chaînes forgées par le despotisme pour venir respirer l'air pur de la liberté, mais cette confiance doit avoir des bornes, il s'est même déjà trouvé des traîtres parmi les déserteurs étrangers; je vous invite donc, Citoyens administrateurs, à ne plus admettre d'étrangers parmi les défenseurs de la patrie. Il est encore essentiel de choisir pour la troupe à cheval des hommes qui, à la taille et à la force, joignent une certaine connaissance du cheval. Il est facile de les trouver parmi les citoyens des campagnes chez qui ces qualités sont plus naturelles. Les chevaux souffrent beaucoup entre les mains de ceux qui n'ont jamais eu l'habitude de les monter et de les soigner. D'un autre côté, un homme faible et petit ne fait jamais un bon cavalier.

PICHEGRU.

XVIII. — LA LEVÉE EN MASSE A L'ARMÉE DE LA MOSELLE.

A l'armée de la Moselle, la levée en masse ne fournit pas un renfort plus considérable qu'à l'armée du Rhin, mais du moins elle ne donne pas lieu aux mêmes désordres et aux mêmes déceptions. Le contingent de cette armée est réduit à la levée du département de la Moselle, celui de la Meurthe recrutant l'armée du Rhin. Les divers districts envoient donc des détachements peu nombreux en chaque partie de la frontière, et à peu de distance du point de départ, puisque le département de la Moselle s'étend le long de la frontière entre les Vosges et les Ardennes. Ce contingent est en outre partagé en deux moitiés, qui se relèvent tous les huit jours. Enfin, Schauenbourg, laissé libre de ses actions par les représentants, organise tous les détails d'exécution, fixe les points de rassemblement, les missions à confier aux agricoles, avant de procéder à la levée, qui a lieu seulement le 19 septembre.

Il faut ajouter cette circonstance favorable que la plupart des citoyens appelés étaient pourvus de fusils.

Il semble donc que la levée produisit des résultats sérieux. Du moins ne rencontre-t-on dans la correspondance de l'armée de la Moselle aucune de ces plaintes sur la désertion des agricoles, qui remplissent les lettres de Landremont et de ses subordonnés à la même époque.

Il n'existe d'abord aucune situation numérique des troupes de nouvelle levée. On ne voit figurer sur la situation de l'armée, à la date du 1er octobre, que les citoyens armés de Sarrelibre et le district de Longwy, en tout 1255 hommes.

A la date du 16 octobre sont portés les districts de Longwy (740 hommes), Briey (543) et Morhange (483) et les citoyens armés de Sarrelibre (402). Il est fait mention en outre de deux détachements venus de la Haute-Marne : celui de Langres (806 hommes) et celui de Saint-Dizier (446) ; mais la liste est forcément incomplète.

A la fin d'octobre, on reconnaît l'impossibilité de tenir la campagne avec ces agricoles, et le général Launay écrit le 24 à Bouchotte : « On ne peut exposer hors des places les citoyens de la dernière levée, qui n'ont aucune teinture de l'art militaire, et dont les officiers sont aussi inexperts qu'eux ». Les détachements des divers districts sont dès lors réunis dans les places, où l'on trouve la situation suivante à la date du 5 novembre :

	Hommes.	
Bataillon de 1re réquisition de Briey......	535	à Metz.
— — de Morhange..	568	
— — de Sarrelibre......	666	à Thionville.
Bataillon de 1re réquisition de Chaumont et Bourbonne.....................	771	
Bataillon de 1re réquisition de Longwy...	767	
— — de Metz......	1,285	à Longwy.
— — de Boulay....	541	
— — de Thionville..	889	
Bataillon de 1re réquisition de Sarreguemines	441	à Sarrelibre.
Citoyens armés de Sarrelibre............	444	
Bataillon de 1re réquisition de Langres ...	819	à Phalsbourg.
— — de St-Dizier...	465	
Bataillon de 1re réquisition de Joinville...	547	à l'armée active.
TOTAL.........	8,191	

Ainsi l'on peut estimer que le renfort apporté à l'armée de la Moselle par la levée en masse fut de 8,000 à 19,000 hommes, sans plus, bien que la force des divers bataillons se soit maintenue à un chiffre raisonnable.

ÉTAT-MAJOR GÉNÉRAL.

Au quartier général à Sarrebrück, le 24 août 1793, l'an 2e de la République française.

Proclamation au nom du général Schauenbourg, général de division, commandant en chef l'armée de la Moselle.

Citoyens républicains,

Nos frères du Rhin se sont levés au premier signal du danger, et aussitôt les gorges de la Petite-Pierre ont été garnies par des hommes résolus de tout entreprendre pour le salut de la patrie. Les tyrans nous enveloppent de toutes parts; quelques succès ont enflé leur orgueil, et leur folle présomption ne va pas à moins qu'à tenter l'envahissement de nos belles provinces et, ce qui est plus cher à leur cœur féroce, à étouffer la liberté. Ils se vantent publiquement que cette campagne doit leur donner l'Alsace et la Lorraine, parce qu'ils ne savent pas que, dans ces grandes circonstances, dans ce grand procès de la tyrannie contre la liberté, tout Français devient un héros, et qu'un peuple qui a dit : « Je me lèverai tout entier », et qui l'exécute, doit porter à ses ennemis des atteintes mortelles et tracer dans un avenir qui n'est pas éloigné la chute des rois et le triomphe des droits de l'homme.

Citoyens, la nature, qui vous a si bien partagés, a fait autour de nos belles provinces une ceinture de montagnes inexpugnables; ces montagnes demandent des défenseurs : qu'à un signal convenu, qu'au son terrible d'un tocsin tutélaire chacun se porte aux postes qui vont leur être assignés, et tout cet échafaudage de ruses de guerre, de tactique disparaîtra devant le généreux dévouement d'hommes qui ne sauront jamais balancer entre la mort et l'esclavage. C'est alors que vous aurez le droit de dire aux tyrans : « Fléaux du genre humain, vous avez cru que pour sauver son pays il fallait être enrégimenté : eh bien! toutes ces mesures nous les dédaignons, nous ne formons partout qu'un même corps, qu'un peuple de frères; vous ne ferez pas un pas que vous ne rencontriez un ennemi; et c'est avec ces masses terribles que nous vous dirons : Vous avez cru franchir ces barrières, vous avez cru qu'à votre aspect hideux la terreur les transformerait en déserts ; regardez et faites un pas si vous l'osez ».

Citoyens, n'en doutez pas, la vérité vous parle par mon organe. Encore cet effort, qu'il se fasse en masse, et tout disparaîtra devant la massue du peuple.

Le général de division, commandant provisoire
de l'armée de la Moselle,
SCHAUENBOURG.

Le général Schauenbourg aux administrateurs du Directoire du district de Sarrebourg, en date du 24 août.

En l'absence des représentants du peuple, j'ai ouvert votre lettre; j'y ai vu avec plaisir la résolution républicaine de votre district. Cette résolution seule, Citoyens, doit nous sauver, et le soldat despote tremblera à l'aspect d'un citoyen armé pour sa liberté.

Je vais envoyer un courrier extraordinaire aux représentants du peuple, afin de me concerter avec eux et de faire la répartition de chaque district pour indiquer le lieu des rassemblements. Mais, comme les moments sont précieux pour vous, prévenez tous les citoyens de votre district à être prêts au premier coup de tocsin, munis de vivres pour plusieurs jours, et indiquez-leur pour chef-lieu de rassemblement Sarrebourg.

Au moment où le tocsin sonnera, dirigez vos troupes sur Lorentz, j'aurai soin d'y envoyer un officier pour leur indiquer leur emplacement; mais, avant tout, formez votre compagnie de bons tireurs, portez-en une partie en avant pour aller reconnaître les bois et les communications, et envoyez-moi tous les rapports que vous croirez utiles au bien de la chose; faites bien reconnaître toutes les avenues, envoyez des émissaires à quinze lieues en avant de vous pour apprendre les mouvements des ennemis, mais que ces hommes soient intelligents, qu'ils vous fassent des rapports justes et non exagérés; ne négligez surtout pas de surveiller soigneusement les malveillants qui répandent des nouvelles alarmantes. Prenez toutes les nouvelles avec sang-froid et faites vos dispositions avec activité. Je vous prie, en mon nom et au nom de toute l'armée, d'exterminer de concert les tyrans qui veulent envahir nos foyers.

Liberté ou la mort, mais nous vivrons et serons victorieux. Salut, républicains.

P.-S. — Que tout homme qui a un fusil se fasse autant de cartouches qu'il pourra et, dût-il y mettre le plomb de ses fenêtres, il y gagnera encore plus que de les laisser briser par les brigands satellites.

Je réponds que si nos braves concitoyens persistent avec la fermeté de francs républicains dans leur résolution, ces hommes achetés trouveront leurs tombeaux dans l'enceinte sacrée de la liberté.

Finalement plus de phrases.

Aux armes, citoyens, et ça ira.

Je proposerai aux représentants du peuple de prendre les lieutenants-colonels en 2ᵉ des ci-devant bataillons de volontaires et d'autres officiers pour coopérer avec vous; de ma personne je m'y trouverai autant que les circonstances me le permettront.

B. SCHAUENBOURG.

Le général Schauenbourg, au quartier général, à Sarrebrück, le 25 août 1793, aux représentants du peuple.

Citoyens représentants,

Je vous adresse la copie de la lettre que je viens de recevoir du district de Sarrebourg. Voici la réponse que j'ai faite à ces administrateurs. Votre absence me jette dans un cruel embarras, relativement aux affaires contentieuses, et vous n'aurez sûrement rien de plus empressé que de vous rendre ici, ou de faire part de vos intentions au généreux dévouement de ce district. J'ai fait dans ma réponse d'hier les démarches relativement à mon état en indiquant les lieux de rassemblement pour la défense de la frontière, mais, citoyens représentants, je ne me suis pas avisé de déterminer l'heure du tocsin. C'est à votre sagesse à la prescrire. Vous penserez qu'il faut que tous les départements connaissent à la fois les mesures que vous aurez prises; surtout qu'elles ne se fassent pas isolément et pas avant que vous ne jugiez que le moment de l'action soit arrivé pour ne pas enlever des bras à l'agriculture et consommer des vivres inutilement et peut-être nuire à leur ardeur.

Voici les dispositions que je croirai nécessaires pour bien opérer ce grand mouvement :

1° Leur rassemblement doit se faire par cantons, ainsi que leurs moyens de subsistance;

2° La réunion des cantons aux districts, d'où ils seront portés sur les différents points indiqués;

3° Extraire de ces troupes les hommes les plus entreprenants, armés de fusils, pour les poster dans les défilés et dans les bois;

4° Mettre à leur tête des anciens militaires et des républicains chauds;

5° S'emparer de tous ceux que l'on soupçonnera avec fondement ne pas être des vrais républicains, ne pas avoir égard ici à leur âge ni à l'état qu'ils pourront occuper, les placer dans la masse, et, si à cette époque ils ne se montrent pas bons patriotes, les fusiller entre l'ennemi et nous, moyen radical pour nous faire marcher tous du bon pied.

6° Que chaque sorte d'arme soit réunie;

7° N'employer ces troupes qu'au moment où il sera nécessaire de frapper les grands coups, en ne se portant sur les points qui seront indiqués qu'au son du tocsin et toujours muni de vivres pour huit jours;

8° Mettre les gardes nationaux des villes en réquisition;

9° Envoyer des officiers intelligents dans chaque district pour se concerter avec les administrateurs.

Si vous adoptez ces dispositions, je travaillerai à un plan analogue à cette formation, qui ne doit être que momentanée.

B. SCHAUENBOURG.

Le général Schauenburg aux Administrateurs du Directoire du district de Sarrebourg.

Au quartier général à Sarrebrück, le 25 août.

Citoyens Administrateurs,

Quoique je n'aie pas encore eu de réponse des représentants du peuple auxquels j'ai envoyé, ainsi que je vous l'ai mandé et qu'aura pu vous le dire votre collègue, un courrier avec la copie de votre lettre et ma réponse, je vous adresse, tel que je vous l'avais offert, le citoyen Daultanne, capitaine adjoint à l'état-major ; je charge cet officier de conduire nos généreux frères d'armes à Lorentz et les disposer le plus avantageusement que le terrain le permettra.

J'envoie sur-le-champ des courriers aux représentants que je dirige sur Metz, Nancy et Bitche afin de savoir quelles seront leurs intentions sur le paquet que je leur ai adressé hier et le parti qu'ils auront pris relativement au projet de proclamation que je vous ai envoyé. Plein de confiance en leurs lumières et de soumission à leurs ordres, j'aurais désiré les connaître avant que vous exécutiez votre marche. Vous êtes, Citoyens, animés du même patriotisme que moi : pesez dans votre sagesse si vous devez partir avant leur réponse ou avant de connaître leurs intentions.

B. SCHAUENBOURG.

Le général Schauenbourg au général Landremont, commandant de l'armée du Rhin à Wissembourg.

Au quartier général à Sarrebrück, le 28 août.

J'ai reçu, mon cher Général, votre lettre du 24. Je vous remercie de son contenu. Je vous adresse copie des dispositions que j'ai faites relativement au renfort qui a été désigné par les représentants du peuple pour l'armée de la Moselle ; ils ont arrêté que les départements de la Meurthe et de la Moselle fourniraient, sous une couple de jours, 24,000 hommes, lesquels seraient relevés tous les huit jours dans les différents postes qu'ils occuperont. Cette mesure a été prise afin de faire partager à tous les citoyens à marcher les fatigues de la guerre, leur non-présence à leurs foyers, et parce que chaque transport est fourni pour huit jours de vivres.

Répartition des nouvelles levées fournies par les départements de la Meurthe et de la Moselle pour couvrir l'aile droite du corps des Vosges.

On occupera la route qui se dirige de Bitche à Weidenthal, sur laquelle on trouve le poste d'Haspelscheidt déjà occupé par nos troupes ; il y a sur cette route plusieurs embranchements de chemins, entre autres une route venant des environs de Hornbach et le chemin de Deux-Ponts qui débouche en face de Weidenthal, duquel on peut se porter à Annweiler, Wissembourg et à Bitche. Si nous sommes encore maîtres de Weidenthal, je porterai la droite du corps des Vosges jusqu'à cet endroit avec un poste de 1800 hommes; dans le cas contraire, instruisez-moi de votre dernier point de gauche.

Je ferai occuper en avant de la route de Bitche, en avant de Weidenthal les villages Walschbrun et autres points qui seront choisis depuis Haspelscheidt ; dans cette direction il sera placé un poste à Schorbach, un autre à la Briquerie de Freudenberg sur la route de Bitche à Sarreguemines.

Un poste au cabaret de Frohn-mühl sur la même route, attendu que de ce cabaret se dirige un vallon qui tombe dans le chemin de Bitche à Phalsbourg. Un poste à Rohrbach, à Gros-Rederchingen, toujours sur la route de Sarreguemines à Bitche.

Flanc gauche du corps des Vosges.

Grünbacherhof, Buckenaschbach, Brenschelbach.

Il sera envoyé 10,000 hommes à la disposition du commandant du corps des Vosges pour garder les postes ci-dessus ; ce corps occupe maintenant la position d'*Hornbach, Haspelscheidt, Scheves* (1), *Mittelbach.*

Poste de Bliescastel.

Ce poste est occupé maintenant par 5 bataillons, 100 chevaux; il sera augmenté de 3,000 hommes et occupera alors en supplément les villages de Webenheim et Münbach pour se lier plus efficacement avec le corps des Vosges.

Droite du corps de bataille.

Le village de Lemberg, situé sur le chemin de Bitche à Phalsbourg. Ce poste est à la suite du débouché qui vient du cabaret dit Frohn-mühl, d'où se dirige un vallon qui va tomber sur le débouché de *Zinsweiller*, près de Reichshoffen ; ce poste sera de 1200 hommes.

A Lorentz, situé en avant de *Bouquenom*, un poste de 400 hommes, lequel fournira sur Büttens et Monbronn pour communiquer avec le village de Lemberg.

A Blisebrucken et Frauenberg, 100 hommes.

A Sarreguemines, Grosbliedersdorff, des postes pour garder la Sarre, 300 hommes.

Au camp, 200 hommes pour les postes permanents.

Entre le camp et Sarrelibre, 3,000 hommes à la disposition du général Villiaume; pour couvrir la gauche de Sarrelibre jusqu'à Hilbring, 4,000 hommes.

Je vous serais reconnaissant, cher Général, de m'envoyer l'état de tous vos postes, depuis Wissembourg jusqu'au corps des Vosges. Je

---

(1) Peut-être Schweigs ?

regarde depuis Stürzelbronn un chemin de traverse qui va sur Pirmasens, un chemin près de Hutzelhoff, d'où l'on peut aller sur Fischbach, sur Neunhoffen et Dambach du côté de l'Alsace, Lembach où l'on peut aussi déboucher sur Soultzbach et Wœrth. Vous saurez sûrement que la vallée de Dahn est aussi praticable que les autres grands chemins qui abondent au travers de ces montagnes sur l'Alsace.

L'avant-garde de l'armée tient toujours le poste de Saint-Imbert et le corps de bataille Sarrebrück.

B. SCHAUENBOURG.

Le général Schauenbourg à tous les citoyens Administrateurs des districts des départements de la Moselle et de la Meurthe relativement à la levée en masse.

Sarrebrück, 30 août 1793, l'an 2ᵉ de la République.

Il n'est pas nécessaire d'exciter le courage des républicains par des proclamations. Nous brûlons tous du désir d'exterminer les tyrans et leurs satellites. Mais il est nécessaire de faire comprendre à ceux des habitants qui n'auraient pas connaissance de tous les maux auxquels serait exposée la terre de la liberté par leurs invasions, qu'il est urgent de se porter en masse sur les différents points qui leur seront indiqués, dans le plus court délai, tant par les représentants pour la formation que par mes dispositions pour les rassemblements.

B. SCHAUENBOURG.

« Les contingents seront relevés tous les huit jours, écrit Schauenbourg au Comité de Salut public le 30 août; cette sage mesure a été prise par les représentants du peuple près de cette armée afin de laisser des bras à l'agriculture. »

Le général Schauenbourg au Procureur-syndic du district de Sarrebourg.

Sarrebrück, 30 août 1793, l'an 2ᵉ de la République.

Citoyen,

Comme votre lettre change les dispositions et mesures que nous avions prises avant-hier, en m'annonçant que le département de la Meurthe se réunissait pour soutenir les opérations de l'armée du Rhin, je vais m'occuper seulement de la répartition du département de la Moselle, et je vous adresse copie de leurs points de rassemblement. Si vous avez quelques nouvelles dispositions, faites m'en part sur-le-champ.

P.-S. — Il ne paraît pas vraisemblable que tout le département

ARMÉE DE LA MOSELLE (30 août).

ÉTAT du nombre d'hommes que peut fournir chaque district des départements de la Moselle et de la Meurthe, et de celui désigné pour se porter au point de rassemblement indiqué ci-dessous.

DISTRICTS.	NOMBRE qu'ils PEUVENT fournir.	NOMBRE qu'ils FOURNIRONT.	TOTAL DES FORCES à réunir.	LIEUX DE LEUR RÉUNION.
Bitche............	2,586	1,497		Ces forces, étant destinées pour occuper les revers des Vosges, se réuniront à Sarreguemines, où ils trouveront un officier de l'état-major du général Pully qui fera la répartition des 10,000 hommes qui doivent occuper les postes indiqués par le général d'armée; il sera envoyé un officier à Bitche pour y réunir les hommes de ce district afin de leur éviter une marche rétrograde.
Morhange.........	1,750	995		
Dieuze............	2,040	1,160		
Sarrebourg........	2,400	1,400	10,000	
Blamont..........	1,596	911		
Lunéville.........	2,874	1,645		
Château-Salins....	2,082	1,177		
Sarreguemines.....	3,240	1,215		
Sarreguemines.....	»	645	645	Réunis à Sarreguemines pour occuper ce poste et la rive gauche de la Sarre jusqu'à Grosbliedersdorff.
Boulay...........	1,728	1,094		Ces districts seront réunis à Boulay, où ils trouveront un officier de l'état-major général chargé de leur répartition.
Vezelise..........	1,490	849		
Toul.............	1,800	1,020	6,716	
Nancy............	2,550	1,477		
Pont-à-Mousson...	996	581		
Sarrelibre........	2,970	1,695		
Metz.............	5,628	3,244		Ces districts seront réunis d'après les dispositions du général Krieg avec l'observation de ne les réunir dans aucune ville de guerre.
Thionville........	2,910	1,665	7,073	
Longwy..........	2,088	1,464		
Briey............	1,788	1,000		
Forces que pouvaient les districts......	42,516	Forces à réunir.	24,438	

B. Schauenbourg.

de la Meurthe puisse être réuni pour demain, 31, à Sarrebourg. La marche sur Wissembourg ne pourra donc avoir lieu que par district.

Je vous serais reconnaissant de m'envoyer le nombre de ceux qui auront passé par votre ville, et si d'après les circonstances les districts les plus éloignés pensaient à vouloir se réunir à ceux de la Moselle, je vous prie de m'en faire part, et de leur indiquer le point de Sarreguemines. Correspondez et je vous promets active réponse.

B. SCHAUENBOURG.

ARMÉE DE LA MOSELLE.

Point de réunion pour les districts du département de la Moselle.

Bitche................. Sarreguemines...........	à Bitche.
Morhange..............	à Sarreguemines.
Boulay................. Sarrelibre...............	à Bouzonville.
Metz.................. Thionville.............. Longwy................ Bricy.................	à Bichemont ou environs.

P. S. — Un courrier que je viens de recevoir de l'armée du Rhin m'annonce victoire complète de l'armée du Rhin. Il en coûte aux ennemis de cette dernière affaire 3,000 hommes. Total, passé : 6,000 morts.

Le général Schauenbourg au général de division Krieg, commandant les 3ᵉ et 4ᵉ divisions militaires à Metz.

Sarrebrück, le 31 août.

Je vous envoie, mon cher Général, la proclamation que j'ai adressée aux départements de la Meurthe et de la Moselle avec le nombre des districts desquels je mets de nouvelles levées à votre disposition pour couvrir la frontière dans les postes les plus avantageux jusques dans les environs de Fremerstroff ; les districts de Sarrelibre et Boulay se porteront depuis ce point jusqu'à Sarrebrück ; le district de Morhange en avant de Sarreguemines et ceux de Sarreguemines et de Bitche dans les gorges de ces environs ; afin de vous mettre à mesure d'opérer sur tous les points de la manière que je le ferai ici ; je vous envoie copie de ma dernière circulaire aux administrateurs de district.

Je ne puis donner aucune solution sur les deux mémoires que vous m'avez adressés, le ministre seul peut en décider ; je ferai partir votre lettre pour le général Eben.

Les districts qui seront à votre disposition, sont : Metz, Thionville, Longwy et Briey. Vous donnerez vos ordres en conséquence. Je vais, de mon côté, les prévenir de cette mesure.

B. SCHAUENBOURG.

Circulaire aux administrateurs des districts du département de la Moselle, écrite au quartier général, à Sarrebrück, le 31 août.

Citoyens administrateurs,

Le jour est fixé, et mardi prochain, 3 septembre, la frontière doit être couverte depuis Longwy jusqu'à Bitche ; que le tocsin de la liberté sonne donc l'émoi dedans tous nos cantons, et qu'à ce son (l'effroi des tyrans) tous ceux désignés par les Représentants du peuple près l'armée de la Moselle, se lèvent et se réunissent dans leurs cantons, d'où ils partiront pour être rassemblés au chef-lieu du district où se trouvera un officier de l'état-major qui les conduira mardi au point qui leur est assigné.

Pour bien opérer ce mouvement, je désirerais que vous vous conformiez aux dispositions suivantes :

1° Extraire de ces troupes les hommes les plus entreprenants, armés de fusils, pour les porter dans les défilés et dans les bois ;

2° Mettre à leur tête des anciens militaires et des républicains chauds ;

3° Que chaque sorte d'arme soit réunie, comme haches, faux, etc. ;

4° S'emparer de tous ceux que l'on soupçonnera avec fondement de ne pas être de vrais républicains. Ne pas avoir égard ni à leur âge, ni à l'état qu'ils pourront occuper, les placer dans la masse et si à cette époque ils ne se montrent pas tels qu'ils doivent être, en faire prompte et bonne justice ; moyen radical pour les faire tous marcher de bon pied.

B. SCHAUENBOURG.

Le général Schauenbourg aux administrateurs du département de la Moselle.

Sarrebrück, le 31 août 1793.

Je vous préviens que j'ai chargé le général Krieg, commandant en chef de votre ville, de disposer pour couvrir la frontière des nouvelles levées des quatre districts : *Metz, Thionville, Longwy et Briey ;* il fera occuper avec ces forces, depuis Longwy jusqu'à Fremerstroff, où je commencerai à placer celles de Boulay et de Sarrelibre, jusqu'aux environs de Sarrebrück, les forces de Morhange sur Sarreguemines et Bitche dans les gorges de Bitche. Le jour est fixé pour les rassemblements dans les districts à lundi, et le rassemblement au point de réunion, pour mardi 3 septembre; je joins ici copie de ma lettre aux districts de Metz, Thionville, Longwy et Briey, ainsi que celle aux districts de Boulay, Sarrelibre, Morhange, Sarreguemines et Bitche.

Salut et fraternité.

B. SCHAUENBOURG.

Résumé des mesures prises pour l'opération de la nouvelle levée sur les frontières du département de la Moselle, en date du 1er septembre.

1° Enjoint au général Krieg de faire toutes les dispositions nécessaires pour garnir la frontière, depuis Longwy jusqu'à Fremerstroff et laissé à cet effet les quatre districts de :

    Metz,
    Thionville,
    Longwy,
    et Briey, à ses ordres ;

2° Invitez les districts de Boulay et Sarrelibre à se réunir le 2 de ce mois dans leurs cantons, dont ils partiront le 3 pour Bouzonville et y trouveront deux officiers de l'état-major qui les conduiront à leurs postes ;

3° Invitez les districts de Bitche et Sarreguemines à se réunir de même par cantons, de là au chef-lieu, d'où ils seront conduits par des officiers de l'état-major du corps des Vosges à leurs postes ;

4° Invitez le district de Morhange à se réunir de même par cantons, de là à leurs chefs-lieux, d'où ils seront conduits à Sarreguemines, où ils trouveront un officier de l'état-major, qui les conduira à leur poste qui est intermédiaire, et qui pourra se porter aux points jugés le plus avantageux pour soutenir le corps des Vosges.

Instruction générale.

Pour les officiers désignés ci-dessous pour l'emplacement des troupes de requisitions dans les différents postes de la frontière.

Un officier de l'état-major du corps des Vosges se rendra à Bitche, lundi, 2 de ce mois, pour faire la répartition des troupes de ces districts, conjointement avec les administrateurs, pour occuper, dans les gorges de Bitche, des postes d'Haspelscheidt-Walschbrünn, et que j'ai désignées au général Pully. Un autre officier du même corps sera dirigé en même temps sur Sarreguemines, pour faire la répartition de ce district, conjointement avec les administrateurs, pour couvrir et occuper la gauche du corps des Vosges dans les postes que j'ai désignés au général Pully, étant autorisé d'y faire tels changements que les localités et circonstances l'exigeront.

Il est enjoint à l'adjudant général Valory de partir dans la journée pour Bliescastel, où il y prendra des renseignements et reconnaîtra les positions que pourront occuper les troupes du district de Morhange; après cette reconnaissance, il se rendra à Sarreguemines, attendra les troupes de Morhange et en fera la répartition d'après les positions qu'il aura reconnu et les y conduira le 3. Il observera d'en détacher environ 200 hommes pour occuper le poste de Grosbliedersdorf. Il amènera avec lui un de ses adjoints, et rendra compte au général, aussitôt qu'il aura fait occuper les postes reconnus. Il demandera aux administrateurs plusieurs citoyens intelligents pour lui servir d'adjoints et rendre compte de tout ce qui concernera le service et l'établissement.

Gauche du corps de bataille.

Il est ordonné à l'adjudant général de partir dans la journée pour reconnaître toutes les positions, depuis la gauche du camp de Sarrebrück jusqu'auprès de Sarrelibre. Après cette reconnaissance, cet officier se rendra à Bouzonville, où il trouvera les troupes du district de Boulay réunies. Il en fera la répartition, d'après les postes qu'il aura reconnus nécessaires à occuper.

Il est ordonné à l'adjudant général Renauld de partir dans la journée pour reconnaître tous les postes que pourront occuper les troupes du district de Sarrelibre, depuis cette ville jusqu'au delà de Fremerstroff. Il tâchera, s'il est possible, de faire occuper les positions en avant de *Roden* et *Tourle* (?). Il se concertera avec les administrateurs sur cet objet, et demandera des citoyens intelligents pour lui servir d'adjoints. Après avoir reconnu tous ces postes, il se rendra à Bouzonville pour y faire la répartition des troupes du district, qu'il dirigera ensuite sur le point reconnu.

B. SCHAUENBOURG.

Le général Schauenbourg aux administrateurs du district de Boulay.

Sarrebrück, 1er septembre 1790.

Citoyens administrateurs,

D'après la nouvelle répartition, les troupes de votre district étant destinées à couvrir la frontière depuis la gauche du camp de Sarrebrück jusqu'auprès de Sarrelibre, il vous sera plus avantageux de conserver votre rassemblement à Boulay sans le faire aller à Bouzonville.

Vous éviterez non seulement une marche, mais encore un engorgement par la réunion de celui de Sarrelibre sur ce point; je donne, d'après ces raisons, ordre à l'officier major de se porter à Boulay, d'où il conduira vos troupes au lieu qui lui a été indiqué.

B. SCHAUENBOURG.

Sarrelibre, le 1ᵉʳ septembre 1793, l'an 2ᵉ de la République française.

Citoyens Représentants,

Le tocsin de la liberté sonnera demain dans toute l'étendue de ce district à 10 heures, pour le rassemblement en masse des citoyens pour exterminer les tyrans et leurs vils satellites. Vive la République une et indivisible, vive la Montagne, et ça ira.

Le chef de bataillon, commandant temporaire à Sarrelibre,
CURIEU.

Le général Schauenbourg au citoyen Bouchotte, ministre de la guerre.

Sarrebrück, le 1ᵉʳ septembre.

Les dispositions pour le rassemblement des nouvelles levées n'auront lieu que dans le département de la Moselle pour cette armée, vu que le département de la Meurthe se porte au secours du Bas-Rhin; cette nouvelle disposition ayant changé nos mesures prises avec les représentants du peuple, le département de la Moselle se lèvera en plus grand nombre et sera réuni mardi prochain, 3 de ce mois, sur quatre points, pour occuper les postes que je vous ai déjà désignés; j'envoie sur ces différents points des officiers de l'état-major pour les diriger; aussitôt que ce mouvement sera exécuté, je vous en rendrai compte.

Le général Schauenbourg au Commandant temporaire de la place de Sarrelibre.

Sarrebrück, 8 septembre 1793.

La garde citoyenne de Sarrelibre est en réquisition; il en sera formé un bataillon de 1000 hommes; s'il n'y avait point assez de citoyens en ville, on y suppléerait par ceux de la campagne du même canton. Ce bataillon fera le service de la place et sera en tout soumis aux lois et règlements militaires. En conséquence, les citoyens armés de Sarrelibre recevront les ordres de rentrer en ville, et ceux du district qui seront de bonne volonté pour compléter ce bataillon, qui sera formé par les soins de l'adjudant général Renaud.

SCHAUENBOURG.

13 septembre 1793.

La nouvelle levée du district de Sarrelibre est bien organisée et disposée; celle du district de Boulay est très faible en nombre et en espèce d'hommes; aussi ne sert-elle qu'à montrer en arrière de la Sarre des petits bataillons qui ne peuvent en imposer que par ce genre de dispositions.

J'ai des comptes plus satisfaisants à vous rendre des districts de Sarrez et Morhange, que j'ai été organiser le 10. Ces districts sont nombreux, nerveux, bien disposés, et presque tous armés de fusils; le reste est muni de longues perches au bout desquelles chacun a placé le morceau de fer qu'il a cru le plus meurtrier.

Le départ eut lieu le 19 septembre seulement, les bataillons étant régulièrement organisés.

Instruction pour l'officier de l'état-major allant à Saint-Avold.

21 septembre.

L'adjudant général Beker se rendra sur-le-champ à Saint-Avold, où il trouvera la levée en masse du district de Metz.

Il se concertera à son arrivée avec les commissaires du département chargés de la conduite de cette masse.

Il reconnaîtra s'il y a un bataillon formé et organisé d'après la disposition de la loi du 23 août 1793.

Si cette organisation a eu lieu, il requerra les citoyens de tout le district qui seront aux termes de cette loi de s'y joindre, en constatera la force, dirigera le bataillon sur-le-champ sur Hornbach et renverra les citoyens qui, aux termes de la même loi, ne devront pas être organisés, à leurs travaux.

Dans le cas où la masse n'aurait aucune organisation, il l'arrêtera à Saint-Avold, en rendra demain compte aux représentants du peuple à leur passage en cette ville, où ils lui donneront à cet effet les ordres nécessaires pour des dispositions ultérieures.

Il fera compléter l'armement de ce bataillon par les meilleures armes des citoyens qui s'en retourneront, prenant à cet effet, avec les commissaires du département, toutes les mesures nécessaires pour faire donner des reçus à ceux qui en sont les propriétaires.

Vu et autorisé par les représentants du peuple près l'armée de la Moselle.

RICHAUD, SOUBRANY et EHRMANN,
B. SCHAUENBOURG.

XIX. — L'ARMÉE DE LA MOSELLE AU COMMENCEMENT DE SEPTEMBRE.

La situation du 8 septembre donne les chiffres suivants :

EMPLACEMENTS.	DÉSIGNATION DES CORPS.	EFFECTIF.	PRÉSENTS.	CHEVAUX. EFFECTIF.	DISPONIBLES.
	Corps détaché de l'avant-garde.				
Vaudrevange.......	Infanterie de la légion de la Moselle.	957	814	»	»
	Compagnie franche de Millon......	451	433	»	»
Reling..........	Cavalerie de la légion de la Moselle.	389	348	348	348
	Comp. franche de Saint-Maurice...	775	433	»	»
	1re comp. franche du Louvre......	445	94	»	»
Walddgasse, Reling	7e rég. de hussards.............	486	466	466	466
et Diling........	Détachement du 89e rég. de ligne..	448	249	»	»
Diling..........	Compagnie franche de Billard......	489	159	»	»
	Total pour le corps détaché de l'avant-garde.............	3,210	2,096	814	814
	Avant-garde.				
	1er rég. de dragons.............	470	279	377	279
	3e rég. de hussards.............	461	377	461	377
	1er rég. de chasseurs...........	594	535	543	542
	7e et 10e comp. d'artillerie légère..	148	128	157	157
Saint-Imbert......	Compagnie franche de Metz.......	128	105	»	»
	2e comp. franche des Sans-Culottes.	176	128	»	»
	Artillerie de ligne.............	70	64	»	»
	1er bat. de Saône-et-Loire.......	936	776	»	»
	1er bat. de la République........	958	862	»	»
	2e bat. de Seine-et-Marne........	919	768	»	»
	Total pour Saint-Imbert....	4,860	4,022	1,538	1,355
Duttweiler........	13e bat. d'infanterie légère.......	960	777	»	»
	2e bat. du 55e rég. d'infanterie....	926	763	»	»
	Total pour Duttweiler....	1,886	1,540	»	»
Forges de St-Imbert.	4e comp. franche du Louvre......	498	450	»	»
Kicherbach........	Chasseurs de Reims.............	629	517	»	»
Scheid...........	1er bat. du 103e rég. d'infanterie...	1,062	865	»	»
Bagatelle.........	1er bat. du 44e rég. d'infanterie....	898	709	»	»
	2e bat. du 74e rég. d'infanterie....	949	698	»	»
Bliescastel.......	4e bat. de la Meurthe...........	845	745	»	»
	2e bat. de la Haute-Marne........	781	674	»	»
	4e bat. de la Moselle............	926	766	»	»
	Total pour Bliescastel.....	3,501	2,880	»	»
	Total de l'avant-garde.....	13,034	10,683	1,538	1,355

CAMPAGNE DE 1793 EN ALSACE.

EMPLACEMENTS.	DÉSIGNATION DES CORPS.	EFFEC-TIF.	PRÉ-SENTS.	CHEVAUX. EFFEC-TIF.	CHEVAUX. DISPO-NIBLES.
	Corps de bataille.				
Sarrebrück et environs..........	1er rég. de carabiniers............	665	412	642	444
	2e rég. id.	636	534	596	537
	10e rég. de cavalerie.............	448	355	»	»
	11e id.	514	386	»	»
	Artillerie légère.................	50	44	46	46
	Artillerie de ligne................	1,333	1,296	»	»
	Pionniers.........................	196	196	»	»
	Gendarmes........................	242	228	237	211
	1er bat. du 5e rég. d'infanterie....	860	750	»	»
	2e bat. id.	884	744	»	»
	1er bat. de Rhône-et-Loire........	970	829	»	»
	6e bat. des Vosges...............	932	692	»	»
	7e bat. de la Meurthe............	970	844	»	»
	1er bat. du Lot...................	926	775	»	»
	2e bat. du 47e rég. d'infanterie....	827	685	»	»
	Total du corps de bataille.	10,453	8,767	1,494	1,238
	Corps des Vosges.				
Mœsbach..........	9e rég. de chasseurs.............	540	495	497	493
Mittelbach........	14e rég. de dragons...............	408	388	390	390
Hornbach..........	Artillerie légère..................	76	68	69	69
Monbijou..........	Compagnie franche de Guillaume...	368	325	»	»
Riedelberg........	3e comp. franche du Louvre......	238	210	»	»
Mittelbach........	2e bat. du 30e rég. d'infanterie...	985	880	»	»
Hornbach..........	4e bat. de la Haute-Saône........	596	540	»	»
Dietrichingen......	3e bat. de la République.........	993	880	»	»
Camp d'Hornbach...	4er bat. du 1er rég. d'infanterie....	962	869	»	»
	1er bat. de la Meuse..............	952	845	»	»
	1er bat. du 96e (bois de Schweigen).	1,102	931	»	»
	1er bat. de l'Indre................	990	838	»	»
	9e bat. de la Meurthe............	952	952	»	»
	1er bat. du 24e rég. d'infanterie...	820	692	»	»
	6e bat. de la Haute-Saône........	952	774	»	»
	4e bat. de la Seine-Inférieure.....	813	670	»	»
	2e bat. de la Moselle.............	1,051	843	»	»
	4e bat. de la Manche.............	932	751	»	»
	Artillerie........................	599	548	»	»
	Pionniers.........................	176	152	»	»
	Gendarmerie......................	296	245	290	242
	Total pour le camp d'Hornbach.	10,597	9,110	290	242
Breidenbach.......	4e rég. de cavalerie..............	366	352	342	255
	A reporter.......	15,467	13,248	4,588	4,447

EMPLACEMENTS.	DÉSIGNATION DES CORPS.	EFFEC-TIF.	PRÉ-SENTS.	CHEVAUX.	
				EFFEC-TIF.	DISPO-NIBLES.
	Report........	15,167	13,248	1,588	1,447
	Corps des Vosges (*suite*).				
Haspelscheid......	Compagnie de chasseurs forestiers.	165	156	»	»
	2 comp. de chasseurs du 96ᵉ rég...	124	124	»	»
Bitche (près de)....	3ᵉ bat. de la Manche...........	584	515	»	»
	2ᵉ bat. du 102ᵉ rég. d'infanterie...	944	680	»	»
	Total du corps des Vosges.	16,984	14,723	1,588	1,447

RÉCAPITULATION.

	Effectif.	Présents.
Corps détaché de l'avant-garde...............	3,210	2,096
Avant-garde..............................	13,034	10,683
Corps de bataille.........................	10,453	8,767
Corps des Vosges.........................	16,984	14,723
Total................	43,681	36,269

L'artillerie de cette armée comprenait alors :

1° *Armée de la Moselle.*

Pièces de 4 aux bataillons.......................	36
Pièces de 8 de l'artillerie à cheval...............	4
Au parc de l'avant-garde. { Pièces de 8.....................	8
Obusiers de 6 pouces.............	4
Au parc du corps de bataille. { Pièces de 12.....................	12
Pièces de 8.....................	12
Pièces de 4.....................	13
Obusiers de 6 pouces.............	10

2° *Corps des Vosges.*

Pièces de 4 aux bataillons.......................	30
Artillerie à cheval. { Pièces de 8.....................	4
Obusiers de 6 pouces.............	2

Au parc.
- Pièces de 12 4
- Pièces de 8 13
- Pièces de 4 1
- Obusiers de 6 pouces 6

Les équipages d'artillerie comptaient 3,191 chevaux et 1750 hommes, charretiers, bourreliers, etc.

Les équipages des vivres comptaient, à l'armée de la Moselle, 360 chevaux au parc, 1196 détachés dans les corps; 214 hommes au parc et 506 dans les corps. Au corps des Vosges, 137 chevaux au parc, 434 dans les corps; 82 hommes au parc et 180 dans les corps.

La situation du 8 septembre indique enfin qu'il y avait 723 chevaux d'officiers dans les troupes à cheval, 766 dans l'infanterie et l'artillerie. On n'avait pu dénombrer ceux de l'état-major.

Les renseignements donnés à Schauenbourg sur les forces de l'ennemi continuent à être fantaisistes et exagérés, et il en sera ainsi jusqu'au jour où ce général, se décidant enfin à quitter Sarrebrück de sa personne, ira observer lui-même la ligne des avant-postes, et, par cette reconnaissance sommaire, acquerra aussitôt une notion assez exacte de la force et des positions de l'ennemi. Cet incident prouve à quel point Schauenbourg s'était immobilisé à Sarrebrück depuis un mois et montre, en outre, que personne, à l'armée de la Moselle, n'avait été capable de faire cette reconnaissance si facile. Voici ce que lui avaient appris ses agents sur la force et l'emplacement de l'ennemi en septembre.

PRUSSIENS.

A Kaiserslautern, un camp, de..... 12,000 hommes d'infanterie.
En avant de ce poste, en avant-garde........................ 2,000 hommes et 5 batteries de 6 pièces de canon chacune.
Depuis Pirmasens jusqu'à Deux-Ponts, en avant du corps des Voges. 24,000 hommes.

Depuis le Schwartzenacker jusqu'à Limbach...............	8,000 hommes campés.
A Kirchel................	300 hommes de cavalerie.
Entre Neuhansel et Kotthoff......	800 hommes de cavalerie.
Entre Neukirch et Blisetisckel.....	800 hommes mêlés.
A Neukirch................	1,000 hommes d'infanterie.

AUTRICHIENS.

A Ottweiler, avec deux canons	1,000 hommes d'infanterie.
A Ihling, hussards, dragons et chasseurs................	1,000 hommes.
A Tholey, baraqués dans le bois de la montagne qui sépare le pays de Schambourg................	2,000 —
Le camp qui était entre le village de Blaise et la montagne de Blaiseberg s'est rapproché de Sarrelibre, et est campé entre Notbach et Tholey.......	5,000 hommes.
A Leibach, près de Sarrelibre, cantonnés................	1,100 —
A Nunkirch, pays de Trèves, près Deux-Ponts................	2,000 hommes, mêlés, campés.
A Nunwiller, campés...........	5,000 — —
Auprès du Howald, baraqués dans le bois................	800 hommes de cavalerie.

D'après le dire des soldats, il y a 35 pièces de canon depuis Ottweiler jusqu'à Notbach, non compris les pièces de bataillon. Ces troupes forment un total de 17,000 hommes.

Schauenbourg écrit à Bouchotte, après vérification, le 7 septembre :

« Citoyen Ministre,

Je suis revenu hier soir de la reconnaissance de tous les postes qu'occupe le corps des Vosges; j'ai été très satisfait de la répartition desdits postes ainsi que des retranchements qui les soutiennent; la position d'Hornbach est bonne, mais elle exige beaucoup de monde, vu qu'elle est coupée de gorges; j'ai trouvé celle de l'avant-garde de ce corps placée avec une grande intelligence, et si chacun y fait son devoir, il me paraît impossible qu'aucune surprise puisse se répéter dans cette partie; j'ai fait appuyer la droite du corps des Vosges bien efficacement avec la gauche de l'armée du Rhin, en y mêlant des citoyens de la levée en masse ; je ne puis encore, citoyen Ministre, vous dire à quel nombre se portera celle du département de la Moselle. Il ne me paraît pas qu'elle sera aussi nombreuse qu'on l'avait annoncée : j'ai des officiers répartis sur les différents points qu'occupent déjà et que doivent encore occuper lesdites masses; celles que j'ai rencontrées me paraissent bien disposées.

J'ai vu, citoyen Ministre, trois camps prussiens en face du corps des Vosges; ils ne me paraissent pas aussi considérables que les rapports que l'on m'en avait faits; je n'ai pu en juger totalement, attendu qu'une partie se trouve couverte par le profil des hauteurs ; ces camps manœuvrent continuellement et sont liés avec deux autres camps en avant de l'avant-garde qui est à Saint-Imbert; j'estime que les forces prussiennes en face du corps des Vosges peuvent aller à une vingtaine de mille hommes, et celles en face de Saint-Imbert à environ 16,000 hommes.

Les Autrichiens occupent maintenant depuis la droite des Prussiens jusqu'à la hauteur de Merzig différentes positions, et leur total, d'après mon dernier rapport, se porte à 17,000 hommes. Il est arrivé deux bataillons à Luxembourg le 3 courant, et 6,000 hommes dans les environs d'Arlon, ce qui formerait avec les Autrichiens déjà répartis entre Luxembourg et Arlon un corps de 12,000 hommes ; je ne vous réponds pas de la vérité de ce rapport ; il m'est parvenu de Longwy.

J'ai été hier matin avec deux représentants du peuple à Bitche; l'incivisme règne dans cette petite ville, l'on y a mis 30 personnes en arrestation, et je crains encore que cette mesure soit insuffisante; j'y fais relever la compagnie d'artillerie, laquelle se trouve inculpée de faits desquels les représentants sont munis ; j'ai recommandé au général Moreaux la plus grande surveillance sur le point essentiel de la forteresse de Bitche, et j'espère, citoyen Ministre, que le capitaine Barbas, que j'y ai installé hier comme commandant temporaire, me tranquillisera sur les inquiétudes fondées que j'ai de cette ville; il y a eu de plusieurs villages des environs des paysans qui sont allés trouver Brunswick à Pirmasens pour lui offrir leurs services; Brunswick leur a proposé de s'engager, à quoi ces lâches n'ayant pas adhéré, ce général les a enfermés dans une grande salle d'exercice à Pirmasens ; les représentants du peuple, qui ont connaissance de cette affaire, feront traiter ces coquins en émigrés en donnant leurs biens aux patriotes.

J'ai bien recommandé aux chefs des masses que j'ai rencontrés, de surveiller ceux qui se sont fait prier pour marcher, et de faire prompte et bonne justice de ceux qui s'aviseraient de ne pas partager avec énergie le service qu'elles vont faire. »

Une lettre adressée au Comité de Salut public par les représentants résume la situation de l'armée au commencement du mois de septembre :

> Au quartier général de l'armée de la Moselle, à Sarrebrück, le 3 septembre 1793, l'an 2ᵉ de la République française une et indivisible.
>
> *Les Représentants du peuple français près l'armée de la Moselle, à leurs collègues les membres du Comité du Salut public.*

Vous nous demandez, citoyens nos collègues, quel est le résultat des mesures qui ont été prises pour l'approvisionnement des places fortes et de l'armée. Vous avez sans doute appris avec satisfaction, par le dernier courrier que nous vous avons expédié, que les places de Bitche, Thionville, Sarrelibre, Longwy étaient suffisamment approvisionnées. Nous ne pouvons pas vous donner des détails aussi satisfaisants sur les subsistances de l'armée. Quelque instantes et réitérées que soient nos demandes auprès des départements, quoique nous nous soyons transportés à Metz et à Nancy, les blés de réquisition n'arrivent que lentement ; la grande sécheresse que nous avons éprouvée ajoute encore aux différents obstacles par la difficulté des moutures ; nous vivons au jour la journée, à peine une distribution de pain est-elle assurée, qu'il faut s'occuper des moyens de fournir à la suivante.

Nous n'avons pu encore établir de magasins qui nous mettent à l'abri de ces inquiétudes journalières. Nous croyons cependant avoir passé les moments les plus difficiles : l'approvisionnement des places de première ligne a dû, dans les premiers temps, absorber les grains excédant la subsistance de l'armée. Mais aujourd'hui qu'elles sont abondamment pourvues, que les blés de réquisition arriveront en plus grande quantité, nous avons tout lieu d'espérer que nous pourrons établir des dépôts qui serviront à alimenter l'armée.

Lors du passage de nos collègues Jean-Bon Saint-André et Prieur de la Marne à Metz, ils eurent une conférence avec le citoyen Gobert sur la difficulté de se procurer des chevaux, et le besoin urgent d'augmenter la cavalerie et l'artillerie légère devant un ennemi très supérieur en cavalerie. Ils convinrent même que la loi suprême de la nécessité pouvait faire déroger à celle qui défend toute espèce de marché en numéraire. Vous nous recommandez, dans votre dernière lettre, de n'épargner aucun sacrifice, et de procurer des chevaux à la République à quelque prix que ce soit. Nous sommes parfaitement de votre avis, et nous avons pris en conséquence l'arrêté dont nous joignons ici copie. Nous avons pensé avec raison que quoique vous ne vous expliquiez pas sur le numéraire, l'autorisation de porter le maximum du prix jusqu'à 500 livres ne pourrait certainement pas être applicable aux assignats.

Nous avons aussi pris un arrêté pour que les voitures qui s'en retournent à vide de l'armée transportent de la houille, qui est abondante et d'une bonne qualité dans ce pays-ci. Nous donnerons aussi des ordres pour tirer partie des forêts du pays de Nassau et faire du charbon ; nous ne négligerons rien pour activer la fonderie des canons et la fabrication des armes.

Nous avons vu à notre passage à Metz, le 2, le citoyen Houel, commissaire du Pouvoir exécutif, qui nous dit avoir mandé au Ministre que le contingent à fournir par l'armée de la Moselle sur les 30,000 hommes était parti ; celui du Rhin ne l'était pas encore en totalité ; il n'est pas étonnant que, vu les circonstances, cette armée n'ait pas envoyé aussi promptement des secours, dont elle avait elle-même besoin.

Le département de la Meurthe nous a annoncé que les 1200 hommes qui avaient été requis par nos collègues Lacoste et Guyardin étaient rassemblés, et qu'il allait nous les adresser. Le département des Vosges requis pour fournir le même nombre à cette armée nous a écrit, et nous a marqué qu'ils étaient prêts, mais que nos collègues réclamaient ce secours pour l'armée du Rhin. Nous avons pensé que nous ne devions pas nous isoler dans l'armée à laquelle nous étions envoyés, mais voir les dangers de la patrie où ils étaient les plus pressants. Nous avons, en conséquence, après en avoir conféré avec le général Schauenbourg, répondu aux administrateurs des Vosges de porter le plus promptement possible des secours à nos frères du Rhin. Le département de la Moselle a été le plus lent à obéir à la même réquisition de nos collègues. Son contingent de 1200 hommes n'est pas encore rassemblé, et il avait fixé aux districts une époque trop éloignée pour leur réunion à Metz : nous leur avons écrit une circulaire pour les requérir d'envoyer immédiatement à l'armée tous ceux qui sont enregistrés, et successivement jusqu'à ce qu'ils aient fourni le nombre qui leur est prescrit.

Nous joignons ici quelques exemplaires de notre proclamation aux départements de la Moselle, de la Meurthe et des Vosges ; nous en adressons aussi à la Convention, à qui nous faisons part de la direction des forces de ces départements.

Nos collègues Lacoste et Guyardin les avaient requis tous trois de marcher sur Wissembourg ; nous n'avons pu qu'applaudir à leurs mesures pour ceux de la Meurthe et des Vosges, et nous en avons pressé l'exécution. Mais nous avons pensé qu'assurer la gauche du revers des Vosges, c'était défendre avantageusement les lignes de Wissembourg ; tel a été aussi l'avis du général Schauenbourg, qui l'a communiqué au général Landremont. Celui-ci l'a fort approuvé, en conséquence, le département de la Moselle est actuellement en marche pour occuper les gorges de Bitche et la position de Fontoy.

Nous partons demain pour la position d'Hornbach, nous irons de là visiter les postes occupés par nos braves frères de la Moselle qui s'arrachent à leurs foyers et vont au cri de la patrie combattre les ennemis.

Tous brûlaient d'impatience de partir, tous n'attendaient que le signal, et nous pouvons, d'après leur dévouement, répondre que l'ennemi n'entamera pas cette frontière, quoiqu'une lettre particulière lue à la Convention lui ait déjà annoncé la déroute du camp d'Hornbach et la prise de Bitche.

Le camp d'Hornbach a une position très avantageuse, il est soutenu de plusieurs redoutes et défendu par 15,000 hommes. Celui de Bliescastel, qui assure sa communication avec Sarrebrück, est aussi bien gardé. La prise du poste de Kederich a pu seule donner lieu à des bruits exagérés qui se sont répandus jusque dans le sein de la Convention. Il a été attaqué le 17 et l'ennemi s'en est emparé; on a tenté de le reprendre le 20; nous nous en étions déjà rendus maîtres lorsque l'ennemi, revenu avec des forces supérieures, a forcé de l'abandonner. Ce poste, de l'avis des généraux, n'est pas fort intéressant par sa position difficile à garder devant un ennemi supérieur; nous en occupons un en arrière beaucoup plus fort, et qui couvre encore mieux la place de Bitche et cette partie de la frontière. La perte de Kederich ne serait pas considérable en elle-même, si elle n'eût été accompagnée, dans les deux affaires, de celle de plusieurs braves gens tués ou faits prisonniers. Nous y avons aussi perdu beaucoup de tentes, d'effets de campement et quelques pièces de canon. Le général Schauenbourg a adressé au Ministre l'état des pertes dans les deux journées du 17 et du 20. Nous avons reçu beaucoup de dénonciations sur celle du 17 contre des chefs et des corps entiers. On accuse le commandant Rewbell, chef de brigade du 1er bataillon du 96e régiment, de s'être laissé surprendre, en sorte que les tentes ont été enlevées toutes tendues. Il y a des inculpations fortes contre le 96e bataillon. Il appartenait au ci-devant régiment de Nassau dont un bataillon a mis bas les armes et s'est laissé prendre à sa retraite de Mayence. Nous allons nous transporter sur les lieux, vérifier tous les faits et punir sévèrement ceux qui, dans cette journée, ont trahi la patrie.

Depuis notre entrée sur le territoire ennemi, nous avons fait enlever des bestiaux, des grains et des fourrages, dont nous avons fait délivrer des reconnaissances; la Convention prononcera sur le mode et l'époque du payement. Nous continuerons toujours à faire rentrer tout ce qu'on pourra tirer des réquisitions.

Salut et fraternité. SOUBRANY, EHRMANN, RICHAUD.

Les dénonciations sévissaient avec violence, comme la fin de cette lettre le fait présumer, mais elles étaient plus fréquentes encore à la gauche de l'armée qu'au corps des Vosges. Les places de Thionville et de Metz étaient aux mains d'une poignée d'agitateurs, réprouvés par les municipalités républicaines, mais soutenus par le représentant Cusset, ivrogne et prévaricateur, dont ses collègues avaient fait prompte justice et qui pourtant l'emporta auprès de Bouchotte.

Ce furent d'abord des plaintes sur l'état des places et de leurs approvisionnements, plaintes auxquelles le chef d'état-major de l'armée de la Moselle et le directeur d'artillerie de Metz durent répondre.

Le général de Hédouville écrit au Ministre et au Comité, le 14 août :

« Il y a lieu d'avoir de grandes inquiétudes sur l'approvisionnement de nos places en grains ; quelque mesure que l'on prenne, il se fait avec une lenteur effrayante. Tous les rapports s'accordent à dire que les ennemis, en continuant de tenir en échec l'armée du Rhin sur tout son front, veulent tenter une invasion dans la ci-devant Alsace par le revers des Vosges. Le général d'armée, pour en mieux défendre l'accès, vient de renforcer le corps dit des Vosges, campé à Hornbach et à Kederich, que les ennemis menaçaient d'attaquer d'un moment à l'autre avec des forces supérieures à celles que l'affaiblissement de l'armée permet de leur opposer. Nous n'en sommes pas moins disposés tous à les recevoir de manière à leur ôter l'envie de recommencer ; des soldats qui combattent pour soutenir la cause de la liberté et de l'égalité doivent être plus forts que des autocrates qui combattent aveuglément pour leurs despotes, et ne jamais calculer leur nombre. »

Metz, 14 août 1792, l'an 2e de la République.

Le citoyen Grand-Champ, directeur de l'artillerie à Metz, aux Représentants du peuple.

Citoyens Représentants,

J'ai ordonné depuis longtemps à la citoyenne Vendel de ne faire que des boulets de 4, dont il nous faudrait au moins 200,000, des obus de 6 pouces dont on fait une grande consommation, et des boulets de 8, étant suffisamment pourvu des autres calibres. Ainsi, quelque quantité de gueuses qu'elle puisse avoir, on trouvera à les employer ; c'est par précaution que j'ai fait venir à Metz les moules des gros calibres, pour qu'ils ne tombent pas entre les mains des ennemis dont nous sommes menacés, et j'en ai été requis dans un conseil de guerre ; quant à la grande quantité de fer pour balles, mon projet est d'en faire venir beaucoup à Metz, pour l'établissement d'une fabrication de ces balles, quand je serai assez pourvu de houille ; j'ai même déjà demandé quelques ouvriers à Hayange. Le tableau effrayant qui vous a été présenté ne m'étonne pas du tout. Quand Thionville a 153 bouches à feu, que le canon est approvisionné à plus de 800 coups, les mortiers et les obusiers à plus de 300, qu'il y a 500 milliers de poudre, 150 milliers de plomb et tous les autres accessoires à proportion, je dis qu'il n'y a qu'un ignorant qui ait pu vous donner un tableau aussi effrayant et il ne me fera jamais passer pour un traître, car mes preuves de patriotisme sont faites. Longwy et Sarrelibre ne sont pas mieux armées et on ne s'en plaint pas ; des députés les ont vues. Je vous envoie 300 bombes de 10 pouces, quoique vous en ayez déjà 366 pour mortiers. On a dû se fournir de bois tant qu'on a voulu, je n'ai pas refusé de payer, et, si l'on y manque de quelque chose, c'est que je ne l'ai pas pour le donner, par exemple de fusils.

Le chef de brigade, directeur de l'artillerie à Metz,

GRANDCHAMP.

Le général Saint-Hillier, commandant à Thionville, écrit à son tour que la place est bien approvisionnée et qu'il désire seulement 1000 hommes de plus pour la défendre.

Le commandant de Sarrelibre, Signemont, juge aussi que cette place est en bon état de défense, mais qu'elle manque de farine.

PLACE DE SARRELIBRE.

Le 16 d'août 1793, an 2e de la République une et indivisible.

J'ai reçu votre lettre, citoyens Représentants, par laquelle vous m'ordonnez de commercer avec vous pour les objets qui peuvent contribuer à la défense de cette place, et de vous en rendre compte.

Ma garnison, les chefs de l'artillerie et du génie ont la meilleure volonté, et se défendront bien, ces derniers y joignent des talents ; moi, outre l'honneur de bien défendre ma patrie, j'ai ma vengeance particulière à exercer contre les émigrés et nos ennemis, qui m'ont tenu dans les fers à Verdun pendant six semaines et qui voulaient me faire pendre à cause de mon patriotisme trop prononcé.

Nos fortifications sont en bon état; au moyen de nos inondations, qui sont déjà commencées, nous ne pourrons être attaqués que d'un côté.

Nous avons des blindages suffisants pour mettre à couvert moitié de la garnison.

Nous sommes bien en bouches à feu et en approvisionnements de guerre, comme poudre, cartouches, boulets et bombes.

Mais il nous manque l'essentiel, c'est de la farine; depuis deux mois nous vivons au jour la journée, cette place fournit aux armées de la Moselle, et nous n'avons rien en réserve pour le siège; nous avons aujourd'hui 2,358 sacs pour nous alimenter et toutes lesdites armées; nous en faisons une consommation de 300 tous les jours et nous n'avons pas été si bien depuis longtemps.

Nous n'avons point de fourrage, et pour cette partie c'est encore le jour la journée.

Toutes les autres provisions sont complètes : vin, avoine, légumes secs, eau-de-vie, viande fraîche, salée et fromage.

Mais tout cela, courage, volonté, ne sont rien sans pain; je m'en suis plaint à tout le monde, cela n'a rien produit. Le conseil défensif a envoyé des commissaires à toutes les autorités et rien ne rentre ; je compte sur la vôtre, d'autant plus qu'il y a urgence, et que d'un jour à l'autre nous pourrons être cernés, étant bientôt presque livrés à nos propres forces.

Voilà, citoyens Représentants, notre véritable situation ; j'aurai l'honneur de vous faire part de tout ce qui arrivera de nouveau avec la sincérité d'un bon républicain, et la franchise, qui en est inséparable.

Salut et fraternité.

Le général de brigade,
commandant en chef à Sarrelibre,

SIGNEMONT.

Ces premières accusations étant écartées, d'autres sont soulevées aussitôt. Le 16 août, c'est la société populaire d'Etain qui parcourt les environs de ce village et signale au Ministre de la guerre l'incivisme de la municipalité de Longwy. C'est le représentant Cusset qui accuse le commandant et le directeur d'artillerie de Metz, et bientôt le Ministre intervient auprès du général en chef pour lui prescrire de changer les garnisons si elles n'agréent pas à la population :

Paris, 20 août, l'an 2ᵉ de la République une et indivisible.

Le Ministre de la guerre au Général de l'armée de la Moselle.

Vous savez, Général, de quelle importance il est que la garnison d'une place, telle que Thionville, soit non seulement bonne par elle-même, mais qu'elle jouisse encore de la confiance des habitants et des administrateurs. C'est ce précieux accord entre les autorités civiles et la force armée qui double nos moyens et aplanit toutes nos difficultés.

Je vous invite à en conférer avec le district et la municipalité, à vous informer de leur opinion sur l'esprit de leur garnison actuelle, et s'il serait convenable de la laisser telle qu'elle est, ou enfin si, en prévoyant la circonstance d'un siège, il ne vaudrait pas mieux la changer.

Occupez-vous promptement de ce point essentiel, et rendez-moi compte de ce que vous aurez fait, de concert avec les administrateurs. Je suis persuadé qu'il n'en résultera que de bonnes mesures pour la défense de la frontière dont vous êtes chargé.

Au mois de septembre, les dénonciations attaquent à la fois Schauenbourg et le commandant de la place de Metz, le général Krieg. Un premier avis signale au Ministre que le général Schauenbourg surveille mal la discipline et le service de garde, et le Ministre accueille aussitôt ce rapport anonyme :

Paris, le 1ᵉʳ septembre, l'an 2ᵉ de la République une et indivisible.

Le Ministre de la guerre au général Schauenbourg, commandant l'armée de la Moselle.

L'on me rapporte, Général, que le service des avant-postes et de l'avant-garde de l'armée ne se fait pas avec le soin convenable ; que les recrues qui se trouvent dans les corps n'ont point assez d'instruction et d'expérience, que les chefs et autres officiers s'éloignent trop de leur poste, se couchent dans des lits, ainsi que les soldats, qui ainsi se laissent surprendre et n'ont pas le temps de se former en bataille. Si la chose est véritable, je ne peux trop vous recommander d'y porter remède.

Je sais que pour renforcer et égaliser, les corps ont été obligés de verser dans tous des recrues. Les chefs ont dû les faire exercer et instruire soigneusement, et ne jamais permettre qu'ils fussent placés dans des postes importants. Je ne puis que vous prier de rendre les officiers généraux, supérieurs et les chefs de poste responsables des fautes des soldats, de recommander aux officiers de jour d'interroger les sentinelles et faire relever celles qui pourraient compromettre le service.

Veillez aussi, je vous prie, à ce que les bivouacs se fassent exactement, que les officiers ne s'écartent point, qu'ils soient sans cesse avec leurs postes pour les bien défendre et ne les point laisser surprendre, qu'ils établissent des théories sur le service en campagne, enfin obliger les officiers personnels de l'appliquer à leur instruction : dites-leur que la République ne peut conserver dans les places que des hommes en état de les remplir et que le soldat français va toujours bien quand il est bien conduit. Punissez s'il est besoin les chefs de corps, et bientôt les officiers feront leur devoir plus exactement.

On sait la réponse que fit Schauenbourg ; une seconde dénonciation eut raison de lui, et celle-là partait encore de Thionville ; deux habitants de cette ville l'accusaient d'avoir tenu, en 1790, des propos inciviques. Il fut aussitôt suspendu et mis en arrestation. Quelques jours plus tard, le général Pully, commandant le corps des Vosges, avait le même sort pour un motif analogue.

Entre temps, le général Krieg, commandant à Metz, se plaignait des agitateurs de Thionville ; mais le Ministre lui donnait tort, et bientôt ce vieux soldat était arrêté à son tour et conduit à Paris.

Krieg à Schauenbourg.

31 août.

Mon Général,

Trois généraux d'un nouveau genre, savoir le procureur syndic du district de Thionville (La Fontaine), le commissaire des guerres Paris, employé à Thionville, et le représentant du peuple Cusset, résidant à Thionville, après avoir provoqué, par un premier essai de brigandage au village de Perle, sur le territoire de Trèves (où ils ont pris, il y a 8 à 10 jours, des dindons, des poules, etc., etc.) l'attaque des ennemis sur Sierck du 29 août, où nous avons perdu une quarantaine d'hommes, tant tués que blessés et faits prisonniers, et cela par la faute du commandant de ce poste, lequel, soit par ineptie, soit par négligence, n'a pas su garder ses soldats rassemblés, de façon que la cavalerie ennemie les a ramassés et sabrés, un habitant de Sierck a été tué sur le champ de bataille; on s'est sauvé de Sierck à Kœnigsmaker, les ennemis sont entrés un moment dans Sierck, y ont pillé quelques habitants et se sont retirés lorsque nos troupes se présentaient pour y entrer.

Ces trois généraux et leur état-major, buvant et délibérant copieusement à Sierck, ont arrêté dans leur sagesse et exécuté héroïquement un second brigandage dans le malheureux village de Perle, d'où on a rapporté une autre fois tout ce que l'on trouvait sous la main chez les pauvres habitants.

De retour à Sierck, on a déposé une partie de ces trophées glorieux à la maison commune, et on me dit que le triumvirat est aujourd'hui en pourparlers avec le général ennemi pour je ne sais quel objet.

En attendant, le représentant Cusset a fait sortir un nouveau détachement de 250 hommes et deux pièces de canon pour renforcer le poste de Sierck, où les hommes et les canons attendront jusqu'à ce qu'il plaise aux ennemis de venir les y prendre. Enfin l'anarchie la plus effrayante règne et est fomentée à ce malheureux Thionville. Je n'y donne plus d'ordres, puisque ces despotes s'en moquent. Voilà quatre chevaux de déserteurs autrichiens qu'ils s'approprient de but en blanc; ils retiennent toujours la gendarmerie, que j'attends ici depuis trois jours pour le service de cette place; ils disposent de la garnison et des cantonnements selon que le vin et le caprice leur dictent. Le commandant de la place et moi nous n'y sommes plus reconnus pour rien; on y fait et défait dans les affaires militaires sans que j'en sache un mot, si ce n'est par ricochet.

Les représentants du peuple près de votre armée doivent avoir reçu des plaintes et des dénonciations contre leur collègue de Thionville, de la part des habitants sur nos frontières, où lui et un administrateur du district nommé Cimmer ont sabré et molesté en tous sens les pauvres citoyens. Ce Cimmer est un quatrième tyran, lequel, sous le masque du patriotisme, est un des vautours qui dévorent la République.

Les districts de Longwy et de Thionville peuvent, si on ne les fait pas marcher avec le département en masse par Haguenau, garder conjointement avec leurs garnisons les avenues de ces places, et sur Metz; il faut pour cela les armer de piques.

Les deux rives de la Moselle sont gardées, mais la partie entre la Moselle et la Sarre reste dégarnie jusqu'à présent faute de troupes, surtout à cheval.

En revanche, est-il vrai que les ennemis n'y sont rien moins qu'en force ? Tous les rapports de mes émissaires le confirment, et pour se venger du premier trait de brigandage commis à Perle ils ont ramassé toutes leurs chaînes de postes depuis Grevemachern pour former une troupe de 1000 à 1200 hommes qu'ils croyaient avoir besoin pour cette expédition, jugeant nos gens plus prudents et plus fermes qu'ils ne les ont trouvés.

Je vous suis bien obligé de la communication de votre lettre au général Landremont, du 28 août; j'y vois une répartition bien sage et bien calculée; puisse chaque poste agir de même; j'en espère beaucoup.

Si l'on mettait la garde nationale de Thionville en réquisition, je pourrais alors en tirer un bataillon de troupes réglées pour en avoir au moins un ici avec mes braves gardes citoyens, lesquels sont exténués de service.

Et ordonnez aux anarchistes de Thionville de livrer ici à la cavalerie les quatre chevaux de déserteurs qu'ils ont gardés, partie entre eux, partie donnée à la gendarmerie, laquelle ne doit point en avoir au détriment de la cavalerie, infiniment plus utile qu'elle.

Pressez donc les représentants du peuple de faire payer les pauvres bateliers de Trèves, desquels l'un surtout a fait un trait si rare par sa générosité et par son humanité.

Bouchotte écrit à Krieg, le 4 septembre :

J'ai lu avec attention, Général, votre lettre du 31; vous vous plaignez de l'effervescence qui règne à Thionville. De paisibles citoyens y cèdent la place à des jeunes gens qui font, dites-vous, du club une dictature. Songez donc bien que nous sommes en révolution, que les moyens endormis perdraient la chose publique, que les clubs sont les leviers qui donnent l'impulsion à la force nationale. Ne parlez point contre les clubs ni contre l'exaltation, ni même contre l'irrégularité qu'elle peut produire quelquefois et qui provient souvent d'une bonne intention. Si l'homme libre s'endort avant d'avoir consolidé son état, il court risque de se réveiller enchaîné. Conservez l'estime et la confiance publiques, sans quoi le fonctionnaire public ne peut servir utilement, puisqu'il est privé de ses principales ressources.

Les habitants de Thionville ont eu des inquiétudes sur une partie de la garnison; leurs observations ne peuvent être dédaignées, car rien n'est plus intéressant que la confiance des habitants dans la garnison. Contenez à Metz les malveillants, mettez vos magasins à couvert. Faites faire un service de place régulier aux nouveaux corps et aux réquisitions. Vous êtes bien sûr que s'il y avait quelque chose à craindre, vous seriez bientôt pourvu d'une garnison, car alors les troupes se seraient repliées sur vous, ce qui, j'espère, n'arrivera pas. Enfin maintenez-vous bien avec la société populaire et tout le monde vous aidera.

Le 5 octobre, une autre lettre suivait celle-là :

Au général Beysser, commandant à Metz.

Je vous envoie, Général, un arrêté du Comité de Salut public du 4, qui ordonne que le citoyen Krieg, ci-devant commandant à Metz, sera mis sur-le-champ en état d'arrestation et amené à Paris. Je vous prie de mettre promptement cet arrêté à exécution.

Arrêté ainsi sur la foi de quelques dénonciateurs obscurs, Krieg était cependant connu dans toute la région pour l'ardeur et la sincérité de ses convictions républicaines. A peine avait-il été emprisonné que les municipalités de Metz et de Toul adressaient au Ministre de la guerre d'énergiques protestations qui ne furent point écoutées. Il est vrai que l'une d'elles, réclamant l'élargissement du « citoyen Grik », porte en marge l'observation que ce nom est inconnu.

Le successeur de Krieg, le général Beysser, ne fut pas longtemps à l'abri des accusations. Dès les premiers jours du mois d'octobre, une plainte étrange parvenait au Ministre au sujet du service de la place de Metz :

La Société des Amis de la liberté et de l'égalité, à Metz, au Ministre de la guerre.

Citoyen Ministre,

Toujours surveillants, toujours prêts à prévenir les manœuvres des conspirations des traîtres, ou à dévoiler l'ineptie des chefs, nous vous dénonçons que journellement il entre des troupes à Metz, et qu'aucun chef civil ni militaire n'en sont point instruits ; il est inutile d'entrer dans des détails pour vous prévenir que si cette marche n'est pas bientôt rétablie, ou il faudra fermer les portes à nos frères d'armes, ou nous laisser exposés à laisser entrer les Prussiens et les Autrichiens.

Nous vous prévenons que la Convention et le Comité ont reçu la même adresse.

(Suivent 30 signatures.)

Cette fois, Bouchotte fit les observations suivantes :

5e division.

Envoyer copie au général Beysser, à Metz, en lui observant que lorsque des mouvements imprévus obligent de faire marcher une troupe sans qu'il ait été possible de prévenir de sa marche, il est toujours un moyen sûr d'en vérifier la légitimité ; c'est, avant de la laisser entrer dans une place de guerre, de faire exhiber l'ordre en vertu duquel elle marche ; que je suis bien persuadé qu'il en est ainsi à Metz.

Que je n'ai pas conçu cette plainte ; et que *je n'ai pas reconnu les noms des signataires, quoique je sois du pays.*

Ainsi, selon toute probabilité, les auteurs de ces innombrables dénonciations, qu'on avait si promptement accueillies, étaient étrangers au pays, et peut-être une enquête sur leurs faits et gestes en eût-elle appris long sur certains fragments de lettres et de proclamations royalistes que des habitants avaient ramassés près de la route de Trèves.

XX. — Haut-Rhin.

A la suite des affaires du 20 au 28 août, Wurmser redouble d'efforts pour obtenir le concours actif des Prussiens. Les généraux français du Rhin et de la Moselle se préoccupent aussi d'attaquer de concert et avec vigueur entre Bitche et Wissembourg ; mais ni les uns ni les autres ne parviennent à convenir d'un plan d'opérations qui rassemble des troupes nombreuses sur un point unique. Landremont ne réussit pas même à attirer sur la Lauter toutes les forces actives de l'armée du Rhin. Cette mauvaise économie est due, sans doute, à l'incapacité des uns et des autres ; mais encore est-il intéressant d'examiner les résistances et les tentations qu'ils n'ont pu vaincre, les motifs plus ou moins spécieux qui les ont détournés de la concentration décisive.

Parmi ces motifs, les inquiétudes permanentes pour le Haut-Rhin et même pour la Franche-Comté ont tenu une place importante.

Il existait depuis le XVe siècle, entre les territoires français et suisse, une petite principauté semi-indépendante qui portait le nom d'évêché de Bâle, bien que cette ville n'en fît point partie. Le prince-évêque de Bâle, chassé de sa capitale par la révolution suisse, avait fixé sa résidence à Porrentruy, et gouvernait avec l'appui, tantôt des Suisses, tantôt des Français, tantôt même de l'Empire, dont il n'avait pas cessé de dépendre. Le contre-coup de la Révolution française s'étant fait sentir dans le pays de Porrentruy, l'évêque eut la fâcheuse idée de se faire secourir par un détachement autrichien. La France intervint aussitôt, chassa les Impériaux, et, après quelques hésitations, annexa le pays sous le nom de Département du Mont-Terrible. Dès lors, le parti demeuré fidèle à l'évêque, bien qu'il fût en minorité, ne cessa pas de s'agiter pour ébranler la domination française. On imagine l'importance que pouvaient avoir pour la France les mouvements d'une coterie locale dans ces petits bourgs de Porrentruy, Délémont, etc. Ce fut cependant, pendant plusieurs années, un objet d'inquiétudes incessantes, et l'on a vu qu'au mois d'août 1793, il y avait plus de 3,000 hommes dans le Mont-Terrible (1). On craignait toujours que les Autrichiens, violant la neutralité de Bâle, ne revinssent attaquer la France de ce côté, avec l'appui des antirévolutionnaires de Porrentruy. Il fallut des succès décisifs dans le Bas-Rhin pour qu'on cessât de prêter aux Impériaux ce plan machiavélique.

La ville de Bâle était aussi une source d'inquiétudes pour bien des militaires ou des représentants. Cette

---

(1) Porrentruy (5ᵉ bataillon du Doubs)........ 923 hommes.
Camp d'Héringier (6ᵉ bataillon du Doubs)... 898 —
Camp de Délémont (5ᵉ bataillon de la Drôme). 1,005 —
Lauffen (6ᵉ bataillon de Seine-et-Oise)...... 894 —
Délémont-Blamont (détachement du 2ᵉ d'artillerie) .... 64 —

TOTAL....... 3,784 hommes.

grande cité commerçante avait acquis depuis la Révolution une importance particulière : « La France, bloquée par les armées de la coalition, dit Legrand, n'avait eu pendant longtemps qu'un petit front de libre, du côté de la Suisse, pour faire entrer dans son enceinte les munitions de vivres et d'armes que son propre sol ne pouvait tout à coup lui fournir en quantité suffisante. Bâle avait été depuis la guerre, et était encore, la porte de secours par où entrait dans la République la foule d'objets dont avaient besoin ses habitants, ou que réclamaient ses armées. La douane et les grands édifices publics étaient encombrés de ballots ; les magasins et les boutiques étaient remplis d'effets de toute espèce, mais les marchandises y étaient, en numéraire, à un prix double de celui avant la guerre.... Tous les objets achetés pour le compte de la République étaient transportés à Bourg-Libre (ci-devant Saint-Louis), gros et beau village près d'Huningue, où il y avait une agence *ad hoc* établie par le gouvernement ».

« Je trouvai à Bâle, dit-il encore, une foule d'émigrés, d'espions des différents gouvernements, et d'officiers de nos armées et des armées autrichiennes, arrivant en une heure de temps de leur camp respectif. »

Le voisinage de cette ville cosmopolite, qui n'avait d'ailleurs cessé que depuis peu, et, sans doute par intérêt, de manifester des sentiments hostiles à la France, inquiéta longtemps les généraux et une certaine catégorie d'hommes politiques. On craignait que Bâle n'eût pas l'intention de faire respecter sa neutralité, et que les Impériaux, violant son territoire, ne vinssent révolter contre nous le Mont-Terrible et les monarchistes de la Franche-Comté, puis déboucher sur le plateau de Langres.

Les forces dont l'Autriche pouvait disposer à cet effet étaient de 5,000 hommes environ (5 bataillons et 4 escadrons) éparpillés sur la rive droite du Rhin depuis Schaffhouse jusqu'à Huningue, et dont un détachement de

400 hommes, particulièrement menaçant, campait dans l'enclave du Frickthal, sur la rive gauche du fleuve, en face des villes forestières.

En prévision de ce danger, la France avait 3,431 hommes à Besançon, et, sans compter les 3,784 hommes envoyés dans le Mont-Terrible, 14,764 hommes autour de Huningue et de Belfort, soit 21,979 hommes pour parer aux coups de main de 5,000 à 6,000 Autrichiens dont on était couvert par un territoire neutre.

Il y avait, en outre, depuis Huningue jusqu'à Strasbourg exclusivement, 11,056 hommes pour faire face aux 5,000 hommes d'Auersperg; à Strasbourg et en aval, 11,000 hommes environ observaient les 9,000 Allemands de Furstemberg et Wolkenstein.

Malgré cette surabondance de forces, le Comité de Salut public était assiégé de réclamations auxquelles il n'osait pas toujours opposer des refus formels. Un jour, ce sont les députés des assemblées primaires du Mont-Terrible qui demandent l'envoi d'une force armée imposante et de commissaires ayant des pouvoirs illimités ; l'ennemi, disent-ils, est à leurs portes et le pays en insurrection (16 août).

Le général commandant par intérim la 6ᵉ division militaire à Besançon écrit, le 23 août, que le conseil d'état-major de la division a pris une décision évaluant la garnison nécessaire à la défense de la place de Besançon à 8,000 hommes, dont 600 d'artillerie et 300 de cavalerie, avec des vivres pour six mois. Or, il n'y a en magasin que trois semaines de vivres pour 5,000 hommes : « Vous vous empresserez sans doute, dit-il pour conclure, de donner les ordres nécessaires pour aider les braves républicains du département du Doubs dans la défense d'*une des clefs de la République* ». Bouchotte répond, le 26 août, qu'il ne négligera rien pour arriver au but, mais il semble qu'il s'en soit tenu là.

L'adjudant général Fontenay rend compte au Comité

de Salut public des tentatives de corruption des ennemis pour s'introduire dans les départements du Haut-Rhin. Il demande de bonnes troupes, des généraux habiles, de la poudre et du plomb. Enfin, le commandant temporaire de Belfort propose de transformer cette place en camp retranché par l'adjonction d'ouvrages extérieurs. Le directeur des fortifications du Haut-Rhin écrit à ce sujet à Landremont :

Neuf-Brisach, 10 septembre 1793, l'an 2e de la République.

Le citoyen Perrotin, directeur des fortifications du Haut-Rhin, au citoyen Landremont, général en chef de l'armée du Rhin.

Citoyen Général en chef,

Je n'ai pas cru pouvoir mieux seconder les intentions du Ministre de la guerre sur la place de Belfort qu'en lui proposant d'occuper les hauteurs qui l'environnent par un cordon de redoutes et de retranchements qui formeraient par leur ensemble un camp retranché propre à recevoir environ 6,000 hommes.

Belfort est une mauvaise place ; son château, quoique susceptible d'une meilleure défense, dont on a cherché à augmenter le degré de force par tous les moyens que l'art et son emplacement très resserré ont pu fournir, ne pourrait cependant faire une résistance proportionnée à l'objet important qu'elle remplit, et à l'avantage que l'ennemi en retirerait, s'il s'en rendait maître soit en violant la neutralité des Suisses, en forçant les gorges du Porrentruy, soit par quelque autre événement ; cette place occupe le principal débouché de la haute Alsace, sur la ci-devant province de Franche-Comté, et sert d'entrepôt aux approvisionnements de toute espèce qu'on peut tirer des parties méridionales de la République ; les routes de Paris et de Lorraine y aboutissent, et celle de Bâle et de Montbéliard la relient à la Suisse et à la Lorraine ; toutes ces considérations ont fait penser que, pour mettre Belfort en sûreté et à l'abri d'être attaqué, il fallait sortir de son enceinte et occuper, par un camp retranché, les hauteurs qui dominent la place et la plongent de toutes parts ; qu'il fallait profiter de l'avantage qu'offre une position forte et vraiment militaire, qui soumet à ses vues tous les accès à plus de 1500 toises : telle a été l'opinion des généraux qui en ont pris connaissance, telle est celle que le Ministre vient de vous soumettre. Je dois vous observer, mon Général, que si vous approuvez le camp retranché de Belfort, il ne pourra être exécuté que par les troupes que vous destinerez à cet effet, les bras non occupés sur les frontières sont extrêmement rares, ils manquent partout, il faudrait au moins le travail assidu de trois ou quatre bataillons pour pousser ces ouvrages avec activité; il faudrait faire trouver à Belfort une quantité suffisante d'outils, en pics, pioches, pelles, pinces et brouettes, eu égard à la quantité d'ouvriers qui seraient journellement employés, et pour prévenir d'assez grandes difficultés, il serait indispensable que vous veuilliez bien fixer le prix de la journée du soldat, ou que le Ministre le détermine, et que ce prix, ainsi établi, sera de règle pour en déduire celui de la toise cube de déblais, en proportion de la difficulté plus ou moins grande qu'offrira la nature du terrain ; sur tous ces objets, mon Général, j'attendrai vos ordres et je m'y conformerai avec le plus grand zèle.

Le chef de brigade directeur des fortifications du Haut-Rhin,
PERROTIN.

L'alarme la plus vive est donnée par un de nos agents à Bâle. Transmise par le ministère des affaires étrangères, elle se propage à la fois dans les bureaux et à la frontière.

Paris, 22 août, l'an 1er de la République.

Rapport des lettres arrivées de la Suisse.

Les ennemis établissent de grands magasins à Rheinfelden et dans les environs; quoiqu'une partie des troupes du Brisgau fasse semblant de descendre pour se porter du côté de Landau et du Fort-Vauban, néanmoins nous ne devons pas perdre de vue le Mont-Terrible, car les ennemis disent hautement que l'évêque y sera rétabli avant trois semaines. Les intelligences que nos ennemis ont dans tous ces pays, leurs émissaires sont parvenus à séduire les habitants jusqu'au point qu'ils détestent les Français et redemandent leur évêque. Il y a déjà des paris de faits à Bâle que les Français ne seront plus dans trois semaines dans le Porrentruy. Il est urgent qu'on prenne des mesures pour déjouer leurs projets; les forces qui sont dans cette partie ne sont pas assez conséquentes pour pouvoir résister en cas d'agression. Il est essentiel de conserver ces postes importants, puisqu'ils sont le rempart de la haute Alsace.

Un officier qui a déserté et qui est maintenant à Bâle emploie tout pour séduire ou pour faire séduire les soldats, ainsi que plusieurs émigrés ou exportés. Ils jouent si bien leur rôle que, dans quinze jours, nous avons perdu au moins 150 soldats. On vient de le faire sortir de Bâle depuis quelques jours, mais cela ne sera que pour quelque temps, car les Bâlois ne font rien pour la République que par grimace; ne nous y fions pas, car je répéterai ce que j'ai souvent dit, que nous serons tôt ou tard victimes des Suisses.

Les émissaires de nos ennemis sont répandus dans tous les mondes. Je sais qu'on en doit envoyer jusqu'à Paris pour séduire les citoyens de toutes les manières, pour faire destituer les bons citoyens qui sont en place, pour y mettre des hommes comme il leur en faut. Qu'on les surveille pour qu'ils ne parviennent pas à exécuter leurs projets. Le général Monter vient d'être conduit à Strasbourg. Le général Falk a donné sa démission. Vieusseux, qui doit commander l'armée, n'est pas encore à son poste; on peut juger de la position de l'armée du Haut-Rhin sans chefs. Vieusseux, qui est Suisse et qui va prendre le commandement de cette armée, n'est pas, selon moi, l'homme à qui on devrait confier la défense de cette frontière. Qu'on y mette un bon sans-culotte français et non un étranger; le poste est trop important pour pouvoir s'en rapporter à un étranger. Je souhaite de me tromper dans ce que j'avance, mais j'en doute.

BLANIÉ.

Pour copie conforme :
DEFORGUES.

Note de la main de Bouchotte. — Envoyer copie de ce rapport aux administrateurs du département du Haut-Rhin et du Bas-Rhin, au général en chef de l'armée du Rhin et à l'officier général commandant les troupes sur le Haut-Rhin. Ne pas copier le dernier alinéa.

Paris, 23 août, l'an 1er de la République.

Le Ministre des affaires étrangères au Ministre de la guerre.

Je vous envoie, mon cher Collègue, copie d'une lettre dans laquelle il paraîtrait que nous sommes menacés d'une invasion des troupes autrichiennes dans le département du Mont-Terrible. On y suppose que nous avons à nous méfier des intentions des Bâlois et des Suisses en général.

J'ai peine à croire que les Suisses, qui sont fort éclairés sur leurs intérêts et qui savent que de leur exactitude à observer la plus parfaite neutralité entre les puissances belligérantes dépend peut-être leur existence politique, soient disposés à se prêter aux vues de nos ennemis. Cependant j'écris à notre ambassadeur en Suisse d'examiner avec soin ce qu'il peut y avoir de fondé dans les soupçons que l'on élève sur leurs dispositions. Je ne doute pas que si, jusqu'à présent, quelque canton nous avait donné de justes motifs de suspecter ses intentions, il ne m'en eût informé et n'en eût instruit les généraux qui commandent nos troupes sur les frontières de la Suisse.

Au surplus, il est probable que ces généraux n'ignorent pas les mouvements des ennemis près de Rheinfelden, et qu'ils prennent les mesures nécessaires pour se garantir de toutes surprises.

La question est de savoir s'ils ont des moyens suffisants de résistance. C'est sur quoi, mon cher Collègue, j'appelle votre attention.

DEFORGUES.

P.-S. — Toute observation faite, je vous invite à faire surveiller les généraux et à disposer de toutes vos forces pour nous mettre à l'abri de toute insulte; j'ai eu de plusieurs côtés des renseignements à cet égard et toutes les précautions deviennent nécessaires.

24 août 1793, an 1er.

Le Ministre de la guerre aux Administrateurs du Haut-Rhin, à ceux du Bas-Rhin, au général en chef de l'armée du Rhin, à l'officier général commandant les troupes sur le Haut-Rhin.

Je vous envoie copie d'un rapport qui m'a été adressé par le Ministre des affaires étrangères. Il est impossible de déterminer le degré de croyance qu'il mérite, mais il est suffisant pour exciter une grande surveillance et les préparatifs qu'une défiance prudente exige.

Employez tous les moyens qui sont en votre pouvoir pour assurer la frontière de la République et, si la quantité de troupes n'était pas suffisante, il serait possible d'augmenter le nombre des défenseurs par les réquisitions qui tiendraient garnison dans les places, tandis que les soldats exercés se porteraient sur la frontière. La solde serait délivrée aux citoyens en réquisition et les frais que peut entraîner une levée seraient remboursés. J'envoie cet avis au corps administratif des deux départements ainsi qu'aux généraux qui y commandent les troupes de la République. Concertez-vous ensemble et que la République trouve des ressources inépuisables dans le courage de ses défenseurs et les soins patriotiques des administrateurs.

(Expédier les quatre copies le 24. Envoyer deux courriers, l'un pour le Bas-Rhin et l'autre pour le Haut-Rhin.)

Le 3 septembre, le Ministre des affaires étrangères fait encore à Bouchotte une communication du même genre (1), et y joint le commentaire suivant : « Vous

---

(1) *Extrait d'une lettre de Bâle en date du 23 août 1793, l'an Ier de la République Française, une et indivisible.*

Il paraît indubitable que les Suisses seront contraints tôt ou tard de

verrez surtout que le pays de Porrentruy est très menacé ; que le dénuement de troupes, d'armes et de munitions y est presque total, et qu'il est très urgent d'y diriger tout ce qui y manque pour faire face aux attaques prévues de l'ennemi ».

Sous le coup de semblables inquiétudes, les représentants mettent Huningue en état de siège :

Armée du Rhin, 24 août 1793.

Les représentants du peuple français près les armées du Rhin et de la Moselle, considérant que la forteresse d'Huningue est à la veille d'être assiégée, que l'ennemi est à ses portes, que l'accident arrivé à l'arsenal, l'interruption du cours des fontaines dans le moment de l'incendie, la tranquillité de la majeure partie des habitants qui restèrent dans l'inaction, la désertion d'un grand nombre effrayés par quelques coups de canon tirés par l'ennemi le jour de la Fédération, un nouveau complot

---

faire évacuer Porrentruy, ou bien que les Autrichiens passeront sur leur territoire pour exécuter eux-mêmes cette opération. Ils sont trop habiles pour ne pas sentir le peu de résistance que nos bons amis sont disposés à leur opposer.

Il paraîtra très urgent de jeter ici un puissant secours en hommes et en munitions de guerre.

Les habitants de l'Évêché viennent de faire une députation secrète vers le résident d'Autriche pour le supplier de les délivrer de la tyrannie des Français. Le secrétaire Tassara leur a conseillé de prendre patience encore quelques jours, en les assurant que le temps de leur délivrance arrivera bientôt.

Cependant on vient d'affaiblir encore ce point. Le 4º bataillon du Var, le 7º du Doubs et le 5º du Haut-Rhin sont partis pour Metz ; celui du Var a emporté ses canons, caissons, charrettes, etc. ; on n'a remplacé le 5º du Haut-Rhin, qui était à Huningue, que par 400 recrues qui étaient en dépôt à Belfort. Il n'y a point de troupes suffisantes à Neufbrisach. Le dépôt du 4º régiment de chasseurs, transféré depuis longtemps dans cette place de première ligne, y est encore sans armes ; les dépôts de recrues qui sont à Colmar n'en ont pas non plus. On n'estime pas à plus de 1500 hommes armés le nombre des gardes nationales que fournira le département du Haut-Rhin mis en réquisition. Il manque 300 chevaux d'artillerie, des canons, de la poudre, etc., et le danger devient néanmoins tous les jours plus imminent.

tramé par les ennemis de l'intérieur de concert avec ceux de l'extérieur pour faire enclouer les canons et indiquer un signal d'attaque, nécessitent une surveillance extraordinaire, déclarons que la ville est en état de siège.

Arrêté à Huningue, le 24 août 1793.

Vers la même époque, le général de brigade Vieusseux, succédant au général Falck, avait pris le commandement du Haut-Rhin.

« Ce jeune homme, sorti des bureaux de la guerre, était rempli d'esprit et d'activité, dit Legrand ; il eût fini, avec un peu plus d'expérience, par faire un excellent officier. Son commandement ne fut que d'environ vingt-quatre jours. Pendant ce court espace de temps, il arrêta le désordre et l'indiscipline qui avaient résisté aux efforts de son prédécesseur ; fortement occupé du projet d'arrêter les ennemis qui menaçaient de violer le territoire de Bâle et de passer la Birse, il donna à toute l'armée des travaux de campagne à exécuter, des exercices fréquents à faire, et une allure militaire à laquelle elle était peu accoutumée.

« Les ennemis, dans le but de nous empêcher de dégarnir cette partie de nos frontières pour nous porter sur les bords de la Lauter, où ils étaient en forces contre nous, faisaient courir le bruit qu'ils avaient 30,000 hommes dans leur camp près Bâle. Ils y avaient effectivement des tentes pour ce nombre d'hommes, mais elles n'étaient tout au plus gardées que par 4,000 hommes. Cependant, on s'attendait journellement à Huningue à être attaqué. »

Le général Vieusseux, sans considérer sa situation subalterne, et dédaignant de suivre la voie hiérarchique ou de s'adresser à notre ambassadeur, le célèbre Barthélemy, écrit deux lettres de récriminations et de menaces au magistrat de Bâle. Il se plaint de l'insuffisance des mesures prises pour assurer la neutralité helvétique : « Les troupes autrichiennes, dit-il, ont passé le Rhin à

Rheinfeld; elles campent sur vos frontières, et votre territoire seul les sépare de nous..... Je sais, à n'en pouvoir douter, que nos ennemis voudraient tirer parti de nos ménagements pour attendre dans leur position une époque favorable à leurs desseins..... Permettez-moi donc de vous déclarer avec franchise que si je ne vois d'avance prendre des mesures positives, et en cas de l'infraction de la neutralité, une défense aussi vigoureuse qu'on doit l'attendre de la brave nation helvétique, je dois croire qu'on aura agi de concert avec nos ennemis, et je me comporterai en conséquence. Tout est préparé pour cela : une batterie de mortiers à grande portée et une autre de canons du plus fort calibre, avec leurs grils, sont disposées de manière que toutes les puissances coalisées ne pourraient en empêcher les terribles effets. » Il conclut en proposant d'envoyer des « agents militaires » à Baselaugst et autres points voisins de la frontière autrichienne.

Justement irrités de ces menaces et de ces procédés insolites, les Bâlois en réfèrent à Barthélemy, qui écrit à son tour au Ministre des affaires étrangères, et parvient à faire réfréner le zèle intempestif de Vieusseux ; les renseignements sur l'ennemi sont d'ailleurs plus précis et plus rassurants, et le calme se rétablit. Deforgues communique à Bouchotte une lettre écrite par le bourgmestre de Bienne, Moser, représentant du corps helvétique à Bâle, à notre agent Bacher :

Bâle, le 31 août 1793.

« .....Moi, je ne crois pas que les Autrichiens passent par le territoire de Bâle et que ce soit leur véritable projet; ils ne sont pas assez en force dans le voisinage, et les préparatifs ne sont pas en conséquence pour oser se hasarder à pénétrer dans le Sundgau, et ces apparences ne sont que des démonstrations de leur part pour arrêter les Français ici et les occuper, et peut-être aussi pour donner un peu de hardiesse aux mécontents de l'Évêché. Il y en a au plus 500 ou 600 autour de Rheinfeld, et peut-être autant à Mühlheim, dans le marquisat.

Je n'ai pas de nouvelles bien fraîches de l'évêché du Mont-Terrible, mais il n'y a jamais eu plus de 800 paysans d'assemblés, et la plupart sont sans armes et munitions et doivent prendre subsistance dans un pays où il n'y en a point..... »

Le 6 septembre, Bacher écrit à son tour :

« Le camp que les Autrichiens ont tracé dans la partie du Frickthal qui avoisine le canton de Bâle n'était qu'un simulacre : il y avait un grand nombre de tentes, mais il n'y en avait pas la moitié d'occupées, et j'ai appris chez un paysan renseigné par des déserteurs, et qui demeure sur la frontière du Rhin, qu'il n'y avait jamais eu plus de 1500 hommes entre Rheinfelden et Baselaugst; on a voulu donner le change et l'épouvante au camp de Hegenheim, et empêcher qu'on n'envoyât vers les lignes de Wissembourg les renforts qui étaient destinés pour cette partie de notre frontière, par laquelle on voulait à tout prix faire une trouée; cette ruse a produit en Suisse un bon effet, parce qu'elle a mis à découvert la faiblesse des moyens de nos ennemis, tandis que la défense très vigoureuse des lignes de Wissembourg a donné aux cantons une idée très avantageuse de la bravoure et des ressources étonnantes de la nation française. »

Par malheur, tandis que l'on se rassurait sur les intentions des Autrichiens, on commençait à former des projets analogues à ceux qu'on leur avait prêtés, de manière à leur inspirer une inquiétude égale à celle que nous avions ressentie. On se préparait à passer le Rhin.

Dès le 19 août, Lacoste avait écrit au Comité de Salut public :

« Nous ne sommes séparés du marquisat et du Brisgau, pays fertile en grains, en fourrages, et peuplé de bestiaux, que par le Rhin; les forces de nos ennemis, dans cette partie, sont très faibles. Il est donc de la dernière urgence d'y aller faire une visite qui nous procure, dans moins de huit jours, 200,000 à 300,000 sacs de grain, 10,000 bêtes à cornes et 5,000 chevaux. Cette expédition ne serait pas une petite victoire et produirait un effet bien sensible sur toute la République. Nous mûrissons chaque jour ce projet; nous le combinons avec des militaires instruits et les meilleurs patriotes. »

Lacoste et Guyardin arrivèrent à Huningue dans les derniers jours du mois d'août et procédèrent aux préparatifs du passage. Il ne reste aucun document qui nous fasse connaître leurs actes et leurs résolutions, et nous sommes obligés d'accepter la version du chef de bataillon Legrand :

« Ils convoquèrent chez le citoyen Guillaud, commandant de la place, un conseil de guerre où furent appelés presque tous les officiers supérieurs de la place et de l'armée. Le général d'Arçon, qui se trouvait à Huningue, s'y rendit également sur une invitation particulière.

J.-B. Lacoste exposa l'objet de son voyage, le passage du Rhin sous dix jours. Le général Vieusseux exposa que l'armée manquait de tout; qu'elle était composée de nouvelles levées dont presque aucun n'avait encore vu le feu; que sa cavalerie était presque nulle; que cependant ce qui concernait les troupes ne serait pas un obstacle, vu leur bonne volonté; mais que les bateaux qui étaient à Colmar, les seuls à sa disposition, étaient dans le plus mauvais état et que le nombre en était insuffisant pour jeter un seul pont sur le Rhin; qu'il n'y avait pas un seul radeau de construit, qu'il n'avait point d'ouvriers capables d'en construire le nombre suffisant en un si court espace de temps; qu'il n'y avait point de corps de pontonniers à l'armée; qu'il serait au moins nécessaire de former pendant quelques jours des volontaires, aidés des bateliers du pays, à monter et à démonter un pont sur la rivière d'Ill, afin d'éviter la confusion inévitable pour des gens non exercés, lorsqu'ils seraient en présence de l'ennemi; que, dans la pénurie des moyens de toute espèce, il fallait un peu plus de temps pour assurer le succès d'une opération si difficile et à laquelle on n'avait pas encore songé, etc. Le général d'Arçon et le citoyen Fuchsamberg, commandant de l'artillerie, parlèrent à peu près dans le même sens. Cette opinion fut unanime dans le conseil de guerre.

Cependant, le citoyen J.-B. Lacoste, à demi couché sur une table, s'agitait avec violence, tandis que l'estimable Guyardin, avec une modération qui faisait un parfait contraste avec l'emportement de son collègue, tâchait d'apaiser la fougue du citoyen J.-B. qui criait : « Les satellites des tyrans ont bien passé le Rhin, et des républicains ne l'oseraient pas aujourd'hui ! » — « Nous osons tout, lui répondit un membre du conseil de guerre, nous passons le Rhin sur l'heure, mais fournissez-nous-en les moyens. » — « Ces moyens, je vous les promets. » — « Eh bien, nous passerons », dirent, en se levant simultanément, tous les membres du conseil de guerre, et la séance fut levée.

Aussitôt après ce conseil de guerre, le général Vieusseux s'adressa au général en chef de l'armée du Bas-Rhin pour lui demander des renforts en infanterie et en cavalerie. C'était le général Landremont. Il était alors sur les lignes de la Lauter occupé à repousser les efforts des ennemis qui menaçaient fortement de forcer ces lignes. Il répondit à Vieusseux que l'ennemi n'avait donné aucune relâche à nos troupes depuis le 22 août jusqu'au 28; qu'elles s'étaient battues soir et matin, etc., qu'il ne pouvait envoyer de la cavalerie dans le Haut-Rhin puisqu'il en demandait lui-même; que, quant à l'infanterie, il se renforçait avec les citoyens agricoles des districts de Wissembourg et de Haguenau, qui étaient accourus à la défense des lignes, et qu'il lui conseillait de faire de même et de se garnir avec les braves de la campagne. »

Au quartier général de Wissembourg, le 30 août 1793.

Le général Landremont au général Vieusseux.

Il m'est impossible, Général, de vous donner de la cavalerie; j'en demande moi-même. Quant à l'infanterie, je me suis renforcé avec les citoyens agricoles des districts de Weissembourg et de Haguenau, qui sont accourus à la défense des lignes vivement menacées. L'ennemi ne nous a pas donné de relâche depuis le 22 jusqu'au 28, nous nous sommes battus tous les jours du matin au soir et nous l'avons toujours repoussé avec une perte considérable. Il ne s'est pas rebuté jusqu'au 27, à 4 heures du matin; il nous a livré l'attaque la plus vive, l'a soutenue avec acharnement jusqu'à 4 heures après midi, s'est présenté à tous les points; en un mot, je pense qu'il a joué de son reste; partout il a été battu, partout il a été défait; la légion de Rohan a été exterminée, il a laissé 3,000 morts, emmené 150 chariots de blessés et, n'ayant plus de chariots, il a emporté le reste de ses blessés dans des draps. Nous n'avons pas perdu cent hommes et nous n'avons pas eu cent blessés; ce petit échec l'a un peu ralenti et doit au moins retarder l'exécution de ses projets sur le Haut-Rhin.

Si vous êtes attaqué, défendez-vous bien, faites-vous donner des magasins de Strasbourg les munitions qui vous sont nécessaires; j'écris au directeur à ce sujet; faites comme moi, garnissez-vous avec les braves gens de la campagne qui ont de la bonne volonté, de l'amour de la patrie et qui aiment mieux se battre que d'attendre que l'ennemi vienne les égorger et les piller chez eux, comme ils ont fait dans plusieurs villages devant nous.

J'attends 8,000 à 9,000 hommes, montagnards des Vosges, et les hommes libres du département de la Meurthe qui sont en route avec des canons, toutes sortes d'armes et des vivres. Je vous en donnerai, si vous en voulez, de ces braves gens-là.

J'ai écrit deux lettres au Ministre pour lui demander des munitions de guerre, il en a déjà fait verser de Besançon à Strasbourg.

Nous triompherons, Général, avec du courage et un peu de bonheur ; je vais vous envoyer un général de brigade dont j'ai la meilleure opinion possible et qui secondera bien les efforts des braves républicains qui gardent le Haut-Rhin ; avertissez-moi de ce qui se passera du côté d'Huningue et de la Suisse ; tenez bon et croyez que si l'ennemi pénètre dans le Haut-Rhin, il ne tardera pas à s'en repentir.

Le général en chef de l'armée du Rhin,
LANDREMONT.

« Il est certain, continue Legrand, qu'à cette époque le général Landremont n'avait pas de forces de trop à sa disposition pour en envoyer vers le Haut-Rhin. L'ennemi voulant à tout prix forcer les lignes de la Lauter, tâchait, par des mouvements simulés, de répandre la terreur vers le Haut-Rhin, afin que nous ne fussions pas tentés d'envoyer au secours de l'armée du Bas-Rhin les forces que commandait le général Vieusseux. Mais il avait lui-même assez peu de monde dans cette partie. Un passage du Rhin de notre part eût été une opération bonne en elle-même si le gouvernement se fût occupé un peu plus tôt d'en faire préparer les moyens et qu'il en eût confié le secret et l'exécution à un homme capable de diriger une pareille entreprise. Quand ce passage n'aurait servi qu'à obliger l'ennemi, en force sur la Lauter, de s'y dégarnir pour marcher sur la rive droite, c'était toujours un grand avantage pour l'armée du Bas-Rhin et pour marcher au secours de Landau.

Le 5 septembre, les citoyens Labruyère et Jacob, généraux de brigade, arrivèrent à Huningue ; ils y étaient envoyés de l'armée du Bas-Rhin. L'ordre du jour du 6 annonçait à l'armée du Haut-Rhin que le premier arrivait pour la commander en chef. Il remplaça Vieusseux, qui fut destitué. J'étais sur les lieux et j'ai toujours pensé que la fermeté avec laquelle Vieusseux avait parlé dans le conseil de guerre était la cause de sa destitution. Ce qui est certain, c'est que ce général, après avoir représenté dans ce conseil la pénurie de ses moyens d'exécution, mettait tout en usage pour la faire cesser, qu'il connaissait les lieux et les hommes à employer mieux que son successeur, et qu'il était, à mon avis, du petit nombre des hommes capables de faire réussir la grande entreprise qu'on projetait si, sans bateaux, sans pontonniers (1), sans secret et même sans autorité, car les généraux n'en avaient aucune avec les représentants du peuple, elle avait été exécutable.

Ce malheureux Labruyère arrivait, au contraire, sur un terrain qu'il n'avait jamais vu, parmi un état-major et dans une armée où il ne connaissait personne, et où, par conséquent, il ne pouvait donner une confiance sentie à qui que ce soit. Il arrivait à la veille d'une des opérations les plus difficiles de la guerre sans avoir seulement le temps, je ne dis pas d'en préparer l'exécution, mais même d'en connaître les difficultés et les moyens de les vaincre. »

XXI. — Tentative de passage a Huningue.

Dans une conférence tenue le 8 septembre, les représentants décident que les armées du Rhin et de la Moselle attaqueront sur tous les points le 12, à 4 heures du matin, depuis Huningue jusqu'à Sarrelouis. La division du Haut-Rhin, pour sa part, doit tenter le passage du fleuve entre Huningue et Brisach ; mais le jour venu, rien n'est prêt. En ajournant au 14 le passage à Niffer, on décide d'organiser une démonstration à Huningue. Le commandant de la place reçoit l'ordre de faire fabriquer quatre ou cinq radeaux pour le lendemain :

Au quartier général d'Hombourg, le 12 septembre 1793.

Les commandants de la place d'Huningue et le commandant du génie de cette place feront construire sans délai, pour être prêts demain soir,

---

(1) Il semble que le manque d'équipages n'ait jamais été un obstacle

13 du courant, quatre grands radeaux, cinq, s'il est possible, capables de contenir chacun une pièce de campagne et cent hommes ; on emploiera à cette construction les bois de blindage, non dressés, à la disposition du génie.

Les représentants du peuple près l'armée du Rhin et le général en chef,

J.-B. LACOSTE, J.-B. MICHAUD et LABRUYÈRE.

« Il serait à désirer, dit avec raison le chef de bataillon Legrand, que, dans les armées de la République, les choses fussent montées à ce point que l'exécution d'un pareil ordre ne fût qu'une bagatelle, et je crois intimement que ce serait possible. Mais dans l'état où ont toujours été les choses dans nos armées, dans l'état où elles étaient surtout alors, sans ouvriers intelligents et en grand nombre exercés à ce genre de travail, un pareil ordre était inexécutable. Cependant, les radeaux furent achevés le 15, par le zèle et l'activité du citoyen Tublier, ingénieur en chef de la place. Il fit en même temps, un petit mémoire pour indiquer au général la manière dont on devait manœuvrer ces radeaux, et il lui demandait les hommes et les choses nécessaires au succès de l'opération. »

Le citoyen Tublier, capitaine au corps du génie à Huningue, au Citoyen général Labruyère.

Citoyen Général,

Je vous fais passer l'idée que j'ai de la manœuvre des quatre radeaux, de manière à ce que vous ayez à nous pourvoir des hommes et ustensiles nécessaires pour avoir tous les succès que nous devons en attendre. Pour remplir cet objet, il conviendrait d'avoir :

1° Sur chaque radeau, quatre pontonniers intelligents et courageux

---

insurmontable pour les armées de Napoléon, quand elles avaient à forcer le passage d'un cours d'eau. En réalité, les opérations de Niffer et d'Huningue, avec un peu plus d'optimisme et d'habileté, devaient réussir, l'ennemi n'étant pas en nombre.

pour diriger la manœuvre ; ils doivent être munis de gaffes et avirons, tant pour rompre l'impétuosité du courant que pour gouverner la direction du débarquement ;

2° Il est nécessaire que chaque radeau soit accompagné, précédé ou suivi par trois nacelles que dirigeront trois hommes ; elles auront chacune à bord un grappin et cordage, ces derniers seront attachés aux anneaux de l'avant-bec et flancs, ainsi qu'il est marqué au plan que je vous ai fait passer.

J'ai pourvu aussi, en cas de retraite et pour la facilité du lancement et de la conduite du radeau, à faire placer deux anneaux sur le derrière du radeau, à l'effet de recevoir les câbles de retenue au moyen de deux poteaux sur notre rive, d'où on pourra aussi filer autant de brasses de câbles que la distance l'exigera.

Finalement, pour obvier à l'inconvénient de l'immersion dans quelques points de la superficie du radeau, et pour le rendre le plus flottant que possible, j'ai cru devoir remplir le vide des deux planchers par des fascines liées fortement l'une à l'autre, qui remplacera le volume d'eau qui pourrait s'y introduire.

L'assemblage de ces quatre radeaux ne pouvant se faire que sur le lieu qui sera déterminé (ce qui ne peut être sous les feux du canon de l'ennemi) j'ai cru devoir en apprécier le temps pour assurer toute combinaison, les bois d'assemblage et l'équipage d'hommes et d'ustensiles étant rendus sur les lieux avec les brigades de charpentiers de la construction des radeaux, j'espère qu'ils pourront être laissés dans cinq heures après.

Je vous envoie en conséquence le sommaire des effets et hommes qui manquent, en cas que nous soyons chargés de cette expédition, savoir :

  Pontonniers ou bateliers intelligents............ 52
  Nacelles.................................. 12
  Grappins.................................. 12

Pour le transport des bois, si on veut le rendre d'un seul voyage, il faut se pourvoir de 32 voitures à deux colliers.

Le capitaine du génie en chef,
TUBLIER.

La réponse du général, qui ne parvint d'ailleurs que le lendemain, fut qu'il était impossible de fournir ni pontonniers, ni nacelles, ni grappins, et que le capitaine Tublier devait se contenter des ressources locales.

Entre temps, les ordres ont été donnés pour le passage :

16 septembre 1793.

Il est ordonné au commandant de la place d'Huningue de faire équiper les radeaux construits par le génie, de les faire mettre à l'eau dans le plus grand silence possible et de faire tous les préparatifs nécessaires pour leur faire passer le Rhin par efforts de rames et de gouvernail pour aborder au fossé de la branche droite ou gauche de l'ouvrage à corne et pouvoir redescendre, en cas d'accident, dessous l'île de la batterie; il se pourvoira de bateliers du village neuf et autres paysans à demander aux bataillons agricoles de l'armée pour ce service.

Il commandera les gens les plus déterminés de sa garnison en aussi grand nombre que la localité des radeaux peut en porter, il les fera partir à nuit close et les fera placer en grand silence et bien armés dans le fossé de la redoute neuve que l'on vient de palissader dernièrement entre l'ouvrage à corne et le rideau de Bâle; ils y resteront ventre à terre jusqu'au moment de l'expédition.

Il est probable que les batteries ennemies exécuteront des feux dès qu'elles s'apercevront du travail commencé. Les canons des remparts doivent être chargés et pointés d'avance sur ces batteries, et l'on y fera sans relâche un feu terrible accompagné de bombes de 8 pouces, à la faveur duquel le travail des radeaux se continuera, et, dès qu'il sera prêt, les troupes sortiront du fossé, s'embarqueront et tenteront l'abordage, sans que l'on cesse pour cela les feux des batteries, jusqu'à ce qu'elles fassent connaître qu'elles ont entièrement débarqué; le feu doit pour lors cesser brusquement, excepté celui dirigé sur les batteries les plus éloignées vers le village d'Ottingen.

De deux choses l'une : ou les troupes débarquées trouveront une embuscade considérable dans les fossés de l'ouvrage à corne, ou bien il n'y aura qu'une petite garde peu conséquente; dans le premier cas, les troupes doivent faire des décharges par demi-pelotons, avec lenteur et en reculant, sans précipitation, pour rentrer sur leurs radeaux sans trop se compromettre. Les deux pelotons dont les armes se trouveraient n'avoir pu être déchargées doivent attendre avec fermeté, la baïonnette au bout du fusil, plutôt que de se laisser culbuter dans le Rhin par une fuite précipitée; enfin on se retirera, à l'aide de ces radeaux, sous l'île de la batterie en faisant toujours un grand feu de mousqueterie et à la faveur du canon de ces redoutes; si, au contraire, on n'a trouvé qu'une petite garde, elle doit être désarmée et gardée dans la baraque par quelques sentinelles; puis on marchera, sans perdre de temps et en se faisant précéder par des éclaireurs, jusqu'aux batteries de l'ennemi le plus à portée. Si on y parvient, on enclouera, on culbutera du haut en bas, après l'avoir encloué, tout ce dont on aura pu approcher, et on tiendra des éclaireurs en avant vers Weil et Haltingen pour empêcher d'être surpris dans ce travail.

Si l'ennemi vient au secours, on se retirera toujours sur la droite, le long du rideau, faisant feu en se retirant pour rentrer à l'ouvrage à corne, dans lequel on peut résister assez longtemps pour rassembler tout son monde et se rembarquer.

L'indication que les canonniers du rempart tireront de la fusillade que l'on fera dans cette retraite leur suffira pour diriger des canonnades avec assez de discernement pour retarder beaucoup la marche de l'ennemi qui poursuivrait nos troupes. De la prudence et de la hardiesse employées à propos peuvent faire réussir ce coup de main, qui porterait un dommage effroyable à l'ennemi dans un moment où nous l'attaquons sur tout le cours du Rhin à la fois. C'est à celui qui dirigera l'entreprise de profiter des événements sans trop compromettre le salut de la troupe.

Les portes de la ville doivent rester rigoureusement fermées pendant cette opération; il faut qu'il y ait un fort poste à l'île de la batterie pour protéger le débarquement et emplacement de munitions pour l'artillerie; on fera veiller tous ces citoyens et préparer les pompes prêtes à jouer en cas d'incendie, mais tout ce qui sera employé aux batteries des remparts dirigées sur l'ennemi et les postes de l'île de la batterie ne quitteront sous aucun prétexte pour aller éteindre le feu; on ne doit même admettre dans la ville des citoyens de secours qu'avec beaucoup de précautions.

Général LA BRUYÈRE.

Ordre donné au citoyen Tublier.

16 septembre 1793.

Le citoyen Tublier, commandant le corps du génie à Huningue, se transportera de suite avec une force armée au Village Neuf et autres villages voisins pour y requérir de la municipalité tous les agrès et appareaux nécessaires pour la navigation de quatre radeaux; il les fera de suite conduire à Huningue par des voitures qu'il requerra pour cet effet.

Le commandant de la place,
GUILLAND.

Ordre donné au citoyen Tublier par le citoyen commandant de la place d'Huningue.

16 septembre 1793.

En conséquence des ordres du général commandant en chef l'armée du Haut-Rhin, il est ordonné au citoyen Tublier, commandant le génie à Huningue, de faire équiper dans la soirée les radeaux construits par le génie, de les faire mettre à l'eau dans le plus grand silence possible, et de faire tous les préparatifs nécessaires pour leur faire passer le Rhin par efforts de rames et de gouvernail pour aborder au fossé de la branche droite ou gauche de l'ouvrage à corne et pouvoir redescendre, en cas d'accident, dessous l'île de la batterie ; il se pourvoira des bateliers du Village Neuf et autres paysans à demander aux bataillons agricoles de l'armée. Il est probable que les batteries ennemies exécuteront des feux dès qu'elles s'apercevront du travail commencé ; les canons des remparts seront chargés et pointés d'avance sur ces batteries, et on y fera sans relâche un feu terrible accompagné de bombes de 8 pouces, à la faveur duquel le travail des radeaux se continuera et, dès qu'il sera prêt, les troupes sortiront du fossé, s'embarqueront, tenteront l'abordage sans que pour cela le feu des batteries cesse, jusqu'à ce que les troupes fassent connaître qu'elles ont entièrement débarqué ; alors le feu cessera brusquement, excepté celui dirigé sur les batteries les plus éloignées vers le village d'Haltingen. De deux choses l'une : ou les troupes débarquées trouveront une embuscade considérable dans les fossés de l'ouvrage à corne qu'elles fouilleront, ou bien il n'y aura qu'une petite garde peu conséquente.

Dans le premier cas, les troupes doivent faire des décharges par demi-peloton, avec lenteur et en reculant sans précipitation pour rentrer sur leur radeau, sans se trop compromettre ; les demi-pelotons dont les armes se trouveraient n'avoir pu être rechargées doivent attendre avec fermeté l'ennemi, la baïonnette au bout du fusil, plutôt que de se laisser culbuter dans le Rhin ; enfin elles se retireront, à l'aide des radeaux, sous l'île de la batterie, en faisant toujours un grand feu de mousqueterie et à la faveur du canon de ces redoutes.

Le citoyen Tublier prendra toutes les mesures pour assurer promptement la confection de ces radeaux, qu'ils puissent promptement être mis à l'eau, en faciliter l'abordage et en préparer la retraite en cas de non-réussite.

Le commandant de la place,
GUILLAND.

Nota. — Je n'ai reçu cet ordre qu'à 6 h. 1/2, à mon retour de Neudorff et Rosenau, où j'avais été par ordre du commandant de la place, dont copie est d'autre part, pour me procurer des bateliers, nacelles et ustensiles nécessaires pour la manœuvre des radeaux, où j'ai eu une faible partie des bateliers et nacelles que j'aurai désiré avoir, sans avoir pu trouver de rames ni aucun ustensile que j'avais demandé.

Le capitaine au corps du génie,
TUBLIER.

16 septembre 1793.

*Réponse du citoyen Sorbier, au nom du général Labruyère,
au capitaine Tublier.*

Je vous réponds, cher camarade, de la part du général Labruyère, qu'il est impossible de vous fournir les bateliers, nacelles et autres ustensiles que vous lui demandez par votre lettre d'hier pour la manœuvre des radeaux que vous avez préparés d'après ses ordres Adressez vous à la municipalité de Neudorff pour vous procurer ces objets, et si ce village ne peut y suffire, faites-en la demande au quartier général assez à temps pour qu'on puisse vous en envoyer de la masse rassemblée ici.

Le nombre des charrettes que vous demandez pour le transport à bord de l'eau pourraient vous arrêter, si vous vouliez les mettre au bord de l'eau toutes à la fois. Il faut donc que vous les y mettiez successivement et que vous les assembliez un peu en avant de la pièce 28 contre les saules qui s'y trouvent, et que là vous attendiez des ordres ultérieurs pour les manœuvrer, d'après une instruction qui vous sera donnée par le commandant de la place, qui la recevra du général en chef.

Au reste, ces radeaux ne sont destinés qu'à servir devant Huningue.

« Aussitôt l'ordre reçu, dit Legrand, on entraîne de force quelques bateliers de Neudorff : on prend où l'on peut de méchantes cordes pour servir de câbles. On transporte les radeaux démontés d'Huningue près la redoute à mâchicoulis, on passe la nuit du 16 au 17 à les assembler et à les mettre à l'eau ; ils sont prêts tant bien que mal à la pointe du jour. Quatre cents hommes sont commandés pour s'y embarquer.

« De ce nombre étaient la compagnie de grenadiers du 4º et celle du 10ᵉ bataillon du Doubs.

« Les pêcheurs de Neudorff, qui devaient servir de pontonniers, arrachés la veille de leur habitation, n'étaient arrivés à Huningue qu'à la nuit ; en voyant le lendemain au point du jour les radeaux pour la première fois et la manière dont on voulait les manœuvrer, ils refusent obstinément de les diriger à l'autre bord.

On bataille inutilement jusqu'à l'arrivée de l'ordre du général Labruyère qui enjoint d'exécuter le passage sur-le-champ et de faire fusiller les bateliers s'ils refusent leurs services. Cependant le temps s'était écoulé, il était grand jour.

« On ne put faire usage que de trois radeaux ; le quatrième ne put être employé faute d'agrès et de bateliers. Tous avaient été faits, faute d'autre, avec des bois trop verts ; ils se trouvèrent trop lourds pour porter, suivant l'ordre, chacun une pièce de canon. Il n'y eut que les deux compagnies de grenadiers et quelques braves de bonne volonté qui les montèrent, en tout environ 200 hommes, et c'était encore trop, ayant de l'eau jusqu'aux genoux.

« Cependant, ils dérivèrent aux cris de : « Vive la République ! » répétés par une foule de spectateurs ; mais au lieu de se diriger, comme cela s'est pratiqué depuis habituellement, pendant le siège de la tête de pont (3e campagne), à l'extrémité de la branche droite de l'ancien ouvrage à corne, entraînés par le courant, ils passent sous Huningue. Alors les Autrichiens firent feu de toutes leurs batteries établies vis-à-vis de la ville ; ils ne nous blessèrent là pas un homme, les bords du Rhin fort relevés et la distance les empêchaient de bien ajuster ; mais nos volontaires, dont la plupart voyaient le feu pour la première fois, se baissèrent au premier coup de canon. Les radeaux enfonçaient, ils avaient de l'eau au-dessus des genoux, les gibernes entrèrent dans l'eau et les cartouches furent mouillées. Enfin, ils touchèrent la rive droite. Mais on n'avait pas même songé à la manière dont, en arrivant, on amarrerait les radeaux. Plusieurs câbles avaient été coupés au moment du départ ; on ne s'était pas occupé de ramener les autres sur les radeaux. On craignait que les timides pêcheurs qui servaient de pontonniers ne ramenassent les radeaux sur notre rive. Un certain nombre de volontaires restèrent donc avec eux sur les radeaux, les autres mirent pied à terre.

« Les trois radeaux et ceux qui y étaient restés, buttant de distance en distance contre les épis de la rive droite, descendirent au gré des eaux, tombèrent dans une fusillade proche Merkten, furent assaillis de coups de canon chargés à mitraille et furent tous tués ou faits prisonniers au nombre de 36 à 40. Deux bateliers y périrent aussi et trois furent faits prisonniers, les autres se sauvèrent à la nage.

« Dans le même temps, ceux qui avaient mis pied à terre se trouvaient dans l'impossibilité d'attaquer l'ennemi dans ses redoutes, parce que leurs cartouches étaient mouillées, qu'ils étaient en trop petit nombre, qu'on était peu convenu à l'avance de ce qui serait fait en arrivant à l'autre bord, qu'ils n'avaient aucuns secours ultérieurs à attendre ; ils ne savaient trop que faire ou devenir et finirent par se jeter sur le territoire de Bâle au Petit-Huningue. Un détachement de Suisses, qui en gardait le territoire, les reçut avec beaucoup d'humanité, mais, suivant les lois de la guerre et de la neutralité, les désarma ; ce qui fut exécuté sans difficulté. Ces Suisses ne voulurent point faire reconduire les nôtres à Huningue par Bâle, ni même leur faire traverser le fleuve vis-à-vis le Petit-Huningue, territoire helvétique ; les Autrichiens les réclamèrent à Bâle, mais les Suisses les ramenèrent sur les limites du canton de Bâle et de l'Empire ; là, les nôtres passèrent successivement dans de petits bateaux de pêcheurs appelés, sur le bord du Rhin, *vendelings* et se rendirent dans la place. Le canon des Autrichiens tira sur Huningue environ 500 coups, depuis 8 heures du matin jusqu'à 10 h. 1/2. Le même canon tirait deux coups pendant qu'un des nôtres n'en tirait qu'un, mais ils ajustaient si mal que quelques toits de maisons furent seulement dégradés et que pas un seul homme ne fut tué dans la place. Nous leur démontâmes, au contraire, une pièce de canon et nous endommageâmes considérablement les parapets de leurs redoutes; un même coup leur tua trois canonniers. Notre feu cessa entièrement à midi.

« Tel fut le résultat de ce passage où l'on ne voit ni plan ni moyen d'exécution et où tout annonce l'imprévoyance, l'impéritie et le désordre. Des radeaux commandés et faits à la hâte, nulle précaution pour les faire manœuvrer, point de bateliers ni de pontonniers pour les servir, et, pour y suppléer, quelques pêcheurs timides en nombre insuffisant, nul moyen de diriger les radeaux, de les faire aborder, ni de les amarrer à l'autre bord; deux cents hommes embarqués à la hâte en plein jour sans qu'ils sussent ce qu'ils auraient à faire quand ils seraient arrivés à l'autre bord, pas un seul bateau, pas un seul radeau pour envoyer du monde à leur suite, soit pour les seconder en cas de revers. Des gibernes où on laisse entrer l'eau en se baissant, etc. »

Il est impossible de révoquer en doute les affirmations de Legrand, appuyées par le témoignage des principaux acteurs de cette affaire. Mais il est intéressant de constater que, sans la relation de ce précieux historiographe, l'échauffourée du 17 septembre nous apparaîtrait comme un succès : telle est l'impression qui se dégage du rapport adressé par Guilland à Bouchotte, seule pièce officielle que nous ayons sur ce passage du Rhin.

Huningue, 22 septembre 1793, l'an 2ᵉ de la République une et indivisible.

Guilland, commandant d'Huningue, au citoyen Bouchotte, ministre de la guerre.

La nation est jalouse de connaître les actions de valeur et d'éclat de ses défenseurs; elle n'apprendra pas sans indifférence (*sic*) celle que vient de faire un détachement de 200 hommes de la garnison d'Huningue (les 4ᵉ et 10ᵉ bataillons du Doubs). Je reçus l'ordre du général commandant la division du Haut-Rhin de tenter le passage du fleuve vis-à-vis du marquisat, de faire embarquer pour cet effet, sur quatre radeaux, 400 hommes des plus déterminés, de fouiller une baraque qui se trouve dans la plaine, d'enlever de force les batteries, d'enclouer les pièces et de les culbuter. L'action était hardie, je dirai même téméraire. A peine la garnison eut-elle connaissance de cette expédition que tous se disputèrent l'honneur d'en être. Je choisis les deux compagnies de grenadiers et le surplus dans les fusiliers. On vole pour s'embarquer, et on s'embarque; un des radeaux ne peut servir, s'étant cassé en le lançant à l'eau; les autres ne peuvent contenir que 80 hommes chacun. Les radeaux n'ayant été prêts qu'à 6 heures du matin, huit malheureux bateliers qui devaient les conduire s'y refusant, malgré les plus fortes menaces, toutes ces raisons me décidèrent à différer le passage; mais à peine la troupe rentre dans la garnison, elle entend le canon, elle manifeste le désir qu'elle a d'essayer à tout hasard le passage. 400 hommes se rendent sur la rive; 200 seulement peuvent s'embarquer et abordent. Ils reçoivent des décharges, ripostent, mettent en fuite la garde qui s'était trouvée dans la baraque, la fouillent. Un des radeaux s'était brisé, le courant avait entraîné les deux autres. Quel parti prendre? Plus de retraite assurée. Ils se décident à aller enclouer les pièces, mais ils s'aperçoivent que le restant de leurs cartouches est mouillé; ils se retirent, protégés par le canon de la place d'Huningue, qui fut si bien servi et dirigé qu'il fit entièrement cesser le feu de l'ennemi.

La garnison d'Huningue, placée sur les remparts, voit ses intrépides frères d'armes livrés à la merci de l'ennemi; elle sait que, pour s'assurer une retraite, ils ne violeront pas le territoire suisse.

Les délivrer, courir à leur secours, ne fut que l'affaire d'un moment; ils ramassent tout ce qu'ils peuvent trouver de petites nacelles, traversent le Rhin et viennent à bout, par cette expédition hardie, de les ramener sur le sol de la Liberté.

Nous avons à regretter la mort de quelques-uns de ces intrépides défenseurs. Ce sont les citoyens Senot, chef du 4e bataillon du Doubs, Giboulet, chef du 10e, et de Simetière, capitaine au 2e bataillon de l'Ain, adjudant de la place (1), qui étaient à la tête de ce coup de main.

J'ignore ce qui a fait manquer l'expédition qu'avait dû projeter le général, mais si notre armée eût passé dans cet instant dans la plaine, comme j'avais lieu de l'espérer, la République s'emparait de tout le marquisat.

---

(1) Ce renseignement est tout à fait inexact, puisque c'est par Simetière lui-même que Legrand fut instruit de cette aventure en 1795.

Cette entreprise, en étonnant la coalition des tyrans, leur fera connaître que les défenseurs de la liberté savent affronter la mort et mourir pour elle.

GUILLAND.

« On a dit, conclut Legrand, qu'on ne cherchait à Huningue qu'à faire une diversion et une fausse attaque, mais dans une fausse attaque on ne doit pas abandonner des braves gens à la merci de l'ennemi, mais une fausse en doit devenir une réelle en cas de faible résistance de la part de l'ennemi; Simetière, adjudant de la place, qui était à ce passage, m'a assuré plusieurs fois que s'il avait eu l'espoir d'être secouru par seulement 300 à 400 hommes, il aurait, en attendant leur passage, attaqué les redoutes ennemies et qu'il les aurait indubitablement emportées, vu le peu de monde qui les défendait. Cependant des officiers autrichiens qui étaient en face de nous m'ont assuré depuis que les carabiniers de l'Empire et un régiment de hussards étaient au fond du rideau, cachés et rangés en bataille. Alors les nôtres auraient pu se retirer sur l'emplacement de l'ancien ouvrage à corne, s'abriter dans l'endroit où était l'ancien fossé, laisser la plaine libre au canon d'Huningue qui peut alors la balayer de manière à ce qu'elle ne soit pas tenable pour la cavalerie ni même pour de l'infanterie (qui, de l'aveu des Autrichiens, était peu de chose); les nôtres eussent pu se fortifier dans l'ouvrage à corne et s'y maintenir sous la protection du feu de la place en dépit des deux régiments de cavalerie. Mais il eût alors fallu des moyens bien autres que ceux que nous employâmes.

On lit dans une lettre de Guyardin, représentant du peuple, en date du même jour 17, écrite du quartier général de Kemps, au représentant du peuple Milhaud et à Guilland, commandant de Huningue : « Le peu de moyens que les braves de Huningue ont eus et leur retraite doit rassurer l'ennemi sur ce point; il doit y porter moins de forces et c'est en conséquence à Huningue que nous devons passer ; d'après cela nous sommes dans l'intention de faire filer nos troupes demain sur Huningue. Nous les cacherons le plus possible à l'ennemi, nous ferons des mouvements capables de le tromper, mais nous nous arrangerons de manière que les bateaux arrivent au commencement de la nuit ». Il arriva effectivement le jour même quelques bateaux et deux bataillons, mais le général Pichegru, qui arrivait le 18 à Huningue, prit le commandement de l'armée du Haut-Rhin le lendemain. Il ne fut point d'avis de renouveler un tel passage avec si peu de moyens, qui avait été si mal préparé, si mal combiné et si mal exécuté. »

XXII. — Tentative de passage a Niffer.

C'est à moitié chemin de Huningue à Brisach, en face du village de Niffer, que l'on espérait passer le Rhin. On comptait établir là un pont de bateaux ; mais l'équipage de ponts de l'armée du Haut-Rhin, après être resté longtemps sur les glacis de Huningue, avait été envoyé à Colmar pour y être réparé. Une partie des agrès était restée à Huningue.

Le général Labruyère, ayant pris son commandement le 6 septembre, reçut le 10, à 9 heures du matin, l'ordre de passer le Rhin le 11 avec toute sa division, et de s'emparer de Fribourg. Il s'empressa d'appeler près de Niffer l'équipage de ponts et le détachement de pontonniers de Colmar (1), et en même temps écrivit à Guilland

---

(1) *Au citoyen commandant le détachement de pontonniers, à Colmar.*

Il est ordonné au lieutenant commandant le détachement de pontonniers, à Colmar, de se tenir prêt à partir très incessamment avec la meilleure partie de son monde et tout ce qu'il pourra de son pont de bateaux, pour se rendre à Niffer. La marche s'exécutera en deux envois. dont l'un sera dirigé sur Brisach et l'autre sur Ensisheim ; il lui sera

de diriger sur Niffer les agrès qu'on avait laissés à Huningue. Ce dernier ordre fut exécuté dans la journée, et vingt-deux voitures chargées d'agrès arrivèrent à destination; mais les bateaux n'étaient pas prêts, et l'on n'avait pas les chevaux nécessaires pour les transporter. Il fallut ordonner une réquisition de 1200 chevaux (1),

---

fourni des chevaux de paysans pour ces transports, suivant les ordres à expédier par le département, d'après la demande du commissaire civil et du département.

Il fera charger les bateaux sur les haquets, sans aucun délai, pour les tenir prêts à marcher, et il ne s'opposera point au retour de 54 chevaux de paysans à Huningue pour y charger ce qui reste encore d'agrès du pont que son sergent a ordre de conduire directement à Niffer. Il pourra retenir provisoirement ce qui resterait encore de chevaux du convoi au delà de ceux-ci, en demandant autorisation au département et en lui communiquant le présent ordre.

FONTENAY.

Au citoyen Rossy, commandant à Ottmarsheim.

10 septembre.

Il est ordonné au général Rossy de faire approcher demain, 11 septembre, les deux bateaux et quatre nacelles à ses ordres le plus près qu'il sera possible du poste du Petit-Landau, en les laissant à couvert du canon de l'ennemi; il est égal que ce mouvement se fasse de jour ou de nuit. On ne cherche point à lui en dérober connaissance.

FONTENAY.

Au citoyen Sorbier.

10 septembre.

Il est ordonné au citoyen Sorbier, capitaine du génie, employé au Neuf-Brisach, de partir au reçu du présent ordre pour venir à la suite du quartier général et y être employé dans ses fonctions d'ingénieur.

FONTENAY.

(1) *Au département du Rhin.*

10 septembre 1793.

Le général commandant cette armée, par ordre du général Landremont, commandant en chef, requiert les Citoyens composant le Directoire du département du Haut-Rhin de faire mettre aussitôt que possible

et on eut la certitude que le mouvement ne pourrait pas même s'exécuter le lendemain.

Les représentants, arrivés dans la nuit du 10 au 11, déclarèrent que le passage devait s'exécuter sans délai. On eut grand'peine à leur en faire comprendre l'impossibilité matérielle, mais ils finirent par accorder un délai de trois jours. Ils partirent aussitôt pour Colmar, afin de hâter le départ des bateaux.

C'est dans de pareilles circonstances que Guilland écrivait au Comité :

« Citoyens Députés, tout va bien dans le Haut-Rhin ; nous devons passer le Rhin. Les troupes arrivent à Niffer et au Petit-Landau, où doit s'effectuer le passage. Le pont de bateaux est déjà en partie arrivé ; la garnison d'Huningue se prépare à recevoir un bombardement qu'elle ne peut éviter, mais qu'elle aura rendu utile. Assurez, Citoyens Députés, la Convention que jamais l'ennemi ne rentrera à Huningue que par la brèche. »

Sa lettre à Bouchotte n'était pas moins optimiste :

« Citoyen Ministre, j'ai reçu votre lettre du 30 août dernier, concernant les mesures à prendre pour accélérer les approvisionnements des armées ou des places. J'exécuterai formellement et strictement ce qu'elle prescrit.

Huningue est dans un état respectable de défense ; l'armée du Haut-Rhin est en nécessité de passer le Rhin ; la place d'Huningue doit le

1200 chevaux en réquisition pour le transport de l'équipage du pont de bateaux, qu'ils dirigeront sur Ottmarsheim en passant par Neuf-Brisach. A cet effet, il les requiert encore de faire partir les bateaux et autres objets de l'équipage à mesure de l'arrivée des chevaux à Colmar, afin de ne pas perdre une minute dans le transport, le tout devant être arrivé demain dans la journée, à moins d'impossibilité absolue. Le Général recommande de ne mettre en réquisition et au transport de l'équipage du pont aucun des chevaux déjà requis pour le service de l'artillerie.

Pour et en l'absence du général Labruyère, commandant en chef :

L'adjudant général,
FONTENAY.

favoriser. Toutes les dimensions sont prises : du courage, de la précision, de l'ordre, un peu de témérité, et nous sommes maîtres du marquisat. La troupe est en marche sur Niffer et le Petit-Landau ; le pont de bateaux qu'on avait fait conduire à Colmar se dirige de ce côté-là. Nous passerons le Rhin ; la garnison d'Huningue bivouaque ; elle se prépare à recevoir un bombardement qu'elle ne peut éviter, mais qu'elle va rendre funeste à son ennemi. »

Les ordres furent donnés pour diriger sur Niffer les troupes et l'artillerie, et procéder à la levée en masse des paysans du Haut-Rhin, mais on s'aperçut trop tard de l'impossibilité d'exécuter le passage au point indiqué.

13 septembre 1893.

Il est ordonné au citoyen Scholl de partir sur l'heure pour Habsheim, d'y vérifier le nombre de bateaux et de chariots chargés d'agrès qui y sont déjà arrivés, d'en informer sous le plus bref délai le commandant de l'artillerie par ordonnance, d'empêcher qu'aucun chariot arrivant ou arrivé ne puisse être déchargé, de requérir la municipalité de surveiller cette mesure, de laisser après lui un maréchal des logis pour aider la municipalité dans cette fonction, de faire recharger les voitures qui auraient été déchargées, d'empêcher tous attelages de retourner sur Colmar, de faire retenir par la municipalité et le maréchal des logis toutes les voitures et bateaux arrivés ou qui arriveront pour ne les laisser partir que demain 14 à midi, où elles se mettront en route pour Sierentz, ce qui ne leur sera déclaré qu'au moment du départ.

Le maréchal des logis les conduira jusqu'à Sierentz où il les remettra à un autre maréchal des logis chargé de les guider plus loin et il retournera à son poste d'Habsheim pour y attendre d'autres voitures à diriger sur la même route, mais sans les suivre à mesure qu'elles arriveront.

Il sera établi à Sierentz un petit poste de chasseurs qui les recevra à leur passage et les guidera sur la route par laquelle le maréchal des logis de Sierentz aura amené le premier convoi.

Le citoyen Scholl, après avoir pourvu le plus promptement possible à ces dispositions à Habsheim, se rendra de suite à Ensisheim où il préviendra la municipalité qu'il doit arriver de Colmar neuf bateaux ayant ordre d'être mis à l'eau à Ensisheim et de renvoyer sur-le-champ leurs haquets et attelages à Colmar ; qu'il doit venir avec ces bateaux des gens chargés de les mettre à l'eau, de les en retirer et recharger des haquets venant de Belfort, enfin de repartir avec lesdits bateaux et haquets pour Habsheim ; qu'il sera convenable de faire délivrer le logement et l'étape aux gens ci-dessus, ainsi que le fourrage et l'étape de 54 chevaux et 27 charretiers venant de Belfort avec les haquets pour marcher ensuite sur Habsheim; que la municipalité doit donner provisoirement à l'étapier les ordres nécessaires pour cette fourniture, dont le commissaire des guerres lui délivrera ensuite l'ordre ultérieur, qu'enfin que les chevaux et charretiers arrivés à Habsheim doivent y recevoir les mêmes fournitures de l'étapier d'Ensisheim jusqu'à leur départ le 14 à midi.

Le citoyen Scholl partira d'Ensisheim tout de suite après pour se rendre à Colmar où il rejoindra le représentant du peuple Lacoste qui doit s'y rendre aussitôt que lui par la route de Brisach; il y veillera conjointement avec lui à ce que les bateaux s'achèvent de réparer et à ce que l'on en mette en marche sans délai autant qu'il y a de haquets, c'est-à-dire au moyen du retour d'Ensisheim, la totalité de quarante-quatre et à tous les ouvriers (*sic*), qu'il reviendra avec promptitude autant de haquets qu'il en faut pour enlever le restant des bateaux et qu'on ne saurait apporter trop de diligence à la réparation de ces derniers.

Il verra à faire fournir par le district assez de chariots pour l'enlèvement sans retour d'attelages, de tous les agrès dépendant du pont et ce, indépendamment de toute considération de bateaux restant encore à Colmar, par égard pour lesquels il ne doit rester en arrière aucune espèce d'agrès que les seuls instruments nécessaires pour les élever sur leurs haquets.

Il veillera particulièrement à ce que le lieutenant des pontonniers comprenne dans les quarante-quatre bateaux de premier envoi les trois destinés à la construction du pont volant avec toute leur dépendance.

Il veillera encore à ce que le lieutenant des pontonniers, avec un nombre de ces pontonniers et de bateliers de rivière, suive immédiatement le dernier de ces quarante-quatre bateaux, ne laissant à Colmar que les gens indispensablement nécessaires pour les bateaux encore à reposer et cela de manière à pouvoir travailler à la construction d'un pont sans les attendre.

Il ne désemparera de Colmar pour rejoindre l'armée qu'après avoir assuré l'exécution de tout ce qui est ci-dessus et avec l'agrément du représentant du peuple s'il n'est pas parti avant lui.

L'adjudant général,
FONTENAY.

P.-S. — Le citoyen Scholl prendra à Niffer le maréchal des logis et les deux ordonnanciers nécessaires (chasseurs) pour faire passer d'Habsheim ou d'Ensisheim, les avis nécessaires sur le succès de sa mission. Il en prendra à Colmar pour les avis ultérieurs.

Au citoyen Gervais, commandant du parc d'artillerie à Hœsingen.

Il est ordonné au citoyen Gervais, commandant du parc d'artillerie d'Hœsingen, de faire partir à midi de ce jour une compagnie et demie de canonniers du camp d'Hœsingen avec armes et bagages pour aller camper dans la soirée au camp de Niffer ; ces compagnies amèneront avec elles un parc d'artillerie composé comme il suit :

Pièces de 12, deux caissons d'idem.............	4
Pièces de 8, six caissons......................	6
Obusiers de 6 pouces, quatre caissons..........	4
Caissons de cartouches à fusil.................	10
Chariot double chargé.........................	1
Chariots de prolonge pour les charretiers......	2

Le tout attelé des chevaux d'artillerie à raison de quatre et deux charretiers pour chaque voiture.

Le général commandant en chef l'armée du Haut-Rhin requiert les administrateurs de ce département résidant à Colmar de mettre en réquisition permanente tous les citoyens du département capables de porter les armes et de se tenir prêts à marcher au premier ordre, en se munissant pour huit jours de vivres.

Je vous préviens que le général transporte son quartier général à Niffer.

Au citoyen Leverrier.

13 septembre 1793.

Il est ordonné au citoyen Leverrier de faire partir au point du jour et pour servir d'escorte au parc d'artillerie, les 100 hommes du bataillon du Jura qui sont campés à Hœsingue ; ils camperont au lieu où s'arrêtera le parc, le long de la forêt et à gauche des chevaux de l'artillerie, de manière à ne pouvoir être aperçus de l'ennemi à travers la grande route de Colmar. Ils resteront au poste jusqu'au départ du parc de l'artillerie et alors rejoindront leur bataillon sans qu'il soit besoin de nouveaux ordres.

FONTENAY.

Au citoyen Grosmard, commandant à Brisach.

Il est ordonné au général Grosmard, commandant la ville et l'arrondissement de Brisach, de faire parvenir dans le plus court délai au citoyen Vincent, commandant l'artillerie de la division d'Ottmarsheim, à prendre sur l'approvisionnement de la place, la quantité de 12,000 fusées d'amorce, 2,000 lances à feu, 4,000 boulets de 4, 2,000 boulets de 12, le tout transporté par les chariots de munitions et chevaux d'artillerie qui pourraient être à sa disposition et, à défaut, par des chariots de paysans et chevaux de réquisition qui resteront attachés au transport de ces objets et ne pourront retourner chez eux que sur de nouveaux ordres.

Le général Grosmard fera passer également au citoyen Vincent 4,000 sabots à boulets de 4, s'ils existent à Brisach, 2,000 sabots de 8 et 400 sabots de boulets de 12.

Au citoyen Gervais.

13 septembre.

Il est ordonné au citoyen Gervais, commandant le parc du camp d'Hœsingue, d'en partir demain dès la pointe du jour avec tous les canons, caissons et attirails du parc sans exception quelconque et auxquels il fera tenir la marche suivante en faisant le moins de bruit qu'il se pourra :

Le général Gervais dirigera les voitures, non pas par la grande rampe, mais par le chemin de retraite derrière le parc, à travers la prairie, revenant ensuite joindre la grande route près du moulin et entrer dans le village d'Hœsingue, d'où il gagnera le chemin qui passe aux Capucins de Blotzheim et, tournant à droite, il fera longer la forêt le plus près qu'il se pourra de la grande route de Colmar, ayant cependant la plus grande attention de ne pouvoir être aperçu d'aucune des hauteurs qui sont au delà du Rhin, l'objet étant de masquer toute cette artillerie aussi bien que les chevaux et les tentes, et que nos ennemis ne puissent pour ainsi dire se douter qu'elle est dans cet endroit ; la disposition sera telle que les voitures soient toutes contre le bois, les chevaux sur leur gauche vers Blotzheim et les tentes absolument dans le bois ; il ne sera permis d'aller à l'abreuvoir qu'à Bathenheim, où on ne pourra aller par la grande route, mais seulement en regagnant quelque part le chemin de Blotzheim.

FONTENAY.

Au citoyen Léger, commandant à Oberwiller.

Il est ordonné au citoyen Charnier, commandant l'artillerie volante du camp d'Oberwiller, de se mettre en route, demain au point du jour, avec toute son artillerie et ce qui en dépend, pour venir cantonner, dès le matin, à la chaussée du Chemin Neuf, à la rencontre de la route de Colmar et celle de Neuf-Brisack, en face du moulin des Dames, se tenant sur la hauteur derrière les maisons, près du bois, et de manière cependant à cacher le plus possible à l'ennemi sa nouvelle position. A cet effet, il passera par Hœsingue et les capucins de Boltzheim et arrivera à la chaussée par derrière les bois, faisant le moins de bruit possible... Le citoyen Charnier voudra bien de sa personne se transporter et être rendu, à 2 heures après-midi dudit jour, au bureau de l'état-major général à Hombourg, où il lui sera donné de nouveaux renseignements pour ses opérations ultérieures.

FONTENAY.

Au citoyen commandant des forces disponibles à Hœsingen.

Vous voudrez bien, Citoyen, sans perte de temps, faire passer au citoyen Fuchsamberg, commandant de l'artillerie à Haguenheim, les noms des officiers et celui des villages de cantonnement des chevaux en réquisition pour l'artillerie et que vous avez dû ordonner dans l'arrondissement que vous commandez.

Si vous ne pouvez donner les noms des officiers qui commandent ces cantonnements, donnez au moins une indication des bataillons dont ils font partie et les noms du village où ils résident, afin que le capitaine Fuchsamberg puisse leur faire passer les ordres que les circonstances peuvent exiger.

Le 3e bataillon de la Gironde, le 6e du Doubs, le 11e du Jura et 100 hommes près chacun (*sic*) ont ordre de se porter à Niffer avec armes et bagages et effets de campement, ainsi que le 2e du Doubs et le 1er du Puy-de-Dôme, le tout jusqu'à nouvel ordre.

FONTENAY.

Au commandant le détachement du 4e régiment de chasseurs à cheval, à Kemps.

14 septembre.

Il est ordonné au commandant du 4e régiment de chasseurs à cheval, cantonné à Gros-Kemps, d'en partir sur-le-champ avec sa troupe pour se rendre à Niffer, où il restera jusqu'à nouvel ordre.

ROUMILLAC.

Aux citoyens Georges et Dupain.

14 septembre.

Il est ordonné aux citoyens Georges et Dupain, officiers d'artillerie, de quitter provisoirement le commandement de leurs escouades et de se rendre, dans la soirée de ce jour, à la croisée des routes de Brisach et de Colmar, pour y être employés avec le citoyen Jolivet à des travaux extraordinaires. Les trois citoyens se feront loger d'autorité, en vertu du présent ordre, dans une seule et même chambre dans la maison la plus commode, précisément à la croisée du chemin, et y seront continuellement prêts à se porter partout où il leur sera indiqué par le commandant de l'artillerie de l'armée, pour y diriger des travaux pour lesquels il sera fourni des canonniers à tour de service et à raison de tant d'hommes par escouade.

Lorsqu'il sera question de marcher à l'ennemi et de faire feu de nos canons, tous ces détachements seront renvoyés à leurs pièces et les trois officiers ci-dessus y retourneront eux-mêmes comme ci-devant.

FONTENAY.

On avait d'abord choisi pour l'établissement du pont le point A près du Steigmühle ; il s'y trouvait « un bord un peu escarpé sur la rive droite, mais moins qu'ailleurs ; un fond de bonne tenue, des îles boisées sur notre rive, un grand chemin bien ferré passant derrière la forêt de la Hart, qui dérobait à la vue l'arrivée des bateaux, enfin ce qui forme du moins une partie d'un site favorable à une telle opération. Mais quand on voulut calculer si les seuls bateaux qu'on avait à sa disposition, placés en (6), pouvaient joindre les deux bords, malgré le mot proscrit, celui d'impossible, il fallut le dire, et non sans quelque courage. Il fallut donc chercher, non l'endroit le plus propre à cette opération, mais celui où le Rhin plus étroit permettait de jeter un pont avec le nombre de bateaux qu'on avait, c'est-à-dire un endroit où le fleuve est étroit, et par conséquent la rive droite escarpée, car sur notre rive elle ne l'est en aucun point ; enfin la position qui donnait le plus de désavantage à nos troupes pour prendre terre et le plus d'avantages à l'ennemi pour les repousser. Le Rhin en face de Niffer au point B parut propre aux chefs de l'entreprise, d'autant que la proximité dérangeait peu les dispositions déjà prises et qu'elle couvrait la bévue d'avoir désigné, sans avoir reconnu ni fait reconnaître un local où le mot impossible était arithmétiquement démontré, d'après la largeur du fleuve et le nombre des bateaux. L'ennemi, sur la hauteur en face qui domine notre rive plate, découvrait nos moindres mouvements ; non seulement cette hauteur qui borde la rive, mais encore une grande île boisée qui couvre son bord, favorisait ses mouvements. Le fond de mauvaise tenue aurait fait chasser les ancres, plusieurs hauts fonds bien apparents auraient exigé des chevalets au lieu de bateaux et l'on n'en avait point, la rive droite presque à pic ne présentait pas le moindre emplacement pour se former en débarquant ». (LEGRAND.)

Il fallut encore deux jours pour choisir un nouvel emplacement et y amener les troupes et le matériel. Le 16 au soir, les ordres furent donnés et le quartier général transféré à Niffer.

Au citoyen Rossy, commandant le régiment de chasseurs.

Il est ordonné au citoyen Rossy, commandant du 4e régiment de chasseurs à cheval, d'envoyer ce soir, à la nuit tombante, un brigadier et quatre chasseurs de confiance au quartier général, à Niffer, pour être à la disposition du commandant de l'artillerie de l'armée et lui servir d'escorte jusqu'à pareille heure du jour suivant.

Les compagnies de bateliers du rassemblement en masse partiront au reçu du présent ordre pour se rendre à Niffer, où elles passeront la nuit et y recevront des ordres du commandant de l'artillerie.

Au quartier général de Kemps, le 16 septembre 1793.

FONTENAY.

Au citoyen Girard.

10 heures du soir.

Il est ordonné au citoyen Girard, dit Vieux, commandant des troupes campées à Niffer et environs, de faire donner les ordres nécessaires aux bataillons du Doubs, au 1er du Puy-de-Dôme, au 3e de la Gironde, au 6e du Doubs, au 11e du Jura, au 2e bataillon du 33e, au 5e de la Drôme, au 10e du Jura, au 1er du 33e, au 6e de Seine-et-Oise, de se mettre demain en mouvement, à 5 heures précises du matin, laissant leur camp tendu, avec une garde suffisante et les hommes nécessaires pour la soupe.

Le rendez-vous sera derrière le camp du 6e bataillon de Seine-et-Oise, campé près d'Hombourg, d'où on dirigera les colonnes, formées chacune d'une demi-brigade selon l'état ci-après :

1re demi-brigade.. { 1er bataillon du 33e régiment ;
6e — de Seine-et-Oise ;
11e — du Jura.

2ᵉ demi-brigade... { 2ᵉ bataillon du Doubs ;
3ᵉ — de la Gironde ;
6ᵉ — du Doubs.

3ᵉ demi-brigade... { 2ᵉ bataillon du 33ᵉ régiment ;
1ᵉʳ — du Puy-de-Dôme ;
5ᵉ — de la Drôme.

Le général se réserve de diriger lui-même les colonnes et de leur indiquer ce qu'elles auront à faire.

Les bataillons seront munis de leurs outils de campement et armés en guerre.

16 septembre 1793.

Il est ordonné aux 20 dragons du 8ᵉ régiment, logés à Neudorff, d'en partir au reçu du présent ordre pour se rendre avec armes au village du Petit-Landau, où ils resteront jusqu'à nouvel ordre.

Il a été transmis plusieurs ordres sur le registre de l'ordre du jour, qui devaient l'être sur celui-ci ; ils sont en date du 16 septembre.

Il est ordonné au citoyen Laurent, chef d'escadron du 4ᵉ régiment de chasseurs à cheval, de faire ses dispositions et donner ses ordres pour que tous les différents cantonnements et détachements de ce régiment, tant ceux qui étaient à Huningue, dans les environs de Saint-Libre à Alschwiller, Oberwiller, Reinach, Hœsingue, Michelfeld, etc., que d'autres lieux, se rendent, pendant la nuit prochaine, et sans bruit, au village de Barthenheim où ils se réuniront à ceux qui s'y trouvent et marcheront ensemble, sous les ordres du citoyen Rossy, pour se rendre au point du jour à Sierentz, où les chevaux restant sellés pourront se reposer, avoir de l'avoine et du fourrage, et les hommes se tiendront prêts à monter à cheval et à marcher au premier ordre.

Le citoyen Laurent emmènera tout ce qui sera possible de chasseurs montés et armés en guerre, à l'exception des bivouacs en avant d'Huningue, de Saint-Libre, en arrière de Bourgfeld, qui ne seront pas relevés de trois jours ; celui d'Alschwiller sera retiré comme tous les autres.

L'adjudant général,
FONTENAY.

Il est ordonné au 2ᵉ bataillon du Doubs, au reçu du présent ordre, de partir de son camp avec armes, vivres pour deux jours, et même effets de campement, pour se rendre secrètement et sans bruit, par son chemin de retraite, au village de Barthenheim, d'où il gagnera celui d'Habsheim et ensuite le chemin qui conduit d'Habsheim au Petit-Landau ou au village de Niffer. Il s'arrêtera au bord de la forêt, où il bivouaquera jusqu'à nouvel ordre.

Il s'y occupera sans relâche à faire d'autres fascines que celles dont il s'était pourvu et qu'il aura laissées dans son camp.

Le bataillon, en sortant de ce camp, laissera ses tentes tendues, ses canons et toutes ses voitures d'équipage sous une garde assez forte pour pouvoir décamper et détendre toutes ces tentes à nuit close, les charger sur les voitures et regagner l'endroit où bivouaquera le bataillon par le chemin que j'ai indiqué ci-dessus. Le commandant fera observer l'ordre et le silence ; il marchera et se gardera militairement.

FONTENAY.

Par de nouveaux arrangements, il a été décidé que votre régiment ne s'arrêtera point à Sierentz et continuera sa marche en suivant le chemin de communication à travers la forêt de Sierentz à Niffer, pour s'arrêter en bataille au bord de la forêt faisant face au Rhin ; on lui enverra dans cette position les ordres pour sa marche ultérieure.

FONTENAY.

Au citoyen Robert.

16 septembre.

Il est ordonné au citoyen Robert, lieutenant de gendarmerie nationale employé à l'état-major d'Ottmarsheim, de se rendre à 9 heures du soir de ce jour au quartier général provisoirement établi à Niffer pour la suite des opérations militaires et où il sera employé dans ses fonctions.

De la part des représentants du peuple, il est ordonné aux municipalités de Kemps, Niffer, Hombourg, Petit-Landau, Ottmarsheim, Rhumersheim et Schalampé, de faire venir sur-le-champ à Kemps tous les bateliers de leurs communes, ils apporteront chacun une perche pour gouverner les bateaux sur le Rhin et les vivres pour deux jours ; à leur arrivée ici, ils s'adresseront au bureau de l'état-major général.

Si les bateliers ci-dessus se trouvent avoir marché dans la masse des agricoles, ils reviendront néanmoins et sans autres explications ; les municipalités leur feront parvenir sans délai copie du présent ordre.

FONTENAY.

Au citoyen Schultz.

16 septembre 1793.

Le citoyen Schultz, payeur des guerres à la suite de l'armée du Rhin, est requis de transporter sa caisse et son bureau à Hombourg avant 5 heures du soir du présent jour ; il s'y établira et y restera jusqu'à nouvel ordre.

FONTENAY.

Au 4ᵉ bataillon de la Côte-d'Or.

Il est ordonné au 4ᵉ bataillon de la Côte-d'Or d'être rendu ce soir à 8 heures entre les moulins du Petit-Landau et le poste de la Baraque où il recevra des ordres postérieurs.

Il emportera avec lui tous ses effets de campement et les vivres pour deux jours. Il fera plier et charger ses tentes seulement qui seront envoyées sous la garde d'un sergent, un caporal et douze hommes au parc derrière la Hart.

Au quartier général de Kemps, 16 septembre 1793.

Le commandant de l'avant-garde de l'armée,
ROUMILLAC.

Il est ordonné au commandant du 1ᵉʳ bataillon du canton de Brisach de fournir 150 hommes non armés, forts, robustes et adroits pour être attachés au service de l'ambulance de l'armée ; ils se rendront à la première réquisition de ce commissaire des guerres dans le lieu qu'il leur indiquera.

Fait au quartier général de l'état-major à Gros-Kemps, le 16 septembre 1793.

FONTENAY.

Au commandant des chasseurs à Kemps.

Il est ordonné au commandant des chasseurs à Kemps de détacher demain à midi un maréchal des logis, un brigadier et quatre chasseurs pour se rendre à Sierentz et y exécuter une commission dont le maréchal des logis sera antérieurement informé ; ce maréchal des logis se tiendra prêt et à cheval à 4 heures précises aujourd'hui à Kemps pour y joindre le citoyen Fuchsamberg, commandant de l'artillerie de l'armée et se rendra aujourd'hui vers Sierentz pour y recevoir de lui les instructions nécessaires sur la mission dont il sera chargé et faire la reconnaissance des emplacements convenables aux succès de l'opération.

FONTENAY.

Nous laisserons la parole au chef de bataillon Legrand pour raconter les péripéties de cette lamentable aventure, sur laquelle nous ne sommes renseignés que par lui :

« Les mouvements des troupes s'effectuèrent dans la nuit du 16 au 17 avec un empressement, avec une ardeur au-dessus de tous éloges. Cette joie, cet enthousiasme qui, dans les soldats républicains, a toujours précédé la victoire et qui en est en même temps une des principales causes, quand des chefs habiles ont su diriger l'un et l'autre, était peinte sur tous les visages. Au point du jour, tous étaient à leur poste dans le plus profond silence. Le même silence régnait également sur la rive opposée.

« Cependant, il ne paraissait pas encore un seul des bateaux qui devaient transporter sur l'autre rive le premier détachement. Ils auraient dû être au bord du Rhin à minuit et sur le fleuve à 3 heures.

« Le citoyen Roumillac, adjoint à l'état-major, devait passer le premier le Rhin avec un détachement composé de plusieurs corps de la valeur d'environ un bataillon et être suivi d'un second détachement de même nombre. On devait construire le pont dès que cette avant-garde se serait emparée des hauteurs. Douze pièces de canon devaient protéger le débarquement. Mais ce qui prouve l'impéritie la plus complète, c'est que ces pièces, dans le prétendu dessein de chasser l'ennemi du village de Rheinviller, vis-à-vis lequel on devait faire le pont, avaient ordre de tirer avant l'embarquement de Roumillac, ce qui ne pouvait avoir d'autre effet réel que d'avertir l'ennemi de notre attaque, avant que le premier républicain n'eût touché la rive droite. En même temps, on devait, du camp de Schalampé, tirer sur Neubourg et y simuler une attaque.

« Les bateaux placés sur leurs haquets étaient restés la journée du 16 derrière la forêt de la Hart, un peu en avant de Sierentz, sur le chemin qui conduit de ce village à celui de Niffer. Le commandant du 11e bataillon du Jura, à qui l'escorte en était confiée, avait ordre de se tenir prêt à faire conduire son escorte la nuit suivante au moment où l'ordre lui en serait donné. Or, c'est la transmission de cet ordre qui éprouva un retard inconcevable. Il n'y avait guère qu'une demi-lieue de Niffer à l'endroit où étaient les bateaux, il ne s'agissait pour les officiers et les ordonnances, chargés de porter l'ordre du départ, que de traverser la forêt dans une de ses moindres largeurs, mais aucune reconnaissance n'avait été faite à l'avance; on avait encore moins songé à la précaution d'usage, celle de faire jalonner les chemins, une suite d'ordonnances et d'officiers, un adjoint à l'état-major, l'adjudant général lui-même impatient de ce que le convoi n'arrive pas d'après ses ordres, s'égarent successivement au milieu d'une nuit obscure et d'une pluie battante; le convoi qui devait se mettre en marche à 10 heures du soir est à peine parti au grand jour.

« Enfin, quelques bateaux arrivent au bord du fleuve tandis que les autres, ayant pris dans la forêt de fausses routes, y étaient encore fourvoyés. Le général Labruyère et les représentants du peuple étaient sur le bord du Rhin depuis 2 heures du matin. On agita un moment si, vu ce fâcheux contre-temps, on ne ferait pas mieux de remettre la partie à la nuit suivante, mais l'impatience des représentants ne laissa pas au général la liberté du choix. Les représentants du peuple ordonnèrent donc que les bateaux fussent à l'instant lancés à l'eau à mesure qu'ils arriveraient.

« Alors, le canon, suivant le plan convenu, tire sur le village de Rheinviller et sur Neubourg, tandis qu'on accouple les bateaux trois à trois pour le passage de l'avant-garde. A peine un premier assemblage est-il fait que le citoyen Roumillac, adjoint aux adjudants généraux, sans attendre ceux qui devaient l'accompagner, part avec environ cent trente grenadiers; dès qu'ils sont à bonne portée de la mousqueterie, ils sont assaillis par le feu roulant le mieux soutenu; les bateliers effrayés ne veulent point aborder, et Roumillac et sa troupe dérivent au gré du courant; on ne s'occupe que de voler à leurs secours. Trois bateaux sont à peine assemblés que le brave Coste, commandant du 4e bataillon de la Côte-d'Or, s'élance dessus avec une partie de son bataillon ; ils ont à peu près le même sort que le premier ; ils sont suivis d'un troisième assemblage, mais seulement de deux bateaux, le désir de voler au secours de leurs frères ne permettant pas aux républicains qui s'y élancent d'attendre que le troisième bateau y soit ajouté ; tous sont également assaillis par une mousqueterie qui dirige presque à coup sûr sur eux un feu convergent, tandis que leur feu divergent ne produit presque aucun effet sur l'ennemi.

« Un de nos bataillons, qu'on avait eu la précaution de jeter dans une île en face de Niffer, soutenait de son mieux l'arrivage par une fusillade fort vive.

« Pendant ce combat on tentait le jet du pont. Les pontonniers, rassemblés à la hâte, ne se connaissaient même pas les uns les autres ; ils n'étaient nullement exercés à une manœuvre qui demande beaucoup d'habitude et le plus grand concert ; une partie disparut au premier coup de feu. Le soin de l'attache et du jet du pont fut confié à des volontaires du 3e bataillon de la Gironde, qui se disaient mariniers. Les braves gens avaient plus de bonne volonté que d'habitude dans ce genre de service ; l'embarras et la confusion allaient croissant ; tout le monde mettait la main à l'œuvre ; chacun ne prenait conseil que de soi et de son zèle. Les matériaux s'amoncelaient au bord du fleuve, le désordre devint extrême.

« Il n'y avait encore à midi que six bateaux de pontés. Les trois détachements, après avoir longtemps dérivé au gré des eaux et avoir éprouvé une grande perte, accablés par le nombre et ne pouvant seulement se développer sur un bord escarpé que l'ennemi dominait, avaient été forcés, malgré leur courage, de mettre bas les armes et de se rendre prisonniers. Alors un murmure général succéda au premier enthousiasme ; la moindre recrue voyait que jamais, sans même la confusion qui régnait dans l'assemblage des bateaux, on ne parviendrait à les mettre ainsi les uns au bout des autres pour en faire un pont jusqu'à un bord dont l'ennemi n'était pas délogé. Les représentants du peuple seuls tenaient à cette idée ; enfin, un conseil tumultueux décida qu'il fallait, pour le moment, renoncer à cette entreprise (1). »

Les représentants font connaître le lendemain l'issue de cette tentative à leurs collègues du Bas-Rhin. Ils annoncent qu'ils vont la renouveler à Huningue, et que d'ailleurs ils ont réussi à détourner de la Lauter une partie des troupes autrichiennes.

Il fallut retirer de l'eau et charger sur les haquets les bateaux qui avaient sombré et les agrès qui étaient éparpillés dans les bois, autour du lieu de l'embarquement. Ce travail n'était pas terminé au bout de quatre jours.

Les représentants du Peuple près l'armée du Haut-Rhin aux membres du Comité de Salut public de la Convention nationale.

Kemps, 18 septembre.

Les ennemis de la République ont été battus du Nord au Midi, attaqués avec le plus grand succès depuis la Moselle jusqu'à Strasbourg, puisque

---

(1)   17 septembre, 9 heures du soir.

D'après les ordres du général commandant l'armée, il est enjoint au citoyen directeur du parc des charrois de l'armée de faire conduire sur-le-champ sur le bord du Rhin, à côté de Niffer, la quantité de chevaux nécessaires pour tirer de l'eau environ 14 bateaux qui y sont restés et pour les conduire avec leurs agrès derrière Ottmarsheim, à la suite de ceux qui y sont déjà.

Ordre pour le 2ᵉ bataillon du Doubs, 10ᵉ bataillon du Jura, 6ᵉ Seine-et-Oise et le 2ᵉ bataillon du Bas-Rhin.

17 septembre, 9 heures du soir.

Il est ordonné à tous ces bataillons de fournir chacun 50 hommes pour la garde des bateaux et agrès qui se trouvent et qui seront conle 12, ils ont perdu près de Lauterbourg 2,000 hommes, que nos troupes ont repris, le 14, le camp de Nothweiller. Le moment était donc urgent de prolonger ces attaques dans toutes les parties du département du Haut-Rhin; en conséquence, une grande tentative avait été conçue, celle de passer ce fleuve. Une armée de 10,000 hommes, dont rien n'égale l'ardeur, le courage, l'intrépidité et le dévouement à la patrie, le demandait à grands cris. Près de 30,000 Songoviens (1), qui partagent ces grands sentiments et qui ont toute la bravoure de leurs aïeux, s'étaient réunis aux braves défenseurs. Il avait été pourvu à toutes les munitions de guerre et de bouche, et les bateaux et agrès nécessaires pour la confection d'un pont avaient été préparés avec une activité incroyable. Le plan combiné était parfaitement conçu et le succès semblait en être assuré.

Neuf-Brisach devait, dans la nuit du 15 au 16, faire une fausse attaque pour attirer les forces de l'ennemi; elle y a été exécutée avec le plus grand succès, et le Vieux-Brisach, qui avait été hérissé de batteries et qui menaçait depuis longtemps le fort Mortier, a été dans moins de deux heures réduit en cendres. Voilà un repaire de moins.

A Huningue, on devait en même temps faire une fausse attaque; 5 radeaux, faute de ponts, y avaient été construits avec précipitation; 200 défenseurs de la liberté, 200 héros, à la portée de batteries formidables et en plein jour, se sont embarqués sur ces radeaux et ont effectué leur descente. Dans le passage, un bateau a été heurté contre un rocher et s'est brisé, accident qui a coûté la vie à dix de nos braves frères, qui sont tombés dans le Rhin après le passage. Le cours rapide du Rhin a entraîné les deux autres radeaux, de sorte que nos vaillants soldats se sont vu sans retraite; mais, conservant toujours leur mâle courage, ils ont fouillé jusque dans les baraques, dans les batteries, en ont détruit trois et les auraient emportées toutes, si leurs cartouches et leurs fusils ne se fussent trouvés mouillés. Ne voyant plus d'espoir, ils ont côtoyé le Rhin, protégés des feux de la place, et sont venus s'établir dans l'ouvrage à corne. Ils ont par mégarde empiété sur le territoire suisse et y ont été désarmés, mais les Suisses ont consenti, comme de justice, qu'ils rentrent en France, en passant sur le territoire ennemi; le commandant d'Huningue, qui s'était pourvu de petites nacelles, toujours protégées par le feu des remparts, a envoyé prendre

---

duits derrière Ottmarsheim; il est également ordonné à ces différents bataillons de mettre dans les pontons les cordages et agrès qui leur seront affectés.

(1) Habitants de Sundgau.

ces héros pour les ramener sur la terre de la liberté. Cette action vraiment héroïque fera époque dans l'histoire.

Le général en chef de l'armée du Haut-Rhin, instruit à 11 heures du matin de cette intrépide expédition et des dangers que couraient dans ce moment nos fiers républicains, y a fait partir en poste deux grands bateaux et quatre batelets, mais ils y sont arrivés un instant trop tard, ce qui est d'autant plus fâcheux que l'ennemi n'ayant pas de forces en face d'Huningue, il aurait été facile, au moyen de renforts, de s'emparer des hauteurs et d'y faciliter un passage.

Quant à l'attaque réelle, elle devait avoir lieu au-dessous de Niffer, 4 lieues sous Huningue ; les ordres avaient été donnés dès le 10, à 8 heures du matin, pour que les bateaux, qui n'étaient éloignés que d'une petite lieue, fussent transportés pendant la nuit au lieu de l'embarquement. A minuit, ils devaient être rendus ; à 3 heures du matin, 4,000 soldats républicains, tous déterminés, devaient être transportés sur huit bateaux de l'autre côté de la rive pour s'emparer des postes et des hauteurs de Rheinweiler, mais, par un défaut d'ordre ou d'exécution de cet ordre, ce qui est une trahison évidente, les bateaux ne sont arrivés qu'à 7 h. 1/2 du matin. Les troupes, qui avaient passé la nuit sur les bords du Rhin et dont rien ne pouvait retarder l'ardeur, commençaient à murmurer. Le passage a donc été tenté, mais avec moins d'avantages ; cependant, il aurait eu le plus grand succès sans la lâcheté et la scélératesse des pontonniers.

De huit bateaux prêts à filer, ils en ont ensablé six, de sorte que les deux lancés sont arrivés seuls sur le bord ennemi, n'étant plus alors assez nombreux pour le repousser ; nous avons eu le malheur de perdre le brave Roumillac, capitaine du 33ᵉ régiment, Coste, commandant de bataillon, et une quarantaine de braves républicains ; les autres se sont retranchés dans une île et attendaient toujours l'arrivée des autres bateaux ; mais faute de pontonniers, dont le plus grand nombre a pris la fuite, et l'autre partie n'a travaillé que faiblement et avec contrainte, non seulement on s'est vu dans l'impossibilité de faire filer les six bateaux, mais encore de pouvoir construire un pont, et on a été forcé de renoncer à cette belle expédition, qui aurait opéré la défaite totale des tyrans et de leurs satellites et aurait ramené pour nous l'abondance par le butin immense dont nous nous serions emparés.

Nos regrets doivent être d'autant plus réels qu'au point du jour, l'ennemi n'avait pas 300 satellites dans le lieu choisi pour le passage, qu'il n'y avait pas de canon et que, quelque diligence qu'il ait faite, malgré tous ses signaux, ses forces ne sont arrivées au secours, une partie que vers midi et l'autre sur les 3 et 4 heures, l'artillerie à 5, mais le tout en petit nombre et petite quantité ; le feu de notre artillerie et de nos braves républicains a été si terrible qu'il lui a tué plus de 600 hommes, criblé et incendié une partie du village de Rheinweiler où ils s'étaient retranchés.

La partie se trouve donc différée, mais elle n'est pas perdue. On doit s'attendre que l'armée du Haut-Rhin se signalera comme les autres défenseurs de la République et qu'elle ne tardera pas à faire danser la carmagnole aux Autrichiens.

Tous les citoyens se sont conduits de la manière la plus distinguée et au-dessus de tout éloge. Nous avons été assez heureux de trouver parmi eux des citoyens habitués aux manœuvres des bateaux et à la construction d'un pont; nous en allons former un bataillon qui rendra nos entreprises infaillibles; et, sans cette mesure qui doit être prise, partout il faudrait renoncer à toute entreprise, car les pontonniers ne sont que des misérables dont une partie doit être guillotinée. Les citoyens soldats qui formeront ce bataillon de pontonniers acquerront de nouveaux droits à la reconnaissance publique.

Le commandant du 11e bataillon du Jura est arrêté, ainsi que plusieurs pontonniers; les informations les plus promptes et les plus sévères vont avoir lieu pour nous assurer de cette nouvelle conspiration et faire faire justice des coupables.

Nous vous joignons copie de la relation que nous a adressée le commandant d'Huningue de ce qui s'est passé devant cette place.

Salut et fraternité.

GUYARDIN, MILHAUD, LACOSTE.

P.-S. — Notre tentative, quoiqu'elle n'ait pas réussi, a produit un effet salutaire puisqu'elle a fait diversion et a attiré du côté de Rheinfeld quatre régiments et de l'artillerie tirés de l'armée autrichienne, campée près de Landau. Nous apprenons à l'instant, par voie indirecte, que le général Landremont vient de profiter de cette diversion.

Pour copie conforme,

MILHAUD.

Guyardin, un des représentants du peuple près les armées de la Moselle et du Rhin, aux citoyens Milhaud, représentant du peuple près l'armée du Rhin, et Guilland, commandant de la place d'Huningue.

Kemps, quartier général de l'armée du Haut-Rhin, le 17 septembre, an 1er de la République française.

Ce n'est qu'à 9 h. 1/2 que votre lettre de 5 h. 1/4 nous a été remise; aussi l'ordonnance n'a pas osé nous l'apporter lui-même, nous l'avons fait chercher, mais on n'a pu savoir qui il était, pas même si c'était un chasseur ou un gendarme; vous pouvez mieux le connaître, et il serait nécessaire de le punir.

Nous admirons le courage des braves de la garnison d'Huningue qui ont fait l'expédition dont vous nous rendez compte, et leur conduite augmente nos regrets de n'avoir pu leur donner la main, mais nous irons probablement les prendre pour faire enfin l'expédition projetée : partie remise n'est pas perdue.

Vous semblez croire qu'il serait plus avantageux de tenter ce passage à Schalampé qu'ailleurs. Nous ne connaissons pas assez les lieux et nous n'avons pas assez de confiance dans les personnes que nous pourrions charger de les connaître pour essayer encore d'agir d'après les notions d'autrui ; au contraire, vous nous marquez que les forces qui étaient à Rheinfeld ont filé sur ce point, que nous avons attaqué ce matin, et, en effet, dans la soirée, nous avons vu arriver infanterie, cavalerie et artillerie. Nous sommes instruits également que des troupes ont remonté depuis le Vieux-Brisach. Nous sommes certains que les postes vis-à-vis Huningue sont faibles et à peu près réduits à rien, et que partie des batteries sont détruites ; nous sommes également instruits que le général Sparre, sur notre lettre d'hier, tente cette nuit de passer le Rhin vis-à-vis Kehl et vis-à-vis Fort-Vauban. Le peu de moyens que les braves d'Huningue ont eu et leur retraite doit rassurer l'ennemi sur ce point. Il doit y porter moins de forces et c'est en conséquence à Huningue où nous devons passer.

D'après cela, nous sommes dans l'intention de faire filer nos troupes demain sur Huningue. Nous les cacherons le plus possible à l'ennemi. Nous ferons des mouvements capables de le tromper, mais nous nous arrangerons de manière à ce que les bateaux arrivent au commencement de la nuit. Ils seront accompagnés de compagnies de travailleurs et bateliers que nous prenons dans les différents bataillons ; ensuite, les troupes fileront de manière à arriver avant 3 heures du matin. Il y aura une heure de repos pour boire l'eau-de-vie et, avant le soleil levé, il faut que nous ayons au moins 6,000 hommes sur le territoire ennemi.

Vous devez donc disposer à l'avance tout ce qui est nécessaire au service des quatre bateaux que nous vous avons envoyés. Lorsque les autres arriveront, vous ferez nommer les officiers des compagnies de travailleurs et bateliers qui les accompagneront, et vous les mettrez à l'ouvrage ; vous n'aurez pas de peine, car tous sont dans la meilleure disposition.

L'ardeur des bataillons n'est pas moindre, et nous croyons que, si le pont est prêt à leur arrivée, ce sera sur la rive droite du fleuve qu'ils voudront se rafraîchir.

Veillez l'ennemi toute la journée et ne lui laissez pas rétablir ses batteries ; mais, s'il n'y travaille pas, laissez-le tranquille afin qu'il se méfie moins de vous.

Nous croyons que ce plan est le meilleur, le plus sûr et le plus avantageux; prenant l'ennemi à l'extrémité de son terrain, nous n'aurons qu'à le balayer sans regarder à droite et à gauche.

Landremont, en nous annonçant que nous sommes victorieux dans les gorges, demande le passage du Rhin; Sparre se repose sur nous, il nous croit déjà de l'autre côté et demande où il doit nous joindre. Nous lui répondrons : à Fribourg, en lui faisant part de notre projet. En avant, nos amis, et qu'enfin nous sauvions la République.

Demain, après la résolution définitive et les ordres donnés, nous en instruirons; faites-nous part aussi de vos dispositions et prenez un ordonnance qui ne s'amuse pas en route.

Vous voyez que nous ne serons plus livrés à la scélératesse des pontonniers; ces coquins ont tous abandonné leur poste à 4 heures, au moment où une pièce que les ennemis avaient placée au-dessus d'un rang de vigne venait d'être démontée par notre pièce de 16. Ils laissaient ainsi nos bateaux sur le bord du Rhin et ce sont de braves volontaires qui, en un instant, les ont tirés de l'eau, chargés et fait conduire à la forêt; si nous avions le temps, nous ferions ramasser ces lâches et fusiller sur la place, mais nous n'avons pas le temps de nous occuper de cette affaire.

Le salut de la République par la destruction de ses ennemis, voilà le seul objet qui nous occupe.

Salut et fraternité.   GUYARDIN.

18 septembre 1793.

Le général en chef ordonne à tous les chefs de corps des bataillons de se rendre chez lui à 11 heures de cette matinée; ils apporteront avec eux un état des pièces de canon et agrès qui se trouvent au parc, de leur artillerie, le calibre de leurs pièces et la quantité de charges de chaque calibre existant.

Aux bataillons campés à Niffer, Kemps.

Il est ordonné aux commandants des différents bataillons campés dans les environs de Niffer et Kemps de commander de suite un bon nombre de travailleurs pour aller dans la forêt, dans la plaine et sur les bords du Rhin, ramasser et mettre en des tas particuliers les fascines qui y ont été éparpillées dans la journée d'hier.

Au commandant le 3º de la Gironde.

18 septembre.

Il est ordonné au commandant le 3º bataillon de la Gironde de commander 12 hommes pour venir travailler au magasin de fourrages de Kemps.

Il est ordonné au 5ᵉ bataillon de la Drôme de partir avec armes et bagages pour se rendre au camp d'Hombourg, où il demeurera jusqu'à ce qu'il lui en soit autrement ordonné.

FONTENAY.

18 septembre.

Il est défendu à tout soldat et canonnier des postes des bords du Rhin de tirer aucun coup de canon ni de fusil, jusqu'à ce qu'ils en aient reçu un ordre contraire soit du général, soit de l'état-major.

Le présent ordre sera communiqué à tous les postes des bords du Rhin jusqu'à Ottmarsheim.

L'adjudant général,
FONTENAY.

Au citoyen Füchsamberg.

18 septembre.

Il est ordonné au citoyen Füchsamberg, commandant l'artillerie de l'armée, aussitôt le présent ordre reçu, de faire rentrer en batterie, dans la position occupée avant le 14 du courant, tant sur la rive du Rhin que dans les camps de Pfeffingue, Schlatthoff, Oberwiller et Hœsingue, toutes les pièces et munitions d'artillerie composant ces différents parcs et batteries; les pièces du parc d'Hœsingue et munitions dépendantes resteront provisoirement au parc de Niffer jusqu'au changement de quartier général, et alors cet ordre suffira.

LÉGER.

Au commandant du 5ᵉ bataillon de la Drôme.

Il est ordonné au 5ᵉ bataillon de la Drôme de partir, à 8 heures du soir précises, avec armes et bagages pour se rendre à Neuf-Brisach, où il restera jusqu'à nouvel ordre, et dans le cas où il ne serait pas arrivé à cette destination à l'apparition du jour, il restera au premier village qu'il rencontrera, à moins qu'il ne reçoive d'autres ordres.

Le général commandant l'armée du Haut-Rhin,
LA BRUYÈRE.

18 septembre.

Il est ordonné au 6ᵉ bataillon du Doubs, campé à Schalampé, d'en partir de suite pour se rendre à Ottmarsheim jusqu'à nouvel ordre.

Il est ordonné au 6ᵉ bataillon de Seine-et-Oise de partir sur-le-champ avec armes et bagages pour se rendre au Petit-Landau, où il restera jusqu'à nouvel ordre.

Il est ordonné au 11ᵉ bataillon du Jura de partir sur-le-champ avec armes et bagages pour se rendre au camp d'Ottmarsheim, où il demeurera jusqu'à ce qu'il lui en soit autrement donné.

Il est ordonné au commandant du 4ᵉ régiment de chasseurs à cheval de faire rentrer, demain matin 19, les compagnies dudit régiment, chacune dans les cantonnements qu'elles occupaient avant le 14 du courant.

FONTENAY.

Au commandant du 2ᵉ bataillon du Bas-Rhin.

Il est ordonné au 2ᵉ bataillon du Bas-Rhin, qui est à Niffer, d'en partir à la nuit tombante avec armes et bagages pour se rendre à Neuf-Brisach, où il restera jusqu'à nouvel ordre. Il observera de ne partir qu'à 8 heures précises du soir, afin que l'ennemi n'aperçoive pas son mouvement, et, s'il n'était pas arrivé à Neuf-Brisach au jour, il restera au premier village qu'il trouvera, à moins qu'il ne reçoive d'autres ordres.

Le général commandant l'armée du Haut-Rhin,
LA BRUYÈRE.

Aux citoyens commandants du 3ᵉ de la Gironde, 1ᵉʳ du Jura, 4ᵉ de la Côte-d'Or, 2ᵉ du Bas-Rhin, 2ᵉ du 33ᵉ, 2ᵉ du Doubs, 5ᵉ de la Drôme.

18 septembre.

Vous voudrez bien réunir les volontaires de bonne volonté de votre bataillon, qui doivent servir sur les bateaux de l'armée, et les envoyer demain, à 5 heures très précises du matin, au village de Niffer, au-devant de l'église de ce village, pour y être organisés en corps particuliers et nommer leurs chefs. Les volontaires qui entreront dans ce corps provisoire conserveront leurs places dans leurs bataillons et acquerront de nouveaux droits à la reconnaissance publique.

LÉGER.

Au commandant d'Huningue.

18 septembre.

Le citoyen commandant la place d'Huningue voudra bien donner ordre aux volontaires des divers bataillons qui se sont offerts pour le travail des bateaux de l'armée de se rendre demain matin, à 9 heures très précises, au village de Niffer, au-devant de l'église de ce village, pour y être organisés en corps et nommer leurs chefs.

Ils sont prévenus que les volontaires qui entrent dans ce corps conserveront leurs places dans leurs bataillons et acquerront de nouveaux droits à la reconnaissance publique.

SCHOLL.

18 septembre.

Ordre donné par le citoyen Fontenay :

Au 3e bataillon du Cher, d'aller camper à Hœsingue;
Au 1er du 33e et 5e de la Haute-Saône, à Oberwiller;
Au 1er du Puy-de-Dôme, à Schlatthoff.

19 septembre.

Il est ordonné au 2e bataillon du 33e régiment d'infanterie de partir sur-le-champ avec armes et bagages et ses vivres pour se rendre à Hombourg, où il campera jusqu'à nouvel ordre.

Il est ordonné au citoyen commandant le 4e bataillon de la Côte-d'Or de commander des détachements pour occuper deux postes importants sur la rive du Rhin, au Petit-Landau. Le commandant du 6e bataillon de Seine-et-Oise donnera tous les renseignements nécessaires, savoir la force de ces deux détachements et l'endroit où ils seront placés.

JAGGER.

Au citoyen Leverrier.

19 septembre.

Le Général me charge, Citoyen, de vous recommander que vous ayez à faire partir une compagnie du 3e bataillon du Cher, campé à Hœsingue, pour aller camper à Alschviller, à la même place qu'occupait une compagnie du 4e bataillon de la Côte-d'Or, qui recevra ordre de partir pour joindre son bataillon à Niffer.

La compagnie partante emportera tous ses effets de campement.

GOUGGRE.

Au citoyen commandant la 1re compagnie du 4e bataillon de la Côte-d'Or, campée à Alschviller.

Il est ordonné à la compagnie du 4e bataillon de la Côte-d'Or, campée à Alschviller, de partir avec tous ses effets de campement, au reçu du présent ordre, pour rejoindre son bataillon qui est campé à Niffer; elle emportera, en partant, ses effets de campement et bagages.

GOUGGRE.

Au citoyen commandant les troupes agricoles cantonnées à Kemps.

19 septembre.

Le citoyen commandant les troupes agricoles cantonnées à Kemps commandera sur-le-champ 20 hommes pour aller travailler au magasin à fourrages de Kemps.

LÉGER.

Il est ordonné au citoyen Leverrier de faire partir sur-le-champ pour Huningue deux gendarmes de ceux qui se trouvent à Hœsingue. Ils y resteront jusqu'à nouvel ordre.

LÉGER.

Au citoyen commandant le 4ᵉ bataillon de la Côte-d'Or.

19 septembre.

Il est ordonné au citoyen commandant le 4ᵉ bataillon de la Côte-d'Or de renvoyer au parc d'artillerie de Niffer une troisième pièce de canon de 4 qui lui avait été confiée à la défense d'un poste de Reinach.

L'adjudant général,
LÉGER.

Au citoyen Leverrier.

19 septembre.

Conformément aux intentions des représentants du peuple, le citoyen Leverrier donnera ordre aux citoyens Berthole et Dupré de se rendre, dans le plus court délai, à Kemps; le corps des bateliers devant se former, il est urgent que le citoyen Dupré se rende le plus promptement possible.

LÉGER.

Au commandant du 6ᵉ bataillon de Seine-et-Oise.

19 septembre.

Il est ordonné au commandant du 6ᵉ bataillon de Seine-et-Oise de faire commander de son corps 50 travailleurs intelligents et zélés, pour retirer des bords du Rhin, entre la redoute et le Petit-Landau, deux bateaux qui s'y trouvent; si les agrès pour cette opération ne peuvent se trouver sur les lieux, il enverra de suite un chariot du bataillon, qui prendra des ordres à l'état-major pour en chercher au dépôt des bateaux, près Sierentz. Si l'ennemi paraissait, par quelque fusillade, s'opposer à ce travail, le commandant le fera protéger par un détachement de son corps qui répondra vigoureusement en faisant sa décharge à hauteur d'homme.

Le commandant est autorisé de requérir, soit des troupes agricoles ou autres citoyens des environs, tous les secours dont il pourra avoir besoin pour assurer et accélérer cette opération.

Après l'opération, les citoyens volontaires auront droit à la reconnaissance de la République, qui est toujours prête à récompenser le zèle infatigable des défenseurs.

Au commandant du 6ᵉ bataillon du Doubs.

19 septembre.

Il est ordonné au 6ᵉ bataillon du Doubs, campé à Ottmarsheim, d'en partir demain, 20 du courant, pour se rendre avec tentes, canons, armes et bagages, au camp d'Hœsingue, où il restera jusqu'à nouvel ordre, se gardant militairement.

L'adjudant général, chef de brigade,
LÉGER.

Au commandant du 5ᵉ bataillon de la Haute-Saône.

19 septembre.

Il est ordonné au 5ᵉ bataillon de la Haute-Saône, campé à Oberwiller, d'en partir demain avec tentes, canons, armes et bagages, pour aller camper à Hœsingue, dans le local occupé ci-devant par le 2ᵉ bataillon du Bas-Rhin. Il y restera jusqu'à nouvel ordre, se gardant militairement.

LÉGER.

Au commandant du 1ᵉʳ bataillon du Puy-de-Dôme.

19 septembre.

Il est ordonné au commandant du 1ᵉʳ bataillon du Puy-de-Dôme, campé à Schlatthoff, de détacher pour demain, 20 du courant, à Arlesheim, une compagnie, à Birseck deux autres compagnies, pour relever celles du 8ᵉ bataillon du Doubs qui s'y trouvent et qui ont ordre, ainsi que tout ce bataillon, de retourner dans le Mont-Terrible; ces compagnies garderont leurs effets de campement au village de Reinach, pour les reprendre au besoin. Elles se garderont militairement dans leur nouveau poste.

LÉGER.

Au commandant du 8e bataillon du Doubs.

19 septembre.

Il est ordonné au 8e bataillon du Doubs, cantonné à Oberwiller, Reinach, Terviller, de se rendre à Delemont, le 20 du courant, pour être à la disposition du général Jacob, commandant dans le Mont-Terrible; il ne quittera ses cantonnements de Reinach, Arlesheim et Birseck, qu'après y avoir été relevé par des compagnies du 1er bataillon du Puy-de-Dôme, campé à Schlatthoff, ainsi qu'il en recevra l'ordre particulier.

LÉGER.

Au commandant du 2e bataillon du Bas-Rhin.

Il est ordonné au 2e bataillon du Bas-Rhin, campé à Niffer, d'en partir, le 20 courant, pour se rendre, avec tentes, canons, armes et bagages, au camp d'Oberwiller, où il campera jusqu'à nouvel ordre, se gardant militairement.

LÉGER.

Au citoyen Fouler.

20 septembre.

Il est ordonné au citoyen Fouler, commandant la 8e compagnie d'artillerie volante, de faire partir demain 21 les cavaliers du 14e régiment attachés à sa division; il les fera conduire à Blotzheim par le sergent-major, qui conduira les cavaliers qui y arriveront de Niffer et d'Oberwiller, et ceux qu'il conduira depuis Kemps jusqu'à Belfort, où est leur dépôt; ceux d'Oberwiller et de Niffer seront conduits par un sous-officier jusqu'à Blotzheim, lesquels sous-officiers s'en retourneront, il n'y aura que le sergent-major qui conduira depuis Blotzheim tous les cavaliers réunis jusqu'à Belfort et reviendra par étape.

GUGGER.

Aux citoyens Charmin, à Oberwiller, et Bourgeat, à Niffer.

Il est ordonné au citoyen Bourgeat, de la 21e compagnie, à Niffer, de faire partir demain 21 toute la cavalerie du 14e régiment attachée à sa division et les fera conduire par un sous-officier jusqu'à Blotzheim et, de là, le sergent-major les conduira jusqu'à Belfort; le sous-officier qui partira avec les cavaliers de Niffer jusqu'à Blotzheim s'en retournera, après les avoir réunis au sergent-major qui s'y trouvera.

Au commandant la cavalerie nationale, à Kemps.

Le commandant de la cavalerie nationale de Colmar commandera à l'instant 6 cavaliers, qui partiront de suite avec armes et bagages pour se rendre à Hœsingue.

LÉGER.

Au citoyen Directeur de l'arsenal de Strasbourg.

21 septembre.

Il est ordonné au citoyen directeur de l'arsenal de Strasbourg de faire partir, aussitôt la réception du présent ordre, 30 cordages pour prolonges à canon qui sont de la nécessité la plus indispensable pour le service de l'artillerie de l'armée du Haut-Rhin et seront adressés au citoyen Wesmenster, garde du parc d'artillerie de ladite armée.

Le général commandant en chef l'armée du Haut-Rhin,
PICHEGRU.

Approuvé par nous, représentants du peuple, députés par la Convention nationale près les armées du Rhin et de la Moselle, présentement à celle du Haut-Rhin.

Au citoyen Directeur des charrois de l'armée du Haut-Rhin.

21 septembre.

Il est ordonné au citoyen directeur des charrois de l'armée du Haut-Rhin de faire conduire le nombre de chevaux suffisants pour transporter deux voitures de haquets qui sont chargés et déposés en ce moment à côté de la route, près les villages de Niffer et du Petit-Landau, dans la forêt près du village de Sierentz, à la suite des bateaux qui y sont.

Le citoyen qui sera chargé de la conduite de ces deux voitures de haquets passera par Kemps, où il lui sera au besoin fourni un guide pour le conduire sur-le-champ au lieu où ces voitures devront être déchargées.

LÉGER.

Au commandant du 6° bataillon de Seine-et-Oise.

22 septembre.

Il est ordonné au commandant du 6° bataillon de Seine-et-Oise de commander, au reçu du présent ordre, 100 hommes de son bataillon pour se trouver au moulin du Petit-Landau, à l'effet d'aider aux travailleurs qui s'y trouvent déjà à retirer deux bateaux qui y sont encore.

GUGGER.

Au commandant du 6ᵉ bataillon de Seine-et-Oise.

Le général vous autorise, citoyen commandant, à prendre la position que vous indiquez par votre lettre à la droite du 2ᵉ bataillon du Bas-Rhin.

GUGGER.

Au citoyen Gervais.

Il est ordonné au citoyen Gervais de se rendre sur-le-champ au quartier général à Kemps pour y prendre le commandement du parc d'artillerie, recevoir les ordres et les pouvoirs nécessaires à cet effet.

PICHEGRU.

« Ainsi se termina, dit Legrand, cette opération malheureuse, suite de la précipitation, de l'ignorance, de l'absurdité qui y présidèrent. Rien n'avait été calculé, rien n'avait été prévu ; les conseils les plus sages avaient été regardés comme des crimes ; certes, il est permis de gémir en voyant tant de courage confié à de pareils guides, surtout quand il paraît probable que cette entreprise mieux dirigée eût pu réussir ; l'ennemi, du moins pour le moment, n'était pas en forces ni vis-à-vis Niffer, ni dans les environs. On manqua ainsi l'occasion de faire une diversion qui n'eût pu qu'être très utile à la grande armée si vigoureusement attaquée sur les bords de la Lauter.

Le seul reproche qu'on pouvait faire au général La Bruyère était d'avoir accepté le commandement en chef à la veille d'une opération dont il n'avait aucune idée (1),

---

(1) On ne peut admettre cette manière de voir qu'à condition de déclarer qu'il est impossible de passer un cours d'eau par surprise et avec des moyens improvisés. Les représentants étaient en droit d'exiger qu'on vînt à bout d'une pareille opération, et il appartenait à La Bruyère de prendre des mesures rationnelles pour l'exécution.

non plus que des localités, des moyens mis à sa disposition et des hommes chargés de l'exécution de ses ordres. Il n'avait même fait que les écrire ou les signer sous la dictée d'un représentant. Ce représentant, le citoyen J.-B. Lacoste, le fit mettre en état d'arrestation, ainsi que l'adjudant général Fontenay, le citoyen Vuillerme, commandant du 11ᵉ bataillon du Jura, qui avait été chargé de la conduite du convoi des bateaux, le citoyen Fuchsamberg, commandant l'artillerie et le citoyen Trost, lieutenant des pontonniers. Un tel acte n'eût été que sévère de la part de tout autre que ce représentant, car, après un tel insuccès, on pouvait présumer qu'il y avait des coupables. De la part du citoyen J.-B. Lacoste, cet acte était plus qu'injuste, parce que lui avait la conviction intime de leur innocence et qu'il savait bien qu'il n'avait jamais voulu écouter lui-même leurs conseils, ceux surtout du citoyen Fuchsamberg, qui était peut-être l'officier d'artillerie le plus actif, le plus à son métier et le plus instruit qu'il y eût dans la République et de plus aussi bon républicain que brave militaire.

Ils languirent un temps infini dans les prisons, demandant inutilement à être jugés. Il leur fallut un décret de la Convention nationale en date du 10 ventôse pour obtenir ce premier acte de justice. Sur la déclaration unanime du jury, ils furent absous par le tribunal militaire du second arrondissement, dans un temps où il fallait quelque courage pour rendre justice même aux innocents. Ce jugement fut un coup de foudre pour le citoyen J.-B. Lacoste; il rejeta indirectement mais évidemment sur lui l'irréussite de l'opération, mais il était encore puissant. On fit (1) réincarcérer de nouveau ces

---

(1) « Ce second mandat d'arrêt fut lancé par le représentant du peuple Hentz à son arrivée pour la première fois dans les départements du Rhin, d'après les renseignements fournis par le citoyen J.-B. Lacoste. »

officiers : on fit plus, on fit arrêter tous les juges qui, sur une déclaration du jury, leur avaient appliqué la loi. Les membres du jury eussent été eux-mêmes arrêtés et tous en masse indubitablement envoyés à la mort, si le 9 thermidor ne fût venu mettre un terme à tant d'atrocités. » (LEGRAND).

XXIII. — BOMBARDEMENT DU VIEUX-BRISACH ET DU FORT MORTIER.

« Pendant qu'on projetait un passage réel du Rhin dans les environs de Niffer, écrit Legrand, le général Gromard reçut un ordre du 10 septembre de la part du général La Bruyère, commandant en chef l'armée du Haut-Rhin, d'exécuter le 11 à la pointe du jour un simulacre d'attaque sur le Vieux-Brisach et dans les environs, afin de partager l'attention de l'ennemi qui, pendant le même temps, devait être attaqué sur plusieurs autres points et particulièrement à la grande armée (1).

---

(1) On nommait ainsi l'armée du Bas-Rhin.

Au citoyen Gromard, commandant la ville et la place de Brisach.

Il est ordonné au général Gromard, commandant la ville et l'arrondissement de Neuf-Brisach, de faire exécuter demain, à la pointe du jour, un simulacre d'attaque sur le Vieux-Brisach et dans ses environs, afin de partager l'attention de l'ennemi qui, pendant le même instant, doit être attaqué sur plusieurs autres points et, particulièrement, à la grande armée. Le général Gromard défendra expressément que l'on tire un seul coup de canon, mortiers ou pierriers sans en avoir reçu l'ordre positif par le général commandant d'armée.

FONTENAY.

P.-S. — Les troupes dont le général Gromard disposera pour ce simulacre resteront campées ou cantonnées le plus près possible des rives du Rhin jusqu'à nouvel ordre, ainsi que l'artillerie et les troupes à cheval, s'il y en a.

Dans la soirée même du 10, le général Gromard fit occuper et cantonner le plus près possible des rives du Rhin l'artillerie et les troupes à cheval, qui exécutèrent sous les yeux de l'ennemi des manœuvres et des mouvements continuels.

Le représentant du peuple J.-B. Lacoste avait en même temps ordonné de préparer au fort Mortier les bouches à feu, les bombes, les boulets et les réchauds à boulets rouges nécessaires pour qu'au premier ordre, on pût réduire en cendres le Vieux-Brisach. Cet ordre (1) arriva de sa part le 15 septembre à 5 heures du soir ; une heure après, quatre mortiers dont un à la Gomer et sept canons de 24 et de 16 lancèrent sur le Vieux-Brisach les projectiles incendiaires, une batterie de quatre bouches à feu dans l'île de Reinach, à droite du fort, faisait avec la grande batterie du fort un feu croisé sur la ville.

Peu d'heures après, une épaisse fumée qui parut sur le revers de la montagne où la ville est construite, annonça l'incendie ; il devint bientôt général.

L'ordre du représentant portait que le bombardement ne cesserait que quand un second ordre le prescrirait. En conséquence, il dura jusqu'au 19 que l'ordre de le cesser arriva dans la soirée. Ainsi il fut de quatre nuits et de quatre jours consécutifs. Nous y dépensâmes 14 milliers de poudre et le reste à proportion, comme je l'ai vérifié à l'arsenal de Neuf-Brisach.

La ville du Vieux-Brisach fut totalement réduite en cendres, comme je l'ai dit dans la note sur Neuf-Brisach.

---

(1) « J'ai cherché vainement à me procurer la lecture de cet ordre, que je ne cite ici que d'après ceux qui l'ont lu. Je ne l'ai trouvé ni dans les papiers de l'état-major de la place de Neuf-Brisach, où il aurait dû rester, ni dans ceux de l'état-major de la division. Il est probable que le général Gromard, qui doit être depuis longtemps à Eu, l'aura emporté avec lui dans un temps où il était utile de ne pas se dessaisir des pièces qui pouvaient devenir justificatives. »

L'incendie était tel qu'au milieu de la nuit, on pouvait lire à plus d'une lieue.

La position de Kehl, celle en face de Huningue et celle du Vieux-Brisach sont, depuis Bâle à Strasbourg, les trois points les plus avantageux pour l'établissement d'une tête de pont. Ce sont même les seuls où elles puissent y être en sûreté et être armées et défendues avec avantage à cause des forteresses qui sont dans le voisinage. Brûler le Vieux-Brisach, c'était donc renoncer à l'espoir de s'en rendre maître et de tirer avantage d'une position unique dans son genre et préférable sous plusieurs points de vue aux deux autres que nous venons de citer. Cette ville nous eût été d'une grande ressource quand nous nous emparâmes, pendant la cinquième campagne, du site où elle a été. Rien ne ressemblait d'ailleurs moins à un simulacre de passage capable de faire diversion, que l'incendie de cette ville. On doit faire à la guerre le plus de mal possible à son ennemi, soit, mais, en même temps, il est trop maladroit de lui faire un mal qui, tôt ou tard, comme ici, retombe sur soi. Cette conduite était encore plus irréfléchie sous le point de vue politique que sous le point de vue militaire. Dans une guerre de la nature de celle-ci, nous avions parfaitement senti qu'en combattant les rois, il fallait avoir pour nous une partie des peuples, de là la maxime : « Guerre aux châteaux, paix aux chaumières ! » L'incendie gratuit du Vieux-Brisach fut une contradiction manifeste de cet important principe, que les agents de l'Empereur firent tellement sentir aux habitants des campagnes du Brisgau, que ceux-ci se levèrent en masse et bordèrent la rive du Rhin pour nous empêcher de passer et pour préserver leurs villages du sort que venait d'éprouver le Vieux-Brisach. Cette ville n'était elle-même qu'un grand village ouvert au premier venu, et il n'y avait pas plus de raison pour la brûler que les autres villages qui bordent la rive droite du Rhin. Tant il est vrai qu'à la guerre même, il est rare de commettre une barbarie qui tôt ou tard ne soit funeste à son auteur.

Pendant le bombardement du Vieux-Brisach, l'ennemi n'avait riposté que faiblement et seulement dans le premier moment. Le 6 octobre, il voulut prendre sa revanche. Il canonna et bombarda le fort Mortier depuis 10 heures du matin jusqu'à 8 heures du soir. Malgré une grêle de bombes, d'obus et de boulets, il n'eut pas la satisfaction d'y voir prendre le feu, qui fut éteint chaque fois avec autant de courage que d'adresse. Les toits des bâtiments (1) furent seulement détruits.

Ce fort n'est absolument qu'une demi-lune retranchée à sa gorge, qui donne sur le Rhin. Les ennemis dirigèrent leurs projectiles avec une telle adresse qu'à peine un seul tomba hors du fort, dans les fossés et sur les glacis. Cependant il n'y eut pas plus de six mille projectiles lancés dans un si petit espace; qu'une seule personne de tuée. Ce fut le citoyen Cosme-Kosman, canonnier volontaire, âgé de 15 ans, fils du médecin

---

(1) « Il n'y avait que quelques parties de bâtiment d'étançonnées et de chargées d'un pied de fascines et fumiers et de quatre pieds de terre. Pour connaître jusqu'à quel point ces blindages, assez usités dans nos places de guerre, pouvaient résister à l'action de la bombe, je les visitai avec soin : il n'y était tombé que des boulets et des obus, mais directement aucune bombe. Aussi je ne pus en connaître le résultat, mais dans le bâtiment à droite, en entrant au fort, une bombe de plus de 12 pouces, après avoir cassé un chevron de la charpente, s'était arrêtée au 1er étage, qui n'était point chargé de terre, mais simplement soutenu par des étançons de 3 pieds de distance. Cette bombe n'avait point éclaté, n'étant pas chargée. Des blindages de 10 pouces d'équarrissage furent coupés en deux par des boulets. Il serait bien à désirer que le gouvernement tâchât de recueillir les différents effets de la bombe sur les bâtiments ainsi préparés, sur les blindages et sur les voûtes. Alors, la théorie dans cette partie, éclairée par des expériences bien constatées, se fonderait sur des bases plus certaines et non sur d'anciens calculs faits dans les anciennes guerres, dont plusieurs me paraissent fort douteux. » (On se rappelle que Legrand est officier du génie).

de ce nom à Neuf-Brisach. Ce jeune homme avait montré pendant toute la journée un courage héroïque. Il fut tué à côté de son mortier. Son père, qui a tous ses enfants dans nos armées, montra en cette occasion une fermeté vraiment spartiate. « Ma vie et celle de mes enfants », dit-il en apprenant la mort de son fils, « sont à la patrie, mon fils est mort à son poste, vive la République ! ».

Les citoyens de Neuf-Brisach, organisés en compagnies de canonniers, servirent constamment les bouches à feu pendant ces deux actions.

Quel que soit le dégât que l'ennemi ait fait aux toits des bâtiments du fort Mortier, le mal qu'il nous fit en cette occasion ne valait pas les frais qu'il lui en coûta pour le faire, car c'est une manière qui n'est rien moins qu'économique que de s'amuser à casser des tuiles, des lattes et quelques chevrons à coups de mortier et à coups de canon. Quand, à la guerre, on n'a pas d'autre but, on ferait tout aussi bien, pour son propre intérêt, de rester en repos. L'incendie même de quelques chétifs bâtiments du fort n'eût pas valu les frais d'un bombardement. Dès que cette opération n'était pas et ne pouvait pas être exécutée dans la vue de s'emparer de ce fort, ce n'était qu'une petite vengeance mal calculée. »

XXIV. — Passage du Rhin a Strasbourg. Incendie de Kehl.

Le général Landremont, commandant en chef de l'armée du Bas-Rhin, donna l'ordre, le 9 septembre, au général Sparre, commandant la division de Strasbourg, d'attaquer Kehl le 12 septembre à 4 heures et demie du matin.

Le commissaire du pouvoir exécutif Berger nous fait connaître de quelle façon fut conçu le projet d'attaque :

Berger, commissaire du Pouvoir exécutif, à Bouchotte.

Strasbourg, le 11 septembre 1793, l'an 1ᵉʳ de la constitution populaire.

Citoyen Ministre,

D'après vos ordres de nous transporter à Belfort pour s'assurer de la vérité des rapports qui vous ont été faits, nous avons décidé que l'un de nous y irait à cet effet. Mon collègue est parti lundi dernier au matin pour s'y rendre. L'après-midi du même jour, je suis allé, avec les chefs de l'artillerie et du génie, visiter l'île du Rhin et les batteries qui y sont élevées au nombre de sept pour défendre cette partie; elles sont toutes en bon état.

Aujourd'hui, j'ai assisté à un conseil composé des généraux Sparre, Dièche, et de tous les officiers supérieurs de la place, en vertu d'un ordre du général Landremont portant de se préparer à attaquer demain jeudi, 12 du présent, et de tenter le passage du Rhin sur trois points différents; toutes les mesures sont prises à ce sujet. La troupe a ordre de se tenir prête à marcher ce soir; 4,000 hommes de la garde nationale de cette ville ont le même ordre.

L'attaque sera générale à la même heure sur tout le Rhin, d'après le plan du général en chef Landremont. Les citoyens qui arrivent de toutes parts sont innombrables; il est temps d'employer leur zèle et leur courage; l'air retentit de toutes parts du cri de : « Vive la République ! »

D'après l'ordre des représentants du peuple, le tocsin a commencé à sonner lundi, à 5 heures du soir; il doit continuer pendant quarante-huit heures; la générale a battu. Tout ceci n'a pas peu contribué à décider une partie des Strasbourgeois à quitter leur ville pour marcher à l'ennemi.

A l'instant où le tocsin a sonné de notre côté, l'ennemi s'est beaucoup agité; je me trouvais alors sur le bord du Rhin, en face d'eux; ils ont battu la générale et fait sonner le tocsin dans tous les villages de leur côté.

Landremont prétend que les trois bataillons demandés sont inutiles; cependant, cet apprêt qui règne dans la ville peut inquiéter. Je passe la nuit avec le général Dièche pour la surveillance intérieure de la ville, qui est des plus nécessaires, attendu l'incivisme qui règne parmi les habitants.

Citoyen Ministre, demain je vous rendrai un compte exact du succès de nos armées, que j'espère n'être pas douteux, d'après les renseignements que j'ai eus de la faiblesse de nos ennemis dans cette partie du

Rhin, dont j'ai fait part sur-le-champ aux généraux. Tout nous présage un succès certain.

Le commissaire du Conseil exécutif près l'armée du Rhin,
BERGER.

En conséquence, Sparre donna l'ordre suivant :

Ordre pour l'attaque de Kehl.

Attaque de droite aux ordres du général Bizy.

Du 12ᵉ bataillon du Jura (1)..............	400 hommes.
Du 2ᵉ bataillon de la Creuse...............	400 —
Du 27ᵉ régiment d'infanterie..............	400 —
Grenadiers de Rhône-et-Loire et de la Mayenne.	300 —
Du dépôt du 32ᵉ régiment................	80 —
Du dépôt du 11ᵉ régiment de dragons, à pied.	100 —
Du dépôt du 7ᵉ régiment de chasseurs à cheval, à pied.........................	100 —
Du dépôt du 4ᵉ bataillon des Vosges........	300 —
Du dépôt des chasseurs du Rhin et de la 2ᵉ compagnie franche de la Dordogne......	100 —
De la légion strasbourgeoise..............	1,000 —
	3,180 hommes.

On ajoutera 1500 agricoles armés de piques et d'outils, s'il en vient.

Attaque de la gauche aux ordres du général Thévenot.

De la légion strasbourgeoise..............	1,000 hommes.
Du 8ᵉ bataillon du Jura..................	600 —
Du 8ᵉ bataillon de la Drôme..............	600 —
Du dépôt du 2ᵉ régiment de chasseurs à cheval, non montés........................	100 —
Compagnie franche de la section du Mail.....	120 —
Chasseurs du Rhin........	20 —
	2,440 hommes.

On ajoutera à cette attaque 1000 agricoles, s'il en vient.

---

(1) Les ordres sont envoyés aux divers bataillons sous la forme suivante :

« En conséquence des ordres du général Sparre, la compagnie de grenadiers, celle d'artillerie avec ses deux pièces de canon de campagne

Attaque du centre sous les ordres du général Sparre.

De la légion strasbourgeoise...............	1,000 hommes.
Du 1er bataillon de la Dordogne............	400 —
Du 30e régiment d'infanterie...............	400 —
Une compagnie de grenadiers du 1er bataillon des fédérés.........................	80 —
	1,880 hommes.

On ajoutera à cette attaque les agricoles qui viendront.

Pièces de bataille en réserve, de 12...............	2
— — de 8...............	2
— — de 4...............	6

Attaque de droite aux ordres du citoyen Bizy, général de brigade.

Le citoyen BRECK, adjoint à l'état-major;

Le citoyen CABANES, commandant des postes du Rhin;

Le citoyen CAPUS, de la compagnie d'artillerie de Paris, commandant l'artillerie;

Le citoyen LAURENT, commissaire des guerres;

Deux guides.

Troupe.

Du 12e du Jura.......................	450 hommes.
Du 2e de la Creuse.....................	400 —
Du 27e régiment d'infanterie...............	400 —
Des grenadiers de Rhône-et-Loire et de la Mayenne............................	300 —
De la légion strasbourgeoise...............	1,000 —
A reporter.....	2,550 hommes.

et leur caisson, et 50 hommes commandés par deux officiers de chacune des huit compagnies de fusiliers du 12e *bataillon du Jura*, sous les ordres du premier chef de bataillon, partiront de *Rheinau* demain, 11 du présent mois, de manière à être rendus vers 5 heures du soir dans *la plaine de la redoute du Polygone*, près de Strasbourg, où ils recevront de nouveaux ordres.

Ces hommes n'emporteront que leurs menus équipages, les bidons, gamelles et marmites de campagne qu'ils pourraient avoir, et seront pourvus des vivres de campagne pour deux jours.

THOLMÉ. »

Report........	2,550	hommes.
Du dépôt du 32° régiment.................	80	—
Du dépôt du 11° dragons, dragons non montés.	100	—
Du dépôt du 7° chasseurs, chasseurs non montés...........................	100	—
Du dépôt du 4° des Vosges..............	300	—
Du dépôt des chasseurs du Rhin...........	80	—
Du dépôt de la 2° compagnie franche de la Dordogne........................	60	—
Cavalerie pour ordonnance................	16	—
	3,286	hommes (1).

Une compagnie d'artillerie du 12° du Jura et deux pièces de 4.

Une section d'artillerie du 2° de la Creuse et deux pièces de 4.

Le citoyen Hoffert, commandant les bateliers, pourvoira au service des bateaux.

Il sera attaché à cette colonne un corps d'agricoles du district de Bavon (2), moins de 300 hommes, un dépôt d'ambulance, d'outils et de munitions d'artillerie, qui lui seront rendus près de la redoute du Polygone, vers 6 heures.

Le général Bizy, chargé de l'attaque de droite, fera tous ses efforts pour s'emparer brusquement de la batterie ennemie placée vis-à-vis la pointe de la fascinade; s'il échoue dans cette opération, il retirera sa troupe sous la protection de nos batteries, qui alors feront feu sur celles de l'ennemi; s'il réussit à s'établir dans l'île, il le fera connaître par des signaux convenus. Alors sa colonne s'embarquera pour arriver dans la même île, ou mieux dans le terrain qui est immédiatement au-dessous. Toutes ses troupes passées, il se portera sur Kehl en se dirigeant d'après les circonstances et en prenant le plus grand soin de couvrir son flanc et de faire connaître, par un fanion élevé, la hauteur à laquelle se trouve la tête de sa colonne. Pendant la première attaque, le général Bizy fera pousser des tirailleurs dans la grande île boisée qui est au-dessus de celle attaquée, pour attirer l'attention de l'ennemi et faire une diversion.

A. Sparre, A. Dumas, Thévenot, Gabriel Beaupuy, Ballay, Campagnol, G. Béatrix, Lépine, Jullien, Gazan, Gouguet, Cabanes, Breck, Bizy, Catoire.

---

(1) On peut remarquer que cet état diffère du précédent par l'addition de 50 hommes du 12° bataillon du Jura, 40 de la compagnie franche de la Dordogne, et 16 cavaliers.

(2) Sans doute erreur de copiste; Bavon pour Barr.

Le général Thévenot, chargé de l'attaque de la gauche, aura à ses ordres quatre grandes barques et huit petites, ainsi qu'une barque canonnière, qu'il portera dans une position favorable pour inquiéter Auenheim et le poste vis-à-vis Leutesheim. Il jettera dans l'île vis-à-vis Auenheim autant de monde qu'il pourra pour inquiéter l'ennemi sur tous les points, et donnera à toutes ces attaques autant d'appareil qu'il sera possible, surtout vers la pointe septentrionale de l'île, vis-à-vis Auenheim. S'il est forcé à la retraite, il la fera vers la redoute d'Isaac. Il commencera son feu aussitôt qu'il entendra celui de l'île du Rhin.

Quoique cette attaque de gauche ne soit que simulée et pour faire diversion à celles de la droite et du centre, si le général Thévenot peut entreprendre quelque chose sur la rive opposée, il ne négligera pas l'occasion de détruire les ouvrages des ennemis, si cela lui est possible. Le général Thévenot disposera du nombre d'hommes qu'il jugera nécessaires pour son opération; il ordonnera au surplus des troupes de la colonne de rester en bataille dans la plaine de la Carpenhoff, où elles attendront l'ordre du général Sparre sur leur destination ultérieure.

A. SPARRE, A. DUMAS, THÉVENOT, GABRIEL BEAUPUY, BALLAY, CAMPAGNOL, G. BÉATRIX, LÉPINE, JULLIEN, CABANES, GOUGUET, BRECK, BIZY, GAZAN, CATOIRE.

Par ordre du général Sparre, tous les citoyens des communes voisines mis en réquisition par la loi, qui sont arrivés aujourd'hui à Strasbourg, y resteront jusqu'à ce que le général leur ait fait passer des ordres ultérieurs.

PELLEGARD.

L'adjudant général Tholmé au citoyen Dumoutier, commandant à Rheinau.

Craignant, Citoyen camarade, que vous ne soyez absent, j'adresse directement au citoyen Roumette un ordre pour faire partir son bataillon. Vous suppléerez au déficit dans votre ligne en requérant quelques gardes nationales, et, si ma lettre vous parvient, vous ferez en sorte de masquer ce départ à l'ennemi et de chercher même à l'inquiéter, dès ce soir, en lui faisant tirer quelques coups de canon et de carabine sur toute l'étendue de votre ligne, et en lui montrant quelques bateaux, manœuvre que vous répéterez demain soir et après-demain matin, et si même l'ennemi (ce qui est présumable) se trouvait dégarni, il faudrait effectuer un passage de quelques barques et détruire ses retranchements, le tout cependant avec prudence et sans rien compromettre.

Je vous salue fraternellement, Citoyen camarade, et suis votre affectionné concitoyen et ami.

L'adjudant général : THOLMÉ.

L'adjudant général Tholmé au général d'Elbée.

**DIVISION
DU MOYEN RHIN.
—
*État-major.***

Au quartier général à Strasbourg, le 10 septembre 1793,
l'an 2ᵉ de la République.

Après-demain 12, mon cher Général, l'ennemi sera attaqué sur tous les points, depuis Huningue jusqu'à l'extrémité de l'armée de la Moselle ; il est bon, mon Général, pour l'empêcher de porter toutes ses forces sur les points que nous voulons tâter, que, dès demain, vous l'inquiétiez vers Markolsheim avec le 9ᵉ bataillon du Doubs et son artillerie en lui montrant quelques bateaux, et si même il s'était permis de dégarnir tous les postes, on pourrait tenter le passage de quelques barques pour détruire des ouvrages, mais le tout avec prudence et sans rien compromettre ; ci-joint une lettre du général qui vous instruira davantage.

L'adjudant général,
Tholmé.

*Le général Sparre, commandant le moyen Rhin,
au général de brigade d'Elbée.*

Strasbourg, le 10 septembre 1793, l'an 2ᵉ de la République.

Je passe le Rhin, mon cher Général, ou au moins je le tenterai avec espérance de succès, jeudi prochain 12 de ce mois ; je prends une partie des troupes qui sont sur le Rhin ; c'est à vous à voir pendant cet intervalle à trouver des ressources pour les moyens de surveillance en prenant de la garnison de Schlestadt tout ce que vous pouvez et le porter sur le Rhin ; comme je ne touche pas au bataillon de droite, il vous sera utile ; prenez des canonniers de Schlestadt pour faire jouer en cas de besoin les canons de la redoute de Rheinau, attendu que le bataillon du Jura emmènera une partie des siens avec les deux pièces de campagne. Concertez-vous avec le citoyen Dumoutier sur les petites inquiétudes à donner aux ennemis le jeudi matin, à 4 heures, car c'est à cette heure que je commencerai à chauffer nos ennemis par trois côtés à la fois ; visitez tous les postes, que les troupes qui restent, n'étant point nombreuses, soient en réquisition ; qu'elles restent, s'il le faut, deux jours de suite de garde en ayant soin de pourvoir à leur subsistance ; je m'en rapporte à votre prudence et au zèle que vous apportez à servir et défendre la liberté et l'égalité.

Alexandre Sparre.

Au même.

Au quartier général à Strasbourg, le 11 septembre 1793, à 8 h. 1/2,
l'an 2e de la République.

Le général Sparre, mon Général, vous prie, au reçu du présent, de vous porter à Markolsheim avec ce que vous pourrez emmener de votre garnison et deux pièces de 8, si vous en avez de propres à marcher ou de 4, s'il n'y en a pas de 8. Vous vous porterez vers le point où pourrait s'exécuter un passage, et placerez vos pièces de manière à ce que l'ennemi puisse juger qu'elles doivent croiser sur un point de débarquement; vous tâcherez d'y avoir quelques barques et de vous en servir pour enlever un poste, s'il est possible, sans vous compromettre. Si vous ne réussissez pas, vous ferez alors beaucoup de tapage et continuerez demain; vous voudrez bien vous mettre en mesure de faire relever, pour une simple surveillance, les postes du 9e bataillon du Doubs, lequel devra se tenir prêt à marcher dans le plus grand nombre possible au premier avis.

Il vous sera adressé un avis pour relever les postes et ensuite un ordre pour faire marcher le bataillon, s'il y a lieu, mais en attendant les avis, laissez les postes tels qu'ils sont.

Dumoutier a le même ordre pour Rheinau. Donnez-nous avis demain matin de ce que vous aurez fait.

L'adjudant général,
Tholmé.

Si votre détachement de Saint-Dié n'est pas rentré, envoyez-lui par ordonnance l'ordre de rentrer de suite et instruisez-m'en.

Situation de la colonne de droite de la division du moyen Rhin, bivouaquée sous Neuhoff.

Commandant : Bizy, général de brigade;
Petit, secrétaire.

État-major : Breck, capitaine adjoint, faisant fonctions de chef de l'état-major;
Tauffenberger, secrétaire.

Corps d'armée : Gazan, capitaine au 27e régiment, commandant la ligne.

Avant-garde : Klein, capitaine des chasseurs du Rhin, commandant l'avant-garde.

NOMS DES CORPS.	EMPLACEMENT.	FORCE.	OBSERVATIONS.
Chasseurs du Rhin............	»	80	L'atelier au bras de Neuhoff, 40 h.; bateaux, 12 dont un hors de service.
2e compagnie franche de la Dordogne.	Neuhoff.	60	
2e chasseurs à cheval non montés...	»	100	
7e chasseurs à cheval non montés...	»	108	
11e dragons non montés..........	Trois-Maisons.	100	
27e régiment d'infanterie.........	»	400	
4e bataillon des Vosges..........	»	300	
32e régiment d'infanterie.........	»	80	
13e bataillon du Jura............	»	150	
2e bataillon de la Creuse.........	»		
1er bataillon de la légion strasbourg.	»	1,000	
2e bataillon de la légion strasbourg.	»		
Garde nationale de Barr..........	»	300	
		2,978	
CAVALERIE.			
9e régiment...................	»	19	
Gendarmerie nationale...........	»	16	
		35	
ARRIÈRE-GARDE.			
Grenadiers et Rhône-et-Loire et Mayenne...................	»	300	
TOTAL.....	....	3,278	

Certifié véritable aux états de situation fournis au quartier général, à Neuhoff, le 12 septembre 1793, l'an 2e de la République.

Le capitaine adjoint faisant fonctions de chef de l'état-major de la colonne de droite,

BRECK.

Le général Dièche, commandant la place de Strasbourg, ainsi que le commandant de la citadelle, reçoivent des ordres pour l'exécution du rassemblement en ce qui les concerne. Le commissaire ordonnateur Prieur reçoit l'indication des troupes qui seront réunies, avec ordre de préparer les détachements d'ambulance en proportion. Le citoyen Lépine, directeur d'artillerie, fournira des fusils aux cavaliers qui vont combattre à pied.

« Les officiers du génie, dit Legrand, furent chargés du rétablissement du grand pont (1), et l'artillerie de préparer les bateaux.

« On ne pouvait avoir un nombre de bateaux suffisant qu'en faisant usage des bateaux du commerce, les seuls corps administratifs pouvaient alors les fournir. Ils en furent requis par le général de l'artillerie. Il faut se rappeler que le pouvoir des Directoires de département et celui des municipalités était alors immense. Les membres qui les composaient, ceux de Strasbourg, voulurent, avant de fournir ces bateaux, connaître l'usage auquel on les destinait ; il fallut donc mettre dans la

---

(1) « Le grand pont sur le Rhin, dit le pont de Kehl, était construit sur des piles de bois de la manière la plus solide ; c'était le seul pont de ce genre qui se trouvait sur le Rhin, depuis Bâle jusqu'à l'embouchure de ce fleuve dans la mer. Quelque temps après la déclaration de guerre, on en avait fait couper la première travée du côté de la France, c'était vouloir renoncer à un coup de main pour s'emparer de Kehl, tel que celui dont il est ici question.

Il n'est pas exact de dire qu'en ne coupant pas cette travée, nous laissions à l'ennemi le même avantage contre nous, car un bras du Rhin sépare encore ce pont de la citadelle de Strasbourg. Ce n'est pas d'ailleurs entre le Rhin et une citadelle telle que celle de Strasbourg, dans une île telle que celle qui est de notre côté à l'extrémité de ce pont, sous le feu même de cette citadelle, que les ennemis pouvaient jamais parvenir à s'établir, en supposant même qu'ils eussent surpris la garde du pont, tandis que Kehl, démoli depuis longtemps, ne pouvait, une fois le pont franchi, ne nous présenter aucun obstacle.

Le général Bizy, qui était, dans le commencement de la guerre, directeur des fortifications à Strasbourg, avait fait valoir ces considérations. Il proposait de faire soutenir la dernière travée sur des bateaux attachés à un fort câble qu'il n'eût fallu que couper en cas de besoin pour empêcher toute communication, puisqu'alors la rapidité du courant entraînait cette travée. Cet officier ne fut point écouté.

Dès lors, réparer cette travée, ce qu'il était presque impossible de faire, même au milieu de la nuit, sans que les ennemis s'en aperçussent, c'était les prévenir que nous nous proposions d'en faire usage et les avertir de couper ou de brûler l'autre extrémité du pont. C'est ce qui arriva. »

confidence un certain nombre de Strasbourgeois, qui y mirent les autres, c'est-à-dire des gens dont un grand nombre avait un intérêt direct à ce qu'une pareille expédition n'eût aucun succès, puisqu'en portant sur Kehl le théâtre de la guerre, c'était porter la destruction sur un point où étaient situées des maisons et des propriétés qui appartenaient presque en entier aux habitants de Strasbourg.

« Le 11, à 6 heures du soir, les différents corps qui devaient composer la division de droite se mirent en marche en sortant de Strasbourg par différents points pour mieux cacher leur mouvement. La plupart de ces corps ne connaissaient pas les chemins qu'ils devaient suivre pour arriver au lieu du rassemblement ; ils s'égarèrent par une nuit fort obscure ; il fallut envoyer ordonnances sur ordonnances ; passé minuit, tous les corps n'étaient pas encore parvenus à leur poste ; guidés par des gens qui connaissaient les chemins, ils eussent pu y être rendus en deux heures de temps. Il n'arriva sur les lieux que onze petits bateaux pouvant porter en tout 110 hommes (1). Le nombre de bateliers pour passer

---

(1) *Le général de brigade Bizy au général de division Sparre.*

12 septembre 1893.

J'ai l'honneur de vous prévenir, mon Général, que les bateliers viennent de nous annoncer que les bateaux sont prêts, mais le nombre est insuffisant pour réussir dans notre entreprise, vu qu'il ne s'en trouve que douze dont un cassé ; ces bateaux ne peuvent contenir que 10 hommes de troupes, par conséquent ne passeront en tout que 110 hommes, dont 30 pour éclairer et faire diversion dans une île voisine, comme il a été convenu dans l'arrêté du conseil de guerre ; faites-nous passer sur-le-champ et le plus promptement vos ordres ; les 80 hommes sont jugés insuffisants pour remplir la mission, et je crois alors qu'il vaudrait mieux faire un simulacre d'attaque pour remplir le but qu'on s'était proposé. Comme le temps presse et que le jour arrivera avant vos ordres, j'ai pris le parti de ne pas faire l'attaque dans l'île de droite et de faire passer les 110 hommes pour l'exécution

ces onze bateaux était insuffisant, la plupart d'entre eux refusaient leurs services. Cependant, l'ardeur des troupes promettant un heureux succès, le général Bizy fit embarquer 110 hommes commandés par le chef du 12ᵉ bataillon du Jura.

« Arrivés au milieu du Rhin, les bateliers refusèrent d'aborder à la rive droite ; cependant, à force de prières et de menaces, on parvint à les faire aller tant bien que mal, mais le point sur lequel on se proposa d'arriver avait été mal reconnu ; on rôda comme des aveugles à travers l'immense quantité d'îles dont le Rhin est couvert ; on dériva, on remonta ensuite le fleuve pour dériver de nouveau, et le temps se perdit ainsi jusqu'au jour, où l'on revint sur la rive gauche.

« Dans le même temps, 150 hommes des chasseurs du Rhin avaient, au centre, traversé le Rhin pour examiner les mouvements de l'ennemi au-dessus du pont, à la droite de Kehl ; ils arrivèrent dans une île au-dessus du pont, qui n'était séparée de la terre ferme que par un petit bras. Le capitaine qui commandait ce détachement et un officier du génie traversèrent le petit bras où il y avait peu d'eau et aperçurent une batterie rasante qu'on n'avait pas encore reconnue ; mais ils jugèrent qu'il y avait fort peu de monde ; comme ils s'approchèrent l'un et l'autre davantage, la sentinelle fit feu sur eux. Ils se retirèrent pour aller rejoindre leur troupe. Ce coup de feu ayant averti la garde ennemie des différentes batteries, elle tira sur l'île où ils étaient avec le détachement. Aucun signal n'étant convenu, aucun secours ultérieur ne devant suivre, les nôtres repassèrent le Rhin. Il commençait à faire jour, les ennemis tirèrent sur eux

---

ci-dessus mentionnée ; la bonne volonté des troupes composant le détachement me promet quelques succès ; c'est le commandant du 12ᵉ bataillon du Jura qui est à la tête et sur lequel je compte infiniment.

BIZY.

quand ils furent au milieu du fleuve ; sept hommes furent blessés, un bateau fut atteint d'un boulet proche notre rive, les hommes en furent sauvés. Voyant que nous voulions rétablir la dernière travée du pont et craignant que nous en profitassions pour y passer le Rhin, comme c'était notre projet, ils mirent le feu à l'autre extrémité du pont, dont un quart environ fut incendié. »

Deux lettres écrites par Bizy sur le terrain semblent indiquer qu'il y eut une débandade générale des bateliers et de la légion strasbourgeoise, qui fit abandonner définitivement le projet de passage.

Au général Sparre.

12 septembre.

Mon Général,

C'est avec le cœur navré de douleur que je vous annonce la trahison des fameux bateliers de ce pays. Le coup est manqué. Je viens de faire donner des ordres pour mettre le feu aux pièces du polygone ; nous vous donnerons des nouvelles ultérieures, et je crois que l'on peut faire autant à celle de l'Épi-du-Rhin.

BIZY.

Au commandant du 1er bataillon de la légion strasbourgeoise.

12 septembre.

Je viens de recevoir vos plaintes ; je vois avec infiniment de peine que des militaires sur lesquels je compte infiniment s'oublient au point de se compromettre. Je veux bien oublier pour un moment cet égarement si funeste dans la marche des armées, mais je vous prie aussi, Citoyen, de faire connaître à votre bataillon que si la tranquillité et la discipline ne renaissent point sur-le-champ, je me verrai forcé d'user de moyens de rigueur vis-à-vis d'une troupe dont l'amour-propre doit être celui de son devoir.

BIZY.

LIBERTÉ. — ÉGALITÉ.

Le général de division commandant la place de Strasbourg,
au citoyen Bouchotte, ministre de la guerre.

Strasbourg, le 14 septembre, l'an 1er de la République française une et indivisible.

Je ne vous ai point écrit de quatre jours par la raison que la garnison de Strasbourg a été deux fois vingt-quatre heures sous les armes, relativement à l'expédition de Kehl, dont jusqu'ici voilà le résultat, savoir :

Kehl est à peu près rasé, mais l'objet n'est pas rempli. On devait passer et on ne l'a pas fait; on attribue cette inexécution aux bateliers, qui n'ont pas voulu passer; mais tout se découvrira. Nous en tenons presque le fil, et vous verrez que ce sont ceux qui commandent supérieurement la partie des bateliers qui auront commis ce crime. J'en sais assez et je ne hasarde rien en vous écrivant ceci, vous le verrez sous peu. Teteret, membre du Directoire du département, que vous connaissez, et avec lequel j'ai fait les perquisitions relatives à cet objet, vous en dira autant.

Il est impossible que le service se fasse dans cette place avec l'activité et l'ardeur patriotique qu'exige la localité, si vous ne m'autorisez à nommer des adjoints aux adjudants-majors. Il n'y en a ici que trois, dont deux agissants.....

.....Il y avait dans cette ville des projets infernaux, mais une quarantaine de matadors, meneurs et agitateurs, que j'ai fait incarcérer, a déjoué le complot. Je veille, et tous les jours plusieurs subissent le même sort. C'est absolument nécessaire ; des demi-mesures nous tueraient. Les représentants du peuple non seulement approuvent ces mesures, mais ils sont d'avis comme moi qu'il est temps de frapper ces scélérats pour les mettre dans l'impuissance de nuire; le salut de la République, le bonheur du genre humain, qui sont les suprêmes lois, autorisant d'avance toutes celles qu'on peut prendre.

L'opération du fort Vauban a manqué aussi par les bateliers.

Dièche.

Strasbourg, le 15 septembre, l'an 1er de la Constitution populaire.

Citoyen Ministre,

Je vais vous rendre un compte exact de l'attaque du fort de Kehl.

Le plan était d'attaquer le fort en même temps que l'on passerait le Rhin sur trois points différents, étant bien assuré que l'ennemi n'était pas en force de ce côté; l'attaque devait être générale sur tout le Rhin, le jeudi 12, à 5 heures du matin.

A 5 h. 1/2, le canon a commencé, mais le passage du Rhin a manqué par la faute du maître batelier qui, au moment, s'y est refusé, et qui n'a pas fourni les barques convenues et nécessaires; il a été arrêté sur-le-champ et conduit en prison, afin de savoir de lui le motif de sa trahison. L'armée voulait le punir sur-le-champ.

Depuis jeudi matin jusqu'à hier 1 heure après-midi, l'on n'a pas cessé de canonner et bombarder le fort de Kehl, qui est totalement détruit et brûlé; vendredi soir, l'ennemi, de son côté, a mis le feu au pont de Kehl; le général Sparre a décidé de le faire couper afin d'éviter la communication du feu; la nuit du vendredi au samedi, des travailleurs ont passé aux trois quarts du pont et l'ont coupé sans être inquiétés de l'ennemi.

Hier, à midi, toute la troupe brûlait d'envie et d'impatience de passer, mais il était à craindre que l'ennemi n'ait des moyens de défense cachés et qu'il est impossible de découvrir, d'autant plus que, jeudi après-midi, étant en observation dessus la cathédrale, nous avons découvert un corps de cavalerie d'environ 700 hommes, embusqué près d'un bois, à une lieue de Kehl; il n'en a pas bougé jusqu'à la nuit, et le lendemain il n'a pas reparu. Il est à présumer qu'il a descendu dessus le bord du Rhin, dans le bois près Kehl.

Notre feu a cessé hier, à 1 heure après-midi, et la garde nationale de Strasbourg est rentrée le soir. L'on attendra un moment plus favorable..... Nous avons eu trois hommes de tués et plusieurs de blessés, entre autres le citoyen Catoire, capitaine du génie, qui a été blessé au bras par un boulet, mais pas dangereusement.

Le commissaire du Pouvoir exécutif près l'armée du Rhin,
BERGER.

Le représentant du peuple qui était au quartier général établi dans la maison de Jamelle, ayant entendu le feu que faisaient les ennemis de toutes leurs batteries, dit : « Le coup est manqué, il faut bombarder Kehl ». Il en donna l'ordre au général Sparre, qui fit commencer le feu à 5 heures du matin.

L'ennemi ne riposta que le premier jour et très faiblement. Quatre de nos canonniers furent blessés, trois moururent peu de temps après. Catoire, officier du génie en chef, reçut aussi une blessure qui n'eut aucune suite dangereuse.

La nuit suivante, le feu prit aux maisons du fort (1)

---

(1) La première qui brûla fut celle où Beaumarchais avait établi son imprimerie, dont tout le monde connaît les œuvres de Voltaire et les autres ouvrages qui en sont sortis.

On employa une partie de l'été de la cinquième campagne à rétablir

et à plusieurs dans le village. Le bombardement dura trois jours et trois nuits, l'incendie fut général.

Il y avait huit bouches à feu à la grande batterie de la tête du pont, deux batteries de chacune deux mortiers, l'une à droite, l'autre à gauche du pont. En tout sept batteries, douze mortiers et huit canons servis à boulets rouges (1).

Je n'ai jamais rencontré personne qui ait pu m'indiquer la raison militaire ou politique de ce bombardement. Ici, comme au Vieux-Brisach, nous ne cernions pas la ville, nous ne voulions point obliger l'ennemi par ce moyen de nous en ouvrir les portes. Quel pouvait donc en être le but ? faire du mal à nos ennemis ? qu'importait aux Autrichiens que les maisons du fort et du village de Kehl qui ne leur appartenaient pas, dont la plus grande partie même appartenait à des citoyens français, fussent incendiées ? L'importance que pouvaient attacher les Autrichiens à la position de Kehl ne gisait pas à ce qu'ils en fussent les maîtres, mais à ce que nous ne nous en missions pas en possession, comme nous aurions dû le faire au commencement de cette guerre ou dans la circonstance dont il s'agit, et comme nous l'avons fait dans la cinquième et dans la sixième campagne. C'est alors que nous avons reconnu combien il était fâcheux pour nous que les maisons du fort et que tous les établissements militaires eussent été détruits. Brûler les maisons du fort de Kehl, car le fort n'existait plus longtemps avant la guerre et n'avait point été reconstruit, c'était brûler une propriété qui devait infaillible-

---

d'une manière très imparfaite le dégât que fit cet incendie. A peine nous a-t-il été du moindre usage pendant cette campagne et le siège de Kehl.

(1) On employa les anciens réchauds ordinaires et non les fourneaux à réverbère dont je ne crois pas qu'on ait fait usage à notre armée pendant la guerre.

ment, dans le cours de la guerre, appartenir à la République. L'incendier, loin de faire une diversion, était pour l'ennemi un indice que nous renoncions à un passage du Rhin pour nous rendre maîtres de Kehl et que nous nous en sentions incapables ; en effet, on ne brûle pas, quand on réfléchit, la maison de son ennemi quand on peut l'en déloger autrement et s'y mettre à sa place. Cet incendie était donc, sans compter l'emploi énorme qui se fit de poudre, de bombes, de boulets, de charbon, etc., entièrement contraire aux intérêts de la République et à ceux de l'armée.

Dès la première nuit du bombardement, le représentant du peuple avait donné ordre de préparer un second passage pour le lendemain ; il requit pour s'y trouver la garde nationale de Strasbourg. Ce qui concernait le matériel de l'opération et même l'ordre dans les mouvements des troupes ne se trouva guère plus en ordre que la première fois. Le projet d'une pareille opération, où l'on mettait dans la confidence toute une ville comme Strasbourg, où l'ennemi avait indubitablement des intelligences, ne pouvait plus être un projet sérieux après l'événement de la veille. On prétendit qu'il était arrivé à l'ennemi 1000 hommes de cavalerie et 2,000 d'infanterie ; la tentative de passage n'eut pas lieu. La prise de Kehl eût été un coup décisif pour obliger l'ennemi d'accourir à la défense de son propre territoire. C'était là où il fallait réunir tous les moyens de passage, y envoyer les bateaux qui étaient à Colmar, etc., faire ailleurs quelques simulacres, mais passer là à tout prix. Il est probable qu'on eût réussi avec un peu moins de précipitation, plus de secret et un général, homme de tête, qui eût été le maître de diriger ses moyens et ses mouvements, et non sous le couteau tranchant d'une autorité qui, pour être absolue, n'en était pas moins souvent aveugle.

Le 10 septembre, le général Landremont avait donné ordre au citoyen Chambarlhac, commandant temporaire du fort Vauban, de se tenir prêt à passer le Rhin le surlendemain 12 à 4 heures du matin. Il le prévenait en même temps qu'il enverrait le général Girardot dans la matinée du 11 au fort Vauban. Mais il lui mandait : Vous conserverez le principal commandement comme connaissant mieux les forces et les moyens d'attaque et de défense de cette partie.

Le général Girardot arriva effectivement au fort Vauban, en poste, le 11 à 7 heures du matin. Il n'était pas dans l'ordre des prétentions humaines qu'un général laissât le principal commandement d'une expédition quelconque à un chef de bataillon tel qu'était Chambarlhac, surtout quand les ordres dont Girardot était lui-même porteur ne le prescrivaient pas formellement. Il prit donc, comme le général La Bruyère, le commandement d'une entreprise dont il n'avait pas la première notion et où il ne connaissait ni les hommes, ni les moyens, ni les localités. Le citoyen Chambarlhac, employé depuis longtemps dans cette place, lui donna d'ailleurs les renseignements qui étaient en son pouvoir, c'est-à-dire qu'il lui fit connaître la pénurie de ses moyens pour une opération si précipitée.

La garnison du fort Vauban et les troupes disponibles des environs montaient à 1100 hommes dont 800 de la réquisition de Strasbourg, dont un grand nombre n'avait pas 18 ans ; ces jeunes gens ne faisaient que d'arriver, ils ne savaient pas charger un fusil et n'avaient encore pour la plupart que des piques.

Les bateaux pour la construction du pont étaient situés au confluent du bras de Drusenheim dans celui d'Helmlingen. Ils avaient à faire environ une lieue de développement sur le Rhin avant d'arriver au passage indiqué qui était vis-à-vis le milieu du fort Vauban.

On n'avait à disposer pour la construction du pont que de huit bateliers nullement exercés à ce genre de service ; le surplus des bateliers chargés de faire le service de pontonniers devait être pris parmi les pêcheurs riverains qu'il fallait enlever de force de leurs villages, et la division de Strasbourg les avait déjà mis en réquisition. Ceux qui étaient restés dans le pays s'étaient cachés ; ni les prières, ni les menaces ne pouvaient les faire paraître.

D'après ces considérations, l'opinion de Chambarlhac était qu'on fît un simulacre capable d'en imposer à l'ennemi et non un pont, sans avoir auparavant délogé l'ennemi de la rive opposée, qui y avait deux grandes batteries donnant sur le point même où l'on voulait le construire. Son opinion ne fut pas suivie.

En conséquence, on se prépara la nuit suivante à la confection du pont. Au bout de plusieurs heures de travail, il n'y avait encore à 6 heures du matin que deux bateaux de pontés. Alors les ennemis firent un feu soutenu de leurs deux batteries et nos bateliers s'évadèrent. Cependant le brave Girardot voulait continuer de faire ainsi ponter ses bateaux jusqu'au parapet des batteries ennemies. Il vit enfin que ce n'était pas ainsi que s'effectuait le passage d'un grand fleuve, il fallut y renoncer.

Le 17 du même mois, le même général Girardot reçut ordre de revenir au fort Vauban pour effectuer un nouveau passage du Rhin d'après ce qui devait être réglé par le général de division Sparre qui commandait à Strasbourg ; mais il n'eut pas lieu.

Tels sont les différents passages ou plutôt tentatives de passage qui eurent lieu à cette époque. Pas un seul n'avait été conçu avec sagesse par des gens qui avaient une connaissance même superficielle de cette opération. Aucune difficulté n'avait été prévue, on n'avait pris aucuns moyens pour les vaincre. Au lieu d'opérations partielles, une seule bien conçue avec quelques simulacres sur différents points et en prenant le temps indispensable et nécessaire pour les préparatifs, eût pu réussir. On voulut passer partout à la hâte, et l'on ne passa nulle part. Nous ne fîmes même connaître à l'ennemi, par notre impéritie, que des moyens moindres encore que nous ne les avions réellement; nous ne parvînmes même pas à lui donner la peur réelle d'un passage, à ce point qu'il ne dégarnit pas d'un bataillon la puissante armée qu'il avait contre nous en avant de la Lauter. »

XXV. — LA QUESTION DU HAUT-RHIN ET L'ARMÉE PRINCIPALE.

Deux sentiments contradictoires, la crainte d'une invasion autrichienne entre Porrentruy et Strasbourg, et le désir d'aller inquiéter l'ennemi dans le Brisgau, détournaient toujours du théâtre principal d'opérations l'attention de quelques généraux et hommes politiques. S'il est vrai que Bouchotte n'avait pas été ému outre mesure des projets qu'on prêtait aux Impériaux, il ne les considérait pourtant pas comme tout à fait invraisemblables.

Pichegru ayant pris le commandement du Haut-Rhin, il lui envoie, le 11 septembre, des instructions où il prévoit encore la violation du territoire suisse et l'insurrection du Mont-Terrible.

11 septembre 1793.

Pichegru, général de division commandant le Haut-Rhin.

J'ai reçu, Général, plusieurs lettres que m'a transmises le Ministre des affaires étrangères sur des difficultés survenues entre Vieusseux et le canton de Bâle; il paraît que cet officier n'a pas employé dans la correspondance le ton de sagesse et de fraternité qui appartient à la nation française.

S'il convient à la nation de mettre de la fermeté dans les communications, elle veut aussi que le sentiment de la justice s'y fasse remarquer.

Vous voudrez donc bien prendre ces principes pour base de conduite avec les Suisses; et je vous demande de m'envoyer promptement des nouvelles sur votre situation vis-à-vis d'eux. Je vous ai fait passer des fonds pour dépenses secrètes; il vous sera facile, par ce moyen, de vous procurer des nouvelles des Suisses et des Autrichiens.

Le territoire suisse nous sépare des Autrichiens dans cette partie. Tant que les premiers maintiendront l'inviolabilité de leur territoire, nous ne pouvons recevoir aucun préjudice des derniers; il nous importe donc de savoir :

1° Si les Suisses ont sincèrement envie de garder cette neutralité, et s'ils la regardent comme conforme à leur intérêt ;

2° Si, dans le cas ou ils voudraient la garder, ils en ont les moyens suffisants, et quels sont ces moyens ;

3° Si les moyens des Autrichiens, dans le cas où ils tourneraient le territoire Bâlois, sont assez considérables pour entreprendre sur le nôtre; procurez-vous tous ces renseignements qui vous sont nécessaires pour bien asseoir la défense de notre frontière du Haut-Rhin.

Je dois vous faire observer que dans le cas où les Suisses seraient sincèrement portés à garder la neutralité, il est de l'intérêt de la nation de les maintenir dans ces sentiments. Là-dessus vous vous conduirez dans toutes les occasions avec beaucoup de réserve, vos réponses seront sages et équitables, mais elles se sentiront aussi de la force d'une grande nation qui connaît ses moyens. Les Suisses se plaignent de certaines dispositions défensives, entre autres de l'établissement d'une batterie qui semble menacer Bâle ; c'est à vous d'examiner si la plainte est fondée, et si les précautions que nous devons à notre sûreté permettent de changer cette disposition ; il me semble que si l'on continuait à se plaindre, vous pourriez demander aux Bâlois un mémoire à leurs plaintes, et me le transmettre, alors j'en donnerais connaissance au Conseil exécutif. Toujours vous pouvez les amuser, et lorsque la saison des attaques sera passée, vous prendrez leurs demandes en sérieuse considération. Vous ferez bien de correspondre avec notre ambassadeur, le citoyen Barthelemi, résidant à Baden, dans le canton de Zurich. Je ne vous dis pas de vous livrer entièrement, parce que je ne connais pas vos opinions politiques sur notre révolution, mais il est essentiel que vous teniez une corresponpondance qui vous mettra dans le cas de connaître bien des faits utiles à la défense des frontières et je vous prescris d'agir avec discernement.

L'agitation des esprits et les intrigues que nos ennemis trament dans le Mont-Terrible demandent aussi toute votre attention, employez aussi des moyens de connaître ce qui se passe autour de vous, montrez de la fraternité à ceux qui professent l'estime populaire, de la fermeté aux autres.

Vous devez prévoir à l'avance le cas où les Autrichiens violeraient le territoire suisse pour nous attaquer, et sans que les Suisses eussent la volonté ou les moyens de s'y opposer dans une telle circonstance, l'on ne peut plus opposer à une nation le droit des gens, mais dès lors, tous les droits qui sont nécessaires à sa propre défense.

J'appelle singulièrement là-dessus votre attention.

Vieusseux est suspendu ; il doit avoir reçu sa lettre ; veillez à ce qu'il se conforme à ce qui lui est prescrit.

J'attends de vos nouvelles sur la situation de votre armée sous tous les rapports, ainsi que sur celle des ennemis ; vous savez que le Conseil Exécutif a confiance dans votre patriotisme, votre courage, votre expérience, et que la patrie a besoin des efforts des citoyens qui lui sont purement attachés.

L'on dit que notre frontière du côté de Bâle est mal gardée, que les émigrés viennent s'entretenir avec nos troupes, que les sapeurs du poste de Bourgfeld montrent de l'incivisme, que le 4ᵉ régiment de chasseurs est rempli d'aristocratie, et l'on distingue parmi, Rossy, colonel ; Morphy et Miscré, capitaines. Prenez des mesures aux inconvénients (*sic*) qui pourraient survenir de la négligence dans le service, de la communication avec les émigrés, des opinions inciviques que l'on cherche à faire prendre parmi les soldats ; ordonnez aux officiers suspects de se rendre à Strasbourg, où ils seront en arrestation ; rendez m'en compte pour que je les fasse suspendre ou poursuivre s'il y a lieu. Je vous recommande une grande surveillance.

Voyez s'il convient de laisser là le régiment ; si vous en avez un autre, changez-le de place, cette mesure me paraît indispensable.

D'ailleurs, Pichegru quittant le commandement de Besançon pour celui d'Huningue, la population franc-comtoise s'émeut, et profite de l'occasion pour rappeler l'importance exceptionnelle de sa frontière (1).

---

(1) *Les Représentants du peuple délégués par la Convention nationale pour les départements de la Côte-d'Or, du Doubs, du Jura, de la Haute-Saône, du Mont-Terrible et de l'Ain, au général Landremont, commandant l'armée du Rhin.*

Vous avez été instruit, Citoyen Général, de la nomination du citoyen Pichegrüe, général de division, pour être employé dans le Haut-Rhin.

Cet officier qui nous est ici du plus grand prix parce qu'il n'y a

Jusqu'au dernier jour, Landremont sera harcelé par les réclamations relatives à la défense du Jura et du Haut-Rhin. Mais c'est surtout le commandant de Strasbourg, le général Dièche, remuant et jaloux de fixer l'attention sur son bruyant patriotisme, qui réussit à émouvoir le Ministre et à faire diminuer l'armée du Bas-Rhin à son profit.

Bouchotte avait transmis à Landremont les documents inquiétants fournis par le ministère des affaires étrangères au sujet de Bâle et du Mont-Terrible. Le général lui répond le 28 août :

« Tout ce qui est dit dans le rapport que vous m'avez envoyé, l'aide de camp du général Vieusseux me l'a dit hier soir. Je n'y ai pas fait attention. Tant que je les battrai ici, ils ne feront pas la moindre ten-

---

qu'un général de brigade employé dans la 6ᵉ division, qui même commande la place de Besançon, nous est d'une utilité absolue.

1° Parce que nous allons organiser une armée de 20,000 hommes de nouvelle levée pris dans les départements de notre arrondissement, et que nous n'avons que lui pour procéder à son organisation ;

2° Parce que la 6ᵉ division dont l'importance et le voisinage de la frontière n'est pas à négliger, ne peut pas être commandée par un seul officier général ; deux même ne sont pas suffisants dans la circonstance présente, à raison des troubles qui se manifestent dans différents points des frontières.

C'est pourquoi, Général, nous avons donné ordre au général Pichegrüe de rester provisoirement employé dans la 6ᵉ division, et lui avons donné commission de se rendre à Strasbourg pour obtenir des effets d'artillerie dont nous avons le plus indispensablement besoin ; vous pourrez lui faire tenir là vos ordres ; mais surtout prenez tous les moyens nécessaires pour nous le conserver dans la division, où sa présence devient de plus en plus nécessaire.

Fait en commission, à Besançon, le 8 septembre 1793, l'an 2ᵉ de la République française, une et indivisible.

BASSAL et BERNARD.

Pour copie conforme à l'original :

Le général en chef de l'armée du Rhin,
LANDREMONT.

tative dans le Haut-Rhin..... L'armée du Rhin ayant fourni plus de 14,000 hommes à l'armée du Nord et perdu beaucoup d'hommes qui ont joint leurs bataillons, qui faisaient partie de la garnison de Mayence, je ne pourrai, dans tous les cas, fournir à la division du Haut-Rhin que les secours qui me viennent à moi-même, savoir les citoyens qui se lèvent en ce moment de toutes parts pour défendre la République contre ses ennemis. »

Mais Dièche écrit presque en même temps de Strasbourg pour réclamer des renforts. Il y avait à ce moment dans la place environ 7,000 hommes; on trouvait en outre dans les cantonnements de Rosheim, de Neuhof, du Jardin-d'Angleterre, d'Offendorf, de Wantzenau, de Gambsheim, de l'île de Chastay, de Rheinau, de Markolsheim, plus de 5,000 hommes, qui auraient été forcés de se réfugier à Strasbourg en cas d'investissement. On pouvait bien compter aussi sur 2,000 hommes de Schelestadt, Brumpt, etc. Bref, on devait avoir 15,000 hommes pour défendre la place, sans compter la Légion strasbourgeoise et les agricoles qui s'y trouveraient; mais c'était là des ressources dont on tenait compte volontiers quand on reprochait aux armées actives leurs insuccès, et qu'on se gardait de mentionner quand on évaluait la force réelle d'une garnison.

Strasbourg, le 29 août, l'an 1ᵉʳ de la République française une et indivisible.

Citoyen Ministre,

Voici six jours que je suis en possession du commandement de la place de Strasbourg. Si j'ai tardé à vous envoyer les états de situation relatifs à l'approvisionnement des munitions de guerre et de bouche, ainsi que celle des fortifications, c'est que j'ai tout voulu voir par moi-même, et aujourd'hui je finis cette opération avec les commissaires du Pouvoir exécutif que j'ai priés d'être avec moi dans cette opération.

J'ai cru nécessaire de me procurer la preuve matérielle de ces opérations. Voilà le retard de l'envoi des situations. On travaille à les mettre au net; elles partiront demain vendredi à midi.

Les approvisionnements de la ville sont dans un état abominable : nous n'avons pas 2,000 sacs de farine, et il nous en faut 54,000.

Il nous faut 2,000,000 de poudre pour être parfaitement en règle pour cet objet : à peine en avons-nous 500.

Il n'y a dans la ville et dans la citadelle que trois bataillons et infiniment de petits dépôts qui nuiront plus qu'ils ne serviront, et il faudrait 17,000 hommes d'infanterie, 200 de cavalerie, 1000 d'artillerie, une compagnie d'artillerie volante, sans compter la garde nationale.

Il faudrait que la ville fût approvisionnée relativement à ce nombre, et pour un an.

Des troubles, des guerres civiles suscités par des agents de Pitt et consorts, par les aristocrates de ce pays, ont lieu soit à la droite, soit à la gauche et sur les derrières de Strasbourg. Nous y envoyons continuellement des troupes, et notre ville se dégarnit tellement qu'hier la garnison n'a pu être relevée.

Les fortifications sont en mauvais état. Il y a des poternes qui n'ont pas été ouvertes depuis cinquante ans. Depuis la construction des ouvrages, à peine y a-t-on touché, c'est-à-dire dans presque tous ; cependant on travaille actuellement avec activité dans les ouvrages où il est urgent de travailler.

Secourez-nous, et alors du zèle, de l'ardeur, de la persévérance, la plus grande activité, de la fermeté surtout dans ce pays, de la vigilance sur les aristocrates, et surtout du républicanisme, voilà ce qui nous sauvera.

Vous trouverez ci-joint une proclamation que j'ai cru devoir faire. Elle est nécessaire dans les circonstances présentes. Elle est à l'impression.

Comptez sur mon ardeur à servir la République. J'étais républicain dans mon âme, avant qu'on songeât en France à une République.

La lettre que vous recevrez demain de moi, entrera dans tous les détails.

Salut et fraternité.

Le général de brigade, commandant la place de Strasbourg,
DIÈCHE.

Le lendemain, 30 août, Dièche demande encore 17,000 hommes d'infanterie, dont un bataillon léger ; 200 hommes de cavalerie, dont moitié cavalerie légère ; 1000 hommes d'artillerie, y compris les mineurs, plus une compagnie d'artillerie volante. Ces troupes, jointes à la Légion strasbourgeoise, formeront un total de 27,000 hommes. Le général envoie en même temps l'état des approvisionnements nécessaires pour faire subsister ces 27,000 hommes pendant un an.

Craignant de n'avoir pas encore fait assez, il récrit le 31 que « le Conseil défensif de la ville a arrêté qu'il fallait pour sa défense 27,000 hommes de garnison, et 200 chevaux pendant un an ». Il envoie un état des subsistances qui fait ressortir ce qui manque. « Je vous prie, dit-il, de prendre le tout dans la plus grande et la plus prompte considération. Demain vous recevrez des détails sur plusieurs objets ; un conseil de guerre relatif à l'armement de la place, que je préside dans ce moment, m'empêche de profiter du courrier de ce jour. »

Bouchotte accueille en partie seulement les demandes de Dièche :

Paris, le 3 septembre 1793, l'an 1ᵉʳ de la République une et indivisible.

Le Ministre de la guerre au général de brigade Dièche, commandant à Strasbourg.

J'ai reçu, Général, vos lettres des 29-30 août et les états ci-joints. J'avais donné des ordres le 28 pour faire renforcer votre garnison de trois bataillons, et j'écris de nouveau au général en chef de s'occuper de la fixation et de la composition de cette garnison, dont une partie pourrait bien être de nouvelles levées que l'on y instruirait, sauf à désigner des corps de l'armée active qui, dans le cas où la place serait menacée, viendraient y relever les nouveaux et compléter le pied de siège. Je lui marque de se concerter avec vous et avec les Représentants du peuple, qui ont la voie de la réquisition.

Je donne des ordres pour les approvisionnements de munitions et bouche, mais indépendamment du service que fait l'administration des subsistances, on se trouve très bien dans toutes les places de frontières de la précaution qu'on a prise d'y faire rentrer les grains même en gerbe et paraissant exposés aux courses de l'ennemi.

Attachons-nous à les priver des ressources de ce genre; rendons leur les subsistances difficiles, enlevons leurs courriers, brûlons leurs magasins.

J'ai lu votre proclamation pour faire sortir de la ville tous les gens suspects ; il faudrait dénoncer les plus dangereux aux corps administtratifs pour être mis en état d'arrestation, et les faire conduire dans l'intérieur s'il y avait lieu.

Vous avez bien fait de vous assurer des quatre Autrichiens qui se glissaient sur notre territoire, et de faire instruire leur procès ; interdisez absolument toute espèce de communication avec les ennemis.

L'activité, la vigilance, le républicanisme enfin qui comprend tout, voilà ce qu'il nous faut et tout ira bien.

Le ministre de la guerre,
J. BOUCHOTTE.

Le commissaire du pouvoir exécutif est avisé des mesures prises, et il doit en assurer le succès en stimulant le zèle des habitants.

Paris, le 2 septembre 1793, l'an 2e de la République une et indivisible.

Le Ministre de la guerre au citoyen Berger, commissaire du Pouvoir exécutif près l'armée du Rhin.

J'ai donné des ordres, Citoyen, pour les approvisionnements de Strasbourg. C'est à vous maintenant à redoubler de zèle et de patriotisme pour entretenir le bon esprit du soldat ; répandez exactement le papier publié ; surveillez les malveillants, dénoncez les abus, c'est le moyen de voir couronner de succès la mission qui vous est confiée.

Le ministre de la guerre,
J. BOUCHOTTE.

Le zèle du général Dièche n'a pas tardé à être récompensé par sa promotion au grade supérieur ; mais à cette nouvelle, les sociétés populaires de Strasbourg se sont émues, et ont écrit en toute hâte qu'on ne leur enlevât pas un général qui avait leur confiance. Le commissaire du pouvoir exécutif, Berger, se fait l'interprète de ces craintes auprès du Ministre et du chef de division Jourdeuil. Les représentants décident sur-le-champ que Dièche conservera le commandement de Strasbourg, quelle que soit la destination que lui ait réservée l'autorité supérieure.

Strasbourg, le 3 septembre 1793, l'an 1er de la Constitution populaire.

Citoyen Ministre,

Les patriotes de Strasbourg voient avec peine que l'on leur retire le général Dièche, commandant de la place, nommé général de division ; c'est un citoyen bien nécessaire à Strasbourg, surtout dans les circonstances présentes ; il mérite bien la place qui lui est assignée, mais les bons citoyens de Strasbourg disent hautement que c'est un coup de l'aristocratie qui l'a fait nommer afin de l'éloigner de cette ville, où il est si nécessaire.

J'ai assisté hier à un comité tenu chez lui, composé des chefs du génie et de l'artillerie, à l'effet de déterminer les objets nécessaires à la défense de la place : il se trouve que la poudre est ce qui manque ; il en arrive de temps à autre, mais elle sort de même pour fournir aux différents cantonnements de notre armée.

J'ai vu, dans ce comité, un citoyen bien recommandable par son talent et son patriotisme ; j'ai pris des renseignements à son sujet : c'est un nommé Catoire, capitaine du génie, et qui fait les fonctions d'ingénieur en chef depuis dix-huit mois ; il a été seul ici pendant un an, les autres ingénieurs ayant honteusement déserté ; c'est lui qui combat toujours avec avantage les opinions aristocratiques tendant à ne pas donner aux objets de siège proposés, toute l'extension qu'un siège exige.

Je n'en dirai pas tant des chefs de l'artillerie, qui me paraissent encore imprégnés de l'ancien régime ; le citoyen Le Jeune, l'un des hommes, à ce que l'on dit, très nécessaires pour la fabrication de l'artillerie, mais aristocrate ; notre surveillance ne le quittera pas.

Je joins ici copie d'une lettre écrite au général Dièche au sujet des quatre prisonniers autrichiens qui sont ici, de même qu'un trait de bravoure d'un volontaire du 8e bataillon du Jura.

Les provisions en farine seraient plus abondantes si un moulin pouvait fournir. Les blés arrivent, le manque d'eau est cause du retard ; les députés des départements en réquisition pour fournir Strasbourg sont ici. Je les vois souvent ; ils assurent que rien ne manquera pour les blés.

Rien de nouveau de l'armée ; mon collègue est à Wissembourg pour en observer tous les mouvements et vous en rendre compte.

Hier deux déserteurs autrichiens sont arrivés ici.

Les journaux, adresses, discours et lettres qui nous sont envoyés du Département de la guerre nous sont remis exactement, et font dans ce pays et à l'armée le plus grand bien ; indépendamment de ceux distribués dans tous les postes de la ville, aux hôpitaux et prisons, bien des citoyens viennent en chercher.

Nous ne négligerons rien pour répondre à la confiance que vous avez bien voulu mettre en nous.

Le commissaire du pouvoir exécutif,
BERGER.

Strasbourg, le 3 septembre, l'an 1ᵉʳ de la Constitution populaire.

Citoyen Jourdeuil,

J'ai vu avec plaisir le mérite récompensé dans la nomination que l'on a faite du général de brigade Dièche, commandant la ville de Strasbourg. Elevé au grade de général de division, personne ne le mérite plus que lui, mais aussi personne n'est plus utile et même très nécessaire à Strasbourg, ville qui renferme dans son sein l'aristocratie la plus puante et qui n'est qu'à deux doigts de la contre-révolution; je ne doute pas que les assignats ne leur servent de prétexte : celui de 5 francs ils le regardent comme 15 à 18 francs. Chez le boulanger l'on ne vous donne point de pain sans numéraire.

Le général Dièche, homme ferme et patriote, est donc très nécessaire, et tous les bons citoyens de Strasbourg se réunissent à dire que c'est un coup de l'aristocratie de l'avoir fait nommer afin de l'éloigner de cette ville, où sa présence est si nécessaire dans les circonstances actuelles. Je regarde comme un grand bien pour la République qu'il reste à son poste, sans cependant que cela nuise à son avancement.

J'ai assisté avant-hier soir à un comité tenu chez le général Dièche, composé des chefs du génie et de l'artillerie, pour déterminer les objets nécessaires à la défense de la place en cas d'attaque : tout a été arrêté; la poudre nécessaire manque, il est instant d'y pourvoir.

L'esprit des habitants de Strasbourg est mauvais; la garde nationale est le second volume de celle de Paris sous Lafayette, elle s'obstine à ne pas vouloir quitter leur ville. Cette mesure me paraît impolitique et dangereuse ; en cas d'attaque, je ne doute nullement qu'ils ne livrassent la place pour éviter la destruction de leurs propriétés. Enfin, ici ils ne nous traitent que de Français; il semble qu'ils sont étrangers à la République.

Citoyen, je vous ai parlé de Dièche, je me suis aperçu que c'était de votre division. Je vous donne le détail de l'esprit qui règne dans ce pays; j'abuse de vos moments, vous excuserez votre vieux collègue qui vous aime de tout son cœur, vous embrasse de même, ainsi que nos braves sans-culottes.

Votre concitoyen,
BERGER,
Commissaire du Pouvoir exécutif de l'armée du Rhin.

Du 5 septembre 1793 (vieux style) à Strasbourg.

Les représentants du peuple près l'armée du Rhin,

Considérant que la ville de Strasbourg est une des principales clés de la République et qu'il est important d'y laisser pour sa défense un commandant dont les talents militaires et le civisme bien prononcé soient à toute épreuve;

Considérant que le citoyen Dièche, général de division, a déjà pris les connaissances et les mesures nécessaires pour mettre cette place à l'abri des tentatives des ennemis intérieurs et extérieurs;

Arrêtent que le citoyen Dièche, malgré toute disposition contraire, restera à son poste de commandant de la place de Strasbourg, et lui enjoignent, en conséquence, de continuer ses fonctions jusqu'à nouvel ordre.

J.-B. MILHAUD, MALLARMÉ, RUAMPS et BORIES.

Pour copie conforme :
Le général de division commandant à Strasbourg,
DIÈCHE.

Bouchotte s'empresse de calmer ces appréhensions en annonçant que Dièche n'a jamais dû quitter Strasbourg, et qu'il réunira au commandement de la place celui de la division.

Paris, le 7 septembre 1793, l'an 2e de la République une et indivisible.

Le Ministre de la guerre au commissaire du Pouvoir exécutif Berger, à Strasbourg.

Il n'est point question, Citoyen, de retirer le commandement au général Dièche, mais il réunit à ses fonctions le commandement des divisions militaires qui le mettront à même, sans le détourner de son objet principal qui est la conservation de Strasbourg, de réunir à cet effet plus de moyens, de facilités et de secours.

Ainsi les bons citoyens ne doivent avoir aucune inquiétude, et le général Dièche ne s'éloignera jamais de la ville lorsqu'ils y verront, ainsi que lui, le moindre inconvénient. Je lui en écris dans cet esprit. Il ne faut pas prendre toujours pour des opinions aristocratiques celles qui tendent à ne pas donner trop d'extension aux objets de siège; il faut y apporter une sage combinaison telle qu'il n'y ait pas excédent d'un objet et de déficit d'un autre qui ne peuvent se compenser.

Les traîtres les plus dangereux sont ceux qui ont une dissimulation profonde et qui, sous le masque du patriotisme, s'emparent de la confiance pour entretenir des correspondances avec l'ennemi. Continuez votre surveillance sur tous les agents militaires. Quelques pluies qui sont survenues ont dû accélérer, et j'espère, d'après ce que vous me marquez, que les subsistances iront bien. Faites en sorte d'entretenir le bon esprit qui règne dans le pays et dans l'armée, et ne négligez rien pour répondre à la confiance dont vous êtes environné. Prenez encore des renseignements sur Catoire : les opinions sont partagées.

Le ministre de la guerre,
J. BOUCHOTTE.

Bouchotte n'a pas attendu les dernières réclamations de Dièche pour ordonner à Landremont de renforcer la garnison de Strasbourg. Le 28 août, il écrit qu' « il devient important de mettre dans Strasbourg au moins une partie de la garnison qui devait y être en cas de siège ». Landremont devra s'entendre avec Dièche pour les corps qu'il conviendrait d'y placer. Mais après réflexion, Bouchotte substitue à cette instruction l'ordre précis de fournir trois bataillons :

Il me paraît, Général, absolument indispensable d'envoyer sans délai trois bons bataillons pour renforcer la garnison de Strasbourg, dont deux de volontaires et des plus patriotes ; vous vous entendrez sur cet arrangement avec le général Dièche, et m'en rendrez compte.

La confiance que les représentants vous ont témoignée par leur choix m'est garante de votre patriotisme, de votre courage et de votre expérience, et je suis persuadé que vous redoublerez, s'il est possible, de zèle et de soins pour bien remplir la tâche qu'ils vous ont imposée.

Landremont répond aussitôt en protestant :

ARMÉE DU RHIN.

Au quartier général à Wissembourg, le 31 août 1793, l'an 1er de la République une et indivisible.

Le général Landremont, au Ministre de la guerre.

A moins d'abandonner les lignes de la Lauter, je ne peux pas donner une compagnie à Strasbourg, et j'allais au contraire lui demander 100 hommes du dépôt de la compagnie franche de la Dordogne, pour remplacer ses malades, si votre lettre n'était venue me fermer la bouche. Je ne pourrai donner du monde à cette place que quand mes montagnards seront arrivés et les hommes libres des bords de la Meurthe. J'en avais déjà promis au général Vieusseux, qui est suspendu, et que j'ai remplacé par le général La Bruyère à qui j'ai adjoint le général Jacob.

L'ennemi se tait depuis le 27. Je crois qu'il a envie d'attaquer mes ailes; s'il se présente encore de front, quelque effort qu'il fasse, nous tiendrons ferme ; nous mourrons-là, il faudra qu'il nous passe sur le ventre.

Trois bataillons, que je donnerais à Strasbourg, consommeraient ses vivres et ne sauveraient pas la place, si j'étais forcé ; et je le serais peut-être si je les donnais.

Souvenez-vous de ma demande que je vous réitère, de six cents milliers de poudre au moins, et pensez aussi aux subsistances. La pénurie est extrême.

Je tâcherai, Citoyen, de justifier la confiance des représentants, mais je ne redoublerai ni de zèle, ni de soins, car j'ai toujours joué tout mon jeu.

Le général en chef de l'armée du Rhin,
LANDREMONT.

Malgré ces protestations, Bouchotte persiste dans sa résolution de faire renforcer la garnison de Strasbourg. Il consent du moins à ne pas accueillir tout à fait les demandes de Dièche ; il estime que la garnison présente peut être formée en partie de nouvelles levées, moyennant que l'on désigne à l'avance les corps actifs qui se jetteraient dans la place si elle était menacée. Quant à l'armée, il n'hésite pas à considérer comme des renforts suffisants pour elle les réquisitionnaires que les représentants lui procureront.

Paris, le 3 septembre 1793, l'an 1er de la République une et indivisible.

Le Ministre de la guerre au général Landremont, commandant l'armée du Rhin.

Le général Dièche, commandant à Strasbourg, vient, Général, de m'adresser les divers états de situation relatifs à l'approvisionnement des munitions de guerre et de bouche, aux fortifications et à la garnison. Il insiste sur la nécessité d'une garnison plus forte. Il demande qu'elle soit portée à 17,000 hommes d'infanterie, dont un bataillon léger, 200 de cavalerie dont moitié de troupes légères, 1000 d'artillerie y compris les mineurs nécessaires et une compagnie d'artillerie volante. Ces troupes, jointes à la légion strasbourgeoise, formeraient un total de 27,000 hommes, sans parler de la citadelle, qui forment un commandement séparé. Je vous ai écrit le 28 du mois dernier pour vous prier d'envoyer promptement trois bons bataillons à Strasbourg. Cette mesure est d'autant plus urgente que des troubles suscités de temps en temps par les aristocrates exigent continuellement des troupes, ce qui dégarnit la place momentanément.

Je ne puis que m'en rapporter à vous sur la fixation et la composition de cette garnison, dont une partie pourrait fort bien être de nouvelles levées que l'on y instruirait, sauf à désigner des corps de l'armée agissante qui, dans le cas où la place serait menacée, viendraient y relever les nouveaux et compléter le pied de siège. Concertez-vous sur tous ces objets avec le commandant de Strasbourg, qui paraît se prononcer en brave sans-culotte.

Vous ne devez pas être embarrassé de vous procurer des hommes par l'intermédiaire des représentants et la voie des réquisitions. Quant aux approvisionnements de grains, il faut y faire rentrer tout ce qu'on pourra de la frontière, même ceux en gerbes. Attachons-nous à priver nos ennemis des ressources en ce genre. Rendons-leur les subsistances difficiles. Faisons des courses dans leur pays pour enlever leurs convois, brûler leurs magasins. Établissons cette espèce de barrière en avant des frontières.

Le ministre de la guerre,
J. BOUCHOTTE.

P.-S. — Le général de division Pichegru, qui va commander sur le Haut-Rhin, est un brave soldat rempli d'intelligence ; correspondez avec lui pour faciliter tous les moyens de la défense du Rhin.

Bouchotte réitère ces ordres deux jours plus tard, en faisant remarquer à Landremont que le sort de la campagne ne tient sans doute pas à trois bataillons.

Paris, le 5 septembre 1793, l'an 1er de la République une et indivisible.

Le Ministre de la guerre au général Landremont, commandant en chef l'armée du Rhin, au quartier général à Wissembourg.

J'ai reçu vos lettres des 28 et 31 août. Je ne puis, Général, que m'en rapporter à vous sur les moyens de tirer le meilleur parti possible des braves gens qui accourent défendre la République.

Je vous ai annoncé le 3 un brave soldat, le citoyen Pichegru, qui mérite toute votre confiance pour la défense du Haut-Rhin; ce n'est pas de ces trembleurs qui propagent les alarmes et jettent le découragement pour anéantir l'énergie nationale.

Je compte que le sort des départements du Rhin ne dépend pas de trois bataillons que je vous ai demandés pour Strasbourg. Dès que vous le pourrez, envoyez-les, ils déjoueront les partis et les complots des ennemis du dedans et du dehors.

J'ai donné ordre de vous envoyer de la poudre, l'adjoint de l'artillerie calculera les proportions.

A mon avis 600 milliers font pour 100,000 coups de canon à 6 livres l'un dans l'autre; et si l'on peut tirer 12,000 à 15,000 coups de canon dans une bataille, ce serait pour 7 à 8 batailles.

Quant aux subsistances, les représentants et les corps constitués s'en occupent.

Profitez de l'ardeur des troupes et de tous les braves républicains.

Le ministre de la guerre,
J. BOUCHOTTE.

Au moment où les lettres de Bouchotte lui parviennent, Landremont a éprouvé la valeur des agricoles, et il sait qu'il peut d'autant moins compter sur cet appoint, que les bataillons de réquisition ont déjà presque entièrement disparu. Il n'hésite donc pas à désobéir formellement aux ordres du Ministre, et lui répond même sur un ton qui semble provoquer des mesures de rigueur.

Au quartier général à Wissembourg, le 10 septembre 1793, l'an 1er de la République une et indivisible.

Le général Landremont, commandant l'armée du Rhin, au Ministre de la guerre.

De tous ceux qui sont accourus à l'armée que je commande, il ne me reste que les braves gens. Un grand nombre de lâches se sont sauvés et ont même passé à l'ennemi. Je suis bien aise d'en être délivré, car, s'ils étaient restés avec nous, ils m'auraient peut-être causé une déroute. J'ai organisé les braves sans-culottes, qui sont inébranlables à leurs postes; ils font des marches réglées comme les autres troupes et tiennent des positions importantes dont j'espère bien qu'ils ne se laisseront pas chasser. Je vous en donnerai des nouvelles encore plus satisfaisantes avant peu; du moins, je l'espère.

J'ai fait connaître à l'armée tous les ordres que vous m'avez adressés. Ils seront ponctuellement exécutés. Mais quand vos adjoints m'écrivent pour des objets qui ont été négligés par les généraux auxquels j'ai succédé, je voudrais bien qu'ils me donnassent une entière connaissance de ces objets, comme s'ils n'en avaient jamais parlé, car je vous ai déjà dit que Beauharnais a tout emporté avec lui.

Voilà plusieurs fois que vous me parlez du citoyen Pichegru comme d'un brave homme. Je voudrais bien le connaître et savoir au moins où il est. Je ne demande pas mieux qu'il aille commander la division du Haut-Rhin, et je vais prévenir le général de brigade que j'ai envoyé provisoirement à la place du général Vieusseux de remettre le commandement au citoyen Pichegru quand il viendra, et de s'entendre parfaitement avec lui. Ils s'arrangeront bien ensemble, étant bons républicains et ayant du mérite tous les deux. Je ferai revenir à l'armée un autre général de brigade nommé Jacob, que j'ai aussi envoyé à Huningue et qui me sera fort utile à l'armée, parce que c'est un brave sans-culotte.

Bien loin de donner trois bons bataillons à Strasbourg, cette ville me donnera un bataillon, qui est peut-être en route dans ce moment-ci et qu'elle me donne de son plein gré. L'ennemi n'a point de forces considérables devant cette place, ni dans le Haut-Rhin, et s'il faisait quelque tentative, j'aurais tout le temps d'en être informé avant même qu'il la fît et d'y envoyer des troupes que je suis obligé de garder ici parce qu'il y a porté toutes ses forces depuis le 27 août. Croyez, Citoyen, qu'en n'obéissant pas à vos ordres réitérés, j'obéis aux intentions qui les ont dictés, et reposez-vous sur moi à cet égard.

Si j'avais écouté un *commissaire national pour l'extraction des troupes de l'armée du Rhin*, si j'avais obéi à vos ordres et à ceux de vos adjoints, si j'avais déféré aux demandes des commandants de places, je n'aurais pas, je vous le jure, 10,000 hommes à l'armée du Rhin, contre plus de 45,000 ennemis. Je suis forcé de désobéir et de refuser tout ce qu'on me demande, pour pouvoir sauver les départements dont la défense m'est confiée. D'ailleurs, quant à Strasbourg, il n'y a point de vivres dans la place et il n'y a déjà que trop de bouches. Le général Dièche devrait s'entendre avec moi avant de solliciter de vous des ordres dont il ne peut pas vous faire connaître les inconvénients lorsqu'il ne m'a pas consulté. Je vous aurais de l'obligation de vouloir bien l'y inviter, en l'assurant que le concert le plus parfait règnera dans nos rapports ensemble, comme il règne entre moi et le général Schauenbourg. Ni l'un ni l'autre nous ne vous demandons jamais des ordres pour faire fournir des troupes de l'une à l'autre armée, et tous les jours il nous arrive d'en convenir ensemble, soit pour renforcer un poste ou pour le relever, soit pour toute autre espèce de service.

Le général Dièche m'écrit aussi que vous l'avez autorisé à nommer les adjoints nécessaires pour le service de la place qu'il commande, et il me prie de donner des ordres à tel officier de l'armée de rejoindre la ville de Strasbourg pour y faire le service d'adjoint. Je ne sais pas de quelle manière il est autorisé, mais je pense que vos intentions ne sont pas, Citoyen, d'exposer le général Dièche et moi à vouloir l'un et l'autre employer différemment le même officier, et que vous me laisserez la faculté de donner ou de ne pas donner mon agrément à des demandes qui pourraient souvent enlever à des bataillons leurs meilleurs officiers.

Lorsque je vous ai demandé 600 milliers de poudre au moins, je vous ai fait l'observation que c'était en même temps pour la consommation de l'armée agissante et pour l'approvisionnement des places des deux départements. A Strasbourg seul, il en manque 600 milliers et plus. Jugez-le vous-même par les états qui ont dû vous être envoyés.

Je vous le dis avec franchise, je vois avec satisfaction que vous vous occupez de nous; mais je voudrais que nous ne fussions occupés que le moins possible dans ce moment-ci par le travail de vos bureaux, car nous avons de l'ouvrage à finir, et quand il sera fini nous nous mettrons aussi à nos bureaux et nous ferons tout ce que vous voudrez.

LANDREMONT.

P.-S. — Le citoyen Pichegru vient d'arriver et je lui ai donné sur-le-champ l'ordre de se rendre à la division du Haut-Rhin. J'ai bonne opinion de lui.

Observation de Bouchotte en marge :

Ce n'est pas pour repousser ceux qui voudraient attaquer Strasbourg que les patriotes ont demandé trois bataillons, mais bien pour les aider à faire la police, et je ne comprends pas que vous vous soyez trouvé court au point de ne pouvoir les donner, tandis que les états portent la force à plus de 110,000 hommes, en défalquant ce que cette armée a fourni pour le Nord. Avec ce nombre, il y a de quoi faire face à 45,000 ennemis, garnir les places et le Haut-Rhin; et si l'on y ajoute la levée en masse, cette défense doit paraître bien formidable.

Je remarque, Général, que vous répétez trois fois dans votre lettre que vous n'avez point obéi aux intentions du Conseil exécutif. Cette affectation pourrait paraître extraordinaire à quelqu'un qui connaîtrait moins la pureté de vos motifs. Je me crois d'autant plus fondé à vous faire cette observation que Custine disait aussi, sous le prétexte de l'intérêt public, qu'il se croyait dispensé d'obéir aux ordres du Conseil. J'ai pensé que vous ne verriez dans cet avis que l'envie de servir la chose publique en évitant qu'on puisse donner à vos lettres des interprétations qui ne seraient pas d'accord avec votre façon de penser.

XXVI. — Indiscipline de l'armée du Rhin.

La conduite de Landremont se trouvera d'autant plus suspecte qu'il ne réprime pas les écarts de langage de ses subordonnés. Le 4 septembre, le commissaire du pouvoir exécutif, Renkin, signale les propos anticiviques tenus impunément par Ferino en présence de Landremont. Quelques jours plus tard, les représentants mettront en arrestation le général Beaurevoir pour une démission offerte en termes inconvenants.

Strasbourg, 30 septembre, l'an 2ᵉ de la Constitution populaire.

Citoyen Ministre,

Je suis parti de Strasbourg vendredi dernier pour me rendre à Wissembourg. Aussitôt après mon arrivée, je fus trouver le général en chef Landremont, à qui je donnai communication de mes pouvoirs, et le requis de les viser, ce qu'il fit à l'instant. Le lendemain, je lui dis que je désirais visiter les avant-postes; il m'invita à l'accompagner, et nous nous rendîmes d'abord au quartier général de l'avant-garde, commandée par le général Ferino. Ce dernier avait été réprimandé la veille par les représentants du peuple, notamment par le citoyen Ruamps. Il déclara au général Landremont qu'il ne voulait plus servir, attendu que l'on lui mettait des entraves, et que si on ne l'envoyait pas relever le lendemain, il partirait. Il se répandit ensuite en propos anticiviques tendant à avilir la représentation nationale, les sociétés populaires, contre lesquelles il tonna, et le ministère de la guerre (il est à observer qu'il ne savait pas que j'étais commissaire du pouvoir exécutif).

Le général Landremont, présent à cette sortie, n'a rien dit en faveur des autorités contre lesquelles parlait le général Ferino, l'a invité à rester à son poste, en lui déclarant que sa confiance en lui était telle que, dit-il, s'il abandonnait le commandement de l'avant-garde, il donnerait sa démission de général. Nous visitâmes l'avant-garde; je puis vous assurer que l'esprit du soldat y est aussi bon que celui de la plupart des généraux avec lesquels je me suis trouvé me paraît mauvais; ils brûlent d'envie de se battre, sont résolus à vaincre et vaincront. Si l'on ne retenait, je ne sais par quel motif, leur courage, nous serions, je crois, déjà à Landau. Après vous avoir parlé des propos du général Ferino, je dois aussi vous dire qu'à l'affaire du 27 août il s'est comporté en brave militaire; *Dumouriez et Custine avaient paru se comporter de même avant leur trahison.* J'en ai conféré avec les représentants du peuple, vrais sans-culottes, qui les auraient suspendus sur-le-champ s'ils avaient eu des sujets propres à les remplacer.

Si nous pouvions parvenir à avoir des généraux sans-culottes dans cette armée, il ne resterait aucune ressource aux satellites de la tyrannie qui se sont avancés sur cette frontière, et l'on aurait bientôt purgé la terre de la Liberté de ces monstres. Nous avons appris, hier matin, par des espions et des déserteurs, que le roi de Prusse s'était retiré à Spire avec 10,000 hommes. Les représentants du peuple auraient désiré que le général Landremont attaquât, mais il a objecté qu'il n'était pas en force et n'en a rien fait; comme ils soupçonnent de l'intelligence entre nos généraux et ceux des ennemis, ils ont pris, hier, un arrêté qui défend, sous peine d'être fusillé, de recevoir leurs trompettes.

Je ne dois pas vous dissimuler, Citoyen Ministre, que c'est avec douleur que les patriotes verront sortir de Strasbourg le général Dièche, que vous venez de nommer général de division : il était l'homme propre à défendre cette place et à faire rentrer dans l'ordre les malveillants et les contre-révolutionnaires dont cette ville fourmille. Je suis arrivé de Strasbourg hier soir avec les représentants, afin de concerter avec le citoyen Berger, mon collègue, afin de découvrir dans l'armée quelques vrais sans-culottes qui puissent nous aider à sonder l'esprit public de ceux qui commandent.

Nos braves troupes, je vous le répète, Citoyen Ministre, c'est pour elles un jour de fête, quand on les mènera au combat. Je vous fait passer un arrêté pris par les représentants du peuple au sujet des rebelles.

RENKIN,
Commissaire du pouvoir exécutif près l'armée du Rhin.

Wissembourg, 16 septembre 1793, l'an 1ᵉʳ de la République.

Arrêté des représentants du peuple près l'armée du Rhin.

Les représentants du peuple près l'armée du Rhin, qui ont lu la démission offerte par le citoyen Beaurevoir, commandant la 2ᵉ brigade de cavalerie de l'armée, fondée sur ce qu'on a demandé à la Convention la destitution des ci-devant, et que le président a répondu qu'on renverrait la question aux assemblées primaires; qui ont lu aussi la lettre au général en chef par le citoyen Beaurevoir, où il ajoute que maintenant que le peuple se lève en masse, ses services individuels ne sont plus nécessaires au triomphe de la liberté; considérant, qu'autant le citoyen Beaurevoir paraît tenir aux intérêts particuliers des ci-devant nobles, autant il cherche à tourner en ridicule la levée en masse du peuple souverain, en dédaignant de combattre avec le peuple pour la liberté de tous, et qu'il nous rend responsables des fautes qu'il pourrait commettre si sa démission n'était acceptée.

Arrêtent que le citoyen Beaurevoir est suspendu de ses fonctions, et qu'il sera en même temps mis en arrestation et conduit au pont couvert, à Strasbourg, jusqu'à nouvel ordre, que les scellés seront mis sur ses papiers; le général en chef fera exécuter le présent arrêté, dont il lui sera envoyé copie.

Borie, Ruamps et Mallarmé.

Le chef de bataillon Legrand apprécie très sévèrement le rôle des représentants en mission à l'armée du Rhin pendant les mois de septembre et d'octobre. A l'en croire, ils auraient ruiné la discipline en développant les clubs dans le Bas-Rhin, et leur perpétuelle ingérence dans le commandement aurait rendu la situation des généraux intenable. Il est possible que, sur le premier point, Legrand ait raison, bien que l'influence directe de Bouchotte paraisse avoir plus fait que celle des représentants pour exciter les passions politiques du soldat. Quant à l'intervention des représentants dans le commandement, il ne paraît pas qu'elle ait été abusive, si l'on s'en tient aux quelques documents qui peuvent faire foi. Nous avons vu, dans les conseils de guerre, les représentants essayer en vain de stimuler l'ardeur des généraux. Il est vrai que, n'entrevoyant pas d'eux-mêmes les mesures tactiques appropriées à leurs projets d'offensive, ils ne pouvaient y persister; il est certain également qu'un peu de talent les aurait mieux servis que cette ardeur impuissante; mais les généraux tels que Beauharnais, Landremont, Carlenc, Gilot, Meynier, etc., qui ne possédaient ni l'un ni l'autre, auraient eu mauvaise grâce à protester contre l'intervention des représentants. Bientôt Hoche va paraître; il ne réussira pas d'abord beaucoup mieux que ses prédécesseurs, mais par le seul fait qu'il veut agir et qu'il fait quelque chose, il se voit dégagé de toute espèce de tutelle, et les représentants s'empressent de s'effacer devant lui. Ceux là ne sont cependant pas Saint-Just et Lebas, mais encore Baudot et J.-B. Lacoste.

Il existe un certain nombre d'arrêtés pris par les représentants à l'armée du Rhin entre les combats de Bergzabern et la perte des lignes de Wissembourg. Ils ont pour but de fixer quelques points essentiels d'organisation ou de législation, qui sont de leur ressort, ou de réagir contre le relâchement de la discipline.

Le 9 septembre, ils ordonnent de surseoir au départ du 7e régiment de chasseurs. Ils règlent à diverses reprises le versement des soldats d'infanterie ou de cavalerie dans l'artillerie (1). Le 20 septembre, voyant l'effectif de l'armée très diminué pour plusieurs causes, et voulant en conserver les cadres et l'organisation, ils ordonnent que l'effectif légal du bataillon sera abaissé de 950 hommes à 750.

Le 18 septembre, un arrêté règle le mode de dépôt des armes et des chevaux pris sur l'ennemi, car il se produisait en cela, comme dans tous les services administratifs de l'armée, des abus et un désordre excessifs; le 3 septembre, Borie, Ruamps et Milhaud règlent aussi la conduite à tenir à l'égard des déserteurs; mais leurs ordres les plus importants visent le laisser-aller qui règne aux avant-postes dans cette guerre si peu active. Le 1er septembre, ils portent la peine de mort contre quiconque entrera en relations avec l'ennemi.

Loin d'exagérer les mesures de persécution contre les ci-devant nobles que la Convention veut exclure des

---

(1) *Ordre du 30 août.*

Chacun des bataillons de l'armée enverra au parc d'artillerie quatre hommes de bonne volonté propres à entrer dans l'artillerie légère; ils se présenteront au général Ravel, commandant l'artillerie, qui, sur ces quatre, en choisira deux, qui entreront de suite dans cette arme.

armées, ils protestent contre la destitution des généraux qui ont leur confiance, et suspendent provisoirement l'exécution de la loi qui ordonne d'éloigner des armées les hommes ayant servi dans la garde royale. Enfin l'arrêté le plus important est celui qui prescrit la prompte reconstitution des cadres. Il témoigne d'un vif souci de concilier les intérêts particuliers des officiers avec le bien du service.

Wissembourg, 1er septembre 1793, l'an 1er de la République.

Les représentants du peuple députés à l'armée du Rhin chargent le général en chef de faire mettre à l'ordre du jour que tout officier de tout grade, sous-officier ou soldat, qui parlera avec les vedettes ou tout homme venant de l'ennemi, sera fusillé dans les vingt-quatre heures; il est en outre défendu à tous les officiers généraux et autres de recevoir jusqu'à nouvel ordre aucune dépêche, soit par des trompettes envoyés par l'ennemi, ou tout autre venant de leur part, sous peine de mort. Les représentants s'en remettent à la surveillance de tous les vrais républicains de l'armée pour l'exécution de cette mesure, convaincus qu'il n'est aucun bon citoyen qui ne se fasse un devoir de dénoncer tous ceux qui pourraient contrevenir à un arrêté d'où dépend le salut de l'armée et de la République.

BORIE, J.-B. MILHAUD, RUAMPS.

Wissembourg, 3 septembre 1793, l'an 1er de la République.

Arrêté des représentants du peuple près l'armée du Rhin.

Les représentants du peuple près l'armée du Rhin, après avoir entendu les réclamations multipliées de tous les corps, qui manquent d'un grand nombre d'officiers;

Considérant que le bien du service et le salut de la République exigent impérieusement que toutes les places d'officiers soient occupées, surtout lorsque les armées sont continuellement en présence de l'ennemi et souvent aux prises avec lui;

Considérant que l'intérêt général de la patrie doit l'emporter sur l'intérêt particulier et qu'il est juste de faire jouir des avantages, des récompenses et de l'avancement les braves guerriers qui sont toujours à leurs postes, exposés à tous les dangers de la guerre;

Arrêtent ce qui suit :

1° Dans toute l'armée du Rhin, il sera incessamment procédé à la nomination de tous les emplois vacants et au remplacement de tous les officiers qui, sous un prétexte quelconque, se sont depuis un mois absentés du théâtre des combats ;

2° Le remplacement et les nominations se feront conformément à la loi du 2 février dernier ;

3° Sont seuls exemptés des dispositions du présent arrêté les officiers que leurs blessures ont forcés de s'éloigner du poste de l'honneur et du devoir, et ceux qui ont été faits prisonniers de guerre ;

4° Les officiers qui, pour cause de maladie grave et bien constatée, auront quitté l'armée, se pourvoiront par devant le Ministre (pour obtenir) de l'emploi ou la retraite s'il y a lieu ;

5° Tout officier, de quel grade qu'il soit, et tout soldat qui, au moment du combat, ne sera pas à son poste, sera déclaré déserteur et puni comme tel ;

6° Tout général de division qui découchera hors du territoire occupé par la division, tout général de brigade qui découchera hors du territoire occupé par sa brigade, et tout autre officier qui découchera hors du territoire occupé par le corps qu'il commande, sera suspendu de ses fonctions et remplacé ;

7° Tous les individus non domiciliés depuis un an, qui, dans l'armée ou les places fortes, ne pourront pas justifier d'un emploi, seront tenus de s'en éloigner à vingt lieues dans trois jours et seront conduits dans les prisons s'ils n'ont pas obéi dans le délai prescrit ;

8° Toutes les femmes qui ne se seraient pas conformées à la loi seront tenues de s'éloigner dans le même espace de temps à la même distance, sous les mêmes peines, et les officiers qui garderaient les leurs ou qui ne feraient pas exécuter la loi à cet égard, seront destitués de leurs fonctions, renvoyés à vingt lieues des frontières et remplacés.

Le présent arrêté sera imprimé, affiché et lu à la tête de chaque compagnie de l'armée.

J. MILHAUD, BORIE, DECAMPS.

3 septembre 1793, l'an 1er de la République.

Le commandant de la place de Wissembourg est autorisé et requis par les représentants du peuple près l'armée du Rhin de retenir tous les déserteurs qui arriveront avec tous leurs équipages et chevaux, provisoirement, jusqu'à nouvel ordre, à faire garder les déserteurs dans une maison sûre que le district lui fera fournir à cet effet, et à leur faire donner la subsistance comme à nos troupes. Le commandant de la place donnera connaissance de la présente décision à l'état-major et au général en chef de l'armée, afin qu'il donne les ordres pour que tous les déserteurs qui arriveront dans tous les points de l'armée du Rhin soient provisoirement amenés à Wissembourg, pour être mis sous la surveillance et la responsabilité du citoyen Lozière, commandant à Wissembourg.

BORIE, RUAMPS et J.-B. MILHAUD.

Wissembourg, le 9 septembre 1793, l'an 1er de la République.

Les représentants du peuple à l'armée du Rhin, informés que le Ministre de la guerre a donné les ordres pour les départs des chasseurs à cheval du 7e régiment qui sont actuellement à l'armée du Rhin, et considérant le besoin très urgent de cette troupe dans ces moments où l'on est prêt d'avoir une action, ont arrêté qu'il serait sursis au départ desdits chasseurs ; en conséquence invitent et ordonnent en tant que de besoin au général en chef de l'armée du Rhin de laisser à leur poste cette troupe jusqu'à nouvel ordre.

BORIE, RUAMPS, MALLARMÉ.

Au quartier général à Wissembourg, le 20 septembre 1793.

Les représentants du peuple près l'armée du Rhin, considérant que les bataillons d'infanterie employés à l'armée du Rhin ont été considérablement réduits par l'envoi qu'ils ont fait de détachements à l'armée de la Moselle et par les volontaires qu'ils ont fournis aux corps de troupes à cheval et à l'artillerie ;

Rapportent leur arrêté par lequel ils avaient fixé le complet de chaque bataillon à 950 sous-officiers et volontaires, et arrêtent que ce complet ne sera plus que de 750, conformément à la loi du 21 février dernier, sans préjudice de la conservation des surnuméraires qui pourraient se trouver dans quelques corps et de l'admission de ceux qui y seraient incorporés à l'avenir.

Wissembourg, le 18 septembre 1793, l'an 1er de la République.

Arrêté des représentants du peuple à l'armée du Rhin relatif aux chevaux et armes pris sur l'ennemi.

Les représentants du peuple près l'armée du Rhin, qui ont eu connaissance du peu d'ordre qui règne tant dans le rassemblement des fusils pris sur les ennemis par les défenseurs de la République, que dans le dépôt et distribution des chevaux amenés par les déserteurs ou saisis par les prisonniers ; voulant établir un ordre constant et mettre tous les citoyens à même de dénoncer tous les abus qui se commettent,

Arrêtent ce qui suit :

Art. 1er. — Les fusils pris sur l'ennemi par les défenseurs de la patrie seront soigneusement ramassés dans chaque brigade, pour être envoyés dans les vingt-quatre heures à l'état-major de l'armée.

Art. 2. — La valeur de chaque fusil sera payée, aux volontaires qui les auront enlevés sur l'ennemi, à raison de 25 livres, en quelque état qu'ils se trouvent, l'intention des représentants étant de récompenser les actes de bravoure plutôt que de payer la valeur des fusils.

Art. 3. — Le citoyen Mallet, adjudant-général attaché à l'état-major, est chargé provisoirement de recevoir et payer tous les fusils qui seront apportés conformément aux articles ci-dessus. Il lui sera donné, à cet effet, une autorisation particulière pour toucher à la caisse du payeur de l'armée une somme de 8,000 livres; il dressera procès-verbal de la remise desdits fusils, qu'il fera porter à l'arsenal, et il en justifiera; il rendra compte de ses opérations tous les huit jours aux représentants du peuple.

Art. 4. — Les fusils déposés à l'arsenal y seront conservés jusqu'à ce que la distribution en soit ordonnée par les représentants du peuple, afin d'en armer un ou plusieurs bataillons. Dans le cas où il y aurait des réparations à faire, on y travaillera le plus promptement possible. Le citoyen Mallet donnera à cet effet tous les ordres nécessaires et en fera payer le montant.

Art. 5. — Le citoyen Mallet se concertera avec le chef de l'état-major pour la réunion des armes apportées par les déserteurs, et leur dépôt à l'arsenal.

Dépôt des chevaux.

Art. 6. — Les chevaux des déserteurs seront aussitôt conduits à l'état-major sans qu'ils puissent être achetés par qui que ce soit.

Art. 7. — Le chef de l'état-major choisira sous sa responsabilité un citoyen chargé de dresser un procès-verbal de la remise de son cheval et de son signalement, ainsi que ses harnais et armes.

Art. 8. — Les chevaux seront aussitôt conduits dans une écurie particulière où ils resteront en dépôt jusqu'à ce que les représentants du peuple en aient ordonné la distribution après avoir fait constater dans quel corps ils seront le plus utiles.

Art. 9. — Les chevaux conduits par les déserteurs leur seront payés au prix de l'estimation, qui sera faite par le maréchal de l'état-major et les experts choisis à cet effet. L'estimation du cheval, des harnais et des armes sera faite ensemble.

Art. 10. — Les défenseurs de la République qui prendront des chevaux sur l'ennemi en disposeront à leur gré, mais l'intérêt de la

République sollicite d'eux qu'ils les amènent à l'état-major, où ils recevront aussitôt le prix de l'estimation, ainsi que celui des harnais et des armes.

Art. 11. — Le prix des pistolets demeure fixé à 15 livres la paire, les carabines à 40 livres, les mousquetons à 20 livres et les sabres à 10 livres. Les déserteurs recevront le prix de leurs armes et ils ne pourront être renvoyés, sous aucun prétexte, qu'au préalable ils n'aient touché le prix du cheval, harnais et armes. Les armes prises par les soldats français leur seront payées dans le temps ci-dessus.

Art. 12. — Le chef de l'état-major fera délivrer à chaque déserteur un extrait du procès-verbal de l'estimation du cheval avec un état des sommes qui lui auront été payées pour le cheval, harnais et armes.

Art. 13. — Il sera mis successivement à la disposition du chef de l'état-major les fonds nécessaires pour payer le prix des chevaux et armes, conformément aux articles ci-dessus. Il lui sera délivré sur-le-champ, par un ordre séparé, autorisation suffisante pour toucher dans la caisse du payeur général de l'armée une somme de 20,000 livres, et il rendra compte, tous les huit jours, de ses opérations aux représentants du peuple.

Art. 14. — Le chef de l'état-major donnera tous les ordres nécessaires pour la surveillance, l'entretien et la nourriture des chevaux pendant qu'ils resteront en dépôt.

RUAMPS, MALLARMÉ, BORIE.

Strasbourg, 29 septembre 1793, l'an 2e de la République.

Les représentants du peuple près l'armée du Rhin, informés que la loi du 5 septembre relative aux mesures de surveillance concernant la résidence des militaires a fait naître des doutes et des difficultés sur son exécution; que celle-ci s'est faite de diverses manières; que, si elle avait lieu sans qu'au préalable la Convention nationale ait décidé d'une manière claire et précise les différentes questions qui ont été faites dans la lettre du général en chef de l'armée du Rhin du 24 de ce mois, il en résulterait les plus grands inconvénients, notamment la perte de plusieurs braves militaires et des gardes françaises qui ont si bien servi la cause de la liberté et concouru à établir la République, que la Convention n'a pas sans doute voulu comprendre dans les dispositions de ladite loi,

Ont arrêté qu'il sera sursis provisoirement à son exécution; qu'en conséquence les militaires, de quelques armes qu'ils soient et de tous grades, sont autorisés à rejoindre leurs corps aussitôt qu'ils auront connaissance du présent arrêté, jusqu'à ce qu'il en soit autrement ordonné, et qu'à l'instant il sera député vers la Convention pour soumettre à sa sagesse les différentes questions qui ont été proposées.

GUYARDIN, NIOU, MALLARMÉ, RUAMPS, BORIE, MILHAUD et J.-B. LA COSTE.

Il régnait à l'armée du Rhin, c'est incontestable, un désordre effrayant, aussi bien dans la conduite du soldat que dans l'administration; mais il est souverainement injuste d'en reporter la responsabilité sur les représentants J.-B. Lacoste, Guyardin, Borie, Ruamps, Milhaud, etc. On peut leur reprocher de n'avoir pas réussi à rétablir l'ordre, mais ils se trouvaient en face d'une situation compromise depuis longtemps par la propagande politique, et surtout par l'état d'inaction où des généraux incapables tenaient les troupes. Quoi de plus funeste à la discipline que ce séjour interminable dans les camps, ces petits combats sans cesse répétés, qui finissaient quelquefois par un échec, jamais par un succès marqué, et où le soldat ne se sentait pas guidé et entraîné par une volonté sûre d'elle? Quoi de plus nuisible pour la subsistance que ce séjour perpétuel dans une même région, entièrement épuisée par deux ans d'achats et de réquisitions et par la présence même des troupes? (1)

---

24 août.

(1) *Au commissaire Willemanzy.*

Je vous adresse, Citoyen, une réclamation faite au nom du général Gillot, sur l'impossibilité où les corps de cavalerie se trouvent de se pourvoir de fourrage à Nider-Lauterbach, où le 2ᵉ régiment de chasseurs se trouve cantonné.

Cette réclamation mérite la plus grande attention, je vous prie de la prendre en considération.

BOURCIER.

Circulaire aux adjudants généraux.

Je vous préviens, Citoyen, qu'à dater du 30, les fourrages seront distribués pour toute l'armée, des magasins; que nul corps ne pourra

Depuis le mois d'août, les paysans n'ont pas cessé de se soustraire aux réquisitions et de se mettre en état de rébellion ouverte contre les autorités chargées de requérir. Cet état de choses est révélé de temps à autre par des ordres comme ceux-ci :

29 août.

Il est ordonné au citoyen Fourré, brigadier de la force publique, de faire rendre sur-le-champ aux particuliers les bestiaux qui leur ont été enlevés, à charge de les punir s'ils se rebellent encore. Il ramènera, au quartier général, à Wissembourg, les citoyens arrêtés ainsi que les bestiaux qui leur appartiennent.

BOREL, adjoint.

30 août.

Ordre de fournir dix gendarmes pour escorter un commissaire du district et un employé des fourrages chargés d'aller lever les fourrages dans les communes voisines.

Ordre de fournir deux gendarmes pour escorter des voitures allant chercher du fourrage à Haguenau.

VAUFRELAND.

Enfin, le 22 septembre, les représentants, las de cette éternelle résistance, « arrêtent qu'une armée révolutionnaire de 1000 hommes sera établie provisoirement à la disposition des commissaires civils nommés par les représentants pour les réquisitions ».

L'indiscipline des soldats et la corruption des agents, qui, les uns et les autres, dilapidaient les vivres destinés

---

plus, jusqu'à nouvel ordre, s'en procurer par la voie de la contribution.

Vous voudrez bien prévenir les corps qui composent la division aux ordres du général Diettmann, qu'il convient que l'officier chargé de faire viser le bon au bureau central, devra être porteur d'un certificat du conseil d'arrondissement, attestant que les subsistances levées dans les villages n'assurent pas, au delà du 29 inclusivement, celles des corps qui auraient de l'excédent et ne pourront venir au magasin qu'après l'avoir consommé.

BOURCIER.

à l'armée, contribuaient au moins autant que la résistance des paysans à affamer l'armée.

Strasbourg, le 31 août 1793, l'an 1ᵉʳ de la République.

Le citoyen Prieur (1) *au général Sparre.*

Je ne suis plus étonné de l'immense et excessive consommation qui se fait en pain de munition, car en passant cet après-midi dans la rue de la Manutention, j'ai vu de mes propres yeux, environ à quarante pas d'icelle, plusieurs voitures arrêtées et entourées d'hommes et de femmes qui achetaient, des charretiers des charrois et autres, et notamment des gendarmes, le pain de munition qu'ils venaient d'y recevoir; je me suis arrêté pour pérorer les gendarmes qui avaient déjà vendu presque la totalité d'une des voitures de pain près de laquelle je me trouvais. Dès que j'eus commencé à leur parler, en un instant, hommes, femmes, soldats et voituriers disparurent, au point que la rue qui était auparavant remplie comme un marché, où une personne à pied n'aurait pu passer, il n'y restait presque plus que les voitures presque toutes vides.

Vous sentez, mon Général, combien il est important de remédier à des abus aussi affreux et aussi contraires aux intérêts de la République, surtout dans la pénurie où nous sommes.

Je pense, mon Général, qu'il y a beaucoup de négligence de la part des employés des vivres, dont plusieurs m'ont avoué connaître ces abus sans les avoir dénoncés ni rien fait pour y remédier jusqu'à ce jour;

Que les circonstances et l'état de pénurie des magasins doivent déterminer les plus grandes précautions, et toutes les mesures possibles pour prévenir et empêcher la continuation de ce mal;

Qu'enfin, il serait nécessaire d'établir des piquets et patrouilles qui iraient et viendraient aux heures des distributions, dans les rues adjacentes aux magasins de la manutention, et même qu'il y eût des plantons dans l'intérieur et à l'extérieur d'iceux, pour y reconnaître les abus et faire arrêter et emprisonner sur-le-champ ceux qu'ils trouveront en flagrant délit, tant boulangers et autres ouvriers et employés des vivres, que tous les soldats, charretiers, domestiques et autres qui seraient pris vendant du pain de munition dans quelques rues, lieux et endroits que ce soit, ainsi que tous bourgeois, hommes et femmes qui seraient trouvés achetant du pain de munition de qui que ce puisse être, le tout sous telle autre peine que vous jugerez convenable de faire

---

(1) Commissaire ordonnateur à Strasbourg.

déterminer par le conseil de guerre ou de prononcer vous même ; mais il est, je crois, on ne peut plus nécessaire de mettre toute la sévérité convenable pour déraciner un abus aussi pernicieux et aussi contraire aux intérêts de la République.

Vous jugerez vraisemblablement convenable, mon Général, de faire dès demain mettre préalablement toutes ces défenses à l'ordre, de faire circuler le même ordre dans tous les postes, camps et cantonnements des environs de cette place, et même dans toute l'étendue de votre commandement, car il faut nécessairement des exemples sévères pour arrêter ces abominables dilapidations dont les suites ne pourraient être que funestes et opérer des maux auxquels il est urgent de remédier promptement.

Prieur.

Un arrêté des représentants, non daté, réitère la défense à tout militaire ou employé, de « prendre des rations de vivres ou de fourrages au-dessus de ce qui lui est attribué, ni de vendre ou donner aucunes desdites rations sous quelque prétexte que ce puisse être, sauf à lui à se faire remplacer par le rachat ce qu'il ne consomme pas ».

L'indiscipline de l'armée se traduit encore par le pillage des environs de Wissembourg. Des plaintes se sont élevées déjà lors des combats de Bergzabern et à l'arrivée des agricoles. Il s'en produit sans cesse :

Ordre du 10 septembre.

Malgré les défenses réitérées de ne commettre aucune dégradation dans la campagne, le Général en chef voit avec douleur que les propriétés qui environnent les camps et cantonnements sont journellement dévastées ; il reçoit continuellement des plaintes à ce sujet, et il ne voit pas d'autre moyen de remédier à un aussi grand mal que dans la vigilance exacte des généraux commandants des postes, et, en général, de tous les officiers de l'armée. Il leur est enjoint, en conséquence, de surveiller avec le plus grand soin cette coupable violation des droits de l'homme, et il les rend personnellement responsables de toutes les infractions en ce genre qui pourraient être commises à l'avenir.

Telle était l'armée du Rhin au moment où Wurmser allait renouveler son attaque sur la Lauter.

XXVII. — Plans d'opérations des alliés.

Avant même que Landau ne fût investi, les Autrichiens avaient commencé, mais en vain, à soumettre au roi de Prusse divers plans offensifs. Le prince de Waldeck était venu à Dürckheim avec un projet dont il était l'auteur. Il s'agissait « de pénétrer en France le plus facilement possible, d'y faire telle ou telle conquête, et de s'y procurer une base pour la campagne suivante et de bons quartiers pour l'hiver ».

Le projet du prince de Waldeck envisageait trois cas. Le premier était celui où le roi de Prusse consentirait à faire le siège de Landau. Dans ce cas, une fraction de l'armée prussienne s'avancerait sur la Sarre pour surveiller l'armée de la Moselle, pendant que la plus grande partie descendrait sur la Lauter pour couvrir le siège de Landau. Les troupes de l'Empire pourraient être employées à ce siège, ainsi que l'artillerie de Mayence. On aurait Mannheim et Philipsbourg comme places de dépôt. L'Electeur de Bavière soutiendrait cette opération. Pendant ce temps-là, Wurmser prendrait Huningue, et son apparition dans la haute Alsace détournerait l'ennemi de secourir Landau.

Si cette entreprise ne plaisait pas aux Prussiens, on pouvait s'en tenir à la conquête de l'Alsace, sans assiéger Landau. Dans ce cas, l'armée prussienne s'avancerait sur la Sarre, puis, laissant un corps d'armée en face de l'armée de la Moselle, tomberait brusquement par Hornbach et par les défilés des Vosges sur Lembach ou sur Gœrsdorf, de manière à prendre l'ennemi entre deux feux. Wurmser ferait passer le Rhin en même temps à une division autrichienne vers Drusenheim, pour attaquer les Français par Offendorf et Wantzenau. On assiégerait alors Strasbourg sous la protection de l'armée prussienne.

Si cette dernière était vraiment trop éprouvée par le siège de Mayence pour entreprendre quelque opération aussi importante que ces deux-là, on proposait une troisième solution, qui consistait à faire attaquer Landau par un corps détaché pendant que le gros des forces prussiennes irait assiéger Sarrelouis, qui ne semblait pas devoir tenir plus de trois semaines.

Les propositions du prince de Waldeck ne plurent pas au quartier général prussien. On lui répondit que « dans des conférences précédentes on avait reconnu qu'après la prise de Mayence, rien ne pouvait être plus avantageux que la marche sur Sarrelouis et Thionville, parce que d'une part la Moselle assurait le ravitaillement de l'armée, et que d'autre part les alliés, étant plus concentrés, frapperaient un coup plus puissant sur la ligne de défense de l'ennemi; qu'au contraire, une marche en Alsace les diviserait et les affaiblirait ».

Devant ces objections, que l'historien autrichien juge inventées à plaisir, Wurmser renonça à faire adopter un plan général d'opérations. Du moins voulut-il obtenir le concours des Prussiens pour une première attaque contre les Français, sans préjuger des mouvements ultérieurs. Il renvoya donc le prince de Waldeck au quartier général prussien avec les propositions suivantes :

« Landau ne devait guère avoir de vivres que pour deux ou trois mois ; on pouvait donc espérer que, bloquée par les armées autrichienne et prussienne, cette place serait réduite par la faim avant le 15 novembre. Les avantages à retirer de cette conquête paraissaient suffisants pour engager à effectuer ce blocus ; mais il ne pouvait en être sérieusement question tant que l'ennemi resterait sur la Lauter, à une marche de Landau. Il fallait donc forcer les lignes de Wissembourg. Les troupes dont Wurmser disposait sur la rive gauche du Rhin ne suffisaient pas pour réussir dans une pareille attaque ; il demandait donc au roi de Prusse de la faciliter, d'abord en contribuant à l'investissement de Landau, puis en poussant un corps à travers les Vosges par Weidenthal, pour tourner la gauche de l'ennemi à Wissembourg pendant que les Impériaux attaqueraient de front les lignes françaises.

Si l'on chassait les Français de la Lauter, un grande partie des troupes campées dans le Brisgau pouvait passer le Rhin entre Huningue et Neuf-Brisach, et faire de ce côté une puissante diversion. »

Le roi de Prusse fit répondre qu'il était prêt à fournir la coopération désirée, tant pour le blocus de Landau que pour le mouvement à travers les Vosges. Toutefois, « il demandait que, si la force nécessaire pour accomplir le mouvement débordant à travers les Vosges dépassait les ressources disponibles du corps d'armée opérant à l'Ouest de ces montagnes, l'armée impériale complétât elle-même le détachement envoyé sur Weidenthal ». Il revenait, pour terminer, sur son désir de soutenir et de satisfaire le plus possible le général autrichien.

Le prince de Waldeck demanda encore à être fixé sur certains points : il voulait savoir combien de troupes le Roi pourrait consacrer au blocus de Landau et de quelle force il pourrait disposer pour le mouvement à travers les Vosges. Il lui fut répondu que le Roi avait destiné 15 bataillons, 15 escadrons et 2 compagnies de chasseurs à l'investissement de Landau, et qu'il était impossible de disposer de plus de 6 bataillons pour traverser les Vosges, en raison du grand déploiement de forces exigé par l'occupation des lignes de l'Erbach et de la Blies.

Brunswick arrivait alors à Queitersbach, et c'est là qu'il fut avisé des propositions de Waldeck et de la réponse qu'on y avait faite. Il déclara aussitôt que l'opération projetée exigeait des forces considérables, 28 bataillons, et qu'avec les 6 bataillons qu'il pouvait y consacrer, il courrait des dangers très sérieux.

Les objections d'ordre prétendu technique qu'il fit à ce sujet firent abandonner le projet, et tout ce que put obtenir Wurmser fut que les Prussiens seraient chargés d'occuper les postes de la montagne.

Une quinzaine de jours plus tard, Brunswick reprenait et développait en partie les arguments qu'il avait opposés au projet de Wurmser. Il écrivait au Roi le 27 août une lettre bien caractéristique de son système de guerre, où l'installation de quelques fours joue un rôle comparable à celui des plus grandes opérations tactiques.

Après les combats du 20 au 23 août, il devenait clair pour Wurmser que les positions françaises de Bergzabern, de Wissembourg et des gorges de la Lauter ne pouvaient être enlevées par les seules forces de l'armée autrichienne, telle du moins qu'elle était disposée. Aussi chargeait-il, le 25 août, le général von Wartensleben de solliciter le concours de Brunswick pour une attaque convergente sur Wissembourg (1) :

« S. E. le comte de Wurmser m'a exprimé, écrit Wartensleben au colonel prussien von Manstein, le désir très vif qu'il a que S. A. le duc de Brunswick veuille bien concerter ses mouvements avec le général Hotze pour pouvoir ensuite tourner Wissembourg pendant que le prince de Waldeck l'attaquerait..... »

Manstein répond le jour même qu'il a soumis la demande du comte de Wurmser à S. M. Prussienne, mais que « tout mouvement particulier d'un corps d'armée devant s'adapter nécessairement au plan général d'opérations, et le véritable plan n'étant pas encore arrêté, mais toujours attendu de Vienne, il n'était pas

---

(1) C'était en même temps la seule réponse possible à une lettre du roi de Prusse, où ce souverain se plaignait de ce que Wurmser avait attaqué sans le prévenir, le 20 août, et lui avait ainsi enlevé le plaisir de lui donner l'appui des troupes prussiennes.

bien certain que les mouvements entrepris depuis quelques jours par le comte de Wurmser répondissent assez aux vues de S. M. Impériale, et surtout que le concours demandé au duc de Brunswick pût se concilier avec le plan général d'opérations, dont le comte de Wurmser aurait peut-être bien fait d'attendre l'adoption.....
L'ennemi occupait les postes de Bobenthal, Nothweiler et Lembach, et tous les débouchés par lesquels on pouvait gagner son flanc étaient ainsi barrés, de sorte que le mouvement tournant semblait impossible. En tout cas, le duc de Brunswick ne pourrait s'y porter avec quelques faibles bataillons, et s'il voulait ébranler tout son corps d'armée, les troupes ennemies campées entre Hornbach et Schweigen pourraient se jeter sur sa communication, ou passer l'Erbach et prendre en flanc le prince de Hohenlohe.

Sa Majesté consentait cependant à écrire au duc de Brunswick pour lui demander son avis, savoir jusqu'à quel point la chose lui semblait possible, etc. »

Brunswick rendit aussitôt la consultation suivante :

Pirmasens, le 27 août 1793.

Votre Majesté aura pu voir par mon mémoire du 12, daté de Queitersbach, les motifs pour lesquels il est très délicat de prononcer, en partant d'ici, un mouvement offensif contre la position ennemie de Wissembourg. En outre, ainsi que Sa Majesté l'aura vu par le compte rendu des paroles du général ennemi d'Arlande, émigré le 24, et qui commandait entre Wissembourg et Bitche, l'ennemi a posté et retranché ses troupes dans la montagne entre ces deux villes (1). Sans reprendre tous ces détails, il en ressort que l'ennemi couvre la principale avenue de Wissembourg par Dahn, au moyen des positions fortifiées organisées derrière la Lauter, sur les hauteurs boisées de Bondenthal, Nothweiler et Bobenthal, et, ce qui achève d'assurer son aile gauche de ce côté, qui est le plus accessible, c'est que, ces postes venant à céder, ce que

---

(1) Il est donc bien avéré que d'Arlande a non seulement émigré, mais bien trahi dans toute la force du terme.

la répartition des forces ennemies rend très admissible, celles-ci peuvent encore se réunir à l'aile gauche de l'armée française sur la hauteur fortifiée du Pigeonnier, contre laquelle on ne peut s'avancer que par des vallées et des chemins très difficiles. Les chemins de Fischbach à Lembach sont barrés par de forts abatis, et défendus en outre par des troupes, et les chemins par lesquels on pourrait encore tourner ces obstacles sont trop près de la forteresse de Bitche pour qu'on fasse passer des troupes entre cette dernière et l'armée ennemie, sans prendre des précautions spéciales.

S'il ne s'agissait que d'un coup de main, la valeur des troupes de Votre Majesté surmonterait à coup sûr tous les obstacles et repousserait l'ennemi; mais ici il s'agirait, à mon humble avis, d'une opération en règle qui exigerait non seulement un ravitaillement en pain, fourrages et autres subsistances, mais encore des mesures de sûreté pour protéger ces convois indispensables. Ainsi, sans suivre un véritable plan d'opérations, on ne pourrait espérer que peu de succès de toutes les entreprises tentées contre le camp de Wissembourg, dont la force nous est assez connue; on donnerait bien plutôt à l'ennemi une occasion de se féliciter de ses succès, si l'on entreprenait quelque chose au hasard avec des moyens insuffisants, et sans l'esprit de suite voulu, contre des positions organisées dans une montagne impraticable.

Malgré tout, je ne crois pas impossible ou invraisemblable de déposter l'ennemi des lignes de Wissembourg, pourvu que l'on insiste sur ce que l'on doit attaquer en même temps du côté le plus difficile, c'est-à-dire par la basse Alsace.

Cette entreprise supposerait d'ailleurs :

1° Que le corps ennemi de Schweigen (Neu-Hornbach) qui est dans une position avantageuse, a été battu, rejeté sur la Sarre, et coupé de la forteresse de Bitche;

2° Que Bitche a été bloqué aussitôt, et le corps de blocus soutenu par un autre posté sur le Ketterich et près de Pirmasens;

3° Que la boulangerie de ce corps d'armée serait avancée jusqu'à Burgalben, le manque d'eau ne permettant pas de l'installer à Pirmasens. Il y aurait lieu de former des dépôts de vivres et de fourrages à Pirmasens, et d'y réunir des attelages pour les convois nécessaires;

4° Dans ces conditions, le corps d'armée s'avancerait de Pirmasens par Eppelbrunn, laissant Bitche à sa droite, sur la route de Bouxwiller; il atteindrait la position dite de la Main-du-Prince, puis, pour sa seconde marche, le vieux château de Philipsbourg. Si ce dernier était occupé par l'ennemi, comme il passe pour être imprenable quand il est gardé, on prendrait à travers la montagne par Waldeck, laissant Niederbronn à droite pour aboutir vers Reichshoffen; de là on déboucherait en plaine à cinq heures de Haguenau, ayant tourné complètement la position ennemie de Wissembourg ;

5° Mais pour réaliser tout cela, il faudrait que les Impériaux prissent des positions défensives dans la montagne, et j'indiquerais à cet effet Erlebach et même Dahn pour tenir l'ennemi en respect dans la montagne. Au reste, il va de soi que le général Wurmser, dès qu'il verrait l'ennemi évacuer la position de Wissembourg, le suivrait pied à pied sans hésitation.

Tout cela exigerait évidemment des études plus minutieuses, mais dans l'ensemble cela me paraît être le plan par lequel on atteindra le plus sûrement le but qu'on se propose. Je ne suis pas en état d'affirmer que les chemins resteraient praticables après une pluie forte et prolongée; mais mon attention restera fixée sur ce point essentiel.

Si l'on ne devait pas attendre que le lieutenant général von Knobelsdorff pressât sa marche, le général autrichien von Blankenstein se rapprocherait du lieutenant général von Kalckreuth sur la rive droite de la Sarre, vers Lembach, pour surveiller cette région (1) ».

Il est certain que les Prussiens faisaient la guerre à contre-cœur, que le Roi ne se souciait pas de trop contribuer au succès des Autrichiens, que les officiers même considéraient cette guerre comme « une horreur », et si nous n'insistons pas davantage sur ce sujet, c'est qu'il a été entièrement traité et élucidé par un ouvrage qui est dans toutes les mains (2).

Rappelons seulement le mot de Lucchesini : « Il est

---

(1) Ce document, ainsi que la plupart des fragments cités dans ce chapitre, est traduit du texte publié par Wagner : *Der Feldzug der K. preussischen Armee am Rhein im Jahre 1793*. Berlin, 1831.

(2) A. Chuquet. *Les guerres de la Révolution*. Wissembourg.

Le 31 août, un déserteur du régiment d'infanterie de Müffling « a dit que le bruit général parmi les Prussiens est qu'ils ne veulent point pénétrer dans le territoire républicain ; leur intention est seulement d'empêcher les Français de s'avancer. Il dit aussi que les Prussiens espèrent faire avant la fin de cet hiver la fin de la guerre, dont ils sont fort mécontents ; les officiers même font voir leur dégoût, et beaucoup ont fait entendre que si elle ne finissait pas bientôt, ils demanderaient leur démission ». (A. G.) D'autres dépositions analogues sont faites par des prisonniers ou déserteurs de divers régiments.

important que nous n'allions pas de l'avant dans tout ceci, et je mettrai tous mes soins à l'empêcher ».

Il faut bien constater, toutefois, que Brunswick et le Roi de Prusse lui-même, maintenant qu'ils étaient partis en guerre, ne demandaient pas mieux que d'aller de l'avant, et « acquérir quelque gloire ». Le Roi avait résolu d'assiéger Sarrelouis, et c'eût été chose faite sans les demandes de secours de Wurmser. Quant à Brunswick, le jour même où il écrivait au Roi l'étonnante lettre qu'on vient de lire, il faisait part au comte Manstein de son désir de reprendre l'offensive :

« L'ennemi ne cesse de harceler nos avant-postes, disait-il ; vous aurez pu le voir par mes rapports. Il n'y a qu'une manière de lui répondre, c'est de lui tomber dessus, mais on ne peut le faire que par une marche de deux jours qui conduirait en Lorraine. Si des considérations politiques interdisent tout mouvement offensif dans un moment où l'on peut à coup sûr écraser l'ennemi, je demande pour ma justification, et pour me couvrir aux yeux mêmes de l'armée, que S. M. le Roi m'envoie l'ordre formel *que les corps prussiens campés de ce côté-ci des Vosges ne fassent aucun mouvement offensif jusqu'à nouvel ordre et ne franchissent pas la frontière.* »

En résumé, ni Brunswick, ni le Roi lui-même, par moments, n'ont manqué de velléités offensives. L'armée de la Moselle étant d'ailleurs incapable de les arrêter, ils auraient certainement pénétré en territoire français s'ils avaient été abandonnés à eux-mêmes. Mais ils n'étaient pas animés d'un violent désir de vaincre, sachant que leur victoire profiterait surtout à l'Autriche, dont ils étaient séparés par une opposition d'intérêts très marquée dans les affaires de Pologne. Aussi leur esprit guerrier n'était-il pas capable de lutter contre l'appréhension de servir outre mesure les intérêts particuliers de l'Autriche, et chaque tentative de Wurmser pour les attirer sur le Rhin ajoutait encore à leur inertie.

Mais ce n'est pas tout. Les lettres de Brunswick nous montrent le général prussien sous un jour qui éclaire tout à la fois l'insignifiance de ses succès en 1758-1763, sa timidité de Valmy, son inertie en 1793, et sa catastrophe d'Iéna. Ce général, qui corrigeait lui-même la ponctuation des lettres écrites dans son état-major, voyait tout en petit. Il n'était pas sans aptitudes militaires dans le feu du combat; mais s'il s'agissait d'établir un plan de campagne, aussitôt les détails de subsistances, de fours, de convois, l'empêchaient de concevoir nettement les grandes lignes. Ces impedimenta ont entravé son activité intellectuelle, et, comme on a pu le voir, ils furent le principal obstacle à la coopération des armées alliées. Le 11 août, le Roi avait donné son assentiment au projet de Wurmser; mais les arguments prétendus techniques de Brunswick l'en détournèrent.

Quand le comte Lehrbach, envoyé par l'Empereur, vint à Edenkoben, le 30 août, et demanda le concours des Prussiens pour enlever les lignes de Wissembourg, le Roi refusa d'exécuter ce plan. Il en développa un autre, qui consistait à faire couvrir le siège de Landau par Wurmser pendant que l'armée prussienne assiégerait Sarrelouis. Il fit, sans attendre la réponse de l'Empereur, rassembler de l'artillerie, des munitions et des vivres à Trèves. Il souhaitait (ainsi que Cobourg, d'ailleurs) que « Wurmser attendît tranquillement le résultat de ce siège dans une bonne position défensive, au lieu de livrer des combats sanglants dont le but final et l'utilité lui demeuraient inconnus »

Lehrbach comprit bien le sentiment qui animait, ou plutôt qui retenait les Prussiens : « *On ne veut pas*, écrivit-il à l'Empereur, *pour des raisons militaires et peut-être politiques, agir sur l'Alsace* (1) ».

---

(1) Chuquet. *Wissembourg*, page 126. *Œstreichische Militärische Zeitschrift*, 1834, 4ᵉ volume, page 123.

Les alliés ne parvinrent donc pas à adopter un plan capable de procurer des résultats décisifs par la coopération des deux armées.

Ainsi qu'il arrive souvent, leur adversaire avait une conception beaucoup plus nette de la manœuvre qui lui aurait porté un coup funeste; Schauenbourg écrit le 21 août : « Tout annonce que les ennemis veulent prendre l'Alsace à revers ; si je me porte avec l'avant-garde et les troupes qui me restent au corps de bataille pour soutenir le corps des Vosges, je découvre tout le département de la Moselle; j'ai convoqué les généraux qui sont au corps de bataille, en présence des représentants du peuple, il y a quelques jours; l'on a été unanimement d'accord à porter du secours sur le revers des Vosges ». Par malheur, il ne trouve pas moyen de parer au danger qu'il signale si bien. Il se borne à renforcer le corps des Vosges de deux bataillons. Le 26 août, ce sont les représentants qui écrivent à leur tour : « Nous devons, Citoyens nos collègues, vous faire part de la vraie position de cette armée, du danger que court celle du Rhin, si l'ennemi s'empare du revers des Vosges ».

Dans son embarras, Schauenbourg a demandé les ordres du Ministre (1), et il en reçoit une réponse qui ne l'éclaire pas sensiblement :

« L'ordre existe pour les généraux ; c'est de défendre

---

(1) Schauenbourg se sent incapable de diriger les mouvements d'une armée, et il en fait l'aveu, dans sa lettre du 21 août 1793 à Bouchotte, de la manière la plus nette et la plus sincère. Après les quelques lignes que nous venons de citer, il continue en exposant combien son éducation et sa carrière l'ont peu préparé à exercer un commandement en chef. Rien de plus précieux à enregistrer que cet aveu d'impuissance : « Je n'ai point vu de moyen pour remédier aux inconvénients énoncés ci-dessus. Vos ordres, citoyen Ministre! Je ne suis pas au fait des grandes combinaisons; je n'ai jamais été employé que très successivement dans les différents grades que j'ai parcourus; l'étendue des

la frontière, et de nuire autant qu'il est possible à l'ennemi. Reste à prendre les meilleurs moyens; le général sur les lieux peut en juger mieux que personne, et s'il a besoin de consulter, les représentants, qui sont aussi sur les lieux, sont plus à même que tous autres de l'aider. »

XXVIII. — Combats de Nothweiler.

Les Français ne firent donc rien pour s'opposer à une manœuvre qu'ils redoutaient.

Quant à Wurmser, sa demande ayant été rejetée par le roi de Prusse, il réfléchit pendant quelques jours, puis résolut de tenter avec ses propres forces l'opération à laquelle les Prussiens refusaient leur concours, en changeant ses dispositions et employant toutes ses ressources. Il appela d'abord, de la rive droite du Rhin, 3 bataillons autrichiens, 6 bataillons et 6 escadrons de troupes des cercles sous le commandement de Jellachich, qu'il plaça à sa gauche entre Büchelberg et Hagenbach. Ainsi renforcé de 5,000 hommes, il put envoyer un détachement dans la montagne pour tenter de déloger nos postes de Dahn et Bondenthal.

Le 3 septembre, il forma un petit corps de 1500 hommes, comprenant 2 compagnies de Huff, 2 escadrons de hussards d'Erdœdy, 1 bataillon de Valaques, 300 hommes d'infanterie de Mirabeau et de Hohenlohe, et 100 chevaux de la légion de Mirabeau et de Salm. Cette

---

correspondances que je suis obligé de suivre, vu la répartition actuelle de l'armée, jointe aux dispositions journalières que j'ai à faire, me jettent dans un travail au-dessus de mes forces; vous n'aurez jamais appris, citoyen Ministre, que je n'ai pas rempli tous mes devoirs avec le zèle le plus ardent; j'ai pu le faire parce qu'ils étaient proportionnés à l'étude que je m'étais faite de mon service; je vous peins avec véracité ma situation..... »

colonne partit nuitamment, et le but de son expédition resta secret.

On sut depuis qu'il consistait à attaquer nos positions en arrière de Bondenthal et Rumbach, à pousser sur Fischbach et Schœnau, puis à redescendre sur Weiler, de manière à occuper les hauteurs qui dominent directement Wissembourg. Ainsi Wurmser, après des assauts réitérés, reconnaissait la difficulté de forcer de front les positions de Bergzabern et de Wissembourg; il avait éprouvé que nos postes de la montagne étaient le plus gros morceau à enlever, et il en chargeait un lieutenant-colonel avec 1500 hommes, auxquels il assignait une mission à grande distance, sans soutiens et sans liaisons avec l'armée!

Le détachement parvint sur la Lauter à Bruchweiler, entre Dahn et Bondenthal; il se trouva en face de notre camp retranché de Bondenthal et Nothweiler, défendu par plus de 2,000 hommes et 8 pièces de canon, et reconnut l'impossibilité de l'attaquer avec des forces inférieures. Il revint le 5 à l'armée de Wurmser. Ce général mit le lieutenant-colonel aux arrêts et le remplaça par le major Schrœckinger, du régiment de Huff, qui repartit aussitôt avec les mêmes troupes; puis, après réflexion, il fit suivre ce premier détachement d'un second, fort de 3,000 hommes prélevés sur le régiment de Huff, les Valaques, la légion de Mirabeau et la brigade de Hohenlohe, avec 6 pièces de canon. Le tout fut placé sous les ordres du général Pejaczewicz. Il partit le 7, à 11 heures du soir, s'arrêta quatre heures à Annweiler, puis marcha tout d'une traite jusqu'à Dahn, que nous n'occupions plus depuis quelques jours, et où l'attendait le détachement de Schrœkinger.

Laissant sa troupe se reposer au bivouac, sur la montagne de Saint-Michel, il passa la journée du 9 à reconnaître nos positions. Le 10, ses chasseurs se mirent à tirailler avec les nôtres entre Schlettenbach et Bruchweiler. Les mouvements des Autrichiens entre Annweiler, Dahn et Erlenbach, qui duraient depuis une semaine, avaient été signalés à plusieurs reprises aux Français (1). Le général Ferey, qui commandait la division des gorges, et le général Landremont, qui attachait une importance capitale à la possession de Nothweiler, ne prirent cependant aucune mesure efficace pour renforcer ou soutenir au besoin les troupes qui l'occupaient, et Ferey s'y laissa surprendre. Deux bataillons (1400 hommes) eurent ainsi à subir le choc de 4,000 hommes environ. Pejaczewicz avait partagé son détachement en trois colonnes. Celle de gauche, commandée par Schrœckinger, se porta de Saint-Michel par Busenberg sur le Premmels-Berg, pour attaquer la droite du camp sur la Dennen-Halde. La colonne du centre, sous la direction personnelle de Pejaczewicz, passa par Bondenthal, et ayant posté son artillerie sur la hauteur escarpée au Sud-Est de ce village, attaqua de front nos retranchements. Enfin la colonne de droite, commandée par le lieutenant-colonel de Beaumont, du

---

(1) *Rapports de déserteurs et d'émissaires les* 8, 9, *et* 10 *septembre.*

« Un corps émigré est arrivé dans la nuit du 7 au 8 dans les gorges, rapporte un émissaire ; il a pris une bonne position près le Dahn en occupant la montagne dite Saint-Michel. Les patrouilles de ce corps ont poussé la veille jusqu'à Bondenthal. Un corps prussien de 3,000 hommes devait se joindre à eux pour attaquer de concert. » Le 10, il fait savoir que ce corps d'émigrés, fort d'environ 4,000 hommes, est retourné bivouaquer en arrière et a l'intention d'attaquer le 11. « Depuis trois jours, les troupes qui étaient entre Horbach et Oberhoffen ont marché par les gorges de Klingenmünster au nombre de 7,100. »

L'adjudant général Duvignau écrit au Comité de Salut public que le général en chef, « en portant des forces dans les gorges, en assure la défense ». Par malheur, ces forces n'étaient que des agricoles, et elles s'évanouissaient en quelques heures. Trentinian écrit de Bondenthal que les 2,000 agricoles qu'on lui avait envoyés se sont réduits à 600 et sont enfin retournés à Weiler.

corps de Condé, passa par Rumbach et le Braun-Thal, pour nous prendre à revers du côté du Beissen-Berg. Cette dernière colonne arriva trop tard, ayant eu à franchir au milieu de la nuit des ruisseaux, des pentes escarpées et des bois, tandis que le succès des deux autres avait été des plus rapides(1). Deux compagnies autrichiennes, détachées sur notre droite par le major Schrœckinger, avaient pris en flanc les défenseurs du retranchement, et Pejaczewicz, choisissant cet instant pour donner l'assaut, avait enlevé les redoutes et rejeté nos deux bataillons (4e du Jura, 1er du 13e) jusqu'au delà de la Tannenbrücke (2), près de Lembach.

Nous perdions là 5 bouches à feu, des voitures de vivres et 33 prisonniers ; 200 hommes étaient mis hors de combat. L'ennemi ne perdait que 20 morts et 51 blessés.

Le jour même, le 7e bataillon d'infanterie légère essaye de reprendre notre camp et échoue. Le général Colle envoie des renforts d'Haguenau à Niederbronn, mais ce ne sont encore que des agricoles.

Landremont avait suivi avec inquiétude les mouvements de l'ennemi dans les gorges, et, à la première nouvelle de leur attaque sur Nothweiler, il avait écrit à son collègue de l'armée de la Moselle :

---

(1) Clarke écrit à Colle que « cette affaire est le second tome de celle de Ketterich. Les grand'gardes, endormies, se sont laissé envelopper et égorger, et tout le monde s'est enfui ou a perdu la tête. L'ennemi est entré dans le camp l'épée à la main, et dans les redoutes pareillement. Nos canonniers, surpris, se sont battus, dit-on, même à coups de poing..... On ne se fait point d'idée de la négligence avec laquelle nous nous gardons; celle qu'on a montrée dans cette occasion est d'autant plus merveilleuse que le général Landremont avait fait prévenir qu'on serait attaqué dans les gorges, dès l'avant-veille de cette attaque ».

(2) Pont à la bifurcation des chemins de Lembach à Bitche et à Dahn.

> Au quartier général de Wissembourg, le 9 septembre 1793, l'an 2ᵉ de la République.
>
> Je m'adresse à vous, mon cher Général, avec confiance : il est essentiel que nous nous entendions et que nous soyons d'accord pour sauver notre patrie. Je vous préviens que le général d'Arlande, qui, depuis six mois, commandait dans les gorges de Lembach, est émigré, et que j'apprends qu'il est à la tête des Prussiens et des Autrichiens pour les conduire et forcer nos postes ; il les a lui-même établis, en connaît parfaitement le fort et le faible ; il est donc urgent que vous portiez des forces du côté de Bitche, qui est le seul côté où les ennemis feront une dernière tentative. Je les ai dégoûtés ici. Ils ont porté des forces sur Dahn et menacent de m'attaquer sur Bondenthal et par la gorge de Fischbach. J'espère que vous voudrez bien remplacer les bataillons que j'ai à la Tuilerie, près de Bitche, et à Stürzelbronn, afin que je puisse me renforcer. Arlande, qui connaît nos postes, il faut le dérouter, et nous n'avons pas de temps à perdre.....

Le concert entre les deux armées, que réclame Landremont, est assuré autant que possible par les soins des représentants. Ceux de la Moselle écrivent au Comité de Salut public :

> L'accord qui doit régner entre les mouvements de l'armée du Rhin et de celle de la Moselle détermina l'un de nous à se rendre, il y a quelques jours, à Wissembourg, pour y conférer avec nos collègues et connaître les projets du général commandant l'armée du Rhin. Il nous apprit à son retour que l'avis des généraux réunis en présence des représentants du peuple était d'attaquer le 12, à 4 heures du matin, et qu'il était nécessaire que l'armée de la Moselle attaquât le même jour et à la même heure. Le général Schauenbourg donna ses ordres en conséquence. La division des Vosges étant celle qui, par sa position, devait agir le plus offensivement, nous nous sommes rendus à Hornbach pour y être témoins du courage de nos frères d'armes et partager leurs dangers.

Cette décision fut portée à la connaissance des divers commandants d'armée, et le 10 septembre, l'adjudant-général Tholmé écrit de Strasbourg au général Delbée, à Schelestadt :

> Après-demain 12, mon cher Général, l'ennemi sera attaqué sur tous les points, depuis Huningue jusqu'à l'extrémité de l'armée de la Moselle.

Ainsi la contre-attaque sur Nothweiler se trouverait encadrée dans une offensive générale des armées françaises, et à ce point de vue les désirs de Landremont étaient exaucés. Il n'en fut pas de même pour l'occupation de Stürzelbronn et de la Tuilerie (Main du Prince). Rien n'était fait de ce côté quand Schauenbourg reçut une seconde lettre, plus pressante encore que la première :

> Quartier général de Lembach, le 11 septembre 1793, l'an 2º de la République.
>
> La gauche de l'armée, mon cher Général, a été attaquée ce matin vigoureusement vers Nothweiler, dont l'ennemi a forcé le camp ; il paraît se porter en force dans ces gorges avec beaucoup d'infanterie et avec l'intention de nous forcer de les abandonner. Les troupes du camp de Nothweiler sont en ce moment à Tannenbrücke, et l'ennemi occupe la position et les retranchements du camp. J'y fais porter le plus de monde qu'il m'est possible ; mais je ne puis trop me dégarnir, et cependant il est de mesure pressante de garnir nos gorges sur la gauche ; de là dépend la conservation des lignes et le salut de l'armée. En conséquence, je vous prie, mon cher Général, de porter sur votre droite vers Ziegelscheuer, près la Main-du-Prince, et sur Stürzelbronn, des forces suffisantes pour me soutenir et empêcher, de concert avec moi, les troupes occupant les gorges d'être forcées, et de donner ordre aux trois bataillons qui y sont, de se porter sur Niedersteinbach. Je vous prie de prévenir le général Ferey qui est à Lembach, de l'ordre que vous aurez donné à ces trois bataillons.
>
> Il est bien essentiel, mon cher Schauenburg, que demain matin avant le jour, le camp de Hornbach se porte du côté de Pirmasens.
>
> L'ennemi est ici en pointe ; si vous poussez sur Pirmasens, moi par Bodenthal sur le camp de Nothweiler qu'ils ont surpris, ils se verront cernés et nous les chasserons à notre tour. J'attends tout de votre amitié et de votre patriotisme.
>
> Salut fraternel.   LANDREMONT.

Au reçu de cette seconde lettre, Schauenbourg ordonna au général Moreaux, qui commandait le corps des Vosges, d'envoyer un bataillon (1er de l'Indre) à Stürzelbronn, mais l'ordre ne fut exécuté que le 14 au matin, et les trois bataillons de l'armée du Rhin qui occupaient Stürzelbronn et la Main-du-Prince ne purent coopérer aux combats de Nothweiler.

Le 13, Landremont écrivait encore à Schauenbourg :

> Si vous pouviez, cher Général, nous donner un coup de main à votre droite, vous pourriez vous assurer du succès de notre entreprise. Les ennemis n'en veulent qu'aux gorges ; il est essentiel que nous y portions toute notre attention..... Je vous recommande, cher Général, vos gorges, et je n'ai pas de plus grande sollicitude que pour les nôtres. Voilà les points que nous devons garder avec le plus d'attention, parce que les ennemis n'ont pas d'autres vues que de les forcer ; le scélérat de d'Arlande leur en a donné l'espoir, et ils les croient déjà emportés. C'est là que je dirigerai tous mes efforts, et je vous invite, cher Général, à me seconder de tout votre pouvoir.

De même que Landremont, Schauenbourg renouvela son attaque le 14, mais son intervention ne fut pour rien dans le succès partiel de l'armée du Rhin.

Dès que les Autrichiens avaient été maîtres du camp de Nothweiler, ils en avaient complété les retranchements du côté de Lembach. Ils renforcèrent la coupure que nous avions commencée sur le col qui sépare le Mauerle du Beissen-Berg. Ils établirent leur camp sur ce dernier et mirent quatre pièces en batterie pour battre le chemin de Lembach ; une autre pièce fut disposée sur le revers du même mamelon ; la cavalerie bivouaqua à la naissance du Schüssel-Bach ; l'infanterie au pied du Mauerle, s'étendant sur la Dennen-Halde jusqu'en face de l'Erzgrube. Ils envoyèrent des détachements jusqu'à Fischbach et à la Tannenbrücke.

Nos troupes se rassemblèrent et se fortifièrent autour de Lembach. Une redoute, construite l'année précédente sur le sommet qui domine ce village au Nord, fut renforcée. Vingen fut également occupé, et une batterie fut construite par l'adjudant général Gouvion-Saint-Cyr au débouché de la gorge appelée Dentelthal, sur un petit contrefort en avant de la Tannenbrücke, de manière à battre soit la vallée de Steinbach, soit celle de Schœnau.

La nouvelle du combat de Nothweiler avait bouleversé le général en chef et la division des gorges tout entière. Landremont commença par se croire perdu, sa gauche étant débordée ; il fit transporter l'ambulance, les gros équipages, le trésor, la poste et les prisonniers à Haguenau ; mais des renseignements plus exacts et plus modérés lui parvinrent sans doute sur la force du détachement qui avait enlevé notre poste, et il dirigea sur Lembach un renfort de trois bataillons (1er du 46e, 1er du Lot-et-Garonne et 2e du Rhône-et-Loire). La garnison de Bobenthal avait déjà été soutenue par le 3e du Doubs. A Lembach se trouvèrent donc réunis le 1er du 27e, les 1er et 3e du Haut-Rhin, et les deux bataillons repoussés de Nothweiler, avec les trois que l'on venait d'y envoyer, soit 5,500 hommes.

Il y avait 2,500 hommes à Bobenthal (7e d'infanterie légère, 3e du Doubs, 1er de la Haute-Saône), 700 à Stürzelbronn (3e d'Indre-et-Loire), et 1500 à la Main-du-Prince ou Ziegelscheuer (1er des Vosges et 2e du 13e). Trois bataillons d'agricoles armés de piques avaient été dirigés sur Lembach.

Le combat fut repris le 12, à 4 heures du matin, par les troupes amenées de Wissembourg. Nous repoussâmes l'ennemi de la Tannenbrücke ; il fut pourchassé à travers les bois, et ses différents postes furent enlevés jusqu'aux abords immédiats du camp. Le 1er bataillon du 46e eut, dans ce combat, 6 hommes tués et 17 blessés ; le 1er du Lot-et-Garonne eut 2 tués et 17 blessés ; le 2e de Rhône-et-Loire, 8 tués et 30 blessés. Nous attaquâmes les retranchements de Nothweiler avec des forces inférieures à celles du défenseur ; celui-ci prétend cependant n'avoir pris le dessus qu'en profitant de la séparation de nos bataillons pour les écraser l'un après l'autre. Pejaczewicz écrivit à Brunswick, pour obtenir des renforts, une lettre où il accuse une perte de 1000 hommes, mais le fait est assez peu probable et peut être considéré comme de pure imagination ainsi que le reste de cette lettre (qui sera citée plus loin).

Ainsi engagées partiellement, et battues deux jours de suite, nos troupes se trouvaient assez en désordre au moment de prendre de nouvelles dispositions d'attaque.

Les généraux Dubois, Desaix et Michaud avaient également attaqué le 12 dans la forêt de Bienwald et en avant de Lauterbourg.

Le général Dubois, sortant de Lauterbourg, prononça une attaque vigoureuse contre les divisions autrichiennes de Hotze et de Jellachich. Il s'empara des redoutes qu'elles avaient construites sur les routes de Kandel et de Rheinzabern, et les obligea même à se retirer à Kandel et à Jockgrim ; mais il dut enfin battre en retraite, ayant épuisé toutes ses munitions. Les Autrichiens attribuent sa retraite à une charge des hussards de Wurmser. Le soir, notre poste de Scheibenhart fut attaqué à son tour, mais sans succès. La perte de l'ennemi fut de 2 officiers et 82 soldats tués, 13 disparus, 234 blessés (1).

---

(1) « J'ai donné ordre au général Desaix de prendre le commandement de la colonne de droite, de se porter directement sur Berg, de faire fouiller ce village, et de s'emparer ensuite du poste de la Chapelle, où je savais qu'il y avait une batterie ; de tâcher de l'enlever, ce qu'il a fait, après deux heures de résistance de la part de l'ennemi ; j'avais grand soin d'observer ses mouvements et de seconder ses forces, et lui avais enjoint de laisser sur sa droite deux pièces d'artillerie volante, un demi-bataillon et 200 dragons pour le couvrir et empêcher qu'on ne le coupât. Il a conduit cette opération avec la plus grande sagesse, et a maintenu l'ennemi pendant sept heures.

J'avais de même donné l'ordre au général Michaud, commandant la colonne de gauche, de se porter par Scheibenhart pour attaquer en flanc le village de Büchelberg, et lui avais enjoint de m'envoyer un bataillon en tirailleurs sur ma gauche pour attaquer les batteries de l'ennemi en flanc, qui étaient sur la route de Kandel, tandis que moi, avec ma colonne du centre, je les attaquerais de front. Cette marche nous a parfaitement réussi : nous avons enlevé les deux batteries de

Le 2ᵉ bataillon d'Eure-et-Loir fut éparpillé en tirailleurs dans la forêt de Bienwald où il resta toute la journée sans subir aucune perte.

Le journal d'un émigré rapporte que, de ce côté, « M. d'Offey tue aux patriotes près de 4,000 hommes et rend leurs efforts et leur attaque aussi inutiles quant au succès que terribles par la perte qu'elle leur fait essuyer. C'est dans cette affaire qu'est tué le jeune Montmorency, fils du duc de Laval; son père vint le remplacer comme aide de camp de M. de Viomesnil, quoique maréchal de camp comme lui ».

D'autres attaques, ou plutôt de simples diversions, furent faites sur les hauteurs de Nieder-Otterbach et de Bergzabern.

D'après le journal que nous venons de citer, « les patriotes s'emparent de la position avantageuse qu'occupait Mirabeau, y établissent une batterie composée de pièces de 8, de 12 et de 4, canonnent fortement ce corps exposé par sa position à être écrasé sans pouvoir se précipiter sur les batteries ennemies, à raison des obstacles qui les en empêchent; mais l'artillerie de Condé les démonte, leur tue 10 ou 12 hommes, fait taire leur feu et les oblige à la retraite. Les bataillons nobles ont 3 officiers blessés, dont un a l'épaule emportée ».

Les Français s'emparent, près de Nieder-Horbach, de deux redoutes qu'ils sont obligés d'évacuer ensuite, sans doute sous la menace d'une attaque prononcée par Waldeck dans leur flanc droit au moment où ils engagent la canonnade contre Meszaros. Les Autrichiens accusent ici une perte de 9 morts, 45 blessés et 24 che-

---

vive force, et nous nous sommes emparés des deux abatis. Le 75ᵉ régiment a enlevé la seconde batterie la baïonnette au bout du fusil; il n'a pu les garder, vu la grande force de cavalerie qui venait sur nous. Toutes ces pièces ont été enclouées, et on leur a tué tous les chevaux de leur artillerie volante. » (Rapport du général Dubois.)

vaux tués. Pour l'ensemble des combats livrés le 11 et le 12, dans la montagne et dans la plaine, les pertes des Impériaux sont de 30 officiers et 1126 hommes. Les nôtres sont inconnues.

Les généraux et les représentants considèrent ces combats comme un succès; les Autrichiens, de leur côté, s'attribuent la victoire. Notre général d'artillerie, Ravel, se borne à dire que nous n'avons rien gagné ni perdu.

La répartition des forces françaises ne change pas le 13 septembre; le 3e bataillon du Doubs est relevé à Bobenthal par le 10e des Vosges.

L'adjudant général Gouvion-Saint-Cyr reçoit le commandement momentané de la division, sous le prétexte qu'il connaît très bien le terrain, mais en réalité parce que sa supériorité sur les généraux employés de ce côté est reconnue. L'adjudant général Mallet, quoique sérieusement indisposé, reste à la tête du détachement de Bobenthal.

Gouvion-Saint-Cyr, arrivant le 13 à Lembach, y trouve quelques bataillons; le général Ferey a laissé les autres s'engager à leur gré et tirailler avec les chasseurs ennemis. La division est rassemblée tant bien que mal et une attaque prononcée sur la droite de l'ennemi par le 1er bataillon de Lot-et-Garonne et le 2e de Rhône-et-Loire. Ils s'emparent du château de Hohenburg, passent au pied du Wegelsburg et attaquent enfin les retranchements du Kuhnenkopf, mais sans succès.

L'attaque d'ensemble commence le 14 septembre, à 7 heures du matin. Mallet part de Bobenthal avec trois bataillons (1); Saint-Cyr rassemble une partie des troupes de Lembach (2) sur le chemin de la Tannen-

---

(1) 7e infanterie légère, 10e des Vosges, 1er Haute-Saône.
(2) 1er Lot-et-Garonne, 2e Rhône-et-Loire.

brücke à Nothweiler, sous bois, près de la ferme de Gimbel. Il forme une colonne de gauche (1) près de Fleckenstein et envoie une flanc-garde vers Fischbach, par où les Prussiens de Ketterich peuvent intervenir (il y a trois lieues de Ketterich à Fischbach, et deux de Fischbach à Nothweiler). Le bataillon d'agricoles de Mouzon-Meuse fut aussi engagé dans le combat.

Avant le jour, une pièce de 4 avait été montée à grand'peine au sommet du Kappelstein et les munitions y avaient été portées par les femmes patriotes des environs.

La colonne partie de Fleckenstein enlève les châteaux de Hohenburg et Lindenschmidt aux émigrés; Pejaczewicz les reprend avec une réserve tirée de son centre. Mais à ce moment, l'attaque prononcée par les troupes de Bobenthal sur le flanc gauche et sur les derrières de l'ennemi fait renvoyer cette réserve de l'autre côté de Nothweiler et nous reprenons Hohenburg. Mallet essaye alors d'attirer l'ennemi vers Bobenthal, mais sans y réussir, de sorte qu'il n'est pas possible de prononcer l'attaque décisive sur le centre. Les troupes de Bobenthal revenant à la charge, ne rencontrent que quelques compagnies de Valaques et de Szecklers; un bataillon du 13e, engagé immédiatement à gauche de la colonne de Mallet, gravit les pentes de la Dennen Halde; le bataillon de Huff, effrayé de la rapidité avec laquelle nos tirailleurs escaladent l'escarpement, se pelotonne en une sorte de carré d'où partent des feux de file inefficaces, nos tirailleurs étant défilés par la crête; ce bataillon subit des pertes énormes.

Gouvion-Saint-Cyr se décide alors à brusquer l'attaque. La pièce de 4 du Kappel-Stein produit un effet de surprise considérable en ouvrant le feu sur les retran-

---

(1) 1er du 46e, 1er du 27e, 1er du 13e, 4e du Jura, 1er et 3e du Haut-Rhin, 4e Saône-et-Loire. (L'un de ces bataillons est détaché vers Fischbach.)

chements du Mauerle, bien que son tir ait peu d'effet. L'artillerie de la division accourt alors vers Litschofen. A cette vue, les Autrichiens se décident à la retraite, bientôt poursuivis par le tir à mitraille de quelques pièces. La légion de Mirabeau essaya de couvrir la retraite et fut culbutée. L'ennemi perdit là 50 prisonniers, 2 canons, 1500 fusils et une assez grande quantité de vivres et munitions.

Mallet avait dirigé sa colonne vers Erlenbach, menaçant d'aller couper la route de Klingenmünster près de Silz, de sorte que Pejaczewicz dut se retirer plus au Nord, à Dahn. Il continua sa route le lendemain par Annweiler et arriva à Barbelroth à midi. Il avait perdu en tout, dans les journées du 12 au 15, 6 officiers et 76 hommes tués, 1 officier et 88 hommes faits prisonniers. Il avait 24 officiers et 516 hommes blessés, soit au total plus de 700 hommes hors de combat.

Il est impossible d'évaluer nos pertes dans cette série de combats. Elle ne ressort même pas de la comparaison entre les situations du 1er et du 15 septembre, à cause du nombre assez élevé, et d'ailleurs indéterminé, des recrues versées dans les bataillons pendant cette quinzaine (1).

---

(1) Le service du ravitaillement ne paraît pas avoir été bien assuré de notre côté dans les divers combats du 12 au 14. Landremont se décida en conséquence à ordonner les dispositions suivantes :

Ordre du 14 septembre.

Le général Ravel, commandant en chef le parc d'artillerie, fera établir incessamment sur les derrières de l'armée des dépôts de munitions de guerre de toute espèce qui seront toujours en mesure d'en fournir les jours d'affaires aux différentes divisions; il y aura un dépôt à Capsweyer pour la droite de l'avant-garde, un à Rechtembach pour la gauche et un troisième à la Cense de la Jollaye (Haftel-hof) pour le corps de l'armée.

Les commandants des parcs d'artillerie des divisions de Lauterbourg

Le 15 septembre, l'adjudant général Duvignau adresse au Comité de Salut public un compte rendu emphatique et d'un optimisme excessif :

15 septembre.

Au Comité de Salut public.

Citoyens Représentants,

Les succès que je vous annonçais dans ma dernière lettre ont réalisé votre attente. Le 12, l'ennemi a été attaqué avec la vigueur que le Français républicain met à combattre ses ennemis. De tous côtés, les esclaves ont senti l'énergie de la liberté; partout ils ont succombé, partout ils ont fui : le seul côté des gorges a tenu ; mais, hier 14, le camp retranché a été enlevé de vive force et les ennemis mis en déroute. On leur a pris deux pièces de canon et 1500 fusils. Leur perte est considérable, et vous verrez par l'état de nos pertes combien le malheur marche de front avec notre courage.

Chaque instant des deux journées des 12 et 14 était marqué par quelque nouveau trait de bravoure, parmi lesquels on distingue (car il est impossible de les citer tous) celui du citoyen Bureau, officier au 7e régiment d'infanterie légère, qui, hier, au moment de l'attaque du camp retranché de Nothweiler, a sauté le premier dans une redoute encore garnie de soldats ennemis. Son exemple, suivi par ses braves frères d'armes, a procuré bientôt un succès général. Une canonnade soutenue, une fusillade incroyable et longue, dans ces deux journées,

---

et de Lembach tiendront pareillement, les jours d'affaires, des caissons à la portée des troupes.

Le général de l'artillerie aura soin de faire prévenir les commandants de ces dépôts des mouvements de l'armée, et donnera les ordres nécessaires pour que leur sûreté ne soit jamais compromise.

Les troupes qui manqueront de munitions en enverront chercher respectivement dans les dépôts ci-dessus par une ordonnance qui sera chargée de les conduire à destination. Les caissons qui seront vides seront renvoyés sur-le-champ et directement au grand parc de l'artillerie de l'armée. On aura soin de n'entamer qu'un caisson à la fois.

Le général en chef recommande de nouveau le plus grand soin des munitions et la plus sévère économie dans leur emploi. L'infanterie et l'artillerie ne doivent tirer qu'à une portée convenable sur des objets qui en valent la peine. Les généraux et chefs des corps donneront des instructions à cet égard et tiendront la main à l'exécution du présent ordre.

ont souvent fait taire un feu très vif de pièces de 17 et de 25, quoique les nôtres ne fussent que de 8.

Parmi les troupes qui se sont distinguées hier, on remarque le 2ᵉ bataillon de Rhône-et-Loire, le 1ᵉʳ de Lot-et-Garonne, le 7ᵉ d'infanterie légère et un bataillon du 46ᵉ régiment; tous, en un mot, ont montré le plus grand courage. Le succès de cette affaire est dû en grande partie à l'effort de vigueur qu'ont fait les soldats de la République pour porter sur une montagne à pic une pièce de canon dont l'effet a décidé la victoire en achevant de mettre l'ennemi en déroute.

Les représentants du peuple ont paru partout et leur présence contribuait encore aux succès de nos armes.

Nous avons fait beaucoup de prisonniers dans ces deux journées, entre autres un émigré nommé Mauny, pris les armes à la main et qui a été fusillé avant-hier. Sa vie s'est terminée comme il avait vécu. En mourant, du moins, a-t-il entendu le cri général de : « Haine aux tyrans! » et « Vive la République! »

L'armée ennemie occupe toujours sa même position sur les hauteurs depuis Dierbach jusqu'aux montagnes et dans le bois vers Lauterbourg. Ils sont cependant plus circonspects, et les leçons qu'ils reçoivent les retiennent.

Leur force présumée, d'après tous les rapports, est rapportée à 50,680 hommes depuis la rive du Rhin jusqu'aux montagnes. Leur cavalerie est leur plus grande force; il est inconcevable la quantité qu'ils ont (plus de 1200), et malheureusement l'armée du Rhin n'en est pas pourvue. Cependant, ça va et ça ira. Notre infanterie, bravant le feu du canon, qui tire souvent à mitraille, et connaissant l'ennemi, court dessus à la baïonnette, l'enfonce, prend ses canons et le met en déroute et crie : « Vive la République! »

L'armée du Rhin n'est composée que de 27,000 hommes disponibles d'infanterie et 3,000 hommes de cavalerie.

Les agricoles viennent un jour et partent l'autre.

DUVIGNAU.

Le rapport du général Ravel, commandant l'artillerie de l'armée, au citoyen Dupin, adjoint au Ministre, semble donner une note plus juste :

A Wissembourg, le 13 septembre 1793, l'an 2ᵉ de la République française une et indivisible.

Citoyen,

J'ai eu l'honneur de vous prévenir plusieurs fois de la nécessité absolue de faire fournir à l'arsenal de Strasbourg des fers coulés en abondance des calibres de 12, de 8 et de 4, avec des obus et un million de poudre de guerre pour l'approvisionnement de cette armée, de ce du Haut-Rhin et des places de ces deux départements. Notre armée est dissipatrice de munitions dans tous les genres, et le soldat français est bientôt découragé et abattu s'il ne voit des approvisionnements considérables. On a beau lui faire sentir la nécessité de les ménager et de ne les employer qu'à propos, c'est inutilement.

Nous avons un besoin pressant, dans cet équipage d'artillerie, de caissons dans tous les genres : voici la saison pluvieuse et il n'y a que ces voitures propres pour conserver les munitions. J'ai employé les fourgons des charrois de l'armée, mais ces voitures sont aujourd'hui si mauvaises qu'on ne peut hasarder d'y mettre des munitions renfermées même dans des tonnes ou des caisses, sans risque d'en perdre beaucoup si le temps vient à la pluie.

Je n'ai reçu aucun secours de Metz, de Paris ni d'ailleurs, même en chevaux, malgré les demandes que j'ai fait faire par le général en chef Beauharnais. Je suis obligé de tirer tout de l'arsenal de Strasbourg.

L'entrepreneur Lenchère vient de remplacer 118 chevaux tués, pris ou morts depuis le 1er août. L'affaire d'hier vient de nous en faire perdre quelques-uns. Nous avons attaqué de tous côtés ; le feu a commencé à la pointe du jour et a duré jusqu'à la nuit : nous n'avons pas perdu de terrain, mais nous n'avons pas fait de grands progrès ; nous sommes toujours dans la même position.

Je suis obligé de conserver 350 chevaux du pays en réquisition permanente, pour mettre le parc d'artillerie toujours à même de suivre l'armée. J'ai demandé au citoyen Lenchère de se pourvoir de 450 chevaux pour remplacer ceux du pays dont le service n'est pas bien assuré. Les conducteurs désertent facilement avec leurs chevaux, ce qui est d'un grand embarras et d'une grande inquiétude. Cet entrepreneur m'a répondu qu'il ne pouvait pas les fournir, ayant eu des contre-ordres. Je vous envoie copie de sa réponse.

Je vous prie, Citoyen, de prendre en considération tous les objets que je vous présente, sans cela je ne puis pas répondre du service et ce serait de la plus grande injustice que de m'en rendre responsable.

Je n'ai pas cessé un instant de veiller à ce que l'artillerie de cette armée fût en état de remplir toutes les demandes, et jusqu'à présent rien n'a manqué, malgré l'incomplet de mon équipage dans tous les points : ce n'a été que par des expédients que j'ai pu me tirer d'affaire.

Je désirerais que tous les vrais patriotes fussent aussi zélés pour le service, le bien et le succès des armes de la République.

RAVEL.

P.-S. — Je vous prie de jeter les yeux sur mon dernier état de situation.

Je vous recommande l'expédition de la nomination des trois conducteurs de charrois que je vous ai proposés en dernier lieu, qui me sont indispensables.

Le mouvement des Autrichiens avait été signalé au roi de Prusse par le duc de Brunswick :

J'ai eu l'honneur de rendre compte à Votre Majesté, dans mes rapports d'aujourd'hui, de l'occupation de Dahn par les troupes impériales. Le prince d'Anhalt-Pless me fait savoir, plus exactement, que le major von Schrœckevitz (1) y ont déjà arrivé avec 1500 hommes, et que le général Pejaczewicz doit l'y joindre avec trois bataillons. L'objet de ce mouvement serait d'attaquer le camp ennemi de Bondenthal, en vue de quoi ils ont insinué qu'il pourrait être fait de notre part un mouvement vers Fischbach. Si facile que cela puisse être à exécuter, je ne crois pas devoir m'y laisser entraîner sans un ordre de Votre Majesté, n'étant nullement avisé du projet du général comte de Wurmser ; le plus heureux succès d'une entreprise contre Bondenthal ne conduirait d'ailleurs pas le corps autrichien rassemblé à Dahn plus loin que le Pigeonnier, et n'aurait par conséquent pas de suites décisives, tant qu'on n'agirait pas suivant un plan formé en commun et dans un but bien déterminé ; la distance du camp de Schweigen, à mon humble avis, resterait toujours un point essentiel à prendre en considération, pour les motifs qui ont déjà été exposés à diverses reprises. Je me suis donc fait un devoir de répondre négativement à la demande de l'officier autrichien commandant à Dahn, et qui m'avait été transmise par le prince d'Anhalt-Pless, mais j'ai l'honneur de solliciter à ce sujet les ordres de Votre Majesté.

Le roi de Prusse répondit le lendemain, 9 novembre :

Le général comte Wurmser m'a bien rendu compte du mouvement et de la force du corps de troupe envoyé à Dahn, mais sans rien me communiquer de ses vues ou de son plan, de sorte que j'en ai reçu la première nouvelle par votre lettre ; et je désire d'autant moins lui fournir un soutien, que rien n'est encore communiqué du plan d'opérations de Vienne. En conséquence, il n'y a rien à changer à la réponse que vous avez faite au prince d'Anhalt-Pless.

Le 10, à 5 heures du matin, le duc écrivait encore au Roi :

---

(1) Schrœkinger.

Le major général Pejaczewicz, arrivé à Dahn, m'a envoyé cette nuit par un officier la lettre ci-jointe, tendant à ce que mon corps d'armée coopérât au mouvement ordonné par le général comte Wurmser contre le camp ennemi de Bondenthal, en contenant les postes français de Fischbach et de Schœnau. Ne pouvant pas prendre sur moi de participer sans l'ordre de Votre Majesté à une entreprise dont le but et les dispositions ne m'ont nullement été communiqués, j'ai adressé au général précité la lettre de refus dont copie est ci-jointe; et j'espère avoir répondu en cela aux intentions de Votre Majesté.

Quelques heures après, le Roi répondait au duc de Brunswick :

J'approuve d'autant plus la réponse que Votre Altesse a bien voulu faire à la lettre (envoyée ci-joint en retour) du général von Pejaczewicz, que le général comte von Wurmser ne m'a pas donné le moindre avis de cette attaque ni de ses intentions. Cependant, le général von Pejaczewicz se trouvant dans la nécessité évidente d'exécuter les ordres reçus, je regretterais de lui nuire ainsi qu'à sa troupe, par une inertie complète ; je désirerais donc que Votre Altesse eût l'obligeance d'ordonner une simple démonstration, autant qu'elle peut être utile à ce général, sans toutefois laisser mes troupes s'engager trop sérieusement. En particulier, dans le cas où le général von Pejaczewicz serait un peu repoussé, il serait bon et utile de le soutenir dans la mesure voulue pour que sa retraite fût couverte et assurée. Je vous prie de vouloir bien faire le nécessaire à ce point de vue.

En exécution de ce nouvel ordre, Brunswick annonce à Pejaczewicz qu'il fera une démonstration en sa faveur et couvrira sa retraite en cas d'échec ; il le prie en conséquence de vouloir bien s'ouvrir d'une manière plus complète de ses projets et de ses intentions au major von Kleist, qu'il lui envoie.

Dans la nuit du 12 au 13, Pejaczewicz écrit à Brunswick :

J'ai été attaqué aujourd'hui par 15,000 patriotes. Je me suis maintenu dans mon poste avec une perte d'environ 1000 tués et blessés, quoique j'eusse déjà l'ordre de mon général en chef de me retirer. Pour conserver cette position importante, je prie Votre Altesse d'envoyer à mon secours, jusqu'à demain matin, trois bataillons au moins, dont j'ai un besoin pressant, car l'ennemi fait mine de vouloir renouveler son attaque demain.

Brunswick répond :

Je reçois votre lettre à 7 heures du matin. Deux bataillons prussiens sont déjà en marche par Fischbach pour aller vous soutenir, avec deux escadrons de dragons et six pièces. Il sera détaché à Fischbach deux compagnies avec un détachement de cavalerie.

L'ennemi a voulu nous attaquer ici hier de deux côtés, mais il a été repoussé.

Prévoyant que Pejaczewicz ne pourrait pas se maintenir à Bondenthal, Brunswick avait ordonné au bataillon de Müffling qui se trouvait à Lemberg, et au prince de Pless, qui avait deux compagnies à Hinter-Weidenthal, de s'avancer jusqu'à Dahn pour recueillir les Autrichiens en cas de retraite. Le détachement envoyé du Ketterich à Fischbach ne comprit en réalité que 2 bataillons, 1 escadron et 4 pièces.

Les deux bataillons partis le 13 au matin au secours de Pejaczewicz ne le joignirent pas. Il écrivit le 14 à Brunswick :

J'ai été attaqué vigoureusement ce matin vers 5 heures ; je me suis défendu avec toutes mes forces jusque vers midi, mais il m'a fallu céder enfin à une supériorité écrasante, mes gens ayant à peu près épuisé leurs munitions et ne pouvant plus tenir leurs armes brûlantes, et l'ennemi montrant sur mon aile droite 24 bataillons et se trouvant encore très tranquille, tandis que mes hommes étaient épuisés à force de tirer ; je me trouvai donc dans la plus stricte nécessité de sauver le reste de mes troupes. J'eus encore le bonheur de me faire jour, quoique étant presque entièrement cerné, et l'ennemi cherchant à me couper complètement.

Ma perte est considérable, celle de l'ennemi plus forte encore. J'ai pu sauver cependant tout mon matériel et n'ai perdu que des hommes valeureux. L'ennemi m'a poursuivi jusqu'à Dahn ; mes troupes étant épuisées par cinq journées de combats, je n'ai qu'à rejoindre l'armée. J'ai l'honneur de vous rendre compte que vos deux bataillons ne sont pas venus à mon secours, ce qui d'ailleurs eût été inutile en présence de la supériorité des forces de l'ennemi, qui avait tiré toutes ses troupes des lignes de Wissembourg pour accabler ma poignée d'hommes.

Cette correspondance entre le roi de Prusse, le duc de Brunswick et Pejaczewicz doit, selon l'historien prussien Wagner, laver le roi de Prusse et Brunswick du reproche de n'avoir pas soutenu les Autrichiens.

XXIX. — DERNIÈRE OFFENSIVE SUR LA LAUTER.

L'armée du Rhin ne renouvela son attaque que le 18, et la soutint pendant trois jours sans résultat.

D'après les ordres du général en chef, écrit Dubois, je suis entré dans la forêt, sur le chemin de Kandel, à 3 heures après-midi, avec la colonne du centre, que je commandais. Ma colonne de droite s'est portée sur le village de Berg; elle en a chassé l'ennemi et a fait toutes ses dispositions pour aller attaquer sur la route de Rheinzabern; je fus averti au même moment qu'une colonne de cavalerie et beaucoup d'infanterie étaient au village de Neubourg et se disposaient à faire un mouvement pour venir attaquer ma colonne de droite. Je fis prévenir aussitôt le général Legrand, qui commandait cette colonne, et lui ai ordonné de cesser son feu, de bien se couvrir sur tous les points et de rester en observation; ma colonne de gauche s'est portée du côté de Büchelberg. Instruit de son côté qu'on cherchait à la tourner, je lui ai ordonné pareillement de rester en observation pour bien couvrir nos lignes et éviter toute surprise.

C'est donc avec ma colonne du centre qu'il a fallu que je soutienne le combat pendant vingt-quatre heures; le combat a commencé à 3 h. 1/2 du soir; ce ne fut qu'à 7 heures que je les forçai à quitter leur première redoute. Je m'en emparai et fis aussitôt faire des retranchements et j'y établis une batterie. La nuit est venue, l'ennemi était fatigué et il nous laissa tranquilles jusqu'à 4 heures du matin (1).

---

(1) Pertes du 18 septembre :

	Morts.	Blessés.
2e bataillon du 3e.	1	3
1er de l'Ain	»	2
2e de cavalerie	4	»
8e chasseurs	»	1
TOTAL	5	6

A 4 h. 1/4, le combat s'engagea avec un acharnement que l'on ne peut exprimer. Plusieurs bataillons battirent la charge et se portèrent en avant pour tomber sur l'ennemi à la baïonnette. L'ennemi était retranché d'une manière imposante; il avait établi des batteries qui nous croisaient de tous côtés; je fis de même de mon côté; je fis avancer plusieurs pièces de 4 avec de la mitraille et je leur démontai plusieurs pièces. Nous nous battîmes depuis 5 heures du matin jusqu'à 2 heures après-midi. Jamais combat ne fut plus sanglant; le soldat écumait de colère et voulait absolument leur enlever leur seconde redoute, ce qui eût été fait à 11 heures si l'ennemi n'eût pas reçu 3,000 à 4,000 hommes de troupes fraîches et des pièces de canon. Ne pouvant pas me procurer le même avantage, vu que tout mon monde était employé, j'ordonnai, à 2 heures, de faire la retraite : elle se fit d'une manière si imposante que je n'eus pas un homme de blessé. Je rentrai dans la ville avec le meilleur ordre possible.

Ma perte a été considérable en blessés; j'ai 300 blessés, dont plus de la moitié ne pourront jamais servir; le nombre des morts est évalué à 50; beaucoup de colonels sont blessés et une infinité d'officiers. L'on

---

Au quartier général à Wissembourg, le 18 septembre 1793.

Landremont, général, au général Schauenbourg, commandant en chef l'armée de la Moselle.

Nous nous sommes encore battus aujourd'hui; l'ennemi est toujours dans la forêt de Bienwald et j'ai bien de la peine à l'en déloger. Nous nous sommes avancés à la hauteur de Scheid et du côté de Lauterbourg; on a pris Berg et les premiers abatis, où nous couchons aujourd'hui; demain matin nous irons plus loin.

Nous allons dans les gorges jusqu'à Dahn, mais nous n'osons pas l'occuper à cause de Ketterich et Pirmasens que vous n'avez pas, sans quoi j'irais jusqu'auprès d'Annweiller, mais je crains d'être coupé; on a entendu le canon aujourd'hui du côté de Bitche; cela m'inquiète. Avez-vous battu l'ennemi comme je le désire? Mandez-le-moi tout de suite.

J'irais bien à Landau par les gorges, mais je laisserais l'armée ennemie derrière moi, ce qui ne serait pas prudent : 4,000 hommes ont passé hier le Rhin près Huningue; s'ils ont réussi, cela fera diversion et l'ennemi sera obligé d'aller au secours et de se dégarnir dans cette partie. Donnez-moi souvent de vos nouvelles et des postes que vous occupez qui doivent nous unir. Je ne puis marcher que d'accord, sans craindre de nous compromettre. Bonsoir, courage, et ça ira.

Salut fraternel.

LANDREMONT.

m'a démonté deux pièces de canon et un obusier ; j'ai eu trois caissons de brûlés ; j'ai perdu au moins 30 chevaux (1).

« L'attaque commença dans le Bienwald le 19, à la pointe du jour, écrit l'émigré d'Ecquevilly. On avait placé à la tête de la colonne deux bataillons de volontaires de Nancy, nouvellement arrivés, qui se portèrent avec impétuosité sur une batterie qu'ils tentèrent d'emporter la baïonnette au bout du fusil, mais quelques volées de mitraille, suivies d'une charge vigoureuse des dragons de Waldeck, ne tardèrent pas à les repousser, laissant sur la place un nombre considérable de morts et de blessés qu'ils n'eurent pas le temps d'emporter. Ils parvinrent néanmoins sur la droite à s'emparer d'un retranchement en avant du village

---

(1) Pertes du 19 septembre :

	Morts.	Blessés.
8e dragons	»	3
11e dragons	»	1
17e dragons	»	1
Chasseurs du Rhin	4	12
105e	1	9
2e bataillon du 3e	1	6
1er de l'Ain	2	8
3e du Doubs	»	1
2e du Puy-de-Dôme	»	3
Total	8	44

En outre, 3 cavaliers du 2e régiment de cavalerie et 2 volontaires du 4e du Jura ont déserté.

Pertes du 20 septembre :

	Morts.	Blessés.	Prisonniers.	Déserteurs.
1er du Jura	4	»	2	2
1er de grenadiers	»	22	»	»
105e	2	17	»	»
48e	2	»	»	»
1er de la Corrèze	2	39	»	»
2e du 40e	9	30	»	»
4e du Bas-Rhin	1	4	7	»
2e du 75e	1	33	»	»
3e de Rhône-et-Loire	6	53	»	»
4e de l'Eure	5	26	»	»
A reporter	32	224	9	2

de Scheidt, d'où ils incendièrent deux granges, y ayant jeté des grenades. Ils avaient paru le même jour en avant de notre front, et ayant même fait sortir quelques détachements de Bergzabern, ils étaient parvenus à établir trois pièces d'artillerie volante sur les hauteurs qui dominent ce village et la position que nous occupions; mais elles ne produisirent aucun effet sur les redans garnis de quelques canons et de l'infanterie de Mirabeau que nous y avions. Notre artillerie, plus forte que celle que la nature du terrain leur avait permis de transporter sur la hauteur, ne tarda pas à la faire taire, ainsi qu'une pièce qu'ils avaient amenée jusqu'à un moulin situé entre le village de Kappel et Bergzabern, et qui ne tira même qu'un seul coup. Des piquets de Mirabeau et de Hohenlohe s'étant portés au même moment en avant, repoussèrent les républicains qui avaient tenté de sortir de Bergzabern. La plus grande partie de la journée se passa en tirailleries de hussards, et vers 5 heures du soir, tout paraissait fini, lorsqu'un peu avant la nuit, le feu des tirailleurs reprit avec plus de vivacité sur le coteau qui est à gauche en allant de Kappel à Bergzabern. Les Valaques, alors en petit nombre, avaient absolument cédé le terrain, lorsque, étant sortis en force des villages de Kappel et de Drusweiler, ils repoussèrent vivement ces tirailleurs; nous entendîmes alors les ennemis, qui se trouvaient en bataille hors de portée du canon, battre la charge; mais ils ne firent aucun mouvement, contenus sans doute par deux pièces de 12 qui

	Morts.	Blessés.	Prisonniers.	Déserteurs.
Report.......	32	224	9	2
1er des Pyrénées-Orientales..	6	33	»	»
2e de la Charente-Inférieure..	8	46	»	»
5e de l'Ain.................	8	28	1	»
2e du 3e....................	»	2	2	»
1er du Doubs................	2	44	4	»
1er du 3e...................	»	2	»	»
1er du 75e..................	4	36	1	»
9e des Vosges...............	»	5	»	»
1er de l'Ain................	»	8	»	»
3e du Doubs.................	»	10	»	»
2e chasseurs................	»	1	»	»
2e cavalerie................	1	»	»	»
Gendarmerie.................	»	1	»	»
5e d'artillerie.............	5	6	»	»
Charretiers.................	»	5	»	»
Total........	66	451	17	2

avaient tiré quelques coups pour soutenir les tirailleurs. Trois ou quatre piquets de cavalerie, qui se portèrent en avant au même moment, achevèrent de déterminer la retraite absolue des ennemis. Quoique les coups de fusil n'eussent pas cessé pendant toute cette journée, elle coûta très peu de monde ; le feu de notre artillerie coûta aux ennemis quelques hommes ; six ou sept furent sabrés par la cavalerie de la légion, qui, de son côté, eut à peu près le même nombre de blessés.

La gauche de l'armée impériale attaqua le 20, de grand matin, les postes en avant de Scheidt, dont les ennemis s'étaient emparés la veille. Les Autrichiens reprirent le retranchement sans éprouver une grande résistance. Le prince de Waldeck avait fait un mouvement avec sa colonne pour soutenir l'attaque en occupant les républicains vers le centre, et pour les empêcher de porter du secours..... La perte des braves régiments employés à cette défense fut évaluée à plus de 600 hommes. »

Landremont était alors très préoccupé de la région montagneuse, où il jugeait que la campagne pouvait se décider. Le 23, il écrit à Schauenbourg :

« Je vous aiderai, mon cher ami, dans toutes les occasions possibles. Je n'en négligerai aucune pour exterminer nos ennemis, mais je suis inquiet du côté de Ketterich ; de là les ennemis pourraient en force gagner Stürzelbronn. C'est un poste que vous occupiez et que je désirerais fort que vous puissiez reprendre. Il y a derrière Ketterich des hauteurs qui pourraient favoriser ce poste en y faisant des retranchements. Si vous pouvez le reprendre, et me dire l'heure précise où vos troupes s'y trouveraient, j'en ferais marcher par Fischbach, qui se porteraient de ce côté et qui feraient diversion, et vous faciliteraient la prise de ce poste, que je trouve bien intéressant pour garder nos gorges. »

Il récrit le surlendemain :

« J'ai appris que des troupes du côté de Pirmasens s'étaient portées sur leur gauche du côté de Ketterich ; je ne crains que le passage du côté de la Main-du-Prince. Il faudrait bien recommander cette partie au général Moreaux. Soyez sûr que les Prussiens ne vous attaqueront pas dans le camp de Hornbach. C'est à l'Alsace qu'ils en veulent. »

Cette lettre devait arriver au moment même où les

mouvements offensifs des Prussiens forçaient à abandonner le camp d'Hornbach. Rien ne fut donc entrepris dans la montagne.

Quelques escarmouches eurent encore lieu à l'armée du Rhin entre la forêt de Bienwald et les montagnes. En particulier, dans la nuit du 25 au 26, « le 2ᵉ bataillon du 93ᵉ et 60 hussards du 7ᵉ régiment ont été surpris par un corps de cavalerie ennemie, à 2 heures du matin. Ils couvraient les sapeurs occupés à la construction d'une batterie près de Bergzabern. (La relation autrichienne dit : près de la ferme de Deutschhof.) Le bataillon a eu 29 hommes tués et 51 blessés, presque tous très grièvement. Il a perdu de plus une pièce de canon. Au nombre des morts est le chef de brigade Lapoterie. Les sapeurs ont eu 11 hommes tués et les hussards 2 blessés.

La construction de cette batterie a été abandonnée parce qu'on a trouvé qu'elle prolongeait notre ligne de défense. Il paraît que cette surprise est due en partie à la mauvaise disposition des postes avancés qui eux-mêmes se sont laissé surprendre. »

Tandis que les combats du 20 au 27 août avaient laissé l'armée du Rhin très confiante dans ses forces et dans son courage, ceux du 15 au 20 septembre semblent avoir porté atteinte à son moral.

Le général Dubois est absolument convaincu de l'impossibilité de vaincre et même de résister. Tout en exaltant son patriotisme et le courage qu'il a montré dans les divers combats, il signale les avantages de l'ennemi au général en chef et aux représentants, accusant le premier de lui avoir assigné une tâche impossible, et contribuant sans doute à l'injuste traitement dont Landremont allait être victime. Incapable de combiner les opérations d'une armée, et s'entêtant à passer d'une défensive respectable à une offensive décousue, Landremont s'était cependant montré énergique, actif et dévoué. Dans les derniers jours du mois de septembre, sa destitution fut résolue par les représentants, exaspérés contre lui. En quittant l'armée, il lui rendit un dernier service.

Pendant que l'armée du Rhin se heurtait inutilement aux retranchements des Impériaux, les tentatives de passage du fleuve en amont et en aval de Strasbourg avaient échoué. Landremont saisit cette occasion pour appeler sur la Lauter les 13 bataillons suivants qui restaient inutiles près de Strasbourg :

    2e du 30e,
    1er du 33e,
    2e du 33e,
    8e, 10e, 11e et 12e du Jura,
    8e de l'Ain,
    6e du Doubs,
    4e de la Côte-d'Or,
    5e et 6e de la Drôme,

avec 300 chasseurs du Rhin, 60 cavaliers du 7e hussards, 6 escadrons du 4e chasseurs, et 3 sections d'artillerie à cheval, ils durent se rendre à Wissembourg, du 1er au 6 octobre.

En même temps, les dépôts des divers bataillons reçurent l'ordre d'envoyer à l'armée le plus d'hommes possible.

Enfin, à force d'insistance, Landremont obtenait qu'outre le 1er bataillon de l'Indre, envoyé depuis quinze jours à Obersteinbach, la division des Vosges détachât 3 bataillons (2e de la Moselle, 2e du 102e, et 1er de la Meuse) à Stürzelbronn, et ces quatre bataillons firent désormais partie de l'armée du Rhin.

Landremont dit, dans le plaidoyer qu'il adressa quelque temps après au Comité, qu'il a renforcé l'armée du Rhin de 15,000 hommes ; mais les corps dont on vient de lire les noms ne donnaient en tout que 8,000 à 9,000 hommes, et il ne semble pas que les dépôts aient pu envoyer 7,000 hommes à l'armée. D'autre part, une situation du 9 octobre, dont la relation autrichienne contient un résumé, fixe la force de l'armée à 51,590 hommes, soit en effet 9,000 hommes de plus qu'au 1ᵉʳ octobre, et en y comprenant les bataillons fournis par l'armée de la Moselle. Landremont avait un sentiment très net de la nécessité de réunir le plus de forces possible autour de Wissembourg, qui était désormais le point décisif (1) ; mais il ne pouvait réussir à faire partager cette conviction par les représentants ; au contraire, le commandant de la place de Strasbourg, Dièche, ne cessait de protester contre la faiblesse de la garnison, pour laquelle il demandait un renfort de 27,000 hommes.

On accusait donc Landremont d'immobiliser des forces considérables sans en faire usage ; de dégoûter les agricoles faute de savoir les employer, et de laisser Strasbourg sans défense.

Il fut donc remplacé par Carlenc, modeste officier de dragons, incapable de commander une armée (2 octobre).

---

(1) « Tant que je les battrai ici, écrit-il, ils ne feront pas la moindre tentative dans le Haut-Rhin..... Trois bataillons que je donnerais à Strasbourg consommeraient ses vivres et ne sauveraient pas la place, si j'étais forcé, et je le serais peut-être si je les donnais. A moins d'abandonner les lignes de la Lauter, je ne peux pas donner une compagnie à Strasbourg, et j'allais au contraire lui demander 100 hommes du dépôt de la compagnie franche de la Dordogne pour remplacer les malades, si votre lettre n'était venue me fermer la bouche. »
(Le Ministre avait écrit qu'il lui paraissait absolument indispensable d'envoyer sans délai trois bons bataillons pour renforcer la garnison de Strasbourg.)

CAMPAGNE DE 1793 EN ALSACE. 393

ARMÉE DU RHIN.

Situation au 30 septembre 1793.

ORDRE de BATAILLE.	ADJUDANTS GÉNÉRAUX.	GÉNÉRAUX DE BRIGADE.	CORPS.	EMPLACEMENTS.	PRÉSENTS.	HOPITAUX.	PRISONNIERS.
Avant-garde momentanément aux ordres du général de division MEQUILLER.	BAILLY, adjudant général.	Le général MEYNIER.	Chasseurs du Rhin........	Bois de Scheidt......	277	191	4
			6e bat. d'infanterie légère...	Ober-Otterbach......	487	166	10
			12e bat. d'infanterie légère..	Au Bois..........	545	198	10
			1er bat. de la Corrèze......	Nieder-Otterbach.....	550	191	49
			1er bat. du Jura..........	Au Bois..........	528	123	11
			1er et 2e bat. de grenadiers.	Bivouaqué........	776	276	16
			2e bat. de Lot-et-Garonne...	Id.	694	181	»
			1er bat. du 48e rég.......	Id.	519	116	29
			1er bat. du 105e rég.	Id.	788	154	»
	PERROUD, adjudant général.	Le général LOUBAT.	7e rég. de hussards........	Ober-Otterbach......	284	17	»
			8e rég. de chasseurs à cheval.	Bivouaqué........	365	139	27
			10e rég. de chasseurs......	Id.	394	44	6
			8e rég. de dragons........	Id.	317	9	3
			11e rég. de dragons........	Id.	334	18	2
			17e rég. de dragons........	Id.	342	16	»
			Artillerie volante.........	Id.	93	13	»
Aile droite. Division commandée par le général de brigade DUBOIS.	GARONEAU, adjudant général.	Le général MICHAUD.	2e bat. du 40e rég.........	Camp de Lauterbourg.	578	169	16
			3e bat. de la Haute-Saône...	Selz............	736	80	1
			5e bat. de l'Ain..........	Camp de Lauterbourg.	602	179	»
			1er bat. du 37e rég........	Lauterbourg.......	345	192	»
			7e bat. de la Haute-Saône..	Lauterbourg.......	444	259	»
			2e bat. de la Charente-Infre.	Campé...........	441	263	»
			11e bat. d'infanterie légère..	Scheibenhart......	422	223	3
			1er bat. des Pyrénées......	Camp de Lauterbourg.	588	240	»
			1er bat. du 75e rég........	Scheibenhart......	506	151	»
			4e bat. du Bas-Rhin.......	Scheibenhart......	544	169	25
			4e bat. de l'Eure.........	Campé...........	533	198	»
			3e bat. de Rhône-et-Loire...	Camp de Lauterbourg.	527	235	»
		Le général LE GRAND.	9e bat. des Vosges.........	Scheibenhart......	781	86	2
			2e bat. du 75e rég.........	Scheibenhart......	578	245	»
			2e bat. du 37e rég.........	Camp de Scheibenhart.	434	102	1
			8e bat. du Jura...........	Scheibenhart......	633	»	»
			Artillerie du parc et de la place..................	Scheibenhart......	231	30	»
			Artillerie volante.........	Nieder-Lauterbach....	43	11	»
			Compagnie franche de la Dordogne..................	Scheibenhart......	162	54	»
			Gendarmerie nationale.....	Neuwiller.........	234	8	»
			2e rég. de chasseurs.......	Nieder-Lauterbach....	441	56	50
			4e rég. de dragons........	Scheibenhart......	307	29	»
Centre.	HATRY, adjudant général.	»	1er bat. du 5e rég.........	Moulin de Bienwa'd...	622	163	»
			1er bat. du Doubs.........	Id.	922	186	»
			1er bat. de l'Ain..........	Id.	676	91	1
			2e bat. du 3e rég..........	Id.	630	124	5
			3e bat. de l'Ain...........	Au fort Saint-Rémy...	624	88	»
			3e bat. du Doubs..........	Bienwald.........	673	132	»

ORDRE de BATAILLE.	ADJUDANTS GÉNÉRAUX.	GÉNÉRAUX DE BRIGADE.	CORPS.	EMPLACEMENTS.	PRÉSENTS.	HOPITAUX.	PRISONNIERS.
Centre (suite).	VACHEROT, adjudant général.	Le général ISAMBERT.	1er bat. du 46e rég.	Camp de Capsweyer	519	186	2
			3e bat. du Bas-Rhin	Hauts de Bergzabern	484	120	4
			4e bat. du Doubs	Id. d'Ober-Otterbach	584	50	»
			2e bat. du 46e rég.	Id.	598	184	6
			2e bat. du Puy-de-Dôme	Id.	588	157	»
			9e bat. d'Eure-et-Loir	Nieder-Otterbach	609	125	3
		Le général DAURIOLLE.	1er bat. du 93e rég.	Redoute de Steinfeld	644	148	6
			2e grenadiers de Rhône-et-Loire.	Forêt de Scheidt	600	60	»
			1er bat. de Lot-et-Garonne	Camp de Capsweyer	603	99	4
			2e bat. du 93e rég.	Id.	637	143	8
			5e bat. de Seine-et-Oise	Id.	725	72	»
Aile gauche.	SAINT-CYR, adjudant général.	Division commandée par le général de brigade FENEY. Le général DESAIX.	1er bat. du 13e rég.	Nothweiler	517	215	56
			1er bat. des Vosges	Wingen	794	58	12
			4e bat. du Jura	Nothweiler	639	230	4
			2e bat. du 13e rég.	Camp de Lembach	615	98	68
			1er bat. du Haut-Rhin	Nothweiler	392	69	»
			3e bat. d'Indre-et-Loire	Tannenbrücke	670	128	»
			1er bat. de l'Indre	Ober-Steinbach	809	144	26
			1er bat. du 27e rég.	Nothweiler	530	144	»
			3e bat. du Haut-Rhin	Nothweiler	683	83	3
		»	2e bat. de Rhône-et-Loire	A la Cense de Lichtshof	728	»	»
			4e bat. de Saône-et-Loire	Schœnau	608	125	»
			1er bat. de la Haute-Saône	Bobenthal	774	142	»
			7e bat. d'infanterie légère	Bobenthal	513	194	49
			10e bat. des Vosges	Rumbach	665	140	2
			7e rég. de chasseurs	Détachés	90	»	»
			Détachement du 2e rég. de cavalerie	Id.	106	»	»
			Détachem. de gendarmerie	Id.	16	»	»
Équipages d'artillerie.	»	Le général RAVEL.	5e rég. d'artillerie	Camp de Geisberg	863	50	»
			1er bat. du Bas-Rhin	Id.	365	49	»
Réserve de cavalerie.	PICARD, adjudant général.	Le général LAFARELLE.	2e rég. de cavalerie	Schleithal	387	14	»
			12e rég. de cavalerie	Id.	407	13	»
			14e rég. de cavalerie	Id.	63	»	»
			29e division de gendarmerie	Id.	32	»	»
			Artillerie volante	Id.	34	2	»
		»	9e rég. de cavalerie	Schweighoffen	379	15	»
			1re division de gendarmerie	Wissembourg	247	7	»
			3e division de gendarmerie	Alstadt	351	26	»
			19e rég. de cavalerie	Id.	292	7	»
			Guides	Wissembourg	22	»	»
			1er bat. d'ouvriers pionniers	Cleebourg-Lauterbourg	634	38	»
				TOTAUX	41,116	8,774	591

XXX. — Combat de Pirmasens.

« D'après l'arrêté pris dans la conférence du 9 du présent, dit le général Moreaux, je suis parti le 11, à 11 heures du soir, pour attaquer l'ennemi dans les positions en avant de Vinningen et Ketterich. »

En même temps, Lagoublaye se portait de Bitche sur Vinningen. « Arrêté par des abatis considérables », il se retire avec une perte de 3 hommes.

Sorti de Riedelberg au milieu de la nuit, Moreaux s'arrête, sans doute pour ne pas s'engager dans l'obscurité contre les retranchements ennemis. Son avant-garde arrive au point du jour au Stausteiner-hof, à la bifurcation des chemins qui conduisent à Pirmasens et à Ketterich. Il rencontre là un petit détachement prussien, composé de 1 bataillon, 2 escadrons et une demi-batterie, que Brunswick lui-même conduisait en reconnaisance.

Le combat s'engage sur ce point. La petite troupe prussienne, très inférieure en nombre, se contente de faire déployer la colonne française, pendant que le camp de Pirmasens reçoit l'ordre de prendre les armes. Lagoublaye attaque au même instant, près de Krœppen, les avant-postes détachés de Felsenbrunn.

Moreaux poursuit l'ennemi jusqu'à Vinningen, mais se trouve arrêté sur le ravin de l'Eichelbach par la division Kalckstein, qui s'est portée en avant de la côte 406, où est son camp. Une canonnade assez violente s'engage, pendant qu'on reconnaît les passages du ruisseau; puis Moreaux, jugeant impossible de forcer les positions ennemies de Simten ou de la cote 406, ordonne la retraite à 9 heures (1).

---

(1) Lettres des représentants à Schauenbourg et au Comité de Salut public, 13 septembre.

Le lendemain, à 3 heures de l'après-midi, les représentants tinrent un second conseil de guerre avec le général Moreaux. Une nouvelle attaque fut décidée (1). A 9 heures du soir, le 14ᵉ régiment de dragons et le 1ᵉʳ bataillon du 30ᵉ, qui étaient à Mittelbach, rentrèrent au camp d'Hornbach et, vers 10 heures, la division sortit par le chemin de Monbijou (2). On envoya trois bataillons de Bliescastel à Hornbach pour garder le camp.

Il semble que trois des bataillons de la division des Vosges n'aient pas donné, non plus que la compagnie des chasseurs bons tireurs : le 1ᵉʳ bataillon de l'Indre était, semble-t-il, à Stürzelbronn ou à la Main-du-Prince; le 2ᵉ du 102ᵉ et le 1ᵉʳ de la Meuse devaient être restés

---

(1) « Témoins de la bonne volonté et du courage de nos braves défenseurs, nous nous sommes réunis ce matin avec les généraux pour aviser aux moyens de mettre à profit les bonnes dispositions de l'armée et des citoyens qui se sont levés en masse pour la seconder et qui ne peuvent rester trop longtemps éloignés de leurs travaux. Les généraux ont pensé qu'il était possible de marcher demain de grand matin droit à Pirmasens par la route de Deux-Ponts. » (Les représentants à Schauenbourg, 13 septembre).

« Ils ont tous été d'avis que la position de l'ennemi était trop forte du côté où nous l'avions attaqué hier, mais ils ont pensé qu'en marchant directement sur Pirmasens par la grande route de Deux-Ponts, nous étonnerions l'ennemi, qui ne s'attend pas à être pris de ce côté, et qu'alors les postes de Ketterich et d'Eppelbronn, séparés du reste de l'armée, ne pourraient garder leur position. L'attaque est fixée à demain matin à 2 heures. » (Les représentants Soubrany, Ehrmann et Richaud au Comité, 13 septembre).

« D'après la conférence qui a eu lieu à 3 heures après-midi, notre départ est fixé à minuit. » (Moreaux à Schauenbourg, 13 septembre).

(2) D'après une relation écrite par l'adjudant général Duvignau.

Le rapport de Moreaux dit que la colonne est sortie à minuit :

« L'avant-garde, commandée par le général Guillaume, ajoute-t-il, s'était rassemblée à Monbijou, et s'est mise en route lorsque la tête de ma petite colonne a paru s'approcher de sa queue. Je l'ai laissée reposer un moment pour donner à mon avant-garde le temps de filer et établir par là une légère distance entre elle et moi. »

aux camps de Bitche et Haspelscheidt avec les chasseurs bons tireurs, et on ne sait quels mouvements ils auront prononcé ce jour-là (1).

Il restait à la colonne de Moreaux les forces suivantes :

2e bataillon du 30e...	880 hommes.	
4e — de la Haute-Saône...	540	—
3e — de la République...	880	—
1er — du 1er...	869	—
1er — du 24e...	692	—
6e — de la Haute-Saône...	774	—
4e — de la Manche...	751	—
2e — de la Moselle...	843	—
4e — de la Seine-Inférieure...	670	—
1er — du 96e...	931	—
3e — de la Manche...	515	—
9e — de la Meurthe...	952	—
1re compagnie de l'Observatoire...	319	—
Compagnie franche de Guillaume...	325	—
3e compagnie de chasseurs du Louvre...	210	—
Détachement du bataillon de l'Yonne (escorte de l'artillerie)...	124	—
9e régiment de chasseurs à cheval...	495	—
14e — de dragons...	388	—
4e — de cavalerie...	352	—
Artillerie légère...	68	—

Artillerie de position, sans doute 300 à 400 hommes sur les 548 canonniers que comptait la division des Vosges.

Quelques gendarmes et pionniers.

En tout 12,000 hommes.

Mais Moreau écrit, dans son rapport du 17 :

Le corps des Vosges, ou, pour mieux dire, les 10,000 hommes que j'en ai tirés pour marcher sur Pirmasens, etc.

---

(1) L'état des pertes établi le 15 ne comprend pas le 1er bataillon de l'Indre; les bataillons du 12e et de la Meuse n'ont subi aucune perte, non plus que les chasseurs bons tireurs, qui auraient fait partie de l'avant-garde s'ils avaient été à la colonne de Moreaux.

Ce chiffre de 10,000 hommes paraît exact, car on n'a pas pu faire marcher tous les hommes compris à l'effectif.

L'artillerie de la division des Vosges comptait, outre les pièces de bataillon (2 par bataillon), et la compagnie d'artillerie légère (4 pièces de 8 et 2 obusiers de 6 pouces), 24 bouches à feu, 14 pièces de 12, 13 de 8, 4 de 4 et 6 obusiers de 6 pouces.

Il semble que 2 seulement de ces pièces aient été laissées au camp, de sorte qu'il y avait 52 bouches à feu pour ces 11,500 à 12,000 hommes (1).

Le pays où l'on allait combattre est sillonné de ravins profonds et escarpés, entre lesquels s'allongent des crêtes étroites, n'offrant pas l'espace nécessaire aux déploiements. Les hauteurs au milieu desquelles est située la ville de Pirmasens ont une altitude de 400 à 440 mètres et le fond des ravins voisins est à 270 ou 300 mètres. Les talus de ces ravins ont en moyenne une pente de 1/4. La position de Pirmasens offrait ce grand avantage que les Prussiens pouvaient s'y déployer et y manœuvrer en tous sens, tandis que l'attaque était forcée de se restreindre à des zones étroites. Il y avait donc lieu, pour Moreaux, d'examiner de très près les mesures à prendre pour l'attaque, de choisir une ou plusieurs routes auprès desquelles il fût possible de se déployer, et il fallait aussi avoir recours à des essaims de tirailleurs dans les parties où les formations rigides

---

(1) La relation de l'adjudant général Duvignau porte à 28 le nombre des bouches à feu engagées. Dans ce chiffre ne doivent pas être comprises les pièces de bataillon, qui étaient au nombre de 24, et donneraient avec la compagnie à cheval et les 6 pièces de 12, de 8, ou de 6 pouces, perdues dans le combat, un total de 36 bouches à feu.

Il faut compter 24 pièces de bataillon, 6 d'artillerie légère, et 22 de position (4 de 12, 12 de 8, et 6 obusiers). D'après le rapport du Ministre de la guerre, l'artillerie de position n'aurait compris que 4 pièces de 12, 10 de 8, et 5 obusiers.

ne pouvaient subsister. Il ne semble pas que Moreaux ait préparé avec assez de soin les dispositions d'attaque : ayant reconnu l'avant-veille que les abords du camp prussien étaient solidement fortifiés et défendus vers le Sud-Ouest, il se reporta au Nord-Ouest (1), sans plus examiner les inconvénients contre lesquels il faudrait lutter, et surtout il commit la faute insigne de tenir ses 12,000 hommes en une seule colonne, jusqu'à ce qu'on arrivât sous le feu des canons prussiens.

13 septembre 1793.

(1) *Lettre de Mourgoin, commissaire du pouvoir exécutif, au Ministre de la guerre.*

.....J'ai assisté ce matin à une conférence tenue entre les représentants du peuple et les généraux. L'on y a parlé de l'affaire qui avait eu lieu hier, et des raisons qui avaient empêché de tirer tout le parti possible de nos premiers avantages. Tout le monde est convenu que l'ennemi n'était pas attaquable dans la position qu'il occupait; mais on observait que, si dans les premières dispositions une colonne eût été dirigée sur la droite des ennemis de l'autre côté de la Horn, ils auraient été tournés, pris en flanc et forcés d'abandonner la position où ils avaient établi une batterie. Le général Moreaux a observé qu'il craignait pour le camp d'Hornbach, et que la crainte que l'ennemi posté à Deux-Ponts ne s'emparât de son camp pendant que lui-même attaquerait Ketterich, l'avait décidé à la retraite.

L'on s'est occupé ensuite des moyens d'attaquer l'ennemi d'une manière décisive ; le général Freytag a proposé de partir demain de grand matin, et d'aller droit à Pirmasens par le chemin de Deux-Ponts. Il a été aussi d'avis que, pour n'avoir aucune inquiétude pour le camp d'Hornbach pendant que nous attaquerions l'ennemi, il était nécessaire que trois bataillons de Bliescastel vinssent pendant la nuit occuper les hauteurs qui défendent la position de Hornbach. Pour assurer néanmoins le poste de Bliescastel, trois bataillons partiront à la même heure de Saint-Imbert pour venir occuper Bliescastel. Ce projet en même temps sage et vigoureux a réuni tous les avis : un courrier a été sur-le-champ expédié au général en chef Schauenbourg pour qu'il donnât tous les ordres relatifs, et nous espérons que demain la journée sera complète.

Son inexpérience, son peu de confiance dans l'issue de cette expédition lui faisaient craindre de n'avoir pas toutes ses troupes constamment sous la main et à sa disposition immédiate.

La colonne marcha à la vitesse de 1500 mètres à l'heure. Mise en route vers 10 heures du soir, elle arriva au point du jour seulement à Nunschweiler, premier poste de la cavalerie ennemie, à 10 kilomètres du camp. Elle mit encore trois ou quatre heures pour franchir les 7 kilomètres qui séparent Nunschweiler du tournant de la route, au Nord de Fehrbach, où elle parvint vers 9 heures. « Le plus grand silence, le plus grand ordre dans la marche, dit Moreaux, me faisaient espérer que nous pourrions surprendre quelques postes ennemis et faire quelques prisonniers. Je ne saurais vous peindre quelles ont été mes idées et mes réflexions lorsque j'ai vu et appris l'entière évacuation des postes ennemis par où nous avons passé. »

Brunswick avait été prévenu de nos préparatifs depuis la veille. Il avait prescrit à toutes les troupes de son corps d'armée de rester vêtues pendant la nuit, et il avait envoyé des estafettes aux postes avancés pour qu'on le prévînt dès l'apparition des colonnes françaises. Plusieurs généraux prussiens s'étaient portés eux-mêmes en reconnaissance, avant le jour, vers Bottenbach, d'où ils aperçurent nos colonnes en mouvement de l'autre côté du ravin de la Fels Albe. Brunswick fut prévenu à 6 h. 1/2 de notre mouvement. La division Kalckstein prenait déjà les armes dans son camp, près de la côte 406.

Brunswick donna les ordres suivants : la cavalerie se porterait au-devant des Français, pendant que la division Kalckstein (1) occuperait la Huster-Hœhe au Nord

---

(1) Régiments de Brunswick et prince Henri, batteries Wundersitz

de Pirmasens, et que les deux bataillons disponibles (1) de la brigade Rœder viendraient s'établir à la cote 406. La division de Courbière, qui ne comprenait plus que la brigade du prince de Bade, et campait sur la Gerstfeld-Hœhe, y restait provisoirement, mais envoyait la demi-batterie à cheval Hahn sur la Huster-Hœhe.

Les deux régiments de cavalerie de Borstell et de Tchirchky se portent donc au-devant des Français, couvrant la batterie Potozky, laquelle répond à notre artillerie à cheval. Au bout d'une heure environ, l'infanterie s'étant déployée sur la Huster-Hœhe, la cavalerie reçoit l'ordre de se replier. Un bataillon et 150 tirailleurs, avec 6 bouches à feu, prennent position le long de la crête du Ruppert-Wald et du Grün-Bühl, de manière à nous prendre en flanc si nous continuons sur Pirmasens.

Une canonnade s'engage, mais la distance est trop grande pour que les deux adversaires puissent se faire grand mal. Seules, les batteries à cheval ont été poussées en avant et se trouvent à bonne portée l'une de l'autre (batterie Debelle du côté français, et 1/2 batterie Hahn, du côté prussien). A ce moment, Brunswick, ayant constaté que toutes les troupes françaises sont devant lui, rappelle les brigades Rœder et Prince de Bade. La première, seule, vient le rejoindre ; un incident inconnu empêche le prince de Bade d'arriver à temps sur la Huster-Hœhe.

Il était à peu près 10 heures du matin. Les Français s'étaient arrêtés près de Fehrbach, et l'avant-garde (2), commandée par le général Guillaume, qui avait marché,

---

et Potozky, cuirassiers de Borstell et dragons de Tchirchky (6 bataillons, 10 escadrons, 16 pièces).

(1) 2º et 3º de la Garde.
(2) Grenadiers et 1er bataillon du 30º, compagnie franche de Guillaume, 4ᵉ bataillon de la Haute-Saône, 14ᵉ dragons, 9ᵉ chasseurs.

paraît-il, à une allure exagérée, reprenait haleine (1). Après une dernière conférence, où Moreaux manifesta encore ses appréhensions, les représentants ordonnèrent l'attaque. La division des Vosges se forma en trois colonnes, celle de droite comprenant les 1500 hommes de l'avant-garde ; chacune des deux autres était forte de 4,000 à 5,000 hommes d'infanterie. Pour se porter sur Pirmasens, il fallait parcourir la crête étroite et longue que suit la route de Deux-Ponts.

A peine le mouvement est-il commencé, que le feu des tirailleurs et les canons postés sur le Grün-Bühl et dans le Ruppert-Wald oblige nos colonnes à s'abriter à l'Ouest de la crête (2). L'espace disponible pour ces 12,000 hommes n'était donc plus que de 300 mètres environ, et les talus du Blumelsthal, a l'inclinaison de 1/4, s'opposaient à tout mouvement vers la droite.

L'ennemi crut un instant que nous allions nous retirer ; les batteries avaient cessé le feu et amenaient les avant-trains (3). Mais aussitôt nos colonnes, débouchant de Fehrbach, se mirent en mouvement vers Pirmasens (4).

---

(1) « A peine l'avant-garde toute haletante était-elle arrivée à la vue du camp ennemi (il était 9 heures), qu'on mit les pièces en batterie pour faire évacuer deux redoutes avancées. A mesure que les pièces de position arrivèrent, elles commencèrent aussi à tirer. » (Duvignau.)

(2) « Alors les Prussiens firent feu de toutes parts; ils portèrent même deux pièces sur une hauteur placée sur notre flanc gauche, qui nous gênèrent beaucoup pour l'arrangement de nos colonnes. » (Duvignau.)

(3) « Nos munitions d'artillerie étaient toutes épuisées. » (Duvignau.)

(4) « Ce fut alors que je formai mon plan d'attaque et que je disposai mes troupes en cinq colonnes, plaçant à ma droite le 4ᵉ régiment de cavalerie, à ma gauche le 9ᵉ de chasseurs ; je gardai pour réserve le 14ᵉ régiment de dragons, un bataillon d'infanterie et quelques pièces de gros calibre. L'intervalle qui existait entre chaque colonne était rempli par une partie de l'artillerie de mon parc et les pièces de 4

Au début, Moreaux ne fit rien pour se débarrasser du détachement prussien qui le prenait en flanc ; il se contenta de le faire observer par quelques cavaliers. En arrivant à portée de canon de l'ennemi, il songea tout à coup à prononcer un mouvement débordant vers le Nord, et dirigea trois bataillons de ce côté ; mais ceux-ci trouvèrent les pentes du ravin du Steinbach impraticables, et, recevant de deux côtés le feu des Prussiens, se rejetèrent sur les colonnes principales, peut-être avec précipitation.

Dès que la colonne de gauche se trouva en prise au feu à mitraille des Prussiens, dans la formation compacte où elle était, elle se rejeta vivement vers le Blumelsthal pour s'abriter, refoulant les deux autres colonnes (1). Le général Freytag réussit à faire avancer

---

attachées aux différents bataillons. Après avoir visité toutes mes colonnes, j'en distribuai le commandement aux officiers généraux qui se trouvaient avec moi. Je donnai la gauche au général de division Lequoy, le centre au général de division Freytag, et la droite au général Guillaume, l'artillerie se trouvant surveillée par le général Manscourt. Une fois cette opération finie et mes dispositions achevées, je fais battre la charge. Les représentants du peuple voltigeaient de rang en rang. » (Rapport de Moreaux.)

(1) « On avait déjà parcouru la moitié de la distance, lorsqu'on donna l'ordre de déployer les colonnes et de se mettre en bataille pour enlever les retranchements. Mais on ne connaissait pas le terrain ; on ne fit pas attention qu'il eût fallu pour cette opération qu'il fût au moins le double de ce qu'il était, car, à l'endroit où on commença à se déployer, deux ravins extrèmement profonds et à pic le rétrécissaient au point que, lorsque la colonne de droite voulut se déployer, elle se trouva jetée aux trois quarts dans celui de droite, ou, pour mieux dire, précipitée dans cet abîme par le refoulement du développement de la colonne du centre. » (Duvignau.)

Les Prussiens virent le refoulement prononcé de la gauche vers la droite, sous l'influence du feu d'artillerie et de mousqueterie du Ruppert-Wald. (Monographie n° 16, page 308.)

« La confusion commença alors ; les bataillons, les compagnies se mêlèrent ; les lâches crièrent à la trahison ; les canons, les caissons

un peu sa troupe, mais le mouvement vers le fond du ravin devenait de plus en plus accentué et désordonné. Seule la colonne du général Guillaume, grâce à son avance et peut-être au petit nombre de ses bataillons, put se dégager de cette cohue et atteindre la lisière de Pirmasens, ainsi que la cavalerie ; les dragons prussiens essayèrent de charger, mais furent rejetés par le 9° chasseurs dans les jardins qui entouraient la ville (1).

Brunswick, portant son aile droite en avant, n'eut pas de peine à écraser sous la mitraille la foule qui s'agitait en désordre au fond du Blumelsthal ; en même temps, le prince de Bade, qui n'avait pu arriver à temps pour pousser jusqu'à la Huster-Hœhe, apparaissait au Sud de Pirmasens, près de la nouvelle Tuilerie, et prenait en flanc les troupes de Guillaume. Cette attaque acheva notre désastre en rejetant sur le Blumelsthal les dernières troupes françaises qui fussent encore en état de combattre.

Nous opposions cependant, à la force des choses, un courage désespéré et qui étonnait nos adversaires. Au prix des plus grands efforts, Debelle parvenait à hisser deux pièces sur la Schachen-Hœhe pour arrêter l'ennemi,

---

tombèrent, en écrasant beaucoup de monde, dans le précipice. Les Prussiens sortirent alors de leurs retranchements et achevèrent de nous mettre en désordre. Cependant, la compagnie franche de Guillaume et les deux compagnies de grenadiers du 30° (dont la 1re se trouvait commandée par son brave sous-lieutenant Barizon) avaient suivi la cavalerie et s'étaient avancées jusqu'aux palissades des retranchements établis dans les jardins de la ville. » (Duvignau.)

Ce récit est conforme au mémoire justificatif du général Guillaume.

(1) « Les représentants, après avoir ordonné l'attaque, vinrent se mêler parmi nous en criant : Vive la République ! Tout le monde répéta ce cri avec enthousiasme..... Le signal est donné. Le 14° dragons et le 9° chasseurs partent, tombent comme la foudre sur la cavalerie ennemie au moins deux fois plus forte, la mettent en déroute, la poursuivent et vont la clouer contre les murs de la ville. » (Duvignau.)

mais il fallut enfin céder au nombre. A 1 heure, la division des Vosges n'était plus qu'un troupeau de fuyards.

Guillaume, quoique blessé, couvrit la retraite de son mieux avec quelques pièces et ses deux régiments de cavalerie. Il parvint ainsi à sauver l'ambulance et l'artillerie légère (1).

La cavalerie prussienne se lança à la poursuite, une partie le long du Blumelsthal, le reste par le ravin de Gersbach.

Beaucoup de nos voitures d'artillerie ne purent suivre plus longtemps l'allure désordonnée de l'infanterie, et tombèrent bientôt entre les mains de l'ennemi.

Les Prussiens ne poursuivirent d'abord que jusqu'au Langenbergerhof et à Winzeln ; puis, entendant le canon du côté de Deux-Ponts, et pensant qu'Hohenlohe se portait en avant, Brunswick envoya quelques détachements (2) sur le camp d'Hornbach. Ceux-ci se contentèrent d'enlever Riedelberg, et s'arrêtèrent à Alt-Hornbach, d'où Brunswick les fit rentrer au camp de Pirmasens.

Nous perdîmes dans cette journée 3 pièces de 12, 1 de 8, 13 de 4, 2 obusiers, 36 caissons, 191 chevaux, 194 fusils, 48 baïonnettes, etc. 1815 soldats ou charretiers furent tués ou pris, 226 blessés (3).

---

(1) Les compagnies conduites par Guillaume étaient parvenues au pied des retranchements, dit Duvignau, « lorsque, regardant derrière elles, elles s'aperçurent qu'elles étaient abandonnées. Alors elles battirent en retraite et furent extrêmement maltraitées. Il était 1 heure. Le désordre était à son comble. Toutes les pièces, excepté celles de l'artillerie légère, qui se sauvèrent par le chemin des fermes, étaient restées dans le fond du ravin..... Les généraux Guillaume et Freytag tâchèrent de rassembler quelque cavalerie. »

(2) Deux bataillons, trois escadrons, quatre pièces, une compagnie de chasseurs.

(3) Les Prussiens disent avoir pris 1833 hommes et enseveli 800 cadavres français.

Ils indiquent le même nombre de canons que le rapport de Moreaux,

Moreaux, dont les dispositions avaient conduit directement à ce désastre, prétendit, pour s'excuser, que la colonne de droite s'était jetée dans le ravin, et y avait *attiré* les autres. Il eut le bonheur de faire admettre la possibilité de ce phénomène d'attraction, et le malheureux Guillaume, qui seul avait poussé jusqu'à Pirmasens, et seul avait couvert la retraite, fut traduit devant le tribunal révolutionnaire.

---

mais en remplaçant les pièces de 8 par du 12, et celles de 12 par du 16. Il n'y avait pas de pièces de 16 à la division des Vosges. On ramena au camp d'Hornbach, comme artillerie de position, 1 pièce de 12, 9 de 8, et 3 obusiers.

Nos pertes se répartissent ainsi :

	Morts ou disparus.	Blessés.
30ᵉ régiment d'infanterie	132	6
4ᵉ bataillon de la Haute-Saône	102	»
3ᵉ bataillon de la République	1	1
Compagnie franche de Guillaume	65	6
1ʳᵉ de l'Observatoire	13	»
3ᵉ du Louvre	10	»
9ᵉ régiment de chasseurs	14	23
14ᵉ régiment de dragons	11	10
2ᵉ compagnie d'artillerie légère	2	5
1ᵉʳ régiment d'infanterie	188	27
1ᵉʳ bataillon de la Meuse	104	14
24ᵉ régiment d'infanterie	162	17
6ᵉ bataillon de la Haute-Saône	100	»
4ᵉ de la Manche	87	16
2ᵉ de la Moselle	»	»
4ᵉ de la Seine-Inférieure	204	33
Artillerie de position	13	6
Bataillon de l'Yonne attaché à l'artillerie	5	5
96ᵉ régiment d'infanterie	220	»
3ᵉ bataillon de la Manche	159	36
9ᵉ de la Meurthe	188	30
4ᵉ de cavalerie	2	»
102ᵉ d'infanterie	»	»
Chasseurs bons tireurs	»	»

Il est essentiel de faire connaître les explications fournies par les deux principaux intéressés, Moreaux et Guillaume :

> Je croyais tenir la victoire, écrit Moreaux à Schauenbourg, lorsqu'un mouvement inattendu, exécuté sans ordre, inconséquent et entièrement opposé aux principes militaires, s'est opéré dans la colonne de droite. Hélas ! que de regrets, que de larmes, que de soupirs a coûté le déploiement de cette colonne de droite qui, se trouvant appuyée à un ravin extrêmement profond, se mit naturellement à l'abri des obus et des boulets, ainsi que tous ceux qui y descendaient. Dans un clin d'œil, dans un tour de main, l'armée, malgré mes cris, malgré mes ordres réitérés, oblique à droite et suit la pente qui lui était donnée par la colonne voisine. Ainsi ma gauche se trouve occuper le terrain de ma droite, et donne jour à la cavalerie ennemie qui, profitant du terrain qu'on lui abandonnait, s'en servit pour tourner ma gauche et semer le désordre dans mes colonnes. Je fis partir avec la plus grande promptitude ma cavalerie, qui chargea celle de l'ennemi avec tant de vigueur, qu'elle fut d'abord repoussée ; mais ensuite, renforcée, elle obligea la nôtre à se retirer sans beaucoup de pertes.
>
> Mon infanterie croyait si peu, en obliquant à droite, faire un mouvement faux et inordonné, qu'elle battait la charge en se précipitant dans le ravin qui devait lui servir de tombeau. La fureur de se déployer en bataille était si grande, que deux bataillons commençaient déjà à opérer ce mouvement, lorsque le général Freytag, qui s'en aperçut, le défendit expressément, et parvint, à force de jurer et de conjurer, à arrêter un mouvement aussi pernicieux. C'en fut fait : en un moment, mon infanterie, qui touchait presque les retranchements ennemis, fut débandée, et tout à coup la journée, où les armes de la République allaient triompher et avaient eu pour elles les meilleurs auspices, se change en une journée de malheur et de désastre.....
>
> Je donnai ordre sur-le-champ à mon artillerie légère de se porter au galop sur les hauteurs pour protéger la retraite de mon infanterie et de l'artillerie de mon parc, que je voyais exposées aux plus grands dangers. Un chemin que je m'étais pratiqué en cas de retraite par le secours de mes pionniers, et qui était ma seule ressource, se trouvait menacée par une cavalerie nombreuse et une partie de l'artillerie légère des ennemis.
>
> Craignant alors pour le peu de canons et de caissons que j'avais pu ramener avec moi, je pris le parti de me retirer : ainsi fut causée la perte de six pièces de position, que vous trouverez sur l'état qui va vous être envoyé.

Le général Guillaume, mis en état d'arrestation, adressa au Comité le mémoire justificatif suivant :

> La colonne de droite étant arrivée dans la position A (1), sur le ravin, un aide de camp cria de déployer la colonne. A l'instant, les citoyens Soubrany et Dulac, qui marchaient avec le général Guillaume à la tête de cette colonne, firent exécuter le mouvement conjointement avec lui. La poussière et le peu de connaissance qu'avait le général Guillaume des nouveaux aides de camp, furent cause qu'il ne reconnut pas quel était cet aide de camp
>
> Cette colonne, composée de deux compagnies de grenadiers du 30ᵉ régiment, de la compagnie franche de Guillaume, du 4ᵉ bataillon de la Haute-Saône, et du 1ᵉʳ bataillon du 30ᵉ régiment d'infanterie, marcha environ cinquante pas déployée. Etant arrivé au haut du ravin, le général Guillaume s'aperçut que le mouvement avait été ordonné mal à propos, fit reformer la colonne en se portant au pas redoublé en avant, et à l'instant se trouva plus près des retranchements, dans la position B, que les colonnes de gauche. Peu de temps après, il s'aperçut que la cavalerie, qui formait la première colonne de gauche, étant prise en flanc par une forte batterie placée dans le bois, se porta au galop, en croisant les colonnes, en longeant en avant près du retranchement pour attaquer la cavalerie prussienne qui tournait la droite.
>
> Cette cavalerie, passant dans l'espace d'un peloton à l'autre, de la colonne de droite, le général Guillaume, qui était à la tête de cette colonne, continua son mouvement en avant, et arriva dans la position C, à portée de pistolet des retranchements, et sous le feu de l'infanterie ennemie. Là il reçut un éclat d'obus à l'épaule, son cheval se cabra, et il fut jeté par terre. Les deux compagnies de grenadiers et la compagnie franche de Guillaume, qui formaient la tête de la colonne, étaient au moment de sauter dans le premier retranchement, lorsque Guillaume fils, qui commandait la compagnie franche, cria : « Général, l'armée se replie et votre colonne vous abandonne ».
>
> A l'instant, le général Guillaume, qui formait la tête de la colonne, fit faire la retraite aux compagnies de grenadiers et à la compagnie franche de Guillaumme, déjà environnée d'ennemis de toutes parts, et lui-même, au moment d'être fait prisonnier par la cavalerie ennemie,

---

(1) Il a paru inutile de reproduire le croquis très rudimentaire joint à ce rapport. Les trois points A, B et C, sont simplement trois points en ligne droite sur la crête du Blumelsthal, de plus en plus près de Pirmasens.

fut entouré d'une vingtaine de chasseurs de la compagnie franche, et, ne pouvant s'aider de son bras droit, son fils et trois chasseurs de sa compagnie le mirent à cheval. Le jeune Guillaume, ayant reçu trois coups de sabre, tomba faible au pied d'un arbre et fut fait prisonnier dans la retraite.

L'infanterie suivant le mouvement de la cavalerie de gauche à droite, se renversa sur la colonne de droite, l'écrasa, et fut la cause de la déroute. Le général Guillaume s'en rapporta au témoignage de tout le corps des Vosges, et principalement à la colonne de droite, à la tête de laquelle il était, que le déploiement ne contribua en rien à la déroute de l'armée, qui ne se fit que plus dix minutes après que la colonne de droite fut reformée.

Le général Guillaume, quoique blessé à la main et à l'épaule, ayant laissé son fils sur le champ de bataille et pouvant à peine se tenir à cheval, a soutenu seul, avec les quatre compagnies de volontaires, la retraite de l'ambulance et de sept ou huit pièces de canon avec leurs caissons, contre une colonne de troupes prussiennes qui arrivaient de Deux-Ponts pour leur couper la retraite. Le chef de bataillon Guillot, qui commandait les quatre compagnies, peut rendre compte de sa conduite dans cette occasion.

Le général de brigade,
GUILLAUME.

Le 12 septembre, pendant que Ferey attaquait Nothweiler et que Moreaux marchait sur Vinningen, Schauenbourg et Landremont faisaient des démonstrations sur tous les points depuis Sarrelouis jusqu'à Lauterbourg.

« L'avant-garde partant de Saint-Imbert, écrit Schauenbourg, a chassé les ennemis du village de Spiesen et de tous les postes à notre portée, les ayant attaqués sur trois points. La cavalerie ennemie se disposant à charger la colonne aux ordres du général Launay, il la fit saluer à coups de canon si à propos, que l'envie leur en passa, laissant beaucoup d'hommes et de chevaux sur la place.

Les deux autres postes, Duttweiler et Kichenbach, ont également tracassé l'ennemi, lui ont tué 5 chevaux et blessé 3 hommes. »

Les choses se passèrent à peu près de même le 14.

Un engagement assez vif se produisit à Bildstock :

« le poste de Duttweiler, dit Schauenbourg, s'est porté à une lieue en avant, pourchassant les ennemis ; ce combat nous coûte une pièce de 4, tombée dans un ravin très profond ; cette chute a été occasionnée par une roue cassée et l'inhabileté des charretiers, qui ne sont que des enfants. Nous y avons perdu un officier et 3 soldats tués et 10 blessés ». Selon les Prussiens, le détachement français aurait été fort de 4 bataillons, 3 escadrons de carabiniers et 3 bouches à feu ; il aurait commencé par repousser les avant-postes ennemis, mais, pris en flanc par un bataillon sorti de Neunkirchen, il se serait mis en retraite, laissant une pièce aux mains des Prussiens. Deux escadrons saxons auraient voulu les charger, mais auraient été repoussés par les carabiniers, en perdant 3 officiers, 45 hommes et 18 chevaux. Dans ce combat, les carabiniers, selon l'usage de leur arme, auraient attendu l'attaque de pied ferme, le premier rang ayant le sabre au poing, et le second faisant une décharge de ses carabines avant de mettre le sabre à la main.

« Le poste de Kichenbach a attaqué à la même heure, dit Schauenbourg, a repoussé les ennemis, leur a tué une trentaine d'hommes et n'a eu qu'un chasseur tué et quelques cavaliers blessés. »

Le garnison de Sarrelouis s'est portée en avant, a tué quelques hussards, brûlé un petit magasin de foin, et fait 8 prisonniers.

L'avant-garde a attaqué le poste ennemi de Spiesen, perdu 2 hommes tués, 1 cheval tué et 2 chevaux perdus dans un marais. Elle a eu 18 blessés. D'après la relation allemande, qui évalue la troupe française à 12 bataillons, 8 pièces, et beaucoup de cavalerie, celle-ci se serait contenté d'enlever le poste de Spiesen et se serait arrêtée là pendant plusieurs heures. Un détachement attaqua le poste ennemi de Limbach.

La démonstration fut surtout efficace du côté de Deux-

Ponts, pour empêcher Hohenlohe d'intervenir dans l'affaire de Pirmasens. Étant donné la manière dont la division des Vosges fut conduite dans ce combat, il n'y a pas à regretter qu'on ne l'ait pas renforcée de plusieurs bataillons, qui n'auraient fait qu'augmenter le désastre. Cependant, Schauenbourg aurait pu, semble-t-il, diriger sur Hornbach la plus grande partie de son corps d'armée, et ne pas laisser à un général de division récemment nommé la direction supérieure du combat. Sa persistance à résider à Sarrebrück est peut-être une des causes de notre échec.

Le poste de Bliescastel et les trois bataillons envoyés à Hornbach firent quelques mouvements. Le premier repoussa les avant-postes ennemis au delà de Bierbach, et une colonne se porta de Hornbach sur Deux-Ponts. Hohenlohe, obligé de faire face aux trois attaques de Limbach, de Bierbach et de Deux-Ponts, ne reconnut qu'assez tard qu'il n'était pas l'objet principal de notre offensive, et c'est dans l'après-midi seulement qu'il dirigea une colonne sur Nunschweiler pour soutenir Brunswick. S'il avait poussé plus vivement en avant, il aurait porté les derniers coups à la division des Vosges, qui se retirait alors dans le plus grand désordre. Il fut arrêté, paraît-il, par la vue d'une troupe française assez nombreuse qui se montrait au Nord du camp d'Hornbach, et qui n'était autre que le groupe des « agricoles » de la levée en masse, armés de piques et de faux.

ARMÉE DE LA MOSELLE.

État d'emplacement des troupes de la force effective et des présents sous les armes à l'époque du 21 septembre 1793, l'an 2 de la République française, une et indivisible

DIVISIONS	DÉSIGNATION DES CORPS	EMPLACEMENTS	HOMMES. FORCE effective.	HOMMES. PRÉSENTS sous les armes.	CHEVAUX. FORCE effective.	CHEVAUX. DISPONIBLES.
AVANT-GARDE.	1er rég. de dragons	Saint-Imbert	462	301	368	301
	8e rég. de hussards	Id.	417	359	378	357
	1er rég. de chasseurs à cheval	Id.	646	583	601	597
	2e comp. d'artillerie légère	Id.	159	128	143	143
	13e bat. d'infanterie légère	Duttweiler	926	764	»	»
	Des chasseurs de Reims	Kichembach	902	600	»	»
	Compagnie franche de Metz	Saint-Imbert	142	114	»	»
	4e comp. du Louvre	Id.	198	150	»	»
	2e comp. des sans-culottes	Id.	110	92	»	»
	2e bat. du 91e rég. d'infant.	Bliescastel	919	698	»	»
	1er bat. du 44e rég. d'infant.	Bagatelle	898	709	»	»
	4e bat. de la Meurthe	Bliescastel	845	745	»	»
	2e bat. de la Haute-Marne	Id.	781	671	»	»
	Artillerie de ligne et de position	Dans les corps et au parc.	415	411	»	»
	Détach. du 8e rég. d'infant.	Scheid	439	253	»	»
			7,813	6,276	1,490	1,398
CORPS DÉTACHÉS DE L'AVANT-GARDE.	Légion de la Moselle Cavalerie	Réling	605	507	598	598
	Légion de la Moselle Infanterie	Vaudrevange	957	806	»	»
	Compagnie franche de Millon	Id.	152	129	»	»
	Comp. franche de St-Maurice	Réling	167	121	»	»
	1re comp. du Louvre	Id.	122	99	»	»
	De Billard	Diling	188	178	»	»
	Hussards du 7e rég.	Waldgasse	488	191	210	210
			2,379	2,011	808	808
CORPS DE BATAILLE.	1er rég. des carabiniers	Camp de Sarrebrück	642	509	619	619
	2e rég. des carabiniers	Id.	637	534	596	537
	5e bat. du 5e rég. d'infanterie	Id.	920	742	»	»
	1er bat. de Saône-et-Loire	Bliescastel	931	692	»	»
	1er bat. de la République	Id.	957	740	»	»
	2e bat. du 58e rég.	Saint-Imbert	843	443	»	»
	1er bat. de Rhône-et-Loire	Camp de Sarrebrück	975	797	»	»
	6e bat. des Vosges	Saint-Imbert	904	472	»	»
	7e bat. de la Meurthe	Id.	946	658	»	»
	2e bat. de Seine-et-Marne	Bliescastel	915	676	»	»
	1er du 103e rég. d'infant.	Saint-Imbert	912	744	»	»
	2e bat. du 55e rég. d'infant.	Duttweiler	893	926	»	»
	1er bat. du Lot	Camp de Sarrebrück	963	827	»	»
	4e bat. de la Moselle	»	927	766	»	»
	2e bat. du 17e rég. d'infant.	Camp de Sarrebrück	983	841	»	»
	10e rég. de cavalerie	Gerchweiller	363	348	365	365
	11e rég. de cavalerie	Guerstautern	508	374	476	361
	Une comp. d'artillerie légère	Kichembach	51	41	46	46
	Artillerie de ligne et de position	Dans les bataillons et au parc.	1,422	1,289	»	»
	2e compagnie de pionniers	Saint-Jean	196	181	»	»
	Gendarmerie nationale	Au Quartier général	242	228	237	224
			15,629	12,598	2,339	2,152

CAMPAGNE DE 1793 EN ALSACE.

CORPS DES VOSGES.

DIVISIONS.	DÉSIGNATION DES CORPS.	EMPLACEMENTS.	HOMMES. FORCE effective.	HOMMES. PRÉSENTS sous les armes.	CHEVAUX. FORCE effective.	CHEVAUX. DISPONIBLES.
Avant-garde.	9e rég. de chasseurs à cheval.	Mosbach	526	485	467	463
	14e rég. de dragons	Mittelbach	407	386	390	390
	Une comp. d'artillerie légère.	Hornbach	76	68	69	69
	Comp. franche de Guillaume.	Mont-Bijou	303	268	»	»
	3e comp. franche du Louvre.	Riedelberg	228	200	»	»
	1re comp. franche de l'Observatoire	Id.	272	249	»	»
	30e rég. d'infanterie	Mittelbach	985	879	»	»
Corps de bataille.	4e bat. de la Haute-Saône	Didrichen	1,043	947	»	»
	3e bat. de la République	Hornbach	998	998	»	»
	1er bat. du 1er rég. d'infant.	Campé à Hornbach	790	658	»	»
	1er bat. de la Meuse	Id.	864	732	»	»
	1er bat. de l'Indre	Camp de Dorst.	1,067	845	»	»
	1er bat. du 24e rég. d'infant.	Campé à Hornbach	783	528	»	»
	2e bat. de la Moselle	Id.	1,051	937	»	»
	4e bat. de la Manche	Id.	927	634	»	»
	4e demi-brigade d'infanterie.	Id.	3,040	2,736	»	»
	1re comp. de pionniers	Herenthal	170	149	»	»
	4e rég. de cavalerie	Campé près Dorst.	353	331	343	343
	Artillerie de ligne et de position.	Dans les bat^{ns} et au parc.	605	556	»	»
	Gendarmerie nationale	Campé à Hornbach	296	245	290	242
Au camp de Scherbach, sur les hauteurs de Bitche.	3e bat. de la Manche	Campé près Bitche	584	515	»	»
	102e rég. d'infant., 2e bat.	Id.	947	692	»	»
	Camps des chasseurs bons-tireurs	Schweigs	478	444	»	»
	2e compagnie des chasseurs ou 96e rég.	Id.	126	118	»	»
			16,591	14,255	1,559	1,507

RÉCAPITULATION.

DIVISIONS.	QUARTIERS GÉNÉRAUX.	HOMMES. FORCE effective.	HOMMES. PRÉSENTS sous les armes.	CHEVAUX. FORCE effective.	CHEVAUX. DISPONIBLES.
Avant-garde	Saint-Imbert	7,813	6,276	1,490	1,398
Corps détachés de l'avant-garde	Vauldrevange	2,379	2,014	808	808
Corps de bataille	Sarrebrück	15,629	12,598	2,339	2,152
Corps des Vosges	Horneback	16,591	14,255	1,559	1,507
TOTAL GÉNÉRAL		42,412	35,140	6,196	5,865

ADMINISTRATIONS.				HOMMES.	CHEVAUX.
Équipages d'artillerie.	Maréchaux, conducteurs, haut le pied, etc............		220	1,750	»
	Charretiers............		1,530		
	Chevaux........	nécessaires....	3,987	....	3,315
		existants......	3,345		
		Reste à fournir	972		
Des charrois.	Hommes à l'avant-garde et à Sarre-brück........	présents au parc	214	751 (1)	»
		dans les corps.	506		
		aux hôpitaux..	31		
	Chevaux à l'avant-garde et à Sarre-brück........	au parc......	360	....	1,565 (2)
		dans les corps.	1,196		
		à l'infirmerie..	9		
	Hommes aux corps des Vosges......	au parc......	82	262 (3)	»
		détachés dans les corps....	180		
		aux hôpitaux..	4		
	Chevaux aux corps des Vosges......	au parc......	137	....	601 (4)
		dans les corps.	434		
		à l'infirmerie..	30		
Chevaux d'officiers.	Des officiers, adjudants généraux, adjudants et employés............		349		1,877 (5)
	Des troupes à cheval............		749		
	De l'infanterie et de l'artillerie......		779		

(1) Compris les officiers et adjudants.
(2) Dont 93 chevaux de selle.
(3) Compris les officiers et adjudants.
(4) Dont 29 chevaux de selle.
(5) Non compris les employés militaires, l'état n'étant pas encore parvenu.

ÉTAT des bouches à feu existant dans l'armée.

Avant-garde....	Aux bataillons.	Canons de 4........	10	22
	Artillerie à cheval.	Canons de 8........	8	
		Obusiers de 6 pouces..	4	
Corps d'armée...	Aux bataillons.	Canons de 4........	26	30
	Artillerie à cheval.	Canons de 8........	4	

Corps d'armée... (Suite).	Au parc...	Obusier de 6 pouces.. Canons de 12....... Canons de 8........ Canons de 4........ Obusiers de 6 pouces..	» 12 12 13 10	47
Corps des Vosges.	Aux bataillons. Artillerie à cheval. Au parc..	Canons de 4....... Canon de 8....... Obusier de 6 pouces.. Canon de 12....... Canons de 8........ Canon de 4........ Obusiers de 6 pouces .	18 » » 1 12 » 4	35

Le brigadier général chef de l'état-major,

DE HÉDOUVILLE.

XXXI. — Offensive des Prussiens. — Désorganisation de l'Armée de la Moselle.

L'instant était enfin arrivé où la cour de Vienne allait présenter au roi de Prusse un plan d'opérations complet, auquel ce souverain donnerait son assentiment. Le 14 septembre, le comte Ferraris arrivait au quartier général prussien : vice-président du Conseil aulique, il avait qualité plus que personne pour exposer à Frédéric-Guillaume les conceptions formées à Vienne, et pour imposer à Wurmser une ligne de conduite. Il s'en acquitta, semble-t-il, de manière à concilier le mieux possible les vues des uns et des autres, accordant à Wurmser de poursuivre comme but principal la conquête de l'Alsace, et n'assignant aux Prussiens comme premier objectif que les positions françaises de la Blies et de la Sarre.

Une lettre écrite le 15 septembre à Brunswick par le roi de Prusse donne une idée générale du plan adopté :

J'ai eu aujourd'hui une conférence avec le feldzeugmeister comte

Ferraris, et j'ai été avisé que les opérations à venir seraient limitées, selon le vœu de la cour de Vienne, à la région où nous sommes, et se borneraient à une entreprise contre l'Alsace. Le comte Wurmser doit forcer les lignes de Wissembourg avec toutes ses troupes ; les 15,000 à 18,000 hommes de troupes autrichiennes laissées sur l'autre rive du Rhin doivent passer le fleuve vers Gambsheim, et j'ai à entreprendre d'enlever le camp d'Hornbach pour gagner ensuite le flanc gauche de l'ennemi ; tout doit avoir lieu ensemble et à un jour fixé.

Le surlendemain, quelques modifications de détail sont apportées à ce plan : Wurmser est autorisé à rappeler sur la Lauter les troupes autrichiennes qui coopéraient au blocus de Landau avec les Prussiens ; ceux-ci assureront seuls l'investissement de la place. D'autre part, Frédéric-Guillaume a appris que Knobelsdorff, détaché jusqu'alors en Belgique, arrivait près de Trèves, et il veut l'utiliser. Il écrit à Brunswick le 17 septembre :

L'ennemi est redevenu maître des montagnes par la retraite des Autrichiens, et pourrait facilement trouver l'occasion d'en déboucher sur nos communications pendant l'attaque de ses camps, si l'on commençait par celui d'Hornbach ; il me semble donc raisonnable et d'un succès plus sûr de commencer l'attaque des camps ennemis de l'autre côté, dans l'ordre suivant : Le général von Knobelsdorff laisserait un détachement près de Saint-Wendel, et avec la plus grande partie de son corps d'armée, il attaquerait et battrait le camp ennemi de Saint-Imbert, de concert avec le lieutenant-général von Kalckreuth. En cas de succès, le lieutenant-général von Knobelsdorff demeurerait en face de Sarrebrück, pendant que le lieutenant-général von Kalckreuth prendrait à revers le camp de Bliescastel.

Aussitôt ce camp évacué, le corps du prince de Hohenlohe, laissant en arrière une brigade d'infanterie et quelque cavalerie aux environs d'Auerbach, se porterait sur Medelsheim et chercherait à prendre à revers le camp d'Hornbach. Ce que le camp d'Hornbach aura fait déterminera alors facilement la suite de nos opérations, et d'ici là j'espère avoir le plaisir de m'en entretenir verbalement avec Votre Altesse. J'ai instruit les lieutenants-généraux von Knobelsdorff et von Kalckreuth, ainsi que le prince de Hohenlohe, de cette disposition, et leur ai donné avis de garder à ce sujet le secret le plus absolu. Dès que le lieutenant-général von Knobelsdorff sera arrivé près de Saint-

Wendel, ils passeront à l'exécution des mouvements que je viens d'avoir l'honneur de vous exposer.

Pendant que les Prussiens se préparaient à prendre l'offensive, quelques renseignements leur firent supposer que l'armée de la Moselle prononcerait une nouvelle attaque vers le 22 septembre (1). En vue d'y parer, Brunswick ordonna de concentrer les différents corps d'armée; celui qu'il commandait directement fut rassemblé près d'Höheisweiler, au nord-ouest de Pirmasens; celui d'Hohenlohe à Ober-Auerbach; celui de Kalckreuth à Altstadt et Hombourg. Knobelsdorff arrivait alors à Wibelskirchen.

Ces mouvements furent signalés aux généraux français, et pris à leur tour pour des préparatifs d'offensive. Schauenbourg écrit le 19 septembre au district de Metz :

Les mouvements des ennemis faisant craindre une invasion dans les gorges des Vosges, il est urgent d'y porter des forces considérables ; je vous invite en conséquence, citoyens administrateurs, à faire le rassemblement de votre district dans le plus court délai, étant persuadé que

---

(1) Il en fut question en effet, ainsi que le prouve la lettre suivante adressée à Bouchotte par le commissaire du Pouvoir exécutif :

Sarrebrück, samedi 21 septembre 1793.

Je m'empresse de vous envoyer, Citoyen Ministre, l'état des officiers qui manquent dans l'armée de la Moselle. Le général Schauenbourg se propose d'avoir sous peu une entrevue avec son collègue Landremont, à Bitche, afin de se concerter pour une nouvelle attaque de Pirmasens. On fait espérer que sous peu l'armée de la Moselle sera campée dans des baraques couvertes en paille, et qu'il y en aura douze grandes avec des fourneaux. D'après la pénurie des fourrages que l'on éprouve déjà dans cette armée, les représentants du peuple, de concert avec les généraux, viennent d'arrêter provisoirement que l'on réduirait la ration de chaque cheval par jour à 15 livres de foin et 2/3 de boisseau d'avoine.

Je vous salue très fraternellement,

MOURGOIN

nos braves frères d'armes s'empresseront à voler au secours de leur frontière en danger.

D'après la réquisition que vous adressent les représentants du peuple, j'attends les forces réunies de votre district pour les placer au camp d'Hornbach en remplacement de la levée du district de Sarreguemines, que je porterai dans les Vosges au secours de celle de Bitche aussitôt que je serai instruit de votre marche, que vous dirigerez sur Sarreguemines, et où j'aurai soin d'avoir un officier de l'état-major qui les conduira au poste qui leur est assigné.

Les districts de Thionville, Briey et Longwy occuperont tous les points qui bordent la frontière dans cette partie, avec l'observation de se prolonger sur Fontoy et autres points de votre district, qui pourraient se trouver découverts.

Le général Krieg recevra de nouveaux ordres à cet effet (1).

Moreaux rend compte le 23 à Schauenbourg des mouvements de l'ennemi :

J'apprends, Citoyen Général, que le camp de Hombourg s'est levé ce

---

(1) De leur côté, les représentants écrivent le 21 à l'adjudant-général Beker :

« L'adjudant-général Beker se rendra sur-le-champ à Saint-Avold, où il trouvera la levée en masse des districts de Metz. Il se concertera à son arrivée avec les commissaires du département chargés de la conduite de cette masse. Il reconnaîtra s'il y a un bataillon formé et organisé d'après les dispositions de la loi du 23 août 1793. Si cette organisation a eu lieu, il requerra les citoyens de tout le district qui seront tenus, aux termes de cette loi, de s'y joindre, en constatera la force, dirigera le bataillon sur-le-champ sur Hornbach, et renverra les citoyens qui, aux termes de la même loi, ne devront pas être organisés, à leurs travaux. Dans le cas où la masse n'aurait aucune organisation, il s'arrêtera à Saint-Avold, en rendra compte demain aux représentants du peuple à leur passage en cette ville, où ils lui donneront à cet effet les ordres nécessaires pour des dispositions ultérieures. Il fera compléter l'armement de ce bataillon par les meilleurs armes des citoyens qui s'en retourneront, prenant à cet effet avec les commissaires du département toutes les mesures nécessaires pour faire donner des reçus à ceux qui en sont les propriétaires.

« Vu et autorisé par les représentants du peuple près l'armée de la Moselle.

« RICHAUD, SOUBRANY, EHRMANN. »

matin et que les ennemis se portent par les hauteurs sur Pirmasens ; ils ont levé également le camp de la Briqueterie, près de Deux-Ponts, et en ont porté un autre, plus rapproché de Pirmasens, en face de Monbijou. Je viens de faire part de ce mouvement au général Ferey, commandant les flanqueurs de gauche de l'armée du Rhin ; comme j'ignore quel est le but de ce mouvement, je me tiens sur mes gardes.

Dans la nuit du 23 au 24, il renvoie les bagages et le trésor de sa division à Bitche (1).

Schauenbourg lui répond le lendemain :

24 septembre 1793.

Le général Schauenbourg au général Moreaux.

Bien certainement, mon cher Général, vous devez vous tenir sur vos gardes, mais encore faire les dispositions les plus actives pour faire tout le mal qui dépendra de vous aux ennemis, tant par la défensive que par des moyens offensifs si l'occasion s'en présente. Vous trouverez

---

(1) *Lettre du citoyen Lacroix au représentant Blaux.*

Bitche, le 25 septembre 1793, l'an 2ᵉ de la République française une et indivisible.

« Citoyen Représentant,

« Depuis ma dernière, il n'y a rien eu de nouveau, excepté que dans la nuit du 23 au 24, le trésor et les équipages du corps des Vosges se replièrent sur Bitche ; l'armée s'attendait à une attaque, mais l'ennemi ne parut pas. Il nous arrive journellement des déserteurs prussiens, même des gardes, qui s'accordent tous à dire que la disette de vivres et fourrages est extrême chez eux ; il y en a même qui m'ont assuré que depuis deux mois ils n'avaient reçu un quart de viande, que le pain n'était pas mangeable, et que si les officiers ne leur disaient continuellement que, s'ils s'avisaient d'aller en France, ils étaient guillotinés, la majeure partie serait déjà désertée ; que mieux informés actuellement, l'on pouvait compter qu'une bonne partie viendrait dans peu de jours.

« Dans le moment arrive un déserteur prussien, qui annonce que presque tout le camp de Ketterich et Pirmasens s'était porté sur Landau. J'en donne sur-le-champ avis au général Moreaux.

« Salut et fraternité,

« LACROIX. »

ci-joint un rapport venant de Longwy, qui pourrait faire présumer que le mouvement duquel vous me parlez sera remplacé par les troupes marchant que ce rapport indique. Six déserteurs autrichiens arrivés hier ici et que nous avons questionnés disent qu'il doit arriver incessamment 18,000 Prussiens dans les environs de Trèves et qu'ils ont vu deux ingénieurs de cette armée lever le terrain dans les environs de Sarrebourg; ces déserteurs ajoutent que l'ennemi a des desseins sur Sarrelibre et Thionville, mais ce n'est pas probable; en attendant, je fais tout mon possible pour éclairer leurs marches et contre-marches, et tâcher de découvrir leurs projets; n'épargnez de votre côté ni argent ni peines pour connaître les mouvements de l'ennemi, et si vous apprenez qu'ils dégarnissent votre gauche, je tâcherai de faire une bonne diversion; correspondez très exactement avec les généraux Ferey et Landremont; j'ai demandé un rendez-vous à ce dernier à Bitche, et quand j'en saurai l'époque, je vous y inviterai avec le général Freytag.

Vous devez avoir reçu aujourd'hui la 4ᵉ demi-brigade bien complète, venant de Thionville; il ne reste donc plus qu'un mouvement de deux bataillons à faire pour que les six annoncés soient renouvelés; il me semble, mon cher Général, que les circonstances nous prescrivent de renoncer au mouvement des deux derniers, attendu que leur perte est bien inférieure à celle des quatre premiers que vous avez fait partir; que ce mouvement ne pourrait se faire que bien lentement puisque ces bataillons vous viendraient de Longwy et qu'ils vous laisseraient toujours un vide d'un bataillon, et pour plus appuyer ce que je vous mande, je vous laisse encore les trois bataillons de supplément que je vous ai envoyés dans la nuit du 13 au 14. Vous voilà pour le présent *avec quinze bataillons sans compter vos troupes légères et moi avec trois*, et incertain de mon flanc gauche; j'ai donc plus sur mon rideau, mon avant-garde, que sur mes forces, mais comme nous devons tous concourir au bien, je vous laisserai ces trois bataillons jusqu'à nouvel ordre et décidément les deux bataillons qui restaient à relever ne le seront pas.

Vous ne m'avez pas répondu si vous aviez envoyé chaque officier à son poste et si vous aviez adressé l'état de vos postes au général Landremont.

Envoyez-moi la répartition des généraux.

SCHAUENBOURG.

« J'ignore entièrement les intentions de l'ennemi, reprend Moreaux le 24; les grands mouvements qu'ils font depuis hier nous annonçaient une attaque sur le camp d'Hornbach ce matin; nous nous y attendions, mais ils ont trompé notre attente. Leur position est toujours la même. »

L'attaque attendue de part et d'autre ne se produit donc pas, et les deux adversaires restent sur le qui-vive.

Schauenbourg avait assez à faire pour reconstituer le corps des Vosges. Il l'avait visité au lendemain de la défaite de Pirmasens, avait constaté par lui-même que les postes étaient rétablis, mais que cette division, affaiblie matériellement et moralement, avait besoin de se réorganiser et d'être renforcée. Il lui avait envoyé une demi-brigade prise dans la garnison de Thionville, et bientôt même il autorisera Moreaux à garder les 3 bataillons venus de Bliescastel dans la nuit du 13 au 14. Ce dernier réclame, le 24 septembre, quelques pièces d'artillerie pour remplacer celles qui ont été perdues dans le désastre du 14 :

La demi-brigade venant de Thionville est arrivée aujourd'hui ; j'en suis d'autant plus flatté que je compte faire prendre le change à l'ennemi en ne faisant partir qu'au reçu de vos ordres la demi-brigade venue de Bliescastel le 14 du présent.

Les représentants du peuple m'avaient promis une seconde compagnie d'artillerie légère, qui me serait très utile ici. Je vous prie de ne pas perdre cela de vue.

Comme il me faut des auxiliaires pour remplacer les canonniers de l'artillerie légère qui manquent, je vous prierai de me renvoyer ceux du 9ᵉ régiment de chasseurs à cheval qui sont attachés à la ci-devant compagnie de Sorbier, ou, s'il est possible, me faire passer cette compagnie, ce qui éviterait toute translation de ces auxiliaires.

Le général Manscour vient de me faire part d'une lettre qu'il vient de recevoir du général Aboville, par laquelle il lui mande que c'est par erreur que la pièce de 16 et deux obusiers de 8 pouces ont été envoyés à Hornbach ; il lui ordonne de les faire partir pour se rendre au parc de Sarrebrück. Permettez, Général, que j'aie l'honneur de vous observer qu'une partie des bataillons qui sont au camp d'Hornbach ont perdu leurs pièces de campagne, et qu'il serait prudent, jusqu'à ce que l'ennemi nous ait fait connaître ses intentions, de nous laisser ces trois bouches à feu, qui sont de la plus grande importance pour défendre le poste d'Hornbach.

Je vous prie de croire, Citoyen Général, que mes intentions ne sont point de mettre obstacle au départ de ces pièces, qui ne pourraient se rendre aujourd'hui à leur destination. Les ordres sont expédiés, qui fixent leur départ à demain. Ce sont de simples observations, que je me suis permis de vous faire. Si vous les trouvez justes, vous voudrez bien me le mander de suite.

Schauenbourg laisse à Moreaux les 3 pièces de grosse artillerie et les 3 bataillons qu'il lui avait envoyés le 14; mais il ne peut lui donner d'artillerie légère (1). Il lui envoie le général Burcy, récemment promu.

---

(1) *Le général Schauenbourg au général Moreaux.*

25 septembre 1793, 8 heures du matin.

Je n'ai rien eu de plus empressé, mon cher Général, que de remplacer sur-le-champ les pertes d'artillerie de position du camp d'Hornbach aux dépens du parc de Sarrebrück, et j'avais ordonné que la pièce de 16 et les deux obusiers de 8 pouces remplaceraient ce vide, mais une autorité que j'ignore encore a mal à propos dirigé cette lourde artillerie sur Hornbach, qui serait très exposée au premier mauvais temps. Gardez-la encore jusqu'à ce que je vous ordonne de la faire rentrer avec les trois bataillons.

Vous demandez encore une compagnie d'artillerie à cheval : je n'en ai qu'une ici, et très novice, et encore serait-elle mon seul objet de défense réelle, n'ayant, comme vous le savez, que peu d'infanterie. Rappelez-vous donc qu'au départ des troupes fournies pour la Flandre, le détachement de l'armée de la Moselle désigné sous le nom de corps des Vosges était proportionné au corps d'armée et réduit à sept bataillons. Voyez ce que vous êtes aujourd'hui, sans que l'armée soit augmentée. Si je pouvais vous donner davantage, je le ferais encore, appréciant votre position ; mais aussi appréciez celle de trois bataillons, qui sont harassés et abimés de service.

Vous me demandez aussi des chasseurs attachés à la ci-devant compagnie de Sorbier. Comment voulez-vous que je dégarnisse l'avant-garde, qui d'un moment à l'autre peut être aux prises ? Vous avez des moyens bien plus faciles : tirez des dragons et des chasseurs qui sont sous vos ordres des hommes de bonne volonté ; je ne doute pas que cette artillerie ne soit bientôt complète.

Vos forces, jointes à votre zèle et au bon esprit de l'armée, me donnent lieu de croire que la position d'Hornbach sera vigoureusement et victorieusement défendue. Envoyez vos lettres toujours par la corres-

Les mouvements des Prussiens continuent à inquiéter Moreaux. Il écrit à Schauenbourg le 25 septembre :

> Les ennemis, Citoyen Général, se sont montrés hier en nombre sur plusieurs points différents. Ils se sont approchés assez près du camp pour que nous puissions leur tirer des coups de canon qui les ont éloignés. Ils nous laissent tranquilles aujourd'hui.
>
> Il y a à présent un camp d'environ 8,000 hommes à une demi-lieue de nos avant-postes, du côté de Monbijou. J'ignore toujours quelles sont leurs intentions ; nous sommes en garde contre eux.
>
> La pièce de 16 et les deux obusiers de 8 pouces étaient partis pour Bitche ; au reçu de votre lettre, je les ai fait revenir.
>
> Je vous avais demandé une seconde compagnie d'artillerie légère, d'après la promesse que m'avaient faite les représentants du peuple de m'en faire passer une de plus. Je ne vous ai réitéré cette demande que parce qu'il m'avait été dit que vous en aviez plusieurs.
>
> Je reçois à l'instant votre seconde lettre, qui m'annonce le citoyen Burcy, général de brigade, que vous destinez pour le corps des Vosges.
>
> Je me conformerai à vos renseignements pour compléter l'artillerie légère, mais il est indispensable que vous me fassiez fournir des chevaux d'escadron en remplacement de ceux que cette compagnie a perdus dans les journées du 12 et du 14.
>
> Je vous fais passer une lettre du général Guillaume qui ne m'a pas plu ; il est d'autant plus dangereux d'avoir des conversations avec nos ennemis, que les lois le défendent et qu'on peut se servir de cela pour nous nuire. C'est ce que je lui ai fait sentir, quoique je fusse bien persuadé de ses bonnes intentions.

Il n'y eut pas lieu de donner suite à cette nouvelle accusation contre le général Guillaume ; la première avait suffi, et, le 26 septembre, le Ministre ordonnait de le diriger sur Paris pour rendre compte de sa conduite au combat de Pirmasens.

---

pondance d'Altheim et d'Enshcim, en mettant le nom des villages dessus ; votre dernière ne m'est parvenue que vers 3 heures du matin.

Vous ferez partir sur-le-champ le citoyen Olivier, commandant le 4ᵉ bataillon de la Moselle, lequel est promu au grade de général de brigade. Je vous réitère bien, mon cher Général, la correspondance des gendarmes par la direction indiquée, et je suis indigné d'avoir reçu à 3 heures du matin votre lettre qui est partie à 4 heures.

B. Schauenbourg.

Ce n'était pas d'ailleurs sur lui seul que portait la suspicion : deux jours plus tôt, la presque totalité des généraux de l'armée avait été suspendue en bloc :

Sarrebrück, le 25 septembre 1793, l'an 2º de la République une et indivisible.

Le citoyen Schauenbourg, général de division, commandant provisoire de l'armée de la Moselle, au Ministre de la guerre.

J'ai reçu hier avis de la lettre de suspension adressée au général Krieg, ainsi que de la promotion du général de brigade Baissières au grade de général de division. J'ai, en conséquence, enjoint à ce général de se rendre sur-le-champ à Metz pour prendre le commandement de cette place ainsi que celui des 3º et 4º divisions militaires, de s'y faire rendre compte de toutes les pièces et instructions de cette place, et de veiller à ce que les registres d'échange des prisonniers et de la comptabilité qui y est relative soient exactement remis à l'adjudant général Mente, que j'ai chargé de cette partie.

J'ai de même reçu ce matin la lettre d'avis des suspensions des généraux Laage, Linsch, Desperrières, Prilly et La Grange, et des adjudants généraux Pontavice, Tilorier, Pravanet et Pechery, ainsi que les lettres de promotion pour les généraux Launay et Vincent au grade de général de division, et au grade de général de brigade les citoyens Olivier, Huet, Legrand et Meilot, et au grade d'adjudant-général le citoyen Cayla.

J'ai enjoint provisoirement au général Launay de prendre le commandement de l'avant-garde, étant déjà à ce poste sous les ordres du général Laage. J'ai confié le poste de Bliescastel au général de brigade Olivier (1).

---

(1) La fin de cette lettre est relative aux positions militaires. Elle annonce l'arrivée des troupes prussiennes venant des Pays-Bas : « Ces nouvelles forces sont assez considérables. Ils ont renforcé les postes qui sont à l'avant-garde en face de la nôtre, de trois bataillons d'infanterie; mais notre avant-garde est tellement disposée que nous n'avons presque rien à craindre. Le corps des Vosges est composé pour le moment de quinze beaux bataillons, sans les troupes légères et la cavalerie.

Une petite affaire s'est passée hier à notre avantage sur la rive gauche de la Sarre. Les ennemis, instruits qu'un commissaire de la levée en masse, escorté de 12 hussards, s'était porté en avant de la forêt de Kaltenhoven pour une petite expédition, détachèrent 60 des leurs pour

Ainsi la plupart des généraux étaient changés, et du reste, le même jour, Schauenbourg lui-même était suspendu. L'armée de la Moselle allait donc se trouver dans les plus mauvaises conditions pour recevoir le choc de l'ennemi.

Aussi, à la première démonstration offensive de Kalckreuth sur Bliescastel, notre avant-garde va se retirer avec précipitation. Le plan formé par le roi de Prusse réussit à souhait : il repoussera notre gauche presque sans résistance, pendant que tous nos généraux ont les yeux fixés sur les passages des Vosges.

Landremont ne cesse de recommander à Moreaux et à Schauenbourg la garde des Vosges. Le 26 septembre, à 4 heures du matin, Schauenbourg écrit à Moreaux :

Je reçois, mon cher Général, dans l'instant une lettre du général Landremont, lequel me mande que le 24, l'on tirait le canon du côté de Pirmasens ; que des troupes ennemies devaient s'être portées vers votre droite, sur Ketterich ; qu'il craignait beaucoup le passage du côté de la Main-du-Prince ; qu'il vous recommandait infiniment cette partie ; qu'il était persuadé que les Prussiens ne s'amuseraient pas à attaquer le camp d'Hornbach, mais bien à entrer par les gorges en Alsace. Je vous ai laissé, mon cher général, tout ce qu'il m'a été possible de troupes ; faites, au nom du bien, tout ce que vous pourrez pour sauver l'entrée des gorges, d'autant plus que, si les ennemis avaient le passage, tout le but de la campagne serait manqué, et votre position absolument inutile. Correspondez activement avec le général Landremont ; il paraît que le général Ferey ne lui a pas fait part de

les surprendre ; nos avant-postes, étant informés de ce mouvement, se sont portés à leur rencontre. L'affaire devint chaude : plus de la moitié des hussards et dragons ennemis fut sabrée d'une manière vigoureuse. Nous fîmes 5 prisonniers et prîmes 7 chevaux. Le reste fut obligé de repasser la Sarre. Cet avantage a été remporté par les hussards et chasseurs de la légion de la Moselle. Nous n'avons eu que deux hussards et un officier de blessés. Après l'estimation des chevaux pris, je les ai laissés à ce corps, qui promet d'en prendre encore beaucoup d'autres. L'ennemi a eu à cette affaire plus de 30 hommes mortellement blessés, et 5 restés sur la place. »

ce que vous lui avez mandé. N'épargnez pas les courriers ; les moments sont précieux.

Il écrit quelques instants après aux représentants :

J'ai reçu ce matin un courrier du général Landremont, qui me témoigne toujours ses inquiétudes sur les gorges, ne me répondant rien sur le rendez-vous que je lui ai proposé le 20 courant. Je lui réponds que toutes les forces de l'armée de la Moselle étaient réellement depuis Bitche jusqu'à Sarrebrück ; que je ne pouvais pas porter un homme de plus sur ma droite, sans décidément compromettre la position de Sarrebrück et intercepter nos communications avec nos places, par conséquent ôter tout moyen de subsistance à l'armée.

Moreaux répond le matin même à la lettre de Schauenbourg :

Le général Landremont vous mande qu'il est persuadé que les Prussiens n'attaqueront pas le camp de Hornbach ; cependant, dans ce moment, l'ennemi ne cesse de faire des mouvements sur notre gauche et sur votre droite, comme me le mande le général Prilly. Je fais partir dans ce moment trois bataillons avec 4 pièces de canon de 4, qui vont se rendre, ce soir, à la Main-du-Prince. Je crois que c'est tout ce dont je peux me dégarnir dans ce moment pour conserver la défense du poste de Hornbach. Si vous jugez ces forces insuffisantes, vous voudrez bien m'ordonner d'en faire partir davantage.

P.-S. — J'apprends dans ce moment que Bliescastel est attaqué. J'ignore encore quel est le résultat.

J'annonce au général Landremont le départ de trois bataillons pour la Main-du-Prince.

Bliescastel était attaqué, en effet, par 4 bataillons, 8 escadrons et une batterie de mortiers (1). Le général

---

(1) *Le citoyen Bourdainville, aide de camp du général Prilly, au général Schauenbourg.*

Bliescastel, le 26 septembre 1793, 10 heures du matin, l'an 2e.

Mon Général,

Le général Prilly vous prévient que depuis 9 heures ce matin nous sommes attaqués par des forces supérieures. Les ennemis ont percé le

Launay, en transmettant la nouvelle de cette attaque, annonce qu'il a porté un bataillon avec 2 pièces de canon dans la gorge qui conduit à Bliescastel, afin d'assurer sa retraite le cas échéant; il a envoyé en avant 50 hussards prendre langue à Oberwürtzbach. Au moment où il écrit, la canonnade lui paraît moins suivie. Schauenbourg se porte tour à tour à Ommersheim et à Saint-Imbert, où il approuve les dispositions de Delaunay.

---

bois vis-à-vis de notre batterie, et ont amené vis-à-vis trois obusiers qui font un feu très vif, et qui nous ont forcés de nous porter en arrière.

Relation du combat de Bliescastel par le capitaine Duvignau.

Il faisait un brouillard très épais; tout était tranquille; vers les 10 heures on entend plusieurs coups de canon. On prend les armes; le brouillard commence à se dissiper, et l'on voit une batterie de 7 ou 8 pièces placées sur la hauteur, vis-à-vis Bliescastel, qui tire vivement sur la ville. Le général Szekuly avait si bien manœuvré à la faveur du brouillard qu'à 11 heures, deux colonnes très fortes, qui avaient passé la Blies une lieue et demie plus bas, débouchent, l'une dans le bas fond côtoyant la rivière, et l'autre d'un bois situé sur le sommet d'une montagne beaucoup plus haute que celle où était le camp, et placée sur son flanc gauche. Cette seconde colonne, ayant en tête beaucoup de hussards, n'eut pas tiré vingt coups de canon qu'elle descendit sur notre camp. Sa cavalerie enleva nos redoutes à la charge; pendant ce temps, la colonne d'en bas s'empara d'une (*illisible*) placée à un petit ermitage, et se rendit maître de la ville. On se défendit cependant vigoureusement, un escadron de carabiniers chargea plusieurs fois, et arrêta autant de fois les succès des Prussiens, mais il fallut céder au nombre. Ce petit corps se retira vers Sarreguemines. Les ennemis, maîtres de la position de Bliescastel, poussèrent des tirailleurs sur les postes de l'avant-garde du camp d'Hornbach, placés à Heugsbach et Mittelbach. Le capitaine Duvignau, commandant le premier, les contint jusqu'à ce qu'on lui envoyât l'ordre de faire retraite. Il la fit sur Mittelbach sans être inquiété, rejoignit son bataillon, qui se retira jusqu'à Hornbach et fut chargé de la défense de ce poste. Le capitaine Duvignau eut à garder la route des Deux-Ponts avec un demi-bataillon.

Chemin faisant, il apprend que Prilly a évacué Bliescastel. Il lui ordonne aussitôt de le reprendre :

Vous voudrez bien, Général, à la réception de cette lettre, faire sur-le-champ les dispositions nécessaires et reprendre le poste de Bliescastel. Vous serez soutenu dans cette entreprise :
1° Par le général Ormeschwiller, avec lequel vous vous concerterez, et qui sera rendu ce soir à 7 heures à Ommersheim avec deux escadrons de carabiniers, le bataillon du 17° régiment, et celui du Lot.
2° Le bataillon agricole et huit compagnies de l'avant-garde appuieront cette position à l'entrée du bois, venant de Saint-Imbert avec un escadron de carabiniers.
J'ai dit au général Launay d'aider de tous ses moyens à la reprise des postes qui ont pu être abandonnés.
J'ai donné le mot d'ordre au général Ormeschwiller ; concertez-vous avec ce dernier pour l'instant de l'attaque.
D'après ces dispositions et celles que les circonstances vous suggèreront de prendre, j'ose espérer que le poste de Bliescastel sera à nous et que très incessamment vous me manderez que vous y êtes établi.

Ormeschwiller arrive à 7 heures du soir à Ensheim, mais ne trouve pas les corps avec lesquels il doit se concerter :

J'arrive ici, mon Général, à la nuit close ; la gendarmerie qui y est depuis quatre jours me dit que le bataillon agricole est à trois quarts de lieue d'ici, sur le chemin de Saint-Imbert, mais que le bataillon d'infanterie que vous croyez lui être réuni, n'y est pas. On ne sait pas non plus où est le 71° régiment. Le jour nous instruira mieux. J'envoie chercher l'adjudant-général Valory afin de nous raccorder. Je vais envoyer 20 carabiniers savoir ce qu'il y a à Ommersheim et sur la droite de Bagatelle ; je vais faire aussi chercher le général Prilly et lui faire part de vos intentions. Au reste, tout le monde me paraît fort agité.

P.-S. — Des particuliers d'ici, qui viennent de la messe d'Hornbach, ont rencontré le poste de Bliescastel en pleine retraite sur le chemin de Sarreguemines, et suivi des ennemis ; la communication n'étant, d'après cela, pas libre, il faudra que vous ayez la bonté de faire parvenir au général Prilly, ou à celui qui le remplace, vos intentions par Sarreguemines.
Le 17° régiment vient d'arriver. Il est 8 h. 1/2.

Un nouveau rapport du général Launay, parti de

Saint-Imbert à 4 heures du soir, confirme la retraite de Prilly sur Sarreguemines et précise la situation :

Général,

Les choses sont absolument changées. M. de Prilly a fait sa retraite en bon ordre sur Sarreguemines ; il a cependant perdu une pièce de 8, que l'ennemi lui a démontée. Ils sont maîtres de la position, et viennent de paraître à Oberwirtzbach, qui est évacué. Je n'ai donc pas cru devoir hasarder mon bataillon et mes carabiniers. Je les ai placés à la Croix-Rouge. J'attends de vous, Général, de nouveaux ordres : il n'y a pas à balancer, à ce que je crois ; c'est que vous marchiez demain avec ce qui vous reste de troupes ; je ferai marcher de mon côté deux bataillons avec de l'artillerie légère ; il n'y a pas d'autre moyen, à moins que vous ne vouliez reculer, ce que je ne crois pas. Permettez-moi de vous représenter que vous avez envoyé trop de troupes à Hornbach ; vous pouvez, je crois, retirer à Willomme les deux bataillons qu'il a et les faire venir à Sarrebrück. Je m'attends, général, à être attaqué demain sur tous les points ; je vous demande de m'envoyer un général de brigade pour commander mon infanterie ; je ne peux pas être partout et j'en ai absolument besoin.

LAUNAY.

Il faut donc renoncer à reprendre Bliescastel le jour même.

Schauenbourg ordonne d'attaquer ce poste le lendemain.

Il rend compte de la journée aux représentants et les avise de ses intentions :

Sarrebrück, le 26 septembre 1793, 10 h. 1/2 soir.

J'ai à vous rendre compte que, ce matin, comme je finissais votre lettre, l'on est venu m'avertir que le canon se faisait entendre. Je suis monté à cheval avec le général Hédouville, me suis transporté en avant d'Ommersheim, où, arrivé vers 2 heures, j'appris que Bliescastel était vigoureusement attaqué ainsi que le poste de Bagatelle ; j'ai fait à ce poste et à l'avant-garde les dispositions nécessaires ; j'ai fait partir du camp de Sarrebrück deux bataillons, un obusier, une pièce de 8, et trois escadrons de carabiniers. Les troupes devant Bliescastel se sont repliées jusqu'à Frauenberg, près de Sarreguemines.

Toutes mes dispositions sont faites pour que Bliescastel soit attaqué demain de bon matin sur trois points : 1° les quatre bataillons et l'escadron de carabiniers par la route de Sarreguemines ; 2° deux bataillons du camp et trois escadrons, avec un obusier, une pièce de 8, par le village d'Ensheim sur Ommersheim et Bagatelle ; 3° un bataillon de l'avant-garde, un escadron de carabiniers et le bataillon d'agricoles en réserve. Je fais réunir les généraux pour leur donner connaissance des dispositions.

La retraite de Bliescastel s'est faite dans le plus grand ordre et ne nous coûte qu'une quinzaine d'hommes ; quoique attaqués, d'après les rapports, par 12,000 à 15,000 hommes, notre artillerie a fait beaucoup de mal aux ennemis, l'infanterie leur a tué du monde, et les carabiniers les ont sabrés franchement à leur coutume. Notre pièce de 8, ayant eu son essieu cassé, a été abandonnée.

J'espère que la bonne volonté de nos braves républicains nous remettra demain, avant la fin du jour, en possession de nos anciens postes. Je n'ai reçu aucune nouvelle directe du général Moreaux. Quelqu'un parti à 10 heures du matin d'Hornbach a dit qu'il n'y avait rien de nouveau, et effectivement j'aurais dû entendre leur attaque des hauteurs d'Ommersheim, ayant le vent bon.

J'ai aujourd'hui autant couru qu'écrit.

Dès 7 h. 1/2, Schauenbourg a donné ses instructions pour le lendemain au général Ormeschwiller :

Je viens d'apprendre par une lettre du général Launay que le poste de Bliescastel était absolument abandonné, que le général Prilly s'était retiré sur Sarreguemines, et que lui ne pouvait avancer les huit compagnies et les escadrons de carabiniers, vu que l'ennemi occupait la position d'Ommersheim. J'ai en conséquence expédié les ordres pour faire partir sur-le-champ un bataillon d'infanterie du Lot, un escadron de carabiniers, et une pièce de 8 et un obusier de l'artillerie à cheval, qui vous joindront à Ensheim. J'ai de même écrit aux généraux Prilly et Launay de vous joindre à 1 heure du matin à Ensheim pour que vous puissiez concerter ensemble le moment de l'attaque.

Vous sentez, mon cher Général, la nécessité de reprendre ce poste ; c'est le moment de faire valoir vos talents militaires, et je ne doute pas que, de concert avec les généraux Launay et Prilly, vous ferez tout ce que votre patriotisme et le salut de la République exigent. Dans l'instant arrive le citoyen Battincourt, commandant du bataillon d'agricoles, me dire que les ennemis étaient dans Ommersheim, qu'ils avaient une grand'garde à la Briqueterie, et que le bataillon d'agricoles s'est retiré dans le bois qui conduit sur la route de Saint-Imbert.

J'envoie sur-le-champ un courrier au général Moreaux avec ordre de présenter trois bataillons sur sa gauche pour soutenir votre attaque sur Bliescastel.

L'ordre au général Prilly, daté de 8 heures du soir, est d'abord d'un ton plus sec, que le brave Schauenbourg ne peut soutenir jusqu'au bout :

> Vous vous rendrez sur-le-champ, Citoyen Général, au village d'Ensheim ; vous ordonnerez à vos troupes de se tenir prêtes à marcher. Les généraux Launay et Ormeschwiller s'y trouveront à 1 heure du matin pour concerter l'attaque qu'il faut faire demain à la pointe du jour, à tout prix. Vous sentez la nécessité d'occuper ce poste, puisque vous en connaissez l'importance. Je vous enjoins au nom de vos services, et au nom de la bravoure avec laquelle vous avez toujours servi, d'employer tous les moyens qui seront en vous.
>
> Prenez des guides du pays pour vous conduire sûrement à Ensheim ; ce village est situé entre Wittersheim et Sarrebrück, et à une demi-lieue en arrière d'Ommersheim, où était la masse. Allons, mon cher Général, je suis persuadé que votre loyauté va se manifester dans cette circonstance, et que vous prouverez que vous ne démériterez pas de votre patrie.

La lettre adressée au général Launay contient les mêmes prescriptions que les précédentes. Schauenbourg ajoute :

> J'envoie 50 hommes à Scheidt pour assurer votre communication avec Duttweiler ; envoyez de même un détachement de 50 hommes à Renderich, et un officier pour leur indiquer les postes que vous croirez nécessaires. Activité, persévérance, et il faut en découdre demain, à quelque prix que ce soit.

Schauenbourg donne des ordres à son chef d'état-major pour le camp de Sarrebrück :

> Vous expédierez, mon cher Général, tous les ordres nécessaires pour que demain, à la pointe du jour, toutes les troupes du camp soient sous les armes en avant de leurs camps, que tous les canonniers des batteries soient à leurs pièces, et que l'artillerie à cheval ait attelé, et leurs pièces disposées en avant de leur camp, pour se porter où elle sera demandée ; toute la gendarmerie à cheval en bataille dans le jardin. Veillez aussi à ce que l'artillerie à cheval destinée pour Ensheim se mette en marche sur-le-champ, ainsi que les troupes désignées pour l'accompagner. Mandez-moi si l'ordre est expédié au 10ᵉ ou au 11ᵉ régiment pour se trouver au camp à la pointe du jour.

Le 5ᵉ bataillon de l'Orne partira de Sarrelibre à minuit pour se rendre au camp de Sarrebrück, en laissant toujours la Sarre sur sa gauche. Il doit prendre des marmites à Sarrelibre, mais s'il n'en trouvait pas, il partirait quand même à l'heure fixée, rien ne devant s'opposer à l'exécution de l'ordre, dont le général Signemont est rendu responsable.

Le général Vincent, qui commande à Duttweiler, et le citoyen Godinot, commandant à Kichembach, exerceront la surveillance la plus active autour de leurs postes. Leurs troupes resteront sous les armes.

Enfin le général Moreaux est invité, comme l'indiquent les ordres précédents, à diriger deux bataillons et des troupes légères vers sa gauche.

Mais une chose extraordinaire se produit. Le général Prilly répond aux ordres de Schauenbourg par un refus d'obéissance formel, et avise ses collègues de la résolution qu'il a prise de ne pas marcher :

Frauenbourg, le 26 septembre 1793, 10 h. 1/2 du soir.

Pour attaquer Bliescastel, mon Général, avec quelque espérance de succès, il est indispensable d'avoir au moins 12,000 à 15,000 hommes, comme nous les leur avons vus (1) aujourd'hui, et dans le nombre environ 3,000 à 4,000 hommes de cavalerie. Il y a à traverser beaucoup de terrains découverts et propres à cette arme ; nous n'avons ici que 215 chevaux ; les ennemis nous ont montré au moins 30 pièces de canon et obusiers, et le calibre de leurs canons était généralement de 13 et de 17 (2). Nous n'avons ici qu'un obusier et deux pièces de 8, parce que l'une est restée ce matin sur le champ de bataille, et que l'autre a son affût cassé. Nous sommes obligés de la faire partir demain pour Sarrebrück. Il nous faut au moins 30,000 cartouches, dont je vous donne le détail ; pour aller à l'ennemi, il faut nécessairement être complété dans cet objet.

---

(1) Il y avait 3,500 Prussiens à l'attaque de Bliescastel, d'après la relation prussienne.

(2) Les Prussiens avaient une batterie de mortiers et huit pièces de bataillon.

Si vous voulez que nous reprenions Bliescastel, ayez la bonté de nous en donner les moyens ; je suis trop zélé pour le bien de la République pour lui faire tuer inutilement 3,000 ou 4,000 de ses serviteurs.

Je fais part aux généraux Delaunay et Domerschwiller des motifs qui m'engagent à ne pas exposer nos troupes avec le peu de moyens que nous avons ici, et attendre de vous de nouveaux ordres et des secours.

Le <i>général de brigade,</i>
Prilly.

État des troupes à qui il faut des cartouches.

Le 71ᵉ régiment	12,000	cartouches.
Saône-et-Loire	3,000	—
La République	5,000	—
Seine-et-Marne	12,000	—

Artillerie à cheval.

Un caisson de 8.
Une roue de rechange adaptée à un caisson de 8.
Un caisson d'obusier.
Un levier de pointage pour l'obusier.
Une pièce de 8 perdue à remplacer.

L'obusier de l'artillerie à pied attaché à l'artillerie à cheval n'étant attelé que de quatre chevaux, ainsi que ses trois caissons, on demande deux chevaux de plus pour chacune de ces quatre voitures. Il faut aussi des pierres à fusil et une ambulance.

Prilly.

Cette lettre stupéfiante parvient à 3 heures du matin à Schauenbourg. Il a l'extrême indulgence de ne pas ordonner sur-le-champ l'arrestation de Prilly, mais il lui réitère l'ordre d'attaquer :

Vous compromettez, Citoyen Général, par votre refus à ne pas attaquer, toutes les forces de l'armée. Vous deviez prévoir que si je donne l'ordre d'attaquer, il est de mon devoir de prendre toutes les mesures qui sont en moi pour ne pas compromettre nos frères d'armes. J'avais à cet effet dirigé deux nouveaux bataillons sur Ensheim, trois escadrons de carabiniers, un obusier, et une pièce de 8 de l'artillerie à cheval. Le général Launay faisait marcher un bataillon et un escadron.

Vous, avec vos troupes, par la route de Sarreguemines.

Et le général Moreaux doit envoyer deux bataillons sur votre gauche pour faciliter votre attaque.

Votre refus compromet toutes ces troupes, et me met dans le plus grand embarras.

Au moins, si vous vous étiez rendu au rendez-vous désigné, vous auriez vu par vous-même et avec les autres généraux les moyens que je vous avais donnés.

Je vous envoie de suite le général Olivier pour vous aider dans cette opération; tout ce que vous demandez est en marche, et arrivera au plus tard à 8 heures. Déjà hier soir il est parti un caisson d'obusiers; vous donnerez sur-le-champ l'ordre à vos troupes de se mettre en marche à 8 heures du matin sous la conduite du général Olivier, et vous partirez aussitôt la présente reçue pour vous rendre à Ensheim, vous concerter avec le général Ormeschwiller. J'ai lieu d'espérer que cet ordre sera sans réplique, d'autant plus que le salut de l'armée en dépend.

Je vous prie de ne pas quitter le commandement des troupes que je vous ai confiées jusqu'à ce que je vous en donne l'ordre positif.

SCHAUENBOURG.

En même temps, Ormeschwiller et Launay sont prévenus de la reprise du mouvement :

« Vous avez vu, écrit Schauenbourg à Ormeschwiller à 3 h. 1/2 du matin, par la réponse du général Prilly, combien il compromet l'armée et la frontière par ses observations inutiles, etc. » (1).

---

(1) Ormeschwiller écrit à 3 heures du matin, du château d'Ensheim :

« L'aide-de-camp Bourdainville arrive dans le moment, mon Général, et il est 3 heures; il me dit, de la part du général Prilly, qu'il estimait les forces qui l'ont attaqué et qui occupent en ce moment Bliescastel, à 4,000 hommes; qu'ils ont été chauffés par 30 bouches à feu, parmi lesquelles le plus grand nombre des pièces de 17, ce qui a déterminé sa retraite au delà de la Blies. Jugez des alarmes de la ville de Sarreguemines. Le général Launay a été ici un moment; l'adjudant-général Valory y est, et moi j'attends vos ordres, mon Général, d'une manière précise. Je crois devoir ajouter au compte que j'ai l'honneur de vous rendre, que je pense, et je désire me tromper, que vous serez attaqué

A 8 heures du matin, c'est le général Delaunay qui écrit de Duttweiler :

> Je vous préviens, Citoyen Général, qu'il marche des colonnes sur Duttweiler, qui sera vraisemblablement attaqué. Je crois que nous devons songer à la retraite, sans quoi elle pourrait bien être difficile à faire, ayant des ennemis à droite et à gauche et sur nos derrières. Je vous demande un dernier ordre à cet égard et prompt ; nous ne sommes plus dans le cas d'attaquer, et j'y renonce.

Schauenbourg lui répond en toute hâte, à 9 heures du matin :

> Vous ne devez pas vous retirer, mon cher Général, qu'en cas d'attaque d'une force très supérieure, et dans la crainte que le poste de Duttweiler ne fût abandonné, il vous forcerait à une retraite, j'ai encore placé un escadron de cavalerie sur la hauteur en arrière de Scheidt, pour soutenir votre communication. Cet escadron fournira 25 hommes à Scheidt pour soutenir les 50 hommes d'infanterie qui y sont.
> Duttweiler n'est pas encore attaqué ; du moins je n'en ai aucune nouvelle, et je ferai résister à ce poste tant qu'il pourra.
> Que deviendrait donc l'opération de Bliescastel, à laquelle je tiens toujours, si vous vous retiriez sans être attaqué ? Assurez cependant vos équipages et fourrages.

Il ne semble pas, en effet, que Duttweiler ait été attaqué. Le 27, au point du jour, Kalckreuth s'est porté en avant de Bliescastel, a occupé Ommersheim et les positions environnantes. Le roi de Prusse, voyant le peu de résistance de Prilly, avait ordonné de presser l'attaque de ce côté. Hohenlohe s'avance à Bœckweiler pour prendre en flanc le camp d'Hornbach, que la brigade

---

ce matin vigoureusement sur tous les points. Vous jugerez d'après cela que j'ai besoin de recevoir vos ordres. »

« Il paraît que nous sommes attaqués sur tous les points, répond Schauenbourg à 10 h. 1/2 ; si vous voyez du danger, retirez-vous par le chemin d'Ensheim, et prévenez le général Prilly de se replier sur Sarreguemines, et de me donner aussitôt des nouvelles de sa position »

Kleist devait menacer sur l'autre flanc, en se portant de Ketterich sur Liederscheid.

Nos troupes se retirent partout sans opposer de résistance sérieuse, quoi qu'en disent les rapports des généraux (1).

Prilly écrit à Schauenbourg à 2 h. 1/2 de l'après-midi, et sa lettre est encore datée de Frauenburg :

Général commandant,

J'ai été le matin de fort bonne heure chez le général Dormeschwiller

---

(1) Le général Launay raconte ainsi qu'il suit la journée du 27 septembre, dans une lettre du 3 octobre adressée au Ministre :

« Me doutant bien, d'après la prise de Bliescastel, que l'ennemi se porterait sur moi, je renforçai le poste que j'avais dans la gorge, d'un bataillon et de 2 pièces de position ; je mis sur la hauteur, à ma droite, une compagnie de grenadiers avec 25 hussards afin d'être averti des mouvements de l'ennemi. Plein de confiance ensuite dans le poste que j'occupais, j'attendis tranquillement quel serait le résultat des combinaisons ennemies ; on me laissa tranquille jusqu'à 9 heures du matin, qu'on chercha à m'amuser par une fusillade des troupes légères et pendant ce temps une colonne ennemie filait par mes derrières pour me couper la retraite ; j'en fus averti aussitôt, et je fis partir sur-le-champ quatre compagnies du 44e régiment avec 2 pièces de bataillon pour aller prendre poste sur les hauteurs de Bischwiller, où elles trouvèrent un escadron de cavalerie auquel elles se réunirent ; je plaçai quatre autres compagnies à Reutrich avec 2 pièces de bataillon, pour recevoir tous les postes que j'avais en avant et qui eurent ordre de se replier. Quoique je reçusse ordre du général Schauenbourg de défendre ma position, je vis que je n'avais pas un moment à perdre pour effectuer ma retraite, et effectivement, je ne l'eus pas plutôt commencée que je me vis attaqué par devant et par derrière ; elle se fit cependant dans le plus grand ordre ; l'ennemi souffrit considérablement du feu de mon infanterie, qui se couvrit de gloire : ayant été chargée à deux reprises par la cavalerie ennemie, elle lui fit éprouver un feu de file soutenu, qui la dégoûta de façon à ne plus oser reparaître. Notre perte fut de 4 ou 5 hommes ; celle de l'ennemi au moins de 100, tant prisonniers que tués et blessés. Au débouché de la gorge, je rencontrai le général Schauenbourg, qui fit occuper toutes les hauteurs environnantes de Sarrebrück.

et nous avons arrêté notre plan d'attaque, lui, colonne de gauche, sur Bagatelle, et moi colonne de droite, sur la hauteur de Biesing, que l'on nous a dit être occupée par les ennemis.

À mon retour d'Ensheim, j'ai malheureusement trouvé les choses toutes changées. Le général Olivier, à qui j'avais donné vos ordres pour partir à 8 heures avec toutes nos troupes, faisait revenir les bataillons à leurs postes précédents, et il s'établissait une fusillade assez vive sur la chaussée, en avant de nous, ainsi que quelques coups de canon.

Ce général m'a dit alors quelle était la position nouvelle des ennemis. Nous l'avons examinée ensemble, et nous les avons vus occupant une hauteur rapide qui domine la chaussée, avec plusieurs troupes de cavalerie hors du bois et se prolongeant dans le revers de la montagne, une nombreuse infanterie en avant de la forêt, et de l'artillerie aux ailes. Il nous ont tiré quelques volées.

Après un long examen, il nous a paru impossible de tourner cette position, et plus encore de l'attaquer de front, à moins de vouloir y sacrifier notre bonne infanterie.

Nous nous sommes placés sur la hauteur que nous occupions hier au soir, la Blies devant nous, les gués et les ponts gardés ou coupés au loin.

Cette position est excellente, comme celle de Bliescastel, contre de l'infanterie, mais elle ne serait pas longtemps tenable si les ennemis établissaient, comme ils le firent hier matin, leurs nombreuses et fortes batteries sur les hauteurs voisines, qui nous dominent. J'ai l'honneur de vous en prévenir à l'avance. Il me paraît que ceci peut être long. Je vous prie en conséquence de me donner ma liberté. Le général Olivier est plein de zèle. D'ailleurs, le Ministre m'a ordonné de cesser mes fonctions au reçu de sa lettre.

Il me semble aussi que le plan actuel du gouvernement ne veut plus de ce qui est né gentilhomme, et ne nous accorde aucun avancement. Sans cela j'aurais dû être fait général de division au tour de mon ancienneté de services. Je vois cependant passer tous mes cadets devant moi. Il est temps que j'aille vivre au sein de ma famille après quarante-trois ans de travail.

J'ai prévenu tout de suite Dormeschwiller.

PRILLY.

Au reçu de cette dernière lettre, Schauenbourg se décide enfin à remplacer Prilly par le général de division Lequoy :

Enjoint au général de division Lequoy de se rendre sur-le-champ à

Frauenberg, y prendre le commandement des troupes qui y sont et de celles qui y viendront ; il prendra tous les renseignements qu'il pourra sur sa position.

3 bataillons d'Hornbach arrivent à Frauenberg vers 9 heures du matin, avec 50 hommes de troupes à cheval, 1 obusier et 1 pièce de 8. Aussitôt que ces troupes seront arrivées, il établira des postes jusqu'à Gros-Rederchen, afin de conserver la communication par Bitche avec le général Moreaux, ce dernier ayant ordre de se porter jusqu'à ce point.

Je vous envoie, mon cher Général, l'ordre positif de vous mettre en marche à 9 heures du matin pour attaquer l'ennemi. Vous ferez toutes vos dispositions avec les généraux qui sont avec vous. Je vous recommande seulement de faire filer une colonne composée de 3 bataillons et 2 escadrons, et un parti de tirailleurs, avec quelques pièces de position, sur votre droite, se dirigeant, après avoir passé le pont de Frauenberg, sur le village de Rheinheim, situé sur la rive, à leurs pieds, et sur leur droite, filant par les hauteurs de manière à gagner Bliescastel, marchant de conserve avec votre colonne.

Le général Moreaux a reçu l'ordre de faire marcher une colonne sur Medelsheim, pour aller occuper les hauteurs en avant d'Alheim, et de protéger votre attaque sur Bliescastel.

Il faut, mon cher Général, faire danser demain la Carmagnole aux Prussiens. Le général Ormeschwiller marchera avec une forte colonne sur Ensheim, le chef de brigade Joly avec une autre colonne sur Bagatelle.

Le général Launay attaquera Saint-Imbert, et j'espère que demain, après avoir renversé les colonnes ennemies, nous nous embrasserons à Bliescastel.....

Prévenez vos troupes que toute l'armée de la Moselle se battra demain, et que cette journée sera glorieuse pour les armes de la République.

Choisissez-vous un officier intelligent par chaque corps pour rester avec vous ; donnez les mêmes moyens aux généraux qui sont avec vous. Ayez encore sur le tout quelques officiers bien montés pour la communication de vos deux colonnes et de celle de votre gauche avec Ormeschwiller, lorsque vous serez à portée.

Devant la double menace de Hohenlohe et de Kleist, Moreaux s'était empressé aussi de battre en retraite (1).

---

(1) *Relation du capitaine Duvignau.*

La nuit fut fort tranquille. Le matin, de bonne heure, on remarcha

Schauenbourg lui écrit deux lettres coup sur coup dans la soirée du 27, pour lui ordonner de reprendre l'offensive le lendemain :

> Je viens d'apprendre par l'adjoint Husson que vous avez abandonné le camp d'Hornbach et que vous vous êtes retiré sur Bitche. D'après cela, mon cher Général, il faut faire partir sur-le-champ trois bataillons, une pièce de 8 et un obusier que vous dirigerez sans perdre de temps par Sarreguemines sur Frauenberg. Vous ferez éclairer leur marche par quelques troupes à cheval ; il est urgent que cette marche soit forcée, afin que ces troupes soient rendues demain, au plus tard entre 8 et 9 heures, à Frauenberg. Il faut à tout prix empêcher l'ennemi de pénétrer notre territoire. Vous établirez à cet effet une chaîne de postes jusqu'à Gross-Rederchen, que vous assurerez le plus que vous pourrez ; le commandement de Frauenberg est dans le cas d'en assurer de son côté depuis ce point ; si vous pouvez envoyer 60 chasseurs ou dragons à Frauenberg avec les trois bataillons, faites-le, et ne perdez pas de temps.
>
> Je dois franchement vous dire que votre retraite d'Hornbach me paraît très précipitée, qu'elle compromet l'armée et toute la frontière.
>
> Je suis persuadé, Citoyen Général, que vous aurez fait toutes les dispositions pour reprendre demain votre position d'Hornbach, et que vous déterminerez l'heure de votre départ de manière à attaquer à la pointe du jour. Vous marcherez avec vos forces jusqu'à la ferme Knöpfler, située au haut de la Rosselle. Vous ferez partir de cette ferme une colonne dirigée d'après l'instruction que je vous ai envoyée ce matin, c'est-à-dire sur Medelsheim, pour de là se porter sur les hauteurs en arrière d'Alheim, de manière à soutenir l'attaque de Bliescastel.

---

sur Mittelbach, mais à peine arrivés sur la hauteur en face, on s'aperçut que les Prussiens étaient en mouvement et marchaient sur Hornbach par la route directe de Bliescastel. Le petit corps, commandé par le colonel Radeau, du 14e dragons, marcha à leur rencontre, plutôt pour les observer que pour les combattre, car il fallut aussitôt se retirer. On revint donc à Hornbach, suivi d'assez près ; on fit ce qu'on put pour barricader le village et on remonta au camp. Il était alors 10 heures. Le corps d'armée était déjà en marche sur Bitche. L'avant-garde tint jusqu'à midi, qu'elle suivit le mouvement de retraite. Elle fut toujours suivie et toujours flanquée par sa gauche. Elle arriva fort tard sur la hauteur en avant de Bitche, appelée la Tuilerie ; elle y bivouaqua.

Je vous préviens que les trois bataillons que vous avez envoyés seront dirigés par la rive droite de la Blies pour se porter, après avoir passé le pont de Frauenberg, pour prendre à droite par le village de Habkingen, de là gagnant les hauteurs, laissant le village de Rheinau, situé sur la Blies à leurs pieds et à leur droite, passant par les hauteurs, gagneront ainsi Bliescastel.

Il est entendu que, par cette nouvelle disposition, il suffira que votre colonne de Medelsheim se porte sur les hauteurs en avant d'Alheim, pour de là tomber sur Mittelbach, lorsque vous serez en possession d'Hornbach.

Communiquez bien avec vos chefs, parlez à nos braves soldats, et je suis persuadé que nous ferons tous bien à l'envi les uns des autres.

Ces deux lettres parviennent à Moreaux à 2 h. 1/2 du matin; mais Schauenbourg, apprenant par un faux rapport que ce courrier n'est pas arrivé, envoie le 1er bataillon du 5e à Lequoy pour remplacer les 3 bataillons que Moreaux devait fournir.

Cependant l'attaque n'a pas lieu le 28 plus que le 27. Knobelsdorff se porte en deux colonnes sur Saint-Imbert; Kalckreuth dirige 3 bataillons et 3 escadrons sur ce même point, et porte son corps d'armée en deux colonnes sur Bischmisheim. Kalckreuth s'arrête à Biesingen, Hohenlohe prend position à Eschweiler, et Brunswick à Pirmasens.

Schauenbourg ne se décourage pas. Il renouvelle pour le 29 septembre les prescriptions des jours précédents. Les représentants viennent d'arriver, rappelés de Metz par la nouvelle de l'échec de Bliescastel. Un conseil de guerre est tenu aussitôt et les ordres sont expédiés.

Attaque de Saint-Imbert.

Aux ordres du général de division LAUNAY, avec les généraux de brigade BAJET et GUÉNAND.

Infanterie.......
- 200 hommes de compagnies franches.
- 13e bataillon d'infanterie légère.
- 2e — du 58e.
- 6e — des Vosges.

Cavalerie........ { 1ᵉʳ régiment de chasseurs à cheval.
1ᵉʳ — de dragons.
3ᵉ — de hussards.
1 escadron de cavalerie du 10ᵉ et du 11ᵉ.

Artillerie........ { 2 pièces de 12, 1 compagnie 1/2 d'artillerie à cheval et son artillerie de position.

Attaque de Bliescastel par trois colonnes.

1° Colonne aux ordres du général LEQUOY avec le général de brigade OLIVIER.

Infanterie....... { 60 chasseurs du Louvre.
2ᵉ du 71ᵉ.
1ᵉʳ de Saône-et-Loire.
2ᵉ de la Haute-Marne.
1ᵉʳ bataillon de la République.
3 bataillons venant d'Hornbach.

Cavalerie........ { 200 hommes de troupes légères à cheval.
2 escadrons de carabiniers.

Artillerie........ { 2 pièces de 12.
1 pièce de 8 et 1 obusier venant d'Hornbach.

Artillerie à cheval. { 2 pièces de 8.
2 obusiers.

2° Colonne du centre, aux ordres du général D'ORMESCHWILLER, débouchant par Ensheim.

Cavalerie........ { 4 escadrons de carabiniers.
50 chasseurs à cheval.

Artillerie........ 2 pièces de 12.

Artillerie à cheval. { 2 pièces de 8.
2 obusiers.

Colonne de gauche aux ordres du colonel JOLY.

Infanterie....... { 1ᵉʳ bataillon du 103ᵉ.
7ᵉ — de la Meurthe.

Cavalerie........ { 2 escadrons de carabiniers.
50 chasseurs.
50 hussards.

Artillerie à cheval. { 2 pièces de 8.
2 obusiers.

Il restera en arrière de la forêt, depuis la route de Saint-Imbert jusqu'en avant de Molstadt :

Le bataillon de chasseurs de Reims.
Le 2ᵉ bataillon du 55ᵉ.
3 escadrons de cavalerie.

Nota. — Un escadron de cavalerie sera placé en avant du pont de pontons, prêt à se porter où besoin sera, et quelques postes d'infanterie dans les gorges en avant de la Sarre.

Il restera au camp, aux ordres du général ABOVILLE :
Le 2ᵉ bataillon de Rhône-et-Loire.
Le bataillon de Morhange-agricole.

Les batteries les plus rasantes et celles qui défendraient le mieux la position de Sarrebrück resteront garnies.

Il y a une section d'ambulance à la colonne Lequoy, et l'ambulance de l'avant-garde fournira une section qui suivra la colonne du chef de brigade Joly pour être à même de porter secours aux deux colonnes du centre.

Que chaque colonne soit réunie à 3 heures du matin par son officier général.

Que le général d'Aboville fasse toutes les dispositions pour faire trouver à 3 h. 1/2 les cartouches et pierres à fusil nécessaires au rendez-vous de chaque colonne.

Les rendez-vous sont : pour celle d'Ormeschwiller, en avant du premier moulin au bas de Monplaisir ;

Pour celle du chef de brigade Joly, à l'endroit où sont les chasseurs.

Le général Launay rassemblera sa colonne lorsque les deux autres seront en marche.

Le général Vincent restera à son poste (Duttweiler) jusqu'au moment où il recevra des ordres ; il communiquera les mêmes ordres au poste de Kichenbach.

Il sera envoyé un caisson de cartouches au général Lequoy.

En même temps que les colonnes seront rassemblées, les officiers généraux choisiront un officier intelligent dans chaque corps pour porter les ordres nécessaires ; les colonnes seront mises en mouvement à 4 heures du matin.

Schauenbourg donne à Moreaux l'ordre suivant :

Vous ne perdrez pas un instant, Citoyen Général, pour réunir toutes les forces qui vous sont confiées et faire les dispositions nécessaires pour reprendre demain, à la pointe du jour, le camp d'Hornbach et tous les postes que vous occupiez. L'ennemi s'étant porté entre vous et moi pour intercepter notre communication, il faut la rétablir à tout prix ;

d'après cela, il est indispensable que vous dirigiez une forte colonne sur Medelsheim, qui se portera par les hauteurs en arrière d'Alheim, de manière à soutenir l'attaque de Bliescastel. Faites-vous renforcer de suite par les bataillons que vous avez à la Main-du-Prince ; vous pourrez les y renvoyer quand vous aurez assuré votre position. Faites part de tout aux généraux Ferey et Landremont.

Lequoy et Moreaux répondirent l'un et l'autre que leurs troupes n'étaient plus en état de marcher et de combattre. Pour donner plus de poids à leur réponse, ils l'accompagnèrent d'une délibération du corps des officiers généraux et supérieurs de leurs divisions, donnant les motifs de l'extraordinaire épuisement du personnel.

Délibération des généraux et chefs de corps de la division des Vosges adressée par le général Moreaux au général Schauenbourg.

Citoyen Général,

Les chefs de corps, avertis que la division des Vosges devait partir à minuit, ont cru devoir observer aux généraux assemblés que les subsistances ayant manqué depuis plusieurs jours pour les chevaux de l'armée, c'était exposer cette armée à recevoir un échec ; il a donc été arrêté qu'il serait envoyé un courrier au général en chef à l'effet de l'avertir de cet obstacle et de le prier de retarder cette opération ; arrêté aussi que le général Freytag se transporterait demain à Sarrebrück ; ces mêmes chefs ont observé aussi que les soldats ayant bivouaqué plusieurs jours, n'ayant pu manger la soupe, étaient exténués de fatigue. Cette considération, jointe aux autres objections, a achevé de déterminer les généraux et chefs à ce retard.

Signé : LACHAU, CHAPIAL, etc.

Délibération des généraux et chefs de corps de la division Lequoy (1).

Mon Général,

Ne sachant qu'obéir à tout ce que vous voudrez m'ordonner, j'avais déjà donné tous les ordres en vertu de vos intentions, et la plupart des

---

(1) *Relation de Duvignau.*
Le 28, quelques bataillons sous les ordres du général Guillaume

troupes étaient déjà en marche, lorsque j'ai reçu une délibération du corps des Vosges qui m'annonce qu'il ne peut attaquer, en ce que les subsistances pour les chevaux ont manqué, etc.; nous sommes à la vérité dans le même cas; d'après cette délibération, et ne pouvant être appuyé par ma droite, de crainte d'être coupé et de livrer la ville de Sarreguemines, le conseil des généraux et chefs de corps a arrêté, vu que les chemins étaient coupés par les endroits où nous devions passer et que lesdits chemins sont étroits au point que l'on ne pourrait faire faire un demi-tour aux pièces en cas de retraite, et les ennemis ayant construit des batteries masquées qui nous ont été connues par nos découvertes, vous devez juger de l'impossibilité d'attaquer.

Le conseil a arrêté qu'il vous serait envoyé sur-le-champ l'extrait de ladite délibération par le général Olivier et un adjoint, et tous ont signé.

Il n'y avait donc plus à l'armée de la Moselle, ni commandement, ni discipline, ni force morale. Elle n'offrait plus à l'ennemi qu'un plastron inerte.

Le 29, à 4 heures du matin, comme Schauenbourg se préparait à diriger l'attaque combinée de ses divers détachements, il reçut les délibérations envoyées par Moreaux et Lequoy, et bientôt après les Prussiens délogeaient définitivement notre avant-garde des positions voisines de Saint-Imbert. Knobelsdorff et Kalckreuth, formés en 6 colonnes, débordent Bischmisheim, l'un par Duttweiler, l'autre par Fechingen. Hohenlohe avait envoyé en outre 2 bataillons et 7 escadrons à Ormeschweiler. Launay se replie donc sur Sarrebrück. Lequoy

---

marchèrent sur Sarreguemines. On arriva à 4 heures dans le bois qui est à une lieue en avant de cette ville sur la route de Bliescastel. Le général Lequoy, commandant toutes les troupes qui y étaient rassemblées, voulait pendant la nuit aller à l'ennemi sans connaître sa force ni sa position, sans avoir fait aucune disposition, n'ayant pas même son artillerie. Des officiers d'état-major plus prudents, entre autres l'adjudant-général Lefèvre, l'en détournèrent. Au lieu de cela, on se retira vers les 8 heures du soir dans les jardins qui sont sous la ville. Les soldats y firent beaucoup de dégâts en brûlant les palissades.

reste à Sarreguemines (1). Quant à Moreaux, il écrit à Schauenbourg :

J'ai quitté ce matin, Citoyen Général, le camp retranché de Bitche, pour me porter en avant sur les hauteurs de Rohrbach et de la Briqueterie. J'ai porté mon avant-garde et une partie du corps de bataille avec mes pièces de position en avant pour tâcher de connaître la force de l'armée ennemie dans les environs de Schweigen. Ils sont venus à notre rencontre avec une artillerie nombreuse et environ 6,000 hommes de cavalerie. La canonnade a été très vive de part et d'autre, mais nous avons évalué les forces qu'ils ont portées en avant à 12,000 hommes, non compris plusieurs colonnes qui sont restées en avant de leur camp de Schweigen. Ils ont dans cette partie trois camps. Notre perte n'est pas considérable; nous n'avons eu qu'environ quinze hommes tant tués que blessés, et quatre ou cinq chevaux. Je vous en ferai passer l'état dès qu'il me sera parvenu.

Les représentants écrivent au comité de Salut public le 30 septembre 1793 :

.....Le 29, à 4 heures du matin, comme nous nous mettions en marche pour l'expédition, une lettre de Moreaux à Schauenbourg nous apprit que les troupes, qui avaient bivouaqué depuis plusieurs jours,

---

(1) *Relation de Duvignau.*

On prit les armes à 7 heures ; on entendait une très forte canonnade du côté de Sarrebrück ; on s'attendait à être attaqué. En conséquence, un détachement de 50 hommes commandé par le capitaine Duvignau fut envoyé pour garder le pont et pour le faire déclouer (?) afin qu'il n'y eût qu'à jeter les poutres dans l'eau en cas de retraite. Le général fait appeler cet officier : « Connais, lui dit-il, toute l'importance de l'opération dont tu es chargé. Songe que c'est toi qui dois sauver mon armée, songe que la République a les yeux ouverts sur toi ». Toute la journée se passe à faire des découvertes en avant, et à faire des redoutes sur la hauteur derrière la ville et à déclouer (?) le pont. On obtient avec beaucoup de peine la quantité d'habitants nécessaires à ce dernier ouvrage. A 6 heures du soir, tout le corps de bataille passa la rivière et vint camper sur la montagne derrière Sarreguemines ; quelques troupes seulement restèrent en avant-garde. Le 30, la journée se passa à construire des redoutes pour fortifier le camp, et à y placer de l'artillerie.

étaient exténuées, et que la cavalerie de sa division n'ayant pas eu d'avoine depuis trois ou quatre jours, il ne pouvait exécuter sa marche sur Hornbach, de sorte que l'expédition sur Bliescastel n'eut pas lieu, pouvant compromettre la droite du corps d'armée, non soutenu dans sa marche par la division des Vosges.

Peu d'heures après, des fusillades et quelques coups de canon se font entendre aux postes avancés de l'avant-garde à Saint-Imbert; c'était l'armée prussienne qui l'attaquait en force. L'avant-garde se retira en bon ordre devant Sarrebrück, où elle est. L'ennemi canonna toute la journée, tout le lendemain, et tire encore au moment où nous vous écrivons, d'une rive de la Sarre à l'autre, sans nous faire aucun mal. Cette rivière seule sépare les deux armées, qui sont en présence. Les ennemis ont voulu approcher du canon pour tenter un passage de la rivière à une lieue de Sarrebrück, du côté de Sarreguemines; ils ont été aussitôt démontés d'une pièce par notre artillerie. Ils paraissent vouloir nous déloger de Sarrebrück à quelque prix que ce soit, et nous sommes également déterminés à le défendre jusqu'à la dernière extrémité.

En rendant compte au Ministre de cette série d'échecs, Schauenbourg croit devoir les présenter sous un jour plus favorable que la réalité :

Citoyen Ministre,

Depuis quatre jours, attaqué sur tous les points, harassé de fatigue, je n'ai encore pu vous rendre aucun compte, et dans ce moment je puis seulement vous dire qu'après une vigoureuse résistance pendant tout ce temps, qui a coûté un monde infini aux ennemis, j'ai été forcé de faire replier l'avant-garde sur Sarrebrück, vu que le poste de Bliescastel a été forcé de se retirer sur Sarreguemines et le corps des Vosges sur Bitche. On canonne Sarrebrück dans ce moment. Demain vous aurez de plus amples détails.

Schauenbourg.

« Dans cet état de choses, écrivent les représentants, on a pensé, et les généraux ont arrêté à l'unanimité que l'armée, disséminée en ce moment en plusieurs corps et divisions, devait fixer le point de réunion à Sarrebrück, et garder la rive gauche de la Sarre, depuis Sarreguemines jusqu'à Sierck, au-dessous de Sarrelouis.

« Par ce nouveau dispositif, la position de l'armée de la Moselle n'est changée que sur sa droite ; elle couvrira, comme dans les positions avancées, la frontière de la ci-devant Lorraine ; un corps détaché à Rohrbach, entre Bitche et Sarreguemines, couvrira la trouée de Phalsbourg. »

« Je ne peux pas porter un homme de plus à ma droite, écrit Schauenbourg, sans décidément compromettre la position de Sarrebrück et intercepter nos communications avec nos places, par conséquent sans ôter tous moyens de subsistance à l'armée. »

L'armée de la Moselle restera désormais un mois dans ses positions, d'où les Prussiens ne chercheront pas à la déloger, et d'où elle n'agira pas pour dégager l'armée du Rhin. Elle comptait cependant encore plus de 36,000 hommes, avec lesquels on pouvait obtenir des résultats décisifs, si l'on avait su concentrer et combiner leurs efforts.

Schauenbourg comprenait cependant toute l'importance de la liaison entre les deux armées, puisqu'il venait d'écrire à Moreaux, en lui ordonnant de reprendre Hornbach : « Faites tout ce que vous pourrez pour sauver l'entrée des gorges, d'autant plus que si les ennemis avaient le passage, tout le but de la campagne serait manqué, et votre position absolument inutile ».

Ayant établi son armée sur la Sarre, depuis Sarrelouis jusqu'à Sarreguemines, Schauenbourg reçoit l'arrêté qui le suspend de ses fonctions. Il se retire à Toul, où il sera bientôt mis en état d'arrestation. Les représentants veulent faire remplir les fonctions de commandant en chef par Moreaux, en attendant qu'un nouveau général soit désigné ; mais Moreaux sait se dérober à cette redoutable charge. Launay ne réussit pas à l'éviter, malgré ses protestations :

« Je ne puis accepter le commandement d'une armée, écrit-il à Bouchotte le 1er octobre, n'ayant ni la santé, ni la capacité nécessaires pour en remplir les fonctions ; je peux commander cinq à six mille hommes, mais non vingt-cinq... J'aurai l'honneur de vous observer que je ne peux signifier au général Hédouville sa suspension, à moins que je ne voulusse désorganiser l'armée ; il faut attendre que vous ayez un nouveau général, qui pourra vous indiquer des sujets capables de le remplacer. »

« Sans le général de Hédouville, j'aurais eu beaucoup de peine à me tirer d'embarras, dit-il dans son rapport du 3 ; c'est un homme droit et intelligent ; on peut se fier à lui si le chef est patriote. Enfin, Citoyen Ministre, soyez tranquille sur cette armée ; Sarrebrück me servira de tombeau avant que je recule d'un pas. Je commence à organiser les officiers généraux et à les mettre dans leurs divisions ; les nouveaux ne sont pas des aigles. »

L'armée de la Moselle demeure désormais cantonnée entre Sarreguemines et Sarrelouis, désorganisée, sans chefs capables de la conduire à l'ennemi, et assez inquiète pour son flanc droit. Trois lettres des représensants font connaître sa situation dans les premiers jours du mois d'octobre. Ce sont à peu près les seuls documents que l'on ait sur cette période.

Au quartier général de l'armée de la Moselle, à Sarrebrück, le 5 octobre 1793, l'an 2ᵉ de la République une et indivisible.

Les représentants du peuple près l'armée de la Moselle au Directoire du département de la Meurthe.

Vous trouverez dans un arrêté ci-joint nos intentions, qui sont celles de la loi, relativement aux nouveaux bataillons de réquisition. Si, comme le dit le citoyen Saulnier, votre président, il n'existe plus dans votre département de citoyens de la 1ʳᵉ classe, requise par la loi du 23 août dernier, qui ne soient déjà attachés à quelque bataillon, alors il suffira, comme vous l'avez arrêté, de les faire rejoindre.

Nous avons eu connaissance, par deux commissaires de Lunéville, qu'il y a 5 bataillons de divers districts de la réquisition de la loi du 23 août dernier ; ils nous ont dit aussi qu'il y a un autre bataillon, celui de Langres, qui est resté à Nancy, parce qu'il n'y avait plus moyen de les loger à Lunéville ; ils sont venus nous prier de disposer de ces bataillons. Le général en a déjà ordonné deux pour la garnison de Phalsbourg ; il a été arrêté que l'on passerait aussitôt la revue des autres pour constater leur nombre d'hommes, l'état de leur armement et équipement, car on dit qu'il y en a beaucoup qui sont sans armes.

Le citoyen Saulnier, votre président, nous assure que vous pourrez fournir des piques à un certain nombre ; cela vaudra toujours mieux que rien, et dès que nous aurons reçu les états de revue et qu'ils seront armés, le général les fera avancer vers Bouquenom, la Petite-Pierre, et autres endroits de ces environs, pour soutenir et assurer cette frontière.

On avait semé l'alarme du côté de Phalsbourg ; le conseil défensif de cette place a pris aussitôt des mesures pour se mettre en état de défense ; cette précaution n'est pas un mal ; aussi l'avons-nous secondé autant qu'il a dépendu de nous. L'armée du Rhin avait enlevé les approvisionnements de cette place pour des besoins urgents.

Nous avons requis le district de Sarrebourg de faire verser de suite et que ce serait en déduction du contingent que vous devez fournir à ladite armée.

Le général a, aussitôt que nous lui avons fait part des inquiétudes de Phalsbourg et autres endroits de ces contrées, ordonné un fort détachement de l'armée, qui s'est porté hier du côté de Bitche jusqu'au delà de Rohrbach. Il n'a rien vu qu'une patrouille ennemie de 30 hussards qui étaient venus jusqu'à Rohrbach, sur la route de Sarreguemines à Bitche, où ils avaient pris six bœufs. On leur a donné la chasse, on en a pris trois et tué un. Ainsi, comme vous voyez, ils ne s'aventurent pas trop sur notre territoire, et l'on ne négligera rien pour les en empêcher encore davantage ; mais des armées, de nouveaux bataillons et des subsistances pour l'armée et ses places !

Quant aux prix des grains, nous ne croyons pas que vous deviez rien y changer, que lorsque la loi qui les fixe généralement vous sera parvenue, parce que, comme vous savez, les lois ne sont en vigueur que du jour de leur promulgation.

EHRMANN, RICHAUD.

Au quartier général à Sarrebrück, le 7 octobre 1793, l'an 2ᵉ de la République une et indivisible.

Les représentants du peuple près l'armée de la Moselle à leurs collègues les membres du Comité de Salut public.

Le décret du 5 septembre dernier, concernant les mesures de surveillance relatives à la résidence des militaires, avait d'abord fait croire que tous ceux compris dans l'article 8 de la loi devaient quitter l'armée dans les vingt-quatre heures, aux termes et sous les peines portées par l'article 1er. Nous avons été accablés d'observations et de réclamations à cet égard, et un grand nombre de militaires de tout grade se disposaient à quitter l'armée. Nous avons pensé que les dispositions de cette loi n'étaient ni assez claires, ni assez positives, pour laisser effectuer cette extraction avant d'avoir demandé une explication ultérieure, et nous avons en conséquence pris l'arrêté dont nous vous envoyons copie, vous priant de nous répondre aussitôt pour lever tous les doutes.

Vous trouverez ci-joint dix autres arrêtés que les circonstances nous ont fait prendre, et que nous espérons que vous approuverez.

Nous vous remettrons aussi la pétition qui nous a été présentée par les carabiniers du 2e régiment, relative à leur chef de brigade Danglas, qui réunit leur confiance et leur estime.

Notre position est toujours la même vis-à-vis des ennemis; nous sommes si près que tous les jours nos troupes légères se fusillent et que les fusillades sont de temps en temps mêlées de canonnades.

L'intention de l'ennemi est difficile à pénétrer; d'après tous les rapports des espions et des déserteurs, ils ont reçu un renfort de tous les Prussiens qui étaient dans le Nord, d'environ 10,000 hommes. Depuis la nouvelle position qu'a prise sur Sarreguemines la droite de notre armée, des malveillants, sans doute, avaient répandu l'alarme du côté de Bouquenom, de Fénétranges et de Phalsbourg, disant que l'ennemi avait pénétré entre Sarreguemines et Bitche. Un détachement d'environ 2,000 hommes et de l'artillerie légère y a été envoyé aussitôt, et n'a trouvé sur cette route qu'une patrouille de 30 hussards à Rohrbach; on leur a donné la chasse, on en a pris 3 et tué 1. Une pareille tournée de temps en temps empêchera, nous l'espérons, que cette frontière ne soit entamée.

Le général Launay, commandant provisoirement en chef, vient de nous faire part de l'ordre qu'il reçoit de mettre en arrestation l'ex-général Schauenbourg pour être traduit à Paris. Il s'était retiré à Toul, à ce que nous croyons; nous lui avons dit de mettre aussitôt cet ordre à exécution. Nous devons cependant à la vérité, et nous devons vous le dire, que nous avons toujours pensé que c'était par des motifs de mesure générale, ou tous autres à nous inconnus, que vous avez ordonné la suspension et l'arrestation de ce général, et non par celui d'être suspect de trahison pour l'affaire du 14 septembre à Pirmasens, tel que plusieurs journaux l'ont annoncé, car la vérité est que c'est le général Moreaux et les autres généraux de la division des Vosges qui, dans un conseil tenu à Hornbach en notre présence, le 13, arrêtèrent cette expédition à l'insu du général Schauenbourg, qui était ici;

on lui envoya aussitôt un courrier pour le prévenir que l'on se mettait en marche la nuit suivante à 2 heures du matin pour l'exécuter, qu'il serait bon qu'il fît passer pendant la nuit trois bataillons des postes les plus prochains pour renforcer la garde du camp d'Hornbach, et qu'il fasse diversion pour empêcher que l'on n'apporte du secours ; tout cela fut fait et la diversion coûta plus de 600 hommes à l'ennemi. L'attaque de Pirmasens, seule, ne fut pas heureuse ; nous avons été témoins de la délibération : le motif qui la détermina était de seconder les efforts de l'armée du Rhin pour aller délivrer Landau, tel qu'il avait été convenu dans une conférence à Wissembourg. Nous avons été témoins de son exécution, et nous devons dire avec vérité que nous n'y avons aperçu aucun signe de trahison, et que si nous en avions aperçu dans une affaire aussi importante et aussi chaude, le traître l'aurait payée à l'instant de sa vie. Il nous a été dit seulement, après l'affaire, qu'un canonnier avait déserté deux heures avant et avait été prévenir l'ennemi ; mais cela n'est pas assuré, et quand une armée a 4 à 5 lieues à faire pour en aller attaquer une autre dans son camp, celle-ci a bien le temps d'être avertie par ses postes avancés. Ces faits sont à la connaissance de toute l'armée de la Moselle, et plus de 20,000 hommes savent, pour avoir vu, que Schauenbourg n'a eu aucune part à cette expédition ; il nous en a demandé un certificat avant son départ, et nous le lui avons donné.

Nous ne pouvons maintenant vous en dire davantage. On nous apprend à l'instant que le feu est au château ; nous ne savons pas encore par quelle cause ; nous nous y transportons sur-le-champ.

RICHAUD, EHRMANN.

P.-S. — Nous vous répétons la demande d'un quatrième représentant. Notre collègue Soubrany est malade et alité depuis plusieurs jours.

Au quartier général de l'armée de la Moselle, à Sarrebrück, le 10 octobre 1793, l'an 2ᵉ de la République française une et indivisible.

Les représentants du peuple près l'armée de la Moselle à leurs collègues du Comité de Salut public.

Nous vous avons prévenus que le général de division Moreaux, qui avait été promu au commandement général de l'armée, n'a pas accepté ce commandement ; il nous a même demandé depuis quelques jours de pouvoir se retirer derrière l'armée pour rétablir sa santé, dont le mauvais état ne lui permettait plus de faire son service.

Le général Launay, qui commande provisoirement en chef, nous a déjà demandé de le décharger de ce fardeau ; il serait donc bien important, et nous croyons même instant, de procurer à cette armée un bon général en chef, vrai patriote, et ayant, s'il est possible, quelque connaissance du pays ; cette connaissance est d'autant plus nécessaire que ce territoire présente des positions dont un général habile pourra tirer les plus grands avantages.

L'ennemi nous tâte de tous côtés et de toutes les manières ; il a fait une canonnade hier au soir sur les 10 heures, par une brume fort obscure. Des boulets et des obus sont venus jusque dans la ville, mais n'ont heureusement blessé personne. Nous avons pensé d'abord que c'était pour nous faire passer encore cette nuit sous les armes afin d'attaquer à la pointe du jour nos troupes fatiguées de plusieurs nuits de veille et de bivouac ; mais les soldats sont intrépides, leur courage redouble au moindre danger : aussitôt que ce simulacre d'attaque a été fait, tout a été sur pied ; les chasseurs s'empressaient d'être du nombre de ceux qui sortiraient pour aller éclairer et surveiller les mouvements de l'ennemi, et, dès la pointe du jour, un grand nombre a été, avec son intrépidité ordinaire, attaquer les avant-postes ennemis et fusiller avec eux.

Le général Szeculy, commandant un corps des Prussiens, s'est présenté pour demander une conférence avec le général ; il a été arrêté par nos avant-postes : on lui a fait mettre par écrit ce qu'il avait à dire : c'était de faire cesser réciproquement les escarmouches des troupes légères, espèce de guerre qui est tout à leur désavantage, parce qu'elle facilite beaucoup la désertion de leurs troupes, qu'ils sont obligés de tenir presque enchaînées ou sous une garde sévère, tandis que les soldats républicains agissent et les combattent en pleine liberté, n'ayant pour barrière que l'amour de leur patrie. Nous n'avons pas besoin de vous dire quelle a été la réponse.

Nous sommes tous les jours obligés d'ordonner des avances à des corps, et surtout à des compagnies d'artillerie légère, pour leur équipement et le harnachement de leurs chevaux. Ils disent au général que, quand ils s'adressent au Ministre de la guerre, ils sont un temps infini sans avoir de réponse, et le service en souffre.

Nous avons reçu une plainte du citoyen Belchamp père, conducteur général des charrois d'artillerie, contre le citoyen Winter, entrepreneur des équipages d'artillerie de cette armée, qui laisse ses chevaux déferrés, ses harnais en mauvais état, et dans ce moment, il n'y a pas un seul chef à la tête de son équipage : ses chevaux et charretiers restent à l'abandon. Nous avons promis d'ordonner l'avance de la somme nécessaire pour subvenir aux besoins les plus pressants de ces malheureux et de leurs chevaux. Le citoyen Castet, conducteur de cet équipage, nous avait parlé il y a quelques jours de l'état de dénuement dudit équipage ; il en avait le cœur navré.

Ce brave jeune homme était attaché à l'artillerie légère. Le capitaine Debelle, commandant une de ces compagnies, nous a dit que dans la deuxième expédition qu'un détachement de notre armée a faite il y a trois ou quatre jours pour reconnaître la position de l'ennemi en avant de Sarreguemines et de Bitche, une fureur de patriotisme, si l'on peut s'exprimer ainsi, s'était emparée de lui : il a pris la bride de son cheval entre ses dents, le pistolet d'une main et le sabre de l'autre, est parti au galop et est allé attaquer seul un détachement de 50 dragons ennemis, en a tué un de son coup de pistolet, en a sabré plusieurs et presque mis ce détachement en déroute ; mais un peu revenus de la terreur qu'il leur avait d'abord inspirée, les ennemis l'ont tué et haché en mille morceaux, croyant apparemment réparer par là l'espèce de honte qu'ils venaient d'éprouver.

Salut et fraternité.

RICHAUD, EHRMANN.

XXXII. — L'ARMÉE DU RHIN ET LE PROJET DE WURMSER.

La situation matérielle et morale de l'armée du Rhin était plus déplorable encore que celle de l'armée de la Moselle. Les plaintes et les ordres qui prouvent le dénuement des troupes, tant au point de vue de l'habillement que pour la subsistance, sont plus nombreux encore dans les premiers jours d'octobre qu'à la fin du mois précédent. Les paysans alsaciens continuent à se soustraire aux réquisitions, et il faut se procurer les denrées par la force, en territoire national ! Les troupes, de leur côté, ravagent les environs de Wissembourg, suivant en cela l'exemple des agricoles, et, comme eux aussi, les volontaires des départements voisins se mettent à déserter. Wissembourg est devenu un chaos dans lequel sont mêlés soldats, femmes, charretiers, entrepreneurs et citoyens. Il n'y a plus d'ordre ni de discipline dans l'armée, ni au quartier général. Les représentants sont assaillis d'un tel nombre de réclamations et de dénonciations qu'ils songent enfin à s'en garantir. On destitue les généraux qui ont donné maintes preuves d'insuffisance, mais par malheur on ne se préoccupe pas à l'avance de leur trouver des successeurs plus habiles, et l'on tombe de mal en pis.

La proclamation des représentants, qui porte création d'une armée révolutionnaire pour appuyer les réquisitions (1), fait ressortir les difficultés du ravitaillement :

> Au nom de la République française, les représentants du peuple près les armées du Rhin et de la Moselle :
>
> Quand la patrie est entourée de dangers, et quand des citoyens les augmentent par leur égoïsme, leur insouciance, leur cupidité, il importe que les mesures les plus fortes, les plus révolutionnaires, soient prises par les représentants du peuple près des armées pour prévenir tous les désastres qui pourraient en résulter.
>
> Nous sommes arrivés à une époque où si, au même instant qu'on exige du propriétaire, du cultivateur, de tout citoyen, la contribution pour parvenir aux besoins de la République, il existait le plus léger retard dans l'exécution des lois, des arrêtés des représentants du peuple près des armées, la sûreté de l'État, l'existence des armées françaises seraient éminemment compromises.
>
> Une triste expérience ne nous apprend que trop que le moment est arrivé d'agir, de frapper, d'exterminer, dans quelques endroits qu'ils se trouvent, tous citoyens sourds aux besoins de la patrie, tout citoyen rebelle à la loi.
>
> Jusqu'à présent les représentants du peuple, remplis d'une juste confiance dans le civisme, la sensibilité des propriétaires, ainsi que dans le zèle des administrateurs, s'étaient contentés d'exposer à leurs concitoyens les vrais besoins de leurs frères d'armes, et de ne leur demander des secours que par la voie de la persuasion et de simple réquisition.
>
> Qui allait croire qu'après une récolte des plus considérables, l'approvisionnement des armées serait entravé; qu'à chaque instant l'on courrait les risques d'éprouver des privations ?
>
> Qui allait croire surtout qu'il existerait des Français assez insensibles, assez ingrats, pour non seulement ne pas prévenir les besoins des défenseurs de la patrie, mais encore refuser la première nourriture à ces braves guerriers qui jamais n'ont varié dans leur conduite révolutionnaire, qui combattent depuis si longtemps, entourés de généraux perfides et continuellement tourmentés par les besoins de tous les

---

(1) Voir chapitre XXIX.

genres ? Le fait existe, citoyens ! C'est un grand crime, qu'il est du devoir absolu des représentants du peuple d'arrêter, ils mériteraient eux-mêmes toute la colère de la nation, si dans de pareilles circonstances ils n'agissaient pas promptement pour satisfaire les besoins des armées.

Celui-là aurait un triple bandeau sur les yeux, qui ne serait pas convaincu que nos ennemis, après avoir tenté tous les moyens de désorganiser nos armées par la trahison de nos généraux, par des perfidies de tous genres, tant de fois réitérées et autant de fois devenues sans succès pour eux, par le courage et l'énergie républicaine de nos soldats, qui ne serait pas convaincu que nos ennemis fondent leurs principales espérances sur le défaut de vivres, d'approvisionnement pour nos armes et les places en état de guerre !

Les ennemis de l'intérieur, agissant de concert avec ceux de l'extérieur, frappés des mesures révolutionnaires que la Convention nationale a adoptées depuis le 31 mai dernier, désespérés de voir échouer jusqu'à présent leurs affreux projets, tentent, pour dernière ressource, d'affamer nos armées; ils se bercent de l'idée qu'elles se désorganiseront alors et que le soldat se portera à des excès, comme si son courage, son civisme et surtout la patience qu'il a constamment développés, au milieu même des privations de ce qui lui était le plus nécessaire, n'étaient pas un sûr garant à la République que sa conduite sera toujours la même, c'est-à-dire que, dans quelque circonstance qu'il se trouve, il ne cessera d'avoir devant les yeux que la force armée est essentiellement obéissante.

Mais aussi la patrie doit être reconnaissante, les représentants du peuple doivent prévenir ses besoins.

C'est sous ce rapport et par les motifs les plus puissants que les représentants du peuple près des armées du Rhin et de la Moselle ont cru nécessaire de prendre des mesures vigoureuses pour réprimer l'égoïsme et la cupidité de certains individus.

Il est démontré qu'avant que la Convention nationale n'ait établi une armée révolutionnaire, avant qu'elle n'ait effrayé, par une surveillance extraordinaire, à l'aspect d'un châtiment prompt, les malintentionnés, le peuple de Paris et des départements environnants gémissait sous le poids de l'accaparement et de l'avarice; il n'obtenait qu'avec de très grandes difficultés sa propre subsistance.

La force des sans-culottes a été déployée; le mal a été, pour ainsi dire, aussitôt tari.

Il reste donc à suivre de pareilles traces dans les départements qui peuvent et doivent approvisionner nos armées.

Il importe, pour le salut de la patrie, la conservation des personnes et des propriétés de ces mêmes départements, que l'on anéantisse enfin toutes ces spéculations qui, jusqu'à présent, ont eu l'infamie de calculer sur nos besoins.

A cet effet, il faut qu'une force militaire soit constamment et exclusivement dirigée pour procurer aux armées de la Moselle et du Rhin ce qui leur sera nécessaire, et qu'il y ait un tribunal particulier institué pour, dans tous les lieux et dans tous les moments, juger avec célérité et punir les individus qui ne fourniraient pas leur contingent requis ou qui auraient la scélératesse de faire passer à nos ennemis les denrées perçues sur le territoire de la République.

Par ces considérations, les représentants du peuple près des armées de la Moselle et du Rhin, en vertu des pouvoirs illimités qui leur ont été donnés, arrêtent ce qui suit :

Art. 1er. — Une armée révolutionnaire, extraite des deux armées du Rhin et de la Moselle ou des garnisons, sera établie provisoirement.

Art. 2. — Elle sera composée de 1000 hommes, divisée en deux sections, et pourra être augmentée au besoin.

Art. 3. — Chaque compagnie sera composée de 100 hommes, commandée par un capitaine et divisée en deux pelotons de 50 hommes chacun, le premier commandé par un lieutenant et le second par un sous-lieutenant.

Art. 4. — Chaque peloton sera divisé en deux sections de 25 hommes, commandées par un sergent et deux caporaux.

Art. 5. — Les officiers seuls seront en dehors du nombre et un des quatre sergents sera chargé du détail de la compagnie.

Art. 6. — Les officiers et sous-officiers seront pris parmi les officiers et sous-officiers des mêmes grades; leur nomination n'étant que provisoire, ils conserveront leurs emplois et leurs droits à l'avancement dans leurs bataillons.

Art. 7. — Les appointements et la paye cesseront d'être payés au bataillon du jour que les citoyens qui formeront ces compagnies sortiront de leur bataillon jusqu'au moment où ils y rentreront.

Art. 8. — Il sera accordé provisoirement un supplément de 5 sols par jour par fusiliers et caporaux, 10 sols par sergents.

Les officiers auront un tiers en sus de leurs appointements, y compris le traitement de guerre.

Art. 9. — Les payeurs généraux payeront ces compagnies sur le pied désigné ci-dessus.

Art. 10. — Les fonctions spéciales et particulières de cette armée provisoire concerneront l'approvisionnement des armées du Rhin et de la Moselle, l'exécution des lois et des arrêtés des représentants du peuple, surtout ceux relatifs à la punition des individus qui, par leurs propos, leurs actions, tendraient à désorganiser l'armée, soit en prêchant l'insubordination et le mépris des autorités constituées, soit en répandant des calomnies contre les chefs ou les fonctionnaires publics.

Art. 11. — Des commissaires civils seront nommés par les représentants du peuple, qui auront à leur disposition cette armée révolutionnaire et la dirigeront partout où besoin sera, à l'effet de faire exécuter promptement toutes les réquisitions relatives au besoin des armées.

Art. 12. — Les commissaires civils, indépendamment de cette armée révolutionnaire, auront droit de requérir, lorsque les circonstances l'exigeront, toute la force nécessaire.

Art. 13. — Toutes les réquisitions des représentants du peuple près des armées du Rhin et de la Moselle, faites antérieurement au présent arrêté, soit conjointement, soit séparément, concernant l'approvisionnement des armées, seront sans délai effectuées, et, en outre, les commissaires civils seront tenus de ne laisser à la disposition du propriétaire, du cultivateur, que ce qui sera reconnu contradictoirement et en présence de la municipalité lui être strictement nécessaire pour sa subsistance, celle de sa famille et la culture de ses terres.

Art. 14. — Tout citoyen qui sera prévenu de cacher des grains, de les déporter chez l'étranger, ou de refuser son contingent, sera à l'instant mis en état d'arrestation par les commissaires civils.

Art. 15. — Pour la prompte exécution des coupables, il sera établi deux tribunaux provisoires composés de trois juges chacun, qui suivront l'armée révolutionnaire.

Art. 16. — Les juges seront pris parmi ceux des tribunaux de l'arrondissement formant les divisions du Rhin et de la Moselle, ou parmi leurs suppléants, et choisis par les représentants.

Art. 17. — Le tribunal se choisira un greffier et, pendant le temps de son exercice, il sera payé à chacun des juges et au greffier le tiers en sus des appointements ordinaires des juges et greffiers des tribunaux criminels.

Art. 18. — Les détenus seront jugés dans les vingt-quatre heures de leur arrestation, sans qu'ils puissent réclamer les dispositions des lois concernant la procédure criminelle et l'institution des jurés. S'ils sont déclarés convaincus des délits ci-dessus mentionnés, ils seront déclarés traîtres à la patrie, punis de mort et de suite livrés à l'exécuteur des jugements pour être expédiés dans les lieux du délit.

Art. 19. — La peine de mort, prononcée dans les cas déterminés par le présent arrêté, emportera la confiscation des biens, et il sera pourvu, sur ceux confisqués, à la nourriture et entretien des pères, mères, femmes et enfants qui n'auraient pas d'ailleurs des biens suffisants pour y pourvoir.

Art. 20. — Le présent arrêté sera imprimé dans les deux langues, lu, publié et affiché dans l'étendue des départements formant les divisions de la Moselle et du Rhin, dans le plus bref délai.

Art. 21. — Nommons les citoyens Dominique-François Gobert et Antoine Delteil, agent du Conseil exécutif provisoire; Euloge Schneider, accusateur public près du tribunal criminel du département du Bas-Rhin; Elvert, maire de Saverne, pour commissaires civils; les autorisons à s'adjoindre les personnes nécessaires pour l'exécution du présent arrêté, laquelle n'aura lieu, quant à la peine à encourir, que trois jours après la publication qui en aura été faite.

Fait en Commission, le vingt-quatrième jour du premier mois de la seconde année de la République française, une et indivisible.

EHRMANN, MALLARMÉ, J.-B. LACOSTE, J. BORIE, GUYARDIN, RICHAUD, NIOU, J.-B. MILHAUD et RUAMPS.

Les troupes ne sont pas mieux habillées qu'elles ne sont nourries. En deux mois, la situation s'est profondément modifiée à cet égard. Il faut remarquer ici combien le système de guerre qu'on suivait était funeste à l'habillement, à l'équipement et à la subsistance comme à la discipline.

Les troupes étaient perpétuellement au bivouac, l'attitude défensive de l'armée obligeait à se tenir sans répit sur le qui-vive. Dans ces conditions, il aurait fallu renouveler l'habillement tous les mois pour que les hommes fussent à peu près couverts. C'est dire que nul gouvernement, même riche et gérant bien les finances publiques, n'aurait pu y suffire.

Le général Dubois avait écrit le 25 septembre à Landremont :

> Tous les bataillons de ma division font une infinité de réclamations et plusieurs sont fondées. Les soldats qui montent la garde et qui bivouaquent n'ont point de capotes ni de couvertes; il serait instant de les sortir des magasins et de leur en procurer; vous éviterez par ce moyen bien des maladies : tous les jours une infinité de soldats entrent à l'hôpital et cela, leur nudité en est la principale cause.

Le matériel et les équipages laissent aussi à désirer,

malgré la situation exceptionnellement satisfaisante où ils s'étaient trouvés à la fin du mois d'août :

ARMÉE DU RHIN.
Artillerie.

A Wissembourg, le 3 octobre 1793, l'an 2e de la République française une et indivisible.

Le général de brigade Ravel, commandant en chef l'artillerie, au citoyen Dupin, adjoint au Ministre de la guerre.

Citoyen,

J'ai l'honneur de vous adresser ci-joint l'état de situation de l'équipage d'artillerie de cette armée au premier de ce mois.

Vous y verrez que nous avons 450 chevaux du pays en réquisition permanente ; 200 des charrois de l'armée et 114 à l'infirmerie, ce qui fait un total de 764 chevaux indépendamment de près de 60 qui seraient à réformer par leur faiblesse et leur peu de service, qui ne font que consommer des subsistances inutilement.

Je pense qu'il serait à propos de les réformer et de les vendre au profit de la République, et le peu de fonds qui en proviendraient seraient remis dans la caisse du Trésorier payeur de l'armée.

Je vous prie, Citoyen, de me donner une solution sur ce sujet.

Je vous ai rendu compte que les représentants du peuple m'ont autorisé à faire une réquisition au citoyen Lanchere, entrepreneur des chevaux de l'artillerie, pour une fourniture de 1500 chevaux nécessaires à notre équipage, vu que nous ne pouvons pas être toujours aux expédients des chevaux du pays et des charrois, qui à la fin pourraient manquer et arrêter le service.

Voici la mauvaise saison et notre équipage se fond tous les jours. L'artillerie volante l'épuise, par l'échange qu'elle exige continuellement, pour peu que les chevaux soient fatigués ou malades.

Toutes leurs bouches à feu et voitures sont attelées de huit chevaux et manœuvrant toujours au grand galop. Au moyen de quoi, il est urgent que le citoyen Lanchere, remplisse la fourniture que je lui ai demandée le plus tôt possible. Je vous prie, en conséquence, de vouloir bien lui donner vos ordres pour que le service de l'artillerie soit assuré.

RAVEL.

Annotation en marge : Répondre à Ravel sur les chevaux qu'on s'est entendu avec le comité et qu'on attend sa décision.

Mais, ce qui était plus grave que tout, la situation

morale de l'armée s'empirait de jour en jour. On ne peut citer ici toutes les dénonciations adressées aux représentants ou à la Convention : il n'y a pas de général, il y a peu d'officiers qui y échappent. Tout se passe, à ce point de vue, dans l'armée du Rhin comme dans l'armée de la Moselle : les autorités de Paris accueillent des dénonciations anonymes, ou émanant de gens obscurs, inconnus ; les suspensions ou arrestations s'ensuivent ; les représentants protestent, mais en vain. Ils sont eux-mêmes excédés de réclamations, et rendent enfin le singulier arrêté que voici :

Wissembourg, le 6 octobre 1793, l'an 2e de la République.

Les représentants du peuple à l'armée du Rhin ont arrêté ce qui suit :

1° Il sera sursis jusqu'à nouvel ordre à tout remplacement dans l'armée qui se feraient d'après l'arrêté du 3 septembre dernier ;

2° Les officiers, sous-officiers et soldats qui obtiendront de l'avancement par nomination dans les bataillons d'agricoles qui se forment en vertu de la loi du 23 août, pourront demander aux chefs de leurs corps d'aller dans les nouveaux, du moment que ces nouveaux corps auront rejoint l'armée ;

3° Pour faciliter aux militaires de tous grades les moyens de faire entendre leurs réclamations aux représentants du peuple, et pour éviter que, sous le prétexte de leur parler ils ne négligent leur devoir, ils pourront s'adresser les lundis et jeudis de chaque semaine jusqu'à 4 heures de l'après-midi dans la maison qu'ils occupent à Wissembourg ;

4° Ces permissions ne pourront être accordées sous aucun prétexte que lorsque les nouveaux corps auront rejoint l'armée ;

5° Les réclamations qui intéresseront des corps entiers, seront portées aux représentants le mardi ;

6° Les représentants recevront d'ailleurs, autant qu'il sera possible, les réclamations des volontaires en passant dans les camps ; mais il est utile pour le bien public qu'ils puissent s'occuper d'objets généraux sans en être distraits par des réclamations continuelles dans les moments qui ne sont pas destinés à les entendre, leur but, au surplus, n'est pas de se ménager des moments de repos, mais le désir de remplir leur tâche les oblige de faire cette invitation à l'armée.

BORIE et NIOU.

Deux lettres de Clarke et de Bourcier font ressortir le désordre qui régnait à Wissembourg.

2 octobre.

Le général Clarke au commandant de la place de Wissembourg.

D'après le vide de l'état que vous m'avez adressé, Citoyen, de la situation des casernes de cette place, il paraît que plusieurs chambres sont mal à propos occupées par des personnes qui doivent être, ou réunies à leurs corps respectifs, ou dans les dépôts desdits corps. Il paraît même que quelques-unes n'ont aucuns droits à être présentes à l'armée. En conséquence, vous voudrez bien prendre auprès des différents corps ci-dessus les informations suivantes :

Pourquoi le 105ᵉ régiment fait-il occuper des femmes qui, si elles étaient utiles au corps, y seraient présentes, et qui vraisemblablement se trouvent excéder le nombre prescrit par la loi ?

Si ce régiment n'a pas un dépôt établi ailleurs, où doivent se trouver le maître tailleur et les équipages ?

Ce que c'est que le sergent et les charretiers de ce régiment qui occupent deux chambres.

Par quelle autorisation les employés aux fourrages et leurs ouvriers, le quartier-maître et le vaguemestre du 1ᵉʳ bataillon de Saône-et-Loire sont logés aux casernes.

Pourquoi le 1ᵉʳ bataillon de la Corrèze y a établi ses ouvriers, ses convalescents et son magasin, et dans quel endroit étaient ces établissements avant que ce bataillon tînt garnison à Wissembourg.

Il faut que vous ayez pour demain tous ces éclaircissements, afin que sans délai il soit donné des ordres d'évacuer les casernes à ceux qui n'ont pas le droit d'y être établis ; par ce moyen, il y aura des chambres disponibles, que l'on pourra employer à détenir les déserteurs et prisonniers qui ne doivent sous aucun prétexte jouir de leur liberté au quartier général. Cet abus, trop longtemps toléré faute de local, doit être réprimé avec soin pour éviter les conséquences fâcheuses qui pourraient en résulter.

CLARKE.

7 octobre.

Au commandant de la place de Wissembourg.

Le général en chef me charge de vous prévenir, Citoyen Commandant, que son intention est que vous fassiez consigner aux postes de n'y laisser entrer aucun officier ou soldat sans qu'il soit muni d'une permission signée par les généraux de division pour les officiers, et par les chefs de corps pour les sous-officiers et soldats.

BOURCIER.

Les soldats se laissent entraîner à la désertion et au pillage comme les agricoles. Après Weiler, c'est Benheim, puis d'autres bourgades encore qui réclament la protection du général. Les paniques deviennent fréquentes. Un jour, c'est un officier de la compagnie franche de la Dordogne qui donne l'alarme près de Lauterbourg ; un autre jour, c'est le 3ᵉ bataillon d'Indre-et-Loire qui se jette dans les bois près de Stürzelbronn en criant que 40,000 ennemis se portent sur Bitche.

Un rapport de Bâle, du 1ᵉʳ octobre, déclare que « la désertion est inconcevable parmi nos volontaires, les troupes de ligne et surtout les jeunes gens de la dernière levée ! »

30 septembre 1793.

L'adjudant général Gouvion-Saint-Cyr au général Clarke.

J'ai appris, en retournant à Lembach, que le bruit courait que les ennemis faisaient filer 40,000 hommes du côté de Bitche. J'ai été moi-même faire une reconnaissance, et j'ai reconnu que cette alerte était occasionnée par un bataillon d'Indre-et-Loire dans lequel il s'était répandu une terreur panique.

GOUVION-SAINT-CYR.

1ᵉʳ octobre.

Le général Clarke aux départements des Haut et Bas-Rhin, de la Moselle et des Vosges.

Je suis forcé, Citoyens Administrateurs, d'appeler votre vigilance et celle des autorités constituées qui vous sont subordonnées sur la désertion de la plus grande partie des volontaires que votre département a fournis à cette armée.

Les représentants du peuple et le général en chef attendent de votre zèle que vous emploierez les moyens les plus prompts pour faire rentrer sous les drapeaux tous ceux qui, appelés par la loi à la défense de la patrie, ont lâchement abandonné leur poste. Souffrir leur retour et leur laisser un asile serait se rendre complice de leur désertion, et tout me fait croire que vous vous sauverez de ce reproche en prenant les mesures les plus sévères contre ces déserteurs, et en enjoignant aux districts et aux municipalités de faire remettre dans les mains de la force publique tous ceux qui, sans exception ou congé en forme, se sont éloignés de leur poste.

CLARKE.

6 octobre.
Au général Offenstein.

Le général en chef me charge de vous envoyer, Citoyen Général, les pièces ci-jointes, d'après lesquelles le bataillon des Vosges qui est à Benheim est inculpé pour brigandage et dévastation. Le général en chef attend de votre zèle pour le maintien de l'ordre et de la discipline, et du respect dû aux propriétés, que vous prendrez les mesures les plus promptes pour arrêter le cours de ces désordres.

CLARKE.

6 octobre.
Au général Colle.

Le général en chef me charge de vous mander, Citoyen Général, de prendre les mesures les plus promptes et les plus convenables pour faire mettre en état d'arrestation l'officier du bataillon de la Dordogne, qui est accusé d'avoir pris la fuite à Ingwiller et avoir causé et mis l'alarme dans le pays. Le général désire connaître les mesures que vous aurez prises à ce sujet.

BOURCIER.

Les dénonciations atteignent les représentants eux-mêmes et les chargent des accusations les plus invraisemblables. Ils n'en sont que plus disposés à voir la trahison partout, et lui imputent les fautes que Landremont a commises par incapacité. Ce général est donc, non seulement suspendu, mais mis en arrestation. Férino, Bizy et Beaurevoir, pour les paroles incorrectes et imprudentes que nous avons signalées, sont frappés en même temps, et l'armée reste sans chefs dans un moment où l'on attend l'attaque de l'ennemi. Le vieux général Colle, commandant à Haguenau, sera suspendu à la veille même du jour où cette attaque se produira réellement. Conscients de leur incapacité, les généraux auxquels on offre la succession de Landremont refusent ce périlleux honneur. Dans le nombre se trouve Pichegru, qui ne se rendra à l'armée du Bas-Rhin qu'à la fin du mois, sur un dernier ordre impératif du Ministre.

Wissembourg, le 1er octobre 1793, l'an 2e de la République française.

Ruamps et Borie, représentants du peuple près l'armée du Rhin, aux membres du Comité de Salut public de la Convention.

Nous nous occupions en même temps que vous, Citoyens nos collègues, des mesures de Salut public pour cette armée, et notre position nous a paru d'autant plus critique dans une conférence tenue à la Petite-Pierre, que nous avons pensé devoir vous envoyer deux de nos collègues. Ils sont partis et cela nous dispense d'entrer dans d'autres détails à cet égard.

La lettre de Landremont que vous nous avez fait passer renferme des vérités quant au peu d'approvisionnements de bouche et de munitions ; mais nos lettres et nos réquisitions vous instruiront que nous avons fait tout ce qui était en nous ; nos collègues vous feront encore un tableau exact à cet égard, mais cette lettre, séduisante au premier aspect, est remplie de perfidie, et vous l'avez bien jugée. Landremont a eu des forces considérables dont il n'a fait, selon nous, presque aucun usage. Il a dégoûté les agricoles en ne les employant pas à propos, et il semble qu'il a eu à cœur de réduire son armée au point où il vous l'a dépeinte, pour se ménager un prétexte dans le cas où les lignes seraient coupées. Le général Landremont est destitué, et c'est un grand bien ; il est parti, et nous donnons ordre pour le mettre en arrestation ; mais Delmas est cerné à Landau, et comment le remplacer ? Nous sommes bien embarrassés.

Ferino, commandant l'avant-garde, vient de partir pour Strasbourg avec un certificat de maladie. N'est-ce pas la même maladie de Beauharnais, lorsqu'il voulut quitter les lignes ? Nous n'avons que trop de raisons pour le croire et nous le ferons mettre en arrestation.

Nous ne doutons pas qu'une trame infernale ne soit depuis longtemps ourdie et suivie sourdement, et nous pensons que vous avez bien jugé le silence de Landremont à notre égard ; comparez maintenant ce qui vient de se passer : on a fait dénoncer à Strasbourg, depuis quelques jours, tous les députés près cette armée par des hommes qui jusqu'ici avaient de l'influence à la Société par leur patriotisme simulé. On nous a accusés de n'avoir jamais été à l'armée, et cette absurdité a été écoutée ! de n'avoir jamais fait droit aux réclamations des soldats, et nous nous flattons qu'il n'en est pas un seul dans l'armée qui ne démente cette allégation, qui a cependant été accréditée dans la ville ; de n'avoir jamais été à l'avant-garde, et chaque jour nous avons été aux postes les plus avancés, où nous avons reçu les témoignages de la plus grande affection de nos braves défenseurs, et l'accusation n'en a pas moins été accréditée. On nous a accusés de n'avoir rien fait pour l'approvisionnement des grains, de n'avoir pas donné les fonds; nos arrêtés et nos réquisitions avec force armée pour la rentrée des grains sont imprimés et publiés dans les départements et à Strasbourg; nous avons accordé tous les fonds demandés, d'un seul coup 11 millions.

Ces arrêtés sont publiés, et cependant la dénonciation a été applaudie.

On nous a accusés de n'avoir rien fait pour arrêter la cherté des vivres, et il est public que nous avons pris des mesures sévères contre le discrédit des assignats et requis le département de faire la taxe des denrées, et cependant il ne s'est pas trouvé à Strasbourg un homme pour contredire la dénonciation. Il est enfin une infinité d'autres dénonciations, toutes démenties par des faits publics, et lorsque nous avons voulu faire revenir l'opinion, on a fait tout pour nous empêcher de parler. Quel est le but qu'on s'est proposé ? Vous le pressentez, Citoyens collègues : c'est d'égarer l'opinion publique et de livrer les lignes; aussi apprenons-nous à l'instant que Bitche est cerné et qu'on va nous couper par les gorges de Lembach et Lauterbourg ; et c'est à ce moment que la plupart des hommes de la première réquisition du Bas-Rhin viennent d'abandonner leur poste; c'est en ce moment qu'on nous dit qu'un rassemblement se fait dans la forêt, près Haguenau; mais notre courage ne s'affaiblira pas.

Notre constance, notre amour pour la liberté n'en sera pas moins grande, et nous périrons avec l'armée, si elle périt. Que notre situation est pénible ! qu'elle est dangereuse ! Mais comptez sur nous.

Niou et Milhaud arriveront ici ce soir, et nous prendrons les mesures que nous croirons les plus utiles.

Salut et fraternité. BORIE, RUAMPS.

P.-S. — Le général que la hiérarchie militaire appelle au commandement en l'absence du général en chef ne veut pas commander et ne paraît pas pouvoir commander. Il faut pourtant bien qu'il le fasse momentanément, mais il faut que nous en désignions un, et nous ne savons où le prendre. Ceux déjà offerts ou nommés par le Ministre, ou ne sont pas rendus, ou peut-être en est-il qui n'accepteraient pas le commandement en chef. Jugez de notre embarras. L'avant-garde est commandée par un chef qui, quoique vieux, ne paraît pas décidé.

Du 1er octobre 1793, vieux style, à Wissembourg.

Les représentants du peuple près l'armée du Rhin,
Vu la destitution du général Landremont,
Considérant que la situation critique où se trouve l'armée du Rhin ne peut être que l'effet de combinaisons perfides avec nos ennemis, et

qu'il est utile au bien public de s'assurer de ceux qui peuvent être suspectés d'y avoir concouru ou favorisé des projets nuisibles à la République,

Arrêtent que le ci-devant général Landremont sera mis en arrestation et les scellés apposés sur les papiers et qu'il sera fait inventaire de ceux qui pourraient être suspects.

Le présent arrêté sera adressé à nos collègues à Strasbourg pour prendre toutes les mesures qu'ils jugeront nécessaires pour son exécution.

BORIE et RUAMPS.

De Strasbourg, le 2 octobre.

Le général Dièche, commandant provisoirement à Strasbourg et dans la division du moyen Rhin, est requis par les représentants du peuple près l'armée du Rhin de mettre à exécution l'arrêté ci-dessus à l'instant où le citoyen Landremont mettra le pied à Strasbourg ou dans la division.

GUYARDIN et MILHAUD.

Du 1er octobre 1793, style esclave, à Wissembourg.

Les représentants du peuple près l'armée du Rhin, qui ont vu le général Férino partant pour Strasbourg avec ses équipages et un certificat de maladie, vrai ou supposé, au moment où les lignes sont menacées de tous côtés, et dans une occasion parfaitement semblable au temps où le ci-devant général Beauharnais fut aussi se reposer à Strasbourg sous prétexte de maladie lorsque, vers la fin d'août, les lignes furent sur le point d'être perdues pour la République,

Considérant qu'autant il est juste que le général Férino soit soigné s'il est malade, autant il est important qu'il réponde sur sa tête, dans le cas où il aurait compromis les intérêts de la République,

Arrêtent qu'il sera mis en arrestation et conduit à Nancy, où il demeurera jusqu'à nouvel ordre; les scellés seront mis sur ses effets et il sera fait inventaire de ce qui pourrait être suspect.

Le présent sera adressé à ceux de nos collègues qui sont à Strasbourg, pour prendre les dispositions nécessaires pour son exécution.

BORIE et RUAMPS.

Ainsi, l'armée du Rhin se trouve sans chefs, au moment même où l'ennemi prélude à son attaque générale sur les lignes. Le général Munnier se trouve investi du commandement provisoire comme le plus ancien, mais son refus d'accepter le commandement effectif, et son incapacité, obligent à chercher un successeur à Landremont.

Le chef d'état-major Clarke, inquiet de la responsabilité qui pèse sur lui, ne cesse de harceler les représentants :

Wissembourg, 30 septembre 1793, l'an 2ᵉ de la République française.

Le général Clarke, chef provisoire de l'état-major de l'armée du Rhin, aux citoyens Représentants du peuple près l'armée du Rhin.

C'est seulement à 2 heures passées, cet après-midi, que votre lettre du 29, qui me prescrit de vous envoyer le courrier qui attendait après vous, m'est parvenue.

J'avais encore vu cet homme un quart d'heure auparavant, et je lui avais prescrit de rester ici jusqu'au moment de votre arrivée. Depuis votre lettre, je l'ai fait chercher, non seulement chez lui, mais encore dans les auberges, cafés et autres lieux publics ; on ne peut parvenir à le trouver.

Il est urgent que vous arriviez, citoyens Représentants, l'armée ne se peut passer un seul instant de votre présence ; les circonstances deviennent de plus en plus délicates. Le général Moreaux mande, par une lettre datée d'aujourd'hui, que le corps des Vosges de l'armée de la Moselle est parti ce matin pour se réunir à l'armée de la Moselle, auprès de Sarreguemines ; il reste seulement trois bataillons appartenant à notre armée et qu'on a laissés sur la gauche des troupes qui sont à Lembach, depuis ce poste jusqu'à Bitche. Le général Munnier me charge de vous prier instamment de vous rendre à l'armée et attend votre arrivée, ainsi que moi, avec la dernière impatience.

H. CLARKE.

P.-S. — A l'instant, le général Ferey mande qu'on lui fait passer une ordonnance de Ziegelscheuer qui lui mande que les postes de cette partie et de Stürzelbronn se retirent sur Lembach ; le général ne mande pas s'ils sont poussés par l'ennemi ou non.

Au quartier général à Wissembourg, le 30 septembre 1793, l'an 2ᵉ de la République, à 10 heures du soir.

Le général de brigade Henri Clarke, chef provisoire de l'état-major de l'armée du Rhin, aux citoyens Représentants du peuple près la dite armée.

Il est 10 heures du soir et aucun de vous, citoyens Représentants, n'est encore arrivé ; cependant, depuis la retraite de Mayence par

Custine, jamais les circonstances ne furent plus pressantes, jamais l'armée du Rhin n'a été plus exposée qu'elle l'est présentement. Cette armée est sans chefs; il n'existe, pour ainsi dire, aucun plan; l'emplacement des bataillons est peut-être vicieux : si un point est forcé, il n'y a pas de réserve pour porter du secours et arrêter les progrès de l'ennemi. Toutes les troupes sont, comme vous le savez, à l'avant-garde, et, pendant que l'armée est dans une situation aussi inquiétante, vous en êtes éloignés; vous m'avez mandé que vous arriveriez aujourd'hui, il est 10 heures du soir et vous n'êtes point à Wissembourg.

Si vous connaissez un général vraiment patriote, qui ait de grandes vues militaires (car, ne vous le dissimulez pas, il faut un homme du plus grand génie pour sauver présentement le département du Bas-Rhin), envoyez-le : qu'il vole vers l'armée, qu'il ne perde pas un instant. Un plan de défense, de grandes mesures à prendre contre l'ennemi que plusieurs rapports continuent à annoncer comme devoir être près de Bitche, ne peuvent, quelque talent qu'on ait, être calculés dans un instant. Le général Munnier ne veut point se charger de la responsabilité qu'entraîne la conduite d'une armée, surtout dans le moment de la plus violente crise qu'elle ait éprouvée. Il me charge de vous déclarer qu'il ne se sent pas les talents nécessaires pour cela. Il vous prie de nouveau instamment de venir vous-mêmes le plus tôt possible, ou au moins de désigner, pour commander l'armée, l'officier qui vous paraîtra réunir, pour remplir un poste aussi éminent, dans une conjoncture si pressante, toutes les qualités qu'une pareille place demande.

Je me joins au général Munnier et vous conjure, au nom de la patrie, de ne pas différer un seul instant d'adopter les mesures que vous dictera votre sagesse pour remonter l'esprit de l'armée, lui inspirer de la confiance et la mettre à même de sauver, s'il est possible, un des départements de la France, celui du Bas-Rhin, qu'un ennemi audacieux et fier des échecs qu'a éprouvés l'armée de la Moselle paraît menacer de toutes parts. Chaque heure, chaque moment qui s'écoule peut entraîner un danger que l'on ne peut prévoir.

Arrivez, citoyens Représentants, votre présence redonnera la confiance, et la nomination que vous ferez d'un général capable mettra l'armée à même de signaler encore son courage contre les ennemis de la France.

S.-H. CLARKE.

Wissembourg, le 1er octobre 1793, l'an 2e de la République française.

Le général Clarke aux citoyens Représentants du peuple près l'armée du Rhin.

Il est 11 heures du matin et vous n'êtes point encore à Wissembourg.

Le général Munnier est, comme moi, dans une inquiétude extrême à cet égard. Il est urgent que vous arriviez, citoyens Représentants, le salut de l'armée sera compromis si vous différez un instant. Les rapports que le général Ferey envoie de Lembach annoncent que l'ennemi est déjà sur Bouquenom, les postes du côté de Stürzelbronn n'ont pas été inquiétés cependant, et les craintes qu'avait le général Ferey hier, relativement à cela, se sont réduites à la découverte qu'il a faite qu'un bataillon d'Indre-et-Loire qu'il avait envoyé de ces côtés, a pris une terreur panique sans aucune raison quelconque et s'est replié sans avoir vu personne. Le général Ferey l'a fait remplacer par un autre corps.

Henry CLARKE.

N. B. — Les représentants du peuple Ruamps et Borie sont arrivés deux heures après l'envoi de cette lettre, le général Carlenc a ét nommé général en chef provisoire de l'armée le 8 octobre vers les 8 heures du matin.

Carlenc avait servi comme dragon avant la Révolution. Officier depuis 1792, il avait commandé un dépôt, avait été promu général de brigade le 20 septembre. Il avait l'étoffe d'un sous-officier.

Après le départ de Landremont et Férino, d'autres destitutions ont été prononcées. Le général Colle, qui commandait à Haguenau et grâce auquel un ordre rigoureux avait pu s'établir dans la foule des détachements envoyés à l'armée, se trouva révoqué, nous l'avons dit, à la veille de l'affaire décisive.

Desaix fut appelé à le remplacer pendant que le général Meynier prenait le commandement de l'avant-garde.

Wissembourg, le 12 octobre 1793, l'an 2e de la République.

Les Représentants du peuple près l'armée du Rhin à leurs collègues composant le Comité de Salut.

Nous vous adressons, Citoyens nos collègues, divers arrêtés que nous avons pris relativement à la destitution du général Colle et à la nomination de deux généraux de brigade dont les talents distingués et la valeur reconnue nous font désirer la confirmation pour le bien de la chose publique.

Nous avons fait arrêter et conduire au tribunal militaire à l'armée du Rhin le citoyen Laville, commandant de postes importants sur le bord de ce fleuve. On a surpris à ce particulier la lettre dont copie est ci-jointe, et qu'il écrivait à un de ses amis, émigré depuis peu.

Toutes les parties de nos lignes et des gorges qui couvrent les départements du Haut et du Bas-Rhin sont maintenant occupées par nos troupes et dans un parfait état de défense; mais manquant de forces pour aller en avant, on se tient sur la défensive jusqu'à ce que quelques renforts permettent d'attaquer l'ennemi dans ses nombreux retranchements.

Salut et fraternité.

BORIE, NIOU, RUAMPS.

Il est assez difficile de connaître avec précision la position de l'armée et surtout de l'avant-garde le 13 octobre. La répartition des bataillons a beaucoup changé pendant la période du 1er au 13 octobre. Numériquement, elle est donnée par une situation du 9 octobre que les Autrichiens ont prise au quartier général de Wissembourg, et qui a été publiée, mais en omettant les noms des divers corps de troupe.

Un tableau de la composition de l'armée (réserves non comprises) à la date du 12, qui existe aux archives de la guerre, donne les emplacements exacts de la plupart des corps, mais non leur force. Nous croyons donc devoir donner ces deux documents, qui se complètent l'un l'autre. La situation publiée et sans doute remaniée par les Autrichiens, donne la répartition *réelle*, résultant des emplacements. Au contraire, le tableau du 12 octobre donne la répartition *organique* en divisions. De là les différences très sensibles, mais seulement apparentes, qu'on trouvera entre les deux documents (1).

---

(1) Nous avons laissé au nom du général de division Munnier l'orthographe employée communément par lui et par les contemporains depuis son passage dans un régiment allemand; mais son véritable nom est Meunier.

ARMÉE DU RHIN.

Situation du 9 octobre 1793.

CORPS.	HOMMES.	CHEVAUX.	EMPLACEMENTS.
Avant-garde, sous le commandement du général de division MEYNIER.			
Chasseurs du Rhin et 1 bataillon.	853	»	Dans le Bienwald, à droite de Gross-Steinfeld.
2 bataillons de grenadiers et 3 bataillons d'infanterie.	2,205	»	Entre le Bienwald et Klein-Steinfeld.
3 bataillons d'infanterie.	1,820	»	Sous Nieder-Otterbach.
2 bataillons d'infanterie.	1,369	»	Derrière Kapellen et Teutschhof.
1 bataillon d'infanterie légère et 1 régiment de hussards.	668	284	Sous Ober-Otterbach.
1 bataillon.	814	»	Dans la forêt à gauche, entre Durrenbach et Ober-Otterbach.
1 régiment de hussards, 3 régiments de chasseurs, 3 régiments de dragons, artillerie à cheval.	2,653	2,653	Sur les hauteurs de Ober-Otterbach et de Nieder-Otterbach.
TOTAL.	10,382	2,937	
Aile droite. — Général DUNOIS.			
4 bataillons.	2,280	»	Dans et sous Selz.
4 bataillons.	2,471	»	Dans le camp retranché de Lauterbourg.
2 bataillons et artillerie.	1,259	»	A Lauterbourg.
1 régiment de chasseurs et artillerie à cheval.	464	464	A Nieder-Lauterbach.
Gendarmerie.	97	97	A Neeweiler.
1 bataillon d'infanterie légère et 7 bataillons de ligne, 1 régiment de dragons.	4,341	323	Sous Scheibenhart.
TOTAL.	10,912	884	
Centre. — Général de division MEUNIER.			
5 bataillons.	3,137	»	Moulin de Bienwald.
2 bataillons.	1,304	»	Derrière la ligne, répartis dans les postes entre le moulin et Saint-Rémy.
1 bataillon.	628	»	Saint-Rémy.
1 bataillon.	612	»	Redoute de Steinfeld.
2 bataillons.	1,246	»	Prairie derrière Scheid.
5 bataillons.	3,203	»	Camp retranché d'Haftel-Hof et redoute de Schweigen.
3 bataillons.	1,752	»	Derrière Ober-Otterbach.
1 bataillon.	471	»	En arrière de Bergzabern.
TOTAL.	12,353	»	

CORPS.	HOMMES.	CHEVAUX.	EMPLACEMENTS.
Aile gauche. — Général de brigade FEREY.			
1 bataillon d'infanterie légère, 18 bataillons de ligne, 1 régiment de chasseurs et quelques détachements.	13,092	263	Dans les montagnes.
Réserve. — Général DIETTMANN.			
1 bataillon d'infanterie, 1 division de guides, etc.	824	319	Wissembourg.
1 régiment de cavalerie	374	374	Steinfeld.
1 division de gendarmes	369	369	Roth.
1 régiment de cavalerie	318	318	Riedselz.
1 bataillon d'infanterie, pionniers, artillerie	2,153	»	Geisberg.
3 régiments de cavalerie, artillerie à cheval, 1 division de gendarmerie	813	813	Langenschleithal.
Total	4,851	2,193	
Totaux généraux	51,590	6,277	

Situation du 12 octobre 1793.

	CORPS.	HOMMES.	EMPLACEMENTS.
	Avant-garde. — MEYNIER, général de division.		
Gauche	7ᵉ bataillon d'infanterie légère	513	Bobenthal.
	1ᵉʳ — de la Haute-Saône	746	Id.
	7ᵉ régiment de chasseurs à cheval	84	
	ISAMBERT, général de brigade; BAILLY, adjudant général.		
	Chasseurs du Rhin	276	
	6ᵉ bataillon d'infanterie légère	528	
	12ᵉ — —	484	Dans la forêt de Bienwald.
Centre	1ᵉʳ — de la Corrèze	530	
	1ᵉʳ — du Jura (Schweighofen)	535	
	1ᵉʳ et 2ᵉ bataillons de grenadiers	749	
	2ᵉ bataillon de Lot-et-Garonne	692	Derrière la redoute de Steinfeld.

CAMPAGNE DE 1793 EN ALSACE.

CORPS.			HOMMES.	EMPLACEMENTS.

COMBEZ et RIVAUX, généraux de brigade; PEYREDIEU, adjudant général.

	CORPS.		HOMMES.	EMPLACEMENTS.
Cavalerie.........	7e régiment de hussards..........		289	
	4e, 8e et 10e regiments de chasseurs.		756	
	8e, 11e et 17e régiments de dragons.		1,006	
	11e bataillon d'infanterie légère....		424	Ober-Lauterbach.
	1er — des Pyrénées-Orientales.		590	Selz.
Droite...........	1er — de la Dordogne.......		160	
	4e régiment de dragons..........		338	
	2e — de chasseurs...........		441	

Corps d'armée.

1re division ou division de droite. — N..., général de division ; GAROBUAU, adjudant général.

			HOMMES.	EMPLACEMENTS.
1re brigade, DUBOIS.	80e demi-brigade.	2e du 40e..........	389	Lauterbourg.
		3e de la Hte-Saône..	754	Selz.
		7e de la Hte-Saône..	431	Scheibenhart.
	74e demi-brigade.	2e du 37e........	434	Lauterbourg.
		5e de l'Ain........	600	Scheibenhart.
		3e de Rhône-et-Loire	522	Id.
2e brigade ou brigade du 75e, VARNESSON, général de brigade.	139e demi-brigade.	1er bat. du 75e.....	502	Id.
		8e du Jura........	708	Id.
		12e du Jura........	637	Au Bienwald.
	140e demi-brigade.	2e du 75e.........	778	Id.
		2e de la Charente-Inférieure.	441	Lauterbourg.
		4e de l'Eure......	543	Id.

2e division. — MUNNIER, général de division ; HATRY, adjudant général.

			HOMMES.	EMPLACEMENTS.
1re brigade (brigade du 3e), LEBLANC, général de brigade.	5e demi-brigade.	1er du 3e..........	620	Moulin de Bienwald.
		1er du Doubs......	520	Id.
		3e du Doubs......	671	Id.
	6e demi-brigade.	2e du 3e..........	617	Id.
		1er de l'Ain.......	676	Id.
		3e de l'Ain.......	618	Id.
2e brigade, VACHOT, général de brigade.	53e demi-brigade.	1er du 27e........	339	Nothweiler.
		9e des Vosges.....	726	Lauterbourg.
		10e des Vosges.....	662	Rombach.
	60e demi-brigade.	2e du 30e.........	583	Saint-Rémy.
		4e de Saône-et-Loire	604	Schœnau.
		4e de la Côte-d'Or	»	Nieder-Otterbach.

3e division. — MÉQUILLET, général de division.

			HOMMES.	EMPLACEMENTS.
1re brigade (brigade du 46e).	91e demi-brigade.	1er du 46e.........	517	Kapsweyer.
		3e du Bas-Rhin....	484	Ober-Otterbach.
		4e du Bas-Rhin....	523	Scheibenhart.
	92e demi-brigade.	2e du 46e.........	593	Ober-Otterbach.
		2e du Puy-de-Dôme.	589	Id.
		2e d'Eure-et-Loir...	610	Redoute de Steinfeld.

CORPS.			HOMMES.	EMPLACEMENTS.

3ᵉ *division* (suite). — Méquillet, général de division.

CORPS.			HOMMES.	EMPLACEMENTS.
2ᵉ *brigade* (brigade du 93ᵉ) D'Auriolle, général de brigade.	169ᵉ demi-brigade.	1ᵉʳ du 93ᵉ	664	Forêt de Scheid.
		2ᵉ bat. de grenadiers de Rhône-et-Loire.	600	Id.
		2ᵉ de Rhône-et-Loire.	683	Camp de Lajollais.
	170ᵉ demi-brigade.	2ᵉ du 93ᵉ	637	Id.
		1ᵉʳ de Lot-et-Garonne	603	Id.
		5ᵉ de Seine-et-Oise	722	Id.

4ᵉ *division*. — Michaud, général de division.

1ʳᵉ *brigade* (brigade du 105ᵉ), Sautter, général de brigade.	185ᵉ demi-brigade.	1ᵉʳ du 105ᵉ	778	A l'avant-garde.
		6ᵉ du Doubs	»	Hauteur de Steinfeld.
		11ᵉ du Doubs	584	Ober-Otterbach.
	186ᵉ demi-brigade.	2ᵉ du 105ᵉ	»	Lauterbourg.
		8ᵉ de l'Ain	»	Gorges de Niederbronn (Petite-Pierre)
		2ᵉ du Doubs	»	Gorges de Niederbronn (Dambach).
2ᵉ *brigade*	95ᵉ demi-brigade.	1ᵉʳ du 48ᵉ	517	Wissembourg.
		10ᵉ du Jura	»	Steinfeld.
		11ᵉ du Jura	»	Geisberg.
	180ᵉ demi-brigade.	2ᵉ du 102ᵉ	»	Ziegelscheuer.
		5ᵉ de la Drôme	»	Lauterbourg.
		6ᵉ de la Drôme	»	Nieder-Otterbach.

5ᵉ *division* ou division de gauche. — Gouvion-Saint-Cyr, adjudant général.

1ʳᵉ *brigade* (brigade du 13ᵉ), Ferey, général de brigade.	25ᵉ demi-brigade.	1ᵉʳ du 13ᵉ	523	Nothweiler.
		1ᵉʳ des Vosges	794	Stürzelbronn.
		2ᵉ de la Moselle	»	Ziegelscheuer.
	26ᵉ demi-brigade.	2ᵉ du 13ᵉ	616	Lembach.
		1ᵉʳ de l'Indre	804	Ober-Steinbach.
		3ᵉ d'Indre-et-Loire	675	Stürzelbronn.
2ᵉ *brigade* (brigade du 33ᵉ), Desaix, général de brigade.	65ᵉ demi-brigade.	1ᵉʳ du 33ᵉ	»	Lichthof.
		1ᵉʳ du Haut-Rhin	373	Nothweiler.
		3ᵉ du Haut-Rhin	673	Id.
	66ᵉ demi-brigade.	2ᵉ du 33ᵉ	»	Niederbronn.
		4ᵉ du Jura	650	Nothweiler.
		1ᵉʳ de la Meuse	»	Ziegelscheuer.

Au moment même où Wurmser attaquait les lignes de Wissembourg, les représentants en mission près des deux armées françaises, espérant que les successeurs de Schauenbourg et de Landremont auraient plus de talents et d'esprit offensif que ces derniers, se réunirent pour prendre la résolution d'attaquer de nouveau.

Séance du 23e jour du 1er mois de la 2e année de la République une et indivisible.

Présents, les citoyens Richaud, Ehrmann, Lacoste et Mallarmé, représentants du peuple près les armées du Rhin et de la Moselle, qui ont appelé à ladite séance : le citoyen Launay, général en chef provisoire de l'armée de la Moselle, les citoyens Vincent, Huet, généraux de division; les citoyens Olivier, Guénand, généraux de brigade; le citoyen Verrières, commandant de l'artillerie.

La séance a été ouverte par l'un des représentants, qui a retracé succinctement les faits et les différentes actions qui ont eu lieu entre nos armées du Rhin, de la Moselle, et les ennemis, notamment depuis que Beauharnais a été suspendu, que les généraux Landremont et Schauenbourg ont eu le commandement en chef desdites armées, et qu'à leur réquisition le peuple des départements circonvoisins a été levé en masse d'après les arrêtés des représentants du peuple; mesure énergique qui aurait dû avoir les résultats les plus efficaces si les généraux avaient agi de bonne foi, et surtout en conformité d'un conseil de guerre tenu à Wissembourg en présence des représentants du peuple le 8 du mois dernier.

Le contraire s'étant opéré par l'inactivité de Landremont, ses attaques partielles, et principalement dans une forêt immense où l'ennemi était retranché par des abatis et des redoutes considérables; des revers ayant aussi été éprouvés par l'armée de la Moselle, qui lui ont fait perdre la position avantageuse d'Hornbach et de Bliescastel, Landau d'un autre côté étant considérablement cerné, tous ces faits avaient nécessité la réunion des représentants du peuple desdites armées au château de la Petite-Pierre pour conférer sur le parti le plus convenable à prendre dans les circonstances difficiles où l'on se trouvait; différents résultats ayant été pris pour être soumis au Comité de Salut public et à la Convention nationale, les citoyens Lacoste et Mallarmé ont été chargés de se rendre à Paris et de rendre un compte le plus précis à la Convention et au Comité de Salut public sur les généraux en chef, les états-majors, les armées de la Moselle et du Rhin, leurs subsistances, et généralement tout ce qui a rapport à la situation des frontières des départements des Haut et Bas-Rhin, de la Moselle, des Vosges, de la Meurthe, et départements circonvoisins.

Cette mission remplie de la part des citoyens Lacoste et Mallarmé, et déjà plusieurs dispositions requises par leurs collègues, comme la suspension des généraux en chef, leur arrestation ayant été exécutée d'après les ordres du Comité de Salut public et du Conseil exécutif, lesdits citoyens ont donné lecture de leurs pouvoirs et de leur mission, donnés par le Comité de Salut public, dont les objets principaux sont la conservation des lignes de Wissembourg et la délivrance de Landau.

On a traité la question suivante :

Faut-il délivrer incessamment la ville de Landau ?

Il a été observé qu'il est très vraisemblable que cette place est sur le point de manquer de vivres, et que si bientôt on ne se met pas en mesure d'expulser l'ennemi des environs de Landau, cette ville sera forcée à se rendre.

Il a donc été arrêté qu'il fallait sans délai s'occuper de la délivrance de Landau.

Deuxième question. — Quels sont les moyens les plus prompts, les plus efficaces pour délivrer Landau ?

L'armée du Rhin doit être chargée de délivrer Landau, de donner un combat. A cet effet, il faut qu'elle soit renforcée le plus tôt qu'il sera possible par six bataillons pris dans l'armée de la Moselle, et partout où il écherra. Ces premiers seront au même instant remplacés par une force égale prise dans les places de Thionville, Sarrelibre et Longwy.

L'armée de la Moselle conservera sa position actuelle en se retranchant vivement sur tous les points où la Sarre offre des passages.

Lorsque l'armée du Rhin attaquera, celle de la Moselle longera sur la droite, occupera vigoureusement l'ennemi, et l'attaquera, même si on s'aperçoit que ses forces sont réduites à un état qui assure des succès (sic).

Il a été observé que les forces ennemies depuis Bitche jusqu'à..... (1) étaient composées de 35,000 hommes ; il y a environ pareille force dans l'armée de la Moselle.

La séance a été levée et on s'est ajourné à 6 heures de relevée pour conférer sur les subsistances.

Fait à Sarrebrück, les an et jour avant dits.

EHRMANN, J.-B. LACOSTE, MALLARMÉ, H. RICHAUD.

CAMUS,
Secrétaire de la Commission.

---

(1) En blanc dans l'original.

XXXIII. — Attaque des lignes de Wissembourg.

1° *Dans la montagne.*

Facilement vainqueur en Lorraine, et poussant son aile gauche jusque sous les murs de Bitche, il semblait que Brunswick n'eût plus qu'à descendre en Alsace pour écraser l'armée du Rhin de concert avec Wurmser. Mais le général prussien est plein d'appréhension. Il expose ainsi au Roi (1) les motifs qui l'empêchent d'agir :

> Le comte de Wartensleben a reconnu lui-même que l'attaque des postes de Bobenthal et Rombach, sans comporter en elle-même des difficultés excessives, ne promet pas d'avantages décisifs pour l'objet principal, si elle réussit; ainsi que Votre Majesté l'a constaté, il s'agirait ensuite non seulement de la forte position de Bobenthal dans les gorges qui mènent à Wissembourg, mais aussi du poste principal appelé Pigeonnier, qu'il faudrait attaquer et emporter. Dans ces conditions, le comte de Wartensleben est tombé d'accord avec moi pour reconnaître que, si la cour impériale se décide à quelque nouvelle entreprise sérieuse cet automne, on ne peut compter sur le succès que si le comte de Wurmser passe le Rhin et entre dans la haute Alsace, laissant 4,000 à 5,000 hommes près de Germersheim; le corps d'armée de Votre Majesté qui se trouve à Pirmasens irait rejoindre, avec un renfort de quelques bataillons, celui que commande S. A. R. le prince royal; les trois corps, commandés par le prince de Hohenlohe, le lieutenant-général Kalckreuth et le lieutenant-général Knobelsdorff, prendraient les positions les plus convenables sur le versant occidental des Vosges.
>
> Je ne puis assurer que le feldzeugmeister Ferraris acceptera ce plan; cependant on peut espérer que les raisons qui ont convaincu le comte Wartensleben auront la même valeur auprès de lui (30 septembre).

D'après une lettre écrite huit jours après :

> Le comte Ferraris est venu le 2 octobre. Il a trouvé des impossibilités dans l'exécution du projet admis par Wartensleben; on ne pou-

---

(1) Le roi de Prusse avait quitté l'armée le 29 pour se rendre en Pologne.

vait, suivant lui, entreprendre une expédition dans la haute Alsace à l'arrière-saison ; la retraite sur la rive droite du Rhin et le passage du fleuve dans la haute Alsace demanderaient plusieurs semaines ; en même temps, il serait impossible d'entrer en Alsace et de s'y maintenir sans s'être assuré des forteresses d'Huningue et de Brisach, ce qui ne pourrait guère se réaliser dans une saison aussi tardive. Le comte Ferraris insista sur ce que le désir de l'Empereur était que l'on chassât les Français des lignes de Wissembourg, et l'on pouvait y réussir, pensait-il, en faisant passer le Rhin, près de Selz, à huit bataillons autrichiens. Il serait fait une fausse attaque sur Steinfeld, pendant que l'attaque principale se ferait sur Lauterbourg et qu'un corps de troupes prussiennes serait dirigé sur Wœrth pour couper la communication entre Bitche et Wissembourg. D'après l'esprit des ordres que Votre Majesté m'a laissés le 29 septembre, je n'ai pas cru pouvoir refuser de me prêter à ce projet, d'après lequel 6,000 à 7,000 hommes seulement de mon corps d'armée seront détachés et employés de manière à ne les compromettre en aucune façon, et qui me laisse la faculté, quoi qu'il advienne de cette entreprise, de ramener les troupes de Votre Majesté dans leur position actuelle d'ici huit à neuf jours, tout en remplissant les intentions de la cour impériale..... Pour remplacer ce détachement, j'ai décidé avec le prince de Hohenlohe que, pendant le temps que durerait l'expédition, il enverrait deux bataillons à mon corps d'armée et tenterait de prendre à revers le poste ennemi de la Main-du-Prince pendant que le détachement l'attaquera de front. L'ennemi doit avoir là environ 3,000 hommes avec six canons dans une redoute.....

L'ennemi est resté très tranquille de notre côté depuis mes rapports des 29 et 30 septembre et, comme il lui reste peu de monde sur cette rive de la Sarre, il n'est pas à craindre qu'il entreprenne quelque chose d'important contre nos positions, qui sont reliées d'ailleurs partout par des postes intermédiaires. Si cependant les corps des généraux Kalckreuth et Knobelsdorff se trouvaient attaqués et obligés d'évacuer leurs positions actuelles, ils se replieraient, le premier sur Saint-Ingbert et le second sur Biesingen.

L'attaque ainsi projetée fut fixée au 13 octobre.

Depuis la retraite précipitée de Moreaux sur Bitche, l'armée du Rhin avait détaché dans la montagne, en arrière de son front, une grande partie des renforts appelés de la haute Alsace.

A partir du 1er octobre, on dirige sur Götzenbrück,

près de Bitche, le 2ᵉ bataillon de la Dordogne avec 64 chasseurs du Rhin venus du dépôt ; un bataillon du 33ᵉ est envoyé à Lichtemberg, d'où il surveillera les gorges de Wimmersau et de Ripperswciler ; le 2ᵉ bataillon du Doubs est porté sur Niederbronn, et de là jusqu'à Dambach. Un bataillon vient à la Petite-Pierre (8ᵉ de l'Ain).

Le 1ᵉʳ bataillon du 33ᵉ relève, à Nothweiler, le 2ᵉ de Rhône-et-Loire, qui rejoint sa brigade à l'avant-garde.

Il y a 400 agricoles, débris de 4 bataillons, à Reichshofen.

En résumé, la gauche de l'armée du Rhin est disposée, le 13 octobre, de la manière suivante :

8ᵉ de l'Ain, à la Petite-Pierre ;

2ᵉ bataillon de la Dordogne et 61 chasseurs du Rhin, à Götzenbrück ;

2ᵉ du 33ᵉ, à Lichtemberg ;

2ᵉ du Doubs, à Dambach ;

1ᵉʳ de Meuse, 2ᵉ de la Moselle et 2ᵉ du 102ᵉ, à la Main-du-Prince ;

3ᵉ d'Indre-et-Loire, à l'abbaye de Stürzelbronn ;

1ᵉʳ des Vosges, à Kobrett ;

1ᵉʳ de l'Indre, à Ober-Steinbach ;

1ᵉʳ du 33ᵉ, à Lichthof ;

2ᵉ du 13ᵉ, à Lembach (Tannenbrücke) ;

10ᵉ des Vosges, à Rombach ;

1ᵉʳ du 27ᵉ, 1ᵉʳ du 13ᵉ, 4ᵉ du Jura, 1ᵉʳ et 3ᵉ du Haut-Rhin, à Nothweiler ;

4ᵉ de Saône-et-Loire, à Schœnau ;

7ᵉ d'infanterie légère et 1ᵉʳ de la Haute-Saône, à Bobenthal ;

Une compagnie d'infanterie légère et un bataillon agricole des Vosges, à Beissdorf.

Au total, 21 bataillons, avec quelques cavaliers, soit environ 14,000 hommes entre Bitche et Bobenthal. Il y avait là de quoi repousser toutes les attaques de Brunswick, ou même reprendre l'offensive contre lui de concert avec le corps des Vosges ; mais on resta si éparpillé qu'on ne put pas s'opposer au mouvement qu'il tenta avec 5,000 à 6,000 hommes.

Le détachement destiné par Brunswick à coopérer à l'attaque des lignes de Wissembourg comprenait :

1 bataillon de Müffling ;
1 bataillon de Martini ;
3 bataillons de Ferdinand ;
2 bataillons de Borch ;
1 bataillon de Schladen ;
3 compagnies de chasseurs ;
10 escadrons de Wolfradt ;
5 escadrons de Lottum ;
1 batterie 1/2 à cheval : 12 pièces,

le tout formant 6,000 hommes environ, sous les ordres du duc de Brunswick et des généraux von Kleist, prince de Bade, von Voss, duc de Weimar et von Wolfradt. Le 11 octobre, ces troupes prirent un camp près de Ramsbrunn, en détachant sur l'Erlenkopf une avant-garde composée de 3 compagnies de chasseurs, de 2 bataillons, 40 chevaux et 1/2 batterie à cheval. Le 12, cette avant-garde s'avança jusqu'à Rohwog, et le gros vint sur l'Erlenkopf. En même temps, ainsi qu'il était convenu, le prince de Hohenlohe allait passer sous les murs de Bitche pour revenir prendre à revers le poste de la Main-du-Prince, d'où il chassait le 2ᵉ bataillon du 102ᵉ, sans que les trois bataillons français voisins de ce poste (1) fussent intervenus. Les troupes qui se trouvaient à Stürzelbronn n'intervinrent pas davantage. Un détachement spécial (1 bataillon du régiment de Rohdig), commandé par le lieutenant-colonel von Schlieben, était parti des avant-postes prussiens en avant de Pirmasens

---

(1) 1ᵉʳ de la Meuse, 2ᵉ de la Moselle, 2ᵉ de la Dordogne. On ignore

pour enlever le poste de Fischbach, que nous occupions avec quelques compagnies du 27ᵉ sous les ordres du capitaine Cuneo. Ce dernier ayant été repoussé, le colonel von Schlieben nous prit coup sur coup les postes de Kobrett et Brennthal, occupés par le 1ᵉʳ bataillon des Vosges. Le 3ᵉ bataillon d'Indre-et-Loire et le 1ᵉʳ de

---

la situation exacte de ces bataillons, mais ils se trouvaient à moins de deux lieues de la Main-du-Prince.

Reichshoffen, le 12 octobre 1793, l'an 2ᵉ de la République une et indivisible.

Le général Sautter au général Clarke, chef de l'état-major général.

Citoyen Général,

J'ai l'honneur de vous aviser que l'adjudant-général Couderc et son adjoint viennent d'arriver près de moi. Le citoyen Couderc me paraît un homme intelligent et d'un caractère avec lequel je sympathiserai parfaitement; aussi nous travaillerons de concert au plus grand bien de la chose.

J'écris au général en chef pour le prier de m'envoyer au moins trois bataillons de troupes réglées et un escadron de cavalerie, sans quoi je ne puis pas préserver ces gorges de l'invasion de l'ennemi, et avec ce nombre je pourrais l'inquiéter de temps en temps; je désirerais infiniment y avoir le 2ᵉ bataillon du Haut-Rhin, qui est celui que je commandais; je le connais, par conséquent je sais que je peux compter dessus. Officiers et la plupart des soldats parlent les deux langues, ce qui me serait fort avantageux dans ce pays. Vous m'obligeriez donc infiniment, Général, si vous vouliez me l'envoyer en le faisant remplacer au camp de Nothweiler, où il est.

J'avais quatre bataillons agricoles, deux du Bas-Rhin et deux du département de la Meurthe; ils désertent en si grand nombre que, l'un dans l'autre, il ne reste pas 100 hommes par bataillon; je ne peux donc absolument pas compter sur ces agricoles, qui n'ont d'ailleurs aucune instruction et point d'armes; il vaudrait infiniment mieux les incorporer dans d'anciens bataillons; ils seraient plus vite instruits et ne pourraient pas déserter avec la même facilité; cela ferait d'ailleurs une grande économie à l'État.

Le général de brigade,
SAUTTER.

l'Indre, qui se trouvaient à Stürzelbronn et à Nieder-Steinbach, ne bougèrent pas, attendant d'être attaqués dans leurs postes. Le 3ᵉ bataillon d'Indre-et-Loire, apprenant à la fois l'attaque de la Main-du-Prince et de Kobrett, croit devoir évacuer Stürzelbronn pour n'être pas pris, et se retire sur Ober-Steinbach. Le 2ᵉ bataillon du 102ᵉ a fait sa retraite sur Dambach et Neunhofen. Un compagnie prussienne qui l'a suivi enlève de ce côté quelques paysans armés de Niederbronn (1).

Le même jour, une démonstration a été faite sur Bonbenthal par le lieutenant-colonel de Hirschfeld, parti de Dahn avec 2 bataillons de grenadiers (Brunswick et Prince-Henri), 1 compagnie de chasseurs, 1 escadron de hussards et 1/2 batterie. Ce colonel fait enlever le petit poste français d'Erlenbach, pour entrer en relations avec

---

(1) *L'adjudant général Gouvion-Saint-Cyr au général Clarke.*

Quartier général à Lembach, le 12 octobre 1793, l'an 2ᵉ de la République.

Citoyen Général,

L'ennemi s'est présenté en force cet après-midi sur tous les points occupés par la division du général Ferey ; il paraît certain que nous serons attaqués demain matin ; nous nous disposons à les recevoir de notre mieux, mais je vous prie de faire partir sur-le-champ pour Lembach l'obusier que je vous ai demandé ; j'ai prévenu le général Ravel du besoin que nous en avions, il m'a dit qu'aussitôt que le chef de l'état-major donnerait ses ordres, il me le ferait passer sur-le-champ. Le poste de Fischbach, qui avait été forcé de se replier, a repris ce soir sa position.

Nous apprenons indirectement que le 1ᵉʳ bataillon des Vosges et le 3ᵉ bataillon d'Indre-et-Loire, placés à Stürzelbronn et Kobrett, se sont repliés sur Neunhoff, Dambach *et Niederbronn.*

Nous venons de leur expédier l'ordre de reprendre sur-le-champ la position qu'ils avaient et de ne pas la quitter sans bien la disputer. Je serai toute la nuit sur pied et vous donnerai avis de tout ce qui nous arrivera.

L'adjudant général,
GOUVION-SAINT-CYR.

les Autrichiens, puis il manœuvre devant notre camp de Nothweiler et Bobenthal, pour fixer notre attention de ce côté et empêcher Desaix, avec les 12 bataillons dont il disposait entre Bobenthal et Lembach, de se porter contre Brunswick. Les résultats visés par cette démonstration furent obtenus, mais à cause des allées et venues dans lesquelles Desaix perdit cette journée, courant tour à tour à Haguenau et à Nothweiler, où il revint dans la nuit du 12 au 13. En réalité, les troupes françaises ne furent pas commandées à Nothweiler et Lembach pendant la journée du 12.

Le 13, c'est enfin le détachement de Brunswick qui attaque et nous trouve aussi éparpillés que la veille, malgré les soins que Gouvion-Saint-Cyr dit avoir apportés à la direction des opérations dans cette partie. Le général von Kleist se porte par Rosselbrünner-hof sur Ober-Steinbach. Il y trouve le 3ᵉ bataillon d'Indre-et-Loire et le 1ᵉʳ des Vosges. Le 1ᵉʳ de l'Indre, qui était un peu en arrière, à Nieder-Steinbach, reste séparé. Les Prussiens franchirent deux rangs d'abatis sans trouver de résistance ; mais ils durent livrer combat pour en franchir un troisième et entrer à Ober-Steinbach ; nos trois bataillons se trouvant alors réunis à Nieder-Steinbach, dans une forte position, l'affaire en resta là.

Voici dans quels termes le général Desaix raconte cette journée du 13 octobre :

Événements arrivés à la gauche de l'armée du Rhin, occupant les montagnes depuis Bobenthal jusqu'au delà de Bitche, et commandée par le général de brigade Ferey, du 12 au 20 octobre 1793.

Le 13 octobre, jour où les ennemis attaquèrent les lignes, la division de gauche de l'armée, qui était dans les montagnes, était commandée par le général de brigade Ferey ; elle tenait toutes les montagnes, depuis

Bobenthal jusqu'au delà de Bitche. Le général de brigade Desaix commandait 2 bataillons, le 7ᵉ d'infanterie légère et le 1ᵉʳ de la Haute-Saône, au camp de Bobenthal.

Le 1ᵉʳ bataillon du 27ᵉ régiment, le 1ᵉʳ du 13ᵉ, le 1ᵉʳ du 102ᵉ, le 1ᵉʳ du Haut-Rhin, le 4ᵉ du Jura et un autre bataillon du Rhin (1), tous campés à Nothweiler ; le 10ᵉ des Vosges était en avant-garde à Bobenthal et à Rombach, éclairant bien tout le front du camp : la chaîne de postes était bien formée par la droite jusqu'à Bobenthal, Schlettembach étant occupé par des troupes avec des avant-postes très avancés dans toute la vallée.

La gauche de la position du général Desaix était éclairée par des troupes légères ; à Fischbach, quelques compagnies y étaient sous les ordres de Cuneo, capitaine du 27ᵉ régiment d'infanterie, très brave, très bon et très actif officier. Il avait pour le soutenir en cas d'événement un bataillon derrière lui à Schœnau : c'était le 4ᵉ de Saône-et-Loire. Pour appui et retraite dans toutes ces positions, et en même temps lui servir de réserve, le général Desaix avait placé le 1ᵉʳ bataillon du 33ᵉ régiment à la ferme de Lichsthof, un autre était à la Tannenbrücke (2). Quelques jours avant le 13 octobre, le général Desaix poussa des reconnaissances par tout son front ; il fut jusqu'à la ferme de Lindbronn sans y trouver d'ennemis ; il parcourut toute la montagne sans en voir ; à Weidenthal seul étaient des postes prussiens, dont on fit quelques prisonniers. D'après cela, ce général écrivit au général Carlenc pour l'en prévenir et lui proposer d'en profiter pour tomber sur le flanc de l'ennemi, placé sur les hauteurs en arrière de Bergzabern, en débouchant par des vallées de Silz et de Waldenbach.

---

(1) 3ᵉ du Haut-Rhin.
(2) 2ᵉ du 13ᵉ.

Le 12 octobre, le général Colle fut destitué par les représentants du peuple Ruamps et Borie, qui ne savaient que désorganiser l'armée ; ils lui ôtèrent ses meilleurs officiers, et croyaient par là s'assurer de la victoire ; l'estimable et excellent général Colle commandait à Haguenau, lorsqu'il fut si injustement destitué de son emploi. Le général Desaix eut l'ordre de le remplacer et de céder son commandement à Trentinian, lieutenant-colonel commandant le 7ᵉ bataillon d'infanterie légère. Au moment où il se préparait à partir, arriva à cet officier l'ordre de se porter le lendemain dans les gorges pour faciliter la sortie de Landau du général Delmas, nommé général en chef de l'armée, qui, déguisé, devait, par les gorges, arriver sur Nothweiler : l'exécution de ces ordres devait avoir lieu le 13.

Le général Desaix, rendu à Haguenau le soir à 10 heures, y reçut à 2 heures du matin l'ordre de revenir sur-le-champ reprendre son commandement : ce général se remit en route à 5 heures du matin avec ses chevaux extrêmement fatigués. Le canon se faisait entendre de toutes parts ; les ennemis attaquaient à la fois l'armée sur tous les points, depuis le Rhin jusqu'à Bitche. Quelque diligence que pût faire le général Desaix, il ne put arriver à son poste qu'à midi ; il apprit, à la Tannenbrücke, du général Saint-Cyr, que les Autrichiens s'étaient présentés en fausse attaque sur le camp de Nothweiler, avaient canonné des hauteurs de la rive gauche de la Lauter nos retranchements en avant de ce camp, et s'en étaient tenus là ; que le camp de Bobenthal n'avait pas vu d'ennemis, et que sur la gauche ils avaient attaqué la veille Fischbach et nous avaient chassés jusqu'à Schœnau, et que le 2ᵉ bataillon du 13ᵉ régiment avait été forcé de se retirer de sa position dans la vallée de Steinbach, mais qu'il défendait vaillamment son terrain et ne le perdait que très lentement. Alors le général vit bien que l'attaque réelle des ennemis était dans la plaine ; que l'on masquait les troupes de la montagne par de fausses attaques ; que cependant les ennemis avaient réuni leurs efforts principaux dans la vallée de Steinbach et sur le point de Stürzelbronn. Il a décidé de suite d'y envoyer des renforts pour y reprendre le terrain perdu ; le 1er bataillon du 33e et le 1er du Haut-Rhin y furent portés pour soutenir le 2e du 13e régiment, et l'ennemi ne gagna que très peu de terrain de ce côté-là. Quant au camp de Nothweiler, le colonel Trentinian, suivant les ordres qu'il avait reçus, fut à 4 heures du matin avec 800 hommes placés par échelons, se poster sur Lindenbronn, suivant la route de la vallée qui va à Waldambach ; il fut jusque vers ces points. Pendant ce temps, une colonne ennemie suivait le plateau d'Ottenbach pour venir se placer vis-à-vis le camp de Nothweiler. Ainsi ces deux troupes passèrent à 100 pas l'une de l'autre sans s'en douter, et furent se placer faisant face chacune au derrière de l'autre, le brouillard épais permettant cet événement singulier. Le colonel Trentinian cependant s'aperçut de ce qui se passait par le bruit de l'artillerie ennemie et voulut profiter de cette occasion pour faire une action vive et glorieuse, surprendre l'ennemi en l'attaquant par derrière. En vieux militaire, il savait bien qu'un ennemi surpris et attaqué à l'improviste est toujours battu par des troupes bien inférieures. Il consulta le moral de ses soldats avant que d'entreprendre ; son détachement était de tous postes, de corps qui ne le connaissaient point, ne lui parurent pas avoir de confiance et tremblaient d'être coupés ; il ne vit pas dans ces hommes cet élan courageux qui se plaît dans les obstacles difficiles et les surmonte ; il renonça à son projet et fit sa retraite sous le canon ennemi et sans en être déconcerté. Si les Autrichiens eussent pu se douter de sa position, lui et aucun des siens n'eussent échappé. Il rentra par Schlettenbach et revint au camp. Au jour, une canonnade s'établit et tout en resta là ; peu d'hommes furent tués.

Les choses en étaient dans cet état, lorsque le général Desaix arriva à Nothweiler. Il forma de suite le projet d'attaquer le peu de troupes que les ennemis avaient devant lui, et de se porter sur leur flanc par la vallée de la Lauter, et en tombant sur Ober-Otterbach lorsqu'il saurait les ennemis arrêtés solidement dans les gorges de Bitche. Il rendit compte au général en chef de ses intentions et se prépara à exécuter son projet.

Bientôt arrive une ordonnance de Bourcier, de l'état-major, qui annonce que les lignes sont toutes forcées et qu'il faut se tenir prêt pour la retraite ; en effet, alors les lignes avaient été forcées entre le fort Saint-Remy et le moulin de Bienwald, au point défendu par le 1er bataillon du 3e régiment et le 12e du Jura, après avoir été vigoureusement défendues au moulin de Bienwald par le 3e régiment, et la grande redoute de Steinfeld, défendue par le 4e bataillon d'Eure-et-Loir, avait été surprise par un bataillon d'Olivier Wallis qui s'était présenté comme déserteur et avait pu en approcher autant qu'il avait voulu. Le 1er bataillon d'infanterie légère, qui était dans les montagnes, à Ober-Otterbach, avait été forcé par les Valaques et mis en déroute avec perte de son canon. Le brave Grammont, commandant dans la forêt de Bienwald le 1er bataillon du 93e régiment et les chasseurs du Rhin, avait été blessé cruellement ; ses troupes mises en déroute après une défense prodigieuse ; toute la gauche de l'armée, en désordre, avait repassé les lignes, consternée et abattue, et, sans courage et vigueur, ne pensait plus qu'à la retraite. Ce qui inquiétait le plus les esprits était le passage du Rhin, dans l'île de Selz, où le prince de Waldeck maltraita le 1er bataillon des Pyrénées-Orientales et le 3e de la Haute-Saône. D'après tous ces revers, l'armée accablée, pleine de terreur, voyant ses généraux changés à tout instant, présentés à ses yeux comme des traîtres et des scélérats, était inquiète et sans vigueur. La retraite eut lieu et fut encore heureuse ; après quelques efforts pour reprendre les lignes, le général Carlenc, à la tête de l'infanterie, mit d'abord en déroute toute l'infanterie autrichienne qui avait passé les lignes, lui prit son canon et son drapeau, mais n'étant plus soutenu par de la cavalerie, il fut bientôt repoussé et mis en déroute par le régiment de Waldeck.

« L'ordre de retraite n'arriva dans les montagnes, au camp de Nothweiler, que très tard, à minuit ; on partit de Nothweiler en ordre et en silence pour aller prendre position vers Wœrth. »

2° *Entre la montagne et le Bienwald.*

Nos avant-postes en avant de la Lauter suivaient à peu près la ligne droite de Lauterbourg à Bergzabern, par Scheid, avec un rentrant assez prononcé dans l'angle formé par le chemin de Scheid au moulin de Bienwald avec les abatis qui couvraient la rive droite de la Lauter. Nous avions là environ 38,000 hommes, que Wurmser allait attaquer avec des forces à peine supérieures : 42,000 hommes. Il y avait à peu près égalité numérique ; nos mauvaises dispositions, ou plutôt l'absence complète de dispositions nous fit perdre les lignes de Wissembourg. L'inertie intellectuelle de tous les chefs de détachements français est étonnante : aucun d'eux ne songe à combiner quelque manœuvre, à opérer en liaison avec les corps voisins, à les soutenir : chacun se considère comme lié à la position qui lui a été assignée, et d'ailleurs, ne recevant ni ordres ni renseignements sur la situation générale, tous ignorent où l'on en est, et roulent de surprise en ahurissement. Ils ont été enveloppés dans une espèce de tourmente, et, le brouillard aidant, n'en ont gardé aucun souvenir. On ne trouve rien dans les relations françaises qui vaille la peine d'être retenu.

Le général Meynier, récemment nommé au commandement de l'avant-garde, est réveillé par la fusillade au milieu de la nuit : il se dirige vers la grande redoute de Steinfeld, y aperçoit des pièces de 24 qu'on y a placées à son insu, voit plus loin une longue tranchée creusée sans qu'il en soit averti ; il ne sait où sont ses réserves, et ne peut que se jeter dans la mêlée avec le groupe d'hommes le plus voisin. Blessé à la cuisse, il est emporté avant d'avoir pu se reconnaître, et plus tard, prié de donner quelques renseignements sur cette affaire, il est incapable d'en dire plus long.

Isambert, qui commande à Saint-Remy, brave homme qui a fait ses preuves au point de vue du courage individuel, se voit isolé, débordé, et évacue son poste avant d'y avoir été attaqué. S'apercevant bientôt qu'il n'a autour de lui que des partis insignifiants, il veut se reporter en avant, mais il est trop tard, et Saint-Remy est maintenant occupé par l'ennemi.

A l'aile droite, le général Dubois n'a devant lui que des forces très inférieures ; il est mollement attaqué ; mais il ne reçoit ni avis, ni instructions, ni demande de secours, et le représentant Niou lui annonce que Carlenc bat en retraite. Il se retire donc en toute hâte.

En résumé, fatigue et sommeil dans la troupe, inertie, ignorance et ahurissement dans l'état-major général : telle est la disposition de l'armée du Rhin. Comme elle n'oppose aucune résistance à Wurmser, celui-ci exécute comme sur un champ de manœuvre l'attaque qu'il a projetée et son rapport ne fait que reproduire son ordre d'engagement.

Nous avions environ 11,000 hommes autour de Lauterbourg, Selz, et Scheibenhart. Wurmser les fait attaquer de front par 4,600 hommes (Jellachich) pendant que le prince de Waldeck, avec près de 8,000 hommes, doit franchir le Rhin près de Selz et nous prendre à revers.

Depuis le moulin de Bienwald jusqu'à Saint-Remy, nous avons à peu près 5,000 hommes. Wurmser dirige sur le pont (rompu) du chemin de Schleithal, entre le moulin et Saint-Remy, une colonne de 6,350 hommes (Hotze).

Le reste de ses forces (24,000 hommes environ) réunit ses efforts contre nos positions de Scheid, Steinfeld et Otterbach, où nous avons 17,000 hommes environ, plus 4,000 à 5,000 hommes au parc du Geisberg, etc.

En résumé, Wurmser n'a pas su accabler un point de notre ligne par un effort décisif, prononcé avec des forces incomparablement supérieures; mais une attaque par surprise, réussie tout d'abord vers le centre de nos positions, a rompu l'équilibre, et le mauvais état moral de l'armée du Rhin, son incapacité manœuvrière ont fait le reste. Des postes de combat étant assignés à tous nos bataillons, on n'a pu trouver nulle part de réserve ou de « masse de manœuvre » disponible pour arrêter les progrès de l'ennemi ou reprendre l'offensive.

D'après l'ordre de Wurmser, la 4° colonne, forte de 9,000 hommes, sous le commandement de Meszaros (1), se portait sur Steinfeld, par Frekenfeld et Scheid. Elle détachait 2,000 hommes dans le Bienwald pour balayer les postes que nous avions près de la lisière N.-O. de

---

(1)   4° colonne. — 1re partie.

2 bataillons de Pellegrini	1,770
2 compagnies de chasseurs hessois	243
2 — d'infanterie légère	168
	2,181

2° partie.

2 divisions du 2° bataillon esclavon	764
3° bataillon esclavon	

cette forêt, et prendre à revers Gross-Steinfeld et Kapsweyer. La 5ᵉ colonne, qui ne comprenait que 2,500 hommes aux ordres de Kavanagh (1), se portait aussi sur Steinfeld par le chemin de Barbelroth. La 6ᵉ colonne, forte de 7,000 hommes commandés par Spleny (2), suivait le chemin de Nieder-Horbach à Altstadt par Capellei-hof et Haftelhof. Plus à droite, les 5,000 hommes du prince de Condé (3) devaient attaquer nos postes dans la montagne près de Bergzabern.

Les ordres de Wurmser sont intéressants à citer, au

	Report.........	764
	2 bataillons de Wallis.....................	2,073
	2 — Gyulai.....................	1,982
	2 divisions de hussards Léopold..............	933
	1 — — Erdödy.............	704
	3 — dragons de l'Empereur.........	1,106
		6,962
(1)	5ᵉ *colonne.*	
	1 bataillon de Lattermann...................	635
	1 — Terzy.......................	889
	1 division de hussards Léopold..............	355
	3 divisions de carabiniers de l'Empereur.......	706
		2,585
(2)	6ᵉ *colonne.*	
	2 bataillons de Huff......................	1,699
	2 — Preiss.....................	1,739
	1 — Rohan.....................	603
	2 — transylvains................	1,877
	1 division de hussards Erdödy..............	333
	3 — cuirassiers de Mack............	828
		7,079
(3)	7ᵉ *colonne.*	
	2 bataillons nobles........................	1,913
	2 — soldés........................	1,573
	Cavalerie................................	1,603
		5,089

moins en partie, à cause des détails jusqu'auxquels ils descendent pour le mouvement de chaque bataillon (1). Ils prescrivent ce qui suit pour la partie principale de la 4ᵉ colonne :

Les cinq divisions d'Esclavons combinés s'avanceront, dans le plus grand silence, deux heures avant le lever du jour, sur la levée faite devant Scheid, et ils s'y tiendront dans l'immobilité. Le régiment d'Olivier Wallis marchera droit sur Scheid, continuera sa marche en laissant à gauche le village et les jardins, et arrivera dans le plus grand silence jusqu'aux vedettes de hussards les plus avancées, où il s'arrêtera dans l'immobilité et le silence les plus complets. Giulay sortira du camp, laissera Dierbach à droite et se portera sur Wollmersheim, qu'il laissera également à droite pour passer le pont; puis il dirigera sa marche le long des pentes dans le plus grand silence, jusqu'à ce que le bataillon-colonel et la tête du bataillon de corps, l'un près de l'autre, arrivent aux vedettes de hussards les plus avancées. Il

---

(1) Le journal d'un émigré nous fait connaître l'ordre de détail suivant :

Ordre du 12 au 13 octobre 1793, à 11 heures du soir.

On sera sous les armes à 1 h. 1/2 du matin à la tête du camp, dans le plus grand silence; chacun emportera son pain; on ne chargera point les armes, et celles qui peuvent l'être auront la batterie et le chien baissés; on laissera le camp tendu; les outils et marmites seront rassemblés, par les soins du fourrier-major, à quatre pas en avant du centre des tentes de chaque compagnie.

Pendant la marche, qui s'exécutera en colonne par sections sans commandements, en suivant toujours le mouvement qui viendra de la droite, étant en bataille, et de la tête, étant en colonne, on observera le plus grand silence; il est défendu de fumer, de battre le briquet et de mener des chiens.

Le dépôt pour les blessés sera derrière le centre du régiment pendant l'attaque. On ne fera des prisonniers que quand l'ennemi sera absolument en fuite; on sabrera et tuera tout ce qui se trouvera jusqu'à ce moment. Quand les munitions seront consommées à moitié, un fourrier et deux chasseurs par compagnie en iront chercher au chariot d'artillerie, derrière le centre du régiment.

Ceux qui conduiront les blessés au dépôt rentreront de suite après dans leur rang.

Comte DE WURMSER.

s'y tiendra également immobile. Les hommes ne devront ni fumer, ni battre le briquet; les officiers veilleront avec le plus grand soin à ce qu'aucun homme ne sorte du rang, *sous la responsabilité la plus rigoureuse*. Dès que le signal aura été donné par un obus lancé de la batterie n° 5, les cinq compagnies d'Esclavons combinés marcheront le long de la vallée sur les retranchements ennemis, s'efforceront de les escalader et de surprendre et de chasser les piquets qui s'y trouvent, pour tomber aussitôt sur les derrières de la flèche et du village de Gross-Steinfeld; on veillera avec soin à ce que rien ne débouche de la forêt sur le flanc gauche de la colonne; à cet effet, une division fera constamment front vers la lisière de la forêt et vers le ruisseau, et toute troupe ennemie qui paraîtra devra être attaquée vivement et bousculée.

Le bataillon-colonel d'Olivier Wallis marchera avec une division au pas redoublé, à gauche, sur le fossé nouvellement creusé par l'ennemi, chassera le piquet qui le garde et s'efforcera d'enlever la flèche qui se trouve un peu plus loin, à gauche. Les deux autres divisions du même bataillon dirigeront leur marche sur la flèche, la laissant à gauche, pour tâcher de la prendre à revers et de soutenir la 1re division en se reliant à elle.

Le bataillon de corps d'Olivier Wallis marchera sur la crête des hauteurs vers la grande batterie, que ce bataillon essayera de tourner à gauche pour prendre à revers la droite de l'ennemi. Tout ce que les deux bataillons rencontreront derrière la batterie et la flèche sera chargé vigoureusement à la baïonnette et culbuté.

Le bataillon-colonel de Gyulai marchera, le signal donné, sur la grande redoute ennemie de Gross-Steinfeld et s'efforcera de la tourner et de la prendre à revers par la gauche de l'ennemi. La division-colonelle dirigera sa marche sur le fossé nouvellement creusé devant la batterie ennemie pour en chasser l'ennemi, puis parvenir au pied de celle-ci, se rejoindre au bataillon et charger l'ennemi ensemble.

Le bataillon de corps de Gyulai tentera d'arriver le plus vite possible sous la hauteur de la batterie de Gross-Steinfeld et de prendre celle-ci à revers dans la profondeur de la batterie située à droite, autant qu'il y aura de place à droite derrière Klein-Steinfeld, en bousculant toute troupe ennemie qui se présentera. La compagnie de corps marchera le long de la pente sur Klein-Steinfeld et Nieder-Otterbach, lequel village, pris à revers par cette compagnie, peut être emporté facilement. Aussitôt que la flèche et le village de Nieder-Otterbach auront été enlevés, la compagnie de corps de Gyulai s'efforcera de suivre d'aussi près que possible le bataillon sur la chaussée, de tourner par la gauche la batterie ennemie située à droite et rejoindre le bataillon. Il serait très nécessaire d'avoir en tête de chaque colonne ou bataillon des officiers et soldats volontaires pour les conduire et former la première attaque des fossés, batteries et flèches, de façon que les bataillons soient d'autant mieux dirigés par le feu de mousqueterie pour l'orientation de leur marche, et se lancent alors à la baïonnette, et aussi en tout cas pour se trouver en état d'éviter le feu du canon et le tourner, sans compter qu'il serait très possible que nos troupes, qui ne doivent guère combattre qu'à l'arme blanche, pourraient se frapper l'une l'autre. Les officiers volontaires pourront compter sur des faveurs particulières, et les hommes sur une gratification proportionnée.

Les deux divisions de hussards de l'archiduc Léopold marcheront derrière Olivier Wallis, une division d'Esdödy et trois divisions de dragons de l'Empereur derrière Gyulai. Les hussards devront former quatre pelotons, de façon qu'il y en ait un qui serre à la queue de chaque bataillon, afin d'être à portée, dès que les bataillons auront tourné les fossés et batteries, de poursuivre l'ennemi et de sabrer les fuyards.

Le reste de la cavalerie de cette colonne restera derrière le bataillon, une partie, comme il a été dit, derrière Olivier Wallis, à droite de Scheid, près de l'église et sous la hauteur du moulin de Wollmersheim, assez en arrière pour pouvoir être retirée ou être avertie de la prise des batteries, auquel cas elle se portera au trot le plus vite possible à la poursuite de l'ennemi. En particulier, cette cavalerie doit essayer de gagner l'aile gauche de Gyulai et de pénétrer dans le camp d'Haftelhof.

Il a déjà été dit que l'on ne devait attaquer qu'à la baïonnette; MM. les commandants de bataillon voudront donc bien s'assurer qu'aucun fusil n'est chargé. Le feu ne sert guère dans la nuit et donne lieu à toutes sortes de désordres; tandis que l'ennemi, chargé à la baïonnette avec la résolution convenable, peut être plus sûrement culbuté. Dès que le jour poindra et qu'on pourra bien voir l'ennemi, les fusils seront chargés et l'ennemi sera poursuivi en ligne serrée avec un bon feu ininterrompu d'artillerie et de mousqueterie.

(D'après WAGNER.)

L'ordre donné au second détachement de la 4ᵉ colonne lui prescrivait de marcher sous bois de manière à venir prendre à revers Gross-Steinfeld et Capsweyer; cette petite troupe ne devait s'engager qu'au moment où la précédente serait à un millier de pas de la grande batterie de Steinfeld.

« Des reconnaissances répétées, disait l'ordre, avaient fait savoir que l'on pouvait arriver en silence pendant la nuit, c'est-à-dire une heure au moins avant le point du jour, jusqu'au pied des batteries françaises, qu'alors l'artillerie qui les armait aurait peu d'action, sinon point du tout, dans l'angle mort où l'on se trouverait ; il était donc vraisemblable que l'on pouvait venir à bout de l'entreprise projetée sans courir de grands risques de la part de l'artillerie ennemie, et tourner et enlever les batteries et flèches de Gross-Steinfeld et Nieder-Otterbach en peu de temps à cause de la courte distance à laquelle on pouvait arriver pendant la nuit. En conséquence, les têtes de colonnes devraient être pourvues de petites fascines, de saucissons et de gabions en quantité suffisante pour combler sur-le-champ les fossés, de manière à passer sans retard. »

La 5⁰ colonne devait également se porter sur Nieder-Otterbach, et de là sur la flèche voisine, près de laquelle elle attendrait le signal de l'attaque. Le bataillon de Lattermann devait alors se porter au pas redoublé sur la flèche qui, prise à revers d'autre part par une compagnie de Gyulai, ne devait pas tarder à être enlevée. Le bataillon de Terzy, en ligne déployée, devait suivre le précédent. Dès que le feld-maréchal lieutenant Kavanagh aurait constaté qu'Otterbach et Klein-Steinfeld sont évacués par l'ennemi, il ferait appuyer le bataillon de Lattermann vers la chaussée de Wissembourg, contre la seconde batterie ; les escadrons de carabiniers et de hussards s'avanceraient le plus vite possible sur la route ; il ne fallait pas s'attarder à ramasser des prisonniers, mais courir droit au camp de Haftel et accroître la confusion de l'ennemi.

La marche des bataillons de Wallis, de Gyulai et de Lattermann, aussi bien que celle de la cavalerie, devait être dirigée de manière qu'après l'enlèvement des ouvrages, l'aile gauche fût en avant de Gross-Steinfeld, et la droite sur la hauteur de Klein-Steinfeld. L'artillerie demeurée dans les retranchements autrichiens devait se tenir prête à rejoindre pour l'attaque du camp d'Haftel-Hof.

Ce camp doit être attaqué, d'autre part, du côté d'Ober-Otterbach, par la 6ᵉ colonne. Celle-ci est suivie d'artillerie pour préparer l'attaque. L'infanterie passera le ruisseau d'Otterbach sous la protection des batteries. Le bataillon de Rohan fera face à Ober-Otterbach ; les six autres (Huff, Preiss et Transylvains) se porteront à gauche sur Haftel-Hof, pour coopérer à l'attaque prononcée par les 4ᵉ et 5ᵉ colonnes. La cavalerie se portera vivement en avant à la droite de l'infanterie. L'artillerie légère suivra le plus vite possible.

Si les Français essayaient de tenir à Ober-Otterbach, il fallait attaquer ce village avec un bataillon de Preiss, et celui de Rohan, accompagnés de deux escadrons de cuirassiers de Mack.

Les deux bataillons de Huff et le bataillon-colonel de Preiss devaient alors appuyer vers celui de Lattermann.

Après avoir enlevé Haftel, les trois colonnes devaient marcher ensemble sur Kapsweyer et Wissembourg.

Les deux bataillons transylvains devaient opérer dans les vignes, autour de Bergzabern, se reliant de ce côté avec le détachement de Viomesnil. Les émigrés devaient faire une démonstration sur Dörrenbach et attaquer franchement dès qu'ils le pourraient.

Ces ordres furent quelque peu modifiés avant l'exécution, Wurmser ayant jugé préférable de surprendre la redoute de Steinfeld avant de donner le signal de l'attaque générale : « Quoique toutes les colonnes dussent attaquer en même temps, je fis cependant précéder celle de l'effroyable redoute de Steinfeld, qui devait être opérée par la 4ᵉ colonne. Cette colonne, commandée par le général Meszaros, fut partagée en deux divisions : la première, commandée par le colonel Suel, de Pellegrini, repoussa tout de suite l'ennemi hors des abatis de la forêt de Bienwald, entre Scheid et Gross-Steinfeld ; mais cette division donna sur deux redoutes construites dans la forêt, d'où il sortit un tel feu de mitraille et de mousqueterie que le colonel Suel, le capitaine Brentano, et 27 hommes furent tués ; 1 capitaine, 1 lieutenant, 1 sous-lieutenant, 3 porte-drapeaux et 340 hommes blessés ; de plus 7 hommes d'infanterie légère hessoise tués, 1 colonel et 21 hommes du même corps blessés.

« D'après ces pertes subites, provenant en partie d'une batterie cachée, le général Meszaros ordonna au major Helbein de prendre le commandement de cette division et d'attaquer de nouveau l'ennemi. En même temps, le colonel Bescheren fut envoyé avec deux divisions des bataillons esclavoniens pour prendre l'ennemi en flanc. Son intervention força l'ennemi à se retirer hors de la forêt. » (C'était le 12e bataillon d'infanterie légère et le 93e régiment d'infanterie.)

« Le colonel Korachevich attaqua par le village de Scheid avec trois bataillons d'Esclavons. Le colonel Laudon et le major Oswald, avec deux bataillons d'Olivier Wallis, se portèrent avec vivacité sur l'avant-fossé de l'ennemi et sur la plaine située vers la gauche, et de là sur le prolongement du fossé. Ils attaquèrent l'ennemi avec tant de vivacité et de vigueur qu'ils le chassèrent sur-le-champ de la grande redoute et des villages de Steinfeld. Ils étaient soutenus par deux divisions de hussards de Léopold, qui tournèrent l'ennemi, le prirent par derrière, et par cette savante manœuvre terminèrent le tout heureusement. Deux bataillons de Samuel Gyulài, sous le commandement de leur colonel Kempf, chassèrent en même temps l'ennemi des fossés et entrèrent avec une telle audace par tous les côtés dans la grande redoute, que l'ennemi, si courageux qu'il fût, en trembla. »

Voici comment la relation française donne le détail de cette attaque :

« Des Autrichiens se présentèrent au milieu de la nuit au pont de Scheid, où étaient nos premiers postes : — Qui vive ? — Déserteurs. — A bas les armes. — Elles ne sont pas chargées ; nous sommes suivis de plusieurs autres qui désertent également. Le commandant du poste eut la bonhomie ou plutôt l'imprudence de les laisser passer. La nuit était obscure ; il régnait un brouillard fort épais. Les soi-disant déserteurs s'avancèrent jusqu'à la grande redoute ; les républicains qui étaient de garde s'en approchèrent pour les visiter ; ils s'aperçurent que chaque homme était muni d'une fascine : aussitôt les coups de sabre commencèrent ; mais des hussards ennemis s'étaient glissés dans le même temps à la faveur du brouillard entre les avant-postes. Tout ce qui se trouvait de républicains fut égorgé ; peu eurent le temps de prendre la fuite. Aussitôt les ennemis donnèrent le signal de l'attaque générale. C'était trois coups de canon tirés de la redoute en face de Lauterbourg, sur la route de Rheinzabern. Il était environ 5 heures. »

« Aux premiers coups de canon, le général Meynier, qui commandait l'avant-garde, se porta dans le bois, partie qu'il regardait comme la plus critique : il y trouva le 93ᵉ et le 12ᵉ bataillon d'infanterie légère qui tenaient ferme ; de là, il voulut se rendre à la redoute de Steinfeld, mais il n'était déjà plus temps ; tout était en retraite, ou plutôt en fuite. Deux seuls bataillons, du nombre desquels était le 2ᵉ de Lot-et-Garonne, se tenaient en bataille et se comportaient bravement. Ce fut en combattant à leur tête que le général Meynier fut blessé d'un biscayen à la cuisse. Obligé, après avoir enduré longtemps la douleur la plus vive, de quitter le champ de bataille, il abandonna le commandement de l'avant-garde entre les mains du général Combez. Les troupes qui la composaient s'étaient retirées en désordre après cet échec, et jetèrent l'épouvante parmi celles destinées à défendre les retranchements de Schweigen. »

Wurmser continue son rapport en ces termes :

« Les deux bataillons de Samuel Gyulai prirent à dos

l'ennemi placé à Klein-Steinfeld et Nieder-Otterbach, à quoi une division d'Erdödy et le régiment des dragons de l'Empereur contribuèrent beaucoup. Le colonel Piczek, d'Erdödy, avec sa division, et le régiment des dragons de l'Empereur, sous le commandement de son colonel Baur, le lieutenant-colonel Klenau et le major Nostiz y ont singulièrement contribué. De cette manière héroïque a été emportée la plus forte batterie, placée sur un terrain avantageux, armée de 10 gros canons et de 2 obusiers. Toutes les munitions et 200 prisonniers tombèrent de plus entre les mains de nos courageux soldats. Le général Meszaros m'envoya sur-le-champ le rapport de cet heureux événement par son adjoint, le lieutenant-colonel Lang. Le général Meszaros s'empara en même temps des deux camps retranchés en avant et proche Steinfeld. J'arrivai en même temps à Steinfeld, où je réunis la 4ᵉ colonne avec la 5ᵉ.

« Les deux bataillons de cette dernière, Terzy et Lattermann, avaient repoussé l'ennemi de la plaine de Nieder-Otterbach, et après bien de la résistance, l'avaient enfin chassé de Nieder-Otterbach et du Petit-Steinfeld. Cette colonne marcha vers la droite de Gyulai, conformément à l'ordre, et se porta à droite vers Ober-Otterbach pour soutenir l'attaque de la 6ᵉ colonne du côté d'Haftel-Hof. Cette colonne avait placé sa batterie volante et celle des pièces de position pour canonner la grande redoute construite à la gauche de Haftel. L'ennemi répondait avec vivacité, tant de cette redoute que de celle placée en avant de la cense de Haftel. Enfin l'ennemi, malgré son opiniâtreté, fut forcé par notre artillerie d'abandonner, à 7 h. 1/2, la redoute située à gauche de Haftel. Dans le même temps, le général Kospoth s'aperçut que l'ennemi était repoussé de Dörrenbach, qu'il s'était réuni avec les troupes postées à Ober-Otterbach, et qu'il se défendait avec opiniâtreté dans la forêt près de ce village.

« Ce général, pour hâter son opération, ordonna sur-le-champ au 1er bataillon du régiment Preiss, au régiment de Rohan et à un escadron de Mack-cuirassiers, le tout commandé par le major Dumont, de se porter vers les hauteurs où sont les vignes d'Ober-Otterbach, pour de là prendre l'ennemi par le flanc droit. Cette manœuvre força l'ennemi à reculer; l'ennemi perdit beaucoup de monde dans cette retraite.

« C'est sur cette place où je vis dans tout son jour l'effet du corps du prince de Condé. Ce corps fit tout ce que j'aurais pu désirer des troupes de l'Empereur. Il formait la 7e colonne sous les ordres du prince de Condé, dont une division commandée par le comte de Viomesnil passa par Bergzabern, dont le général Viomesnil fit enfoncer les portes à coups de canon pour marcher sur Dörrenbach, dont le prince de Condé avait repoussé l'ennemi, et où le prince fut parfaitement soutenu par les Serassons, par le bataillon valaque commandé par le lieutenant-colonel Stoïanick, et par le bataillon Szeckler, commandé par le major Pechy.

« Dörrenbach fut attaqué de trois côtés et la redoute emportée d'une manière intrépide par ce corps ; on y prit 3 pièces de canon. L'ennemi défendit pas à pas le terrain presque inaccessible, et ne voulait pas céder ses avantages. Mais l'ardeur du prince de Condé, de son fils et de son petit-fils était irrésistible. Du premier gentilhomme jusqu'au dernier de la troupe, tous étaient soldats et combattaient d'une manière héroïque pour la bonne cause. Ils chassèrent l'ennemi si loin, qu'ils purent enfin se réunir avec les troupes de l'Empereur.

« Pendant ce temps, je fis avancer les 4e, 5e et 6e colonnes jusqu'à Wissembourg, en attaquant, canonnant et emportant des redoutes et des camps retranchés ; tout fit merveille et chacun désira couronner cette journée par la prise de Wissembourg. Je fis, en conséquence, sommer la ville de se rendre. On me répondit (1) que je ne l'aurais que par la force des armes. J'ordonnai, d'après cela, au corps du prince de Condé de percer sur sa droite par la montagne afin de s'approcher du Geisberg. Je fis en même temps avancer les colonnes de la droite vers la Lauter, afin de canonner l'ennemi qui s'était placé dans les nombreuses redoutes du Geisberg et qui, de là, nous canonnait avec force. Lorsque, par mon feu, j'eus réduit l'ennemi à ralentir le sien, je fis chauffer la ville de Wissembourg avec vigueur par l'adjudant général Gorupp, qui avait conduit et placé dans cette journée l'artillerie avec une précision et un courage extraordinaires. Il mérite les plus grandes récompenses. Il se passa quelques heures dans cet état de choses, et la ville de Wissembourg resta constamment dans l'opiniâtreté de ne pas vouloir se rendre. Les bourgeois, cachés et sans être exposés, faisaient sur nous un feu continuel. Je fus forcé de faire enfoncer les portes à coups de canon et de les faire escalader. Le bataillon de Preiss, avec une aile de Mack et Erdödy, montrèrent dans cette attaque leur constance habituelle. La ville fut prise après 6 heures du soir. On y laissa les bataillons ci-dessus dénommés, et les colonnes campèrent sur la hauteur. Le général Meszaros, qui, pendant cette expédition, avait passé avec son aile gauche la ligne à Saint-Remy, campa durant la nuit à Schweighofen. »

« L'ennemi, enhardi par ce premier succès, dit la relation française de 1795, poussa notre avant-garde, que le grand nombre força de se mettre en déroute. Celle-ci jeta l'épouvante parmi les troupes qui se trouvaient dans la position retranchée en arière de Schwei-

---

(1) C'était le capitaine Fririon, du 48e, qui tint jusqu'à ce que tout le matériel contenu dans la ville eût été évacué.

gen. Soit faute de généraux, soit manque de précautions suffisantes prises à l'avance, le peu d'ordre monta à un tel point, que le général en chef crut qu'il était nécessaire d'ordonner la retraite. Elle commença dès 9 heures du matin. Les troupes vinrent se porter sur les hauteurs du Geisberg. Après quelques efforts (?) inutiles du général Carlenc pour reprendre les lignes, la retraite s'effectua entièrement vers les 5 heures. »

En réalité, personne n'a pu donner le moindre renseignement sur ce qui s'est passé là dans l'armée française. Surprise pendant la nuit, ne se sentant pas commandée, mais perdue dans le brouillard, cette malheureuse armée s'est débandée, puis ralliée sur le Geisberg. Elle y est restée six ou sept heures de suite, se reformant et reprenant courage, et attendant en vain que l'ennemi poursuivît son attaque.

Satisfaits du résultat obtenu par leur surprise de nuit sur nos positions d'avant-garde, il ne semble pas que les Impériaux aient tenté d'attaquer les lignes de Wissembourg aux abords de cette ville, où ils n'ont pénétré qu'après le départ de l'armée française. Ainsi, nous pouvions et nous devions nous maintenir à Wissembourg le 13 octobre, comme après les combats de Bergzabern.

La quatrième colonne autrichienne avait perdu 16 officiers et 457 hommes, dont une soixantaine de morts. Ces pertes étaient dues surtout à l'échec du colonel Suel dans le Bienwald. La cinquième colonne avait perdu 18 hommes; elle comptait en outre 10 officiers et 80 soldats blessés. La sixième colonne avait perdu 178 tués ou blessés; la septième colonne 183. L'attaque de Steinfeld et Otterbach coûtait donc en tout un millier d'hommes aux vainqueurs (1). Nous leur lais-

---

(1) En y comprenant les pertes peu considérables subies à notre aile droite.

sions 31 canons, 12 drapeaux et 750 prisonniers. Nos pertes en morts et en blessés sont inconnues. Elles doivent s'élever à 1500 ou 2,000 hommes.

3° Dans le Bienwald et sur le Rhin.

La deuxième colonne autrichienne, sous les ordres du général Hotze, et forte de 6,500 hommes, reçut l'ordre de se porter sur le chemin de Langen-Schleithal, entre Saint-Remy et le moulin de Bienwald. Nous avions enlevé tous les ponts de la Lauter et formé des abatis dans la forêt. La Lauter a une profondeur de deux pieds environ.

Il était recommandé à Hotze de déboucher dans la plaine de Schleithal, puis d'envoyer des partis vers Lauterbourg et Wissembourg.

Une division devait se porter sur le moulin de Bienwald, et deux autres divisions sur le chemin de Steinfeld.

Le parti envoyé sur Lauterbourg devait être assez nombreux pour faciliter sérieusement le passage du Rhin et l'offensive de la colonne de Jellachich.

Dans son rapport, Wurmser raconte ainsi les événements qui eurent lieu de ce côté :

« Après qu'il se fut mis à couvert d'une attaque de flanc proche la Tuilerie, avec une division du régiment de l'Empereur, un bataillon de Lascy, un escadron de chevau-légers palatins et une division des hussards de Léopold (ces troupes étaient commandées par le major Esterhazy), le général Hotze poussa sur la Lauter l'avant-garde et la compagnie du capitaine Herzenberg, qui en prit le commandement avec le lieutenant-colonel Gyulai, arrivé la veille comme volontaire.

« L'ennemi fut repoussé à la baïonnette, malgré un violent feu de mitraille et de mousqueterie, d'abord d'une colline couverte d'abattis, puis d'une plaine marécageuse et coupée de fossés, qui s'étendait jusqu'à la Lauter. Enfin, la ligne fut forcée, avec une peine et des obstacles infinis, et l'ennemi poursuivi par le major Urmereck, du régiment de Léopold. En même temps, le lieutenant-colonel Borsos, avec sa division de dragons de Waldeck, et le lieutenant-colonel de Salme, avec les hussards hessois, traversèrent la Lauter avec une peine infinie. Le pont volant et les canons furent descendus de la hauteur ; le pont fut jeté sur la Lauter et, vers 8 heures du matin, l'ennemi fut repoussé sur Lauterbourg. Il revint cependant à la charge à plusieurs reprises et, à 3 heures de l'après-midi, il fit une charge impétueuse sur tous les points. Le feu fut très vif et les deux bataillons de l'Empereur durent reculer faute de munitions. C'est alors que le capitaine Spindler tomba avec son escadron sur l'ennemi en désordre; le colonel Rosmini, avançant avec son régiment et l'encourageant, contribua beaucoup au succès de cette charge, de même que le capitaine Laporoki, du même régiment, qui contint constamment sa compagnie. Les Français furent enfin attaqués de tous côtés et tellement battus que, à 5 heures du soir, le moulin de Bienwald et la Tuilerie furent abandonnés. Le général Hotze réunit ses troupes, les forma en carré et campa pendant la nuit. »

Après douze heures de combat, cette colonne avait perdu 29 morts et 223 blessés. Elle avait pris 2 drapeaux, 5 canons et 130 prisonniers. C'était le 1er bataillon du 3e régiment d'infanterie et le 12e du Jura qui défendaient le passage de la Lauter au point où Hotze attaqua. Le général Isambert, qui se trouvait à Saint-Remy, évacua ce fortin avant d'avoir été attaqué, parce qu'il se croyait près d'être cerné, et se retira sur les hauteurs de la Malardière. Reconnaissant bientôt son erreur, il se reporta à l'attaque de Saint-Remy, mais il était trop tard ; un détachement ennemi s'y était établi, et d'ailleurs sa troupe refusa de le suivre. Isambert fut fusillé pour ce fait quelque temps après. Les défenseurs du moulin de Bienwald opposèrent au contraire une résistance vigoureuse à trois attaques et ne se retirèrent que le soir. L'ennemi s'était établi dans un petit bois entre les deux forts, sur la route de Wissembourg à Lauterbourg, et interceptait toutes les estafettes.

Le général Jellachich devait attaquer vers Neubourg avec un bataillon de Manfredini, un bataillon de troupes des cercles et quelques cavaliers, de manière à déborder la droite des lignes de la Lauter, et surtout l'ouvrage le plus rapproché du Rhin au delà de Lauterbourg. Il devait être soutenu par des batteries élevées sur la rive droite du Rhin.

Après avoir forcé les lignes de ce côté, cette colonne devait essayer de se joindre à celle du prince de Waldeck, qui passerait le Rhin du côté de Selz, en laissant quelques bataillons dans le Bienwald, laissé inoccupé par le mouvement de Hotze sur Saint-Remy ; les trois bataillons des troupes palatines devaient suivre ce dernier et garder derrière lui le passage de la Lauter.

Le général Jellachich devait faire une démonstration vigoureuse sur Lauterbourg et favoriser le plus possible le mouvement du général Hotze.

« Cette colonne, dit le rapport de Wurmser, mit en désordre, par son feu, l'ennemi posté à Lauterbourg ; et lorsque les deux compagnies du corps franc de Serbie, destinées à monter à l'assaut avec le capitaine Simich et les volontaires tirés des bataillons de Lascy, Palatins et de Fürstemberg, avec le major Roglowitch et 200 grenadiers du cercle de Souabe, avancèrent sur les deux redoutes et retranchements, l'ennemi se mit à fuir et à abandonner Lauterbourg, où le major général Lauer fit entrer ses troupes. L'ennemi y perdit du monde.

« Le général Jellachich, le chef d'escadron Warga,

avec les hussards de Wurmser et des grenadiers, passèrent par Lauterbourg et se réunirent avec le major Bogovitch et des hussards. Ils poursuivirent l'ennemi à droite et à gauche de Lauterbourg, de Siegen, de Keidembourg, jusqu'à Brimbach. L'ennemi qu'ils purent atteindre fut en partie taillé en pièces. On y fit 48 prisonniers. »

D'après la relation française, « l'ennemi se montra devant Lauterbourg ; il avait fait grand bruit de toute son artillerie, tant de l'autre côté du Rhin que de celui-ci ; mais il n'osa s'avancer bien loin au delà de ses retranchements et s'exposa trop à découvert au feu de la place qui, bien supérieur au sien, le força de rentrer à la seule tentative qu'il fit de se porter un peu en avant avec quelques obusiers..... Le général Alexis Dubois, ne recevant aucun ordre et d'après le consentement du représentant Niou, prit sur lui d'ordonner la retraite. La Boissière, colonel du 2º régiment de chasseurs à cheval, fut chargé de former l'arrière-garde. Le projet, en quittant Lauterbourg, était d'abord de se réunir au centre de l'armée sur les hauteurs de Surbourg ; mais arrivé à Nieder-Rœderen, l'on changea d'avis et l'on prit la route de Forsfeld, passant par Roppenheim, Rungenheim et Suffelnheim, pour se rendre dans la forêt de Haguenau, où l'on n'arriva qu'à 2 heures après minuit ».

« Un corps franc, que l'ennemi avait embusqué la veille du côté de Lauterbourg, dans l'île du Rhin, en face de la grande lunette de la droite des lignes, ne fit aucun mouvement de toute la journée et n'entra dans Lauterbourg que quand notre division l'eut évacuée. Il fallait que le général Dubois et le représentant du peuple Niou eussent perdu la tête pour s'aller entasser dans Haguenau et laisser, par ce faux mouvement, toute la rive gauche du Rhin découverte jusqu'au fort Vauban, sans se donner le temps d'y jeter les secours nécessaires pour y faire une bonne résistance. L'ennemi en profita le lendemain pour repasser à Selz et jeter un pont entre Blidersdorf et Ottersdof. »

On a cru pouvoir protester contre les appréciations un peu sévères portées sur la conduite du général Dubois.

Il semble cependant qu'il ait bien, comme l'ont dit les rédacteurs de la Relation de 1795, évacué ses positions sans combat sérieux. « Jellachich, dit la Relation autrichienne, avait rempli sa mission, si difficile en apparence, de la manière la plus facile et la plus brillante, *sans perdre un homme.* » Il fit une cinquantaine de prisonniers dans les maisons de Lauterbourg.

Peut-être est-ce à la manœuvre du prince de Waldeck qu'il faut attribuer les craintes et la retraite précipitée du général Dubois; mais il faut remarquer que cette manœuvre était signalée et attendue depuis une semaine, qu'il était assez facile de s'y opposer, et que toutes les mesures auraient dû être prises à cet effet.

Dès le 7 octobre, Dubois avait été informé que Wurmser se préparait à porter un corps de troupes sur la rive droite du Rhin pour revenir passer le fleuve entre Selz et Benheim, et prendre à revers la droite de l'armée. Dubois écrivait alors au général en chef que cette partie était mal gardée, qu'il y avait là quatre compagnies mal commandées, qui négligeaient leur service, et contre lesquelles on recevait constamment des plaintes. Il semblait nécessaire de les rappeler à l'armée, mais comme elles n'étaient pas de la division de droite, Dubois ne prenait pas sur lui de les remplacer. Il demandait qu'on joignît au détachement d'infanterie deux pièces de canon et un escadron de dragons.

Le général Colle, commandant à Haguenau, avait organisé la défense du Rhin, mais il avait déclaré que, s'il répondait de la partie située en amont de Benheim, il n'en était pas de même pour l'espace compris entre ce village et Lauterbourg (1).

Telle était la situation lorsqu'on apprit, le 11 octobre, que le prince de Waldeck était passé sur la rive droite du fleuve avec 6,000 hommes de l'armée de Wurmser, destinés à repasser le Rhin du côté de Selz pour prendre

---

(1)   Au quartier général à Haguenau, le 11 octobre 1793, l'an 2e
de la République.

Le général Colle, commandant à Haguenau, au général Clarke, chef de l'état-major.

Vous verrez, citoyen Général, par la lettre ci-jointe, que j'ai reçue aujourd'hui du général Chambarlhac et que je vous envoie en original, que les moyens de surveillance dans tous les postes du Rhin depuis Drusenheim jusqu'à Benheim, sont établis de manière à ôter toute espèce d'inquiétude au général en chef sur ce point.

Je ne puis pas en dire autant de la partie de Selz jusqu'à Lauterbourg, puisque le citoyen Laville, capitaine au 105e régiment, qui est commandant des postes, ne m'en a pas encore rendu compte, quoique je le lui aie demandé et que je l'aie exhorté à prendre toutes les mesures convenables pour mettre ses postes en état de défense; mais comme il est pour ainsi dire dans la division du général Dubois, je m'imagine que c'est de lui qu'il prend les ordres.

Sur ce que j'ai appris hier à Bischwiller de l'état du poste d'Offendorff, où je croyais depuis longtemps qu'il y avait des canons de 12, d'après la prière que j'avais faite au général Sparre d'y en envoyer et d'y faire faire un retranchement, j'ai prié le citoyen Augineau, capitaine de la gendarmerie nationale, d'y aller aujourd'hui, accompagné du citoyen Bertrand, adjudant général des légions agricoles; ils m'ont rapporté qu'il n'y avait point de canon et que le retranchement est exposé à être emporté par les eaux si elles grossissaient, que le poste, d'ailleurs, n'était gardé que par 237 hommes.

Cet endroit, Citoyen Général, est peut-être, de tout le cours du Rhin, le plus facile pour un passage, d'autant plus que, les ennemis ayant barré un bras du Rhin de l'autre côté, ils peuvent venir dans l'île qui est vis-à-vis et s'approcher de nous jusqu'à une petite portée de fusil, puisque le Rhin est fort étroit dans cet endroit. Comme il ne faut point perdre de temps et ne rien négliger sur un objet aussi important, j'écris au général Dièche à ce sujet, pour qu'il prenne des mesures sur cela.

à revers la division de Lauterbourg (1). On fut tenu très exactement au courant des mouvements et des projets de l'ennemi de ce côté, mais on fit peu de chose pour parer à une manœuvre dont les suites devaient être décisives. Peut-être un ou deux bataillons furent-ils

---

(1)   Au quartier général à Wissembourg, le 11 octobre 1793.
                COMITÉ DE CORRESPONDANCE SECRÈTE.

Rapport d'un émissaire de confiance arrivé à 5 heures du soir.

Il rapporte :

1° Que le général de cavalerie autrichienne, prince de Waldeck, est parti de l'armée de Wurmser dans la nuit du 8 au 9 des environs de Barbelroth avec un corps de cavalerie et d'infanterie; on prétend que c'est un corps de 6,000 hommes au moins, et qu'on a détaché de plusieurs régiments 300 hommes chacun pour former ce corps;

2° Ce corps a passé avant-hier sur un pont de bateaux près Schrœck;

3° Dans l'armée ennemie, il a transpiré que ce corps autrichien avait passé le Rhin d'après l'avis d'un espion qui a averti les ennemis que nous tenterions le passage du Rhin auprès du fort Vauban;

4° Depuis le départ de ce corps, on remarque un vide bien sensible dans les tentes du camp autrichien, entre Capellen et Oberhausen;

5° Toutes les nuits les émigrés et les Autrichiens évacuent les redoutes et batteries entre Pleisweiler et Oberhausen et les transportent entre Steinweiler et Hergersweiler, vers Erlenbach et vers le Rhin;

6° Ils craignent d'être attaqués du côté des hauteurs de Gleiszellen et d'être pris en flanc;

7° Les Autrichiens sont à la veille d'établir, dans la nuit d'aujourd'hui à demain, encore deux nouvelles batteries, l'une aux environs de Nieder-Otterbach, sur la grande route entre Nieder-Otterbach et Barbelroth, sur une hauteur à gauche à portée de carabine du pont nouvellement établi; l'autre près la cense dite Caplei-Hof. Cette dernière batterie serait dirigée en droiture vers l'église de Gros-Steinfeld et le bivouac de nos chasseurs à cheval. Celle près la chaussée auprès du nouveau pont ferait feu sur le village du Petit-Steinfeld;

8° Le parc de grosse artillerie des Autrichiens est établi partie à Rheinzabern et partie à Candel.

Les Membres du Comité de Correspondance secrète,
PETERSON.

envoyés du côté de Selz. Nous y trouvons, en effet, le 13 octobre, le 2ᵉ de la Dordogne et le 1ᵉʳ des Pyrénées-Orientales, dont la résistance ne suffit pas à arrêter les 6,000 hommes du prince de Waldeck.

Ce dernier avait reçu l'ordre de s'avancer le 12, à la nuit tombante, jusqu'à Blidersdorf et d'essayer de passer le Rhin le plus vivement possible. Le corps franc de Wurmser et un bataillon d'infanterie devaient former l'avant-garde et passer dans des nacelles et des pontons. Le point de passage avait été indiqué par le capitaine Grimmer, attaché à l'état-major général. Il était à désirer que quelques volontaires fussent d'abord transportés dans les nacelles pour enlever le piquet français établi près du point de passage, et cela sans tirer un coup de fusil.

Cette avant-garde devait aussitôt traverser le bois et enlever la ville même de Selz, puis pousser des patrouilles sur Winzenbach, Nieder-Rœderen et Benheim, s'établir solidement le long de la Sure, et, si possible, s'emparer de Benheim. Pendant ce temps, le pont devait être jeté le plus vite possible, et le gros de la colonne devait se porter par Munchhausen sur Motern et les hauteurs voisines pour prendre à revers les lignes de la Lauter. La cavalerie devait se répandre dans la plaine, partie vers Scheibenhart, partie vers Neeweiler, Winzenbach et Nieder-Rœderen.

Si les Français se retiraient sur Lauterbourg ou que la garnison de cette place ne voulût pas l'abandonner, il y aurait lieu de détacher deux bataillons de grenadiers, un bataillon d'infanterie et une division de cavalerie pour investir la place, de concert avec le général Hotze, pendant que le reste de la colonne se dirigerait sur Scheibenhart, Salmbach et le moulin de Bienwald.

Wurmser juge ainsi la conduite de Waldeck :

« Quoique le prince de Waldeck n'ait pas pu remplir mes intentions de passer 2,000 hommes sur des pontons une lieue au-dessus de Salm-Grand, d'observer Benheim et le passage principal du fort Louis, de prendre à revers les postes ennemis placés vis-à-vis de Blidersdorf pour pouvoir d'autant plus aisément passer le pont, et pour prendre les piquets de l'ennemi, par la raison qu'il a trouvé des obstacles qu'il n'a pas pu prévoir, et que l'ennemi trop vigilant a partout crié aux armes ; le prince ne perdit cependant pas la tête dans ces circonstances critiques. Au contraire, il employa tout pour s'acquitter avec honneur de l'importante entreprise qui lui était confiée. Il mit en usage tous les moyens pour la rendre avantageuse, et enfin pour opérer le passage du Rhin, près de Blidersdorf, de quelque manière que ce fût.

Vers le milieu de la nuit du 12 au 13, il fit descendre tous les pontons sur le Rhin vers Blidersdorf, malgré le feu continuel de l'ennemi. Il fit aussi avancer toute sa troupe vers le rivage pour aider à travailler. Il lui fit transporter des canons et, malgré le feu soutenu des ennemis qui étaient bien sur leurs gardes, il parvint à faire embarquer 300 hommes du corps franc de Wurmser-Steyer, qui passèrent en poussant des cris terribles, et débarquèrent à l'autre rive.

Les Français, épouvantés, furent en bonne partie taillés en pièces. Aussitôt, on commença à construire un pont, mais on continuait toujours à passer sur les pontons. Il en était déjà passé un nombre considérable ; deux bataillons de l'archiduc Ferdinand avaient débarqué avec deux canons, de manière que l'ennemi fut bien vite chassé plus loin et poursuivi jusqu'à la première batterie en avant de Selz. Pendant ce temps, il faisait vivement jouer ses batteries, placées sur les hauteurs de Selz, sur le pont et sur ceux qui passaient, mais il ne nous causa pas beaucoup de dommage. Tout s'exécutait avec la plus grande rapidité ; le pont fut achevé et tout le corps eut traversé le Rhin le 13, à 8 h. 1/4 du matin. Le comte de Lichtemberg marcha droit à Selz avec l'avant-garde; il commença l'attaque avec le régiment de l'archiduc Ferdinand et le 3ᵉ bataillon de l'archiduc Charles; après un combat qui dura deux heures, l'ennemi fut obligé de quitter la plaine jusqu'à la rivière de Selz, où il jeta deux de ses canons en la traversant, quoiqu'il fût fort de 3,000 hommes; mais, dans le passage, il y en eut plus de 300 de noyés, parmi lesquels on remarqua 12 officiers que l'on retira sur-le-champ de l'eau. Nous ne nous servîmes que de la baïonnette, et le régiment de l'archiduc Ferdinand fit les 400 derniers pas en pleine course. Les hussards de Szeckler traversèrent aussitôt la Selz, voltigèrent autour de la ville, taillèrent en pièces quantité de Français et firent 70 prisonniers (1). Le régiment de l'archiduc Ferdinand et le corps franc de Wurmser-Steyer se précipitèrent dans la rivière, où ils eurent de l'eau plus haut que la ceinture. Ils s'emparèrent ensuite, avec une valeur incroyable, de la ville de Selz que l'ennemi avait défendue avec tant d'opiniâtreté et où des obus avaient mis le feu à quelques endroits.

Comme le bruit se répandait en même temps que l'ennemi prenait le Prince en queue dans la forêt, il ne pouvait, à cause du pont, détacher d'autre infanterie que le régiment de l'archiduc Ferdinand vers les hauteurs de Motern et de Munchhausen. Selz fut mis en observation par le 3ᵉ bataillon de l'archiduc Ferdinand, et le comte de Lichtemberg se porta en avant, sur les hauteurs, avec deux bataillons dudit archiduc Ferdinand et trois escadrons de hussards de Szeckler; le reste de l'infanterie resta aux environs de Benheim pour tenir l'ennemi en respect et couvrir les travaux de la tête du pont. Le général Lichtemberg laissa la moitié de son infanterie dans le bois et s'avança avec un bataillon sur les hau-

---

(1) Les quatre compagnies des Pyrénées-Orientales qui se trouvaient dans Selz s'y firent hacher; le 2ᵉ bataillon du 105ᵉ, envoyé pour les soutenir, arriva trop tard.

teurs ci-dessus mentionnées. L'infanterie était placée sur deux rangs et les hussards sur un rang ; mais, en même temps, arriva un corps de quelques 1000 hommes avec trois pièces de canon de 8 qu'il fit jouer vigoureusement sur nous ; on en vit ensuite s'approcher d'autres qu'on pouvait même regarder comme un corps repoussé qui cherchait à couvrir sa retraite ; outre cela, la nuit approchait, les munitions étaient humides et commençaient à manquer. Le pont sur la Selz n'était pas encore fini et surtout on ne recevait aucune nouvelle de la 3ᵉ colonne, de manière que l'avant-garde se retira sur Selz, et ainsi se termina cette heureuse journée. On prit là une position où l'on passa la nuit. La colonne du prince de Waldeck perdit 84 morts et 168 blessés. »

XXXIV. — Retraite de l'armée du Rhin.

Le centre et la droite de l'armée avaient fait leur retraite dès le 13, pendant que la gauche tenait encore dans les montagnes ; mais cette défaite, commencée par une surprise, s'achevait en panique.

« Il est impossible de se dissimuler le peu d'ordre qui régna dans cette retraite, qui ne fut aucunement inquiétée par l'ennemi ; aussi sauva-t-on toutes les pièces d'artillerie. Mais, d'un autre côté, la précipitation avec laquelle les agricoles et un grand nombre de soldats se retirèrent, en jetant tout ce qui pouvait les retarder dans leur course, donna l'air d'une déroute à une marche qu'on eût pu faire, pour ainsi dire, aussi tranquillement qu'en pleine paix (1). »

Les représentants écrivent que l'armée est en pleine déroute ; et, en effet, il y a des fuyards qui courent tout

---

(1) Relation rédigée en 1793 pour préparer le travail du chef de bataillon Legrand.

d'une traite jusqu'à Strasbourg : « Cinq mille fuyards étaient hier sur la route d'Haguenau, c'est-à-dire depuis Brumath jusqu'à Strasbourg, écrit Dièche ; j'ai pris le parti de former un cordon à une lieue d'ici, où ces fuyards ont été arrêtés. Ceux qui ont échappé à la vigilance de ce cordon ont été conduits à un camp que j'ai établi dans l'intérieur de la ville. Tout est parti ce matin (15 octobre), pour aller rejoindre l'armée, et j'ai pris les mesures nécessaires pour qu'ils y arrivent. Dans ce moment, je fais publier une proclamation par laquelle tout officier ou fusilier appartenant à l'armée sera obligé de partir pour la joindre d'ici à midi ».

Au milieu d'un tel désordre, « il est impossible de fixer au juste la perte que nous éprouvâmes dans cette retraite. Les appels ne pouvaient être qu'un moyen illusoire de connaître la vérité sur cet objet, puisqu'il y eut beaucoup de soldats qui saisirent cette occasion de quitter l'armée et de se retirer chez eux (1) ».

L'aile gauche, mieux commandée, commença la retraite en bon ordre ; cependant une panique, provoquée le lendemain par les coups de feu tirés sur un lièvre affolé, montre que le moral était très ébranlé. Desaix rapporte ainsi les détails de ce départ :

« L'ordre de retraite n'arriva dans les montagnes, au camp de Nothweiler, que très tard, à minuit; on partit de Nothweiler en ordre et en silence pour aller prendre position vers Wœrth, y appuyer la position de Surbourg que prenait le gros de l'armée ; des troupes légères servaient à garnir la vallée de Lembach jusqu'au village, et s'y soutenaient par échelons. Deux bataillons traversèrent la montagne pour se porter sur Münchhof et appuyer la gauche de l'armée. Au moment où toutes les dispositions se préparaient, un ordre vint de conti-

---

(1) Relation rédigée en 1795, pour préparer le travail du chef de bataillon Legrand.

nuer la retraite en se portant sur Niederbronn et Nieffen, la droite appuyant à Mertzweiler et la gauche vers Jägerthal. On se mit de suite en route, à la pointe du jour, faisant reformer les troupes par échelons, pour protéger la retraite de celles qui étaient les plus avancées. Toutes les précautions furent prises pour faire retirer à temps les bataillons du Jura et du 102ᵉ régiment, qui s'étaient portés dans la plaine et s'y trouvaient seuls, toute l'armée étant partie avant le jour. Ces bataillons n'arrivèrent à la position qu'à 7 heures et reçurent de suite l'ordre de retraite, qu'ils firent très heureusement. Un moment plus tard, il n'était plus temps. Un lièvre qui passa à la vue de quelques troupes reçut une vingtaine de coups de fusil et, seul, il mit quelques troupes dans le plus grand désordre ; elles s'enfuirent. Mais le 1ᵉʳ bataillon du 33ᵉ régiment s'était mis en bataille aux avenues vers les troupes ; rassurées par la bonne contenance de ce corps et ne se voyant pas attaquées, elles rirent de leur terreur et se formèrent en bataille dans la plaine, à la gauche et à la droite de Wœrth.

« Elles se remirent en marche vers les 10 heures, éclairées au loin par 60 chasseurs à cheval du 7ᵉ et 60 cavaliers du 18ᵉ, toute la cavalerie de la division. On plaça quelques troupes dans la forêt de Frœschwiller, et les autres vinrent camper à la position qui leur était désignée : Deux bataillons à Neehwiller (1ᵉʳ du Haut-Rhin et 1ᵉʳ du 102ᵉ) ; à Uttenhoffen, le 1ᵉʳ du 27ᵉ, le 4ᵉ du Jura, le 4ᵉ de Saône-et-Loire ; en avant-garde, à Gundershoffen, le 1ᵉʳ de la Haute-Saône ; et dans les bois de Mertzweiler, les compagnies détachées avec le citoyen Cunéo, qui faisait l'arrière-garde. Le 1ᵉʳ bataillon de ..... était aussi du camp de Uttenhoffen ; il nous avait joints venant d'Obersteinbach ; le 2ᵉ du 13ᵉ régiment était avec lui. A notre gauche était la brigade du général Sautter, qui occupait Reichshoffen, les gorges de

Jägerthal et prolongeait sa gauche dans les montagnes. On y fit passer le 1er des Vosges.

« La journée du 14 s'est passée très tranquillement. Le 15, des découvertes ennemies vinrent tâter nos avant-postes et troupes légères; une fusillade s'engagea sans être de longue durée, l'ennemi s'étant retiré après avoir fait 2 ou 3 prisonniers; le 15, du reste, se passa tranquillement. »

Le 14, l'armée du Rhin a pris position derrière les anciennes lignes de la Moder, sa droite en avant de Drusenheim, le centre à Haguenau, la gauche dans la vallée de Reichshoffen. On occupait Uttenhoffen, pour assurer la liaison avec Bitche; l'avant-garde du général Dubois devait se maintenir à Degelsheim, pour couvrir un convoi de blé qui allait entrer au fort Vauban.

Au quartier général à Haguenau, le 16 octobre 1793, l'an 2e de la République française une et indivisible.

L'adjudant général Démont aux Citoyens représentants, membres du Comité de Salut public, à Paris.

Citoyens Représentants,

La position de l'armée, près de Haguenau, est telle qu'elle avait été arrêtée, et dont je vous ai donné connaissance dans ma dernière lettre, datée du 13. Les bataillons agricoles sont cantonnés dans des villages en seconde ligne. Les troupes qui étaient à Lembach et Nothweiler se sont repliées sur Uttenhoffen, où est le quartier général de cette division.

Je n'ai pas encore reçu des corps de l'armée les états que je leur ai demandés, le mouvement de l'armée est cause de ce retard. Aussitôt qu'ils me seront parvenus, je m'empresserai de vous les transmettre.

Je ne puis dissimuler aux Citoyens représentants qu'il est affligeant de voir le peu d'ensemble qu'il y a dans une grande partie des corps qui composent l'armée : les plus petites fatigues, le plus petit événement suffisent pour que nombre d'individus qui forment un bataillon s'en détachent pour se porter çà et là; les ordres des généraux sont exécutés avec mollesse; on ne veut pas prévoir les suites fâcheuses que peut entrainer ce peu d'énergie dans le service. Il est instant que les républicains soient convaincus que, pour les grandes opérations de la guerre, la bravoure individuelle dans une armée ne suffit pas, qu'il faut encore une parfaite harmonie et un juste ensemble, sans quoi on n'a que des revers à attendre.

Nos ennemis, depuis le 13, ont porté des corps dans la forêt de Haguenau et à Reschwoog; ils ont poussé des patrouilles jusque sur les glacis du Fort-Vauban; on ignore quelles peuvent être leurs vues ultérieures, il est cependant à présumer qu'ils cherchent à nous envelopper, leurs mouvements le dénotent, et, comme ennemis, telle doit être leur conduite.

Je présume que nous ne garderons pas longtemps notre position actuelle. Au moindre mouvement de l'armée, mon devoir le plus sacré sera d'en informer les Citoyens représentants.

Démont.

Wurmser ne profite pas de sa victoire en poursuivant les Français. Il s'amuse à inventer des vexations originales pour les patriotes de Wissembourg.

« Je m'avançai avec mon corps d'armée jusqu'à Sulz sans trouver de résistance, dit-il, et je le fis camper sur les hauteurs; le général Meszaros plaça ses avant-postes en avant de Surbourg; je fis réunir le prince de Waldeck à mon aile gauche, près de Schaffhausen. J'appuyai ma droite sur Wœrth, où se trouvait le duc de Brunswick. Le prince de Waldeck avait, avant sa réunion, repoussé l'ennemi vers le Fort-Louis, avec les hussards de Szeckler, l'avait fort maltraité à Roppenheim et Sessenheim, où il lui avait tué 40 ou 50 hommes et fait 11 prisonniers.

« Le 15, je fis reposer mes troupes. L'ennemi paraissait vouloir s'arrêter à Haguenau.

« Le 16, je fis chanter un *Te Deum* solennel, avec toutes sortes de réjouissances. »

Cependant, Carlenc décide de se retirer derrière la Zorn.

Au quartier général à Hœrdt, le 17 octobre 1793, l'an 2e de la République française une et indivisible.

L'adjudant général Démont aux Citoyens représentants membres du Comité de Salut public, à Paris.

Citoyens Représentants,

L'armée a quitté, à 3 heures du matin, sa position d'Haguenau pour prendre celle détaillée ci-après : la droite de l'armée est appuyée à Drusenheim; elle revient sur la Zorn, qu'elle occupe, en passant par les villages de Rohrwiller, Herrlisheim et Offendorf. Le centre de l'armée est placé à peu près parallèlement à la Zorn ; il se trouve partagé par la chaussée de Bischwiller à Strasbourg.

La chaussée d'Haguenau depuis Brumpt jusqu'à Stefansfelden (Commanderie), est occupé par un corps de troupes détaché; ce corps s'étend le long et en arrière de la Zorn; il doit éclairer sur sa droite, et occuper le bois par sa gauche.

L'avant-garde occupe le terrain entre les villages de Kurtzenhausen, Weyersheim, Bietlenheim, et les hauteurs de la gauche de Weyersheim.

La moitié de la cavalerie est placée à la droite de l'infanterie du centre, et l'autre moitié à la gauche de ladite infanterie.

6 bataillons de la gauche de l'armée, réunis à 6 venus de l'armée de la Moselle, ont pris poste vers Saverne et y occupent les hauteurs et les défilés.

Un autre corps de troupes, faisant partie de la gauche de l'armée, est à la rive droite de la Zorn, dans les environs de Hochfelden. Le quartier général est à Hœrdt.

Lichtemberg et la Petite-Pierre ont chacun un bataillon.

Les troupes agricoles sont en seconde ligne, derrière le centre de l'armée. Celles des troupes agricoles qui étaient à Brumpt, sont placées en seconde ligne derrière le corps de troupes qui y est placé.

Le parc d'artillerie est sur la hauteur de Mundolsheim.

L'ennemi est à une petite distance de nous sans doute ; sous peu nous aurons une affaire dont les Citoyens représentants en seront informés sur-le-champ.

Démont.

« Le 16 au soir, dit Desaix, nous reçûmes l'ordre de nous retirer et de prendre position derrière la Zorn, la droite à Mommenheim, la gauche vers Dettweiler; la brigade du général Sautter occupant Saverne. Les troupes partirent très tard et vinrent camper : la division de Ferey, la droite vers Bischwiller, la gauche à Bouxwiller. La division de Sautter se plaça la droite à Bouxwiller, la gauche vers les montagnes. Cette position n'était que provisoire ; dès le matin, on se remit en marche et l'armée se plaça ainsi : le 1er du 13e à Mommenheim ; le 1er des Vosges à Schwindratzheim; à Hochfeld, le ..... ; à Melsheim, les compagnies de Cunéo ; à Wilwisheim, le 7ᵉ d'infanterie légère et le 1ᵉʳ de la Haute-Saône ; à Waltenheim, le 1ᵉʳ du 27ᵉ, les 1ᵉʳ et 2ᵉ du Haut-Rhin ; à Mutzenhausen, le 1ᵉʳ de la Moselle, qui était venu nous renforcer de l'armée de la Moselle ; à Schaffhausen, le 10ᵉ des Vosges ; à Ingenheim, le 1ᵉʳ de l'Ain ; à Entzheim (?), un autre bataillon. »

Un bataillon d'agricoles du Haut-Rhin vient rejoindre l'armée le 17. Les dépôts, qui se trouvaient dans le Bas-Rhin, à Haguenau, la Wantzenau, etc., sont renvoyés, le 15 et le 16, les uns à Strasbourg, d'autres à Erstein, Ober et Nieder-Enheim, Schelestadt, Colmar ; d'autres enfin à Lunéville et Nancy. Les travaux de défense de Strasbourg sont poussés avec activité. La situation critique où se trouve l'armée vaut à quelques officiers, mis en arrestation depuis peu, d'être rendus à leurs corps :

A Strasbourg, le 6ᵉ jour de la 3ᵉ décade (17 octobre 1793) du 1ᵉʳ mois de l'an 2ᵉ de la République française une et indivisible.

Le Représentant du peuple près l'armée du Rhin, instruit que les citoyens Regnaut, Robert et Guyot, officiers au 5ᵉ bataillon de Rhône-et-Loire et détenus dans la prison militaire de Strasbourg, sont réclamés par leur bataillon, et sur les bons témoignages de leur civisme, donnés par grand nombre de patriotes reconnus et la réclamation de la Société populaire, attendu qu'ils n'ont été dénoncés à aucun tribunal, ce qui annonce que l'erreur qui a déterminé leur détention ne peut donner lieu à plus grande peine, arrête qu'ils seront remis en liberté pour retourner sur-le-champ à leurs postes et prouver qu'ils sont dignes de l'attachement des braves volontaires qui les ont placés à leur tête.

GUYARDIN.

Du 26 vendémiaire, an 2ᵉ, à Strasbourg (17 octobre 1793).

Le Représentant du peuple près l'armée du Rhin, sur les témoignages rendus par des patriotes reconnus, du civisme du citoyen Petit, commandant en chef du 3ᵉ bataillon de Saône-et-Loire, détenu à la prison militaire de Strasbourg, pour cause civile, et du désir du bataillon de le revoir à sa tête, considérant qu'un intérêt pécuniaire ne peut l'emporter sur celui de la défense de la République et qu'il est possible de les concilier en rendant à la patrie un de ses braves défenseurs, arrête que le citoyen Petit sera mis en liberté pour rejoindre incessamment son bataillon, en donnant cependant dans le jour, entre les mains du commissaire ordonnateur des guerres, bonne et suffisante caution des causes de la détention.

GUYARDIN.

L'armée était si profondément désorganisée par la déroute, que les unités s'étaient mêlées et qu'il fallut renvoyer les divers bataillons à leurs divisions, comme en témoignent, entre autres, les lettres suivantes :

17 octobre 1793.

L'adjudant général Bourcier à l'adjudant général Bally.

Il paraît, Citoyen, qu'il s'est établi quelques doutes sur les corps qui cessaient de faire en ce moment partie de l'avant-garde depuis les derniers mouvements. Afin de fixer votre incertitude à cet égard, je vous préviens de nouveau que le 1er bataillon de la Corrèze et le 1er du 48e sont distraits de l'avant-garde et chargés de la garde du quartier général, destination qu'ils avaient reçue à Wissembourg. Le 6e bataillon d'infanterie légère a été mis momentanément sous les ordres du général Michaud, ainsi que le 8e régiment de chasseurs à cheval, qui remplace dans cette destination le 10e régiment, qui en avait reçu l'ordre à Sarrebourg, et il a été donné avis de toutes ces dispositions au général Combez. Quant au bataillon des chasseurs du Rhin, il est entièrement à la disposition du général commandant l'avant-garde, et doit recevoir de lui des ordres sur sa destination. Je vais en prévenir le général Michaud.

BOURCIER.

Le même au général Michaud.

Je vous préviens, Citoyen Général, de donner ordre au bataillon des chasseurs du Rhin, qui paraît s'être réuni aux troupes à vos ordres, de rejoindre l'avant-garde, dont il n'a pas dû cesser de faire partie, et recevra, au quartier général de Weyersheim, les ordres du général commandant l'avant-garde sur sa destination ultérieure.

BOURCIER.

L'adjudant général Lahorie à l'adjudant général Bally.

Ci-joint, Citoyen adjudant général, un ordre qui change la destination des chasseurs du Rhin et les retire de l'avant-garde pour les charger de la surveillance du Rhin, à laquelle ce corps est particulièrement propre. Je vous prie de faire parvenir sans délai cet ordre au commandant de ce bataillon et de lui en prescrire la prompte exécution.

LAHORIE.

Les représentants Lacoste et Mallarmé écrivent le 18 au Comité de Salut public :

Le 16, nous sommes arrivés à Haguenau à 4 heures du soir, et quelle a été notre douleur d'apprendre que, dans la partie de l'armée composant la division de Wissembourg, un grand nombre de soldats ont abandonné les drapeaux, et qu'on soupçonne fortement plusieurs officiers partisans de Beauharnais et parents de Landremont d'être les moteurs de cette désorganisation ; ce qu'il y a de certain, c'est qu'il a été tenu les propos les plus indécents contre nos collègues, que Ruamps a été assailli par des hussards commandés par une des créatures de Landremont ; enfin, nous avons trouvé l'armée campée près d'Haguenau, occupée à opérer une seconde retraite pour aller occuper les lignes de la Zorn. Il était près de 11 heures du soir, et la ville d'Haguenau était évacuée par nos troupes, quand nous l'avons quittée avec nos collègues Borie et Niou ; ce dernier a été passer la nuit à l'armée et nous nous sommes rendus à Brumpt.

Le lendemain 17, nous nous sommes rendus ici (à Strasbourg) pour nous réunir à nos autres collègues Milhaud et Guyardin, et, d'après les différents rapports qui nous ont été faits, nous ne pouvons vous taire que notre position est infiniment alarmante.

Dans la déroute du 13, près de plus de 6,000 soldats ont abandonné leurs drapeaux et fui à plus de 12 lieues. Nous ne sommes point encore assurés s'ils ont rejoint. L'esprit des agricoles alsaciens est infiniment mauvais ; plusieurs se sont réunis à nos ennemis pour marcher contre nous. Le plus grand nombre des habitants de Strasbourg est plus autrichien que français, et ne cherche qu'à livrer cette forteresse ; les assignats n'y ont plus qu'un faible cours ; notre armée n'est point encore parfaitement ralliée ; nous sommes sans généraux capables et sans savoir où en prendre. L'ennemi, parfaitement instruit, et avec des forces supérieures (car on les porte à 70,000 hommes) (1), nous harcèle

---

(1) Wurmser a disposé de 38,000 hommes le 13 octobre.

avec vigueur de toutes parts; nous avons 28,000 sacs de grain dans la place, mais nous manquons de poudre.

Malgré tous ces revers, et entourés de tant de dangers, nous ne perdrons pas courage jusqu'au dernier soupir; nous servirons la République toujours en montagnards et avec une nouvelle ardeur; c'est sur quoi vous pouvez compter. Nous nous occupons sans relâche des mesures extraordinaires que nécessite une situation si critique.

Envoyez un bon général, des munitions, de la poudre et des armes, le tout en poste, et surtout un renfort de 12,000 à 15,000 hommes; il faut que la nation fasse un nouvel effort pour sauver cette belle partie de la République.

J.-B. LACOSTE, MALLARMÉ, BORIE, NIOU, GUYARDIN, MILHAUD.

Le général Dièche est inquiet pour Strasbourg, où la poudre menace de manquer: « Nous n'avons ici que 400 milliers de poudre, et avec cette quantité nous fournissons l'armée. Vous connaissez l'état d'approvisionnement: ainsi jugez de la position critique où nous nous trouvons. Quant aux fortifications, on y a travaillé avec activité depuis six semaines que j'ai été nommé commandant de la place. Quoique ce travail ne soit pas fini, il l'est cependant au point de pouvoir se défendre.

« Les représentants du peuple ont envoyé des courriers extraordinaires pour avoir de la poudre à Colmar, Belfort et Besançon, mais quand viendra-t-elle? et pourra-t-elle entrer? Au nom de la Patrie, secourez-nous. L'ennemi n'est qu'à 5 lieues d'ici; on pourrait faire venir la moitié de l'armée de Lyon, qui, entrant par le Haut-Rhin, pourrait prendre une position avantageuse. Enfin sauvez la République, et nous, nous mourrons à notre poste. »

« Il y a eu, répond Bouchotte, des ordres donnés pour en faire passer 100 milliers de Besançon, qui doivent être arrivés. Je donne de nouveaux ordres pour en faire passer de Metz, Thionville et Phalsbourg 120 millions.

« Considérez que la saison est avancée, que vous êtes dans un pays qu'on peut inonder, et que, pourvu que vous ayez fait rentrer des vivres par le moyen des réquisitions, vous pouvez être tranquille. L'essentiel est de ranimer l'esprit public, d'enflammer les esprits au nom de la liberté ; si la Société populaire est dans un bon sens, elle peut être très utile pour cet objet. »

XXXV. — Combats sur la Zorn.

Wurmser s'ébranle à peu près en même temps que nous, et les troupes atteignent la Moder au moment où nous l'abandonnons :

« Le 17, dit-il, je fis marcher sur Haguenau l'avant-garde commandée par le général Meszaros. L'arrière-garde de l'ennemi était encore dans la ville, que les dragons de l'Empereur forcèrent, et où ils en tuèrent un grand nombre. Quant à moi, je fis mon entrée le soir à Haguenau, et j'y reçus l'avis du prince de Waldeck, à qui j'avais ordonné de se porter en avant de Fort-Louis et de la Moder, qu'il avait placé son camp près de Benheim, bloqué le Fort-Louis et repoussé l'ennemi, jusqu'à Drusenheim.

« Le général Meszaros avait alors son avant-garde en avant d'Haguenau, au delà de la Moder ; demain mon corps d'armée arrive de Sulz ici et campera entre Batzendorf et Drusenheim, pendant que le général Meszaros se portera avec l'avant-garde sur Hœrdt, au delà de Weyersheim ; le général Hotze s'avance sur Saverne par Hochfelden. »

Suite du détail des opérations du corps d'armée commandé par le général de Wurmser.

Du quartier général de Brumpt.

Le 18 octobre, je fis attaquer Drusenheim par le feld-maréchal prince de Waldeck ; les autres colonnes marchèrent en avant de Haguenau et campèrent près de

Batzendorf; j'ordonnai au général Meszaros de se porter avec l'avant-garde jusqu'à Brumpt. Voici le résultat de ces dispositions :

Vers les 8 heures du matin, il trouva en avant de Brumpt l'ennemi qui était en assez grand nombre, et il y eut alors de part et d'autre une assez forte canonnade. L'ennemi employa tous les moyens possibles pour tourner le flanc de l'avant-garde ; pour en venir à bout, il fit marcher un nombre considérable de cavalerie, d'infanterie et d'artillerie vers Rottelsheim et Weitbruch. Le général Meszaros fit alors ses dispositions d'après ses propres vues pour arrêter les ennemis qui arrivaient en foule de tous côtés, et on les canonna vigoureusement. Cependant, ceux-ci se renforçaient toujours et menaçaient de tourner sa gauche. Il fit alors attaquer leur cavalerie, placée en avant de ...., par deux divisions du régiment de l'archiduc Léopold, commandées par le colonel Ott, par une division du régiment des dragons de l'Empereur, sous les ordres du lieutenant-colonel comte de Klenau, et par une autre division des hussards de l'archiduc Léopold, commandée par le colonel Stenkeretzki. On eut le bonheur de repousser l'ennemi, auquel on prit une pièce de 8 avec les chevaux et un caisson à poudre.

Cependant il se rassemblait et se renforçait de nouveau, malgré le feu du canon et des obusiers ; il marchait contre le corps du général Meszaros. Rien ne put venir à bout de lui forcer sa position, quoiqu'il fût bien plus nombreux et que le combat durât pendant trois heures avec un acharnement incroyable. Enfin, à 4 heures du soir, le feld-maréchal comte Kavanagh s'avança contre l'ennemi du côté de Weitbruch, et dégagea par là l'aile gauche de Meszaros. Outre cela, je lui envoyai pour renfort la seconde division du major d'Erdödy. Alors Meszaros fit de nouveau attaquer la cavalerie ennemie, et la repoussa vigoureusement jusqu'à Geudertheim, ainsi que son infanterie et son artillerie. Il ne se hasarda pas à marcher en avant, et même pendant la nuit il exécuta sa retraite au delà de la Zorn ; d'après cela, le général fit porter ses avant-postes au delà de la Zorn jusqu'à Hœrdt.

L'ennemi qui, la nuit auparavant, avait renforcé son armée placée près de Brumpt et sur la Zorn, de 5,000 hommes tirés des montagnes au delà de Saverne, était, selon les divers rapports, fort de 40,000 à 45,000 hommes depuis Mommenheim jusqu'à Hœrdt le long de la Zorn (1). Il fut encore obligé une fois de battre en retraite, quoiqu'il nous surpassât considérablement en nombre. Cet événement augmenta la gloire du général Meszaros, qui a déjà rendu des services si éclatants, et celle de nos braves soldats. Notre perte consiste en 31 hommes tués, parmi lesquels se trouve un porte-étendard tué d'un coup de boulet, et 56 chevaux. L'étendard est aussi tombé entre les mains de l'ennemi ; nous avons eu en outre 127 hommes et 58 chevaux blessés. L'ennemi a perdu 150 hommes restés sur le champ de bataille et a eu, à coup sûr, deux fois autant de blessés. Outre le canon ci-dessus mentionné, nous avons pris 9 chevaux d'artillerie, 27 de cavalerie, le commissaire général Villemanzy, et un autre commissaire des guerres, qui fuyaient, avec 42 prisonniers.

Le général Meszaros ne peut pas donner trop d'éloges à tous les officiers qui furent présents à cette affaire, ainsi qu'à tous nos soldats, qui ont fait des prodiges de valeur ; il recommande particulièrement : (*suit une liste de noms*).

Le comte de Kavanagh, qui était accouru au secours du général Meszaros, essuya dans cette affaire une forte canonnade, que l'artillerie du régiment de Preiss fit bien

---

(1) L'armée du Rhin comptait 30,000 hommes en tout.

vite cesser. Nous y avons perdu un homme et un cheval. Le major Germany, du régiment de Preiss, eut son cheval tué sous lui. Toutes les troupes ont déployé la plus grande fermeté, et on loue particulièrement l'artillerie du régiment de Preiss.

Après cette affaire, les colonnes tracèrent un camp, sans cependant déployer les tentes. Les succès n'étaient pas moins importants à l'aile gauche, et cette journée fut couronnée par la prise de Drusenheim.

Le prince de Waldeck m'annonça qu'en exécution de mes dispositions, il avait envoyé le général Lichtemberg vers Drusenheim, que lui-même s'était porté avec des forces suffisantes sur Rohrweiler, au delà de Soufflenheim et de Schirrhoffen, dans le dessein d'y battre l'ennemi, de favoriser l'expédition de Drusenheim et d'effectuer le passage de la Moder et de la Zorn. Près de Rohrweiler, les Français firent une résistance opiniâtre et nous firent essuyer un feu bien soutenu de mousqueterie, mais ils furent bientôt repoussés jusqu'au pont de ce village, qu'ils abattirent en se retirant. Après plusieurs reconnaissances, on découvrit enfin un passage sur la Moder. Aussitôt, une partie de nos hussards la traversèrent; une division des dragons de Waldeck la suivit en toute hâte; l'ennemi s'aperçut de ce mouvement et, voyant notre infanterie et notre artillerie se porter en avant, il abandonna aussitôt Rohrweiler, pour ne pas se laisser couper sa retraite sur Weyersheim. Il abattit derrière lui le pont de Rohrweiler et il opéra ainsi sa retraite, protégée par l'artillerie, qu'il avait placée au delà de la Moder. Il se retira même jusque vers Offendorf et ne voulut pas s'arrêter entre la Zorn et le Rhin, dans la crainte d'être coupé; pendant ce temps, nous avons rétabli le pont avec toute la promptitude possible, et nos troupes prirent ensuite une position dans la plaine.

Pendant que le prince de Waldeck forçait ainsi

l'ennemi à se retirer, le général Lichtemberg marchait à grands pas vers Drusenheim. Aussitôt que son avant-garde parut hors de la forêt, en avant de ce village, qui était occupé par 4 bataillons d'infanterie, 2 escadrons de cavalerie et 6 pièces de canon, il nous fit essuyer une très forte canonnade. Le général Lichtemberg se hâta de prendre les hauteurs les plus avantageuses et fit canonner la ville, ce qui s'exécuta avec tout le succès possible. Il fit ensuite environner le flanc gauche de l'ennemi avec les grenadiers du bataillon de Rœdely, un escadron de hussards de Szeckler et un escadron de ceux de Wurmser. De l'autre côté, il envoya un escadron de hussards de Szeckler, un de Wurmser et le bataillon des grenadiers d'Esock, pour tourner le flanc droit. Ces dispositions dérangèrent tellement celles de l'ennemi, qu'il se vit obligé d'abandonner la place. L'avant-garde enfonça les portes de la ville ; c'est Haindel, lieutenant des hussards de Szeckler, et Jamais, lieutenant dans le régiment de l'archiduc Ferdinand, qui s'élancèrent les premiers dans la place. Ils furent bientôt suivis du lieutenant-colonel Esock, avec son bataillon. L'ennemi s'enfuit alors au delà de la Zorn, en abattit tous les ponts et se retira derrière la forêt sur Offendorf et Herlisheim. Le général Lichtemberg le poursuivit le long de la chaussée qui va à Offendorf; mais comme il s'était rassemblé dans la forêt entre Kurtzenhausen et Weyersheim, au nombre de 17,000 hommes (1), et canonnait vigoureusement la colonne du prince de Waldeck, le comte Lichtemberg continua à se porter sur Offendorf, et il vint ensuite à bout de s'emparer de ce village, que l'ennemi mit en feu en le quittant. Il continua sa marche à travers Offendorf et s'avança

---

(1) Dubois déclare 5,000 à 6,000 hommes. Il n'avait que deux faibles brigades.

jusqu'à Gambsheim, en faisant faire sur lui un feu continuel. Les Français canonnèrent alors le front de la colonne commandée par le prince de Waldeck et ils exécutèrent ensuite totalement leur retraite par Weyersheim. La canonnade fut très vigoureuse de part et d'autre, et dura jusqu'à ce que notre infanterie eût passé la Zorn. Aussitôt, les deux colonnes s'avancèrent rapidement contre l'ennemi, qu'on ne pouvait pas tourner, son aile gauche étant appuyée sur la Zorn et son aile droite sur le Rhin. Mais son infanterie n'attendit pas la nôtre; elle se retira même si loin le long du Rhin, qu'on ne pouvait déjà plus l'atteindre lorsque notre cavalerie eut passé le pont de la chaussée et la rivière de Wen. Il n'y eut que quelques divisions de cavalerie qui purent la joindre et qui en tuèrent environ 60. Les hussards de Wurmser prirent en cette occasion un caisson de munitions; l'ennemi fut poursuivi jusqu'à Bettenhoffen. Comme la nuit approchait, l'armée prit sa position derrière la Wen et les sentinelles furent portées jusqu'à Killstett. L'ennemi avait jeté plusieurs de ses morts dans la Moder et il perdit en tout plus de 400 hommes. De notre côté, nous n'avons perdu que 9 hommes et 27 chevaux tués, 25 hommes et 5 chevaux blessés.

Le prince de Waldeck s'empresse de rendre justice à la sagesse et aux talents militaires que déploya dans cette occasion le général Lichtemberg; il ne peut non plus trop louer une quantité d'officiers supérieurs qu'il a vus lui-même se signaler par des actions d'éclat, ainsi que d'autres individus dont la bravoure lui a été recommandée par les différents généraux. On a principalement remarqué..... (*suivent les noms*).

Tous les soldats, en général, se sont battus comme des héros; quant à moi, je dois avouer que la conduite courageuse de nos troupes et les avantages importants qui ont résulté de leur valeur, comblent de gloire leurs chefs, le prince de Waldeck, le général Meszaros et le général Lichtemberg. En un mot, toute l'armée, depuis le premier jusqu'au dernier, s'est rendue digne de la faveur et des bonnes grâces de Sa Majesté. »

Une relation française résume ainsi les événements :

« Le 18, sur les 8 heures du matin, le centre et la gauche furent attaqués : ils repoussèrent l'ennemi et eurent même beaucoup de succès, surtout notre cavalerie, qui culbuta et repoussa celle de l'ennemi six fois dans la journée. Sur les 11 heures, Drusenheim et Rohrwiller furent attaqués; ils ne firent aucune résistance : le général Dubois réunit toute sa division, se rangea en bataille dans la plaine entre Offendorf et Gambsheim, la rivière de Wenbach étant entre lui et l'ennemi; bien résolu de tenir cette position, il commença à faire canonner; on lui répondit avec vigueur, mais quelqu'un lui ayant dit que l'ennemi faisait filer une colonne le long du Rhin, qu'il était même déjà à deux lieues sur les derrières, et qu'il pourrait lui couper la retraite, lui ajoutant encore qu'il n'aurait pas de munitions pour l'artillerie légère, ce qui était effectivement vrai, il résolut de se retirer, ce qu'il fit jusqu'à Hœnheim; le général La Boissière, qui était chargé de protéger la retraite, empêcha, par sa bonne contenance et par les bonnes manœuvres qu'il fit, l'ennemi de nous poursuivre vigoureusement et de tenter quelque coup sur cette colonne.

« La droite de l'armée, qui était encore à Brumpt, se trouvant dégarnie par ce mouvement rétrograde, et l'ennemi s'en étant aperçu, l'attaqua de nouveau vigoureusement sur le soir; mais notre cavalerie ayant continué de faire bonne contenance, l'ennemi ne put jamais l'entamer, et la nuit étant survenue, on se retira sans être inquiété de l'ennemi qui, dans cette même nuit, se présenta du côté de Hœrdt; mais un régiment de dragons, un de chasseurs à cheval et une compagnie d'artillerie légère que l'on y avait portés, l'empêchèrent de rien entreprendre (1). »

L'adjudant général Démont écrit au Comité de Salut public :

« L'armée a été attaquée depuis sa droite, appuyée à Drusenheim, jusqu'à la fin de sa ligne du centre. Les troupes de la gauche de l'armée, placées depuis les hauteurs de Hochfelden jusque sur les hauteurs et dans les gorges de Saverne, n'ont essuyé d'autre attaque que celle nécessaire pour les tenir en échec.

« Le centre de l'armée, vivement attaqué sur les hauteurs de Geudertheim, a soutenu avec fermeté une canonnade très vive qui n'a cessé qu'au soir : cette partie de l'armée a même gagné du terrain, que trois charges de cavalerie lui ont procuré ; cet avantage a été conservé jusqu'au soir, mais la conduite de quelques troupes légères à cheval a permis à l'ennemi de reprendre le terrain qu'il avait perdu.

« Le général en chef provisoire, qui commandait le centre de l'armée et qui se trouvait partout, a marqué à ce corps son mécontentement d'une manière non équivoque.

« Je dois observer aux citoyens représentants que dans une des charges de cavalerie, le citoyen Donadieu, capitaine au 11e régiment de dragons, a enlevé un étendard aux ennemis, que le général s'empressera d'envoyer à la Convention nationale.

« Une compagnie d'artillerie volante a été enveloppée par les ennemis et prise pour un moment, mais deux escadrons de dragons sont accourus la dégager ; cet événement, cependant, nous a fait perdre une pièce de canon et un caisson wurst, qu'on a été obligé de laisser sur la place, les ennemis ayant tué les chevaux.

---

(1) *Relation de la campagne sur le Rhin.* (A. G.)

« Pour l'aile droite de l'armée, placée depuis Drusenheim jusqu'à la rivière Zorn, sans doute attaquée par des forces supérieures, elle a reculé jusqu'à Hœnheim. Ce mouvement rétrograde de la droite de l'armée ayant détaché le centre de l'armée de son aile droite, et l'ayant isolé, le général en chef a craint que l'ennemi ne profitât de sa position critique en se plaçant entre le centre et l'aile droite pour l'envelopper; en conséquence, il a ordonné à toute l'armée, excepté au corps de troupes placé à Saverne, un mouvement en arrière pour venir se placer sous le canon de Strasbourg. Cette retraite s'est effectuée à 10 heures du soir. »

La relation du général Desaix, sans plus être détaillée, est beaucoup plus sévère pour le général Dubois :

« Le 18 au matin, les ennemis se présentèrent sur toute notre ligne; à la droite, ils poussèrent cinq gros escadrons sur Mommenheim pour appuyer leur attaque sur Brumpt, et sur l'avant-garde placée à Geudertheim et Weyersheim. Cette cavalerie chassa le 13º de Mommenheim, mais ce village fut bientôt repris à l'aide de 120 chevaux, qui étaient toute la cavalerie de la division, et du 13º régiment, qui repoussa l'ennemi, le poursuivit jusqu'à Rottelsheim, sans oser s'avancer plus loin; le pays étant très découvert, nous ne pouvions pas y manœuvrer sans artillerie légère et sans cavalerie, sans le plus grand danger.

« L'ennemi fut repoussé à Brumpt sur la hauteur de Geudertheim, après un combat opiniâtre de cavalerie. Le général Dubois, qui commandait la droite, s'étant retiré sans être battu jusqu'à Hœnheim, près Strasbourg, abandonnant la position de Rothwiller, Offendorf et Bettenhoffen, l'armée fut forcée à la retraite, se voyant menacée par son flanc droit. Alors la division de Ferey vint se placer sur le Kochersberg, très magnifique position entre Saverne et Strasbourg. »

Strasbourg, le 8ᵉ jour de la 3ᵉ décade du 1ᵉʳ mois de l'an 2ᵉ de la République française (19 octobre 1793, vieux style).

Les représentants du peuple près l'armée du Rhin aux citoyens leurs collègues composant le Comité de Salut public.

Hier, Citoyens nos collègues, notre armée fut attaquée par les ennemis dans la position qu'elle avait prise en deçà de la Zorn. L'aile droite a été chargée par une nombreuse cavalerie ; elle s'est repliée sur les lignes de la Souffle depuis le Rhin jusqu'aux gorges de Saverne ; le reste de l'armée l'a suivie, nos troupes épouvantées par le nombre de leurs ennemis, manquant de confiance aux lumières de leurs généraux, confondant toujours l'incapacité avec la trahison, travaillées en outre par les plus vils intrigants qui, sous le masque du patriotisme, cherchent à désorganiser l'armée ; les soldats de la patrie, nous le disons avec douleur et le désespoir dans l'âme, n'ont plus cette assiette tranquille qui mène aux grandes vertus ; il faut de grands moyens pour relever le courage abattu de plusieurs d'entre eux ; nous employons tous ceux qui sont en notre pouvoir pour y parvenir, mais des scélérats de toute espèce, que l'argent des étrangers alimente, détruisent souvent dans peu de temps le travail de plusieurs jours. On veut nous rendre responsables des événements militaires, comme si nous les dirigions. Si les généraux font des fautes, sont ignorants, en pouvons-nous davantage ? Cependant c'est par cette raison et sous des prétextes encore moins fondés qu'on nous abreuve de calomnies, qu'on nous déchire de la manière la plus atroce. On nous reproche de n'être pas assez souvent avec l'armée, mais que pouvons-nous faire de plus ? Sans cesse à la tête des colonnes, dans les batteries, au milieu des plus grands dangers, couchant souvent dans les camps, cherchant à pourvoir aux besoins du soldat, tous nos moments sont employés pour eux et pour le triomphe des armes de la patrie. Malgré tout ce que nous souffrons dans un pays où l'aristocratie, l'amour des tyrans ont jeté de profondes racines, où tout ce qui est patriote, vrai jacobin, est persécuté ; malgré le désespoir où nous met l'injustice d'hommes égarés par des traîtres, notre courage n'est point ébranlé, mais nos moyens diminuent à mesure qu'on cherche à nous ôter la confiance.

Nous ne pouvons vous taire que la ville de Strasbourg, dans la position où sont les choses, court les risques d'être incessamment assiégée si le succès d'un prochain combat ne répond pas à nos désirs, à notre zèle. Nos forces diminuent tous les jours ; celles des ennemis augmentent sans cesse ; néanmoins comptez sur notre dévouement et notre fermeté, mais secourez-nous, si vous le pouvez, en hommes et en munitions.

Salut et fraternité.

MALLARMÉ, J.-B. MILHAUD, NIOU, GUYARDIN, J.-B. LACOSTE.

L'agent du pouvoir exécutif, Berger, écrit à Bouchotte :

Le 17, l'ennemi nous a poursuivis d'Haguenau à Brumpt, à trois lieues de Strasbourg, où est restée notre avant-garde.

Hier, 18, l'on s'est battu toute la journée ; l'ennemi a envoyé des obus sur Brumpt ; quatre maisons ont été brûlées ; à 10 heures, nous les avons repoussés une lieue et demie ; après-midi, ils ont regagné le terrain et pris quelques pièces de nos canons, que bientôt nous les avons obligés d'abandonner. Le feu n'a cessé qu'avec le jour ; l'ennemi a perdu beaucoup de monde ; plusieurs régiments des nôtres ont beaucoup souffert ; notre avant-garde est toujours à Brumpt.

Cette nuit, l'ennemi a tenté de surprendre notre quartier général, mais ils ont été reçus par les régiments, 4e de chasseurs à cheval, 9e et 12e de cavalerie, et un de dragons, qui les ont fait repentir de leur audace. Notre artillerie les a pris en flanc, on les a mis en déroute et tué beaucoup de monde ; l'on n'a cessé de tirer le canon toute la nuit, et, au moment où j'écris, l'on est à se battre.

Nous avons besoin de secours prompts. Les subsistances arrivent avec abondance à Strasbourg ; en ce moment, il y en a pour trois mois.

Salut et fraternité.

L'agent du pouvoir exécutif,

BERGER.

Le 17, le général Dubois paraissait avoir conscience de l'importance de son poste. Il exhortait ses brigadiers à tenir ferme :

17 octobre 1793.

Le général Dubois au citoyen La Boissière, commandant la brigade de gauche, à Hannhofen.

Citoyen Général,

Je sais que vous occupez une position critique, mais, quand il s'agit du salut de la patrie, les peines et les fatigues doivent être oubliées ; il est donc essentiel que vous poussiez vos avant-postes le plus loin que vous pourrez et que vous ordonniez que l'on fasse des patrouilles jour et nuit; c'est le seul moyen de se garder et d'éviter toute surprise; je connais votre zèle et j'ai lieu d'espérer que vous donnerez des ordres à vos postes avancés, à vos grand'gardes, ainsi qu'à vos cantonnements, pour se garder de manière à ne pas se laisser surprendre.

Salut et fraternité.

DUBOIS.

17 octobre 1793.

Le général Dubois au général de brigade Wormesson.

Le général de l'armée vient de m'écrire qu'il compte sur nos soins pour couvrir la droite de l'armée; vous occupez le poste le plus important de ma division et le seul qui peut opposer de la résistance à l'ennemi; je connais votre patriotisme et je compte sur votre courage à défendre la place que vous occupez; aussitôt que vous serez attaqué, faites-moi prévenir sur-le-champ; je me porterai aussitôt sur vous pour vous seconder; si l'ennemi fait le moindre mouvement, prévenez-moi aussitôt; faites faire des patrouilles fréquentes et doublez vos vedettes pendant la nuit pour éviter toute surprise.

DUBOIS.

Mais le 18, à 1 heure, il écrit à Carlenc qu'il s'est retiré sur Offendorf. On voit dans son récit que chaque brigade a opéré pour son compte et qu'il n'a exercé nulle action personnelle. Il paraît affolé et veut se retirer jusqu'à Hœnheim, parce qu'il y trouvera des redoutes.

18 octobre 1793, à 1 heure.

Le général Dubois au citoyen Carlenc, général en chef.

Citoyen Général,

Je vous écris de Gambsheim où je me suis retiré à midi; ma brigade de gauche, s'étant laissé surprendre, fut mise en déroute par l'ennemi. Elle s'est retirée en désordre sur Offendorf; ma brigade de droite, aux ordres du général Wormesson, a été de même attaquée malgré la position intéressante et militaire qu'elle occupait. Elle a fait sa retraite sans ordre sur Offendorf. Vous devez juger, mon cher Général, de ma position. Je me suis emparé du pont de Gambsheim, où j'ai placé deux pièces de canon. Je suis attaqué par un corps de cavalerie que je juge être fort de 5,000 à 6,000 hommes, ainsi que par un corps d'infanterie de 4,000 hommes et beaucoup d'artillerie volante. Si vous ne m'envoyez sur-le-champ deux ou trois régiments de cavalerie, il est impossible que je puisse y résister. Je crains, en me laissant entraîner par cette forte cavalerie, d'être mis en déroute. Je suis en bataille dans une plaine sans aucun retranchement ; ma position est d'autant plus critique que, si je laisse entamer mon infanterie par cette nombreuse cavalerie, il peut en résulter de grands malheurs pour les intérêts de la République ; je puis compromettre tout à la fois et la ville de Strasbourg et l'armée. Si je ne reçois pas de vous un secours de 2,000 ou 3,000 hommes, tant en cavalerie qu'en infanterie, je n'ai d'autre ressource que de me retirer sur Hœnheim, où je trouverai des redoutes et une position militaire. Pour Dieu, répondez sur-le-champ, et envoyez-moi des renforts. Je tiendrai en attendant avec mon artillerie volante.

Dubois.

L'adjudant général Bourcier lui répond, en son propre nom, puis sur l'ordre de Carlenc, qu'il est important de tenir ferme dans sa position ; mais il n'en tient pas compte et, par une retraite précipitée, découvre la droite de l'armée.

18 octobre 1793.

L'adjudant général Bourcier au général Dubois.

Je viens de renvoyer au général en chef la lettre que vous m'avez adressée, Citoyen Général, pour me faire part de votre résolution de vous replier à Gambsheim pour y attendre l'ennemi s'il vous attaque trop vivement à Drusenheim. Je n'ai point le droit de vous indiquer moi-même la position que vous devez tenir, mais l'intérêt de l'armée ne me permet pas de vous dissimuler que votre retraite sur Gambsheim exposerait peut-être beaucoup l'avant-garde et le corps d'armée, en arrière desquels vous vous trouveriez alors ; ne serait-il pas à craindre que l'ennemi ne profite de ce moment de dénuement de forces sur notre droite, et que si l'armée, qui est attaquée vers la gauche, était forcée de se replier, votre éloignement de l'avant-garde ne rende notre retraite extrêmement hasardée. Il me semble donc qu'il serait bien avantageux que vous pussiez prendre votre position vers Offendorf, ou du moins entre ce village et Herlisheim, jusqu'à ce que vous ayez reçu des ordres ultérieurs du général en chef. C'est avec confiance que je vous fais part de ces observations, Citoyen Général, bien persuadé qu'en bon républicain vous les jugerez dictées par l'inquiétude et l'intérêt que doivent naturellement inspirer la position de l'armée.

P.-S. — Un officier de l'état-major qui revient du champ de bataille m'apprend la nouvelle que la cavalerie repousse l'ennemi ; elle le charge avec avantage et un guidon des escadrons ennemis a été pris.

BOURCIER.

Le même au même.

Je m'empresse de vous faire part, Citoyen Général, que le général en chef vient de me faire écrire par l'adjudant général Démont qu'il est assez content des événements qui se succèdent, et de vous mander de tenir ferme en employant tous les moyens qui sont en votre pouvoir pour empêcher que l'ennemi n'ait de l'avantage sur notre droite, et que cette journée se termine glorieusement pour les armes de la République.

BOURCIER.

En résumé, l'on doit conclure de tout ce qui précède que la journée du 18 ne fut pas très vive, malgré le rapport emphatique de Wurmser ; la faiblesse de ses pertes (60 hommes sur 40,000) en est la meilleure preuve. Quant au général Dubois, il avait été placé dans une position en angle aigu où il était bien difficile qu'il tînt contre la première menace de l'ennemi ; mais s'il pouvait se croire obligé d'évacuer Drusenheim, du moins devait-il tenir à Herlisheim ou Offendorf. La ligne qu'il dit avoir voulu occuper en arrière de ce dernier village se trouvait encore à hauteur du front de l'armée ; mais rien ne peut excuser sa retraite précipitée jusqu'à Hœnheim, étant donné surtout l'insignifiance de l'attaque, et il a transformé un combat indécis en une défaite dont la responsabilité lui incombe tout entière.

XXXVI. — L'ARMÉE DEVANT STRASBOURG.

Le 18 au soir, « Carlenc tint un conseil de guerre auquel assistaient sept représentants du peuple. Il fallait prendre une résolution décisive. La plupart des conventionnels proposaient de se jeter sur la route de Saverne. D'autres demandaient naïvement si l'on ne pouvait ranger les troupes en haie le long de la chaussée (1) ». Il y avait donc à l'armée du Rhin quelques hommes intelligents et résolus qui comprenaient que la ligne de retraite de l'armée ne devait pas être sur la place de Strasbourg, mais sur le centre même du territoire national. C'est la première fois que cette idée se fait jour depuis le début de la campagne.

« Le commissaire ordonnateur Villemanzy et le chef du génie Clémencet l'emportèrent. Ils opinèrent que l'armée du Rhin devait conserver ses communications avec l'armée de la Moselle, laisser sa gauche à Saverne et placer sur-le-champ, dans la nuit même, sa droite et son centre derrière la Souffel. La place de Strasbourg, ajoutait Villemanzy, a constamment approvisionné les camps ; ses magasins de vivres et de munitions sont épuisés ; elle ne peut soutenir un siège ; l'abandonner à elle-même, c'est signer d'avance sa capitulation (1). »

Cette résolution fut exécutée le soir même, à 8 heures.

Le 19, l'armée occupe donc une nouvelle position :

« Toute l'armée s'étant trouvée réunie, au matin, sous les murs de Strasbourg, on lui fit prendre une position sûre et convenable pour arrêter les progrès de l'ennemi. En conséquence, l'avant-garde, sous les ordres du général Combez, fit occuper la Wantzenau, qui, la veille, avait été abandonnée, et Reichstett. Un corps de troupes, aux ordres du général Michaud, occupa Lampertheim et Berstett, en se prolongeant sur la gauche. Le corps d'armée occupa les hauteurs d'Hœnheim, Souffelweyersheim, Griesheim, Ittlenheim, en se prolongeant sur la gauche jusqu'aux montagnes de Saverne. »

L'adjudant général Démont entre dans de plus grands détails sur cette prise de position :

---

(1) A. Chuquet, *Wissembourg*, page 223, d'après un mémoire de Clémencet. Villemanzy, fait prisonnier, n'a pu assister à ce conseil.

POSITION DE L'ARMÉE.

Avant-garde commandée par le général de brigade Combez (1).

L'ordre de bataille de l'avant-garde est à la hauteur de la Wantzenau jusqu'au bois qui est à sa gauche, lequel bois est occupé dans toute son étendue jusqu'au Cabaret.

La gauche de l'avant-garde communique avec les troupes aux ordres du général de division Michaud, qui commande un corps de troupes séparé. On poussera des patrouilles à Kilstett, et on empêchera que l'ennemi ne s'y établisse.

Le Jardin d'Angleterre est occupé par un bataillon (2).

La droite de l'armée, 1re *division*, commandée par le général de brigade Dubois (3).

Cette division est en ligne, sa droite appuyée à Hœnheim, s'étendant par le couronnement des hauteurs derrière Souffelweyersheim.

Corps d'armée, 2° *division*, commandée par le général Munnier.

A la gauche du général Dubois, elle occupera les hauteurs de Niederhausbergen, ne laissant dans les vignes inaccessibles que les postes absolument nécessaires, et s'étendra par sa gauche suivant le couronnement des hauteurs.

Corps de troupe séparé, commandé par le général de division Michaud.

Depuis Eckwersheim, Vendenheim, Lampertheim, Pfettisheim et Griesheim, Dingsheim, Stützheim et la gauche de ce dernier village.

Aile gauche, commandée moitié par le général de brigade Ferey, moitié par le général de brigade Sautter.

La droite est appuyée à la gauche du corps de troupes commandé par le général Michaud, et la gauche communiquant avec la droite de la division commandée par le général de brigade Sautter, qui commande la seconde partie de l'aile gauche de l'armée, et qui est placée sur les hauteurs et dans les gorges de Saverne.

La 1re brigade de cavalerie, commandée en chef par le général de division Diettmann, est à Hœnheim.

---

(1) 12 bataillons, 2 compagnies franches, 20 escadrons, 7,950 hommes. Desaix succédera bientôt à Combez.

(2) L'avant-garde occupe aussi l'île des Cerises, Ristett. (Reichstett.)

(3) Le corps de bataille compte 24,600 hommes d'infanterie et 5,700 de cavalerie ; mais, faute d'équipement, on ne pouvait, paraît-il, mettre en ligne que 4,000 chevaux.

La 2ᵉ brigade, commandée par le général de brigade Lafarelle, à Oberhausbergen et Mittelhausbergen.

Le quartier général de l'armée est provisoirement à Schiltigheim. L'ambulance à Rupertsau.

Le parc d'artillerie est à la gauche de Schiltigheim, entre la chaussée de Brumpt et celle de Bischwiller, de manière à être bien étendu entre les deux chaussées.

Il doit se faire sur-le-champ un abatis du côté de la trouée du bois qui conduit du cabaret de Vendenheim à la chaussée de Bischwiller.

Je ne puis dissimuler aux Citoyens représentants que l'armée qui est en face de nous est forte de 60,000 hommes, et que 30,000 disponibles est la force que nous avons dans ce moment pour résister à ses entreprises.

D'après le rapport d'un déserteur, il paraît que le projet de l'ennemi était de forcer le point de Brumpt; la retraite sur Strasbourg par là devenait difficile, sinon impossible.

Le même déserteur déclare qu'il règne dans l'armée ennemie un secret si profond sur les opérations préméditées, que les premiers officiers de l'armée autrichienne ignorent les mouvements projetés.

Un second déserteur de l'armée ennemie, qui nous arrive dans le moment, rapporte que les Autrichiens, dans la canonnade d'hier, ont perdu un grand nombre de Sarrazins et de hussards du régiment toscan;

Qu'il est très sévèrement défendu aux soldats impériaux de piller, non pas par humanité, mais pour ne pas retarder leurs mouvements en avant. Les émigrés, par contre, pillent et ravagent impunément.

Ce déserteur déclare, de plus, que les Impériaux enlèvent les jeunes gens de la 1ʳᵉ et 2ᵉ classes, pour renforcer leurs régiments, et les forcent à servir contre les Français.

Je croirais manquer à mes devoirs les plus sacrés, si je ne répétais aux Citoyens représentants qu'il règne toujours dans l'armée une surprenante facilité à s'étonner du moindre événement imprévu; par ce penchant à la surprise, les entreprises les mieux combinées sont presque toujours assujetties aux événements produits par le hasard. Il est très instant que les Citoyens représentants avisent aux moyens de mettre les corps de l'armée dans le cas de s'élever à la hauteur de la cause qu'ils défendent.

Démont.

Comme on le voit, l'adjudant général Démont, bien qu'attaché à l'état-major général, est peu au courant des positions occupées par la gauche de l'armée. Heureusement, le mémoire de Desaix nous permet de combler cette lacune pour la brigade Ferey. Le 27ᵉ régiment d'infanterie, le 1ᵉʳ bataillon de l'Ain, les 1ᵉʳ et 3ᵉ du Haut-Rhin occupent le Kochersberg, où ils se sont retranchés. Autour de ce point central, les compagnies du capitaine Cunéo et la cavalerie sont à Dürningen ; le 1ᵉʳ de la Haute-Saône et le 7ᵉ d'infanterie légère à Avenheim ; le 4ᵉ du Jura à Wœllenheim ; le 13ᵉ régiment à Landersheim et Mœnnolsheim ; le 4ᵉ de Saône-et-Loire à Wiltensheim (?).

C'est le 19 que Ferino reparait à l'armée pour prendre le commandement de la gauche.

Il y a 3,500 agricoles à Zutzendorf.

D'après Wurmser, le prince de Waldeck s'avança encore le 19 jusqu'à Wantzenau et fit placer ses avant-postes près de Kilstett. Hotze reçut l'ordre de prendre position près de Bouxwiller et d'envoyer un détachement sommer le château de Lichtemberg. Il y envoya le baron de Zant, colonel des troupes du Palatinat, avec deux divisions de Lascy, les chevau-légers et une pièce de canon, mais le commandant français refusa d'entrer en négociations, et les Impériaux se contentèrent d'observer la place.

Ils avaient pris position derrière la Zorn, avec leurs avant-postes en avant de cette rivière. Leur gauche appuyait aux marais de Weyersheim, occupant les hauteurs voisines de ce village, celles de Bietlenheim, Geudertheim et Brumpt. Leur aile droite s'appuyait à Mommenheim ; un corps composé de Prussiens et d'émigrés s'étendait entre ce dernier village et Pfaffenhofen ; 100 hussards prussiens occupaient Bouxwiller. Le quartier général était au château de Brumpt. Ils avaient vingt-six pièces en batterie entre Geudertheim et Weitbruch, sur les hauteurs de Weissenfrœhe (nord-est de Brumpt) et près de Brumpt.

Brunswick était encore à Mattstal avec son détachement. Il en repartit le 24 pour Eischweiler, près d'Hornbach.

Le 20 octobre, il n'y eut que des escarmouches entre les reconnaissances des deux partis. Ce jour-là, Carlenc écrit à Bouchotte :

> Dans toutes les affaires qui ont eu lieu le 13 et les jours suivants, nous avons perdu peu de monde, ce qui se confirme par le retour d'une infinité de soldats qui avaient fui ou s'étaient égarés. La perte est au plus de 600 hommes, de 16 pièces d'artillerie et de beaucoup d'effets de campement, perdus la plupart par la lâcheté des voituriers qui, au commencement de l'affaire, ont fui, emmenant leurs chevaux et leurs fourgons vides.....
>
> L'armée, Citoyen Ministre, manque de canonniers, et il serait nécessaire que j'en fasse passer dans la place de Strasbourg. Je vous prie, en conséquence, d'en envoyer le plus tôt possible. Les représentants du peuple près cette armée m'ont promis de lui procurer tous les autres moyens de renfort pour réparer cet échec et aller dégager Landau. Le moindre succès rendra à nos républicains ce courage et cette énergie qui les caractérisaient, et dont quelques lâches désorganisateurs ont ralenti les effets par les cris de *Trahison!* et de *Sauve qui peut!* Quant à moi, Citoyen Ministre, je jure de faire mon devoir et de me conduire dans toutes les occasions en véritable ami de la liberté et de l'égalité. Mais je vous réitère que, n'ayant ni les talents, ni l'expérience qu'exige le commandement en chef d'une armée, il est instant que vous nommiez un général pour commander celle du Rhin. L'intérêt de la République l'exige, et je dois, en bon républicain, vous presser de satisfaire à cette demande.
>
> CARLENC.

Le 21 octobre, Hotze tente de se porter sur Saverne, mais il est arrêté par nos avant-postes à Dossenheim et ne cherche pas à les repousser. D'après le Journal d'un émigré, « l'armée se met en marche pour changer de position et se porte sur la droite de la ligne ».

Au dire de l'adjudant général Démont, « les Prussiens font des mouvements sur leur droite pour inquiéter Phalsbourg, Sarrebourg et même Saverne par les gorges. Les Autrichiens en font sur leur gauche pour tâcher de surprendre et forcer notre avant-garde. Ces mouvements combinés de la part de nos ennemis, fondés sur les principes de la guerre, s'exécutent sans doute pour nous engager à quelque fausse démarche, dont ils puissent profiter. En les observant scrupuleusement et en devinant leurs mouvements, on parviendra à déjouer les projets des ennemis implacables de la République ».

Depuis qu'il a fallu reculer sous les murs mêmes de Strasbourg, le désordre de l'armée est à son comble. Les relations continuelles entre le camp et la ville sont venues s'ajouter aux autres causes d'indiscipline. Les représentants rendent un premier arrêté pour interdire aux militaires de pénétrer dans Strasbourg.

Du 1er du 2e mois de la 2e année, à Strasbourg (22 octobre 1793).

Les représentants du peuple près l'armée du Rhin.

Informés que depuis ces jours derniers, malgré les ordres les plus précis, beaucoup de militaires se sont rendus dans la ville de Strasbourg, ont abandonné leur poste pour vaquer à des objets qui n'exigeaient nullement leur présence dans cette ville, tandis que, dans les circonstances actuelles, lorsque l'ennemi est en activité et qu'il est sur le point, d'un moment à l'autre, de nous attaquer, il importe que les militaires de quelque grade, de quelque arme qu'ils soient, restent continuellement sous les drapeaux ; que là ils surveillent sans cesse les démarches de l'ennemi, et se disposent ou à attaquer eux-mêmes, ou au moins à se retrancher ; qu'indépendamment des abus énormes qui existent évidemment de l'absence des militaires de leur poste, sous le rapport militaire, il résulte que les militaires qui se rendent à Strasbourg consomment journellement une partie des subsistances destinées à la nourriture, à l'approvisionnement des citoyens de cette place, que les plus puissants motifs prescrivent d'apporter dans une place menacée de siège, la plus grande économie dans les subsistances,

Réitèrent l'invitation la plus formelle et la réquisition, en tant que besoin, au général en chef de l'armée du Rhin, de donner les ordres les plus précis à tous les militaires de son armée de ne pas désemparer de leur poste pour se rendre à Strasbourg et autres lieux, sous telle peine que de droit.

Requièrent le général et commandant de la place de Strasbourg, sous sa responsabilité, de consigner aux portes tous les militaires de l'armée du Rhin et de n'admettre dans ladite place de Strasbourg que ceux qui seront chargés, au nom de leur corps ou des généraux, de s'y rendre pour affaires relatives à leurs bataillons ou à l'armée, et qui seront alors porteurs d'une commission en règle signée des chefs et scellée du sceau du bataillon ou du général.

Borie, Ruamps et Mallarmé.

Le 21 octobre, les représentants Lacoste et Mallarmé écrivent au Comité de Salut public la lettre suivante :

A Strasbourg, le 30e jour de la 2e décade du 1er mois de la 2e année de la République française une et indivisible.

Les représentants du peuple près l'armée du Rhin aux citoyens composant le Comité de Salut public de la Convention nationale.

Depuis que nous sommes de retour de Paris, et immédiatement après le compte que nous nous sommes empressés de rendre de notre mission à nos collègues, nous vous avons dépêché deux courriers porteurs de lettres contenant les détails succincts et fidèles de tout ce qui s'est passé à l'armée du Rhin, de l'abandonnement des lignes de Wissembourg, de la prise de cette ville et de celle de Lauterbourg, de la marche rapide de l'ennemi, de la position actuelle de notre armée.

Aucun de ces courriers ne nous est encore revenu, et nous attendons, Citoyens collègues, avec impatience, la réponse à nos dépêches.

Dans cet intervalle, nous allons vous faire un tableau exact de ce qui existe présentement.

La position de notre armée du Bas-Rhin est toujours la même que celle mentionnée dans notre dernière.

L'ennemi n'a fait aucun pas de plus ; hier matin, quelques coups de fusil de part et d'autre, dans les avant-postes, ont été tirés, et quoiqu'on s'attendait à une action très vive, l'ennemi s'est tenu dans l'inaction.

Nous avons profité de cette suspension pour voir tous nos frères d'armes, leur inspirer de la confiance, relever leur courage et l'augmenter de toutes les manières.

Les bataillons ont vu avec plaisir les représentants du peuple venir les consoler du revers qu'ils ont éprouvé, et surtout de ce que, sans coup férir, les lignes avaient été abandonnées, de ce que la retraite s'était prolongée pour ainsi dire sous les glacis de Strasbourg.

Le soldat est vivement affligé de cette retraite ; il brûle du désir de reprendre son poste sur les lignes ; il n'est pas douteux que si l'armée avait quelque renfort, on y parviendrait.

Nous avons pris divers arrêtés pour lui procurer, sans délai, ce qui lui est si nécessaire dans la saison actuelle, couvertures, bois ; il faut se l'attacher par la reconnaissance que lui inspirera naturellement une attention particulière de ne lui laisser manquer de rien. Strasbourg, qui peut d'un moment à l'autre être assiégé, mérite beaucoup de soins.

Il faut, dans cette place, employer une fermeté républicaine, énergie révolutionnaire, et s'entourer de patriotes prononcés. Il s'y trouve beaucoup d'égoïstes, d'insouciants qui, pour une tranquillité honteuse et servile, sacrifieraient toutes leurs facultés intellectuelles.

Nous sommes allés à la Société populaire, et là, par des discours les plus révolutionnaires, nous avons essayé d'élever l'âme des sociétaires, du peuple, à la hauteur des circonstances. Nous nous proposons d'y aller chaque séance ; il nous a paru que l'on pourrait réussir à monter ici l'esprit public. Il en est bien temps.

On nous a assuré que les ennemis avaient pris possession, au nom de l'Empereur, des villes de Lauterbourg et de Wissembourg, qu'ils avaient fait marcher avec eux contre nous tous les jeunes gens de la 1re réquisition qui se trouvaient encore dans ces deux endroits, qu'ils ont laissé le cours des assignats et les frappent d'une aigle impériale.

La multiplicité de nos opérations a exigé une distribution particulière de travail, et que chacun de nous puisse plus particulièrement servir la chose publique et remplir sa mission. C'est dans ces vues que nous avons pris l'arrêté ci-joint. Nous espérons que vous le trouverez convenable.

Salut et fraternité.

J.-B. LACOSTE, MALLARMÉ.

Un citoyen Charlemagne adresse le même jour à Dupin, adjoint au Ministre de la guerre pour l'artillerie, des « observations sommaires » sur l'état moral de l'armée :

Connaissant l'étendue de votre zèle et de votre patriotisme, je ne puis garder le silence sur le désordre que je vois exister depuis la déroute de l'armée aux lignes de Wissembourg.

Il est urgent que l'on s'occupe d'y apporter un prompt remède.

Qu'est-ce qu'une armée sans chef et sans subordination ? Telle est la situation de la nôtre dans les circonstances.

Jamais l'on n'a vu d'officiers et soldats abandonner leur camp et venir en ville satisfaire leurs désirs, et ne point se trouver à leur appel. N'est-ce pas aux chefs à y tenir la main ? De là dérivent l'indiscipline, la rapine et le pillage, triste effet qui a eu lieu dans un village dépendant de la République, par nos troupes mêmes.

La fureur des libations énervant le soldat, il n'est plus disposé à se battre, et se laisse surprendre, ce qui est arrivé aux lignes de Wissembourg, où une redoute des plus fortes a été enlevée sans un coup de fusil de la part de l'ennemi, qui s'est servi de notre canon pour écraser nos bataillons.

Ce sont des faits vrais que je soumets à votre confiance. Mon attachement pour ma patrie et ma droiture m'y engagent. Faites-en part au Ministre, et qu'il fasse sévir contre ces chefs qui provoquent, par leur inconduite et leur exemple, l'insubordination, fléau d'une armée. Que font des quartiers-maîtres pendant huit jours dans une ville, à se divertir, sous prétexte d'y traiter les affaires de leurs bataillons, ainsi que les aides de camp qui y viennent prendre leurs ébats ? Les cafés, les tavernes sont surchargés d'officiers, de soldats et de gendarmes, qui ne rougissent point de s'évader pour ne rien payer. Et c'est au point que l'ennemi, rusé et subordonné sous le joug de ses tyrans, ne tardera pas à porter un coup terrible (je le compare au lion qui dort) si urgemment l'on n'y prend garde.

Oui, citoyen, c'est mon amour pour ma patrie qui me fait vous tenir ce langage. Il est sincère et dénué de toute dénonciation. Je suis à l'abri d'un tel caractère, mais ma candeur ne peut tenir à de pareils forfaits.

Aux grands maux les grands remèdes.

Cette lettre est présentée à Bouchotte, qui écrit en marge :

Envoyer copie à Pichegru (1), en lui observant que je ne crois pas que ce récit soit vrai en totalité, mais qu'il est toujours bon de porter son attention sur la vie habituelle du soldat, pour s'assurer si l'on ne cherche pas à l'énerver par les plaisirs d'une grande ville, pour lui rendre moins supportables les peines attachées au métier de la guerre.

Il faut croire que l'attitude des agricoles pendant la retraite n'avait pas été plus brillante que le mois précédent. Un des premiers soins du général et des repré-

---

(1) Au moment où cette lettre parvenait à destination, Pichegru prenait le commandement de l'armée du Rhin.

sentants est de réorganiser les bataillons de première levée, qui comptent de 20 à 150 hommes chacun, puis de les envoyer dans le Haut-Rhin ou en Franche-Comté. Quatre bataillons des Vosges sont dirigés sur Gray et Dôle; celui d'Haguenau est réorganisé dans le Haut-Rhin; celui de Wissembourg, réduit à 40 hommes, presque tous gradés (1), est mis en sûreté dans la citadelle de Strasbourg. Voilà, semble-t-il, tout ce qui reste de la levée en masse du Bas-Rhin et des Vosges. Celle de la Meurthe doit avoir disparu. Celle du Haut-

---

(1) *L'adjudant général Bourcier au général Dièche.*

24 octobre.

Je vous préviens, Citoyen Général, qu'en conséquence des ordres du général en chef, le 1er bataillon du district de Wissembourg a ordre de se rendre à la citadelle de Strasbourg, pour y tenir garnison jusqu'à nouvel ordre. Il est composé de :

Officiers.

Chef de bataillon	1
Adjudant-major	1
Quartier-maître	1
Chirurgien-major	1
Capitaines	5
Lieutenant	1
	10

Volontaires.

Adjudant sous-officier	1
Maître tailleur	1
Sergents-majors	4
Sergents	3
Caporaux fourriers	4
Caporaux	7
Appointés	2
Fusiliers	9
	31

BOURCIER.

Rhin a achevé de se disperser et les districts s'efforcent de la reconstituer.

Le 22, Wurmser attaqua vivement les hauteurs de Saverne et réussit en partie, malgré la résistance de Sautter. « Le lieutenant-colonel comte de Gyulai occupa Saint-Jean-des-Choux avec son bataillon. Le bataillon de Lascy était placé devant Hattmatt avec une division des hussards de l'archiduc Léopold; deux divisions de hussards de Wurmser avaient leurs avant-postes près de Steinbourg; derrière Dossenheim était le régiment de l'Empereur-Infanterie. Enfin les chevau-légers palatins et une division de hussards de Léopold occupèrent la gauche de Neuwiller. Une hauteur très rapide, qui forme la droite de la position à gauche de la Petite-Pierre, et qui était garnie de 500 à 600 hommes, avec 2 pièces de canon, arrêta singulièrement les progrès du général Hotze et l'obligea de faire placer du canon sur la hauteur opposée, ce qui détermina l'ennemi à la retraite. » Les Impériaux accusent une perte de 25 hommes pour ce combat.

La relation française, composée quelques années plus tard, rapporte ainsi les événements de cette journée :

« L'ennemi occupait la montagne entre Ernolsheim et La Chapelle, et se prolongeait entre les deux bois, à Steinbourg, jusqu'à Marheinheim (?) Le général Ferino, dont la division occupait la droite de celle de Saverne, après avoir établi plusieurs batteries derrière Dettweiler, se porta avec une partie de sa division dans le parc même de Saverne, où il trouva trois de nos bataillons dans le plus grand désordre. L'ennemi avait déjà passé la rivière et se trouvait dans le parc même. Ferino plaça ses canons dans les allées et, après avoir tiré quelques coups à mitraille, il chargea l'ennemi et parvint à le chasser. Ce général se porta ensuite sur Steinbourg; mais douze pièces que l'ennemi avait en batterie sur le cimetière ne lui permirent pas d'avancer. Il fit placer de l'artillerie à l'angle du parc, pour riposter sur Steinbourg.

« En général, cette affaire du 3 fut au désavantage de la division de Saverne, qui n'était pas en force. »

Les Français reprirent l'offensive le lendemain (23 octobre-2 brumaire) :

« Il arriva une division entière de l'armée de la Moselle, commandée par le brave général Burcy (1). Il était à peine arrivé qu'il fit mettre sur-le-champ toutes les troupes en bataille, en jurant qu'on ne reculerait plus d'un pas. Il fait mettre en colonne serrée ses bataillons, fait charger quelques canons à mitraille et les fait masquer par un détachement d'infanterie ; le tout ainsi disposé, il s'avance lui-même à la tête de la colonne ; cependant la cavalerie ennemie avançait aussi pour la charger ; lorsqu'elle fut à vingt-cinq ou trente pas, on fit plusieurs décharges à mitraille, et aussitôt, les baïonnettes en avant, on reprit les positions perdues la veille. L'ennemi abandonna le terrain jonché des siens.

« Ce fut l'arrivée du brave Burcy et de sa division à l'armée du Rhin, et le succès qu'il y eut en y arrivant, qui relevèrent le courage de l'armée et firent concevoir les hautes espérances qui se réalisèrent peu après. »

Après deux jours de repos, Wurmser reprit le 26 l'attaque des positions françaises. Il ordonna au prince de Waldeck d'enlever la Wantzenau. Les Impériaux attaquèrent vigoureusement et s'établirent dans ce village, en faisant 160 prisonniers et prenant 16 bouches à feu. De notre côté, nous attaquâmes les avant-postes de Meszaros à Killstett et ceux du colonel Hohenlohe à Hœrdt, mais sans obtenir de succès décisif. Les Autrichiens perdirent, dans cette journée, une trentaine d'hommes et eurent près de 400 blessés.

---

(1) Voir la fin du chapitre XXXIII, § 1ᵉʳ. Les 6 bataillons commandés par Burcy comptaient environ 4,000 hommes.

« L'ennemi, profitant d'un brouillard épais et de l'avantage du mot d'ordre qui, dit-on, avait été communiqué, surprit les avant-postes de l'avant-garde. Il pénétra sans peine jusqu'au milieu du village de Wantzenau. Le désordre s'était mis dans la troupe : celle-ci songea plutôt à se retirer qu'à se battre. Partie traversa la rivière d'Ill, au gué, et y perdit du monde ; grand nombre poussa jusqu'à Strasbourg et aurait laissé l'ennemi s'emparer entièrement de l'île des Cerises, si la compagnie des chasseurs parisiens, qui en formait depuis longtemps la garnison, n'eût pas su, par des simulacres adroits, tromper l'ennemi sur sa véritable force et conserver par ce moyen une grande partie de l'île des Cerises, qui couvrait la droite de l'avant-garde.

« L'ennemi s'était, le même jour, avancé jusqu'au bois de Kilstett, d'où il nous avait d'abord chassés ; mais les renforts qui y furent envoyés à propos forcèrent l'ennemi à se replier et lui firent perdre assez de monde dans cette affaire, qui ne fut pas très meurtrière pour nous. Les bataillons qui se trouvaient à Wantzenau abandonnèrent six pièces de canon ; une compagnie d'artillerie légère, voulant faire sa retraite sur la chaussée de Strasbourg, fut tellement empêchée par nos troupes légères à cheval, qu'elle se vit forcée de laisser deux pièces de huit, deux obusiers, deux caissons courts et un ordinaire. La principale cause de cet échec ne vint que du manque de surveillance et d'exactitude dans le service de la part des troupes.

« Le lendemain 6 brumaire (27 octobre), il y eut une forte canonnade proche le village d'Eckwersheim, qui n'eut d'autre effet que de mettre le feu au village.

« L'échec du 5 apporta peu de changement dans la position de l'avant-garde, dont la droite était appuyée au Jardin d'Angleterre et les avant-postes derrière quelques portions de digues en avant de la Souffel ;

l'ennemi occupait le moulin de Wantzenau, où il avait baraqué environ un bataillon. »

« Ce fut, dit la relation française, le dernier mouvement rétrograde de l'armée du Rhin. »

Rassuré, en effet, pour la frontière du Nord, le Comité de Salut public tourne les yeux vers l'Est : Carnot envoie un plan d'opérations pour les armées du Rhin et de la Moselle ; Hoche et Pichegru viennent prendre le commandement, et les représentants Saint-Just et Lebas viennent rétablir la discipline et ranimer l'esprit offensif de l'armée du Rhin.

XXXVII. — Le général Delaunay.

La perte des lignes de Wissembourg empêche l'exécution du projet offensif formé dans le conseil de guerre du 13 octobre, mais ne fait que hâter l'envoi de renforts de la Moselle sur le Rhin. Leur départ a lieu le 16. Les deux demi-brigades (non encore numérotées) envoyées avec le général Burcy comprennent les :

2ᵉ	bataillon	du 2ᵉ régiment ;
3ᵉ	—	de la Meuse ;
3ᵉ	—	de la Moselle ;
1ᵉʳ	—	du 24ᵉ ;
2ᵉ	—	du 103ᵉ ;
4ᵉ	—	de la Manche.

Ces six bataillons devaient être remplacés sur la Sarre par cinq bataillons tirés des places de Longwy, Thionville et Sarrelouis, et ces derniers seraient remplacés à leur tour par des bataillons de réquisition.

Le 15, le général Launay apprend l'apparition d'un détachement autrichien vers Perle et Remich. Il dirige de ce côté une demi-brigade, un régiment de cavalerie et une demi-compagnie d'artillerie légère ; mais ce n'est qu'une fausse alerte.

Au quartier général à Sarrebrück, le 15 octobre 1793, l'an 2e de la République une et indivisible.

LIBERTÉ. — ÉGALITÉ.

Le général de division Launay, commandant provisoire de l'armée de la Moselle, au citoyen Bouchotte, ministre de la guerre.

Citoyen Ministre,

Les Autrichiens viennent de rassembler des forces du côté de Perle et de Remich ; ils se sont portés au nombre de 6,000 hommes sur Sierck ; à cette nouvelle, j'ai porté une demi-brigade d'infanterie sur ma gauche, avec un régiment de cavalerie et une demi-compagnie d'artillerie légère ; j'ai fait camper le tout sur la hauteur d'Itterstrof, j'ai fait garder le pont de Bouzonville par quatre compagnies d'infanterie et un détachement de cavalerie ; j'ai ordonné au général Villionne de se porter sur le flanc gauche de l'ennemi avec toute la légion de la Moselle ; ces mouvements ont fait rétrograder le corps ennemi, et d'après les rapports qui m'ont été faits, ils se sont repliés sur Borg, sur Oberleuken et Ellendorff ; dans ce dernier village est leur quartier général ; ils ont cru vraisemblablement que je serais obligé de dégarnir les bords de la Sarre pour aller courir le pays entre Thionville et Sarrelibre, mais je me suis contenté d'y envoyer les troupes dont je viens de vous parler ; je les crois suffisantes, avec celles qui y étaient auparavant, pour nous garantir d'une invasion ; la saison s'avance, et j'espère pouvoir garder ma position jusqu'au moment des quartiers d'hiver ; l'ennemi m'a déjà fait pressentir pour savoir si mon intention ne serait pas de faire une convention pour rester paisibles pendant ce temps de repos (1). Il avait même offert une espèce d'armistice, en demandant que mes tirailleurs ne fussent plus les inquiéter, et qu'eux s'engageraient de leur côté à ne point passer la Sarre ; j'étais absent, Citoyen Ministre, lors de l'entrevue que le colonel Szeculy a demandée ; j'étais allé faire une entreprise sur leur gauche, et à mon retour j'ai approuvé la réponse qui lui avait été faite et dont les représentants du peuple ont dû instruire le Comité de Salut public (2) ; ils faisaient même entendre que cela pouvait conduire à des propositions de paix ;

---

(1) *Note de Bouchotte* : « Envoyez, si vous voulez bien, copie des lettres ou du procès-verbal de conférence ».

(2) « Cette réponse n'est pas parvenue. Envoyez-la. » (*Note de Bouchotte.*)

je les crois un peu rebutés de faire une guerre où il n'y a qu'à perdre pour eux et à gagner pour l'infâme maison d'Autriche. Depuis ce temps nous avons doublé le nombre de nos tirailleurs, ce qui les contrarie infiniment, parce que cela favorise la désertion de leurs troupes ; il n'est point de jours qu'il ne m'arrive de leurs soldats, tant à cheval qu'à pied (1) ; ils se plaignent tous unanimement de leur mauvaise nourriture ; c'est surtout du corps de Knobelsdorff qu'est la plus forte désertion. Ce corps revient de leur armée du Nord. C'est Kalckreuth qui commande toutes les troupes qui me sont opposées, depuis leur droite jusque vis-à-vis de Sarreguemines ; il a environ 15,000 hommes à ses ordres ; plus loin et joignant cette partie, Hohenlohe commande environ 12,000 hommes, qui sont campés en partie à Eppingen ; son quartier général est à Wolmünster ; il étend sa gauche jusqu'à Bitche et intercepte par ses troupes légères la communication de Bitche avec Sarreguemines. J'ai marché déjà deux fois sur lui et lui ai tué quelques hussards, pris une vingtaine de voitures de foin, et les ai rendus un peu plus circonspects ; je médite même une nouvelle entreprise que l'insouciance du district de Bitche m'oblige de faire, pour retirer les subsistances qu'ils ont laissées à nos ennemis en négligeant de faire exécuter la loi qui prescrit aux habitants des frontières de retirer leurs denrées dans l'intérieur du pays.

16 octobre.

Je reprends ma lettre que je n'avais pu terminer, étant parti précipitamment pour Sarreguemines, sur le rapport qui m'a été fait que les ennemis étaient en mouvement par leur gauche et qu'ils s'étaient avancés jusqu'à Bitche, Rohrbach, avec 18,000 hommes et 14 pièces de canon. Cette nouvelle me fut confirmée ; je pris le parti de marcher sur eux avec 10,000 hommes et 12 pièces d'artillerie ; je fis marcher en même temps les troupes que j'ai à Sarralbe, qui arrivèrent au rendez-vous sans avoir rien rencontré, l'ennemi s'étant porté en avant du côté de l'Alsace, et je ne trouvai plus que quelques hussards dont je pris, blessai ou tuai une cinquantaine. Je profitai de cette occasion pour faire du fourrage et je fis rentrer 100 voitures de foin ou d'avoine ; le lendemain, voyant qu'ils avaient affaibli leur gauche, j'en résolus l'attaque ; je m'y portai sur deux colonnes avec 8,000 hommes et 18 pièces d'artillerie ; nous aurions enlevé un de leurs postes, composé de 400 hommes, et 2 obusiers ; mais les officiers généraux, quoique

---

(1) *Note de Bouchotte :* « Prenez de très grandes précautions sur ces déserteurs ; il convient de les envoyer derrière en surveillance jusqu'à ce qu'on ait pris un parti sur eux ».

pleins de bravoure, sont encore si inexperts dans le commandement, que malgré que je les eusse fait partir à 2 heures du matin, et qu'ils n'eussent qu'une lieue et demie à faire sur une chaussée, ils n'arrivèrent qu'à 7 heures en présence de l'ennemi, et au lieu de l'attaquer avec vivacité, ils lui donnèrent le temps de faire sa retraite ; je l'ai fait suivre promptement, mais le terrain lui était si avantageux, et la précaution qu'il avait prise de faire des abatis, empêchèrent notre cavalerie, que j'avais mise à ses trousses, de l'aborder ; je lui ai tué une centaine d'hommes et je lui ai démonté un obusier ; je l'ai chassé de trois villages dont j'ai ordonné qu'on enlevât les foins et avoines qui y étaient en assez grande quantité par la coupable négligence de l'administration du district de Sarreguemines ; il faut espérer, Citoyen Ministre, que nous ferons mieux une autre fois, mais je vous avouerai, avec la franchise d'un républicain, que je craindrais de livrer une bataille avec des officiers généraux qui ne savent même pas déployer une colonne ; vous venez de m'en donner trois qui en sauront encore moins que les autres, puisqu'ils n'ont jamais commandé en chef ; je vous avais prié de vouloir bien suspendre vos nominations, parce que je voulais en choisir un couple qui fussent en état de me seconder ; j'en avais besoin d'autant mieux que, neuf moi-même dans le commandement d'une armée, je sentais la nécessité d'avoir des coopérateurs sur lesquels je pusse compter.

Vous savez sans doute, Citoyen Ministre, que les lignes de Wissembourg sont évacuées ; on vient de me retirer encore six bataillons pour renforcer l'armée du Rhin, qui, joints aux quatre que j'y avais déjà laissés, privent l'armée de la Moselle de dix braves bataillons, et la diminuent au point que, si l'ennemi marche sur moi, comme il y a toute apparence, je me verrai obligé de quitter ma position ; déjà ils ont évacué sur mon flanc droit un corps qui s'est emparé de Lemberg, d'où ils menacent la Petite-Pierre et Bouquenom. S'ils viennent à ce dernier endroit, ils seraient sur mes derrières ; je vais renforcer le poste de Sarralbe pour tâcher de les arrêter, mais ayant 16 lieues de pays à défendre avec 30,000 hommes, ma position deviendra très difficile à garder. Quoi qu'il en soit, Citoyen Ministre, je me défendrai le plus longtemps qu'il me sera possible, et je ne quitterai ma position qu'à la dernière extrémité. »

---

(1) Voir chapitre XXXII.

ARMÉE
DE LA MOSELLE.

Au quartier général à Sarrebrück, le 17 octobre 1793, l'an 2ᵉ de la République française une et indivisible.

LIBERTÉ. — ÉGALITÉ.

Le général de division Launay, commandant provisoire de l'armée de la Moselle, au citoyen Bouchotte, ministre de la guerre.

Citoyen Ministre,

J'apprends que les rebelles de Lyon sont enfin mis à la raison, et je crois en conséquence devoir vous expédier un courrier pour vous engager à faire marcher dans ce pays-ci les troupes qui ont servi à faire ce siège. Je vous prierai de les faire marcher comme on a fait marcher celles de cette armée qui ont été au secours du Nord ; je dois vous dire, Citoyen Ministre, que l'armée de la Moselle a fourni 25,000 hommes aux armées de Flandres et 10,000 à celle du Bas-Rhin (1). Vous jugerez facilement que l'armée que je commande est très affaiblie, et dans ce moment où les ennemis se renforcent de tous côtés, il serait nécessaire que mon corps de troupes fût aussi augmenté, afin que je puisse porter des forces respectables sur ma droite, que j'ai étendue jusqu'à Bouquenom ; ce corps menacerait le flanc droit de l'ennemi et pourrait peut-être entreprendre sur lui s'il lui en fournissait l'occasion (2).

J'écris au Comité de Salut public pour lui faire les mêmes observations que je vous présente.

Je viens de recevoir une lettre du citoyen Lépine, que les représentants du peuple à l'armée du Bas-Rhin ont retenu à Strasbourg pour le reste de la campagne ; je vous prie donc de faire expédier au citoyen Verrières les lettres de général de brigade afin qu'il puisse prendre, avec votre autorisation, le commandement de l'artillerie de l'armée de la Moselle, qui lui a été conféré par les représentants du peuple près cette armée.

La position de l'ennemi n'a point changé ; il nous arrive toujours

---

(1) *Note de Bouchotte :* « Il n'a pas encore prouvé, en envoyant le rapport des espions, et tous les renseignements qu'il a pu se procurer, que ses moyens actuels sont insuffisants. S'il avait pressé l'exécution du décret qui ordonne de verser les réquisitions dans les places, et d'en tirer les trois quarts des garnisons, il aurait eu des renforts. »

(2) *Note de Bouchotte :* « Vous ne dites pas si vous cessez d'être lié avec Bitche et avec la gauche de l'armée du Rhin. »

force déserteurs, qui se réunissent tous à dire que l'ennemi est fort devant Sarrebrück de 15,000 hommes, dont 2,000 de cavalerie.

Je suis avec fraternité,

René LAUNAY.

Du même au même. 17 octobre.

Citoyen Ministre,

J'ai l'honneur de vous envoyer copie d'une lettre et d'un rapport qui m'ont été envoyés par le Directoire du district de Bitche, séant à Bouquenom. Vous verrez par leur contenu que ce que je vous ai demandé par le courrier que je vous ai expédié aujourd'hui est urgent et nécessaire; si vous ne voulez pas que je perde la position avantageuse que je tiens, je vous demande donc en grâce, Citoyen Ministre, et au nom du salut de ma patrie, de déterminer le Comité de Salut public à m'accorder le secours, et dans les plus courts délais; vous voudrez bien lui donner communication de ma lettre et du rapport qui y est joint (1).

Salut et fraternité.

René LAUNAY.

Du même au même. 24 octobre.

Citoyen Ministre,

J'ai reçu la lettre que vous m'avez fait l'honneur de m'écrire le 30 du 1er mois, par laquelle vous me demandez de vous faire passer la copie des lettres ou du procès-verbal de conférence qu'on a dû avoir eu avec l'ennemi; j'ai eu l'honneur de vous observer dans ma dernière que j'étais absent lors de cette conférence; il n'en a point été dressé procès-verbal, parce qu'elle a été très courte et qu'elle n'a point eu de suite; à mon retour, on me rendit compte que le général Szekuly, commandant l'avant-garde de Kalckreuth, avait fait demander une entre-

---

(1) *Note de Bouchotte* : « Les secours sont dans les réquisitions. J'ai communiqué votre lettre et le rapport au Comité de Salut public, qui a pensé avec raison qu'on ne pouvait pas asseoir une grande confiance sur le dire d'un seul homme inconnu, que cependant il était bon de ne dédaigner aucune précaution, et, quel que fût leur projet, nous avions plus de monde qu'il n'en fallait au Rhin et à la Moselle pour écraser nos ennemis; que le courage des soldats était connu et que les généraux sans-culottes ne manqueraient pas de le bien diriger. »

vue; il en fut référé aux représentants du peuple, qui nommèrent le citoyen Gobert, commissaire du Pouvoir exécutif, le citoyen Dulac, leur délégué, et le citoyen Hédouville, chef de l'état-major, pour assister à la conférence demandée. Szekuly exigea qu'on fît cesser le feu des tirailleurs qu'on avait soir et matin pour les inquiéter, et, dans le cas où l'on accéderait à sa demande, il promettait que l'armée ennemie ne passerait pas la Sarre; il ajouta que cette condescendance pouvait mener à des propositions pour les quartiers d'hiver et même pour la paix; les commissaires exigèrent de lui qu'il mit ses propositions par écrit, et lui, en revanche, leur demanda de faire arriver à la conférence le général Kalckreuth, qui était à proximité de là; il se rendit au lieu de conférence et il eut l'air d'en ignorer le motif; les commissaires, voyant cela, et soutenant le caractère qui appartient à une grande nation, agirent avec la hauteur convenable et, en conséquence, refusèrent de conférer plus longtemps; tel est, Citoyen Ministre, le résultat de ce que vous me demandez.

J'ai pris pour les déserteurs toutes les précautions convenables : ils ne restent jamais plus de douze heures au quartier général, je les fais conduire sur-le-champ à Metz, d'où on les fait vraisemblablement conduire sur les derrières; il nous en arrive considérablement, j'en ai eu 14 dans un jour; mais je vous préviens, Citoyen Ministre, avec douleur, que la désertion s'est fait sentir chez vous depuis quelque temps, principalement dans les recrues.

J'ai attaqué de nouveau l'ennemi sur sa gauche, mais je l'ai trouvé prévenu et en force; nous sommes au milieu des fanatiques qui nous observent et qui font tout ce qui dépend d'eux pour faire échouer toutes nos entreprises; le désordre qui règne dans la partie des fourrages, et qui nous fait vivre au jour la journée, m'a obligé de confier mon secret à tous ces commis, afin de pourvoir à la subsistance de la cavalerie que je faisais venir; toutes ces choses réunies à des ordres inexécutés et mal exécutés ont rendu l'entreprise infructueuse; elle a servi cependant à nous éclairer sur les forces de l'ennemi, qui ont été augmentées dans cette partie.

Je n'ai point cru, Citoyen Ministre, devoir vous envoyer les rapports d'espions pour vous engager à me fournir les moyens de faire une diversion en faveur de l'armée du Bas-Rhin, dont vous avez appris les désastres. J'ai cru qu'il était suffisant de vous en faire voir la nécessité; elle est urgente. Je vous ai prévenu que j'avais été obligé de fournir à l'armée du Rhin six bataillons de renfort; je les ai remplacés à l'armée que je commande par six bataillons que j'ai tirés de Thionville, Sarrelibre et Longwy; cette dernière ville est réduite à deux bataillons de vieille levée. Thionville en a encore quatre parce qu'il est obligé de fournir les postes de Sierck et de Rodemackern; je vais lui en retirer encore un que je remplacerai par un bataillon de nouvelle levée. Il reste à Sarrelibre deux bataillons, mais qui font le service à Sarrelibre et dans les environs pour garder les bords de la Sarre. Vous sentez, Citoyen Ministre, qu'on ne peut exposer hors d'une place les citoyens de la dernière levée, qui n'ont aucune teinture de l'art militaire et dont les officiers sont aussi inexperts qu'eux; Metz n'a que des dépôts non armés; votre adjoint Dupin a mis à ma disposition 6,400 fusils, qui n'ont existé que dans ses lettres.

L'armée que je commande, réduite à 30,000 hommes, en a 6,000 à sa gauche pour faire face à 7,000 ou 8,000 Autrichiens campés à quatre lieues de Sarrelibre; 15,000 sont répandus depuis cette ville jusqu'à Sarreguemines; depuis la défaite de l'armée du Rhin, j'ai été obligé de mettre le reste à Sarralbe, à Bouquenom et dans les gorges de la Petite-Pierre; vous voyez d'après cela, Citoyen Ministre, qu'il ne me reste aucune force disponible pour opérer une diversion en faveur de l'armée du Rhin, au lieu que, si vous m'envoyez du renfort, je peux me porter sur Bitche et sur les derrières de l'armée ennemie, en laissant le corps d'observation que j'ai sur la Sarre; j'ignore si vous avez fait marcher des troupes au secours de l'armée du Rhin, il en est grand temps, on a dû vous écrire qu'elle était acculée à une lieue de Strasbourg, et, sans les six bataillons que j'ai envoyés et qui, par leur fermeté, ont défendu la gorge de Saverne, la gauche de cette armée eût été absolument repliée et les départements du Rhin seraient au pouvoir de l'ennemi, à l'exception des villes de guerre. Telle est, Citoyen Ministre, la situation de ces deux armées, que vous croyez en état de repousser l'ennemi, mais, fussent-elles ensemble, elles seraient de beaucoup inférieures à celles des ennemis, qui se sont toutes réunies dans la ci-devant Alsace; ne croyez pas, Citoyen Ministre, que le nombre me fasse peur, mais l'intérêt de ma patrie m'empêche d'en compromettre le sort par une bataille qui, par sa perte, ouvrirait trois de nos meilleurs départements à l'ennemi, et, par son gain, le pousserait à peine hors des limites de la République, car il faudrait reprendre encore deux ou trois positions qu'on achèterait par de nouvelles pertes. Ils ont une artillerie immense à nos dépens; d'après cela, Citoyen Ministre, je me réfère à ce que je vous ai mandé par ma dernière et je persiste à croire que, sans un renfort, cette armée ne peut rien opérer en faveur de celle du Rhin, et aura elle-même à souffrir, si l'ennemi se présente, sur son flanc droit trop étendu.

Vous m'avez annoncé, Citoyen Ministre, 30,000 capotes pour l'armée de la Moselle; il est grand temps qu'elles arrivent, il a déjà gelé à glace dans ce pays-ci; nous n'avons encore reçu que la cinquième partie de vos promesses. Permettez-moi donc de vous engager de couvrir nos braves républicains, et j'espère que vous voudrez bien donner des ordres pour que nous recevions ces capotes dans le plus court délai.

J'ai fait imprimer la relation que vous avez bien voulu m'envoyer, Citoyen Ministre, des succès de nos armes dans le Nord et dans la Vendée; il ne tient qu'à vous et au Comité de Salut public de nous procurer des moyens de faire parler de nous, mais, quelle que soit là-dessus votre résolution, vous devez être sûr que nous ne quitterons pas notre position sans nous battre et bien battre.

Salut et fraternité.

René LAUNAY.

28 octobre.

Du même au même.

Citoyen Ministre,

Je vous envoie une lettre du général Burcy qui, à coup sûr, vous fera plaisir, puisqu'elle vous prouvera que les Français n'ont pas encore perdu de leur énergie républicaine, mais en même temps elle vous prouvera ce que je vous ai mandé par ma dernière, sur la nécessité de procurer des renforts à l'armée du Rhin pour repousser l'ennemi, et à l'armée de la Moselle pour se porter par Bitche sur leurs derrières.

J'ai fait vider tous les dépôts des départements qui m'avoisinent, et ils servent, en partie, à compléter tous les cadres de mon armée, qui en avait besoin par le grand nombre de malades.

J'ai renforcé le poste que j'ai mis à Breitenstein, dans la gorge de la Petite-Pierre à Phalsbourg : ce poste, que j'ai fait reconnaître par un ingénieur, est de la plus grande conséquence pour la sûreté de ce débouché ; je n'ai pu cependant y mettre que deux bataillons de nouvelle levée, 50 hommes de cavalerie légère, 600 hommes d'infanterie d'ancienne levée et deux pièces de canon ; j'ai établi une communication entre ce poste et Bouquenom, qui est distant de cinq lieues ; c'est par cette dernière ville que je compte filer des troupes sur Bitche s'il m'en arrive ; je côtoierai les montagnes de droite et ferai occuper le poste de Lemberg, et si j'ai seulement 10,000 hommes à y porter, l'ennemi sera obligé de rétrograder dans l'Alsace, parce que je menacerai son flanc droit et ses derrières. Le prince de Brunswick est venu visiter les troupes ennemies devant Sarrebrück, et il a fait aussitôt courir le bruit *qu'il faisait filer par sa droite* 15,000 *hommes qui, réunis aux Autrichiens, attaqueraient ma gauche où je n'ai que* 3,000 *hommes; il devait attaquer en même temps Sarrebrück et il avait fait venir du gros canon pour cet effet;* il a cru, d'après ces bruits, que je me dégarnirais à ma droite pour renforcer ma gauche, et c'est le moment vraisemblablement qu'il aurait pris pour attaquer ou Sarralbe ou Sarreguemines, mais loin de donner dans le panneau que l'on me présentait et tranquille sur ma gauche (où le peu de troupes que j'y ai tient une position respectable) je me suis occupé de renforcer ma droite ; j'y ai maintenant 13 bataillons et 20 escadrons ; mais je dois vous dire, Citoyen Ministre, ce qui nuit absolument à ce que nous puissions faire des projets suivis et nous porter en avant, c'est le défaut de subsistances pour les chevaux : nous ne savons jamais le soir s'ils pourront manger le lendemain ; je n'ai jamais fait pareille guerre. Quoi qu'il en soit, soyez tranquille sur ma position, mes troupes sont braves et on nous passera sur le ventre avant qu'on puisse entamer les départements de la Meurthe et de la Moselle, et les ennemis iront certainement prendre des quartiers d'hiver ailleurs qu'en France ; s'ils sont encore huit jours sans m'attaquer, ils me trouveront disposé à leur faire les honneurs de la réception.

Je vous prie, Citoyen Ministre, de donner les ordres les plus pressants pour qu'on m'envoie les capotes que vous m'avez promises, il en est grand temps : les froids et la pluie se font sentir successivement, et ce n'est sûrement pas votre intention de n'envoyer ces capotes qu'après l'hiver ; elles devraient être toutes distribuées ; j'ai fait baraquer toutes les troupes, afin de les mettre à couvert de l'intempérie de la saison ; j'ai mis en cantonnement ma cavalerie, il n'y a que les chevaux d'artillerie qui m'embarrassent et que je voudrais aussi voir à couvert.

L'ennemi ne peut tenir longtemps dans sa position : déjà sa cavalerie est réduite à 6 livres de foin par cheval ; la désertion continue avec force chez lui.

Je vous préviens, Citoyen Ministre, que je n'ai reçu aucune des armes qui m'ont été annoncées par le sieur Dupin et qui me sont de la plus urgente nécessité.

Salut et fraternité.

René LAUNAY.

29 octobre.

Du même au même.

Citoyen Ministre,

D'après la destitution du général Signemont, j'ai donné le commandement de la place de Sarrelibre au général de brigade Bidois ; il a refusé, ainsi que vous le savez, d'être fait général de division ; c'est un fort honnête homme, rempli de ses devoirs.

Vernicourt, adjudant-major de cette place, s'étant mis dans le cas de l'arrêté des représentants du peuple par une longue absence, et s'étant d'ailleurs fait remarquer par ses sentiments inconstitutionnels, j'ai nommé provisoirement à sa place le citoyen Nicolas, capitaine au 4e bataillon de la Moselle ; je vous prierai, Citoyen Ministre, de vouloir bien confirmer cette nomination, et j'ai l'honneur de vous adresser ci-joint les preuves de son patriotisme et de sa capacité.

Les représentants du peuple avaient envie de suspendre aussi le commandant temporaire de cette place ; ils m'avaient même chargé de leur indiquer un sujet propre à le remplacer, mais ils ont perdu cet objet de vue, soit qu'ils aient pris de nouveaux renseignements sur son compte, soit qu'il ait trouvé moyen de se justifier ; il est encore en place.

L'ennemi a fait toutes les démonstrations d'attaque ; il a fait venir 8 pièces de canon de gros calibre et a renforcé considérablement sa gauche. On avait porté d'abord ce renfort à 25,000 hommes, mais des avis plus certains le portent à 12,000, de sorte qu'il peut avoir quelques mille hommes de plus que moi ; je ne le crains point ; si je reçois les renforts que j'ai demandés, ou que l'armée du Rhin renforcée se porte en avant, je m'y porterai aussi à sa hauteur et je tâcherai de regagner la position d'Hornbach, non pour la conserver, mais pour favoriser le décernement de Landau, qui est le seul but que doivent se proposer les armées du Rhin et de la Moselle ; nous obligerons même peut-être l'ennemi à prendre son quartier d'hiver fort loin ; déjà les Prussiens parlent de les prendre à Mannheim, Spire, Worms et Mayence, le pays de Deux-Ponts étant absolument mangé et ne leur permettant guère de s'y arrêter ; cependant, grâce à l'insouciance coupable des administrateurs du district de Bitche, ils ont trouvé à faire un magasin à Pirmasens ; ils l'ont pu, car jamais on n'a vu une récolte aussi abondante dans le district de Bitche, et les villages étaient pleins comme des œufs, tandis que le camp de Hornbach était continuellement dans la disette, et étant dans d'autres principes que mes prédécesseurs, j'ai pris le parti, Citoyen Ministre, de faire rentrer militairement tous les fourrages et avoines qui se trouvent dans les villages avoisinant notre ennemi ; je m'étais d'abord adressé aux districts de Sarreguemines et de Bitche, mais voyant leur morosité, j'ai cru devoir agir militairement, pour l'intérêt de la République et celui de la troupe confiée à mes soins.

Une partie de ces coquins de moines est rentrée dans ce pays, qu'ils n'ont que trop fanatisé ; je vais me mettre à leur poursuite et, si je peux en attraper, ils passeront mal leur temps.

Soyez tranquille, Citoyen Ministre, sur le sort de cette armée ; tâchez de secourir celle du Rhin, afin qu'elle puisse reprendre l'énergie qui ne doit jamais abandonner des républicains ; s'ils reçoivent les secours qu'ils vous ont demandés, il y a toute apparence qu'ils chasseront l'ennemi de l'Alsace ; ils me trouveront à côté d'eux ; déjà les six braves bataillons que je leur ai envoyés ont chassé l'ennemi de la gorge de Saint-Jean-des-Choux et l'ont obligé de se replier sur Hornbach ; ce sont ces troupes qui renforcent la gauche de l'ennemi. Ça ira, Citoyen Ministre, soyez-en sûr, et je vois sur la figure des braves républicains que je commande, la condamnation à mort de leurs ennemis.

Du même au même.   31 octobre.

Citoyen Ministre,

Je viens de remettre le commandement de l'armée de la Moselle entre les mains du citoyen Hoche, à qui vous l'avez déféré; je la lui remets en bon état, disciplinée autant qu'on peut l'être en campagne ; permettez-moi de vous dire que je l'avais prise, étonnée des mouvements rétrogrades qu'on lui avait fait faire et des petits échecs qui en avaient été la suite; j'ai été assez heureux pour leur rendre la confiance qu'ils semblaient avoir perdue, j'ai maintenu la position que j'avais fait prendre malgré l'avis de plusieurs généraux ; j'avais plus de quinze gués à défendre, il y en avait où un escadron pouvait passer de front, et la rivière était devenue si basse, par une continuité de beau temps, que l'on pouvait la passer à pied ; j'ai rencoigné l'ennemi au delà de la Blies et je l'ai obligé, par l'établissement du camp à Sarrealbe et mes fréquentes attaques, à se retirer à la gauche de la chaussée de Sarreguemines à Bitche, où il est maître tout au plus d'une douzaine de villages français; par l'établissement du poste de Breitenstein, j'ai fait cesser ses exactions dans cette partie ; enfin, Citoyen Ministre, si l'on ne m'eût pas obligé de détacher six bataillons, je comptais marcher avec 10,000 hommes et m'emparer du camp de Turenne, qui est auprès de Lemberg, et de là j'aurais menacé la droite et les derrières de l'ennemi. Je laisse au citoyen Hoche ces projets à exécuter ; il lui sera plus facile qu'à moi, parce que les gués deviennent impassables, et que la défense de la Sarre exigera, par conséquent, moins de forces ; le pont de Sarrebrück est déjà fortifié d'une manière respectable ; je ne suis entré dans tous ces détails, Citoyen Ministre, que par l'envie que j'ai de mériter votre estime ; mon zèle pour la chose publique n'est point refroidi, et vous pouvez compter que je seconderai de tout mon pouvoir le nouveau général qu'il vous a plu de donner à cette armée, s'il veut m'employer.

Il devient indispensable, Citoyen Ministre, que vous fassiez parmi les chefs de brigade la même réforme que vous avez opérée parmi les officiers généraux : ils sont presque tous de la caste proscrite et je ne leur crois pas une autre façon de penser. Observez, Citoyen Ministre, que ces officiers influent sur les bons ou mauvais succès plus que les officiers généraux, et sans qu'on puisse leur faire un crime de n'avoir pas profité de l'occasion que les fautes de l'ennemi ont pu leur présenter; cette opération peut se faire graduellement et sans danger; je ne vous parle de cette réforme que parce qu'on m'en a fait sentir la nécessité.

Salut et fraternité.

René LAUNAY.

En résumé, l'indiscipline n'est pas aussi prononcée à l'armée de la Moselle qu'à celle du Rhin; mais la lassitude y paraît plus grande. Ce sera le principal mérite de Hoche d'avoir su réveiller l'esprit offensif et la confiance de cette armée, engourdie par l'incapacité de ses prédécesseurs.

TABLE DES MATIÈRES

	Pages.
INTRODUCTION	1
I. Aperçu géographique	2
II. XVIIIe siècle	11
III. 1792	14
IV. Instruction et tactique	17
V. Discipline. — Esprit de l'armée	30
VI. Matériel	40
VII. Services administratifs	54
VIII. Force et emplacement des armées françaises	75
IX. Prise de contact avec l'ennemi	100
X. Première offensive de Brunswick	117
XI. Brunswick occupe Ketterich	129
XII. Combats de Jokgrim et Bergzabern	136
XIII. La levée en masse en Alsace	169
XIV. Désertion des agricoles	184
XV. Cantons réfractaires	194
XVI. Réorganisation des agricoles	198
XVII. La cavalerie agricole	209
XVIII. La levée en masse à l'armée de la Moselle	212
XIX. L'armée de la Moselle au commencement de septembre	228
XX. Haut-Rhin	245
XXI. Tentative de passage à Huningue	260
XXII. Tentative de passage à Niffer	272
XXIII. Bombardement du Vieux-Brisach et du fort Mortier	303
XXIV. Passage du Rhin à Strasbourg. — Incendie de Kehl	307
XXV. La question du Haut-Rhin et l'armée principale	326
XXVI. Indiscipline de l'armée du Rhin	343
XXVII. Plans d'opérations des Alliés	356
XXVIII. Combats de Nothweiler	366

		Pages.
XXIX.	Dernière offensive sur la Lauter	385
XXX.	Combat de Pirmasens	395
XXXI.	Offensive des Prussiens. — Désorganisation de l'armée de la Moselle	415
XXXII.	L'armée du Rhin et le projet de Wurmser	453
XXXIII.	Attaque des lignes de Wissembourg :	
	1° Dans la montagne	477
	2° Entre la montagne et le Bienwald	488
	3° Dans le Bienwald et sur le Rhin	503
XXXIV.	Retraite de l'armée du Rhin	513
XXXV.	Combats sur la Zorn	522
XXXVI.	L'armée devant Strasbourg	536
XXXVII.	Le général Delaunay	550

CARTES

Opérations sur la Sarre.

Opérations sur la Lauter.

Tentatives de passage du Rhin à Niffer (septembre 1793).

Opérations dans le Bas-Rhin.

Paris. — Imprimerie R. Chapelot et Cⁱᵉ, 2, r. Christine.

CAMPAGNE DE 1795
Opérations sur la Sarre

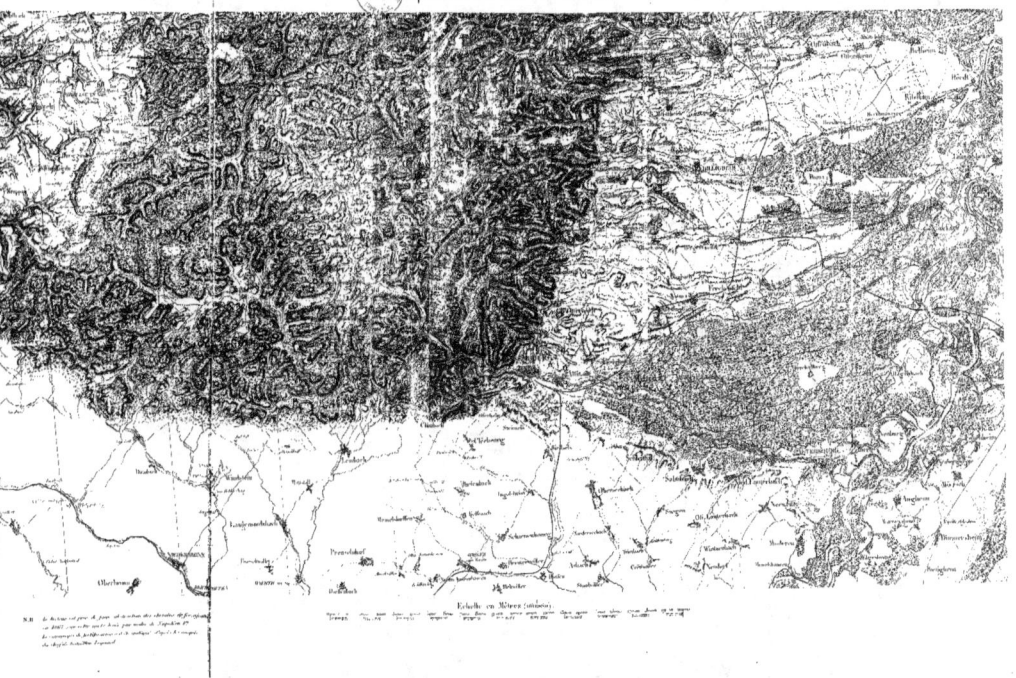

TENTATIVES DE PASSAGE DU RHIN A NIFFER
Septembre 1795

Echelle (1/100 000)

Nota. — Cette carte levée en 1800, a reçu en 1867 le tracé des voies ferrées et du Rhin canalisé, dont le lecteur est prié de faire abstraction.

Extrait de la Carte topographique de l'ancienne Souabe au 100 000^e

八八

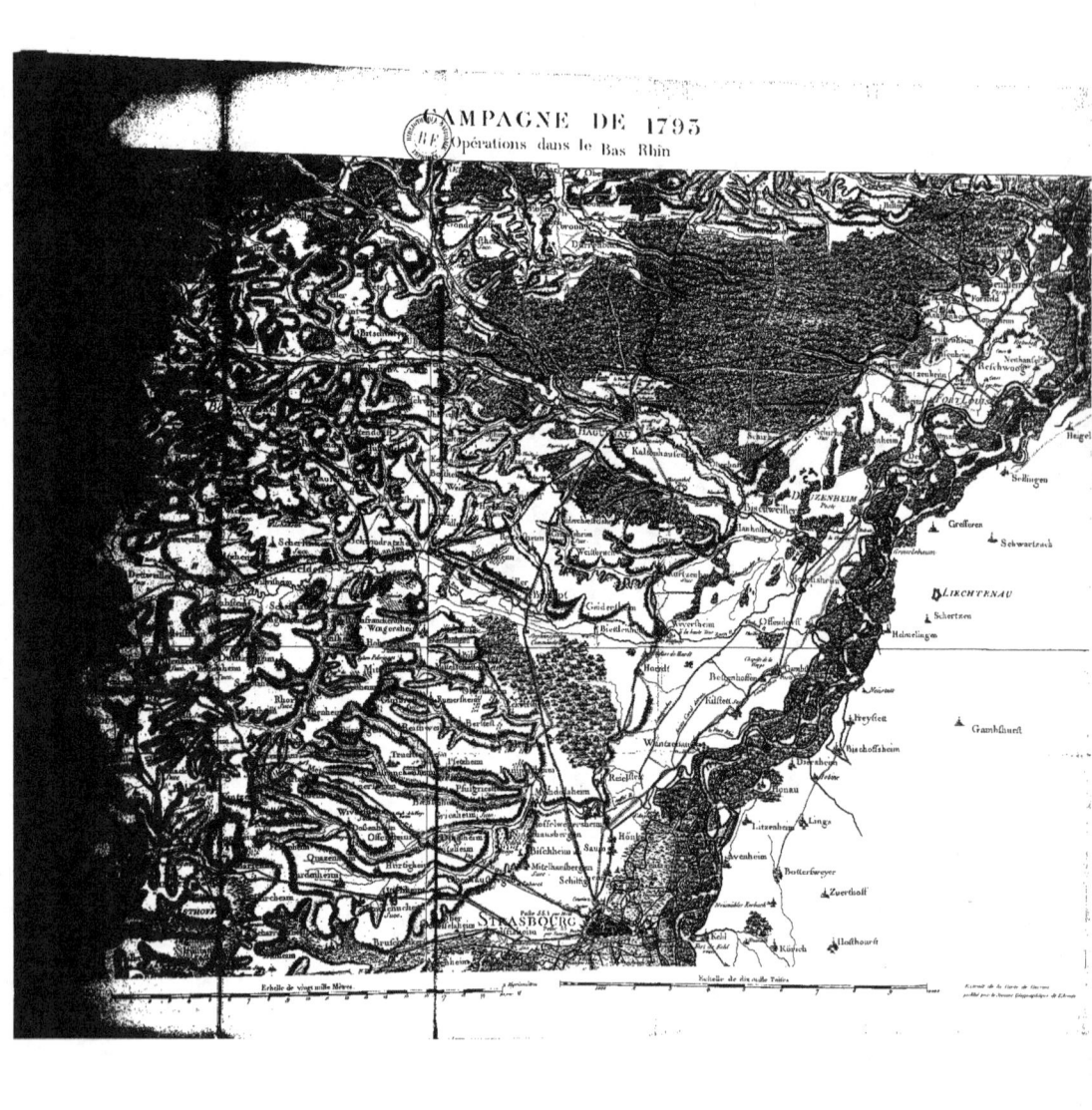

A LA MÊME LIBRAIRIE

L'éducation militaire de Napoléon; par J. **Colin**, capitaine d'artillerie breveté à la Section historique de l'Etat-Major de l'armée. Paris, 1901, 1 vol. in-8 avec 5 cartes........ 7 fr. 50

Clausewitz. — La Campagne de 1796 en Italie. Traduit de l'allemand par le capitaine J. **Colin.** 1 vol. in-8 avec carte.. 6 fr.

Études sur la campagne de 1796-1797 en Italie; par J. C., capitaine d'artillerie. Paris, 1898, 1 vol. in-8 avec 29 croquis et 2 cartes................................. 5 fr.

Section historique de l'État-Major de l'armée. — **Les Campagnes du maréchal de Saxe.** — Ire partie : *L'Armée au printemps de* 1744; par J. **Colin**, capitaine d'artillerie breveté à la Section historique de l'État-Major de l'armée. Paris, 1901, 1 vol. in-8.... 7 fr. 50

Section historique de l'État-Major de l'armée. — **Louis XV et les Jacobites.** — Le projet de débarquement en Angleterre en 1743-1744; par J. **Colin**, capitaine d'artillerie breveté à la Section historique de l'État-Major de l'armée. Paris, 1901, 1 vol. in-8.......... 3 fr. 50

Mémoires sur les campagnes des armées du Rhin et de Rhin-et-Moselle, de 1792 jusqu'à la paix de Campo-Formio ; par le maréchal **Gouvion-Saint-Cyr**. Paris, 1829. 4 vol. in-8, enrichis de 15 cartes ou plans, d'un grand nombre d'états de situations, et accompagnés d'un atlas grand in-folio d'une rare beauté.................................... 70 fr.
— Le texte sans l'atlas.. 40 fr.

Histoire critique et militaire des guerres de la Révolution; par le baron de **Jomini**. Nouvelle édition rédigée sur de nouveaux documents, précédée d'une introduction présentant le tableau succinct des mouvements de la politique européenne, depuis Louis XIV jusqu'à la Révolution, et celui des principales causes et des principaux événements de cette Révolution. Paris, 1820-1824, 15 vol. in-8 avec 4 atlas in-folio..................................... 171 fr.

Mémoires sur les opérations militaires des généraux en chef Custine et Houchard, pendant les années 1792 et 1793; par le baron **Gay de Vernon**, ancien officier d'état-major. Paris, 1844, 1 vol. in-8 avec 2 cartes représentant le théâtre des opérations sur le Rhin et sur la frontière de Flandre entre la Sambre et la mer du Nord.................... 6 fr.

Frœschwiller; par le général H. **Bonnal**. Récit commenté des événements militaires qui ont eu pour théâtre le Palatinat bavarois, la basse Alsace et les Vosges moyennes du 15 juillet au 12 août 1870. Paris, 1899, 1 fort vol. grand in-8 avec *Atlas* de 38 cartes............. 12 fr.

Causes des Succès et des Revers dans la guerre de 1870. — Essai de critique de la guerre franco-allemande jusqu'à la bataille de Sedan ; par le général **de Woyde**, de l'armée russe. Traduit par le capitaine **Thiry**, du 79e d'infanterie. 2 vol. in-8 et *Atlas*......... 16 fr.

Campagne de 1870-1871. — **Journal de guerre du général de Wittich**, commandant la 22e division prussienne ; traduit par le commandant **Richert**, professeur à l'École supérieure de guerre. Paris, 1901, 1 vol. in-8.. 6 fr.

La bataille napoléonienne; par H. **Camon**, chef d'escadron d'artillerie, breveté d'état-major. Paris, 1899, broch. in-8... 1 fr. 50

Général comte **Yorck de Wartenburg.** — **Napoléon chef d'armée.** Traduit de l'allemand par le capitaine **Richert**, de l'École supérieure de guerre. 2 vol. in-8................. 12 fr.

Paris. — Imprimerie R. Chapelot et Cie, 2, rue Christine.

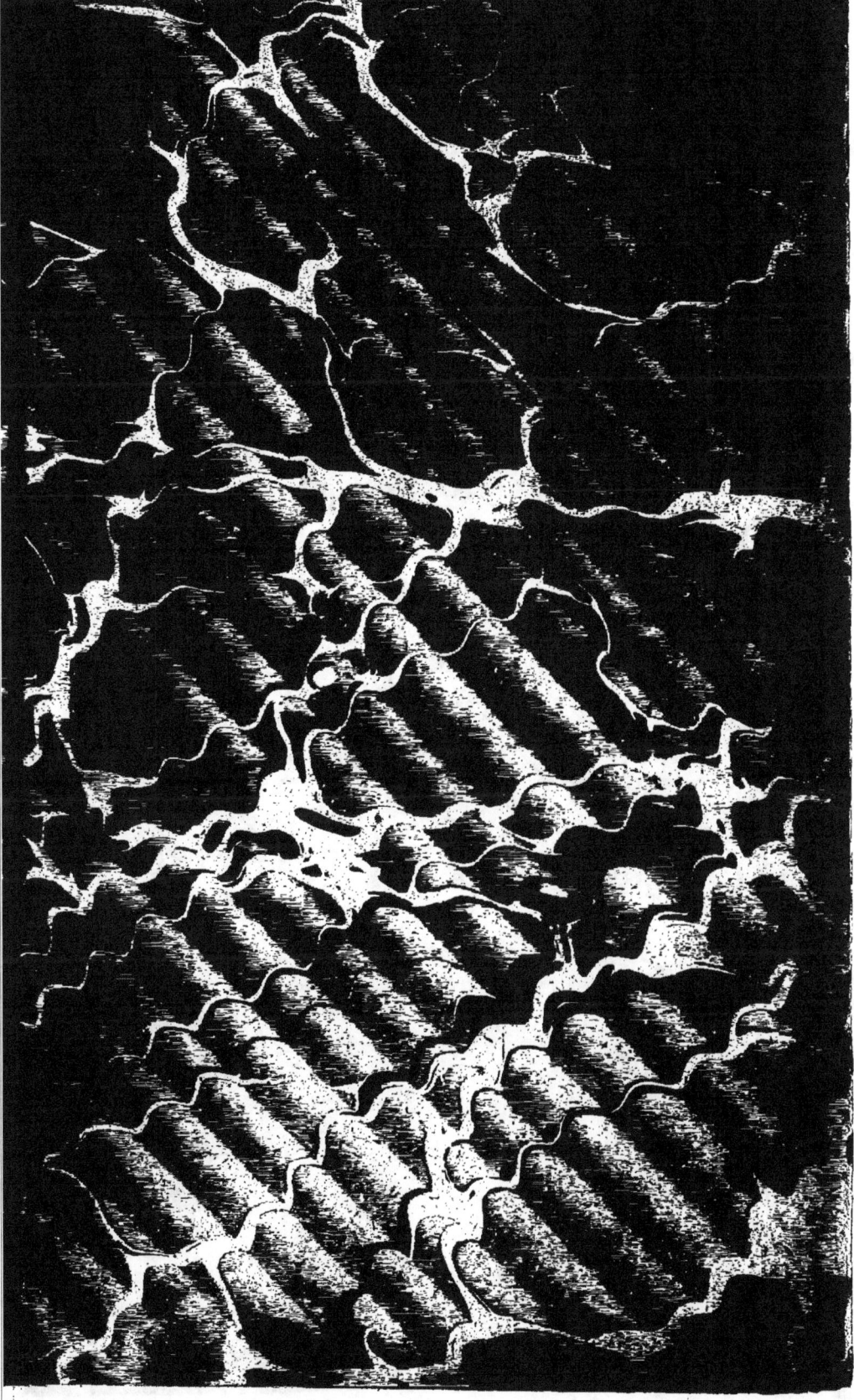

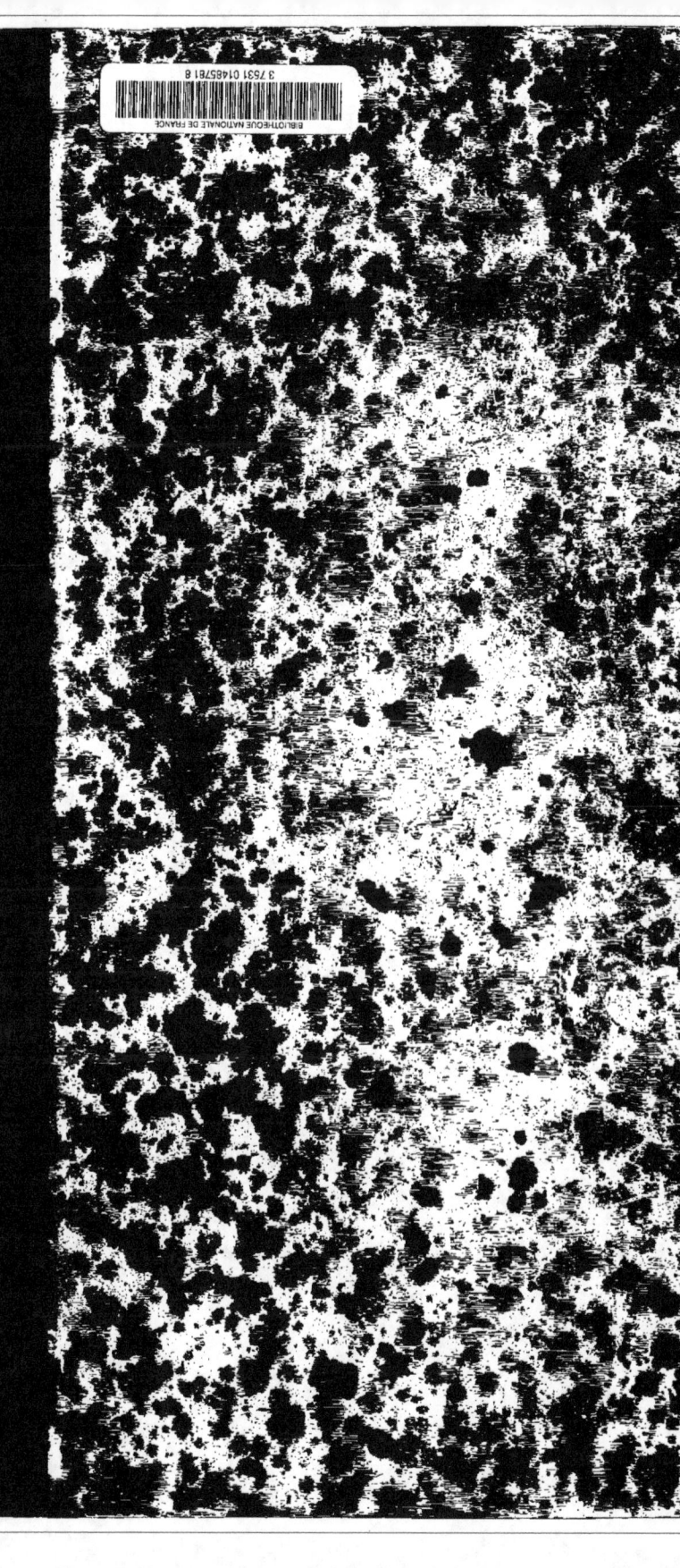

www.ingramcontent.com/pod-product-compliance
Lightning Source LLC
Chambersburg PA
CBHW050417240426
43661CB00055B/2185